Lieber Herr Wolff,
ich danke Ihnen herzlich
für die schöne Zeit am
Lehrstuhl und die großartige
Betreuung!
Ich habe zahlreiche gute
Erfahrungen und Erlebnisse
bei Ihnen sammeln können
und will diese nicht missen.

Ihr
Matthias Dörr

Schriftenreihe

**Studien zum
bayerischen, nationalen und supranationalen
Öffentlichen Recht**

Herausgegeben von
Professor Dr. Heinrich Amadeus Wolff

Band 35

ISSN 1860-8728 (Print)

Verlag Dr. Kovač

Die Gewaltenloyalität
Spezielle und übergreifende Treueprinzipien zwischen staatlichen Gliederungen

Dissertation
zur Erlangung des Grades eines Doktors der Rechte
der Rechts- und Wirtschaftswissenschaftlichen Fakultät
der Universität Bayreuth

vorgelegt
von
Matthias Dörr
aus Aalen

Dekan: Prof. Dr. André Meyer
Erstberichterstatter: BVR Prof. Dr. Heinrich Amadeus Wolff
Zweitberichterstatter: Prof. Dr. Carsten Bäcker
Tag der mündlichen Prüfung: 19.09.2024

Matthias Dörr

Die Gewaltenloyalität – Spezielle und übergreifende Treueprinzipien zwischen staatlichen Gliederungen

Verlag Dr. Kovač

Hamburg
2025

VERLAG DR. KOVAČ GMBH
FACHVERLAG FÜR WISSENSCHAFTLICHE LITERATUR

Leverkusenstr. 13 · 22761 Hamburg · Tel. 040 - 39 88 80-0 · Fax 040 - 39 88 80-55

E-Mail info@verlagdrkovac.de · Internet www.verlagdrkovac.de

Bibliografische Information der Deutschen Nationalbibliothek
Die Deutsche Nationalbibliothek verzeichnet diese Publikation
in der Deutschen Nationalbibliografie;
detaillierte bibliografische Daten sind im Internet
über http://dnb.d-nb.de abrufbar.

ISSN: 1860-8728 (Print)
ISBN: 978-3-339-14312-9
eISBN: 978-3-339-14313-6

Zugl.: Dissertation, Universität Bayreuth, 2024

© VERLAG DR. KOVAČ GmbH, Hamburg 2025

Printed in Germany
Alle Rechte vorbehalten. Nachdruck, fotomechanische Wiedergabe, Aufnahme in Online-Dienste und Internet sowie Vervielfältigung auf Datenträgern wie CD-ROM etc. nur nach schriftlicher Zustimmung des Verlages.

Gedruckt auf holz-, chlor- und säurefreiem, alterungsbeständigem Papier. Archivbeständig nach ANSI 3948 und ISO 9706.

Bei Fragen zur Produktsicherheit wenden Sie sich bitte an unsere oben genannten Adressen.

Vorwort und Danksagung

Angesichts herausfordernder Zeiten für den gesellschaftlichen Zusammenhalt in Deutschland und Europa stellen sich die Fragen des Zusammenhalts und der Integration so drängend wie lange nicht mehr. Wenn sich allerdings schon die Gliederungen des Staates gegenseitig blockieren und den Fokus auf ihre eigenen Interessen richten, kann dem Bürger der Gemeinsinn im Staat kaum noch vermittelt werden. Die vorliegende Arbeit befasst sich damit, inwiefern die Verfassung durch Loyalitätsgebote zwischen den staatlichen Gliederungen zu einem besseren Miteinander und einem wohl integrierten Staat beitragen kann und wie diese rechtlich im nationalen Recht sowie im Unionsrecht umgesetzt sind.

Der vorliegende Text wurde im August 2024 von der Universität Bayreuth als Dissertation angenommen. Die Arbeit wurde im März 2024 fertiggestellt. Literatur und Rechtsprechung wurden bis März 2024 berücksichtigt. Die mündliche Prüfung fand am 19.09.2024 statt.

Mein besonderer Dank gilt meinem Doktorvater BVR Prof. Dr. Heinrich Amadeus Wolff, welchen ich nicht nur als herausragenden Juristen, sondern vor allem als Menschen sehr schätze. Die Herzlichkeit, die er mir in den Jahren als Studentische Hilfskraft und als Wissenschaftlicher Mitarbeiter an seinem Lehrstuhl entgegengebracht hat, hat mich dazu bewegt, die Promotion in Angriff zu nehmen. Ohne seine Unterstützung durch Rat und Tat wäre diese Arbeit nicht möglich gewesen. Prof. Dr. Carsten Bäcker danke ich herzlich für die zügige Erstellung des Zweitgutachtens. Prof. Dr. André Meyer danke ich für die Übernahme des Prüfungsvorsitzes.

Mein Dank gilt weiter dem gesamten Team der Lehrstühle für Öffentliches Recht VII und VIII der Universität Bayreuth sowie allen anderen, die mich bei diesem Vorhaben unterstützt und die Zeit an der Universität Bayreuth sehr bereichert haben. Besonders hervorheben möchte ich die tatkräftige Unterstützung durch Frau Dr. Nina Pfeiffer, die die Arbeit durch wertvolle Impulse erheblich gefördert hat und auch in fordernden Zeiten stets für gute Laune gesorgt hat. Schließlich danke ich meiner Familie sowie meiner Partnerin Hannah Ganzleben, die mich stets dazu ermutigt, mein bestes Selbst zu sein und mir viel Kraft für diese große Herausforderung gespendet hat.

Bayreuth, 19.11.2024

Inhaltsverzeichnis

Abkürzungsverzeichnis XVII
A. Einleitung 1
  I. Einführende Gedanken 1
  II. Aufgabenstellung 2
  III. Bestandsaufnahme 4
B. Historie 9
  I. Die Zeit vor dem Grundgesetz 9
    1. Das Deutsche Reich von 1871 10
      a. Die Staatspraxis des Deutschen Reiches von 1871 10
      b. Die Staatsrechtslehre des Reiches 11
    2. Die Lehre Rudolf Smends 13
    3. Die Weimarer Republik 16
    4. Zeitgenössische Rezeption in der Staatsrechtslehre 19
  II. Entwicklungen unter dem Grundgesetz 21
    1. Entwicklungen um die Bundestreue 23
      a. Die Rechtsprechung des Bundesverfassungsgerichts 24
      b. Die Kritikwelle der 1960er-Jahre 25
    2. Entwicklung der Loyalitätsgebote in die Breite 28
      a. Die Verfassungsorgantreue 29
      b. Übergreifende Loyalitätsgebote 31
    3. Entwicklungen auf europäischer Ebene 33
  III. Zwischenergebnis 35
C. Die einzelnen Loyalitätsgrundsätze 37
  I. Die Bundestreue 37
    1. Herleitung 37
      a. Verfassungsgewohnheitsrecht 38
        aa. Allgemeine Voraussetzungen 38
        bb. Verfassungsgewohnheitsrechtliche Erhärtung 39

cc. Strukturelle Zweifel am Vorliegen von
Verfassungsgewohnheitsrecht 40
b. Bundesstaatsprinzip 41
aa. Der Ansatz über Art. 72 Abs. 2 GG a.F. 42
bb. Bundesstaatsprinzip aus Art. 20 Abs. 1 GG 43
cc. Die Zusammenschau der Verfassungsnormen 44
dd. Analyse des Ansatzes des Bundesverfassungsgerichts 48
ee. Das Verhältnis der bundesstaatlichen Ansätze untereinander 50
ff. Zwischenergebnis 51
c. Rechtsstaatsprinzip 51
d. Integrationslehre 53
aa. Ursprünge und Grundkonzeption der Integrationslehre 54
bb. Integrationsbegriff 56
cc. Relevanz für die Bundestreue 57
dd. Parallelen zu der Lehre Hellers 60
ee. Zwischenergebnis 61
e. Treu und Glauben 62
f. Kombinationsansatz 65
2. Die Möglichkeit vielgestaltiger Darstellungsweisen 69
3. Voraussetzungen 70
a. Objektive Voraussetzungen 70
aa. Personeller Anwendungsbereich 71
(1) Gerichte 71
(2) Bundesrat 74
(3) Zwischenergebnis 75
bb. Sachlicher Anwendungsbereich 75
(1) Allgemeine Maßgaben 75
(2) Restriktive oder umfassende Handhabung? 76
(3) Erforderlichkeit eines Koordinationsverhältnisses? 77
(4) Fiskalisches Handeln 78
(5) Zwischenergebnis 79

- b. Grenzen ... 79
  - aa. Verfassungsimmanente Grenzen ... 79
  - bb. Erheblichkeitsschwelle ... 80
  - cc. Akzessorietät ... 81
  - dd. Subsidiarität ... 85
- c. Subjektive Voraussetzungen ... 85
- 4. Funktionsweise ... 87
  - a. Auslegungsprinzip ... 88
  - b. Rechts- bzw. Kompetenzausübungsschranke ... 89
  - c. Rechte und Pflichten ... 91
  - d. Verhältnis der Funktionsmodalitäten untereinander ... 95
- 5. Rechtsfolgen und Durchsetzbarkeit ... 95
  - a. Die allgemeine Justitiabilitätsproblematik ... 96
  - b. Nichtjustitiable Rechtsfragen ... 98
  - c. Bundeszwang ... 102

II. Die Verfassungsorgantreue ... 102
  1. Herleitung ... 102
     - a. Verfassungsgewohnheitsrecht ... 103
     - b. Bundestreue ... 104
     - c. Gewaltenteilungsprinzip ... 107
       - aa. Herleitung allgemein und übergreifende Zusammenhänge ... 107
       - bb. Die Zusammenschau der Verfassungsnormen ... 111
         - (1) Art. 43 GG ... 111
         - (2) Art. 53 GG ... 112
         - (3) Art. 23 GG ... 112
           - α. Art. 23 GG und Verfassungsorgantreue ... 112
           - β. Bundes- und Verfassungsorgantreue im Fokus des Art. 23 GG ... 113
           - γ. Übergang zu ungeschriebenen Ausprägungen der Verfassungsorgantreue ... 114
           - δ. Zwischenergebnis ... 115

  (4) Zwischenergebnis 115
 d. Integrationslehre 116
 e. Treu und Glauben 118
 f. Kombinationsansatz 121
2. Voraussetzungen 124
 a. Objektive Voraussetzungen 124
  aa. Personeller Anwendungsbereich... 124
   (1) Verfassungsorgane 124
    α. Organe, oberste Bundesorgane und Verfassungsorgane 125
    β. Die Bundesversammlung 128
    γ. Der Gemeinsame Ausschuss 128
    δ. Der Vermittlungsausschuss 129
    ε. Weitere Anwärter und Nichtverfassungsorgane 130
   (2) Organteile und Unterorgane 138
   (3) Inter- und Intraorgantreue 142
  bb. Sachlicher Anwendungsbereich.. 144
 b. Subjektive Voraussetzungen 148
 c. Grenzen 148
3. Funktionsweise 149
4. Rechtsfolgen und Durchsetzbarkeit 151
5. Zwischenergebnis 155
III. Die Loyalitätspflichten der kommunalen Körperschaften 156
 1. Herleitung 158
  a. Integrationslehre 160
  b. Treu und Glauben 164
  c. Rechts- und Verfassungsordnung 164
   aa. Schutz- und Förderungsklauseln 165
   bb. Selbstverwaltungsgarantie 166
    (1) Art. 28 Abs. 2 GG und dessen landesrechtliche Pendants ... 166
    (2) Sonstige verfassungsrechtliche Konkretisierungen der Stellung der Kommunen.. 168

(3) Verfassungsrechtliche Teilnormierungen 168
(4) Zwischenergebnis 169
cc. Der Sonderfall der Organbeziehungen 169
(1) Status quo in Literatur und Rechtsprechung 169
(2) Einklang mit der historischen Entwicklung des Kommunalverfassungsrechts 170
(3) „Kommunale Gewaltenteilung" als rechtsstaatliche Anforderung 171
(4) Strukturelle Vergleichbarkeit 172
(5) Funktionale Betrachtung 175
(6) Kontrastorgantheorie 177
(7) Zwischenergebnis 178
dd. Zwischenfazit 178
d. Kombinationsansatz 179
2. Voraussetzungen 179
a. Anwendungsbereich 179
aa. Regelmäßige Adressaten 179
bb. Interkommunale Zusammenarbeit 180
cc. Allgemeine Anwendungsvoraussetzungen 183
dd. Besondere Konstellation im Rahmen der Selbstverwaltungsgarantie 184
(1) Die Wechselseitigkeit des kommunalfreundlichen Verhaltens 184
(2) Sachliche Beschränkung auf den eigenen Wirkungskreis? ... 187
(3) Beschränkter Loyalitätsmaßstab gegenüber den Gemeindeverbänden 189
ee. Besonderheiten im Rahmen der Organtreue 190
ff. Adressaten der Organtreue 191
b. Grenzen 193
3. Funktionsweise 194
4. Rechtsfolgen und Durchsetzbarkeit 195

    a. Beschränkte gerichtliche Überprüfbarkeit 195
    b. Ausgewählte Probleme und Besonderheiten 197
        aa. Kommunalverfassungsbeschwerde 197
        bb. Rechtsschutz in Bezug auf aufsichtsrechtliche Maßnahmen 198
        cc. Kommunalverfassungsstreit 199
  5. Zwischenergebnis 200

D. Unionstreue und Europarechtsfreundlichkeit 203
  I. Herleitung 204
    1. Einzelnormen und die Gesamtrechtsordnung 205
      a. Konkretisierungen des Treuegedankens im Unionsrecht 206
      b. Die Gesamtrechtsordnung als Grundlage der loyalen Zusammenarbeit 207
      c. Das vertikale und horizontale Kompetenzgeflecht der Union 207
      d. Verknüpfung 208
      e. Zwischenergebnis 210
    2. Treu und Glauben 210
    3. Integration 211
      a. Begriffsanalyse 212
      b. Historische Vergleichsaspekte 212
      c. Analyse der Grundlagen der Integrationslehre 213
      d. Bedeutung der Werteordnung 215
      e. Position des Bundesverfassungsgerichts 216
      f. Zwischenergebnis 217
    4. Kombinationsansatz 218
  II. Anwendungsbereich 218
    1. Persönlicher Anwendungsbereich 218
    2. Sachlicher Anwendungsbereich 221
      a. Unionsrechtsbezug 222
      b. Loyalität und Solidarität 223
      c. Einzelausprägungen 225

    d. Beziehung zum Verhältnismäßigkeitsgrundsatz 226
  3. Grenzen 226
    a. Akzessorietät und Subsidiarität 226
    b. Bestimmbarkeit 228
    c. Funktionsfähigkeit 228
    d. Schutz des Zusammenhalts 230
    e. Begrenzung auf bestimmte Verhaltensweisen 231
    f. Zwischenergebnis 231
III. Funktionsweise und Ausprägungen 231
IV. Rechtsfolgen und Durchsetzbarkeit 233
  1. Unmittelbare Wirkung 234
  2. Gerichtliche Durchsetzbarkeit 235
V. Der Zusammenhang zwischen Europarechtsfreundlichkeit und Unionstreue 237
  1. Herleitung 237
  2. Bedeutung 240
    a. Grundsätzlich einseitige Verpflichtung gegenüber der Union 241
    b. Verfassungsrechtlich gesicherter materieller Mindestgehalt gegenüber Deutschland 242
    c. Prozessuale Perspektive 243
  3. Zwischenergebnis 244
VI. Zwischenergebnis 245
E. Übergreifende Loyalitätsgrundsätze 247
  I. Der Interorganrespekt 248
    1. Herleitung 249
    2. Anwendungsbereich 252
      a. Das Verhältnis zur Verfassungsorgantreue und Organadäquanz ... 252
        aa. Verfassungsorgantreue 252
        bb. Organadäquanz 253
        cc. Kompetenzeffektivität 255
        dd. Schlussfolgerungen für den Anwendungsbereich 256

    b. Das Verhältnis zu Bundestreue und Föderalismus 257
    c. Das Verhältnis zur Kommunaltreue und Verwaltungsorgantreue ... 259
    d. Schlussfolgerungen für den Anwendungsbereich des Interorganrespekts 259
  3. Funktionsweise 262
  4. Rechtsfolgen und Durchsetzbarkeit 264
  5. Zwischenergebnis 266
II. Gewaltenloyalität und kooperativer Verfassungssinn 266
  1. Herleitung 268
    a. Die Herleitungen nach Desens und Kloepfer 268
    b. Kritische Würdigung 270
    c. Zwischenergebnis 272
  2. Konkretisierungen 272
    a. Pressionen und Beschleunigung im Gesetzgebungsverfahren 273
    b. Bindungen zwischen Verwaltung und Rechtsprechung 273
      aa. Personelle Aspekte 274
      bb. Inhaltliche Aspekte 275
    c. Bindungen zwischen Gerichtsbarkeit und Gesetzgeber 277
      aa. Gewaltenloyalität und gesetzesüberholende Rechtsprechung ... 278
      bb. Gewaltenloyalität und rechtsprechungsüberholende Gesetzgebung 280
  3. Zwischenergebnis 284
F. Eigener Ansatz 287
  I. Herleitung 287
    1. Die Parallelen bestehender Loyalitätspflichten 287
      a. Treu und Glauben 287
      b. Gewaltenteilung 288
      c. Integration 290
      d. Zwischenergebnis 292
    2. Anwendung auf von den klassischen Grundsätzen nicht umfasste Staatsteile 293

3. Zwischenergebnis ... 296
4. Rechtsstaatsprinzip ... 296
   a. Zusammenhang mit der Gewaltenteilung im weiteren Sinne ... 297
   b. Zusammenhang mit Treu und Glauben ... 298
   c. Die rechtsstaatliche Funktion der Gewaltenloyalität ... 301
   d. Zwischenergebnis ... 301
II. Einordnung ... 301
   1. Spezifische Loyalitätsgebote ... 302
   2. Übergreifende Loyalitätsgebote ... 303
      a. Gewaltenloyalität und kooperativer Verfassungssinn ... 303
      b. Interorganrespekt ... 303
      c. Schlussfolgerungen ... 305
III. Voraussetzungen ... 306
   1. Objektive Voraussetzungen ... 306
      a. Personeller Anwendungsbereich ... 306
         aa. Die personale Eingrenzung durch die Gewaltenteilung ... 307
         bb. Die personale Eingrenzung durch den Staatsbezug ... 308
         cc. Konkretisierungen ... 311
      b. Sachlicher Anwendungsbereich ... 316
         aa. Inhaltliche Reichweite – Reserverechtssatz oder umfassendes Rechtsprinzip? ... 316
         bb. Verfassungsrechtsverhältnis? ... 319
   2. Subjektive Voraussetzungen ... 320
   3. Grenzen ... 321
IV. Funktionsweise ... 323
   1. Prinzipientheorie und Auslegungsfunktion ... 323
      a. Ausufern der Gewaltenloyalität durch Optimierung? ... 324
      b. Spielräume zwischen Gewaltentrennung und Loyalität ... 324
      c. Die Prinzipienkollision am Beispiel der Kritik am Bundesverfassungsgericht ... 326
   2. Prinzipientheorie und Rechtsausübungsschranke ... 327

3. Prinzipientheorie und Quelle für Rechte und Pflichten 330
 V. Rechtsfolgen und Durchsetzbarkeit 330
   1. Status quo der Debatte um die Justitiabilität von
      Loyalitätspflichten 330
   2. Systematisierung der „Ebenen" der Gewaltenloyalität 331
   3. Rechtsschutzmöglichkeiten 333
G. Resümee 335
Literaturverzeichnis 343

Abkürzungsverzeichnis

a.A. = anderer Ansicht

a.a.O. = am angegebenen Ort

ABl. = Amtsblatt

Abs. = Absatz

Abschn. = Abschnitt

abw. = abweichende

AEUV = Vertrag über die Arbeitsweise der Europäischen Union

a.E. = am Ende

a.F. = alte Fassung

AfK = Archiv für Kommunalwissenschaften

AK = Alternativkommentar

Alt. = Alternative

Anh. = Anhang

AöR = Archiv des öffentlichen Rechts

Art. = Artikel

Aufl. = Auflage

BAG = Bundesarbeitsgericht

BAnz. = Bundesanzeiger

BayGO = Gemeindeordnung für den Freistaat Bayern

BayKommZG = Gesetz über die kommunale Zusammenarbeit (Bayern)

BayVBl. = Bayerische Verwaltungsblätter

BayVerfGH = Bayerischer Verfassungsgerichtshof

BayVerfGHE = Entscheidungen des Verfassungsgerichtshofs für den Freistaat Bayern

BayVGH = Bayerischer Verwaltungsgerichtshof

BayVGHE = Entscheidungen des Bayerischen Verwaltungsgerichtshofs

BB = Betriebs-Berater

BBankG = Gesetz über die Deutsche Bundesbank

BBG = Bundesbeamtengesetz

BbgKVerf = Kommunalverfassung des Landes Brandenburg

BbgVerf = Verfassung des Landes Brandenburg
BeamtStG = Gesetz zur Regelung des Statusrechts der Beamtinnen und Beamten in den Ländern (Beamtenstatusgesetz)
Bearb. = Bearbeiter
BFH = Bundesfinanzhof
BGB = Bürgerliches Gesetzbuch
BGBl. = Bundesgesetzblatt
BGH = Bundesgerichtshof
BlnVerf = Verfassung von Berlin
BremVerf = Landesverfassung der Freien Hansestadt Bremen
BT-Drs. = Bundestags-Drucksache
BV (Schweiz) = Bundesverfassung der Schweiz
BV = Verfassung des Freistaates Bayern
BVerfG = Bundesverfassungsgericht
BVerfGE = Entscheidungen des Bundesverfassungsgerichts
BVerfGG = Bundesverfassungsgerichtsgesetz
BVerwG = Bundesverwaltungsgericht
BVerwGE = Entscheidungen des Bundesverwaltungsgerichts
BWGemO = Gemeindeordnung für Baden-Württemberg
BWVerf = Verfassung des Landes Baden-Württemberg
bzgl. = bezüglich
bzw. = beziehungsweise
ders./dies. = derselbe/dieselbe
DFGT = Deutscher Finanzgerichtstag
DGO = Deutsche Gemeindeordnung vom 30.01.1935, RGBl. I, 49
d.h. = das heißt
DÖV = Die öffentliche Verwaltung
DRZ = Deutsche Rechts-Zeitschrift
DStR = Deutsches Steuerrecht
DStZ = Deutsche Steuer-Zeitung
Dtl. = Deutschland
DV = Deutsche Verwaltung

DVBl. = Deutsches Verwaltungsblatt
DVP = Deutsche Verwaltungspraxis
EA = Europa-Archiv
ebd. = ebenda
EGKSV = Vertrag über die Gründung der Europäischen Gemeinschaft für Kohle und Stahl v. 18.04.1951
Einf. = Einführung
EL = Ergänzungslieferung
Entsch. = Entscheidung
EnWZ = Zeitschrift für das gesamte Recht der Energiewirtschaft
ESZB = Europäisches System der Zentralbanken
etc. = et cetera
EuG = Gericht der Europäischen Union
EuGH = Europäischer Gerichtshof
EuGRZ = Europäische Grundrechte-Zeitschrift
EuR = Europarecht
EUV = Vertrag über die Europäische Union
EUZBLG = Gesetz über die Zusammenarbeit von Bund und Ländern in Angelegenheiten der Europäischen Union
EUZW = Europäische Zeitschrift für Wirtschaftsrecht
EWG = Europäische Wirtschaftsgemeinschaft
f./ff. = folgende/fortfolgende
FG = Festgabe
Fn. = Fußnote
FR = FinanzRundschau
FS = Festschrift
GASP = Gemeinsame Außen- und Sicherheitspolitik
gem. = gemäß
GG = Grundgesetz der Bundesrepublik Deutschland
GKGBbg = Gesetz über kommunale Gemeinschaftsarbeit im Land Brandenburg
GKG-LSA = Gesetz über kommunale Gemeinschaftsarbeit (Sachsen-Anhalt)
GkG NRW = Gesetz über kommunale Gemeinschaftsarbeit (Nordrhein-Westfalen)

GKZ BW = Gesetz überkommunale Zusammenarbeit (Baden-Württemberg)

GkZ SH = Gesetz über kommunale Zusammenarbeit (Schleswig-Holstein)

GO = Gemeindeordnung für den Freistaat Bayern

GRCh = Charta der Grundrechte der Europäischen Union

GRUR Int. = Gewerblicher Rechtsschutz und Urheberrecht, Internationaler Teil

GS = Gedächtnisschrift

GV. NRW. = Gesetz- und Verordnungsblatt Nordrhein-Westfalen

HbgVerf = Verfassung der Freien und Hansestadt Hamburg

HbgVerfG = Hamburgisches Verfassungsgericht

Hdb. = Handbuch

HdbStR = Handbuch des Staatsrechts

HessGO = Hessische Gemeindeordnung

HessKGG = Gesetz über kommunale Gemeinschaftsarbeit (Hessen)

HessVGH = Hessischer Verwaltungsgerichtshof

h.M. = herrschende Meinung

Hrsg. = Herausgeber

Hs. = Halbsatz

HwO = Gesetz zur Ordnung des Handwerks

i.d.F. = in der Fassung

i.E. = im Ergebnis

i.e.S. = im engeren Sinne

i.R.d. = im Rahmen des

i.S.d./i.S.e./i.S.v. = im Sinne des/im Sinne einer/im Sinne von

i.Ü. = im Übrigen

i.V.m. = in Verbindung mit

i.w.S. = im weiteren Sinne

JA = Juristische Arbeitsblätter

jew. = jeweils

Jh. = Jahrhundert

JöR = Jahrbuch des öffentlichen Rechts der Gegenwart

Jura = Juristische Ausbildung

JuS = Juristische Schulung

JZ = Juristenzeitung

KommJuR = Kommunaljurist

KommR = Kommunalrecht

KomWG = Kommunalwahlgesetz Baden-Württemberg

KomZG RP = Landesgesetz über die kommunale Zusammenarbeit (Rheinland-Pfalz)

KritV = Kritische Vierteljahresschrift für Gesetzgebung und Rechtswissenschaft

KrO SH = Kreisordnung für Schleswig-Holstein

KStZ = Kommunale Steuerzeitschrift

KV MV = Kommunalverfassung für das Land Mecklenburg-Vorpommern

lit. = Buchstabe

LKrO = Landkreisordnung für den Freistaat Bayern

LKV = Landes- und Kommunalverwaltung

Ls. = Leitsatz

LSAVerf = Verfassung des Landes Sachsen-Anhalt

LSAVerfG = Verfassungsgericht des Landes Sachsen-Anhalt

LVerfGE = Entscheidungen der Verfassungsgerichte der Länder

m.E. = meines Erachtens

MHdB GesR = Münchener Handbuch des Gesellschaftsrechts

MVVerf = Verfassung des Landes Mecklenburg-Vorpommern

m.w.N. = mit weiteren Nachweisen

Nds = Niedersachsen

NdsKommZG = Niedersächsisches Gesetz über die kommunale Zusammenarbeit

NdsOVG = Oberverwaltungsgericht Niedersachsen

NdsVBl. = Niedersächsische Verwaltungsblätter

n.F. = neue Fassung

NJW = Neue Juristische Wochenschrift

NKomVG = Niedersächsisches Kommunalverfassungsgesetz

Nr. = Nummer

NRW = Nordrhein-Westfalen

NVwZ = Neue Zeitschrift für Verwaltungsrecht

NVwZ-RR = Neue Zeitschrift für Verwaltungsrecht – Rechtsprechungs-Report

o.Ä. = oder Ähnliches

OVG = Oberverwaltungsgericht

OVG RP = Oberverwaltungsgericht Rheinland-Pfalz

PVS = Politische Vierteljahresschrift

RdA = Recht der Arbeit

RGBl. = Reichsgesetzblatt

RhPfKomZG = Landesgesetz über die kommunale Zusammenarbeit des Landes Rheinland-Pfalz

RiA = Das Recht im Amt

RIW/AWD = Recht der internationalen Wirtschaft/Außenwirtschaftsdienst des Betriebs-Beraters

Rn. = Randnummer

RL = Richtlinie

Rspr. = Rechtsprechung

RV = Reichsverfassung

S. = Satz

S. = Seite

s. = siehe

SaarlKGG = Gesetz Nr. 1021 über die kommunale Gemeinschaftsarbeit (Saarland)

SaarlOVG = Oberverwaltungsgericht des Saarlandes

SächsKomZG = Sächsisches Gesetz über kommunale Zusammenarbeit

SächsOVG = Sächsisches Oberverwaltungsgericht

SächsVerf = Verfassung des Freistaates Sachsen

SächsVerfGH = Verfassungsgerichtshof des Freistaats Sachsen

SchlA. = Schlussantrag

SchlHGO = Gemeindeordnung für Schleswig-Holstein

SG = Gesetz über die Rechtsstellung der Soldaten (Soldatengesetz)

SHVerf = Verfassung des Landes Schleswig-Holstein

SKV = Staats- und Kommunalverwaltung

sog. = sogenannte(r)

Sp. = Spalte

st. Rspr. = ständige Rechtsprechung

Stbg = Die Steuerberatung

StbJb = Steuerberater-Jahrbuch

StGH = Staatsgerichtshof

StuW = Steuer und Wirtschaft

SVerf = Verfassung des Saarlandes

SystEinfKommRDtl. = Systematische Einführung zum Kommunalrecht Deutschlands

ThürKGG = Thüringer Gesetz über die kommunale Gemeinschaftsarbeit

ThürOVG = Oberverwaltungsgericht Thüringen

ThürVBl. = Thüringer Verwaltungsblätter

ThürVerf = Verfassung des Freistaats Thüringen

ThürVerfGH – Thüringer Verfassungsgerichtshof

u.a. = und andere/unter anderem

u.ä. = und Ähnliches

UAbs. = Unterabsatz

UPR = Umwelt- und Planungsrecht

usw. = und so weiter

u.U. unter Umständen

v. = vom

v.a. = vor allem

Var. = Variante

VBlBW = Verwaltungsblätter für Baden-Württemberg

v. Chr. = vor Christus

Verf NRW = Verfassung für das Land Nordrhein-Westfalen

VerfRP = Verfassung für Rheinland-Pfalz

VerfGH = Verfassungsgerichtshof

VerwArch = Verwaltungsarchiv

VG = Verwaltungsgericht

VGemO = Verwaltungsgemeinschaftsordnung für den Freistaat Bayern

VGH = Verwaltungsgerichtshof

VGH BW = Verwaltungsgerichtshof Baden-Württemberg

vgl. = vergleiche

VO = Verordnung

Vorb. = Vorbemerkung

VVDStRL = Veröffentlichungen der Vereinigung der Deutschen Staatsrechtslehrer

VwGO = Verwaltungsgerichtsordnung

VwVfG = Verwaltungsverfahrensgesetz

WiRO = Wirtschaft und Recht in Osteuropa. Zeitschrift zur Rechts- und Wirtschaftsentwicklung in den Staaten Mittel- und Osteuropas

WissR = Wissenschaftsrecht, Wissenschaftsverwaltung, Wissenschaftsförderung. Zeitschrift für Recht und Verwaltung der wissenschaftlichen Hochschulen und der wissenschaftspflegenden und -fördernden Organisationen und Stiftungen

WiVerw = Wirtschaft und Verwaltung

WRV = Weimarer Reichsverfassung

WVRK = Wiener Übereinkommen über das Recht der Verträge

ZaöRV = Zeitschrift für ausländisches öffentliches Recht und Völkerrecht

ZAR = Zeitschrift für Ausländerrecht und Ausländerpolitik

z.B. = zum Beispiel

ZBJV = Zeitschrift des Bernischen Juristenvereins

ZBR = Zeitschrift für Beamtenrecht

ZEuS = Zeitschrift für europäische Studien

ZfPW = Zeitschrift für die gesamte Privatrechtswissenschaft

ZG = Zeitschrift für Gesetzgebung

zit.: zitiert als

ZöR = Zeitschrift für öffentliches Recht

ZParl = Zeitschrift für Parlamentsfragen

ZRP = Zeitschrift für Rechtspolitik

Zwischenentsch. = Zwischenentscheidung

A. Einleitung

I. Einführende Gedanken

Im Jahr 1999 formulierte *Wilhelm Hennis:* „Integration durch Verfassung – das weckt Erwartungen, die von keiner modernen Verfassung unter den Bedingungen der Demokratie erfüllt werden können."[1] Die Integrationslehre *Smends* nimmt seit nunmehr etwa 100 Jahren eine bedeutsame Rolle im Staats- und Verfassungsrecht ein.[2] Doch viele der Integrationsfaktoren, welche *Smend* seinerzeit in den Vordergrund stellte, spielen heute nur noch eine untergeordnete Rolle oder verlieren seit Jahrzehnten stetig an Bedeutung.[3] Man denke nur – ohne dies bewerten zu wollen – an die schwindende Integrationsfähigkeit einzelner Führungspersönlichkeiten. Dies erfordert „neue" Faktoren, welche die Integrationskraft besitzen, aus einzelnen Menschen einen Staat zu formen bzw. diesen zu erhalten. In einer Gesellschaft, welche weniger vom Nationalstolz als vielmehr von gemeinsamen Werten, allen voran der objektiven Werteordnung der Grundrechte, dem Selbstverständnis von Individualität und Freiheit zusammengehalten wird,[4] drängt sich die Frage der Integration durch Verfassung[5] geradezu auf.

Einer der Bereiche, welcher immer wieder Rückgriff auf die Integrationslehre nimmt, ist derjenige der Loyalitätspflichten zwischen Staatsorganen und sonstigen staatlichen Untergliederungen.[6] Dieser ist geprägt von ungeschriebenem

---

[1] *Hennis,* JZ 1999, 485 (487).
[2] Grundlegend *Smend,* Verfassung und Verfassungsrecht (1928), in: ders., Staatsrechtliche Abhandlungen, 3. Aufl. 1994, S. 119; im Anschluss daran exemplarisch *Bartlsperger,* Die Integrationslehre, 1964; *Korioth,* Integration und Bundesstaat, 1990; *Schenke,* Die Verfassungsorgantreue, 1977, S. 26 ff.; mit zahlreichen Beiträgen zu diesem Themenkreis *Lhotta* (Hrsg.), Die Integration des modernen Staates, 2005.
[3] S. nur *Zippelius,* Allgemeine Staatslehre, 17. Aufl. 2017, § 7 III.
[4] Vgl. *Böckenförde,* Staat, Verfassung, Demokratie, 1991, S. 47 ff.; *Herzog,* Der Integrationsgedanke und die obersten Staatsorgane, 1986, S. 12; *Schaal,* Integration durch Verfassung, 2000, S. 115 ff., 180 ff.; s. jedoch zur Schwächung auch dieser Faktoren nur *Loewenstein,* Verfassungslehre, 3. Aufl. 1975, S. 162 ff.
[5] Vgl. hierzu nur *Böckenförde,* Staat, Verfassung, Demokratie, 1991, S. 48 ff.; *Bühler,* Das Integrative der Verfassung, 2011; *Dreier,* in: FS Schneider, 2008, S. 70 (79 f.); *Droege,* in: Evangelisches Staatslexikon, 4. Aufl. 2006, Integration, Sp. 1020 f.; *Göhler,* in: ders., Die Eigenart politischer Institutionen, 1994, S. 19 (38 f.); *Heller,* Staatslehre, 1970, insb. S. 194, 269; *Hennis,* JZ 1999, 485; *Hesse,* Grundzüge des Verfassungsrechts, 20. Aufl. 1999, § 1 Rn. 5 ff.; *Preuß,* in: ders., Zum Begriff der Verfassung, 1994, S. 7 (8 ff.); *Schaal,* Integration durch Verfassung, 2000; zahlreiche Beiträge hierzu von Vorländer u.a., in: Vorländer, Integration, 2002; ohne die Integrationsterminologie, aber in der Sache auch *Loewenstein,* Verfassungslehre, 3. Aufl. 1975, S. 162 ff.
[6] Beispielsweise *Benrath,* Die Konkretisierung von Loyalitätspflichten, 2019, S. 45; *Desens,* Bindung der Finanzverwaltung, S. 265; *Korioth,* Integration und Bundesstaat, 1990, passim; *Lorz,* Interorganrespekt, 2001, passim.

Recht, welches mal mehr, mal weniger deutlich aus den jeweiligen Verfassungen bzw. grundlegenden Kodifikationen hervorgeht. Dabei stellen diese einen nicht unwesentlichen Aspekt für die Funktionsfähigkeit des Staates dar.[7] Dies ist nicht lediglich ein Selbstzweck, sondern vielmehr eine Verpflichtung gegenüber dem Volk.

Gerade in neuerer Zeit zeigt sich immer mehr eine Tendenz, diese Loyalitätspflichten auszubauen hin zu einem allgemeinen und umfassenden Prinzip. Zu nennen sind insbesondere die folgenden Ansätze: Schon früh hat *Michael Kloepfer* die Forderung einer umfassenden Idee loyaler Zuständigkeitswahrnehmung, innerhalb derer die Bundestreue und folglich auch andere Ausprägungen von Loyalitätspflichten Einzelaspekte darstellen, in den Raum gestellt.[8] Weiter wäre die Idee des Interorganrespekts zu nennen, welcher sich *Ralph Alexander Lorz* intensiv gewidmet hat.[9] Zuletzt ist das Prinzip der Gewaltenloyalität zu nennen, welches insbesondere auf *Marc Desens* zurückgeführt werden kann.[10]

Diesen Ansätzen ist gemein, dass sie diverse überkommene Grundsätze wie die Bundestreue oder die Verfassungsorgantreue aufgreifen, jedoch erkennen, dass derartige Teilregelungen unzureichend sind. Legt man derartige Sichtweisen zugrunde, mag bereits an dieser Stelle *Hennis'* Aussage kritisch hinterfragt werden. Denn gerade in Zeiten, in denen staatliche Untergliederungen vermehrt gegeneinander arbeiten, um spezifische Einzelinteressen zu verwirklichen, bedarf es einer entgegenwirkenden Kraft, welche die Einheit des Staates sichert. So partiell die Betrachtung also sein mag, erscheint die Rolle der Verfassung bei der Integration als integraler Bestandteil.

II. Aufgabenstellung

Wie die gemeinsamen Wurzeln ist jedoch den zuvor genannten Ansätzen auch gemein, dass sie noch eine Vielzahl entscheidender Fragen offenlassen. So beschränkt sich selbst *Lorz*, welcher sich mit Abstand am umfassendsten zu dieser Frage geäußert hat, auf die horizontale Ebene des Interorganrespekts zwischen den obersten Staatsorganen zugunsten einer ausgeprägten Darstellung ein-

---

[7] S. nur BVerfG, Urt. v. 01.12.1954 – 2 BvG 1/54 = BVerfGE 4, 115 (141 f.); BVerfG, Urt. v. 04.11.1986 – 1 BvF 1/84 = BVerfGE 73, 118 (197); abw. Meinung Di Fabio und Mellinghoff zu BVerfG, Urt. v. 19.02.2002 – 2 BvG 2/00 = BVerfGE 104, 249, 273 (282); *Grzeszick*, in: Dürig/Herzog/Scholz GG, Art. 20 IV. Rn. 132; *Jestaedt*, in: Isensee/Kirchhof, HdbStR II, 3. Aufl. 2004, § 29 Rn. 73; *Starski*, in: Kahl/Ludwigs, Hdb. Verwaltungsrecht, Bd. 3, 2022, § 79 Rn. 6; vgl. auch *Lorz*, Interorganrespekt, 2001, S. 595 ff.; *Schenke*, Die Verfassungsorgantreue, 1977, S. 26 ff.
[8] Kloepfer, Vorwirkung von Gesetzen, 1974, S. 52 ff.; Kloepfer, Der Staat 13 (1974), 457 (468 f.).
[9] *Lorz*, Interorganrespekt, 2001.
[10] *Desens*, Bindung der Finanzverwaltung, 2011, S. 261 ff.

schlägiger Anwendungsbereiche und einer rechtsvergleichenden Perspektive.[11] Ziel dieser Arbeit soll daher sein, zunächst die bestehenden Ausprägungen von Loyalitätspflichten darzustellen und sodann die übergreifenden Ansätze zusammenzuführen. Dabei ist es selbstverständlich nicht möglich, eine umfassende Darstellung der Anwendungsbereiche durchzuführen. Vielmehr konzentriert sich die vorliegende Befassung auf eine dogmatische Begründung eines umfassenden Prinzips sowie eher abstrakte Darstellungen des Anwendungsbereiches.

Die Untersuchung beschäftigt sich im Kern mit der Loyalität zwischen den Gliederungen im Verfassungssystem der Bundesrepublik Deutschland. Jedoch wird vergleichend auch der Grundsatz loyaler Zusammenarbeit nach den Verträgen der Europäischen Union behandelt. Dabei werden diverse Probleme, welche teilweise allen Loyalitätsgeboten gemein sind, teilweise spezifisch bei der Schaffung eines übergreifenden Prinzips auftreten, aufgegriffen und der Versuch einer Lösung unternommen. Zu nennen sind insbesondere schwierige Bestimmbarkeit und Fassbarkeit.[12] Ähnlich wie dem allgemeinen Prinzip von Treu und Glauben haftet den Loyalitätspflichten ein hoher Abstraktionsgrad an. Dadurch wird nicht nur die Anwendung auf den konkreten Einzelfall erschwert, sondern auch Raum für Missbrauchspotentiale eröffnet, welche die Loyalitätsgebote gerade verhindern wollen. So liegt die Gefahr einer uferlosen Ausdehnung nach Belieben des Rechtsanwenders nahe, um ein bestimmtes gewünschtes Ergebnis zu erreichen. Dies wurde bereits im Zusammenhang mit überschaubareren Grundsätzen wie Bundestreue oder Verfassungsorgantreue kritisiert.[13] Mit zunehmender Verallgemeinerung und Ausdehnung der Loyalitätsgebote verschärft sich das Problem jedoch weiter, weshalb es eines Korsetts bedarf, welches einen derart übergreifenden Grundsatz beschränkt und handhabbar macht.

Eng damit verwandt ist auch das Problem mangelnder Differenzierung zwischen den Dimensionen der unterschiedlichen Gebote. So wird besonders mit höherem Abstraktionsgrad zunehmend unklar, was justiziabler Rechtssatz, was politisches Gebot und was nur Mahnung und Appell an die jeweiligen Staatsteile und Amtswalter sein soll. Im Sinne der Rechtsklarheit gilt es daher ein System zu etablieren, welches eine ordentliche Differenzierung zu gewährleisten vermag.

---

[11] S. zu den diversen Beschränkungen *Lorz*, Interorganrespekt, 2001, S. 9 f.
[12] Vgl. nur *Bauer*, Die Bundestreue, 1992, S. 367 f. m.w.N.; *Desens*, Bindung der Finanzverwaltung, 2011, S. 271 f.
[13] S. exemplarisch *Pestalozza*, Formenmißbrauch des Staates, 1973, S. 99 ff.

III. Bestandsaufnahme

Im Bereich der Loyalitätspflichten hat sich mittlerweile eine beinahe unüberschaubare Masse an Begrifflichkeiten herausgebildet, welche teilweise synonym verwendet werden, teilweise weitgehend deckungsgleich sind und teilweise im Verhältnis von Über- und Unterprinzip oder Schwesterprinzipien stehen. Zu unterscheiden ist zunächst zwischen bereichsspezifischen und übergreifenden Prinzipien, die für das gesamte Staatsrecht und sogar darüber hinaus Geltung beanspruchen. Die bereichsspezifischen Prinzipien stehen hingegen nebeneinander und haben grundsätzlich keine Überschneidungsbereiche, stellen aber teilweise einen Unteraspekt der übergreifenden Prinzipien dar.

Zu den bereichsspezifischen Prinzipien zählen insbesondere die Bundestreue,[14] die Verfassungsorgantreue[15] und das gemeindefreundliche Verhalten.[16] Zu den übergreifenden Prinzipien zählen der kooperative Verfassungssinn,[17] der Interorganrespekt[18] sowie die Gewaltenloyalität[19].

Jedoch ist die Terminologie über Literatur und Rechtsprechung hinweg uneinheitlich. So finden sich zahlreiche Synonyme für diese Begriffe. Statt von der „Bundestreue"[20] wird oftmals auch von der Pflicht bzw. dem Grundsatz „bundesfreundlichen Verhaltens",[21] welche das Bundesverfassungsgericht präferiert,[22] oder dem „bündnisfreundlichen Verhalten",[23] dem „Grundsatz der bundes-

---

[14] Grundlegend hierzu z.B. *Bauer*, Die Bundestreue, 1992; *Bayer*, Die Bundestreue, 1961.
[15] Grundlegend hierzu *Schenke*, Die Verfassungsorgantreue, 1977; *Schenke*, in: FS Brugger, S. 523 ff.
[16] Grundlegend hierzu *von Kempis*, Die Treuepflicht zwischen Gemeinden und Staat und der Gemeinden untereinander, 1970; *Macher*, Der Grundsatz des gemeindefreundlichen Verhaltens, 1971.
[17] *Kloepfer*, Vorwirkung von Gesetzen, 1974, 52 ff. m.w.N.; *Kloepfer*, Der Staat 13 (1974), 457 (468 f.); ähnlich schon *Bachof*, Verfassungswidrige Verfassungsnormen, 1951, S. 43; *Huber*, in: FG Schweizer Juristenverein, 1955, S. 95 (103); *Ipsen*, DV 1949, 486 (490) jew. m.w.N.
[18] *Lorz*, Interorganrespekt, 2001.
[19] *Desens*, Bindung der Finanzverwaltung, 2011, S. 261 ff.
[20] Dieser Begriff findet sich beispielsweise in BVerfG, Urt. v. 26.07.1972 – 2 BvF 1/71 = BVerfGE 34, 9 (44).
[21] So beispielsweise BVerfG, Urt. v. 27.07.1971 – 2 BvF 1/68, 2 BvR 702/68 = BVerfGE 31, 314 (354 f.); BVerfG, Urt. v. 19.02.2002 – 2 BvG 2/00 = BVerfGE 104, 249 (269 f.); in der Literatur *Faller*, in: FS Maunz, 1981, S. 53 (56 Fn. 9); *Jarass*, in: Jarass/Pieroth GG, Art. 20 Rn. 24; *Kaiser*, DÖV 1961, 653; *Smend*, Verfassung und Verfassungsrecht (1928), in: ders., Staatsrechtliche Abhandlungen, 3. Aufl. 1994, S. 119 (272).
[22] Seit BVerfG, Urt. v. 21.05.1952 – 2 BvH 2/52 = BVerfGE 1, 299 (315) regelmäßig, z.B. BVerfG, Urt. v. 28.02.1961 – 2 BvG 1, 2/60 = BVerfGE 12, 205.
[23] *Stern*, StaatsR Bd. 1, 2. Aufl. 1984, S. 700 Fn. 311, welcher jedoch mangels „Bündnis" ebenso wie der Begriff der „Vertragstreue" unter dem Grundgesetz nicht mehr passend ist, s. dazu unten B.II.1.b.; von einem „Bündnis" spricht auch noch BVerfG, Urt. v. 21.05.1952 – 2 BvH 2/52 = BVerfGE 1, 299 (315).

freundlichen Gesinnung",[24] der „bundesfreundlichen Haltung",[25] der „bundesstaatlichen bona fides",[26] dem „Bundessinn"[27], der Bundesstaatstreue[28], dem „föderativen Sprachgebrauch bzw. Stil",[29] der „Ländertreue",[30] „bundesstaatlicher Loyalität"[31] oder dem „gemeinschaftsfreundlichen Verhalten"[32] gesprochen. Inhaltliche Unterschiede bestehen dabei im Wesentlichen jedenfalls nicht aufgrund der Terminologie,[33] sondern allenfalls wegen des zeitlichen Wandels oder aufgrund unterschiedlicher Nuancierung des Prinzips. Begriffe wie die „Pflicht zu bundesstaatlicher Zusammenarbeit" oder „bundesstaatliche Rücksichtnahme" werden indessen teils ebenfalls synonym verwendet, stellen aber eigentlich Unterfälle der Bundestreue dar.[34]

Ebenso verhält es sich mit dem Begriff der Verfassungsorgantreue,[35] welche jedoch auch diverse Synonyme findet, z.B. die schlichte Verkürzung zur „Organtreue",[36] welche jedoch eine Verwechslung mit anderen Organtreuepflichten oder übergreifenden Prinzipien, welche häufig auch schlicht als Organtreue bezeichnet werden,[37] provoziert, die „Pflicht zur Rücksichtnahme eines Bundesorgans auf andere Bundesorgane"[38], die „interorganfreundlichen Verhaltenspflich-

---

[24] *Smend,* Ungeschriebenes Verfassungsrecht (1916), in: ders., Staatsrechtliche Abhandlungen, 3. Aufl. 1994, S. 39 (51), der jedoch am selben Orte auch zahlreiche weitere Begriffe verwendet, z.B. „Vertragstreue" oder „Bundestreue".
[25] *Smend,* Verfassung und Verfassungsrecht (1928), in: ders., Staatsrechtliche Abhandlungen, 3. Aufl. 1994, S. 119 (271).
[26] *Smend,* Verfassung und Verfassungsrecht (1928), in: ders., Staatsrechtliche Abhandlungen, 3. Aufl. 1994, S. 119 (272).
[27] *Lerche,* VVDStRL 21 (1964), 66 (88).
[28] *Faller,* in: FS Maunz, 1981, S. 53 (56 Fn. 9) mit Blick auf die Gegenseitigkeit der Pflicht.
[29] *Kowalsky,* Die Rechtsgrundlagen der Bundestreue, 1970, S. 3; *Smend,* Ungeschriebenes Verfassungsrecht (1916), in: ders., Staatsrechtliche Abhandlungen, 3. Aufl. 1994, S. 39 (49).
[30] *Wipfelder,* VBlBW 1982, 394 (396).
[31] *Roellecke,* in: Umbach/Clemens GG, Art. 20 Rn. 41.
[32] *Grzeszick,* in: Dürig/Herzog/Scholz GG, Art. 20 IV. Rn. 130; *Isensee,* in: Isensee/Kirchhof, HdbStR VI, 3. Aufl. 2008, § 126 Rn. 160; *Stern,* StaatsR Bd. 1, 2. Aufl. 1984, S. 700.
[33] Vgl. *Isensee,* in: Isensee/Kirchhof, HdbStR, VI, 3. Aufl. 2008, § 126 Rn. 160; *Schröcker,* Der Staat 5 (1966), 315 (334).
[34] *Robbers,* in: BK GG, Art. 20 Rn. 975 f.
[35] Wohl am stärksten geprägt und popularisiert durch *Schenke,* Die Verfassungsorgantreue, 1977, s. exemplarisch auch *Grzeszick,* in: Dürig/Herzog/Scholz GG, Art. 20 IV. Rn. 136; *Lorz,* Interorganrespekt, 2001, S. 33 ff.; *Peters,* NVwZ 2020, 1550 (1551, 1556); *Schenke,* in: GS Brugger, 2013, S. 523 ff.; *Voßkuhle,* NJW 1997, 2216 ff.
[36] So z.B. BVerfG, Beschl. v. 14.10.1970 – 1 BvR 307/68 = BVerfGE 29, 221 (233); BVerfG, Urt. v. 12.10.1993 – 2 BvR 2134, 2159/92 = BVerfGE 89, 155 (191); OVG NRW, Beschl. v. 19.08.2011 – 15 A 1555/11 = BeckRS 2011, 53669; *Koepsell,* Exekutiver Ungehorsam, 2023, S. 32; *Sommermann,* in: v. Mangoldt/Klein/Starck GG, Art. 20 Rn. 225.
[37] Beispielsweise unterscheidet *Robbers,* in: BK GG, Art. 20 Rn. 3231 f. zwischen Organtreue und Verfassungsorgantreue, wobei die Verfassungsorgantreue Konkretisierung der Organtreue sei; weiter bezeichnet die Organtreue Loyalitätsgebote zwischen Verwaltungsorganen, s. nur *Schaaf,* DVP 2021, 431 ff.
[38] So *Schneider,* in: FS Müller, 1970, S. 421 (422).

ten"[39] oder „Loyalitätspflicht der Staatsorgane"[40]. Auch hierbei sind, die Begriffe im Wesentlichen deckungsgleich, wenn auch über den Umfang des Adressatenkreises Unklarheiten oder Differenzen auftreten mögen.

Auf Unionsebene kursieren insbesondere die Begriffe der „Unionstreue"[41] oder „Gemeinschaftstreue"[42], des „gemeinschaftsfreundlichen Verhaltens"[43], des „Grundsatzes gegenseitiger Loyalität"[44], der „Pflicht zur Solidarität"[45] sowie dem Grundsatz oder der Pflicht der „loyalen Zusammenarbeit"[46].[47] Letzterer findet sich nunmehr auch im Wortlaut des Art. 4 Abs. 3 EUV sowie leicht abgewandelt in Art. 13 Abs. 2 S. 2 EUV („arbeiten loyal zusammen").

Die Begriffsverwendung auf Kommunalebene ist ebenfalls nicht einheitlich. Hier sind insbesondere die Begriffe der „Gemeindetreue"[48] oder des „gemeindefreundlichen Verhaltens"[49] bzw. des „kommunalfreundlichen Verhaltens"[50] an-

---

[39] *Herzog/Pietzner*, Beteiligung des Parlaments (Gutachten), 1979, S. 87.
[40] So *Pestalozza*, Formenmißbrauch des Staates, 1973, S. 99.
[41] GA *Kokott*, SchlA. zu EuGH, Urt. v. 22.11.2012, C-116/11, ECLI:EU:C:2012:308, Rn. 66 (Bank Handlowy/Adamiak); *Oppermann/Classen/Nettesheim*, Europarecht, 9. Aufl. 2021, § 4 Rn. 28; *Schroeder*, Grundkurs Europarecht, 7. Aufl. 2021, § 4 Rn. 25; *Starski*, in: Kahl/Ludwigs, Hdb. Verwaltungsrecht, Bd. 3, 2022, § 79 Rn. 30; *Unruh*, EuR 2002, 41 ff.; *Wittreck*, in: Härtel, Föderalismus Hdb. Bd. 1, 2012, S. 497 (506).
[42] BVerfG, Beschl. v. 08.04.1987 – 2 BvR 687/85 = BVerfGE 75, 223 (237); *Bauer*, Die Bundestreue, 1992, S. 210 ff.; *Bernhardt*, Verfassungsprinzipien, 1987, S. 191; *Bleckmann*, DVBl. 1976, 483 ff.; *v. Danwitz*, Europäisches Verwaltungsrecht, 2008, S. 475; *Everling*, DVBl. 1983, 649 (651); *Hilf*, ZaöRV 35 (1975), 51 (58); *Wittreck*, in: Härtel, Föderalismus Hdb. Bd. 1, 2012, S. 497 (506 f.); *Woelk*, ZöR 52 (1997), 527 (541).
[43] *Bernhardt*, Verfassungsprinzipien, 1987, S. 191.
[44] *Oppermann/Classen/Nettesheim*, Europarecht, 9. Aufl. 2021, § 4 Rn. 28.
[45] Insbesondere in der älteren Rechtsprechung des EuGH, s. beispielsweise EuGH, Urt. v. 10.12.1969, C-6 u. 11/69, ECLI:EU:C:1969:68, Rn. 14, 17 (Kommission/Frankreich); EuGH, Urt. v. 07.02. 1973, C-39/72, ECLI:EU:C:1973:13, Rn. 25 (Kommission/Italien).
[46] So beispielsweise EuGH, Urt. v. 15.01.1986, C-44/84, ECLI:EU:C:1986:2, Rn. 38 (Hurd); EuGH, Urt. v. 05.04.1990, C-6/89, ECLI:EU:C:1990:166, Ls. 1 (Kommission/Belgien); EuGH, Urt. v. 19.02.1991, C-374/89, ECLI:EU:C:1991:60, Rn. 15 (Kommission/Belgien); EuGH, Urt. v. 03.10.2013, C-298/12, ECLI:EU:C:2013:630, Rn. 37 (Confédération paysanne; EuGH, Urt. v. 15.04.2021, C-935/19, ECLI:EU:C:2021:287, Rn. 22 (Grupa Warzywna); *v. Danwitz*, Europäisches Verwaltungsrecht, 2008, S. 198, 475, 552.
[47] Begrifflichkeiten außerhalb des deutschsprachigen EU-Gebietes sollen hier außer Betracht bleiben, lauten aber jeweils im Wesentlichen ähnlich, vgl. zur Terminologie *Kroll*, Eine Pflicht zum Finanzausgleich, 2019, S. 277 f.
[48] So *Beckermann*, NdsVBl. 2018, 37 (39); *Bethge*, in: Schmidt-Bleibtreu/Klein/Bethge BVerfGG, § 90 Rn. 93; *Brohm*, DVBl. 1980, 653 (655); *Brohm*, DÖV 1989, 429 (435); *Ingold*, Erstplanungspflichten, 2007, S. 243; *Schmidt*, Die Beschränkung kommunalen Planungsermessens, 2013, S. 223 ff.; *Stern*, AfK 3 (1964), 81 (93); *Stern*, StaatsR Bd. 1, 2. Aufl. 1984, S. 419.
[49] So BayVerfGH, Entsch. v. 15.12.1988 – Vf. 70-VI-86 = BayVerfGHE 41, 140 (148); *Dietlein*, in: BeckOK KommR BW, SystEinfKommRDtl., Rn. 28; *Kalscheuer/Harding*, NVwZ 2017, 1506 (1507 f.); *v. Kempis*, Die Treuepflicht zwischen Gemeinden und Staat, 1970, passim; *Macher*, Der Grundsatz des gemeindefreundlichen Verhaltens, 1971; *Mehde*, in: Dürig/Herzog/Scholz GG, Art. 28 Rn. 153, 326; *Wolff*, in: Lindner/Möstl/Wolff BV, Art. 11 Rn. 27, 34, Art. 83 Rn. 134.
[50] *Mehde*, in: Dürig/Herzog/Scholz GG, Art. 28 Rn. 326.

zutreffen. Der Begriff des „interkommunalen Abstimmungsgebotes"[51] ist ebenfalls in diesen Zusammenhang einzuordnen, betrifft jedoch nur das Verhältnis zwischen den Kommunen.[52] Daneben findet sich die kommunale Organtreue, welche die Beziehungen zwischen den Kommunalorganen betrifft.

Über all dies hinaus geht der Begriff des „einbindenden, kooperativen Verfassungssinns"[53]. Dieser meint einen übergeordneten Begriff, welcher mehrere der zuvor genannten Prinzipien umfasst. *Kloepfer* beginnt seine Darstellung mit Ausführungen zum Prinzip der Bundestreue, sieht in dieser jedoch nur einen Einzelaspekt einer umfassenden Idee loyaler Zuständigkeitswahrnehmung.[54] Im Ergebnis betrachtet er ebenso jedenfalls die Verfassungsorgantreue als Einzelaspekt dieser Idee.[55] Zudem umfasse der Begriff nach *Kloepfer* den Grundsatz des gemeindefreundlichen Verhaltens sowie der „Gemeinschaftstreue".[56]

Begrifflich steht dem der Terminus der Gewaltenloyalität sehr nahe. Im Zentrum der Gewaltenloyalität stehen die Beziehungen zwischen Legislative, Exekutive und Judikative. Darüber hinaus wird indes eine umfassende Loyalitätspflicht nahegelegt, welche diverse Subprinzipien einbindet, was nicht zuletzt deshalb konsequent erscheint, da *Desens* bei der Herleitung des Prinzips der Gewaltenloyalität explizit einen engen Bezug zum kooperativen Verfassungssinn herstellt.[57] In dieselbe Richtung weist der Begriff der Gewaltentreue, welcher sich im Wesentlichen mit der Gewaltenloyalität deckt.[58] Schließlich unterfällt auch der Begriff des Interorganrespekts dieser Kategorie. Dieser wirkt begrifflich wie ein Synonym der Verfassungsorgantreue, geht allerdings inhaltlich über diese hinaus, indem sie den Anspruch erhebt, ein umfassendes Prinzip darzustellen.[59]

Bereinigt man die Übersicht um die Begriffe, welche sich bloß abhängig von einzelnen Ansichten zu deren materiellem Gehalt unterscheiden, im Wesentlichen aber Synonyme darstellen, präsentiert sich damit eine überschaubare Palette abgrenzbarer Prinzipien. Auf eine uferlose Untersuchung der inhaltlichen

---

[51] BVerwG, Urt. v. 01.08.2002 – 4 C 5/01 = BVerwGE 117, 25 (32); *Hornmann*, in: BeckOK BauGB, § 203 Rn. 1; *Stüer*, Hdb. Bau- und Fachplanungsrecht, 5. Aufl. 2015, Rn. 262 ff.; ähnlich BayVGH, Urt. v. 04.09.1984 – 1 B 82 A.439 = BayVGHE 37, 105 ff.
[52] *Sauer*, Jurisdiktionskonflikte, 2008, S. 384.
[53] *Kloepfer*, Vorwirkung von Gesetzen, 1974, S. 53.
[54] *Kloepfer*, Vorwirkung von Gesetzen, 1974, S. 52 ff.
[55] *Kloepfer*, Vorwirkung von Gesetzen, 1974, S. 52 ff.; in Fn. 206 ausdrücklich entgegen der a.A. *Bayer*, Die Bundestreue, 1961, S. 56.
[56] *Kloepfer*, Vorwirkung von Gesetzen, 1974, S. 53 f. Fn. 206 m.w.N. und abw. Ansichten.
[57] *Desens*, Bindung der Finanzverwaltung, 2011, S. 267 f.
[58] *Koepsell*, Exekutiver Ungehorsam, 2023, S. 35 f., welcher den maßgeblichen Unterschied seiner Konzeption der Gewaltentreue im Vergleich zu *Desens´* Gewaltenloyalität in der Offenlegung der Analogie bzw. zumindest engen Verwandtschaft zur Verfassungsorgantreue sieht, ebd. Fn. 55.
[59] *Lorz*, Interorganrespekt, 2001, S. 91.

und begrifflichen Spannbreite soll deshalb verzichtet werden. Vielmehr ist eine Konzentration auf die folgenden Topoi angezeigt: Bundestreue, Verfassungsorgantreue, Kommunaltreue und kommunale Organtreue, Unionstreue, Interorganrespekt, kooperativer Verfassungssinn und Gewaltenloyalität.

B. Historie

Zunächst bedarf es einer Betrachtung der geschichtlichen Entwicklungen der Loyalitätsgebote, um einerseits einen zeitlichen Rahmen für das Verständnis der behandelten Begrifflichkeiten abzustecken und andererseits die geschichtlichen Zusammenhänge zu erfassen. Die Loyalitätsgebote im Staatsrecht haben sich über einen Zeitraum von deutlich über einem Jahrhundert entwickelt. Hierbei zeigt sich ein Wandel, welcher nahezu diametral von einer Ablehnung derartiger Prinzipien im Staatsrecht hin zu einer Vereinheitlichung und übergreifenden Anwendung führt. Die Entstehung und der besagte Wandel sollen im Folgenden dargestellt werden.

I. Die Zeit vor dem Grundgesetz

Ihren Ursprung fanden die hier in Frage stehenden innerstaatlichen Loyalitätspflichten im öffentlichen Recht am Ende des 19. bzw. zu Beginn des 20. Jahrhunderts. Die Bestimmung einer exakten Geburtsstunde gestaltet sich indes schwierig. Der erste Vertreter ihrer Art war die Bundestreue.[60] Schon bei dieser ist umstritten, worin sie ihren Ursprung fand.[61] So wird dieser teilweise bereits in der Zeit des Deutschen Bundes oder gar des Heiligen Römischen Reiches gesehen.[62] Diese weisen zahlreiche Anhaltspunkte auf – beispielsweise die Treuebindungen im Lehensstaat, Art. VIII § 2 Instrumentum Pacis Osnabrugensis[63] oder Art. XI Abs. 3 der Bundesakte[64] von 1815 – welche jeweils als Ausprägung des Gedankens der Bundestreue gesehen werden könnten, womit eine weit zurückreichende und ansatzweise kontinuierliche Tradition bescheinigt werden könnte.[65] Dennoch können diese aufgrund des Fehlens eines bundes-

---

[60] Die geschichtlichen Entwicklungen der Bundestreue ausführlich darstellend *Bauer*, Die Bundestreue, 1992, S. 30 ff.; *Bayer*, Die Bundestreue, 1961, S. 3 ff.; *Korioth*, Integration und Bundesstaat, 1990, S. 20 ff.; s.a. *Lorz*, Interorganrespekt, 2001, S. 12 ff.
[61] Vgl. *Bauer*, Die Bundestreue, 1992, S. 30.
[62] Darstellend *Bauer*, Die Bundestreue, 1992, S. 31 ff.; *Lorz*, Interorganrespekt, 2001, S. 13 ff. jeweils m.w.N.; *Robbers*, BK GG, Art. 20 Rn. 977; Grundtendenz bereits im mittelalterlichen Lehnsstaat, aber explizite Verneinung des Zurückgehens der Bundestreue auf den Lehnseid, *Kowalsky*, Die Rechtsgrundlagen der Bundestreue, S. 9 f.; *Poscher*, in: Herdegen/Masing/Poscher/Gärditz, Hdb. VerfR, 2021, § 3 Rn. 117, jedoch nicht in seiner „verfassungsrechtsdogmatischen Form".
[63] „[...] Bündnisse zu schließen, jedoch in der Weise, daß sich solche Bündnisse nicht gegen den Kaiser, gegen das Reich [...] richten [...]".
[64] „Die Bundesglieder machen sich ebenfalls verbindlich, einander unter keinerlei Vorwand zu bekriegen, noch ihre Streitigkeiten mit Gewalt zu verfolgen, sondern sie bei der Bundesversammlung anzubringen. Dieser liegt alsdann ob, die Vermittlung durch einen Ausschuß zu versuchen; falls dieser Versuch fehlschlagen sollte, und demnach eine richterliche Entscheidung nothwendig würde, solche durch eine wohlgeordnete Austrägal-Instanz zu bewirken, deren Ausspruch die streitenden Theile sich sofort zu unterwerfen haben."
[65] *Bauer*, Die Bundestreue, 1992, S. 31 ff. m.w.N.

staatlichen Charakters sowie aufgrund mangelnder Kontinuität allenfalls als Vorläufer sowohl der frühen als auch der modernen Ausprägungen der Bundestreue angesehen werden.[66] Überwiegend sieht man den Ursprung der Bundestreue damit zu Recht im Deutschen Reich von 1871.[67]

1. Das Deutsche Reich von 1871

Der Anstoß für den heute bestehenden Grundsatz der Bundestreue ist ironischerweise gerade ein Umstand, welcher heute keinen Bestand mehr hat und folglich für die Bundestreue nicht mehr herangezogen werden kann: Die vertragsmäßigen Grundlagen des Reiches.[68]

a. Die Staatspraxis des Deutschen Reiches von 1871

Die Staatspraxis, insbesondere *Bismarck*, sah diesen vertragsmäßigen Grundlagen entsprechend das Reich als bundesvertragliche Vereinigung der Regierungen.[69] So betont *Bismarck* wiederholt seine Auffassung, dass die Verträge fortdauernd als Grundlage des Reiches dienten.[70] Aus diesen Verträgen wird sodann auch das ihnen innewohnende Prinzip der Treue entnommen.[71] Dabei berief sich *Bismarck* regelmäßig auf die Bundestreue, wodurch er auf den ersten Blick den Anschein erweckte, ein großer Befürworter des Föderalismus zu sein.[72] Gerade das Gegenteil ist der Fall: So diente die ständige Erinnerung *Bismarcks* an den Beitrag der Einzelstaaten zum Aufbau des Reiches vielmehr dem Zweck, dass die Landesfürsten immer mehr auf ihre Eigenstaatlichkeit verzichteten.[73] Darüber hinaus sah *Bismarck* Föderalismus und Parlamentarismus als miteinander unvereinbar an und gedachte, so den Parlamentarismus abzuwenden.[74] Mithin kann auch festgehalten werden, dass trotz diverser Aussagen

---

[66] *Bauer*, Die Bundestreue, 1992, S. 35 m.w.N.
[67] *Bauer*, Die Bundestreue, 1992, S. 36 ff.; *Bayer*, Die Bundestreue, 1961, S. 3 ff.; *Lorz*, Interorganrespekt, 2001, S. 13; *Poscher*, in: Herdegen/Masing/Poscher/Gärditz, Hdb. VerfR, 2021, § 3 Rn. 117.
[68] Gemeint sind damit die Bündnisverträge zwischen den beteiligten Regierungen von 1866 (Augustverträge) und 1870 (Novemberverträge); vgl. *Bauer*, Die Bundestreue, 1992, S. 39 f.; *Bayer*, Die Bundestreue, 1961, S. 3 ff.; *Korioth*, Integration und Bundesstaat, 1990, S. 20 ff.; *Smend*, Ungeschriebenes Verfassungsrecht (1916), in: ders., Staatsrechtliche Abhandlungen, 3. Aufl. 1994, S. 39 (50).
[69] *v. Bismarck*, Die gesammelten Werke, Bd. 12, 2. Aufl. 1929, S. 126; s. hierzu *Bauer*, Die Bundestreue, 1992, S. 40 f.; *Korioth*, Integration und Bundesstaat, 1990, S. 21; *Schröcker*, Der Staat 5 (1966), S. 316.
[70] *Korioth*, Integration und Bundesstaat, 1990, S. 21 f.
[71] *Korioth*, Integration und Bundesstaat, 1990, S. 22.
[72] *Bauer*, Die Bundestreue, 1992, S. 41 f.; *Bayer*, Die Bundestreue, 1961, S. 4 ff.
[73] *Bayer*, Die Bundestreue, 1961, S. 6.
[74] *Bayer*, Die Bundestreue, 1961, S. 6.

Bismarcks[75], welche ein dem heutigen Begriff der Bundestreue sehr nahekommendes Verständnis suggerieren, maßgebliche Differenzen bestehen: Erstens wollte *Bismarck* ausdrücklich keinen rechtlichen Grundsatz etablieren.[76] Zweitens steht die Treue von Seiten der Fürsten deutlich im Vordergrund.[77] Die Bundestreue erfüllte für Bismarck den Zweck, die Glieder des Reiches gefügig zu machen und war somit lediglich ein „politisches Instrument", nicht hingegen ein Rechtsgrundsatz.[78] Obgleich der Lehre damit ein Ansatzpunkt geschaffen wurde, kann *Bismarck* keineswegs als Schöpfer des Prinzips gelten.

b. *Die Staatsrechtslehre des Reiches*

Die Bundestreue fand allerdings auch in der zeitgenössischen Staatsrechtslehre Anklang. So vertrat *von Seydel* – eng mit der durch *Bismarck* geprägten Staatspraxis verknüpft – die Ansicht, die Verträge seien die alleinige Grundlage des Reichsstaatsrechts und folglich auch der Bundestreue.[79] Dies stützte er darauf, dass Souveränität und Staatsgewalt identisch sowie unteilbar seien.[80] Folglich verblieb danach die Staatsgewalt alleine bei den seiner Ansicht nach allein souveränen Mitgliedsstaaten und dem Reich selbst kam keine Staatsqualität zu.[81] Da eine Verdrängung der Verträge durch die Reichsverfassung nicht stattgefunden habe, standen im Vordergrund der Behandlung des Reichsstaatsrechts in der Lehre *von Seydels* die Verträge von 1866/1870.[82] Aus den Verträgen leitete *von Seydel* sodann das Vertragsprinzip der Treue her, welches allerdings konsequenterweise nur gegenüber den Vertragspartnern und demnach nur gegenüber den anderen Gliedstaaten, nicht jedoch gegenüber dem nicht souveränen Bund bestehen sollte.[83]

---

[75] So beispielsweise: „Die Basis soll das Vertrauen zu der Vertragstreue Preußens sein, und dieses Vertrauen darf nicht erschüttert werden, so lange man uns die Vertragstreue hält.", zitiert nach *Bauer,* Die Bundestreue, 1992, S. 41.
[76] Vgl. *Bayer,* Die Bundestreue, 1961, S. 4; *Behnke,* Die Gleichheit der Länder, 1926, S. 62; *Korioth,* Integration und Bundesstaat, 1990, S. 22.
[77] Ersichtlich beispielsweise in Aussagen wie: „Das Reich hat die feste Basis in der Bundestreue *der Fürsten.*", „Die *Regierungen* sind entschlossen [...] in unverbrüchlicher Treue aufrecht zu erhalten.", zitiert nach *Korioth,* Integration und Bundesstaat, 1990, S. 22.
[78] *Kowalsky,* Die Rechtsgrundlagen der Bundestreue, 1970, S. 5 ff.
[79] *v. Seydel,* Der Bundesstaatsbegriff, in: Staatsrechtliche und politische Abhandlungen, 1893, S. 1 (28 ff.); deskriptiv *Bauer,* Die Bundestreue, 1992, S. 45; *Korioth,* Integration und Bundesstaat, 1990, S. 24 f.
[80] *v. Seydel,* Der Bundesstaatsbegriff, in: Staatsrechtliche und politische Abhandlungen, 1893, S. 1 (15, 18 f.); s.a. *Bauer,* Die Bundestreue, 1992, S. 45; *Korioth,* Integration und Bundesstaat, 1990, S. 24.
[81] *v. Seydel,* Der Bundesstaatsbegriff, in: Staatsrechtliche und politische Abhandlungen, 1893, S. 1 (48).
[82] *Bauer,* Die Bundestreue, 1992, S. 45; *Korioth,* Integration und Bundesstaat, 1990, S. 24 f.
[83] *v. Seydel,* Der Bundesstaatsbegriff, in: Staatsrechtliche und politische Abhandlungen, 1893, S. 1 (57 f.); s.a. *Korioth,* Integration und Bundesstaat, 1990, S. 25.

Laband hingegen vertrat eine völlig gegensätzliche Ansicht, nach der mit der Gründung des Reiches die Verträge vollzogen und damit erloschen gewesen seien.[84] Allein der Bundesstaat sei nunmehr souverän und den Gliedstaaten übergeordnet gewesen.[85] Die Bundestreue findet auch in das Werk *Labands* Einzug, jedoch nicht in Bezug auf die Verträge und die Staatspraxis, sondern als Ausprägung der Reichsaufsicht im Sinne einer Gehorsamspflicht der Länder gegenüber dem Reich.[86] Auch sollte die Treuepflicht auf die Bereiche beschränkt sein, in denen keine reichsgesetzliche Regelung vorhanden war.[87] Außerdem stellte *Laband* fest, dass es den Einzelstaaten trotz der Notwendigkeit der Beachtung der Gesamtinteressen des Reiches unverwehrt bliebe, egoistische und partikuläre Eigeninteressen zu verfolgen.[88] Folglich nahm die Treuepflicht gegenüber der Gehorsamspflicht nur eine ergänzende und letztlich untergeordnete Rolle ein und wurde von *Laband* darüber hinaus nicht beachtet.[89]

Die Einseitigkeit dieses Treueverständnisses nach *Laband* stellt einen wesentlichen Unterschied zu dem heutigen Verständnis der Bundestreue dar. Aus diesem Grunde ergeben sich auch nur partielle Überschneidungen, welche ebenso wenig wie die Treuepflichten im Heiligen Römischen Reich und des Deutschen Bundes einen mit der heutigen Bundestreue identischen Grundsatz darstellen.

Eine sowohl zu *Labands* als auch *von Seydels* Ansätzen konträre Ansicht vertrat schließlich *Triepel*. Während *Laband* und *von Seydel* jeweils versuchten, die Verträge in das rechtliche Gefüge einzuordnen, maß *Triepel* den Bündnisverträgen keinerlei rechtliche Bedeutung und insbesondere nicht den Rang einer verfassungsrechtlichen Rechtsquelle zu.[90] Vielmehr trennte er scharf zwischen Politik und Staatsrecht.[91] Da die Bundestreue in den Verträgen wurzelte, war sie nach *Triepel* rein politisch zwar bedeutsam, entfaltete aber keine rechtliche Wirksamkeit.[92] Schließlich ist anzumerken, dass auch nach *Triepel* die

---

[84] *Korioth*, Integration und Bundesstaat, 1990, S. 25 f.
[85] *Korioth*, Integration und Bundesstaat, 1990, S. 26; so auch heute noch *Loewenstein*, Verfassungslehre, 3. Aufl. 1975, S. 300.
[86] *Laband*, Das Staatsrecht des Deutschen Reiches, Bd. 1, 5. Aufl. 1911, S. 109; s.a. *Korioth*, Integration und Bundesstaat, 1990, S. 27.
[87] *Laband*, Das Staatsrecht des Deutschen Reiches, Bd. 1, 5. Aufl. 1911, S. 109; s.a. *Korioth*, Integration und Bundesstaat, 1990, S. 27.
[88] *Laband*, Das Staatsrecht des Deutschen Reiches, Bd. 1, 5. Aufl. 1911, S. 246.
[89] *Korioth*, Integration und Bundesstaat, 1990, S. 27.
[90] *Korioth*, Integration und Bundesstaat, 1990, S. 29 f.
[91] *Korioth*, Integration und Bundesstaat, 1990, S. 30 f.; diese scharfe Trennung gab *Triepel* später jedenfalls teilweise auf, *Triepel*, Staatsrecht und Politik, 1926, S. 19 ff., 36 f.; s.a. *Korioth*, Integration und Bundesstaat, 1990, S.30 Fn. 64; *Smend*, Heinrich Triepel (1966), in: ders., Staatsrechtliche Abhandlungen, S. 594 (603).
[92] *Triepel*, Unitarismus und Föderalismus, 1907, S. 29 f.; s.a. *Korioth*, Integration und Bundesstaat, 1990, S. 31.

Treuepflicht nur einseitig für die Gliedstaaten gegenüber dem Bund galt.[93] Damit ergeben sich zwei markante Unterschiede zu dem heutigen Verständnis der Bundestreue. Dennoch ist in den Ausführungen *Triepels* jedenfalls insofern ein wichtiger Schritt in die Richtung des heutigen Verständnisses zu sehen, als *Smend* später bei seiner grundlegenden Befassung mit dem Prinzip auf Ausführungen *Triepels* aufbaut.[94]

2. Die Lehre Rudolf Smends

Bis zu diesem Punkt war die Bundestreue folglich zwar sowohl Gegenstand in der Staatspraxis als auch in der Staatsrechtslehre. Ihr besonderes Wesen, welches in der Gegenseitigkeit und dem Ausgleich sowie der Rücksichtnahme auf Augenhöhe[95] in Verbindung mit ihrer rechtlichen Bedeutsamkeit[96] liegt, erhielt die Bundestreue jedoch – nach hier vertretener Ansicht – erst durch die Befassung *Smends*[97] gegen Ende des Kaiserreichs sowie in der Weimarer Republik.[98]

Smend ging dabei auf die zuvor genannten Sichtweisen *von Seydels,*[99] *Labands*[100] und *Tripels*[101] ein. Sein Ansatz unterscheidet sich von diesen jedoch maßgeblich. Im Zentrum der Befassung *Smends* steht die Integration. Kern der Integrationslehre ist, dass der Staat Teil der geistigen Wirklichkeit und ein lebendiges Gebilde ist, welches durch die Integration der Gesellschaft besteht.[102] Sie hat ihren Ausgangspunkt daher im Verhältnis zwischen dem Individuum und seiner sozialen Welt.[103] Integration meint dabei die „Entstehung einer Einheit

---

[93] *Korioth*, Integration und Bundesstaat, 1990, S. 31.
[94] *Stern*, StaatsR Bd. 1, 2. Aufl. 1984, S. 699; so beispielsweise in *Smend*, Ungeschriebenes Verfassungsrecht (1916), in: ders., Staatsrechtliche Abhandlungen, 3. Aufl. 1994, S. 39 (50).
[95] *Smend*, Ungeschriebenes Verfassungsrecht (1916), in: ders., Staatsrechtliche Abhandlungen, 3. Aufl. 1994, S. 39 (51 f., 56).
[96] *Smend*, Ungeschriebenes Verfassungsrecht (1916), in: ders., Staatsrechtliche Abhandlungen, 3. Aufl. 1994, S. 39 (51 f., 57). Dabei wird allerdings die Intensität der Bindungswirkung noch nicht angesprochen, vgl. *Wolff*, Ungeschriebenes Verfassungsrecht, 2000, S. 24.
[97] Insbesondere *Smend*, Ungeschriebenes Verfassungsrecht im monarchischen Bundesstaat, 1916; später dann *Smend*, Verfassung und Verfassungsrecht, 1928.
[98] Vgl. *Wolff*, Ungeschriebenes Verfassungsrecht, 2000, S. 23 f.
[99] Unter ausdrücklicher Ablehnung des staatenbündischen Charakters nach der Lehre *von Seydels*: *Smend*, Ungeschriebenes Verfassungsrecht (1916), in: ders., Staatsrechtliche Abhandlungen, 3. Aufl. 1994, S. 39 (49).
[100] Unter kritischer Betrachtung der Darstellung des Nebeneinanders von Verträgen und Verfassung, *Smend*, Ungeschriebenes Verfassungsrecht (1916), in: ders., Staatsrechtliche Abhandlungen, 3. Aufl. 1994, S. 39 (54).
[101] *Smend*, Ungeschriebenes Verfassungsrecht (1916), in: ders., Staatsrechtliche Abhandlungen, 3. Aufl. 1994, S. 39 (50).
[102] *Smend*, Verfassung und Verfassungsrecht (1928), in: ders., Staatsrechtliche Abhandlungen, 3. Aufl. 1994, S. 119 (136 ff.).
[103] *Smend*, Integrationslehre (1956), in: Staatsrechtliche Abhandlungen, 3. Aufl. 1994, S. 475.

oder Ganzheit aus einzelnen Elementen, so daß die gewonnene Einheit mehr als die Summe der vereinigten Teile ist".[104] Ausgangspunkt der Untersuchung Smends war das Verhältnis von Über- und Unterordnung zwischen Reich und Gliedstaaten.[105] Er erkannte allerdings zutreffend, dass die Reichsverfassung unvollständig war, was er mitunter auf die technischen Schwierigkeiten zurückführte, die Rechtsbeziehungen in scharf gefasste Verfassungsartikel einzukleiden.[106] In der Konsequenz zog er unter Berufung auf *Triepel* sodann ein Nachwirken der „vertragsmäßigen Grundlagen der Reichsverfassung" heran, um eine sog. „Vertragstreue" herzuleiten.[107] Dies bewerkstelligte er durch den Nachweis ungeschriebenen Verfassungsrechts, welches bis dahin in der Theorie eher ein Schattendasein fristete und meist nur im Rahmen des Verfassungsgewohnheitsrechts Beachtung fand.[108] Nach *Smend* war in der Bundestreue ein die geschriebene Verfassung überlagernder ungeschriebener Verfassungsgrundsatz zu sehen.[109] Das Anliegen *Smends* lag dabei u.a. in der Überwindung der Kluft zwischen Staatsrecht und Staatspraxis bzw. realen Umständen, welche sich zunehmend voneinander entfernt hatten.[110] Folglich waren *Smends* Werke davon geprägt, dass sie die lebendige und dynamische Wirklichkeit des Staates erfassen wollten.[111] Die Integrationslehre war damit zugleich ein Gegenmodell zu den damals vorherrschenden positivistischen Lehren.[112]

Schon bei der Frage um die Stellung Preußens im Reich wird deutlich, dass das Verständnis *Smends* von der Bundestreue dem einer Gleichordnung entspricht: So formulierte er, dass die Reichsleitung durch Preußen im Bereich des Bundespräsidiums „nicht im Geiste der formellen staatsrechtlichen Überordnung,

---

[104] *Smend*, Integration (1966), in: Staatsrechtliche Abhandlungen, 3. Aufl. 1994, S. 482; vgl. auch *Herzog*, Der Integrationsgedanke und die obersten Staatsorgane, 1986, S. 3.
[105] *Smend*, Ungeschriebenes Verfassungsrecht (1916), in: ders., Staatsrechtliche Abhandlungen, 3. Aufl. 1994, S. 39 (49).
[106] *Smend*, Ungeschriebenes Verfassungsrecht (1916), in: ders., Staatsrechtliche Abhandlungen, 3. Aufl. 1994, S. 39 (54 f.).
[107] *Smend*, Ungeschriebenes Verfassungsrecht (1916), in: ders., Staatsrechtliche Abhandlungen, 3. Aufl. 1994, S. 39 (49 ff.).
[108] *Bayer*, Die Bundestreue, 1961, S. 11; *Korioth*, Integration und Bundesstaat, 1990, S. 46 ff.; *Wolff*, Ungeschriebenes Verfassungsrecht, 2000, S. 18.
[109] *Smend*, Ungeschriebenes Verfassungsrecht (1916), in: ders., Staatsrechtliche Abhandlungen, 3. Aufl. 1994, S. 39 (51 f.).
[110] Vgl. Leibholz, in: In memoriam Rudolf Smend, 1976, S. 15 (27 f.).
[111] Leibholz, in: In memoriam Rudolf Smend, 1976, S. 15 (28).
[112] S. nur *v. Ooyen*, JöR n.F. 57 (2009), 235 (238 f.).

sondern in dem der bundesfreundlichen ‚Vertragstreue' eines gleichgeordneten ‚Verbündeten' geführt werden" sollte.[113]

Der Grund für die Prägung des zuvor beschriebenen Wesens der Bundestreue nach einem modernen Verständnis ist folglich darin zu sehen, dass *Smend* die staatliche Lebenswirklichkeit – freilich etwas überschießend[114] – im Gegensatz zu den damals herrschenden Ansätzen nicht ausklammert. 1916 bewerkstelligte er dies u.a. über die Darstellung des „Leben[s] der inneren Reichspolitik", welcher er rechtliche Maßgeblichkeit in Form einer verfassungsrechtlich verbindlichen Vertragstreue und bundesfreundlichen Gesinnung zuschrieb.[115] 1928 kleidete er diese Ausführungen und mithin das Prinzip der Bundestreue in seine neu geschaffene Integrationslehre ein.[116]

Erst die Integration, welche die Bundestreue als Mittel zur Formung eines Ganzen sieht,[117] das Reich bzw. der Bundesstaat also nur durch die Integration der Länder im Wege des bundesfreundlichen Verhaltens im Sinne einer einigenden Verständigung zwischen Reich und Einzelstaaten bestehen kann,[118] erfasst dieses oben beschriebene Wesen in seinem heutigen Sinne. Deshalb und wegen der darüber hinausgehenden Bedeutsamkeit[119] der Abhandlungen *Smends* im juristischen Diskurs wird die Bundestreue auch sonst in der Literatur und Rechtsprechung zu Recht auf *Smend* zurückgeführt.[120]

---

[113] *Smend*, Ungeschriebenes Verfassungsrecht (1916), in: ders., Staatsrechtliche Abhandlungen, 3. Aufl. 1994, S. 39 (51).
[114] Kritisch beispielsweise *Dreier*, in: FS Schneider, 2008, S. 70 (77 f.); *Wittreck*, in: Härtel, Föderalismus Hdb. Bd. 1, 2012, S. 497 (501).
[115] *Smend*, Ungeschriebenes Verfassungsrecht (1916), in: ders., Staatsrechtliche Abhandlungen, 3. Aufl. 1994, S. 39 (51 f.).
[116] Vgl. z.B. *Smend*, Verfassung und Verfassungsrecht (1928), in: ders., Staatsrechtliche Abhandlungen, 3. Aufl. 1994, S. 119 (229 f., 268 f.).
[117] *Smend*, Verfassung und Verfassungsrecht (1928), in: ders., Staatsrechtliche Abhandlungen, 3. Aufl. 1994, S. 119 (269).
[118] Vgl. *Smend*, Verfassung und Verfassungsrecht (1928), in: ders., Staatsrechtliche Abhandlungen, 3. Aufl. 1994, S. 119 (271).
[119] S. dazu nur *Bauer*, Die Bundestreue, 1992, S. 57; *Bayer*, Die Bundestreue, 1961, S. 10; Leibholz, in: In memoriam Rudolf Smend, 1976, S. 15 ff.; *Lorz*, Interorganrespekt, 2001, S. 13 f.; *Schenke*, Die Verfassungsorgantreue, 1977, S. 39 f.; vgl. zur Bedeutsamkeit des Wirkens *Smends* allgemein auch *Morlok/Schindler*, in: Lhotta (Hrsg.), Die Integrationslehre des modernen Staates, 2005, S. 13 (28 ff.); *Robbers*, Jura 1993, 69 (71); *Scheuner*, in: FS Smend, 1952, S. 433 (insb. 439 ff.).
[120] S. z.B. BVerfG, Urt. v. 21.05.1952 – 2 BvH 2/52 = BVerfGE 1, 299 (315); BVerfG, Urt. v. 28.02.1961 – 2 BvG 1, 2/60 = BVerfGE 12, 205 (254); *Bauer*, Die Bundestreue, 1992, S. 56 f., 63 f., 121 f.; *Robbers*, BK GG, Art. 20 Rn. 977; *Sauer*, Jurisdiktionskonflikte, 2008, S. 375; *Schenke*, Die Verfassungsorgantreue, 1977, S. 22; *Wipfelder*, VBIBW 1982, 394 (395); a.A. *Wittreck*, in: Härtel, Föderalismus Hdb. Bd. 1, 2012, S. 497 (500 ff.); *Kowalsky*, Die Rechtsgrundlagen der Bundestreue, 1970, S. 43 ff.; *Stern*, StaatsR Bd. 1, 2. Aufl. 1984, S. 646, welcher dies unter Hinweis auf *Bluntschli*, Lehre vom modernen Stat III, 1876, S. 402 für „nicht

Wenige Jahre später sollte auch die Staatslehre Hermann Hellers[121] ein vergleichbar solides Fundament für die staatlichen Loyalitätspflichten bereitstellen. Obgleich *Heller* seine Lehre mehrfach vehement von der Integrationslehre abgrenzt,[122] vermag die Herstellung des die staatliche Einheit konstituierenden sozialen Wirkungszusammenhangs nach *Heller* hinsichtlich der Loyalitätspflichten jedoch dieselbe Aufgabe wie der Integrationsgedanke nach *Smend* zu erfüllen.[123] So liegt der Wortsinn der Integration gerade in der (Wieder-)Herstellung einer Einheit aus einzelnen Teilen, sodass ein Mehr als die bloße Summe der Elemente entsteht.[124] Trotz der vorhandenen Unterschiede der beiden Lehren sind sich *Smend* und *Heller* folglich in den hier entscheidenden Punkten einig. Vielmehr ergänzen sich die beiden Lehren sogar: *Hellers* Lehre ist von einem normativeren Staatsverständnis sowie einem pluralistischeren und mehr sozialwissenschaftlich als philosophischen Denken geprägt.[125] Zudem erkennt sie den Integrationswert des Rechts.[126] Vor allem unter der Ordnung des Grundgesetzes sollte dies dazu führen, dass die sog. „Smend-Schule" die Defizite der Integrationslehre maßgeblich unter Anknüpfung an *Hellers* Lehre auflöste.[127] Obwohl die staatliche Einheitsbildung, welcher die Loyalitätspflichten zuzurechnen sind, den wesentlichen Kern der Lehre *Hellers* bildet, wird aber insbesondere die Bundestreue – anders als bei *Smend* – nicht in den Fokus der Untersuchung gestellt.

3. Die Weimarer Republik

Das Ende der Kaiserzeit im Jahre 1918 und die anschließende Schaffung der Weimarer Republik läuteten einen Systemumbruch ein, welcher auch Neuerungen für die Loyalitätspflichten bedeutete. *Smend* bezog seine Lehre in seinem

---

haltbar" erklärt. Dies verkennt jedoch die rein politische Dimension *Bluntschlis*, s. hierzu *Bauer*, Die Bundestreue, 1992, S. 51 ff.
[121] *Heller*, Staatslehre, 1934.
[122] *Heller*, Staatslehre, 4. Aufl. 1970, insb. S. 49, 69 f., 88 f., 166, 194, 229.
[123] Vgl. *Schenke*, Die Verfassungsorgantreue, 1977, S. 26; *Voßkuhle*, NJW 1997, 2216 (2217); ohne die Verbindungslinie zwischen Bundestreue und staatlicher Einheit zu ziehen *Wolnicki*, NVwZ 1994, 872 (873 f.); ausführlich zu dem Verhältnis zwischen den Lehren *Bartlsperger*, Die Integrationslehre, 1964, S. 120 ff.
[124] *Bickenbach*, JuS 2005, 588 (589).
[125] *Lepsius*, in: Gusy: Weimars lange Schatten, 2003, S. 354 (367).
[126] *Heller*, Staatslehre, 4. Aufl. 1970, S. 194.
[127] So z.B. *Ehmke*, VVDStRL 20 (1961), 53 (62, 65 f.); *Häberle*, in: ders., Verfassung als öffentlicher Prozeß, 3. Aufl. 1998, S. 59 (64 f.); *Hesse*, Grundzüge des Verfassungsrechts, 20. Aufl. 1999, § 1 Rn. 4; vgl. hierzu *Hesse*, AöR 117 (1992), 1 (2 f.); *Lepsius*, in: Gusy: Weimars lange Schatten, 2003, S. 354 (367 f.); vgl. hinsichtlich des Zugewinns an Pluralismus auch *Herzog*, Der Integrationsgedanke und die obersten Staatsorgane, 1986, S. 6 ff.; *Schefold*, in: Acham/Nörr/Schefold, Erkenntnisgewinne, 1998, S. 567 (592); *Scheuner*, in: Jakobs, Rechtsgeltung und Konsens, 1976, S. 33 (53 ff., 60 f.).

Werk „Ungeschriebenes Verfassungsrecht im monarchischen Bundesstaat" noch ausdrücklich auf monarchische Systeme und hob gar explizit hervor, dass es einschneidende Unterschiede zu republikanischen Systemen gäbe.[128] Zudem trug die Weimarer Verfassung deutlich unitarische Züge, die mit einer Verlagerung der Staatstätigkeit hin zum Reich einhergingen.[129] Zuletzt verloren die August- und Novemberverträge, welche die Bundestreue in der Literatur des Reiches vielfach stützten, vollends ihre Bedeutung, da sie keinen Bezug zur Weimarer Republik aufwiesen. Damit liegt die Annahme nahe, der Systemwechsel stellte ein Hemmnis für das Prinzip der Bundestreue dar.

Bekanntlich war dies jedoch nicht der Fall: *Smend* beschränkte das Prinzip der Bundestreue an keiner Stelle ausdrücklich auf den monarchischen Bundesstaat. Vielmehr zeichnete sich unter der Weimarer Republik in *Smends* wohl bedeutendstem Werk „Verfassung und Verfassungsrecht" eine weitere Entwicklung der Bundestreue ab. Insbesondere erweiterte er das Prinzip explizit auf andere Staatsformen als die Monarchie.[130]

Auch die übrige Literatur ließ sich durch die geänderten Umstände nicht von einer Weiterbildung der Bundestreue abhalten: So verlor diese zwar den ursprünglichen Charakter einer „Vertragstreue", fand aber dennoch Eingang in die Weimarer Verfassungsrechtslehre.[131] Auch der neu geschaffene Staatsgerichtshof nahm diese in seine Rechtsprechung auf. Anfänglich war diese noch eher zurückhaltend: So spricht der StGH im Jahre 1927 anlässlich einer Streitigkeit bezüglich der sog. Donauversinkung zwischen Preußen und Württemberg einerseits und Baden andererseits von einer Pflicht zur „gegenseitigen Achtung und Rücksichtnahme".[132] Mit einer Entscheidung von 1928 zwischen Bremen und Preußen, Thüringen und Braunschweig anlässlich der Verunreinigung der Weser dürfte die Bundestreue sodann durch den StGH, wenn auch nicht ausdrücklich, als anerkannt gelten.[133] Beide Entscheidungen fallen insbesondere dadurch auf, dass sie sich auf das bis dahin vergleichsweise dünn bearbeitete Länder-Länder-Verhältnis bezogen.[134]

---

[128] *Smend*, Ungeschriebenes Verfassungsrecht (1916), in: ders., Staatsrechtliche Abhandlungen, 3. Aufl. 1994, S. 39 (passim, insb. S. 56); zusammenfassend *Wolff*, Ungeschriebenes Verfassungsrecht, 2000, S. 23.
[129] *Bayer*, Die Bundestreue, 1961, S. 14.
[130] *Smend*, Verfassung und Verfassungsrecht (1928), in: ders., Staatsrechtliche Abhandlungen, 3. Aufl. 1994, S. 119 (268 f.).
[131] *Bayer*, Die Bundestreue, 1961, S. 17.
[132] StGH, Zwischentsch. v. 18.06.1927 – 7/25, abgedruckt in *Lammers/Simons*, Die Rechtsprechung, Bd. 1, 1929, S. 178 ff. (186); ausführlichere Darstellung *Bauer*, Die Bundestreue, 1992, S. 95 f.; *Bayer*, Die Bundestreue, 1961, S. 18.
[133] *Bayer*, Die Bundestreue, 1961, S. 18.
[134] Vgl. *Bauer*, Die Bundestreue, 1992, S. 95.

In ihrem vollen Ausmaß kam die Bundestreue erst 1932 in einem Verfassungskonflikt zwischen Preußen und dem Reich[135] zur Geltung. In dem Verfahren beriefen sich beide Seiten u.a. auf einen Verstoß gegen den Grundsatz bundesfreundlichen Verhaltens. Das Reich stellte sich auf den Standpunkt, in der Nichterfüllung der Pflicht zur Aufrechterhaltung der öffentlichen Sicherheit und Ordnung liege auch ein Verstoß gegen die Treuepflicht zum Reich.[136] Preußen hingegen sah einen Verstoß gegen die Pflicht zu bundesfreundlichem Verhalten in dem einseitigen Vorgehen des Reiches nach Art. 48 WRV gegen das Land.[137] Der StGH sowie namhafte Vertreter aus der Staatsrechtslehre, welche im Rahmen der mündlichen Verhandlung Gelegenheit zur Äußerung hatten, bejahten grundsätzlich zunächst die Frage des Bestehens einer Treuepflicht zwischen dem Reich und den Ländern.[138] In der Sache wurde das Vorliegen der Voraussetzungen allerdings abgelehnt bzw. zumindest nicht als erwiesen erachtet.[139]

Neben den neuen Erkenntnissen zur Bundestreue brachte die Weimarer Republik auch eine weitere Form einer Loyalitätspflicht hervor. So legte *Smend* in seinem Werk „Verfassung und Verfassungsrecht" den Grundstein für die Verfassungsorgantreue[140]. Er stellte fest, dass das Verhältnis zwischen obersten Staatsorganen nicht in den rechtsleeren Raum falle, sondern vielmehr ein Rechtssatz bestehe, welcher bei Differenzen eine Pflicht zum Ausgleich vorsehe.[141] Weitere Beachtung fand das Prinzip damals allerdings noch nicht.[142] Auch durch den Weimarer Staatsgerichtshof wurde es noch nicht anerkannt, was sich insbesondere dadurch zeigte, dass dieser gegen die Obstruktion anderer Staatsorgane keine Einwände erhob.[143]

Sämtliche Überlegungen zur Bundestreue oder der Verfassungsorgantreue mussten mit dem Nationalsozialismus ein jähes Ende finden. Unter dem NS-

---

[135] StGH, Entsch. v. 25.10.1932 – 15/32 u.a., RGZ 138, Anh. S. 1 ff. (Preußen contra Reich); zusammenfassend *Bauer*, Die Bundestreue, 1992, S. 93 f.; *Bayer*, Die Bundestreue, 1961, S. 18 f.; *Egli*, Die Bundestreue, 2010, S. 53 ff.; in Anknüpfung daran sogar von einer „befestigte[n] Rechtsprechung des Weimarer StGH" sprechend *Scheuner*, DVBl. 1952, 645.
[136] StGH, Entsch. v. 25.10.1932 – 15/32 u.a., RGZ 138, Anh. S. 1 (8).
[137] StGH, Entsch. v. 25.10.1932 – 15/32 u.a., RGZ 138, Anh. S. 1 (11).
[138] StGH, Entsch. v. 25.10.1932 – 15/32 u.a., RGZ 138, Anh. S. 1 (34 f., 37 ff.); zusammenfassend *Bayer*, Die Bundestreue, 1961, S. 19.
[139] StGH, Entsch. v. 25.10.1932 – 15/32 u.a., RGZ 138, Anh. S. 1 (35); zusammenfassend *Bayer*, Die Bundestreue, 1961, S. 19.
[140] *Smend*, Verfassung und Verfassungsrecht (1928), in: ders., Staatsrechtliche Abhandlungen, 3. Aufl. 1994, S. 119 (245 ff.).
[141] *Smend*, Verfassung und Verfassungsrecht (1928), in: ders., Staatsrechtliche Abhandlungen, 3. Aufl. 1994, S. 119 (246 f.).
[142] *Schenke*, Die Verfassungsorgantreue, 1977, S. 22 ff.
[143] StGH, Entsch. v. 20.12.1932 – 39/32 = RGZ 139, Anh. S. 17 (30 ff.); *Poscher*, in: Herdegen/Masing/Poscher/Gärditz, Hdb. VerfR, 2021, § 3 Rn. 124.

Regime wurde Deutschland bald in einen zentralistischen Einheitsstaat umgewandelt, in dessen Rahmen ein landesstaatliches Eigenleben sowie eine Gleichordnung der Länder nicht vorgesehen waren und damit auch eine beiderseitige Treuepflicht nach dem traditionellen Verständnis der Bundestreue keinen Platz mehr fand.[144] Ebenso konnte die ohnehin noch in den Kinderschuhen befindliche und bis dahin nicht besonders beachtete Verfassungsorgantreue aufgrund der Unterordnung unter den Führer keine Rolle spielen.[145]

4. Zeitgenössische Rezeption in der Staatsrechtslehre

Nachdem nun die historische Entwicklung der Loyalitätspflichten dargestellt wurde, sollen auch die Anerkennung hemmende Ansichten, welche sich zu Zeiten des Deutschen Reiches von 1871 und der Weimarer Republik noch großer Beliebtheit erfreuten, aufgezeigt werden. Erst mit deren Überwindung schafften die Loyalitätsgebote ihren Durchbruch.

Die Bundestreue und Verfassungsorgantreue sowie die Lehre *Smends* im Allgemeinen sahen sich während des Deutschen Reichs von 1871 sowie der Weimarer Republik insbesondere in der Anfangszeit teils starker Kritik gegenüber.[146] Jedenfalls fanden gegenseitige Loyalitätspflichten weitgehend keine Anerkennung als zentrale verfassungsrechtliche Kategorie.[147] Während die Bundestreue aufgrund ihrer Grundlagen im Reich zwar jedenfalls als politischer Grundsatz anerkannt war, jedoch als rechtlicher Grundsatz nur sehr zurückhaltend angenommen wurde,[148] konnte die Verfassungsorgantreue anfänglich generell nur schwer Fuß fassen und wurde weitgehend ignoriert.[149] Auch der Weimarer Staatsgerichtshof erhob – wie bereits dargestellt – keine Einwände gegen eine obstruktive Kompetenzausübung zwischen Staatsorganen.[150]

---

[144] *Bauer*, Die Bundestreue, 1992, S. 100 f.; *Bayer*, Die Bundestreue, 1961, S. 20; vgl. auch *Barczak*, in: Stern/Sodan/Möstl, Staatsrecht Bd. 1, 2. Aufl. 2022, § 4 Rn. 197.
[145] Vgl. nur *Maunz*, Verwaltung, 1937, S. 42 – „Eine derartige Schwächung ist auch das Ziel des Gedankens der Gewaltentrennung gewesen [...] Mit der Gewinnung eines einzigen Willens- und Handlungsträgers der Volksordnung ist die Trennung und Hemmung der Gewalten überwunden. [...] Innerhalb der Volksordnung aber sind die Gewalten vereinigt in der Person des Führers; sie sind damit zu einer echten Gesamtgewalt, der Führergewalt geworden.".
[146] S. beispielsweise *Behnke*, Die Gleichheit der Länder, 1926, S. 62 ff.; *Meyer/Anschütz*, Lehrbuch des Deutschen Staatsrechts, 8. Aufl. 2005, S. 697 f.; *Waldecker*, VerwArch 25 (1917), 78 ff.; s.a. *Bauer*, Die Bundestreue, 1992, S. 97.
[147] *Bauer*, Die Bundestreue, 1992, S. 49.
[148] Die rechtliche Bedeutsamkeit entgegen vieler annehmend beispielsweise *Smend*, Ungeschriebenes Verfassungsrecht (1916), in: ders., Staatsrechtliche Abhandlungen, 3. Aufl. 1994, S. 39 (51 f.); darstellend *Bayer*, Die Bundestreue, 1961, S. 17 ff.; *Egli*, Die Bundestreue, 2010, S. 31 f.
[149] Vgl. *Schenke*, Die Verfassungsorgantreue, 1977, S. 22 ff.
[150] StGH, Entsch. v. 20.12.1932 – 39/32 = RGZ 139, Anh. S. 17 (30 ff.); *Poscher*, in: Herdegen/Masing/Poscher/Gärditz, Hdb. VerfR, 2021, § 3 Rn. 124.

Diese Startschwierigkeiten beruhten zum einen auf der ablehnenden Haltung der positivistisch eingestellten zeitgenössischen Rechtswissenschaft gegenüber ungeschriebenem Recht.[151] Anerkannt wurde allenfalls das Gewohnheitsrecht, welches überwiegend mit dem Begriff des ungeschriebenen Rechts gleichgesetzt wurde, sofern es überhaupt thematisiert wurde.[152] Als einer der Wenigen gab sich *Hatschek* mit diesem Stand nicht zufrieden. Er vertrat, dass es Normen gebe, welche die Voraussetzungen des Gewohnheitsrechts nicht erfüllen, aber dennoch aufgrund weniger Präzedenzfälle Geltung für sich beanspruchen, namentlich die sog. Konventionalregeln bzw. Konventionen.[153] Problematisch daran ist, dass selbst *Hatschek* den Konventionalregeln keinen Rechtscharakter zuwies, sondern sie lediglich als Normen im „Vorstadium des Rechts" behandelte, welche nur kraft „empirischer Faktizität" gälten.[154] Selbst unter dieser für damalige Verhältnisse weiten Sichtweise würden die Bundestreue sowie sämtliche andere ungeschriebene Loyalitätsgebote in die nichtrechtliche Sphäre verbannt bleiben.

Der staatsrechtliche Positivismus nach damaligem Verständnis bewirkte jedoch nicht nur eine grundsätzlich eher kritische Haltung gegenüber ungeschriebenem Recht, sondern umfasste auch die Forderung der rein juristischen Betrachtung des Staatsrechts.[155] Dies bedeutete, dass das Staatsrecht von „der ethischen und politischen Betrachtung angehörenden Stoffen gereinigt"[156] werden sollte.[157] Obgleich die Frage nach der Einordnung der Loyalitätspflichten in entweder die politische oder die juristische Dimension nicht einheitlich beantwortet wurde, schien sich anfangs noch eher diejenige Ansicht durchzusetzen, welche diesen keine rechtliche Bedeutung beimaß.[158] Insbesondere nach den Veröffentlichungen *Smends* fanden sich jedoch auch zunehmend Befürworter der

---

[151] Vgl. *Meyer/Anschütz*, Lehrbuch des Deutschen Staatsrechts, 8. Aufl. 2005, S. 697 f.
[152] *Korioth*, Integration und Bundesstaat, 1990, S. 46 ff.; *Tomuschat*, Verfassungsgewohnheitsrecht, 1972, S. 45; *Wolff*, Ungeschriebenes Verfassungsrecht, 200, S. 399 f. jew. m.w.N.
[153] *Hatschek*, JöR 3 (1909), 1 (2 ff.); vgl. auch *Bryde*, Verfassungsentwicklung, 1982, S. 434 Fn. 21 m.w.N.; *Korioth*, Integration und Bundesstaat, 1990, S. 49 f.
[154] *Hatschek*, JöR 3 (1909), 1 (4, 67); *Korioth*, Integration und Bundesstaat, 1990, S. 49 f.
[155] *Laband*, Das Staatsrecht des Deutschen Reiches, Bd. 1, 5. Aufl. 1911, Vorwort zur 2. Aufl. (1887), S. IX; vgl. auch *Bauer*, Die Bundestreue, 1992, S. 44; *Schenke*, Die Verfassungsorgantreue, 1977, S. 23 f.
[156] *v. Gerber*, Grundzüge des deutschen Staatsrechts, 3. Aufl. 1880, S. 237.
[157] In diese Richtung auch *Laband*, Das Staatsrecht des Deutschen Reiches, Bd. 1, 5. Aufl. 1911, Vorwort zur 2. Aufl. (1887), S. IX; *Meyer/Anschütz*, Lehrbuch des Deutschen Staatsrechtes, 8. Aufl. 2005, S. 697 f.
[158] In diese Richtung *Bauer*, Die Bundestreue, 1992, S. 46, 51 insbesondere bezüglich der Ausblendung der politischen Staatspraxis in der juristischen Behandlung; als Vertreter dieser Auffassung exemplarisch *Meyer/Anschütz*, Lehrbuch des Deutschen Staatsrechtes, 8. Aufl. 2005, S. 697 f.; wohl auch *Bluntschli*, Lehre vom modernen Stat III, 1876, S. 402.

Treuepflichten, welche sich bis dahin allerdings weitgehend auf die Bundestreue beschränkten.[159]

Ebenso ist festzuhalten, dass sich über den verhältnismäßig kurzen Bestand der Weimarer Republik ein Wandel hinsichtlich der Anerkennung von Loyalitätspflichten, insbesondere der Bundestreue, abzeichnete: Die anfängliche Ablehnung, Kritik und Nichtbeachtung wich einer weitergehenden Anerkennung, weshalb rückblickend von einer normativen Geltung des Prinzips der Bundestreue in der Weimarer Republik ausgegangen wird.[160] Dennoch ist ebenso festzuhalten, dass zum Ende der Weimarer Republik diesbezüglich weder eine einheitliche Terminologie noch eine einheitliche Dogmatik oder inhaltliche Kontur vorzufinden waren.[161]

II. Entwicklungen unter dem Grundgesetz

Mit dem Umbruch, welcher nach dem Zweiten Weltkrieg in Deutschland eingeleitet wurde, nahm die Debatte um die Loyalitätspflichten schnell wieder an Fahrt auf und knüpfte an die Entwicklungen vor der nationalsozialistischen Herrschaft an, zog zugleich jedoch die erforderlichen Lehren aus dem Scheitern der Weimarer Reichsverfassung.[162] Die Bundestreue wurde beim Verfassungskonvent auf Herrenchiemsee mitgedacht[163] und im Parlamentarischen Rat noch expliziter angesprochen.[164] Eine ausdrückliche Regelung der Bundestreue oder der Verfassungsorgantreue fand und findet sich bis heute allerdings nicht im Normtext des Grundgesetzes.

Maßgeblichen Einfluss für den Erfolg der Prinzipien haben dabei im System des Grundgesetzes die Gedanken horizontaler sowie vertikaler Gewaltenteilung.[165]

---

[159] Insbesondere *Kaufmann,* Bismarcks Erbe, 1917, S. 31 f. und *Triepel,* Die Reichsaufsicht, 1917, S. 69, v.a. Fn. 4; zurückhaltende Befürwortung („sehr erwägenswerten Ergebnissen"), *Wittmayer,* AöR 36 (1917), 233 (240); vgl. auch *Bauer,* Die Bundestreue, 1992, S. 64.
[160] *Bauer,* Die Bundestreue, 1992, S. 97 m.w.N.
[161] *Bauer,* Die Bundestreue, 1992, S. 97 ff. m.w.N.
[162] S. nur *Poscher,* in: Herdegen/Masing/Poscher/Gärditz, Hdb. VerfR, 2021, § 3 Rn. 120; *Schenke,* in: GS Brugger, 2013, S. 523 (523 f.).
[163] *Bucher,* Der Parlamentarische Rat, Bd. 2, 1981, S. 533.
[164] S. hierzu *Bauer,* Die Bundestreue, 1992, S. 114 m.w.N.
[165] Vgl. *Schenke,* Die Verfassungsorgantreue, 1977, S. 30 f.; s. zum Einfluss der bewussten Abkehr vom Einheitsstaat auf die neue föderalistische Prägung der Bundesrepublik Deutschland *Bayer,* Die Bundestreue, 1961, S. 21 f.; *Isensee,* in: Isensee/Kirchhof, HdbStR VI, 3. Aufl. 2008, § 126 Rn. 196 ff.; zur Wechselbezüglichkeit in die andere Richtung *Hain,* in: v. Mangoldt/Klein/Starck GG, Art. 79 Rn. 121 ff.; allgemein zu dem System horizontaler und vertikaler Gewaltenteilung *Karpen,* Gesetzgebungs-, Verwaltungs- und Rechtsprechungslehre, 1989, S. 34 f.; *Sommermann,* in: v. Mangoldt/Klein/Starck GG, Art. 20 Rn. 21; vgl. auch allgemein zu vertikalen und horizontalen Kontrollen *Loewenstein,* Verfassungslehre, 3. Aufl. 1975, S. 167 ff., 296 ff., unter kritischer Beleuchtung des Begriffskomplexes der Gewaltenteilung, S. 31 ff., 422 f.

Diese grundlegende Ausrichtung schaffte einen fruchtbaren Nährboden für Loyalitätspflichten. So soll in der Aufteilung der Staatsgewalt keine derartige strikte Auftrennung liegen, dass diese zerstückelt oder gar geschwächt wird, sondern vielmehr eine Wohlverteilung der Staatsgewalt.[166] Die Loyalitätsgebote vermögen sich in einem solchen System ungezwungen als Leitungs- und Steuerungselemente bei der Ausübung von Kompetenzen einzufügen.[167]

Auftrieb verschaffte den Loyalitätsgeboten auch die mit dem staatsrechtlichen Umbruch verbundene Abkehr von den zuvor genannten überkommenen Lehren des strengen Positivismus,[168] der damit in Verbindung stehenden strikten Trennung von Recht und Politik,[169] welche ihren Höhepunkt wohl in *Kelsens* reiner Rechtslehre[170] erfahren hat, sowie der Impermeabilität des Staates,[171] welche gerichtlich überprüfbare Beziehungen zwischen den Organen des Staates verhinderte, da dieser nur als einheitliches Rechtssubjekt adressiert werden konnte.[172]

Gleichzeitig entfaltete die Integrationslehre – v.a. zu Beginn der Bundesrepublik – größere Bedeutung, obgleich ihr Einfluss schwer quantifizierbar ist, da die Staatsrechtslehre zwar auf deren Gedanken aufbaute, ohne *Smend* jedoch unmittelbar zu applizieren.[173] *Smend* selbst trug zur verfassungsrechtlichen Debatte der Bundesrepublik nur noch wenig bei, hielt aber auch unter dem Grundgesetz an der Integrationslehre fest.[174] Dabei musste sie freilich an die Bedin-

---

[166] *Isensee*, in: Isensee/Kirchhof, HdbStR VI, 3. Aufl. 2008, § 126 Rn. 196.
[167] *Isensee*, in: Isensee/Kirchhof, HdbStR VI, 3. Aufl. 2008, § 126 Rn. 197.
[168] S. nur BVerfG, Beschl. v. 14.02.1973 – 1 BvR 112/65 = BVerfGE 34, 269 (286 f.); *Arndt*, in: Roellecke, Zur Problematik der höchstrichterlichen Entscheidung, 1982, S. 179 (180); *Böckenförde*, Staat, Verfassung, Demokratie, 1991, S. 24 f.; zu den Strömungen des Antipositivismus exemplarisch *Michael*, in: Stern/Sodan/Möstl, Staatsrecht Bd. 1, 2. Aufl. 2022, § 3 Rn. 69 ff.
[169] *Schenke*, Die Verfassungsorgantreue, 1977, S. 23 ff.; besonders deutlich beispielsweise *Ehmke*, VVDStRL 20 (1961), 53 (65).
[170] Vgl. nur *Kelsen*, Reine Rechtslehre, 1934, S. XLIV f., 1 f.; die Bedeutung einiger Elemente der Lehre *Kelsens* in der heutigen Rechtswissenschaft ist gleichwohl zu betonen, vgl. nur *Lepsius*, in: Gusy: Weimars lange Schatten, 2003, S. 354 (370 ff., 372 ff., 394).
[171] *Jellinek*, Allgemeine Staatslehre, 3. Aufl. 1976, S. 559 ff.; *Laband*, Das Staatsrecht des Deutschen Reiches, Bd. 2, 5. Aufl. 1911, S. 181 ff.; s. hierzu auch *Bethge*, in: Mann/Püttner HKWP I, 3. Aufl. 2007, § 28 Rn. 16 m.w.N.; *Böckenförde*, Gesetz und gesetzgebende Gewalt, 2. Aufl. 1981, S. 234 f., 247 f.; *Krebs*, Jura 1981, 569 (572 f.).
[172] Zu der Überwindung des Positivismus sowie der Trennung von Recht und Politik *Böckenförde*, Staat, Verfassung, Demokratie, 1991, S. 24 ff.; zur Abkehr von der Impermeabilitätstheorie *Bethge*, DVBl. 1980, 309 (310 f.); *Bethge*, in: Mann/Püttner, HKWP I, 3. Aufl. 2007, § 28 Rn. 16 m.w.N.; zu den Zusammenhängen mit dem Auftrieb der Loyalitätsgebote *Poscher*, in: Herdegen/Masing/Poscher/Gärditz, Hdb. VerfR, 2021, § 3 Rn. 124 f.; *Schenke*, Die Verfassungsorgantreue, 1977, S. 25 f.
[173] *Lepsius*, in: Gusy: Weimars lange Schatten, 2003, S. 354 (363 ff.).
[174] *Smend*, Das Problem der Institutionen (1956), in: ders. Staatsrechtliche Abhandlungen, 3. Aufl. 1994, S. 500 (insb. 504 f.); *Smend*, Integration (1966), in: ders., Staatsrechtliche Ab-

gungen des Grundgesetzes angepasst werden.[175] Ihre hohe Flexibilität erlaubte dies jedoch, sodass eine modernisierte und von Altlasten befreite Integrationslehre unter dem Grundgesetz als überzeugende Staats- und Verfassungsrechtslehre entwickelt werden konnte.[176] So bedurften einerseits einige Aspekte der Integrationslehre einer Relativierung, beispielsweise durch die Abkehr vom Staat als Selbstzweck,[177] die damit einhergehende Betonung der Grundrechte als Abwehrrechte gegenüber dem Staat[178] oder die unbedingte normative Verbindlichkeit der geschriebenen Verfassung[179]. Andererseits wurde die Integrationslehre insbesondere um ein pluralistisches Verständnis angereichert, welches sich maßgeblich auf den Einfluss *Hellers* zurückführen lässt.[180]

1. Entwicklungen um die Bundestreue

Dementsprechend verwundert es trotz des Fehlens einer ausdrücklichen verfassungsrechtlichen Regelung nicht, dass sich in der Literatur bereits 1949 Stimmen erhoben, welche an den Gedanken des bundesfreundlichen Verhaltens anknüpften und diesen teils gar selbstverständlich voraussetzen.[181] Ein einheitliches Konzept sowie eine vollständig überzeugende Begründung für den Grundsatz der Bundestreue fanden sich mit Blick auf die inzwischen herausgearbeiteten Erkenntnisse zu so früher Zeit jedoch noch nicht.[182]

---

handlungen, S. 482 (482 ff.); *Smend,* Integration (1987), in: Evangelisches Staatslexikon, 3. Aufl. 1987, Sp. 1354 ff.
[175] *Dreier,* in: FS Schneider, 2008, S. 70 (77 ff.); *Lepsius,* in: Gusy: Weimars lange Schatten, 2003, S. 354 (367).
[176] Vgl. *Dreier,* in: FS Schneider, 2008, S. 70 (77 ff.) m.w.N.
[177] *Dreier,* in: FS Schneider, 2008, S. 70 (78); s. a. *Hofmann,* VVDStRL 41 (1983), 42 (68) – „nichtstaatlichen Sinn staatlicher Organisation".
[178] Vgl. *Dreier,* in: FS Schneider, 2008, S. 70 (87 ff.); *Hesse,* Grundzüge des Verfassungsrechts, 20. Aufl. 1999, § 9 Rn. 287 f.
[179] *Dreier,* in: FS Schneider, 2008, S. 70 (77); *Hesse,* Grundzüge des Verfassungsrechts, 20. Aufl. 1999, § 2 Rn. 67 ff.; *Hillgruber,* in: FS Bartlsperger, 2006, S. 63 (72); problematisch erscheint hingegen die Aussage, ungeschriebene Verfassungssätze könnten ihre verfassungsrechtlich normative Kraft unmittelbar aus der politischen Mächtigkeit des Integrationsprozesses entnehmen, so aber *Leibholz,* in: In memoriam Rudolf Smend, 1976, 15 (34); ebenfalls problematisch erscheint die Auflösung des Verhältnisses von Verfassung und Verfassungswirklichkeit ganz zugunsten der Wirklichkeit bei *Bäumlin,* Staat, Recht und Geschichte, 1961, S. 15 ff.; vgl. hierzu *Korioth,* Integration und Bundesstaat, 1990, S. 300.
[180] *Hesse,* Grundzüge des Verfassungsrechts, 20. Aufl. 1999, § 1 Rn. 6 f., 9 (ohne expliziten Bezug auf *Heller*); *Lepsius,* in: Gusy: Weimars lange Schatten, 2003, S. 354 (367 f.).
[181] So beispielsweise *Dernedde,* DV 1949, 315 (316); *Ipsen,* DV 1949, 486 (490); *Grewe,* DRZ 1949, 349 (350); *Menzel,* DV 1949, 312 (313); *Wessel,* DV 1949, 327 (328).
[182] So bereits *Bauer,* Die Bundestreue, 1992, S. 118.

a. Die Rechtsprechung des Bundesverfassungsgerichts

Das Bundesverfassungsgericht schloss sich der Tendenz der Literatur an. Es nahm die Bundestreue bereits 1952 in seine Judikatur auf[183] und bestätigte diese in der Folgezeit mehrfach[184]. Die wichtigsten Grundlinien der Bundestreue stellte das Gericht bereits in den ersten zehn Jahren zwischen 1951 und 1961 auf.[185] Nach ständiger Rechtsprechung des Bundesverfassungsgerichts leitet sich die Pflicht zu bundesfreundlichem Verhalten als unmittelbarer Ausdruck des Bundesstaatsprinzips[186] aus dem „Wesen des Bundesstaates"[187] bzw. aus dem „Grundverhältnis von Gesamtstaat und Gliedstaaten"[188] oder „bundesstaatlichen Prinzip"[189] ab, wobei die voneinander abweichenden Formulierungen der Sache nach keinen Unterschied machen.

Die Rechtsprechung des Bundesverfassungsgerichts stieß überwiegend auf Zustimmung.[190] Dennoch blieben zahlreiche Fragen offen. Somit beschäftigte sich der Diskurs um die Bundestreue in der Folgezeit insbesondere mit einer überzeugenden Herleitung der normativen Grundlagen und – unterstützt durch weitere Rechtsprechung des Bundesverfassungsgerichtes sowie der Verfassungsgerichte der Länder – der inhaltlichen Konturierung des Prinzips.[191] Im Gegensatz zum Deutschen Reich von 1871 und in Teilen noch in der Weimarer Republik fällt besonders auf, dass die Konzeptionen der Bundestreue unter dem Grundgesetz ein wesentlich einheitlicheres Bild ergaben.[192]

---

[183] Der Sache nach bereits BVerfG, Urt. v. 20.02.1952 – 1 BvF 2/51 = BVerfGE 1, 117 (119, 131), allerdings noch nicht ganz klar und ohne erkennbare Intention der Begründung eines allgemeinen Prinzips, vgl. auch *Korioth*, Integration und Bundesstaat, 1990, S. 258 f.; ausdrücklich dann BVerfG, Urt. v. 21.05.1952 – 2 BvH 2/52 = BVerfGE 1, 299 (315).
[184] Insbesondere BVerfG, Urt. v. 26.03.1957 – 2 BvG 1/55 = BVerfGE 6, 309 („Reichskonkordat"); BVerfG, Urt. v. 30.07.1958 – 2 BvG 1/58 = BVerfGE 8, 122 („Volksbefragung Hessen"); BVerfG, Urt. v. 28.02.1961 – 2 BvG 1, 2/60 = BVerfGE 12, 205 („Zweites Deutsches Fernsehen").
[185] *Faller*, in FS Maunz, 1981, S. 53 (54).
[186] Vgl. *Korioth*, Integration und Bundesstaat, 1990, S. 259 f. m.w.N.
[187] BVerfG, Urt. v. 21.05.1952 – 2 BvH 2/52 = BVerfGE 1, 299 (315); BVerfG, Urt. v. 30.07.1958 – 2 BvG 1/58 = BVerfGE 8, 122 (138); BVerfG, Urt. v. 28.02.1961 – 2 BvG 1, 2/60 = BVerfGE 12, 205 (254) in Verbindung mit der Formulierung des „bundesstaatlichen Prinzips"; bereits vorher im Verfassungskonvent auf Herrenchiemsee, s. *Bucher*, Der Parlamentarische Rat, Bd. 2, 1981, S. 533.
[188] BVerfG, Urt. v. 27.07.1971 – 2 BvF 1/68, 2 BvR 702/68 = BVerfGE 31, 314 (354).
[189] BVerfG, Urt. v. 26.07.1972 – 2 BvF 1/71 = BVerfGE 34, 9 (20); BVerfG, Urt. v. 28.02.1961 – 2 BvG 1, 2/60 = BVerfGE 12, 205 (254) in Verbindung mit der Formulierung des „Wesens".
[190] *Bauer*, Die Bundestreue, 1992, S. 120 m.w.N.; grundsätzlich zustimmend, vorsichtig kritisch aber zu der Weiterentwicklung in BVerfGE 12, 205 *Zeidler*, AöR 86 (1961), 361 (399 ff.).
[191] Vgl. *Bauer*, Die Bundestreue, 1992, S. 118 ff.
[192] Vgl. *Bauer*, Die Bundestreue, 1992, S. 122, insb. Fn. 97, zu Differenzen und späterer Annäherung ebd., S. 53 ff., 56 ff., 85 ff., 97 ff.; zu den nunmehr überwundenen unterschiedlichen

b. Die Kritikwelle der 1960er-Jahre

Trotz der im Wesentlichen konstanten Rechtsprechung des Bundesverfassungsgerichts sowie der überwiegend eher positiven Aufnahme in der Staatsrechtswissenschaft, soll nicht unerwähnt bleiben, dass der Grundsatz der Bundestreue nicht frei von Kritik geblieben ist.[193] Diese sollte allerdings erst Anfang der sechziger Jahre eintreten und wurde in erster Linie durch eine Befassung *Hesses*[194] herbeigeführt.[195] Er bemängelte einerseits die fehlende Weiterentwicklung des tradierten Bundesstaatsbegriffs und daraus folgend die mangelnde Anpassung an die neue Verfassung, andererseits die unkritische Ableitung aus dem Wesen des Bundesstaates.[196] Die Literatur störte sich weiter an der vermeintlichen Fortführung des Bündnisgedankens, obgleich der Bündnischarakter unter dem Grundgesetz entfallen war.[197] Dieser Umstand ist offensichtlich.[198] Das Bundesverfassungsgericht erkannte dies ersichtlich aber auch, was sich bereits daran zeigt, dass der Begriff des Bündnisses in Anführungszeichen gestellt wurde.[199]

Weiter wurden die inhaltliche Unschärfe, die Rechtsunsicherheit sowie mangelnde Justiziabilität des Grundsatzes kritisiert.[200] Auch die strikte Trennung rechtlicher und politischer Fragen scheint stellenweise noch nachzuwirken.[201] Dieser Aspekt hängt auch mit dem weiteren Kritikpunkt zusammen, dass die Bundestreue richterliche Interessenbewertung sei, die zwar im Zivil- und Verwaltungsrecht, nicht aber im Verfassungsrecht und erst recht nicht im Bereich der Ordnung der Verhältnisse zwischen Bund und Ländern ihren Platz haben

---

Ansätzen nach altem Recht ausführlich *Schröcker,* Der Staat 5 (1966), 137 (S. 147 ff.) und ders., Der Staat 5 (1966), 315 (316 ff.).
[193] S. nur *Pestalozza,* Formenmißbrauch des Staates, 1973, S. 101 ff.; vorsichtig zu einer gründlichen Klärung mahnend *Fuß,* AöR 83 (1958), 383 (413, Fn. 77).
[194] *Hesse,* Der unitarische Bundesstaat, 1962, S. 5 ff.
[195] *Lorz,* Interorganrespekt, 2001, S. 17.
[196] *Hesse,* Der unitarische Bundesstaat, 1962, insb. S. 8 ff. u. Fn. 44; so auch *Bullinger,* AöR 87 (1962), 488 (494); Überblick der Kritik in *Lorz,* Interorganrespekt, 2001, S. 17.
[197] Beispielsweise BVerfG, Urt. v. 21.05.1952 – 2 BvH 2/52 = BVerfGE 1, 299 (315) – „alle an dem verfassungsrechtlichen ‚Bündnis' Beteiligten, sind gehalten, dem Wesen dieses Bündnisses entsprechend zusammenzuwirken [...]"; dem zustimmend z.B. *Bayer,* Die Bundestreue, 1961, S. 22, 45; kritisch dazu *Hesse,* Der unitarische Bundesstaat, 1962, insb. S. 8 f.; *Kaiser,* DÖV 1961, 653 (657); *Fuß,* DÖV 1964, 37 (38 f.).
[198] S. nur *Schmidt,* AöR 87 (1962), 253 (260).
[199] Vgl. BVerfG, Urt. v. 21.05.1952 – 2 BvH 2/52 = BVerfGE 1, 299 (315).
[200] *Bullinger,* AöR 87 (1962), 488 (494 f.); *Fuß,* DÖV 1964, 37 (37 f.); *Hesse,* Der unitarische Bundesstaat, 1962, insb. S. 9 f.; *Schröcker,* Der Staat 5 (1966), 315 (339 f.); *Spanner,* DÖV 1961, 481 (482 ff.); in diese Richtung auch *Peters,* Die Rechtslage von Rundfunk und Fernsehen, 1961, S. 24 f.
[201] Vgl. *Bullinger,* AöR 87 (1962), 488 (494 f.).

solle, womit das Bundesverfassungsgericht Rechtsfortbildung vornehme, die ihm nicht zustünde.[202] Teilweise wurde sogar die grundlegende Erforderlichkeit des Grundsatzes der Bundestreue in Abrede gestellt.[203] Die Erfahrung hat jedoch gezeigt, dass auf den Grundsatz nicht verzichtet werden kann: So sah sich einerseits das Bundesverfassungsgericht mehrfach dazu veranlasst, seine Rechtsprechung mit nur geringfügigen Abweichungen in der Formulierung – vielfach auch unter Verweis auf die vorangegangene Judikatur – aufrechtzuerhalten.[204] Insbesondere konnte das Bundesverfassungsgericht einer befürchteten Ausartung des unbestimmten Grundsatzes durch diverse Entscheidungen entgegenwirken: So entschied es bereits vor Aufkommen der Welle an Kritik, dass „nur aus der Zusammenschau mit allen anderen Verfassungsnormen, die dieses Verhältnis [zwischen Bund und Ländern] regeln, [die Bundestreue] richtig verstanden werden" könne.[205] Auch beschränkt es die Bundestreue insofern, als es ein bestehendes Rechtsverhältnis voraussetzt, welches nicht durch die Bundestreue begründet werden kann.[206]

Andererseits konnte sich aber auch in der Literatur die These mangelnder Erforderlichkeit nicht durchsetzen.[207] Dies zeigt sich sowohl an der breiten Anerkennung des Prinzips in Deutschland[208] als auch an der oftmals anzutreffenden These, dass ein derartiges Prinzip in jeglichen föderalen Strukturen notwendig sei,[209] sowie der häufig anzutreffenden Tendenz einer Erweiterung des Bun-

---

[202] *Fuß*, DÖV 1964, 37 (38).
[203] *Fuß*, DÖV 1964, 37 (40 ff.); *Hesse*, Der unitarische Bundesstaat, 1962, S. 7; *Scheuner*, DÖV 1962, 641 (646).
[204] Beispielsweise in BVerfG, Urt. v. 26.07.1972 – 2 BvF 1/71 = BVerfGE 34, 9 (20); BVerfG, Urt. v. 08.02.1977 – 1 BvF 1/76 u.a. = BVerfGE 43, 291 (348); BVerfG, Urt. v. 19.10.1982 – 2 BvF 1/81 = BVerfGE 61, 149 (205); sowie aus neuerer Zeit BVerfG, Beschl. v. 30.06.2015 – 2 BvR 1282/11 = BVerfGE 139, 321 (353); BVerfG, Beschl. v. 07.12.2021 – 2 BvL 2/15, Rn. 71 = DVBl. 2022, 296 (298).
[205] BVerfG, Urt. v. 26.03.1957 – 2 BvG 1/55 = BVerfGE 6, 309 (361).
[206] BVerfG, Urt. v. 11.07.1961 – 2 BvG 2/58 = BVerfGE 13, 54 (75).
[207] S. nur *Isensee*, in: Isensee/Kirchhof, HdbStR VI, 3. Aufl. 2008, § 126 Rn. 163; *Sauer*, Jurisdiktionskonflikte, 2008, S. 374 f.; *Sommermann*, in: v. Mangoldt/Klein/Starck GG, Art. 20 Rn. 37; unbeachtet vereinzelter Ausnahmen, z.B. *Wittreck*, in: Härtel, Föderalismus Hdb. Bd. 1, 2012, S. 497 (505 f., 521 f.), welcher der Bundestreue vielmehr sogar negative Effekte zuschreibt, insb. S. 502 f., 524 f.
[208] S. nur *Grzeszick*, in: Dürig/Herzog/Scholz GG, Art. 20, IV. Rn. 127; *Lorz*, Interorganrespekt, 2001, S. 18.
[209] *Bayer*, Die Bundestreue, 1961, S. 43; *Unruh*, EuR 2002, 41 (53 f.); in diese Richtung auch BVerfG, Urt. v. 01.12.1954 – 2 BvG 1/54 = BVerfGE 4, 115 (141 f.); *Pleyer*, Föderative Gleichheit, 2005, S. 327; *Sachs*, in: Sachs GG, Art. 20 Rn. 68; *Schunck*, SKV 1965, 5 (7); vgl. auch *Woelk*, ZöR 52 (1997), 527 (545 ff.); für die Existenznotwendigkeit für einen Bundesstaat *Denninger*, Staatsrecht, Bd. 2, 1979, S, 124; a.A. *Starski*, in: Kahl/Ludwigs, Hdb. Verwaltungsrecht, Bd. 3, 2022, Rn. 4; i.E. ebenfalls ablehnend *Lück*, Die Gemeinschaftstreue, 1992, S. 159 ff.

destreuegedankens[210]. Selbst diejenigen, welche die Notwendigkeit des Prinzips in erster Linie bestritten, sahen sich alsbald gezwungen, die einschlägigen Fallgruppen der Bundestreue auf andere Art und Weise zu lösen. Um unsachgemäße Ergebnisse zu vermeiden, mussten die Kritiker auf andere allgemeine Rechtsgrundsätze zurückzugreifen, beispielsweise das allgemeine Missbrauchsverbot oder den Grundsatz der Verhältnismäßigkeit.[211] Begründet wird dies damit, dass diese Regeln und Prinzipien allgemein anerkannt seien und schärfere Konturen aufwiesen.[212] Daneben finden Bundestreue und im Übrigen auch die Verfassungsorgantreue zahlreiche Überschneidungen mit den von *Hesse*[213] für die Verfassungskonkretisierung gerade als besonders bedeutsam erachteten Topoi der praktischen Konkordanz, der funktionellen Richtigkeit und dem Maßstab der integrierenden Wirkung.[214]

Auch dass die angeführten Alternativen vermeintlich eine höhere Anerkennung genießen, bedeutet nicht gleichzeitig eine höhere Richtigkeit, schon gar nicht unter dem Recht einer damals noch jungen Verfassung. Inwiefern die Bundestreue schon in den 1960er Jahren ihrerseits als anerkannt gelten durfte, soll demnach dahinstehen. Hinsichtlich der vermeintlich schärferen Konturen darf stark bezweifelt werden, dass die Alternativen gegenüber dem Grundsatz der Bundestreue eine Verbesserung darstellen. Denn sowohl bei dem allgemeinen Missbrauchsverbot als auch dem Verhältnismäßigkeitsgrundsatz handelt es sich um Grundsätze, die ihre vermeintliche Schärfe nur durch allmähliche Herausbildung insbesondere durch die Gerichte erhielten. Das Gegenteil trifft daher zu: Der Grundsatz der Bundestreue ist genauer auf einen bestimmten Anwendungsbereich gemünzt, weshalb besonders heute im Lichte einer umfangreichen Rechtsprechung und Literatur Grundsätze wie Verhältnismäßigkeit oder das allgemeine Missbrauchsverbot in den betreffenden Konstellationen abstrakter und unschärfer erscheinen. Zudem würden inhaltlich miteinander verknüpfte Probleme künstlich auseinandergerissen, anstatt diese unter einen greifbareren Überbegriff zu fassen. Im Ergebnis hielt *Schenke* deshalb zutreffend fest, dass sich die Lösung der Kritiker praktisch kaum einen Unterschied macht und sich im Wesentlichen auf terminologische Differenzen beschränkt.[215] Somit ist die

---

[210] Vgl. dazu *Bauer*, Die Bundestreue, 1992, S. 192 ff. m.w.N.
[211] Vgl. nur *Fuß*, DÖV 1964, 37 (41); *Hesse*, Der unitarische Bundesstaat, 1962, S. 7; *Spanner*, DÖV 1961, 481 (485); offenlassend, ob das allgemeine Missbrauchsverbot passender gewesen wäre *Zeidler*, AöR 86 (1961), 361 (399 Fn.106).
[212] *Fuß*, DÖV 1964, 37 (41).
[213] *Hesse*, Grundzüge des Verfassungsrechts, 20. Aufl. 1999, § 2 Rn. 67 ff.
[214] *Schenke*, Die verfassungsrechtlichen Grenzen, 1984, S. 45; bzgl. des Maßstabs der integrierenden Wirkung *Schenke*, Die Verfassungsorgantreue, 1977, S. 42 f.
[215] *Schenke*, Die verfassungsrechtlichen Grenzen, 1984, S. 45.

Kritikwelle der 1960er-Jahre in der Folge abgesehen von einer gewissen Zurückhaltung sowie Forderungen einer restriktiven Handhabung[216] im Wesentlichen ohne inhaltliche Einschnitte wieder abgeebbt, ohne die grundlegende Anerkennung der Bundestreue zu gefährden.[217]

2. Entwicklung der Loyalitätsgebote in die Breite

Sowohl das Grundgesetz als solches wie auch speziell die Bundestreue unterlagen aufgrund von Verfassungsänderungen sowie durch den Verfassungswandel im Lauf der Jahrzehnte einem stetigen Wandel.[218] Von der Basis der Integrationslehre ausgehend soll der Bundestreue sowie der Verfassungsorgantreue bei alldem gar besondere Bedeutung für die „Dynamisierung des Verfassungsrechts" zukommen.[219] Gemeint ist damit, dass mit diesen ungeschriebenen Grundsätzen eine erhöhte Flexibilität einhergeht, welche zu einer permanenten inhaltlichen Fortbildung und Fortentwicklung führt.[220] So konstatiert *Bayer* trefflich, dass die Bundestreue „von Natur aus inhaltlich ungewiß" ist.[221] Obgleich sich diese Aussage – ungeachtet der Frage, ob diese inhaltliche Unschärfe positiv oder negativ zu werten ist – nur auf die Konkretisierung der Bundestreue bezieht, zeigt sich daran bereits, dass dem Grundsatz nicht nur intern, sondern auch in andere Richtungen eine gewisse Entwicklungsoffenheit zugrunde liegt.

Diese Entwicklungsoffenheit führte besonders in den 1970er Jahren zu diversen die Loyalitätspflichten betreffenden Vorstößen in die Breite: Zu nennen sind insbesondere eine breitere Etablierung der Verfassungsorgantreue, vornehmlich durch eine Monografie *Schenkes*,[222] sowie die Darlegung einer „alle Staatsorgane treffende[n], wechselseitige[n] Loyalitätspflicht", aus der sich die „umfassende[...] Idee loyaler Zuständigkeitswahrnehmung" ergibt, innerhalb derer die Bundestreue nur einen Teilaspekt darstellt, durch *Kloepfer*[223].

Beide Vorstöße wurden zwar im Wesentlichen ohne maßgebliche Kritik aufgenommen,[224] was wohl vor allem auf die Etablierung des Prinzips des bundesfreundlichen Verhaltens zurückzuführen sein dürfte.[225] Von einer so weitgehen-

---

[216] *Lindner*, in: Stern/Sodan/Möstl, Staatsrecht Bd. 1, 2. Aufl. 2022, § 16 Rn. 188, 195; vgl. hierzu auch *Bauer*, Die Bundestreue, 1992, S. 175 f.
[217] *Bauer*, Die Bundestreue, 1992, S. 166 ff.; *Poscher*, in: Herdegen/Masing/Poscher/Gärditz, Hdb. VerfR, 2021, § 3 Rn. 121.
[218] *Bauer*, Die Bundestreue, 1992, S. 103.
[219] *Schenke*, JZ 1989, 653 (658 f.).
[220] *Lorz*, Interorganrespekt, 2001, S. 23.
[221] *Bayer*, Die Bundestreue, 1961, S. 127.
[222] *Schenke*, Die Verfassungsorgantreue, 1977.
[223] *Kloepfer*, Vorwirkung von Gesetzen, 1974, S. 52 f.
[224] Kritisch ggü. der Verfassungsorgantreue z.B. *Pestalozza*, Formenmißbrauch des Staates, 1973, S. 99 ff.
[225] Vgl. *Schenke*, Die Verfassungsorgantreue, 1977, S. 29.

den Aufnahme in Praxis und Literatur wie bei der Bundestreue kann indes noch nicht die Rede sein. So findet die Idee eines übergreifenden Loyalitätsgebotes bereits grundsätzlich nur eine verhältnismäßig dünne Rezeption.

a. Die Verfassungsorgantreue

Die Verfassungsorgantreue wird dagegen in der Literatur vermehrt diskutiert und im Wesentlichen angenommen.[226] Dem Prinzip gelang es zudem, in der Wahrnehmung[227] und Rechtsprechung des Bundesverfassungsgerichts Fuß zu fassen: Die Idee einer derartigen Loyalitätspflicht klang bereits 1957 hinsichtlich der Frage an, inwiefern das Bundesverfassungsgericht bei Untätigkeit des Gesetzgebers auf diesen einwirken könne.[228] Das Gericht formuliert mit Bezug auf das verfassungsgerichtliche Verfahren, dass aufgrund beschränkter Vollstreckungsmöglichkeiten „die loyale Zusammenarbeit der verschiedenen staatlichen Gewalten geradezu voraus[ge]setzt" werde.[229] Der Sache nach stellt dies bereits einen Anwendungsfall des Prinzips der Verfassungsorgantreue dar, auch wenn das Bundesverfassungsgericht dies nicht eindeutig so formuliert. Unter Umständen könnte die sehr allgemeine Formulierung auch auf einen übergreifenden Grundsatz hindeuten, was aber bis zur aktuelleren Judikatur des Gerichts eher bezweifelt werden darf.[230]

Der Grundsatz der Verfassungsorgantreue selbst wird – wenn auch im Vergleich zu der Bundestreue mit geringerer quantitativer Bedeutung[231] – anschließend mehrfach durch das Bundesverfassungsgericht angewandt.[232] Er tauchte erstmals[233] in dessen Entscheidung zur Aufhebung der Jahresarbeitsverdienst-

---

[226] S. nur *Bismark*, DÖV 1983, 269 (277 ff.); *Schaaf*, DVP 2021, 431 (432); *Schenke*, in: GS Brugger, 2013, S. 523 ff.; *Voßkuhle*, NJW 1997, 2216 ff.
[227] S. bereits in der Statusdebatte BVerfG, JöR n.F. 6 (1957), 194 (206 f.), *Poscher*, in: Herdegen/Masing/Poscher/Gärditz, 2021, Hdb. VerfR, § 3 Rn. 125.
[228] BVerfG, Beschl. v. 20.02.1957 – 1 BvR 441/53 = BVerfGE 6, 257 (265 f.).
[229] BVerfG, Beschl. v. 20.02.1957 – 1 BvR 441/53 = BVerfGE 6, 257 (266).
[230] Allein die Aufnahme des Prinzips des Interorganrespekts in die Rechtsprechung deutet klarer auf die zwischenzeitliche Annahme eines übergreifenden Verfassungsprinzips durch das Bundesverfassungsgericht hin, s. nur BVerfG, Beschl. v. 20.07.2021 – 2 BvE 4/20.
[231] *Schenke,* Die Verfassungsorgantreue, 1977, S. 22.
[232] Beispielsweise BVerfG, Beschl. v. 04.06.1973 – 2 BvQ 1/73 = BVerfGE 35, 193 (199); BVerfG, Urt. v. 25.05.1977 – 2 BvE 1/74 = BVerfGE 45, 1 (38 f.).
[233] Wenn man die Entscheidung BVerfG, Urt. v. 28.02.1961 – 2 BvG 1, 2/60 = BVerfGE 12, 205 (254) außer Betracht lässt, die sich zwar ausführlich mit den Wurzeln beschäftigt, aber auch nur auf die Bundestreue bezieht, jedoch in BVerfG, Beschl. v. 10.11.1998 - 2 BvR 1220/93 = BVerfGE 90, 286 (337) als Nachweis für die Verfassungsorgantreue angeführt wird (vgl. auch *Stern/Bethge*, Öffentlich-rechtlicher und privatrechtlicher Rundfunk, 1971, S. 33); auch Entscheidungen, welche die Verfassungsorgantreue in Teilen umschreiben, jedoch noch nicht deutlich als verfassungsrechtlichen Grundsatz behandelt, bleiben bei dieser Aussage außer Betracht, so z.B. BVerfG, Urt. v. 06.03.1952 – 2 BvE 1/51 = BVerfGE 1, 144 (149).

grenze in der Rentenversicherung im Jahre 1970[234] auf. Damals hatte sich das Bundesverfassungsgericht allerdings noch nicht zu der Frage positioniert, ob der Grundsatz der Verfassungsorgantreue tatsächlich besteht, welche Rechtsfolgen ein Verstoß hat oder ob ein solcher Verstoß – wie in dem damals vorliegenden Fall – im Wege einer Verfassungsbeschwerde gerügt werden kann.[235] Allgemein lässt die zu diesem Zeitpunkt noch nicht besonders breite Rechtsprechung des Bundesverfassungsgerichts zu der Verfassungsorgantreue viele Fragen offen.

Anschließend ergingen zahlreiche weitere Entscheidungen, die den Grundsatz der Verfassungsorgantreue anerkannt und angewandt haben, von denen insbesondere die folgenden hervorzuheben sind: In einer Entscheidung, welche die Aussetzung der Ratifizierung eines völkerrechtlichen Vertrages betraf, hat das Bundesverfassungsgericht 1973 anerkannt, dass „oberste Verfassungsorgane […] von Verfassungs wegen aufeinander Rücksicht zu nehmen" haben, ohne jedoch auf den Begriff „Verfassungsorgantreue" ausdrücklich einzugehen.[236] Dies wird 1977 noch einmal durch das Bundesverfassungsgericht bestärkt[237] und kann spätestens seit der Entscheidung zu den sog. Out-of-area-Einsätzen, in der der „Verfassungsgrundsatz der Organtreue" erstmals unter diesem Namen genannt und bestätigt wurde,[238] als durch das Bundesverfassungsgericht anerkannt gelten.

Das Bundesverfassungsgericht betont – so wenig es sich häufig im Detail mit dem Grundsatz auseinandersetzt – dessen rechtlich verbindliche Qualität und stellt fest, dass die „gebotene Rücksicht […] durch keinerlei politische Erwägungen überwunden werden" kann.[239] Auch in der landesverfassungsgerichtlichen Rechtsprechung hat sich der Grundsatz inzwischen etabliert.[240] Selbst in der

---

[234] BVerfG, Beschl. v. 14.10.1970 – 1 BvR 307/68 = BVerfGE 29, 221.
[235] Vgl. BVerfG, Beschl. v. 14.10.1970 – 1 BvR 307/68 = BVerfGE 29, 221 (233).
[236] BVerfG, Beschl. v. 04.06.1973 – 2 BvQ 1/73 = BVerfGE 35, 193 (199); vgl. aus demselben Jahr noch undeutlicher, aber dennoch der Verfassungsorgantreue zuzuordnen BVerfG, Urt. v. 31.07.1973 – 2 BvF 1/73 = BVerfGE 36, 1 (15).
[237] BVerfG, Urt. v. 25.05.1977 – 2 BvE 1/74 = BVerfGE 45, 1 (38 f.).
[238] BVerfG, Urt. v. 12.07.1994 – 2 BvE 3/92 u.a. = BVerfGE 90, 286 (337).
[239] BVerfG, Beschl. v. 04.06.1973 – 2 BvQ 1/73 = BVerfGE 35, 193 (199).
[240] VerfGH NRW, Urt. v. 20.04.2021 – 177/20, juris Rn. 179; ThürVerfGH, Beschl. v. 14.10.2020 – 106/20 – juris Rn. 45; SächsVerfGH, Urt. v. 11.04.2018 – Vf. 82-I-17 – juris Rn. 22 u. 29; HbgVerfGH, Urt. v. 27.04.2007 – HVerfG 3/06 = BeckRS 2009, 31933; VGH BW, Urt. v. 30.07.2014 – 1 S 1352/13 = NVwZ-RR 2015, 161 (168); in diesem Fall wohl fälschlicherweise von der Anwendbarkeit der Verfassungsorgantreue ausgehend BayVerfGH, Entsch. v. 17.11.2014 – Vf. 70-VI-14 – juris Rn. 55.

Literatur wird die Existenz des Grundsatzes der Verfassungsorgantreue nicht mehr grundlegend bestritten.[241]

b. Übergreifende Loyalitätsgebote

Diese nunmehr breite Akzeptanz der Verfassungsorgantreue dürfte auch den Grund dafür darstellen, dass die zuvor bereits thematisierte Idee einer allgemeinen Loyalitätspflicht wieder aufgegriffen wurde. Einen wichtigen Meilenstein hierfür setzte *Lorz* 2001 mit seiner Habilitationsschrift zum Interorganrespekt.[242] Die Intention hinter der Entwicklung des Interorganrespekts lag – unter Berufung auf *Kägi* – in der Schaffung einer „umfassenden Ordnungsidee, in welcher Gewaltenteilung und Gewaltenverbindung, Dekonzentration und Konzentration, Vielheit und Einheit wieder stärker als Momente eines Ganzen gesehen werden, das die Verantwortung für die rechte Verwaltung der Macht optimal zu aktualisieren sucht."[243] Mit dem Prinzip des Interorganrespekts verfolgte *Lorz* das Ziel der Umsetzung dieser Idee *Kägis* sowie diverser weiterer Autoren, welche vergleichbare Gedanken anbrachten[244].[245] Dabei ging er davon aus, dass seine Arbeit lediglich den Grundstein für das Prinzip bilde und weitere Ausformungen des Interorganrespekts noch erläutert werden müssten: So lag sein Fokus auf den Beziehungen zwischen den permanent tätigen höchsten Staatsorganen, womit sich die Betrachtung im Rahmen des Geltungsbereichs der Bundesrepublik Deutschland weitgehend mit dem Prinzip der Verfassungsorgantreue deckte.[246] *Lorz* deutete allerdings mehrfach an, dass der Interorganrespekt als umfassendes Prinzip weiter reiche: Es beanspruche, auch wenn die Untersuchung dem nicht weiter nachging, insbesondere auch für die vertikale Kompe-

---

[241] *Kloepfer*, Hdb. Verfassungsorgane, 2022, § 1 Rn. 158; *Koepsell*, Exekutiver Ungehorsam, 2023, S. 32; *Schenke*, Die Verfassungsorgantreue, 1977, S. 19, 25 m.w.N.; *Voßkuhle*, NJW 1997, 2216, 2217; zur Herleitung, ohne aber das Bestehen des Grundsatzes an sich überhaupt anzuzweifeln *Lorz*, Interorganrespekt, 2001, S. 38 ff.; weitere Erwähnungen, die von der Existenz des Grundsatzes ausgehen *H. H. Klein*, in: FS f. Klein, 1994, S. 511 (518 f.); *Risse/Witt*, in: Hömig/Wolff GG, vor Art. 38 Rn. 2 – „freilich"; *Schneider*, in: FS Müller, 1970, S. 421 (422); trotz kritischer Auseinandersetzung als „unbestrittener und in seiner Allgemeinheit wohl auch unbestreitbarer Grundsatz" bezeichnet durch *Pestalozza*, Formenmißbrauch des Staates, 1973, S. 99 ff.; vorsichtig noch *Henseler*, NJW 1982, 849 (852); auf Landesebene bejahend *Brechmann*, in: Meder/Brechmann BV, Art. 5 Rn. 4.
[242] *Lorz*, Interorganrespekt, 2001.
[243] *Lorz*, Interorganrespekt, 2001, S. 4 mit Bezug auf *Kägi*, in: FS Huber, S. 151 (163) (abw. Fundstelle).
[244] Namentlich führt *Lorz*, Interorganrespekt, 2001, S. 4 an: *Herzog*, Allgemeine Staatslehre, 1971, 234 ff.; *Imboden*, Die politischen Systeme (1961), in: ders., Politische Systeme – Staatsformen, 1974, S. 3 (20 f.); *Leisner*, in: FG Maunz, 1971, S. 267 (insb. 281 ff.); *Loewenstein*, Verfassungslehre 3. Aufl. 1975, S. 32 f., 131, 167; *Zimmer*, Funktion – Kompetenz – Legitimation, 1979, S. 195 („mehrdimensionale[s] Bezugsfeld" der Gewaltenteilung).
[245] *Lorz*, Interorganrespekt, 2001, S. 4 f.
[246] *Lorz*, Interorganrespekt, 2001, passim (insb. S. 9 f.).

tenzverteilung (z.B. zwischen Bund und Ländern) sowie auf sonstige in der Verfassung verankerte Institutionen (z.B. Bundesrechnungshof oder Bundesbank) Geltung.[247] Darüber hinaus zeichnet sich *Lorz´* Konzeption dadurch aus, dass sie dem Interorganrespekt ein staatenübergreifendes Geltungsbedürfnis zuweist.[248] Insofern ging *Lorz* einen bedeutsamen Schritt weiter als die bisher nur schemenhaften Andeutungen eines übergreifenden Prinzips, führte allerdings zu Gunsten einer weitreichenden rechtsvergleichenden Darstellung von praktisch relevanten Problemstellungen noch nicht alle Aspekte zusammen. Die zentrale Bedeutung des Interorganrespekts für das Verfassungsrecht, welche dem Prinzip nach seinem Selbstverständnis zukommen müsste, schlägt sich in Literatur und Rechtsprechung bisher jedenfalls noch nicht nieder. Die Aufnahme beschränkt sich im Wesentlichen auf einige Nennungen sowie verhältnismäßig knappe Befassungen.[249] Allerdings schlug dem Prinzip ebenso wenig Kritik entgegen, was wohl maßgeblich der Anerkennung der Bundes- und Verfassungsorgantreue geschuldet sein dürfte, die *Lorz* für die Schaffung des Interorganrespekts heranzieht und damit verflechtet.[250]

Einen weiteren Meilenstein für die Begründung und Konkretisierung eines übergreifenden Loyalitätsgrundsatzes setzte *Desens* 2011 beinahe beiläufig und mühelos wirkend in seiner Habilitationsschrift zur Bindung der Finanzverwaltung an die Rechtsprechung.[251] Für diesen Gedanken fand er den Begriff der Gewaltenloyalität, welcher zwar an sich nicht neu war,[252] jedoch seine maßgebliche Entwicklung erst durch *Desens* erfuhr. Den Ausgangspunkt seiner Beschäftigung stellt eine kurze Aufbereitung der klassischen Prinzipien dar, darüber hinaus geht diese jedoch auch auf die Verhältnisse auf Kommunalebene sowie

---

[247] *Lorz*, Interorganrespekt, 2001, passim (insb. S. 9 f.).
[248] *Lorz*, Interorganrespekt, 2001, s. nur S. 8 – „in verschiedenen Systemen […] Rückschluß auf eine dahinterstehende gemeinsame Ordnungsidee", S. 627 f. – „Der übergreifende Geltungsanspruch des Interorganrespekts […]" mit weiteren Ausführungen; s. dazu unten E.I.2.
[249] Um nur wenige davon zu nennen: BVerfG, Beschl. v. 20.07.2021 – 2 BvE 4/20 = NJW 2021, 2797 (2799); *Desens*, Bindung der Finanzverwaltung, 2011, S. 267 f.; *Grzeszick*, in: Dürig/Herzog/Scholz GG, Art. 20 IV. Rn. 136; *Grzeszick/Hettche*, AöR 141 (2016), 225 (246 f.); *Mast*, Staatsinformationsqualität, 2020, S. 418 ff.; *Schindler*, in: v. Bogdandy/Huber/Marcusson, Hdb. Ius Publicum Europaeum, 2022, § 152 Rn. 30, 50; bloß hinsichtlich der verfassungsrechtlich unverbindlichen Evidenz als Komponente des Interorganrespekts *Steinbach*, AöR 140 (2015), 367 (410).
[250] S. nur *Lorz*, Interorganrespekt, 2001, S. 12 ff., 33 ff., 83 f.
[251] *Desens*, Bindung der Finanzverwaltung, 2011, S. 261 ff.
[252] *Crezelius*, in: FG Felix, 1989, S. 37 (47); dieselbe Grundidee mit terminologischen Variationen *Felix*, StuW 1979, 65 (65); *Offerhaus*, StbJb 1995/1996, 7 (14); *Schaumburg*, in: Brandt, DFGT 1 (2004), 73 (87); *Spindler*, DStR 2007, 1061 (1064); „Gewaltenachtung" sowie „Loyalität" bei *Kreft*, Der Nichtanwendungserlaß, 1989, S. 81 ff.; „Gewaltenachtung" auch bei *Klein*, DStZ 1984, 55 (55 ff.); sehr weitgehend *Brockhoff*, Stbg. 1979, 27 (31).

zwischen Staat und Universitäten ein.²⁵³ Auch befasst sie sich mit den beiden anderen wesentlichen übergreifenden Prinzipien *Kloepfers* und *Lorz*´²⁵⁴ und führte all die zuvor genannten Gedanken anschließend zusammen, um eine Herleitung für das Prinzip der Gewaltenloyalität zu begründen.²⁵⁵ Zwar liegt der Fokus der Befassung *Desens*´ auf dem Verhältnis zwischen Rechtsprechung und Verwaltung, jedoch wird ein genereller Geltungsanspruch zwischen allen staatlichen Gewalten erhoben.²⁵⁶ Von einer allgemeinen Anerkennung und Verbreitung der Gewaltenloyalität kann – jedenfalls bisher – nicht gesprochen werden. Sie fand allerdings Eingang in die Literatur²⁵⁷ und es liegt insbesondere aufgrund ihrer Nähe zum Interorganrespekt sowie der bisherigen Tendenz zur Ausdehnung der Loyalitätspflichten nahe, dass eine generelle Ablehnung auch in Zukunft ausbleiben dürfte.

3. Entwicklungen auf europäischer Ebene

Parallel zu den Entwicklungen in Deutschland fanden die Loyalitätspflichten auch auf der Ebene der Europäischen Gemeinschaft Einzug. Die Verträge der EWG, EG bzw. EU stellen zwar keine Verfassung dar, weisen jedoch wesentliche Gemeinsamkeiten mit einer solchen auf.²⁵⁸ Ebenso zeigen sich bei den Loyalitätspflichten – wie noch aufzuzeigen sein wird – weitgehende Gemeinsamkeiten, weshalb die Rechtslage in der Europäischen Union für die vorliegende Betrachtung einbezogen wird.

Die erste Vorschrift, welche Loyalitätspflichten zwischen Mitgliedsstaaten und Gemeinschaft begründete, fand sich in Art. 86 Abs. 1, 2 EGKSV²⁵⁹.²⁶⁰ Sodann wurde der Grundsatz der loyalen Zusammenarbeit zwischen den Mitgliedsstaaten sowie den Mitgliedsstaaten und der Gemeinschaft in Art. 5 EWGV (01.01.1958)²⁶¹ normiert, danach wortgleich in Art. 5 EGV (01.11.1993)²⁶² über-

---

[253] *Desens*, Bindung der Finanzverwaltung, 2011, S. 264 ff.
[254] *Desens*, Bindung der Finanzverwaltung, 2011, S. 267 ff.
[255] *Desens*, Bindung der Finanzverwaltung, 2011, S. 269 ff.
[256] *Desens*, Bindung der Finanzverwaltung, 2011, S. 267.
[257] S. nur *Maciejewski*, Nichtanwendungsgesetze, 2021, S. 262 ff., 309 ff.
[258] Vgl. *Bergmann*, Handlexikon EU, 6. Aufl. 2022, Art. Lissabon-Vertrag; *Kaufmann-Bühler*, in: Grabitz/Hilf/Nettesheim, Art. 23 EUV, Rn. 30 ff.; *Mayer*, ZaöRV 2007, 1141 (1189 f.).
[259] Vertrag über die Gründung der Europäischen Gemeinschaft für Kohle und Stahl v. 18.04.1951.
[260] *Schill/Krenn*, in: Grabitz/Hilf/Nettesheim, Art. 4 EUV, Rn. 59.
[261] Vertrag zur Gründung der Europäischen Wirtschaftsgemeinschaft v. 25.03.1957 (Römische Verträge).
[262] Vertrag zur Gründung der Europäischen Gemeinschaft v. 07.02.1992 (Vertrag von Maastricht).

nommen und wiederum wortgleich in Art. 10 EGV (01.05.1999)[263] übertragen.[264] Mit Gründung der EU wanderte die Regelung in Art. 4 Abs. 3 EUV und wurde teilweise neu formuliert.[265] Der Sinn der Neuformulierung bestand in der Überwindung terminologischer Schwierigkeiten, welche darauf beruhten, dass unklar war, ob die Pflicht einseitig gegenüber der EG bestand oder wechselseitiger Natur war.[266] Allerdings knüpft die Neufassung lediglich an die bisherige Rechtsprechung des EuGH zu Art. 10 EGV an, welcher bereits entschieden hatte, dass die Loyalitätspflichten auch für die EU und ihre Organe gegenüber den Mitgliedsstaaten bestehen,[267] und überträgt die gewonnen Erkenntnisse in den Normtext des Art. 4 Abs. 3 EUV.[268] Die Änderungen sind folglich lediglich redaktioneller, deklaratorischer Natur und sollten keine materiellen Änderungen herbeiführen.[269] Mithin kann die bisherige Rechtsprechung und Literatur weiterhin auch für die Auslegung des Art. 4 Abs. 3 EUV herangezogen werden.[270]

Art. 10 EGV und dessen Vorgänger richteten sich nach ihrem Wortlaut nur an die Mitgliedsstaaten, nicht hingegen an die Unionsorgane. Der EuGH erklärte die Loyalitätspflicht jedoch in mehreren Urteilen nach Art 10 EGV analog auch für den Bereich des Art. 7 EGV für anwendbar.[271] So formulierte er, dass „die gleichen gegenseitigen Pflichten zu redlicher Zusammenarbeit, wie sie nach der Entscheidung des Gerichtshofes die Beziehungen zwischen den Mitgliedstaaten und den Gemeinschaftsorganen prägen" auch zwischen den Organen gelten.[272] Die Rechtsprechung des EuGH wurde im Vertrag von Lissabon aufgegriffen und in Art. 13 Abs. 2 S. 2 EUV normativ verankert.[273]

Über die vereinzelten Normierungen in den Verträgen hinaus ist allerdings dieselbe Entwicklung in die Breite wie unter dem Grundgesetz zu beobachten. So

---

[263] Vertrag zur Gründung der Europäischen Gemeinschaft v. 02.10.1997 (Vertrag von Amsterdam).
[264] *Kahl,* in: Calliess/Ruffert, EUV/AEUV, Art. 4 EUV, Rn. 86; *Schill/Krenn,* in: Grabitz/Hilf/Nettesheim, Art. 4 EUV, Rn. 59.
[265] *Kahl,* in: Calliess/Ruffert, EUV/AEUV, Art. 4 EUV, Rn. 86.
[266] *Schill/Krenn,* in: Grabitz/Hilf/Nettesheim, Art. 4 EUV, Rn. 59.
[267] EuGH, Urt. v. 10.02.1983, C-230/81, ECLI:EU:C:1983:32, Ls. 4 (Luxemburg/Parlament); EuGH, Beschl. v. 13.07.1990, C-2/88 Imm., ECLI:EU:C:1990:440, Rn. 10 (Zwartveld).
[268] *Kahl,* in: Calliess/Ruffert, EUV/AEUV, Art. 4 EUV, Rn. 89; *Schill/Krenn,* in: Grabitz/Hilf/Nettesheim, Art. 4 EUV, Rn. 59.
[269] *Kahl,* in: Calliess/Ruffert, EUV/AEUV, Art. 4 EUV, Rn. 88.
[270] *Kahl,* in: Calliess/Ruffert, EUV/AEUV, Art. 4 EUV, Rn. 88.
[271] EuGH, Urt. v. 27.09.1988 – 204/86, ECLI:EU:C:1988:450, Rn. 16 (Griechenland/Rat); EuGH, Urt. v. 30.03.1995, C-65/93, ECLI:EU:C:1995:91, Rn. 23 (Europäisches Parlament/Rat).
[272] EuGH, Urt. v. 27.09.1988 – 204/86, ECLI:EU:C:1988:450, Rn. 16 (Griechenland/Rat); ähnlich EuGH, Urt. v. 30.03.1995, C-65/93, ECLI:EU:C:1995:91, Rn. 23 (Europäisches Parlament/Rat).
[273] *Streinz,* in: Streinz, EUV/AEUV, Art. 13 EUV, Rn. 25.

ging der EuGH von einem allgemeinen Loyalitätsgebot aus, ohne dies allerdings näher zu begründen.[274] Die damalige Bestimmung des Art. 5 EWG-Vertrag, welche mittlerweile durch Art. 4 Abs. 3 EUV abgelöst wurde, sei „Ausdruck der allgemeinen Regel, daß den Mitgliedstaaten und den Gemeinschaftsorganen gegenseitige Pflichten zur loyalen Zusammenarbeit und Unterstützung obliegen".[275] Im Schrifttum wurde diese Rechtsprechung im Wesentlichen positiv aufgenommen.[276] Zugleich wurde jedoch Kritik hinsichtlich einzelner Aspekte angebracht, beispielsweise in Bezug auf die dogmatische Herleitung und die Beschäftigung mit bestehenden positivrechtlichen Ausprägungen.[277] Die neuen Normierungen der Art. 4 Abs. 3 EUV und 13 Abs. 2 S. 2 EUV differenzieren weiterhin zwischen Einzelaspekten des allgemeinen Loyalitätsgebotes und sehen von dessen ausdrücklicher Normierung ab. Dennoch besteht darüber hinaus das allgemeine Loyalitätsgebot auf EU-Ebene fort.[278]

III. Zwischenergebnis

Insgesamt zeichnet sich damit ein Bild der Entwicklung in Richtung einer breiten Anerkennung und Ausdehnung der staatlichen Loyalitätspflichten ab. Diese haben sich im Laufe der Zeit wiederholt als bewährt und notwendig für die sachgerechte und flexible Handhabung der Bestimmung von Inhalt und Reichweite von Kompetenzen erwiesen. Trotz diverser Hemmnisse, welche überwunden werden mussten, gelten insbesondere die Bundestreue und die Verfassungsorgantreue als etabliert. Auf EU-Ebene sind die Loyalitätspflichten sogar verbindlich in den Verträgen normiert. Darüber hinaus weist die Stimmung in der Literatur in Richtung allgemeiner und übergreifender Loyalitätspflichten. Hierfür wurde bereits ein gewisses Fundament gelegt. Allerdings fehlt es bisher an der Verknüpfung der Ansätze. Auch bedarf es einer weitergehenden Erschließung. Dies soll einerseits dem Zweck dienen, die teils knappen bestehenden Ausführungen zu ergänzen oder – im Falle des Interorganrespekts – die durch *Lorz* ausgeklammerten Bereiche zu untersuchen. Andererseits muss das Bedürfnis nach Rechtssicherheit ernst genommen werden sowie bestehenden Problemen der Verallgemeinerung des Loyalitätsgedankens entgegengewirkt werden.

---

[274] EuGH, Urt. v. 15.01.1986, C-44/84, ECLI:EU:C:1986:2, Rn. 38 (Hurd).
[275] EuGH, Urt. v. 15.01.1986, C-44/84, ECLI:EU:C:1986:2, Rn. 38 (Hurd).
[276] *Sauer,* Jurisdiktionskonflikte, 2008, S. 387 m.w.N.
[277] *Sauer,* Jurisdiktionskonflikte, 2008, S. 387.
[278] *Benrath,* Die Konkretisierung von Loyalitätspflichten, 2019, S. 23 ff.

C. Die einzelnen Loyalitätsgrundsätze

Nachdem nun die historischen Entwicklungslinien aufgezeigt wurden, sollen die einzelnen Prinzipien dargestellt und erläutert werden. Im Fokus stehen dabei insbesondere deren potentielle Herleitungsmöglichkeiten, Funktionsweise und Anwendungsbereiche. Der Anwendungsbereich soll jeweils insbesondere nach dem grundsätzlichen Adressatenkreis sowie dem abstrakten sachlichen Anwendungsfeld, welches dem jeweiligen Prinzip zugrunde liegt, aufgeschlüsselt werden. Weiter soll jeweils die Frage beantwortet werden, welche Rechtsfolgen ein Verstoß nach sich zieht und ob ein solcher justitiabel ist.

Da eine auch nur annähernd vollständige Darstellung der einzelnen Fallkonstellationen nicht nur ausufernd wäre und auch keine kommentarartige Sammlung der bisher entschiedenen oder durch die Literatur angedachten Fälle beabsichtigt ist, während andere Fallgruppen wiederum schwer absehbaren zukünftigen Entwicklungen unterliegen, sollen spezifische Fallbeispiele lediglich an geeigneter Stelle zur Illustration eingeflochten werden. Die folgenden Ausführungen verstehen sich demnach primär als abstrakte Darstellung der fraglichen Prinzipien, welche den Zweck verfolgt, die einschlägigen Geltungsgrundlagen zu erarbeiten, eine Einordnung der einzelnen Grundsätze zu ermöglichen sowie bestehende teilbereichsspezifische Probleme sowie gemeinsame Probleme, welche sich auf einem Teilbereich besonders stark auswirken oder dort intensiv diskutiert werden, aufzulösen. Weiter sollen bestehende Parallelen und Diskrepanzen zwischen den einzelnen Loyalitätsgeboten aufgedeckt werden, sodass im Anschluss erörtert werden kann, ob und inwiefern den einzelnen Loyalitätsgeboten ein übergreifendes Treueprinzip zugrunde liegt.

I. Die Bundestreue

Wie bereits aufgezeigt wurde, ist das Prinzip der Bundestreue seit mittlerweile einigen Jahrzehnten etabliert, weshalb auch dessen Funktionsweise und materieller Gehalt am weitgehendsten durch Literatur und Rechtsprechung konkretisiert sind. Neben seiner historischen Vorreiterrolle bietet es sich deshalb an, dieses an den Anfang der Untersuchung zu stellen und anschließend die weiteren Loyalitätspflichten gegenüberzustellen.

1. Herleitung

Allgemein fordert die Bundestreue, dass Bund und Länder bei der Wahrnehmung ihrer Kompetenzen die gebotene und zumutbare Rücksicht auf das Gesamtinteresse des Bundesstaates sowie aufeinander nehmen.[279] Diese Forde-

---
[279] Vgl. exemplarisch BVerfG, Urt. v. 27.07.1971 – 2 BvF 1/68, 2 BvR 702/68 = BVerfGE 31, 314 (354 f.); *Robbers*, in: BK GG, Art. 20 Rn. 972, 974 m.w.N.

rung ist deutlich älter als die Begründungsansätze, welche für das Prinzip unter dem Grundgesetz heranziehbar sind. Dies legt – wie auch die Kritikwelle der 1960er-Jahre[280] unterstreicht – nahe, dass möglicherweise der Wunsch die Bundestreue fortzuführen der Vater des Gedankens sein könnte. Weiter drängt es sich auf, dass ein übergreifendes Loyalitätsgebot nur dann mehr sein kann als eine Sammlung nahe verwandter Fallgruppen, wenn nachgewiesen werden kann, dass den Subprinzipien dieselbe Wurzel zugrunde liegt. Auch besteht bis heute keine einheitliche Antwort auf die Herleitungsfrage. Obwohl das Prinzip an sich nunmehr nahezu unumstritten ist und eine Begründung des Prinzips mancherorts gänzlich vermisst wird[281] oder diese nur sehr knapp und floskelhaft ausfällt,[282] soll deshalb nicht auf eine umfassende Herleitung verzichtet werden.

a. Verfassungsgewohnheitsrecht

Die Bundestreue ist ein althergebrachtes Prinzip, welches dem Grunde nach kaum noch infrage gestellt wird.[283] Eine naheliegende Begründungsmöglichkeit könnte man daher im Verfassungsgewohnheitsrecht sehen.[284]

aa. Allgemeine Voraussetzungen

Verfassungsgewohnheitsrecht liegt unter folgenden Voraussetzungen vor: Erstens bedarf es des objektiven Elements der langandauernden Übung (longa consuetudo), zweitens des subjektiven Elements der Überzeugung der Beteiligten von der Rechtmäßigkeit dieser Übung (opinio iuris) und drittens des formalen Elements der Formulierbarkeit als Rechtssatz.[285] Der Voraussetzung der langandauernden Übung sollen 50 Jahre jedenfalls genügen.[286] Eine längere Übung und Anerkennung kann für die Bundestreue aufgrund deren langer Tradition inzwischen ohne Weiteres bejaht werden.[287] Für die frühen Jahre der Bun-

---

[280] S. hierzu bereits oben B.II.1.b.
[281] Vgl. *Frowein*, Die selbständige Bundesaufsicht, 1961, S. 76 – „zu einleuchtend, als daß man viel zu seiner Berechtigung ausführen müßte".
[282] Beispielsweise in BVerfG, Urt. v. 21.05.1952 – 2 BvH 2/52 = BVerfGE 1, 299 (315); *Wessel*, DV 1949, 317 (328); schlichter Verweis auf das Bundesstaatsprinzip in *Rux*, in: BeckOK GG, Art. 20 Rn. 36.
[283] S. zu der Entstehung bereits oben B.I. und zu der Etablierung B.II.1.
[284] S. z.B. *Ossenbühl*, in: ders. (Hrsg.), Föderalismus und Regionalismus in Europa, 1990, S. 117 (136); *Schmidt*, Der Bundesstaat und das Verfassungsprinzip der Bundestreue, 1966, S. 120.
[285] In Anlehnung an das einfache Gewohnheitsrecht *Wolff*, Ungeschriebenes Verfassungsrecht, 2000, S. 428; vgl. auch BVerfG, Beschl. v. 28.06.1967 – 2 BvR 143/61 = BVerfGE 22, 114 (121).
[286] *Wolff*, Ungeschriebenes Verfassungsrecht, 2000, S. 438.
[287] So *Bayer*, Die Bundestreue, 1961, S. 33 und *Bullinger*, AöR 87 (1962), 488 (493), die Herleitung über Verfassungsgewohnheitsrecht aus anderen Gründen jedoch ablehnend; wegen der Unterbrechung zwischen 1933 und 1945 die langandauernde Übung ablehnend *Kowalsky*,

desrepublik ist diese allerdings noch kritisch zu sehen, da die Anwendung zwischen 1933 und 1945 vollständig zum Erliegen kam.[288] Dennoch erscheint es zunächst grundsätzlich möglich an die Übung vor dieser Zeit anzuknüpfen: Die Zeit des Dritten Reiches stellt eine Ausnahmezeit dar, in welcher zielgerichtet Institute abgeschafft wurden, welche der Diktatur im Wege standen. Nach deren Ende fand, sofern nicht gerade Änderungen zur Beseitigung der Schwächen der Weimarer Republik vorgenommen wurde, eine Rückkehr zur Normalität und somit zu alten rechtlichen Übungen statt.[289] Ob eine derartige Rückkehr zum Gewohnheitsrecht überhaupt möglich ist, ist fragwürdig. Aber auch für die Zeit davor darf bezweifelt werden, ob man von einer tatsächlichen Übung in der Praxis sprechen kann.[290]

bb. Verfassungsgewohnheitsrechtliche Erhärtung

Lehnt man das Vorliegen der Bundestreue als Verfassungsgewohnheitsrecht in den frühen Jahren der Bundesrepublik ab, könnte man zum jetzigen Zeitpunkt allenfalls über eine verfassungsgewohnheitsrechtliche „Erhärtung"[291] nachdenken. Veranschlagt man den spätestmöglichen Anhaltspunkt nach der Überwindung der Kritikwelle in den sechziger Jahren, findet sich nunmehr eine deutlich über 50-jährige[292] gefestigte Rechtsprechung des Bundesverfassungsgerichts sowie eine breite Anerkennung in der Literatur.[293] Die Annahme einer gewohnheitsrechtlichen Erhärtung würde allerdings die unbefriedigende Tatsache implizieren, dass der Grundsatz jedenfalls für mehrere Jahrzehnte ohne verfassungsrechtliche Grundlage durch das Bundesverfassungsgericht zur Begründung und Beschränkung von Rechten und Pflichten herangezogen wurde.

Die Rechtsgrundlagen der Bundestreue, 1970, S. 111 f.; ebenfalls für die frühe Zeit des GG ablehnend, jedoch eine Erhärtung in Betracht ziehend *Bauer,* Die Bundestreue, 1992, S. 238 f.; Ablehnung der langandauernden Übung ohne nähere Begründung *Lorz,* Interorganrespekt, 2001, S. 23.
[288] *Kowalsky,* Die Rechtsgrundlagen der Bundestreue, 1970, S. 111 f.
[289] Für die Bundestreue zeigt sich dies an der selbstverständlichen Rezeption in den Anfangsjahren und der frühen Entscheidung des Bundesverfassungsgerichts, ohne dass daran anfänglich Zweifel laut wurden, s. bereits oben B.II.1.
[290] Vgl. *Korioth,* Integration und Bundesstaat, 1990, S. 56; *Smend,* Ungeschriebenes Verfassungsrecht (1916), in: ders., Staatsrechtliche Abhandlungen, 3. Aufl. 1994, S. 39 (52 f.); vgl. oben B.I.
[291] *Bauer,* Die Bundestreue, 1992, S. 239; *Ossenbühl,* in: ders. (Hrsg.), Föderalismus und Regionalismus in Europa, 1990, S. 117 (136).
[292] S. zu der Bestimmung dieser – in jedem Falle ausreichenden – Zeitdauer *Wolff,* Ungeschriebenes Verfassungsrecht, 2000, S. 438.
[293] S. zu der Kritik oben B.II.1.b. sowie zu Anerkennung durch Literatur und Rechtsprechung *Bauer,* Die Bundestreue, 1992, S. 166 ff. m.w.N.; *Gröpl,* Staatsrecht I, 15. Aufl. 2023, § 9 Rn. 589; *Poscher,* in: Herdegen/Masing/Poscher/Gärditz, Hdb. VerfR, 2021, § 3 Rn. 121.

cc. Strukturelle Zweifel am Vorliegen von Verfassungsgewohnheitsrecht

Weitere Zweifel an der Stützung auf Verfassungsgewohnheitsrecht kommen dadurch auf, dass die Bundestreue einen dynamischen Grundsatz darstellt, welcher im Wege der Rechtsfortbildung durch Rechtsprechung und Literatur dem stetigen Wandel unterliegt.[294] Diese Flexibilität steht in einem logischen Spannungsverhältnis zu der „rückwärtsgewandten" gewohnheitsrechtlichen Prägung, weshalb eine Herleitung über das Verfassungsgewohnheitsrecht schon aufgrund der Natur des Grundsatzes nicht zu überzeugen vermag.[295]

Eine abschließende Stellungnahme, ob die Bundestreue mittlerweile in Gewohnheitsrecht aufgegangen ist, erübrigt sich allerdings, wenn diese bereits in Form mitgesetzten Rechts Eingang in das Verfassungsrecht gefunden hat. Ist dies der Fall, kann nicht von Verfassungsgewohnheitsrecht ausgegangen werden, da sie sich dann bereits aus dem gesetzten Recht ergäbe.[296] Nicht umsonst wird dem Verfassungsgewohnheitsrecht bescheinigt, es bestehe zwar theoretisch, komme in der Praxis aber faktisch nicht vor.[297] Folglich müssen zuerst andere Wege der Herleitung erschöpft sein, bevor Verfassungsgewohnheitsrecht greift.

Im Wesentlichen kommen drei Herleitungsstränge in Betracht: Erstens über das Bundesstaatsprinzip,[298] zweitens über die Integrationslehre,[299] drittens über den allgemeinen Rechtsgrundsatz von Treu und Glauben[300]. Darüber hinaus soll

---

[294] Vgl. Schenke, JZ 1989, 653 (658 f.); so auch *Bauer,* Die Bundestreue, 1992, S. 239; *Deja,* Besoldung und Versorgung, 2012, S. 221.
[295] Vgl. *Bauer,* Die Bundestreue, 1992, S. 239.
[296] *Herdegen,* in: Dürig/Herzog/Scholz GG, Art. 79 Rn. 30.
[297] *Wolff,* Ungeschriebenes Verfassungsrecht, 2000, S. 428 f. m.w.N.
[298] So z.B. BVerfG, Urt. v. 26.07.1972 – 2 BvF 1/71 = BVerfGE 34, 9 (20); BVerfG, Urt. v. 08.02.1977 – 1 BvF 1/76 u.a. = BVerfGE 43, 291 (348); BVerwG, Urt. v. 28.07.1989 – 7 C 65/88 = NJW 1990, 266; *Degenhart,* Staatsorganisationsrecht, 39. Aufl. 2023, § 5 Rn. 501; *Geiger,* BayVBl. 1957, 337 (338); *Glotz/Faber,* in: Benda/Maihofer/Vogel, Hdb. Verfassungsrecht, 2. Aufl. 1994, § 28 Rn. 40; *Rux,* in: BeckOK GG, Art. 20 Rn. 36; *Jestaedt,* in: in: Isensee/Kirchhof, HdbStR II, 3. Aufl. 2004, § 29 Rn. 73; *Mager,* Staatsrecht I, 9. Aufl. 2021, Rn. 693; *Papier/Krönke,* Grundkurs Öffentliches Recht 1, 4. Aufl. 2022, S. 134 Rn. 256; *Robbers,* in: BK GG, Art. 20 Rn. 973, 976, jedoch auch Berufung auf Treu und Glauben, Rn. 975; *Stumpf,* DÖV 2003, 1030 (1031); *Wöhlert/Pfeuffer,* StuW 2021, 293 (294); ohne Festlegung auf Bundesstaatsprinzip oder Treu und Glauben *Sachs,* in: Sachs GG, Art. 20 Rn. 68.
[299] So z.B. *Schenke,* in: GS Brugger, 2013, S. 523 (525); *Stern,* StaatsR Bd. 1, 2. Aufl. 1984, S. 134, 701; vgl. auch *Brohm,* Landeshoheit und Bundesverwaltung, 1968, S. 38; *Depenheuer,* Die Verwaltung 28 (1995), 117 (118); *Schenke,* Die Verfassungsorgantreue, 1977, S. 30; zurückhaltend *Kotzur,* in: v. Münch/Kunig GG, Art. 20 Rn. 99; a.A. *Lindner,* in: Stern/Sodan/Möstl,* Staatsrecht Bd. 1, 2. Aufl. 2022, § 16 Rn. 190.
[300] So z.B. *Bauer,* Die Bundestreue, 1992, S. 243 ff.; *v. Kempis,* Die Treuepflicht zwischen Gemeinden und Staat, 1970, S. 107 ff., 114 ff.; *Lindner,* in: Stern/Sodan/Möstl, Staatsrecht Bd. 1, 2. Aufl. 2022, § 16 Rn. 187; *Lorz,* Interorganrespekt, 2001, S. 26 f.; *Robbers,* in: BK GG,

weiter ein Ansatz behandelt werden, welcher die Bundestreue aus dem Rechtsstaatsprinzip[301] abzuleiten sucht.

b. Bundesstaatsprinzip

Am naheliegendsten erscheint ein unmittelbar bundesstaatlicher Herleitungsansatz. Auf den ersten Blick können darin mehrere unterschiedliche Herleitungsansätze gesehen werden: In Literatur und Rechtsprechung am geläufigsten dürfte der Herleitungsansatz über das Wesen des Bundesstaates selbst sein.[302] Weiter wird auch das Bundesstaatsprinzip gem. Art. 20 Abs. 1 GG herangezogen[303] oder die Herleitung über normative Verankerungen der bundesstaatlichen Ordnung im Grundgesetz[304] angedacht. Die Art und Weise der Herleitung nach den unterschiedlichen Ansätzen sowie deren Zusammenhang sollen im Folgenden aufgezeigt werden.

Insbesondere das Bundesverfassungsgericht leitet den Grundsatz in seiner älteren Rechtsprechung aus dem „Wesen des Bundesstaates" her.[305] Es ergründet dabei indes nicht genauer, was das Wesen des Bundesstaates ausmacht. Diese Vorgehensweise kann sich auf den breiten Rückhalt in den frühen Jahren des Grundgesetzes[306] stützen und besticht durch ihre Einfachheit. Eben diese Einfachheit stellt jedoch zugleich deren Schwäche dar. Nicht gänzlich zu Unrecht wurde deshalb teils bemängelt, dass der Ansatz des Bundesverfassungs-

---

Art. 20 Rn. 975; *Will,* Staatsrecht I, 2021, S. 241, § 13 Rn. 71; zumindest in Teilen *Lauser,* Europarechtsfreundlichkeit, 2018, S. 165; ohne Festlegung auf Bundesstaatsprinzip oder Treu und Glauben *Sachs,* in: Sachs GG, Art. 20 Rn. 68; „Bundestreue als staatsrechtliche Parallele zu Treu und Glauben" – *Sacksofsky,* NVwZ 1993, 235 (239).
[301] *Kowalsky,* Die Rechtsgrundlagen der Bundestreue, 1970, S. 209 ff., 245.
[302] So BVerfG, Urt. v. 30.07.1958 – 2 BvG 1/58 = BVerfGE 8, 122 (138); Hertl, Die Treuepflicht der Länder, 1956, S. 14, 22; *Kössler,* Die Bundestreue der Länder, 1960, S. 49; ähnlich *Roellecke,* in Umbach/Clemens GG, Art. 20 Rn. 38 – „aus der Tatsache der Organisation selbst".
[303] So *Grzeszick,* in: Dürig/Herzog/Scholz GG, Art. 20 IV. Rn. 132; *Isensee,* in: Isensee/Kirchhof, HdbStR VI, 3. Aufl. 2008, § 126 Rn. 162.
[304] So insbesondere *Bleckmann,* JZ 1991, 900 (901 f.).
[305] BVerfG, Urt. v. 21.05.1952 – 2 BvH 2/52 = BVerfGE 1, 299 (315); BVerfG, Urt. v. 30.07.1958 – 2 BvG 1/58 = BVerfGE 8, 122 (138); BVerfG, Urt. v. 28.02.1961 – 2 BvG 1, 2/60 = BVerfGE 12, 205 (254); BVerfG, Urt. v. 27.07.1971 – 2 BvF 1/68, 2 BvR 702/68 = BVerfGE 31, 314 (354); BVerfG, Urt. v. 26.07.1972 – 2 BvF 1/71 = BVerfGE 34, 9 (20); dieser Herleitung folgend u.a. *Hertl,* Die Treuepflicht der Länder, 1956, S. 15 f.; unter Herausarbeitung des Wesens *Bayer,* Die Bundestreue, 1961, S. 40 ff.; ablehnend unter vielen *Bauer,* Die Bundestreue 1992, S. 224 ff., 235 m.w.N.; *Bullinger,* AöR 87 (1962), 488 (494); die Abwendung von diesem Ansatz begrüßend *Wolff,* Ungeschriebenes Verfassungsrecht, 2000, S. 254.
[306] S. hierzu oben B.II.1.

gerichts zu „unkritisch" sei[307] oder der Ableitungszusammenhang nicht näher verdeutlicht werde.[308]

aa. Der Ansatz über Art. 72 Abs. 2 GG a.F.

Um diesem Problem Abhilfe zu verschaffen, wurde der Versuch unternommen, die Bundestreue aus einzelnen Regelungen des Grundgesetzes abzuleiten. So sah beispielsweise *Bleckmann* Art. 72 Abs. 2 GG a.F. als Grundlage für die Bundestreue im Grundgesetz an.[309] Obgleich diese oder eine vergleichbare Norm in der aktuellen Fassung des Grundgesetzes nicht mehr besteht, ist der Ansatz für das Verständnis des Zusammenhangs der bundesstaatlichen Herleitungen dienlich, da *Bleckmann* im Gegensatz zu der Fülle an anderen Vorgehensweisen mit Art. 72 Abs. 2 GG a.f. tatsächlich eine einzige Norm zum Dreh- und Angelpunkt seiner Herleitung macht.

In dieser Konkretheit liegen zugleich der Reiz und das Problem des Ansatzes. So erkennt *Bleckmann* selbst, dass Art. 72 Abs. 2 GG a.f. sich nach seinem Wortlaut nur auf die Gesetzgebungskompetenzen bezieht und keine Regeln des materiellen Verfassungsrechts enthält.[310] Er begründet auch, warum spezifisch aus Art. 72 Abs. 2 GG a.F. der Grundsatz der Bundestreue in seiner Gänze abgeleitet werden könne, und zwar damit, dass deren über die Gesetzgebungskompetenzen hinausreichenden Ausprägungen sich aus einem in Art. 72 Abs. 2 GG a.F. angelegten dreistufigen Modell ergäben: Dieses sehe zunächst die materiellen Pflichten vor, welche Bund und Länder bei der Ausübung ihrer Zuständigkeiten zu beachten haben.[311] Wenn diese zur Durchsetzung der Ziele der Norm nicht ausreichen, ginge daraus eine Pflicht zur Zusammenarbeit, und schließlich, wenn auch diese nicht ausreichen „aus diesem Grundgedanken ungeschriebene Kompetenzen der höheren Einheit" hervor.[312]

Die Herleitung vermag schon deshalb nicht zu überzeugen, da die besagte Regelung aufgehoben wurde.[313] Ginge die Bundestreue tatsächlich derart zentral daraus hervor, müsste man entweder konsequenterweise annehmen, der verfassungsändernde Gesetzgeber habe mit der Norm zugleich die Bundestreue aufgehoben, oder die von vorneherein viel weitreichendere Anlage des Grundsatzes in der Verfassung anerkennen. Denn schon vor der Aufhebung des

---

[307] *Hesse*, Der unitarische Bundesstaat, 1962, insb. S. 8 ff. u. Fn. 44; in diese Richtung auch *Lorz*, Interorganrespekt, 2001, S. 22 m.w.N.
[308] *Bleckmann*, JZ 1991, 900 (901).
[309] *Bleckmann*, JZ 1991, 900 (901 f.).
[310] *Bleckmann*, JZ 1991, 900 (901).
[311] *Bleckmann*, JZ 1991, 900 (901 f.).
[312] *Bleckmann*, JZ 1991, 900 (902).
[313] Durch das Gesetz zur Änderung des Grundgesetzes v. 27.10.1994 (BGBl. I, 3146).

Art. 72 Abs. 2 GG a.F. fanden sich diverse Normen, welche den Gedanken der Bundestreue für Fragen, die nicht die Gesetzgebungskompetenz betreffen, besser erfassen.[314] Dieser spezifische Ansatz ist damit abzulehnen. Wie der Wegfall des Art. 72 Abs. 2 GG a.F. zeigt, überzeugt es zudem insgesamt nicht, den Grundsatz auf eine einzelne Norm zu stützen.[315] Dem übergreifenden und flexiblen Grundsatz wird eine Herleitung aus einer einzelnen Norm auch nicht gerecht, wenn diese nur eine bestimmte Konstellation regelt, nicht aber gerade darauf abzielt, einen derartigen Grundsatz gezielt zu verankern. Eine derartige Normierung könnte beispielsweise in Art. 4 Abs. 3 EUV und Art. 13 Abs. 2 S. 2 EUV für den Grundsatz der loyalen Zusammenarbeit im Unionsrecht bestehen.[316] Eine vergleichbare Norm kennt das Grundgesetz indes nicht.

bb. Bundesstaatsprinzip aus Art. 20 Abs. 1 GG

Eine weitere Ansicht sieht die Begründung der Bundestreue im Bundesstaatsprinzip nach Art. 20 Abs. 1 GG.[317] Im Gegensatz zu Art. 72 Abs. 2 GG a.F. ist dieser durch Art. 79 Abs. 3 GG vor der Aufhebung geschützt und wesentlich allgemeiner. Art. 20 Abs. 1 GG setzt ausdrücklich lediglich fest, dass die Bundesrepublik Deutschland ein Bundesstaat ist. In diese Kerbe schlägt auch das Bundesverfassungsgericht, wenn es ausführt, „dem bundesstaatlichen Prinzip entspricht [...] die verfassungsrechtliche Pflicht, dass die Glieder des Bundes sowohl einander als auch dem größeren Ganzen und der Bund den Gliedern die Treue halten und sich verständigen. Der im Bundesstaat geltende verfassungsrechtliche Grundsatz des Föderalismus enthält deshalb die Rechtspflicht des Bundes und aller seiner Glieder zu ‚bundesfreundlichem Verhalten', [...]".[318]

Ein maßgeblicher Zugewinn im Vergleich zu einer schlichten Herleitung aus dem „Wesen" des Bundesstaates ist dadurch nicht erkennbar, was bereits daran deutlich wird, dass das Bundesverfassungsgericht unmittelbar im Anschluss ausführt, alle Beteiligten seien gehalten, „dem Wesen dieses Bündnisses entsprechend zusammenzuwirken und zu seiner Festigung und zur Wahrung seiner und der wohlverstandenen Belange seiner Glieder beizutragen".[319] Vielmehr

---

[314] Auf eine detaillierte Erörterung einschlägiger Normen nach alter Rechtslage soll verzichtet werden. Stattdessen sei auf die Erfassung des im Wesentlichen unveränderten, nicht abschließenden Normbestandes nach geltender Rechtslage unten C.I.1.b.cc. verwiesen.
[315] In diese Richtung auch *Lorz*, Interorganrespekt, 2001, S. 23.
[316] Ob diese der Herleitung des Grundsatzes im Unionsrecht tatsächlich genügen, sei noch dahingestellt. Vgl. dazu unten D.I., insb. D.I.1.
[317] *Grzeszick*, in: Dürig/Herzog/Scholz GG, Art. 20 IV. Rn. 132; *Isensee*, in: Isensee/Kirchhof, HdbStR VI, 3. Aufl. 2008, § 126 Rn. 162.
[318] BVerfG, Urt. v. 21.05.1952 – 2 BvH 2/52 = BVerfGE 1, 299 (315).
[319] BVerfG, Urt. v. 21.05.1952 – 2 BvH 2/52 = BVerfGE 1, 299 (315).

bleibt auch hier die Frage offen, was unter das Bundesstaatsprinzip des Art. 20 Abs. 1 GG zu fassen ist, d.h. welche Merkmale für einen Bundesstaat *so wesentlich* sind, dass sie schon durch das Staatsstrukturprinzip erfasst werden.[320] So formuliert das Bundesverfassungsgericht in einer weiteren Entscheidung, „ein Bundesstaat kann nur bestehen, wenn Bund und Länder im Verhältnis zueinander beachten, daß das Maß, in dem sie von formal bestehenden Kompetenzen Gebrauch machen können, durch gegenseitige Rücksichtnahme bestimmt ist".[321] Die Bundestreue müsste demnach „conditio sine qua non" für einen funktionsfähigen Bundesstaat sein.[322] Im Ergebnis läuft die Herleitung aus dem Bundesstaatsprinzip des Art. 20 Abs. 1 GG demnach auf dasselbe hinaus wie diejenige aus dem Wesen des Bundesstaates.

Dass eine Ausprägung derart wesentlich für einen Bundesstaat ist, dass Art. 20 Abs. 1 GG unmittelbar greift, trifft nur selten zu.[323] Kooperation und Rücksichtnahme im Bundesstaat sind zwar besonders elementar für die Funktionsfähigkeit und die Bestandssicherung, sodass man die Bundestreue theoretisch wohl allein auf Art. 20 Abs. 1 GG stützen könnte.[324] Indes spricht einiges dafür, die Norm nicht zu isolieren. Das Bundesstaatsprinzip wird in zahlreichen Regelungen des Grundgesetzes weiter konkretisiert, weshalb nur wenig Raum für den Rückgriff auf das allgemeine Bundesstaatsprinzip verbleibt.[325] Mithin wird im Folgenden zuerst zu untersuchen sein, inwiefern das Grundgesetz speziellere Ausprägungen der Bundestreue bereithält.

cc. Die Zusammenschau der Verfassungsnormen

Da sich mit den Erkenntnissen zu Art. 72 Abs. 2 GG a.F. die Herleitung über eine einzelne Norm – allenfalls abgesehen von Art. 20 Abs. 1 GG – nicht anbietet, liegt ein weiterer Ansatz konsequenterweise darin, die Bundestreue in einer Zusammenschau verschiedener grundgesetzlicher Normen, welche auf diese zurückgeführt werden können, normativ abzustützen.[326] Wie im Falle der Her-

---

[320] Vgl. *Grzeszick,* in: Dürig/Herzog/Scholz GG, Art. 20 IV. Rn. 13; *Rux,* in: BeckOK GG, Art. 20 Rn. 46.
[321] BVerfG, Urt. v. 01.12.1954 – 2 BvG 1/54 = BVerfGE 4, 115 (141 f.).
[322] *Wittreck,* in: Härtel, Föderalismus Hdb. Bd. 1, 2012, S. 497 (517).
[323] *Grzeszick,* in: Dürig/Herzog/Scholz GG, Art. 20 IV. Rn. 14.
[324] So z.B. *Isensee,* in: Isensee/Kirchhof, HdbStR VI, 3. Aufl. 2008, § 126 Rn. 162.
[325] *Grzeszick,* in: Dürig/Herzog/Scholz GG, Art. 20 IV. Rn. 13.
[326] BVerfG, Urt. v. 06.03.1957 – 2 BvG 1/55 = BVerfGE 6, 309 (361); *Schnapp,* Zuständigkeitsverteilung, 1973, S. 39; bereits früh *Smend,* Ungeschriebenes Verfassungsrecht (1916), in: ders., Staatsrechtliche Abhandlungen, 3. Aufl. 1994, S. 39, insbesondere Art. 8 Abs. 3 RV – Ausschuss für die auswärtigen Angelegenheiten (S. 42 f., 55 f.), Art. 4 RV (S. 56) und Art. 17, 7 Nr. 3, und 19 RV – Reichsaufsicht (S. 45 ff.; 56); jedoch neben zahlreichen weiteren Einzelaspekten wie dem einfachen Gesetzesrecht wie § 127 GVG (S. 44, 55 f.), der politischen Pra-

leitung über eine Einzelnorm würde eine spezifische und abschließende Festlegung einzelner Normen als Wurzeln der Bundestreue eine Abhängigkeit von deren Fortbestand erzeugen. Um demnach – überspitzt formuliert – zu vermeiden, theoretisch bei jeder Änderung der betreffenden Normen überprüfen zu müssen, ob die Bundestreue die Reform überlebt hat, ist es sinnvoller die Herleitung nicht an einem spezifischen Fundus an Normen festzumachen. Dies harmoniert aber auch ohne Weiteres mit der vorliegenden Herangehensweise: Denn ihr liegt anders als einer Herleitung über eine Einzelnorm der Gedanke zugrunde, dass die Bundestreue in der Verfassung mitgedacht ist und sich dieser Umstand in diversen Normen bloß widerspiegelt, aber nicht darauf beschränkt.[327] Somit ist die Bundestreue unter diesem Ansatz gerade nicht von dem Bestand einzelner Regelungen abhängig und eine Verfassungsänderung kann nicht die grundlegende Herleitung der Bundestreue beeinträchtigen, sondern lediglich einzelne Gehalte und inhaltliche Weichenstellungen des Prinzips unter dem Regime der geltenden Verfassung prägen.

Aus diesem Grunde und weil letztlich jede Norm, welche Rücksichtnahme-, Beistands-, Mitwirkungs-, Informations-, Anhörungs- oder sonstige Beteiligungspflichten zwischen Bund und Ländern statuiert, den Gedanken der Bundestreue in sich trägt, ist eine abschließende Aufzählung der Normen, in deren Rahmen der Grundsatz der Bundestreue mitverwirklicht wurde, nicht sinnvoll. Einerseits können auch unscheinbare Normen in bestimmten Konstellationen den Gehalt der Bundestreue in sich transportieren, während dies in anderen Konstellationen nicht oder jedenfalls nicht in besonders hohem Maße der Fall ist. Andererseits transportieren auch diverse Normen Teilaspekte der Bundestreue lediglich in ihrem Telos oder im Zusammenhang mit anderen Normen, so beispielsweise Kompetenznormen selbst.[328] Im Ergebnis findet sich demnach eine Vielzahl an Normen, welche in hohem oder niedrigem Maße im Kontext der Bundestreue stehen oder dieser zuzuordnen sind.

Exemplarisch sollen im Folgenden einige Beispiele aufgeführt werden, an denen Ausformungen des Bundesstaatsprinzips in einzelnen Normen die Verankerung der Bundestreue im Verfassungstext verdeutlichen. So werden bei-

---

xis und der vertragsmäßigen Grundlage des Reiches (S. 49 ff.); ablehnend *Bauer*, Die Bundestreue, 1992, S. 61, 235 ff.; *Lorz*, Interorganrespekt, 2001, S. 23.
[327] Vgl. auch *Bachof*, Verfassungswidrige Verfassungsnormen, 1951, S. 19, 43; *Huber*, in: FG Schweizer Juristenverein, 1955, S. 102 f.; *Wolff*, Ungeschriebenes Verfassungsrecht, 2000, S. 464.
[328] Vgl. *Jarass*, in: Jarass/Pieroth GG, Art. 20 Rn. 28; *Unruh*, EuR 2002, 41 (53 f.); vgl. allgemein zu diesem Zusammenhang zwischen Kompetenzbestimmung und Verfassungsgefüge *Rengeling*, in: Isensee/Kirchhof, HdbStR VI, 3. Aufl. 2008, § 135 Rn. 14.

spielsweise die Art. 35, 37 und 50 GG zur Herleitung herangezogen.[329] Darüber hinaus stellen in Abweichung zu Art. 109 Abs. 1 GG die Regelungen der Art. 91a und 109 Abs. 2 bis 5 GG Teilregelungen des Bundestreuegedankens dar.[330] Interessant ist unter diesem Blickwinkel auch, dass die Bundestreue über diese geschriebenen Regelungen hinaus die grundsätzliche Selbstständigkeit weiter beschränken kann[331] und somit ein fließender Übergang von geschriebenen zu ungeschriebenen Ausprägungen der Bundestreue stattfindet.

Auch einige Regelungen des Art. 23 GG, welche dem Ausgleich von Kompetenzverlusten der Länder dienen,[332] können als Teilregelungen der Bundestreue in ihrer Funktion als Gebot der Achtung des Kompetenzbereichs der Länder[333] verstanden werden.[334] Dafür spricht auch die Rechtsprechung des Bundesverfassungsgerichts, nach der der Bund als „Sachwalter der Länder" deren Rechtsstandpunkt beachten muss.[335] Dies ergab sich nach den Ausführungen des Gerichts vor dem Inkrafttreten des Art. 23 in der Fassung des 38. Gesetzes zur Änderung des Grundgesetzes vom 21. Dezember 1992 (BGBl. I S. 2086) unmittelbar aus Art. 70 Abs. 1 in Verbindung mit Art. 24 Abs. 1 GG und dem Verfassungsgrundsatz des bundesfreundlichen Verhaltens.[336] Die dadurch aus der Bundestreue begründeten Grundsätze fanden nachfolgend ihre Normierung in Art. 23 GG und gelten auch unter der bestehenden Rechtslage fort.[337] Darüber hinaus ist der ungeschriebene Grundsatz der Bundestreue jedoch auch bei der Anwendung des Art. 23 GG zu achten.[338] Über die geschriebenen Unterrichtungs- und Beteiligungspflichten aus Art. 23 GG selbst, ergeben sich zudem weitergehende Pflichten aus der Bundestreue.[339] Insofern bildet Art. 23 GG

---

[329] *Wipfelder*, VBlBW 1982, 394 (396); Art. 35 Abs. 1 GG als Konkretisierung der Bundestreue ohne den Grundsatz daraus herzuleiten *Mager*, Staatsrecht I, 9. Aufl. 2021, Rn. 482.
[330] Jew. noch zur alten Rechtslage *Bauer*, Die Bundestreue, 1992, S. 116 Fn. 65; *Kowalsky*, Die Rechtsgrundlagen der Bundestreue, 1970, S. 35 f.; *Vogel*, in: Benda/Maihofer/Vogel, Hdb. Verfassungsrecht, 2. Aufl. 1994, § 22 Rn. 45 lediglich bzgl. Art. 109 Abs. 2 GG.
[331] BVerfG, Urt. v. 15.11.1971 – 2 BvF 1/70 = BVerfGE 32, 199 (218); *Jarass*, in: Jarass/Pieroth GG, Art. 109 Rn. 3.
[332] *Lang*, Die Mitwirkungsrechte, 1997, S. 132 ff.; *Scholz*, in: Dürig/Herzog/Scholz GG, Art. 23 Rn. 127; *Tischendorf*, Theorie und Wirklichkeit, 2017, S. 90.
[333] BVerfG, Urt. v. 19.10.1982 – 2 BvF 1/81 = BVerfGE 61, 149 (205); BVerfG, Urt. v. 22.03.1995 – 2 BvG 1/89 = BVerfGE 92, 203 (230 f.); *Poscher*, in: Herdegen/Masing/Poscher/Gärditz, Hdb. VerfR, 2021, § 3 Rn. 121.
[334] *Bethge*, in: Schmidt-Bleibtreu/Klein/Bethge, BVerfGG, Vorb. Rn. 353; *Kämmerer*, Staatsorganisationsrecht, 4. Aufl. 2022, § 4 Rn. 20; *Lang*, Die Mitwirkungsrechte, 1997, S. 135 f.; *Tischendorf*, Theorie und Wirklichkeit, 2017, S. 90, 330.
[335] BVerfG, Urt. v. 22.03.1995 – 2 BvG 1/89 = BVerfGE 92, 203 (230).
[336] BVerfG, Urt. v. 22.03.1995 – 2 BvG 1/89 = BVerfGE 92, 203 (230).
[337] *Scholz*, in: Dürig/Herzog/Scholz GG, Art. 23 Rn. 145.
[338] *Scholz*, NVwZ 1993, 817 (823 f.); *Scholz*, in: Dürig/Herzog/Scholz GG, Art. 23 Rn. 143 ff.
[339] *Wollenschläger*, in: Dreier GG, Art. 23 Rn. 34; *Sachs*, VVDStRL 58 (1999), 39 (68); *Scholz*, in: Dürig/Herzog/Scholz GG, Art. 23 Rn. 143 ff.

ebenfalls ein anschauliches Beispiel einer fließenden Grenze zwischen geschriebenen und ungeschriebenen Aspekten der Bundestreue.

Ähnlich liegt der Fall des Art. 32 Abs. 3 GG. Hier verfügen die Länder über eine Kompetenz zum Abschluss völkerrechtlicher Verträge, sofern ihnen die Gesetzgebungskompetenz zukommt. Art. 32 Abs. 3 GG sieht in diesem Falle ein Erfordernis der Zustimmung der Bundesregierung vor. Letztlich ist auch darin eine geschriebene Ausprägung des Prinzips der Bundestreue zu sehen.[340] Die Kehrseite der Medaille liegt erneut in dem ungeschriebenen Gehalt der Bundestreue: So gebietet der Grundsatz in diesem Verhältnis dem Bund, die Zustimmung grundlos zu verweigern.[341]

Zu nennen sind schließlich noch die Regelungen der Art. 36 Abs. 1 und 2 GG, welche die Interessen der Länder bei der Besetzung von Ämtern in obersten Bundesbehörden und die Berücksichtigung des bundesstaatlichen Aufbaus sowie die besonderen landsmannschaftlichen Verhältnisse der Länder im Rahmen der Wehrgesetzgebung regeln.[342] Auch Art. 53 GG wird teilweise als Ausprägung der Bundestreue gesehen.[343] Diese Einschätzung ist jedoch unzutreffend, da Art. 53 GG nicht das Bund-Länder-Verhältnis betrifft, sondern das Verhältnis von Bundesorganen untereinander[344] und somit eine Ausprägung der Verfassungsorgantreue[345] darstellt.

Aus der Gesamtschau dieser Regelungen lassen sich demnach tatsächlich die oben bereits angesprochenen Erkenntnisse ziehen: Zunächst zeigt sich, dass der wesentliche Gedanke der Bundestreue durch den Verfassungsgeber mitgedacht ist. Die geschriebenen Regelungen, welche Teilaspekte der Bundestreue darstellen, betreffen jedoch nur sehr spezielle Materien und können nur partielle Regelungen eines übergreifenden Prinzips sein. Dass eine abschließende Erfassung der Einzelaspekte des Prinzips nicht möglich ist, liegt auf der Hand. Die Selbstverständlichkeit und Häufigkeit solcher Regelungen bestärkt allerdings

---

[340] *Fassbender,* in: BK GG, Art. 32 Rn. 153; *Starski,* in: v. Münch/Kunig GG, Art. 32 Rn. 52 jew. m.w.N.; in diese Richtung auch *Egli,* Die Bundestreue, 2010, S. 69 f. – „dem Gedanken der Bundestreue entsprechend[e]".
[341] *Kämmerer,* Staatsorganisationsrecht, 4. Aufl. 2022, § 12 Rn. 13.
[342] Vgl. *Egli,* Die Bundestreue, 2010, S. 70.
[343] *Egli,* Die Bundestreue, 2010, S. 74.
[344] Vgl. *Lorz,* Interorganrespekt, 2001, S. 34 f., 37; *Stern,* StaatsR Bd. 1, 2. Aufl. 1984, S. 731 m.w.N.; s. zu der Abgrenzung zwischen Bundes- und Verfassungsorgantreue im Falle des Bundesrates allgemein unten C.II.1.c.bb.(3).β.
[345] *Kloepfer,* Hdb. Verfassungsorgane, 2022, § 1 Rn. 162; *Stern,* StaatsR Bd. 1, 2. Aufl. 1984, S. 731.

die Erkenntnis, dass in der Bundestreue mitgesetztes Recht zu sehen ist.[346] Ebenso zeigt sich jedoch eine der Bundestreue immanente Eigenschaft: Ihre Abhängigkeit von dem spezifischen Regelungssystem. So lässt sich einerseits sagen, dass die Bundestreue sich gerade aus diesen spezifischen Normen ergibt, welche das föderale System ausgestalten. Andererseits zeigt die – in einer Verfassung zwar geringe, aber doch bestehende – Fluktuation der Normen, wie treffend die Aussage schließlich doch sein könnte, dass sich die Bundestreue schlicht aus dem Wesen des Bundesstaates ergibt.

dd. Analyse des Ansatzes des Bundesverfassungsgerichts

Unter Zuhilfenahme der gewonnenen Erkenntnisse soll nun der Versuch unternommen werden, den Begründungsansatz des Bundesverfassungsgerichts einzuordnen.

Obgleich das Bundesverfassungsgericht zunächst insbesondere durch seine Berufung auf *Smend*[347] an alte Traditionen anzuknüpfen scheint, ist darin letztlich keine verfassungsgewohnheitsrechtliche Herleitung oder Neubegründung sämtlicher überkommener Erkenntnisse, sondern die Gewinnung der Bundestreue aus dem bestehenden Verfassungsrecht zu sehen. So macht es deutlich, dass „das Verhältnis der Länder im Bundesstaat zueinander lückenlos durch das Bundesverfassungsrecht geregelt [ist], teils durch ausdrückliche Regelungen im Grundgesetz, teils durch den vom Bundesverfassungsgericht entwickelten Grundsatz des bundesfreundlichen Verhaltens".[348] Dies belegt, dass das Bundesverfassungsgericht von einem geschlossenen System ausgeht, in dem die Bundesstaatstheorie, das Bundesstaatsprinzip und das bundesstaatliche System ineinandergreifen.[349] Weiter wird deutlich, dass es die Bundestreue als bereits durch die Verfassung in der Weise mitgeregelt ansieht, dass die Normen des Grundgesetzes und der Grundsatz bundesfreundlichen Verhaltens ineinandergreifen. Die Bundestreue findet demnach zwar keine ausdrückliche Erwähnung im Grundgesetz, ist aber in ihm angelegt.[350] Sie speist sich nach dem An-

---

[346] So auch *Wolff*, Ungeschriebenes Verfassungsrecht, 2000, S. 413, 417; in diese Richtung tendiert auch die Einordnung als „hintergründiges Konstitutionsprinzip des Verfassungssinnes", *Bachof*, Verfassungswidrige Verfassungsnormen, 1951, S. 43; *Huber*, in: FG Schweizer Juristenverein, 1955, S. 95 (103); *Ipsen*, DV 1949, 486 (490); dafür spricht auch die Erwähnung der Bundestreue bei dem Verfassungskonvent auf Herrenchiemsee, S. *Bucher*, Der Parlamentarische Rat, Bd. 2, 1981, S. 533.
[347] BVerfG, Urt. v. 21.05.1952 – 2 BvH 2/52 = BVerfGE 1, 299 (315); BVerfG, Urt. v. 28.02.1961 – 2 BvG 1, 2/60 = BVerfGE 12, 205 (254).
[348] BVerfG, Urt. v. 30.01.1973 – 2 BvH 1/72 = BVerfGE 34, 216 (232).
[349] Vgl., wenn auch mit anderem Ergebnis hinsichtlich der Rechtsgrundlage, *Bauer*, Die Bundestreue, 1992, S. 232 f.
[350] *Sachs*, in: Sachs GG, Art. 20 Rn. 68.

satz des Bundesverfassungsgerichts folglich unmittelbar aus der Verfassung, ohne eine bloße Konkretisierung darzustellen, weshalb sie wohl als mitgesetztes Recht qualifiziert werden dürfte.[351]

Der Begriff des „Wesens" des Bundesstaates deckt sich somit nach der Rechtsprechung des Bundesverfassungsgerichtes mit den wesentlichen Gehalten des Bundesstaatsprinzips, welche durch das Bundesverfassungsgericht zwar nicht abstrakt, aber in Form zahlreicher Einzelfallkonkretisierungen, herausgearbeitet werden.[352] Während Art. 20 Abs. 1 GG also selbst kaum Aussagen zu der Natur des Bundesstaates liefert, finden sich nähere Aussagen in den bereits dargestellten, zahlreichen Vorschriften des Grundgesetzes, welche Bestimmungen zum Verhältnis von Bund und Ländern enthalten. Selbst wenn man diese nicht als „*die*" Herleitung des Prinzips der Bundestreue fruchtbar machen möchte, können sie bei dessen Konkretisierung nicht unbeachtet bleiben. Dies ergibt sich bereits aus dem Grundsatz der Einheit der Verfassung. Darüber hinaus benötigt die Bundestreue nach ständiger Rechtsprechung des Bundesverfassungsgerichts und ganz herrschender Meinung in der Literatur auch immer einen Anknüpfungspunkt an ein bestehendes Rechtsverhältnis (sog. Akzessorietät).[353] Folglich kann der Grundsatz in seiner konkreten Gestalt nur im Zusammenhang mit dem Kompetenzgefüge des Grundgesetzes gewonnen werden.

Soweit die Verfassung aber keine speziellen Regelungen für das Zusammenwirken zwischen Bund und Ländern aufweist, muss dennoch die Funktionsfähigkeit der bundesstaatlichen Ordnung erhalten bleiben.[354] Das ausdifferenzierte Aufgaben- und Kompetenzgefüge des Grundgesetzes erfordert somit ein Zusammenwirken zwischen Bund und Ländern, um das gesamtstaatliche Gemeinwohlziel erreichen zu können.[355] Insofern muss die Pflicht dann über die speziellen Kooperations- und Koordinationsnormen hinaus aus dem allgemeinen Bundesstaatsprinzip herausgelesen werden. Eine einzelne bezifferte Rechtsgrundlage wird der Bundestreue durch das Bundesverfassungsgericht indes nicht zugewiesen.[356]

Mithin kann festgehalten werden, dass das Bundesverfassungsgericht die Bundestreue als mitgesetzt ansieht und die einzelnen Herleitungsansätze, welche sich auf den Bundesstaat stützen, miteinander in Verbindung setzt.

---

[351] So auch *Wolff,* Ungeschriebenes Verfassungsrecht, 2000, S. 464.
[352] Ähnlich *Morlok/Schindler,* in: Lhotta (Hrsg.), Die Integrationslehre des modernen Staates, 2005, S. 13 (24).
[353] S. nur *Robbers,* in: BK GG, Art. 20 Rn. 996 ff. m.w.N.; näher dazu unten C.I.3.b.cc.
[354] *Grzeszick,* in: Dürig/Herzog/Scholz GG Art. 20, IV. Rn. 121.
[355] *Grzeszick,* in: Dürig/Herzog/Scholz GG Art. 20, IV. Rn. 121.
[356] *Jestaedt,* in: Isensee/Kirchhof, HdbStR II, 3. Aufl. 2004, § 29 Rn. 21.

ee. Das Verhältnis der bundesstaatlichen Ansätze untereinander

Die eben genannte Verbindung der Teilansätze aus dem Bundesstaat soll schließlich vollends aufgeschlüsselt werden. Was das Verhältnis zwischen einer allgemeineren Herleitung über das „Wesen" des Bundesstaates, einer solchen über das Bundesstaatsprinzip des Art. 20 Abs. 1 GG und einer spezifisch normbasierten Herleitung angeht, lässt sich letztlich sagen, dass darin eine reine Geschmacksfrage ohne daraus resultierende Folgen zu sehen ist. Ob nämlich das Kompetenzsystem nur Ausgestaltung oder auch Grund der Bundestreue ist, ändert erstens nichts an der Tatsache, dass das Prinzip im Grundgesetz angelegt ist, zweitens durch die dargestellten Normen seine besondere Ausformung erhält und drittens dennoch notwendig in hohem Maße elastisch[357] und unbestimmt ist. Deshalb sind die unterschiedlichen Ansätze häufig nur schwer voneinander zu trennen. Eine strikte Trennung ist jedoch, wie die Herangehensweise des Bundesverfassungsgerichts überzeugend darlegt, in erster Linie nicht erforderlich.

Diese Erkenntnis spiegelt sich treffend in der Aussage wider, die Geltung des Grundsatzes bundesfreundlichen Verhaltens folge aus einer doppelten Entscheidung des Verfassungsgebers, nämlich einerseits der kompetenzteiligen Ausübung staatlicher Gewalt, andererseits der Funktionsfähigkeit des Ganzen in seiner Gliederung und seinen Gliedern.[358] Jeder bundesstaatlichen Verfassung kommt notwendig die Aufgabe zu, den Ausgleich zwischen den Interessen der nationalen Einheit und der regionalen Autonomie herzustellen und im Wege rationaler Verständigung ein dauerhaftes, allen beteiligten Gliederungen vorteilhaftes Gleichgewicht herzustellen.[359] Dies erfasst letztlich alle drei Teile einer Herleitung über das Bundesstaatsprinzip: Erstens das Wesen eines jeden Bundesstaates, einerseits Gewalt vertikal aufzuteilen,[360] andererseits aber dennoch auf das gemeinsame Funktionieren und Zusammenarbeiten hinzuwirken, zweitens die Normierung dieses Wesens im Bundesstaatsprinzip und drittens die einzelnen normativen Konkretisierungen, welche die Funktionsfähigkeit des Bundesstaates sichern. Letztlich spiegelt sich darin das Verhältnis zwischen dem bundesstaatlichen Prinzip und dem bundesstaatlichen System wider, d.h. der bundesstaatlichen Ordnung und der ihr im Kern angelegten Ordnungs-

---

[357] Vgl. bereits *Smend*, Ungeschriebenes Verfassungsrecht (1916), in: ders., Staatsrechtliche Abhandlungen, 3. Aufl. 1994, S. 39 (55 f.).
[358] So *Jestaedt*, in: in: Isensee/Kirchhof, HdbStR II, 3. Aufl. 2004, § 29 Rn. 73.
[359] *Loewenstein*, Verfassungslehre, 3. Aufl. 1975, S. 298.
[360] Vgl. zur vertikalen Gewaltenteilung *Grzeszick*, in: Dürig/Herzog/Scholz GG, Art. 20 IV. Rn. 20 ff.; *Hain*, in: v. Mangoldt/Klein/Starck GG, Art. 79 Rn. 121 ff.; *Hesse*, Der unitarische Bundesstaat, 1962, S. 27 ff.; *Hesse*, Grundzüge des Verfassungsrechts, 20. Aufl. 1999, § 7 Rn. 229 ff.; *Stern*, StaatsR Bd. 1, 2. Aufl. 1984, S. 657 ff.

idee.[361] Zugleich verdeutlicht diese Aussage trefflich den Charakter der Bundestreue als mitgesetztes Recht.

ff. Zwischenergebnis

Überzeugend an einer Herleitung über den Bundesstaat ist die nahe Anbindung am positiven Verfassungsrecht über Art. 20 Abs. 1 GG sowie die speziellen Normen des bundesstaatlichen Kompetenzgefüges.[362] Diese Aspekte sind für den Grundsatz der Bundestreue unentbehrlich und eine Herleitung über das Bundesstaatsprinzip liegt folglich besonders nahe. Auch ist es schwer denkbar, ein Prinzip der Loyalität zu begründen, welches zwischen den Gliedern eines Bundesstaates wirkt, ohne dessen besondere Natur und Ausgestaltung in die Herleitung einfließen zu lassen.

c. Rechtsstaatsprinzip

Die zweite denkbare Alternative zu einer Herleitung über das Verfassungsgewohnheitsrecht, kann in einer Herleitung über das Rechtsstaatsprinzip gesehen werden.[363] Demnach gebiete die Bundestreue Bund und Ländern, sich im Verhältnis zueinander in Übereinstimmung mit rechtsstaatlichen Geboten zu verhalten.[364]

Dass dieser Ansatz nicht voreilig zu verwerfen ist, zeigt sich bereits daran, dass schon früh die Heranziehung des Verhältnismäßigkeitsgrundsatzes vorgeschlagen wurde, um Lücken zu schließen, welche unter diversen Literaturansichten dadurch entstanden sind, dass der Grundsatz der Bundestreue für entbehrlich erklärt wurde.[365] Auch später wurden derartige Parallelen immer wieder aufgeworfen.[366] Pionierarbeit leistete beim Vergleich zwischen Rechtsstaatsprinzip und Bundestreue *Kowalsky*, indem er aufzeigte, dass sich die Prinzipien in weiten Teilen decken.[367] Insbesondere werden die rechtsstaatlichen Gebote des „allgemeine[n] Gleichheitssatzes, [...] der Bestimmtheit, Verhältnismäßigkeit und Erforderlichkeit" angeführt.[368] Zudem weisen die Bundestreue und das allgemeine Missbrauchsverbot, welches seinerseits an das Rechtsstaatsprinzip

---

[361] S. ausführlicher dazu *Jestaedt*, in: in: Isensee/Kirchhof, HdbStR II, 3. Aufl. 2004, § 29 Rn. 15.
[362] So auch *Grzeszick*, in: Dürig/Herzog/Scholz GG Art. 20, IV. Rn. 132.
[363] So insbesondere *Kowalsky*, Die Rechtsgrundlagen der Bundestreue, 1970, S. 209 ff., 245; mittelbar über die Verhältnismäßigkeit auch *Lerche*, Übermass und Verfassungsrecht, 1961, S. 160; vgl. auch *Bayer*, Die Bundestreue, 1961, S. 91 Fn. 53.
[364] *Kowalsky*, Die Rechtsgrundlagen der Bundestreue, 1970, S. 245.
[365] Vgl. nur *Fuß*, DÖV 1964, 37 ff.; *Hesse*, Der unitarische Bundesstaat, 1962, S. 7.
[366] Exemplarisch *Hoffmann*, ZG 1990, 97 (111); *Sachs*, in: Sachs GG, Art. 20 Rn. 70.
[367] Vgl. *Kowalsky*, Die Rechtsgrundlagen der Bundestreue, 1970, S. 209 ff., 245.
[368] *Kowalsky*, Die Rechtsgrundlagen der Bundestreue, 1970, S. 245.

angeknüpft werden kann,[369] weitgehende Parallelen auf.[370] Daraus wird der Schluss gezogen, rechtsstaatliche Ableitungen und die Bundestreue seien zumindest stellenweise funktionsäquivalent, womit die Bundestreue aus dem Rechtsstaatsprinzip ableitbar sei.[371] Dagegen spräche, dass die Bundestreue in den fraglichen Ansätzen, abgesehen von dem Ansatz *Kowalskys*, gerade abgelehnt wird und beispielsweise der Grundsatz der Verhältnismäßigkeit als bessere Alternative dazu gesehen wird. Zudem sei das Rechtsstaatsprinzip thematisch nicht zentral auf die Bundesstaatlichkeit bezogen.[372] Auch wird in der Literatur angemahnt, die expansive Anwendung des Rechtsstaatsprinzips führe zu Unsicherheit bei dessen normativer Bedeutung und sei mithin zurückhaltend anzuwenden.[373] Folglich bestehen zwar einige Parallelen zwischen Bundestreue und Rechtsstaatlichkeit,[374] zur Herleitung tauge das Rechtsstaatsprinzip indes nicht.[375] Man könnte demnach, wie *Bayer* formuliert,[376] von einer Deckung sprechen, nicht allerdings von einer Identität.[377]

---

[369] *Kowalsky*, Die Rechtsgrundlagen der Bundestreue, 1970, S. 182 f.; Anknüpfung an Treu und Glauben *Dederer*, in: Dürig/Herzog/Scholz GG, Art. 35 Rn. 99.
[370] *Brohm*, Landeshoheit und Bundesverwaltung, 1968, S. 38; vgl. auch *Grzeszick*, in: Dürig/Herzog/Scholz GG, Art. 20 IV. Rn. 131; kritisch *Kowalsky*, Die Rechtsgrundlagen der Bundestreue, 1970, S. 186 ff., der die Bundestreue im Dienste des Missbrauchsverbotes i.S.d. allgemeinen Willkürverbotes sieht, jedoch das allgemeine Missbrauchsverbot und die Bundestreue als inkompatibel erachtet; zu den Parallelen zwischen der verwandten Verfassungsorgantreue und dem allgemeinen Missbrauchsverbot *Schenke*, Die Verfassungsorgantreue, 1977, S. 49 f., unter Ablehnung der eben genannten Sichtweise *Kowalskys*, *Schenke*, a.a.O., S. 50 Fn. 91.
[371] *Kowalsky*, Die Rechtsgrundlagen der Bundestreue, 1970, S. 245; dieselbe Erwägung findet sich – i.E. ablehnend – in Anlehnung an BVerfG, Urt. v. 28.02.1961 – 2 BvG 1, 2/60 = BVerfGE 12, 205 (239 ff.), BVerfG, Urt. v. 24.07.1962 – 2 BvF 4, 5/61, 1, 2/62 = BVerfGE 14, 197 (215) und BVerfG, Urt. v. 30.01.1973 – 2 BvH 1/72 = BVerfGE 34, 216 (232) bei *Grzeszick*, in: Dürig/Herzog/Scholz GG, Art. 20 IV. Rn. 131 f.
[372] *Bauer*, Die Bundestreue, 1992, S. 241. Dasselbe könnte man indes dem Ansatz *Bauers* (ebd. S. 243 ff.) über den Grundsatz von Treu und Glauben entgegenhalten.
[373] So in Bezug auf die Bundestreue *Bauer*, Die Bundestreue, 1992, S. 241; allgemein *Krüger*, in: FS Forsthoff, 1972, S. 187 (193, 208); *Krüger*, Rechtsstaat, Sozialstaat, Staat, 1975, S. 13; *Kunig*, Das Rechtsstaatsprinzip, 1986, S. 3 ff., 457 ff., 464 ff.; *Ridder*, Die soziale Ordnung des Grundgesetzes, 1976, S. 144 ff.; indes müsste Bauers Herleitung über Treu und Glauben wiederum dasselbe entgegengehalten werden, vgl. kritisch auch *Depenheuer*, Die Verwaltung 28 (1995), 117 (118).
[374] *Kowalsky*, Die Rechtsgrundlagen der Bundestreue, 1970, passim, insb. S. 209 ff., 245; vgl. auch *Starski*, in: Kahl/Ludwigs, Hdb. Verwaltungsrecht, Bd. 3, 2022, § 79 Rn. 10.
[375] *Bauer*, Die Bundestreue, 1992, S. 241; i.E. auch *Starski*, in: Kahl/Ludwigs, Hdb. Verwaltungsrecht, Bd. 3, 2022, § 79 Rn. 10; a.A. *Kowalsky*, Die Rechtsgrundlagen der Bundestreue, 1970.
[376] *Bayer*, Die Bundestreue, 1961, S. 91 Fn. 53.
[377] In diese Richtung auch *Bauer*, Die Bundestreue, 1992, S. 241.

Gegen die Herleitung über das Rechtsstaatsprinzip spricht zudem die Rechtsprechung des Bundesverfassungsgerichts: Dieses hält die Schranken für Eingriffe in den Rechtskreis des Einzelnen – konkret das Verhältnismäßigkeitsprinzip – im Bereich der Staatsorganisation, d.h. auch im kompetenzrechtlichen Verhältnis von Bund und Ländern, mangels Vergleichbarkeit grundsätzlich für unanwendbar.[378] Mithin stieß in der bisherigen Literatur eine Herleitung über das Rechtsstaatsprinzip auf Ablehnung,[379] wenngleich *Bauer* einräumen musste, man könne den Ansatz nicht „als zwar originelle, aber zu eigenwillige Doktorandenmeinung ‚abhaken'", da eine „am Rechtsstaatsgedanken ansetzende Begründung nicht [...] völlig abwegig"[380] sei. Überzeugend an der Ablehnung der Herleitung über das Rechtsstaatsprinzip ist die angemahnte Vorsicht, dem allgemeinen Rechtsstaatsprinzip einen eigenen dogmatischen Erkenntniswert zuzusprechen.[381] Die Verbindung von Rechtsstaat und Bundestreue erscheint zu mittelbar und lang, als dass der Vergleich nach dem Bilde der Untersuchung *Kowalskys* den Schluss zuließe, die Bundestreue lasse sich unmittelbar aus dem Rechtsstaatsprinzip ableiten. Fände man aber eine schlüssige dogmatische Zwischenstufe, welche ihrerseits dem Rechtsstaatsprinzip zugeordnet werden könnte, wäre erneut über die Verbindung zum Rechtsstaatsprinzip nachzudenken.[382] An dieser Stelle und in dieser Allgemeinheit ist die Herleitung aus dem allgemeinen Rechtsstaatsprinzip jedoch nicht zu befürworten.

d. Integrationslehre

Eine weitere Option läge in einer Herleitung über die Integrationslehre *Smends*. Diese liegt schon aufgrund der Berufung des Bundesverfassungsge-

---

[378] BVerfG, Urt. v. 18.04.1989 – 2 BvF 1/82 = BVerfGE 79, 311 (341); BVerfG, Urt. v. 22.05.1990 – 2 BvG 1/88 = BVerfGE 81, 310 (Ls. 5); so wohl auch BVerfG, Urt. v. 17.01.2017 – 2 BvB 1/13 = BVerfGE 144, 20 (231); so auch *Isensee*, in: Isensee/Kirchhof, HdbStR VI, 3. Aufl. 2008, § 126 Rn. 126; *Lorz*, Interorganrespekt, 2001, S. 23; s. hierzu auch *Aust*, AöR 141 (2016), S. 415 (432 ff.); a.A. *Grzeszick*, in: Dürig/Herzog/Scholz GG, Art. 20 VII. Rn. 111; *Heusch*, Der Grundsatz der Verhältnismäßigkeit, 2003, S. 93 ff.; *Robbers*, in: BK GG, Art. 20 Rn. 989, 1911; *Sachs*, in Sachs GG, Art. 20 Rn. 70, 147; *Sobota*, Das Prinzip Rechtsstaat, 1997, S. 252, 516 f.; im Bund-Länder-Verhältnis ablehnend, aber zwischen Staatsorganen mit subjektiven Rechten bejahend *Schulze-Fielitz*, in: Dreier GG, Art. 20 (Rechtsstaat), Rn. 188; weitgehend anerkannt ist die Verhältnismäßigkeit im Verhältnis zu den Gemeinden, BVerfG, Beschl. v. 19.11.2014 – 2 BvL 2/13 = BVerfGE 138, 1 (19 f.) m.w.N.; *Becker*, in: BHKM, Öffentliches Recht in Bayern, 8. Aufl. 2022, Teil II Rn. 84; *Hellermann*, in: BeckOK GG, Art. 28 Rn. 38.2; *Kenntner*, DÖV 1998, 701 (709 ff.); *Mehde*, in: Dürig/Herzog/Scholz GG, Art. 28 Rn. 265 m.w.N.; *Robbers*, in: BK GG, Art. 20 Rn. 1910; mit Bezug zum selbstverwaltungsfreundlichen Verhalten *Kahl*, Die Staatsaufsicht, 2000, S. 513.
[379] *Bauer*, Die Bundestreue, 1992, S. 241 f.; *Lorz*, Interorganrespekt, 2001, S. 23; *Wittreck*, in: Härtel, Föderalismus Hdb. Bd. 1, 2012, S. 497 (518).
[380] *Bauer*, Die Bundestreue, 1992, S. 240 f.
[381] Vgl. *Bauer*, Die Bundestreue, 1992, S. 241.
[382] S. hierzu unten F.I.4.

richts auf *Smend* im Rahmen der Begründung seiner Rechtsprechung zur Bundestreue nahe.[383] Häufig finden sich jedoch nur knappe Hinweise auf *Smend* oder den Integrationsgedanken,[384] welche dazu führen, dass der Mehrwert einer Heranziehung der Integrationslehre zur Heranziehung von Loyalitätspflichten zunehmend in Vergessenheit gerät. Dies ist besonders dann der Fall, wenn es um die Herleitung von Loyalitätsgeboten geht, welche anders als die Bundes- und Verfassungsorgantreue geschichtlich nicht auf der Lehre *Smends* aufbauen.[385] Mithin lohnt es sich, die Integrationslehre und ihren Zusammenhang mit den Loyalitätspflichten – zunächst anhand der Bundestreue – genauer zu beleuchten. Insbesondere ist zu untersuchen, ob sich diese grundlegend noch für die Herleitung eignet und ob sie alleine oder in Kombination mit anderen Ansätzen einen Mehrwert bietet.

aa. Ursprünge und Grundkonzeption der Integrationslehre

Der Ausgangspunkt der Integrationslehre liegt nicht in der Rechtswissenschaft, sondern in der kulturphilosophischen Abhandlung *Theodor Litts*[386].[387] Diese zielt darauf ab, die Beziehungen zwischen Individuen und die Bildung von Gemeinschaften zu erklären.[388] *Smend* knüpft in seiner Untersuchung mehrfach ausdrücklich, aber auch durch Verwendung der einschlägigen Terminologie implizit an die Erkenntnisse *Litts* an.[389] Danach gesellschaftliche Gebilde als sog. „geschlossener Kreis" zu verstehen, welcher durch die in sich fügenden Sinnerlebnisse der Einzelnen zu einem Gesamterlebnis entsteht.[390]

Eine der Leistungen *Smends* liegt sodann in der Übertragung dieser Erkenntnisse auf das Staatsrecht. Der Schlüsselbegriff dieser Transferleistung ist die Integration. Die Integrationslehre sieht demnach den Staat als Teil der geistigen Wirklichkeit und als lebendiges Gebilde, welches durch die Integration der Ge-

---

[383] BVerfG, Urt. v. 21.05.1952 – 2 BvH 2/52 = BVerfGE 1, 299 (315); BVerfG, Urt. v. 28.02.1961 – 2 BvG 1, 2/60 = BVerfGE 12, 205 (254).
[384] So auch das BVerfG a.a.O.
[385] S. dazu unten C.III.1.a. und D.I.3.
[386] *Litt*, Individuum und Gemeinschaft, 3. Aufl. 1926.
[387] Vgl. hierzu *Bartlsperger*, Die Integrationslehre, 1964, S. 12 f.
[388] *Litt*, Individuum und Gemeinschaft, 3. Aufl. 1926, S. 8, 12 f.
[389] S. beispielsweise ausdrücklich *Smend*, Verfassung und Verfassungsrecht (1928), in: ders., Staatsrechtliche Abhandlungen, 3. Aufl. 1994, S. 119 (z.B. 125 Fn. 4, 126 Fn. 5 ff., 131 Fn. 17 f., 21 f., 133 Fn. 28) sowie exemplarisch hinsichtlich des Sprachgebrauchs: „sozial verschränkt" (S. 126); „Einheitsgefüge der fließenden Sinnerlebnisse der Einzelnen" (S. 129), „Geschlossener Kreis" (S. 131) bzw. „geschlossene Gruppe (S. 132), „Gesamterlebnis" (S. 132) „sozialer Vermittelung" (S. 133); vgl. hierzu auch *Bartlsperger*, Die Integrationslehre, 1964, S. 4 f.; *Unruh*, Weimarer Staatsrechtslehre, 2004, S. 134 f.
[390] *Litt*, Individuum und Gemeinschaft, 3. Aufl. 1926, S. 236 ff., 241 ff.; *Smend*, Verfassung und Verfassungsrecht (1928), in: ders., Staatsrechtliche Abhandlungen, 3. Aufl. 1994, S. 119 (129 ff.); vgl. hierzu auch *Unruh*, Weimarer Staatsrechtslehre, 2004, S. 134 f.

sellschaft besteht.[391] Sie hat ihren Ausgangspunkt daher im Verhältnis zwischen dem Individuum und seiner sozialen Welt.[392] Integration meint dabei die „Entstehung einer Einheit oder Ganzheit aus einzelnen Elementen, so daß die gewonnene Einheit mehr als die Summe der vereinigten Teile ist".[393] Folglich erfüllt die Integration in der Staatslehre *Smends* die Aufgabe, die Existenz des Staates aus der Gesamtheit der gesellschaftlichen Beziehungen und Vorgänge heraus zu erklären. Die Integration stellt damit das Gesamterlebnis im Sinne der Kulturphilosophie *Litts* in Bezug auf den Staat als Gemeinschaft dar.[394] Sie versucht demnach, den Staat nicht als rein juristisches Gebilde zu erkennen, sondern den Staat in dem Verhältnis der Menschen untereinander zu sehen. Man könnte auch formulieren, Integration ist der Mechanismus, welcher die Menschen zu einem Staat verbindet. Insofern ist die Integrationslehre – ihren kulturphilosophischen Wurzeln entsprechend – eine sozialwissenschaftliche Lehre. Dennoch ist sie auch als juristische Lehre, insbesondere als staats- und verfassungsrechtliche Lehre zu verstehen.[395]

Obgleich *Smend* die Erkenntnisse *Litts* für seine Untersuchungen fruchtbar macht, wird der Staatsbegriff der Integrationslehre zu Recht als eigene Schöpfung gesehen, da insbesondere die Verknüpfung von Kulturphilosophie und Staatstheorie durch die Integration eine beachtliche originelle Eigenleistung darstellt.[396] Weiter ist darin nicht nur – wie *Kelsen* behauptet[397] – eine triviale Aussage zu sehen, welche schlicht mit der Verbindung von Menschen umschrieben werden könne. Vielmehr zeichnet sich die Integration gerade durch die Bildung zu einer Einheit und Ganzheit aus, welche mehr als die bloße Verbindung von Menschen ist.[398]

---

[391] *Smend,* Verfassung und Verfassungsrecht (1928), in: ders., Staatsrechtliche Abhandlungen, 3. Aufl. 1994, S. 119 (136 ff.).
[392] *Smend,* Integrationslehre (1956), in: Staatsrechtliche Abhandlungen, 3. Aufl. 1994, S. 475.
[393] *Smend,* Integration (1966), in: Staatsrechtliche Abhandlungen, 3. Aufl. 1994, S. 482; ausführlich zum begrifflichen Verständnis *Bartlsperger,* Die Integrationslehre, 1964, S. 13 ff.
[394] *Smend,* Verfassung und Verfassungsrecht (1928), in: ders., Staatsrechtliche Abhandlungen, 3. Aufl. 1994, S. 119 (136 f.); vgl. vertiefend zu diesem Zusammenhang auch *Bartlsperger,* Die Integrationslehre, 1964, S. 13.
[395] S. hierzu *Badura,* Der Staat 16 (1977), 305 (312); *Droege,* in: Evangelisches Staatslexikon, 4. Aufl. 2006, Integration, Sp. 1021; *Leibholz,* in: In memoriam Rudolf Smend, 1976, S. 15 (30); *Smend,* Integration (1987), in: Evangelisches Staatslexikon, 3. Aufl. 1987, Sp.1356.
[396] *Bartlsperger,* Die Integrationslehre, 1964, S. 12.
[397] *Kelsen,* Der Staat als Integration, 1930, S. 45 f.
[398] Vgl. *Bartlsperger,* Die Integrationslehre, 1964, S. 13 ff.

bb. Integrationsbegriff

Der einschlägige Integrationsbegriff ist vornehmlich derjenige der politischen Integration.[399] Ohne die Bedeutung insbesondere der kulturellen Integration[400] für den Staat in Abrede stellen zu wollen, meint der Integrationsbegriff auch im Rahmen der vorliegenden Arbeit ungeachtet ausdrücklicher Abweichungen die politische Integration. Dies erklärt sich bereits dadurch, dass die Loyalitätspflichten sämtlich diesem Bereich unterfallen. *Smend* unterscheidet zwischen drei Arten der Integration: Erstens der persönlichen,[401] zweitens der funktionellen[402] und drittens der sachlichen Integration[403].

Persönliche Integration meint die integrierende Wirkung der Personen der Staatsleitung.[404] Dies bezeichnet er als „Führertum", womit jedoch gemeint ist, dass die staatsleitenden Personen eine Führungsrolle übernehmen sollen, die den Einzelnen dazu anregt, sich am politischen Leben zu beteiligen, nicht hingegen die Verantwortung komplett auf einzelne Personen zu übertragen und das Volk in einer passiven Rolle zu halten.[405] Demnach stellt diese Konzeption entgegen dem ersten Anschein gerade ein Gegenbild zu einem Führerkult dar, wie man ihn beispielsweise aus dem Dritten Reich kennt.[406] Besonders deutlich tritt die persönliche Integration in der Bundesrepublik Deutschland in der Person des Bundespräsidenten zutage.[407]

Unter der funktionellen Integration versteht man die kollektivierenden Lebensformen, d.h. Vorgänge, die ihren Sinn darin finden, Gemeinsamkeiten zu schaffen und somit eine soziale Synthese herbeizuführen.[408] Es geht also im Kern darum, dass der Einzelne durch diese gemeinschaftlichen Vorgänge in die Ge-

---

[399] *Wagner*, Kulturelle Integration und Grundgesetz, 2020, S. 21.
[400] S. dazu insbesondere *Wagner*, Kulturelle Integration und Grundgesetz, 2020.
[401] Dazu *Smend*, Verfassung und Verfassungsrecht (1928), in: ders., Staatsrechtliche Abhandlungen, 3. Aufl. 1994, S. 119 (142 ff.).
[402] Dazu *Smend*, Verfassung und Verfassungsrecht (1928), in: ders., Staatsrechtliche Abhandlungen, 3. Aufl. 1994, S. 119 (148 ff.).
[403] Dazu *Smend*, Verfassung und Verfassungsrecht (1928), in: ders., Staatsrechtliche Abhandlungen, 3. Aufl. 1994, S. 119 (160 ff.).
[404] *Bartlsperger*, Die Integrationslehre, 1964, S. 10.
[405] Vgl. *Smend*, Verfassung und Verfassungsrecht (1928), in: ders., Staatsrechtliche Abhandlungen, 3. Aufl. 1994, S. 119 (142 ff.).
[406] Dies wird besonders deutlich bei den Ausführungen *Smend*, Verfassung und Verfassungsrecht (1928), in: ders., Staatsrechtliche Abhandlungen, 3. Aufl. 1994, S. 119 (143).
[407] *Fink*, in: v. Mangoldt/Klein/Starck GG, Art. 54 Rn. 14 ff.; *Herzog*, Der Integrationsgedanke und die obersten Staatsorgane, 1986, S. 17 ff.; *Herzog*, in: Dürig/Herzog/Scholz GG, Art. 54 Rn. 99 mit einigen Beispielen; *Pernthaler*, VVDStRL 25 (1967), 95 (168 f.); kritisch *Dreier*, in: FS Schneider, 2008, S. 70 (80 ff.); *Lohse*, in: Stern/Sodan/Möstl, Staatsrecht Bd. 2, 2. Aufl. 2022, § 38 Rn. 24.
[408] *Smend*, Verfassung und Verfassungsrecht (1928), in: ders., Staatsrechtliche Abhandlungen, 3. Aufl. 1994, S. 119 (148 f.).

meinschaft eingebunden und das Gemeinschaftsgefühl gestärkt wird. Insbesondere fallen darunter im staatlichen Bereich die Wahlen und Abstimmungen, aber auch parlamentarische Verhandlungen oder die Kabinettsbildung.[409] Weiter wird auch die Rolle des Bundesverfassungsgerichts betont, durch Verfassungsinterpretation und Entscheidung integrierend zu wirken.[410] Auch dieser Vorgang dürfte – neben der persönlichen Integrationsleistung des Bundesverfassungsgerichts – der funktionellen Integration zugeordnet werden können.

Sachliche Integration schließlich findet ihre Anknüpfung über gemeinsame Kultur und Sinneswahrnehmung.[411] Darunter fallen die gemeinsamen Werte, aber auch in Darstellung manifestierte Gemeinsamkeiten, beispielsweise einerseits die Werte, die aus Grundrechten hervorgehen, insbesondere in Form einer objektiven Werteordnung,[412] andererseits aber auch die Nationalflagge, die Nationalhymne oder die Repräsentation durch bestimmte Organe wie den Präsidenten samt der Würde und Aura, die das Amt des Staatsoberhauptes umgeben.[413]

cc. Relevanz für die Bundestreue

Damit stellt sich die Frage, wie sich die Bundestreue in diese Theorie einfügt. Trotz der zuvor erwähnten Berufung auf *Smend* bei der Begründung des Prinzips der Bundestreue bleibt eine explizite dogmatische Einordnung in die Integrationslehre durch das Bundesverfassungsgericht aus. Dennoch lässt sich aus dessen Rechtsprechung ableiten, welche Rolle die Integration für die Verfassung spielt.[414] Ein Anhaltspunkt findet sich im Urteil des Bundesverfassungsge-

---

[409] *Bickenbach*, JuS 2005, 588 (590); obgleich sich der Schwerpunkt dieses Integrationsprozesses vom Parlament in die politischen Parteien verschoben hat, vgl. *Herzog*, Der Integrationsgedanke und die obersten Staatsorgane, 1986, S. 14.
[410] *Korioth*, VVDStRL 62 (2002), 117 (127) m.w.N.
[411] Vgl. *Smend*, Verfassung und Verfassungsrecht (1928), in: ders., Staatsrechtliche Abhandlungen, 3. Aufl. 1994, S. 119 (160 ff.).
[412] *Bühler*, Das Integrative der Verfassung, 2011, S. 93 f.; *Smend*, Verfassung und Verfassungsrecht (1928), in: ders., Staatsrechtliche Abhandlungen, 3. Aufl. 1994, S. 119 (264 f.).
[413] Vgl. *Bartlsperger*, Die Integrationslehre, 1964, S. 11; zu der mit Blick auf Repräsentation und Integration herausragenden Position des Bundespräsidenten *Fink*, in: v. Mangoldt/Klein/Starck GG, Art. 54 Rn. 14; *Herzog*, Der Integrationsgedanke und die obersten Staatsorgane, 1986, S. 17 ff.; *Nettesheim*, in: Isensee/Kirchhof HdbStR III, 3. Aufl. 2005, § 61 Rn. 16.
[414] Neben den im Folgenden angeführten Entscheidungen zur Bundestreue seien weiter erwähnt die Übernahme der objektiv-rechtlichen Dimension der Grundrechte (vgl. *Smend*, Verfassung und Verfassungsrecht (1928), in: ders., Staatsrechtliche Abhandlungen, 3. Aufl. 1994, S. 119 (265); „Grundrecht [...] nach seinem Zusammenhang im Ganzen der gegenwärtigen Lebensordnung und verfassungsmäßigen Wertkonstellation auszulegen", ebd. (266 f. Fn. 17)), durch BVerfG, Urt. v. 15.01.1958 – 1 BvR 400/51 = BVerfGE 7, 198 (205) oder seinem Verständnis der Wissenschaftsfreiheit, ausdrücklich mit Bezug zu Smend BVerfG, Urt. v. 29.05.1973 – 1 BvR 424/71 u. 325/72 = BVerfGE 35, 79 (119); vgl. zu dem Einfluss der Integrationslehre auf die Rechtsprechung des BVerfG auch *Korioth*, Integration und Bundesstaat,

richts zur Volksbefragung Hessen: Demnach habe die Bundestreue die „Funktion, die aufeinander angewiesenen ‚Teile' des Bundesstaats, Bund und Länder, stärker unter der gemeinsamen Verfassungsrechtsordnung aneinander zu binden."[415] Der Bezug zur *Smendschen* Lehre ist unverkennbar. So betont *Smend* die Rolle des bundesfreundlichen Verhaltens als rechtlich gewollte und geregelte funktionelle Einbeziehung der Einzelstaaten in das Leben des Gesamtstaates.[416] Er führt zu den Fragen der Verständigung und des bundesfreundlichen Verhaltens weiter aus: „Das Reich besteht eben zu gutem Teil darin, daß es sich aus den Ländern integriert, daß diese es konstituieren."[417]

Dem liegt im Wesentlichen eine Integrationshürde zugrunde: Aufgrund der Größe des Staates und dessen Untergliederung in zahlreiche Zwischenebenen und Einzelteile ist die Integration der Menschen hin zum Gesamtstaat nicht optimal unmittelbar möglich, sondern es bedarf vielfach einer schrittweisen Integration von den Bürgern zu staatlichen Untereinheiten und von dort hin zum Gesamtstaat.[418] Die Bundestreue als soziales Bindemittel zwischen den staatlichen Untergliederungen ist die Konsequenz aus diesem Umstand.

Man kann dies als „verklammernde Integration"[419] bezeichnen, welche dazu dient, die Stabilität des Staates aufrechtzuerhalten, da jede Verfassung – wie *Klein* formuliert – „begriffsnotwendig alle Staatsorgane primär zur Erhaltung des von ihr konstituierten Staatswesens [verpflichtet]."[420] Dasselbe muss für die Glieder eines Bundesstaates gelten. Die Stabilität der Hoheitsgewalt ist ganz wesentlich abhängig vom Zusammenhalt des Gemeinwesens, der Zusammenhalt des Gemeinwesens wiederum von dem hoheitlichen Zusammenspiel und Verfahrensabläufen.[421] Die Hoheitsträger vermitteln demnach den Integrationsprozess und „verklammern" dadurch Staat und Bürger sowie unterschiedliche Teile des Staates miteinander.

Auch hinsichtlich der verfassungsgerichtlichen Herleitung der Bundestreue finden sich die Bezüge zur *Smendschen* Lehre. In der Entscheidung zur Kirchenbausteuer führt das Bundesverfassungsgericht aus, dass „das Wesen der Ver-

---

1990, S. 245 ff.; *Krausnick*, in: Lhotta (Hrsg.), Die Integrationslehre des modernen Staates, 2005, S. 135 (139 ff.).
[415] BVerfG, Urt. v. 30.07.1958 – 2 BvG 1/58 = BVerfGE 8, 122 (140).
[416] *Smend*, Verfassung und Verfassungsrecht (1928), in: ders., Staatsrechtliche Abhandlungen, 3. Aufl. 1994, S. 119 (268 f.).
[417] *Smend*, Verfassung und Verfassungsrecht (1928), in: ders., Staatsrechtliche Abhandlungen, 3. Aufl. 1994, S. 119 (271); vgl. auch *Isensee*, Subsidiaritätsprinzip, 2. Aufl. 2001, S. 232 f.
[418] Vgl. auch *Isensee*, Subsidiaritätsprinzip, 2. Aufl. 2001, S. 232 f.
[419] *Benrath*, Die Konkretisierung von Loyalitätspflichten, 2019, S. 558.
[420] *Klein*, Bundesverfassungsgericht und Staatsraison, 1968, S. 36 f.
[421] Vgl. *Benrath*, Die Konkretisierung von Loyalitätspflichten, 2019, S. 558.

fassung darin besteht, eine einheitliche Ordnung des politischen und gesellschaftlichen Lebens der staatlichen Gemeinschaft zu sein."[422] Somit stellt sich die Verfassung einerseits als Werkzeug des Integrationsprozesses dar, andererseits wirkt aber auch der Integrationsgedanke auf die Verfassung ein, nämlich in der Weise, dass der unvollständige Verfassungstext durch außerverfassungsrechtliche Gegebenheiten ergänzt werden könne.[423] Dadurch findet das staatlich-politische Leben Eingang in das Verfassungsrecht, wodurch sich die Verfassung als System im Sinne der Integrationslehre darstellt.[424] Folgerichtig verankert das Bundesverfassungsgericht den Grundsatz der Bundestreue zusätzlich über eine „Zusammenschau mit allen anderen Verfassungsnormen" im Sinne Einheit der Verfassung.[425] Insofern wird eine Verbindungslinie zwischen der Herleitung über das Bundesstaatsprinzip einerseits und der Integrationslehre andererseits deutlich.

Eine weitere Verbindungslinie zeigt sich in der Wesensterminologie des Bundesverfassungsgerichts.[426] Die Integrationslehre zeichnet sich dadurch aus, dass sie keine rein juristische Lehre darstellt, sondern eine Verfassungsrechtslehre, welche darauf abzielt, Norm und Verfassungswirklichkeit in ein sinnvolles und harmonisches Verhältnis zu setzen.[427] Indem sie das Wesen des Staates – insbesondere auch das Wesen des Bundesstaates[428] – beschreibt und das Verständnis des Rechts daran ausrichtet, schafft sie das Maß, an dem die Bundestreue zu messen und anhand dessen ihr Gehalt zu bestimmen ist.[429] Das Wesen des Bundesstaates lässt sich nicht aus sich heraus erschließen, sondern bedarf einer Fundierung. Diese darf zudem nicht in einer rein juristischen, gesetzespositivistischen Sichtweise liegen, sondern muss einen an der sozialwissenschaftlichen Wirklichkeit orientierten (Bundes-)Staatsbegriff mit einbeziehen, um ihren Zweck vollumfänglich erfüllen zu können.[430]

---

[422] BVerfG, Urt. v. 14.12.1965 – 1 BvR 413/60 = BVerfGE 19, 206 (220).
[423] *Korioth*, Integration und Bundesstaat, 1990, S. 268 f.
[424] *Korioth*, Integration und Bundesstaat, 1990, S. 269.
[425] BVerfG, Urt. v. 26.03.1957 – 2 BvG 1/55 = BVerfGE 6, 309 (361).
[426] Vgl. *Korioth*, Integration und Bundesstaat, 1990, S. 268 ff.; s. zu dieser Terminologie oben C.I.1.a.
[427] *Leibholz*, in: In memoriam Rudolf Smend, 1976, S. 15 (30 ff.); ähnlich *Smend*, Integration (1987), in: Evangelisches Staatslexikon, 3. Aufl. 1987, Sp. 1356.
[428] Vgl. *Smend*, Verfassung und Verfassungsrecht (1928), in: ders., Staatsrechtliche Abhandlungen, 3. Aufl. 1994, S. 119 (271 f.).
[429] Vgl. *Korioth*, Integration und Bundesstaat, 1990, S. 269.
[430] Vgl. *Böckenförde*, Staat, Verfassung, Demokratie, 1991, S. 23; a.A. *Korioth*, Integration und Bundesstaat, 1990, S. 279 f.; vgl. zu der allgemeinen Diskussion zu dem Zusammenhang zwischen Wirklichkeit und Recht *Korioth*, Integration und Bundesstaat, 1990, S. 299 ff.; auch das Bundesverfassungsgericht geht von einer Abkehr vom „wertungsfreien Gesetzespositivismus

dd. Parallelen zu der Lehre Hellers

Diese Konzeption deckt sich weitgehend auch mit der Staatslehre *Hellers*, der den Fokus seines Werkes ebenfalls auf die staatliche Einheitsbildung legt.[431] Konträr zur Lehre *Smends* ist auf den ersten Blick die Bedeutung des Organisationsaktes.[432] So versucht *Heller* seine Lehre von der Integrationslehre dadurch abzugrenzen, dass über die Integration hinaus eine aktive Organisationsleistung erforderlich sei. Er formuliert: „Niemals aber ergibt die relative natürliche oder kultürliche Einheitlichkeit der Gebietsbewohner an sich schon die Einheit des Staates. Diese ist letztlich immer nur als das Ergebnis bewusster menschlicher Tat, bewusster Einheitsbildung, als Organisation zu begreifen."[433] Vermeintlich bestätigt wird diese Differenz durch *Smend*, der die Verfassung als die „gesetzliche Normierung einzelner Seiten dieses [Integrations-]Prozesses" sieht, in Abgrenzung zu der herrschenden Lehre, die die Staatsverfassung als „die Rechtssätze über die obersten Staatsorgane, ihre Bildung, gegenseitiges Verhältnis und Zuständigkeit und die grundsätzliche Stellung des Einzelnen zur Staatsgewalt" definiert.[434]

Diese vermeintliche Differenz zu *Smend* lässt sich jedoch widerlegen:[435] So macht *Heller* das Ungenügen sachlicher und funktioneller Integrationsfaktoren zur Bildung eines Staates deutlich und fordert weiter einen tatsächlichen Organisationsakt. Mit der Sprache *Smends* ist dies jedoch nichts anderes als die persönliche Integration durch staatliche Organe oder wie *Bartlsperger* formuliert: „Die Theorie *Hellers* von der Organisationseinheit [rennt] genau die Türen ein[...], die die Integrationslehre bereits geöffnet hat. Denn *Smend* tut in seiner Lehre von der Einheit des Integrationssystems ausführlich dar, daß die drei Integrationstypen überhaupt nur begrifflich getrennt werden können, in der Realität aber stets verbunden vorkommen."[436]

Bestätigt wird der Befund schließlich durch *Smend* selbst, welcher später ausführt, die Verfassung sei „nicht *nur* als ein Organisationsstatut zu verstehen, das den Staat organisiert und zu seinen aufgegebenen Tätigkeiten ermächtigt und

---

aus, BVerfG, Urt. v. 18.12.1953 – 1 BvL 106/53 = BVerfGE 3, 225 (232); BVerfG, Beschl. v. 14.02.1968 – 2 BvR 557/62 = BVerfGE 23, 98 (106).
[431] Vgl. nur *Heller*, Staatslehre, 4. Aufl. 1970, S. 228 ff.; keine Differenzierung auch bei *Sauer*, Jurisdiktionskonflikte, 2008, S. 379.
[432] Vgl. *Bartlsperger*, Die Integrationslehre, 1964, S. 120.
[433] *Heller*, Staatslehre, 4. Aufl. 1970, S. 230.
[434] *Smend*, Verfassung und Verfassungsrecht (1928), in: ders., Staatsrechtliche Abhandlungen, 3. Aufl. 1994, S. 119 (189) mit Nachweis zur h.M. (S. 187).
[435] Zu demselben Ergebnis kommt *Bartlsperger*, Die Integrationslehre, 1964, S. 121 hinsichtlich des allgemeinen Verhältnisses zwischen Integrationslehre und organisierter Einheitsbildung.
[436] Vgl. *Bartlsperger*, Die Integrationslehre, 1964, S. 121.

verpflichtet, sondern *zugleich* als eine Lebensform seiner Angehörigen, die er an seinem Leben beteiligt [...]."[437] Die Integrationslehre ist also nicht so zu verstehen, dass das Moment der Organisation aus der Staatslehre hinausfällt,[438] sondern diesem lediglich keine zentrale, konstitutive Bedeutung zukommt. Deren Betonung stellt gleichwohl eine Stärke der Lehre *Hellers* gegenüber der Lehre *Smends* dar.

Auch die Smend-Rezeption unter dem Grundgesetz schlägt einen mit *Heller* vergleichbaren Pfad ein, indem sie die bewusste Integrationshandlung und die gestaltende Tätigkeit in den Vordergrund stellt.[439] *Scheuner* sieht beispielsweise den Staat insofern als geistigen Lebensprozess an, als in ihm „bewußtes menschliches Handeln einer Kollektiveinheit [...] zu einheitlichem Wirken vereinigt" wird.[440] Die Integrationslehre wurde demnach auf eine Weise fortentwickelt, welche sie der Lehre *Hellers* näher bringt und gegebenenfalls bestehende Unterschiede weiter einebnet.[441]

Damit bleibt festzuhalten, dass – ungeachtet möglicher weiterer für diese Untersuchung unbeachtlicher Unterschiede zwischen den beiden Lehren – (insbesondere funktioneller) Integration und organisierter Einheitsbildung in dem hier relevanten Zusammenhang dieselbe Aufgabe zukommt. Obgleich dies nicht *Hellers* Ziel war, besteht sein Verdienst im Rahmen der hier untersuchten Materie darin, die Erkenntnisse *Smends* zu ergänzen, insbesondere die Bedeutung des Organisationsaktes herauszustellen. Somit bedient sich die vorliegende Arbeit im Folgenden des Begriffes der Integration, u.a. unter Einbeziehung der Erkenntnisse *Hellers* und unter den geänderten Bedingungen des Grundgesetzes.[442]

ee. Zwischenergebnis

Somit stellt die Integrationslehre ein tragendes Fundament der Bundestreue dar, welches den Zusammenhang zwischen der Treue und dem Wesen des Bundesstaates verdeutlicht, indem sie die die Dynamik der Einheitsbildung der Bundesländer zu einem Ganzen erklärt.

---

[437] *Smend*, Integration (1987), in: Evangelisches Staatslexikon, 3. Aufl. 1987, Sp. 1357, ohne Hervorhebung im Original.
[438] So jedoch *Korioth*, Integration und Bundesstaat, 1990, S. 154.
[439] *Korioth*, Integration und Bundesstaat, 1990, S. 285 f.
[440] *Scheuner*, in: FS Smend, 1952, S. 253 (271).
[441] Vgl. hierzu *Lepsius*, in: Gusy, Weimars lange Schatten, 2003, S. 354 (367).
[442] Vgl. allgemein zu zweiterem *Dreier*, in: FS Schneider, 2008, S. 70 (76 ff.).

e. Treu und Glauben

Schließlich findet sich noch die Herleitung über den Grundsatz von Treu und Glauben[443], welche sich insbesondere aufgrund des Werks *Bauers* zur Bundestreue[444] großer Beliebtheit erfreut, auf welches auch regelmäßig Bezug genommen wird.[445] Historisch wurde der Grundsatz bereits von *Smend* zur Herleitung des Grundsatzes des bundesfreundlichen Verhaltens fruchtbar gemacht[446] sowie synonym zu dem Begriff des bundesfreundlichen Verhaltens der Begriff der „bundesstaatlichen bona fides" verwendet.[447] Auch die Literatur der Bundesrepublik erkannte teils wenigstens Parallelen zwischen Bundestreue und Treu und Glauben,[448] teils wird sogar darüber hinausgegangen, indem der Grundsatz explizit als Ausprägung von Treu und Glauben gesehen wird.[449]

Die Wurzeln des Grundsatzes von Treu und Glauben gehen bis in die Antike zurück und kommen ursprünglich aus dem Zivilrecht.[450] Durch seine lange Historie hat er sich allerdings zu einem allgemeinen Rechtsgrundsatz weiterentwickelt, der über seinen Anwendungsbereich im deutschen Zivilrecht hinaus nicht nur in anderen Rechtsordnungen, beispielsweise im Völkerrecht[451] (insb. Art. 26 WVRK) und dem EU-Recht[452] sowie der Sache nach in nahezu allen europäischen Rechtsordnungen[453], sondern auch auf anderen Rechtsgebieten beach-

---

[443] So z.B. *Bauer,* Die Bundestreue, 1992, S. 243 ff.; *Deja,* Besoldung und Versorgung, 2012, S. 221; *Lorz,* Interorganrespekt, 2001, S. 25 ff.; *Pleyer,* Föderative Gleichheit, 2005, S. 327; *Sachs,* in: Sachs GG, Art. 20 Rn. 68.
[444] *Bauer,* Die Bundestreue, 1992.
[445] So beispielsweise bei *Lorz,* Interorganrespekt, 2001, S. 26.
[446] *Smend,* Ungeschriebenes Verfassungsrecht (1916), in: ders., Staatsrechtliche Abhandlungen, 3. Aufl. 1994, S. 39 (51).
[447] *Smend,* Verfassung und Verfassungsrecht (1928), in: ders., Staatsrechtliche Abhandlungen, 3. Aufl. 1994, S. 119 (272).
[448] *Bauer,* Die Bundestreue, 1992, S. 243 f.; *Bayer,* Die Bundestreue, 1961, S. 48; *Kössler,* Die Bundestreue der Länder, 1960, S. 1, 80; *Schröcker,* Der Staat 5 (1966), 315 (334 f.); *Weber,* Die Gegenwartslage des deutschen Föderalismus, 1966, S. 33 f.
[449] *Bauer,* Die Bundestreue, 1992, S. 243 ff.; *v. Kempis,* Die Treuepflicht von Gemeinden und Staat, 1970, S. 107 ff., 114 ff.; *Wipfelder,* VBlBW 1982, 394 (396) „aus dem grundgedanken des § 242 BGB" unter Zugrundelegung weiterer Rechtsquellen zur Stützung des Prinzips, z.B. des Verfassungsgewohnheitsrechts; a.A. *Fuß,* DÖV 1964, 37 (37 f.).
[450] Der Grundsatz geht auf die Grundkategorien „bona fides" und „aequitas" aus dem römischen Recht zurück, *Schubert,* in: MüKo BGB, § 242 Rn. 32.
[451] S. exemplarisch nur BVerfG, Beschl. v. 15.12.2015 – 2 BvL 1/12 = BVerfGE 141, 1 (25); *Graf Vitzthum,* in: Graf Vitzthum/Proelß, Völkerrecht, 8. Aufl. 2019, S. 26, 56, 65.
[452] S. hierzu beispielsweise *Brühann,* in: v. d. Groeben/Schwarze/Hatje, Art. 16 AEUV Rn. 52; *Lorz,* Interorganrespekt, 2001, S. 75 ff.; Niederschlag auch in diversen Verträgen, z.B. in Art. 5 Abs. 1 des Abkommens über den Austritt des Vereinigten Königreichs Großbritannien und Nordirland aus der Europäischen Union und der Europäischen Atomgemeinschaft v. 31.01.2020, ABl. L 29 S. 7.
[453] S. nur *Looschelders/Olzen,* in: Staudinger BGB, § 242 Rn. 1160; *Mansel,* in: Jauernig BGB, § 242 Rn. 1; für die Schweiz z.B. *Egli,* Die Bundestreue, 2010, S. 10.

tet werden muss.[454] So ist dieser auch im öffentlichen Recht einzuhalten,[455] auch wenn es um die Ausgestaltung gegenseitiger Rücksichtnahmepflichten zwischen gleichberechtigten Hoheitsträgern geht.[456] Spezieller ist das Prinzip auch im Staats- und Verfassungsrecht grundsätzlich anerkannt.[457] Es findet seine Anwendung damit gerade auch in dem Bereich zwischen Bund und Ländern.[458]

Für eine Herleitung der Bundestreue über den Grundsatz von Treu und Glauben sprächen insbesondere die Solidität und Klarheit der Rechtsgrundlage sowie die Parallelität wesentlicher Ausprägungen und Beschränkungen der Grundsätze (Rechtsausübungsschranke,[459] ergänzende Handlungs- und Unterlassungspflichten,[460] der Grundsatz „pacta sunt servanda"[461] und dessen Einschränkung durch die „clausula rebus sic stantibus",[462] Akzessorietät und Subsidiarität[463] sowie Ergänzungs- und Lückenfüllungsfunktion).[464]

Was das Geltungsbedürfnis und die Rechtsquellenfrage unter dem Grundgesetz angeht, bieten sich für eine Herleitung der Bundestreue über den Grundsatz von Treu und Glauben mehrere Ansätze an: Häufig wird der Grundsatz von

---

[454] Für eine Geltung für Geltung über die gesamte Rechtsordnung hinweg BFH, Urt. v. 22.05.1984 – VIII R 60/79 = BFHE 141, 211 (219); BFH, Urt. v. 22.04.1986 – VIII R 171/83 = NVwZ-RR 1988, 58 (59); *Bauer*, Die Bundestreue, 1992, S. 245.
[455] BVerfGE 59, 128 (167) = NJW 1983, 103 (107); BVerwG, Urt. v. 20.03.2014 – 4 C 11/13 = BVerwGE 149, 211 (221); OVG NRW, Urt. v. 17.11.1983 – 4 A 1791/82 = NVwZ 1985, 118 (119); SaarlOVG, Beschl. v. 08.06.2022 – 1 B 30/22 = BeckRS 2022, 13029, Rn. 32; *Bauer*, Die Bundestreue, 1992, S. 246 m.w.N.; *Christonakis*, Das verwaltungsprozessuale Rechtsschutzinteresse, 2004, S. 101; *Kähler*, in: beck-online.GROSSKOMMENTAR, § 242 Rn. 128; *Larenz*, Richtiges Recht, 1979, S. 85; *Lorz*, Interorganrespekt, 2001, S. 26; *Weigert*, BayVBl. 1978, 597 (598); rechtsvergleichend entfaltet der Grundsatz von Treu und Glauben auch in der Schweiz gerade zwischen Staatsorganen Geltung, Art. 5 Abs. 3 BV (Schweiz), vgl. dazu *Rhinow/Schefer/Uebersax*, Schweizerisches Verfassungsrecht, Rn. 1990 f.
[456] *Bauer*, Die Bundestreue, 1992, S. 247 m.w.N.; *Lorz*, Interorganrespekt, 2001, S. 26.
[457] *v. Kempis*, Die Treuepflicht zwischen Gemeinden und Staat, 1970, S. 114 m.w.N.; *Maurer*, in: Isensee/Kirchhof, HdbStR IV, 3. Aufl. 2006, § 79 Rn. 98; *Schubert*, in: MüKo BGB, § 242 Rn. 69; *Weber*, in: Staudinger BGB, 11. Aufl. 1961, Bd. 2, Teil 1b, Rn. A 66 zu § 242 BGB m.w.N., zit. nach *Bauer*, Die Bundestreue, 1992, S. 247, Fn. 100; ausführlich *Müller-Grune*, Der Grundsatz von Treu und Glauben, 2006, S. 5 ff. m.w.N.; a.A. spezifisch mit Bezug zur Bundestreue *Fuß* DÖV 1964, 37 (37 f.); kritisch auch *Depenheuer*, Die Verwaltung 28 (1995), 117 (118); *Jestaedt*, in: Isensee/Kirchhof, HdbStR II, 3. Aufl. 2004, § 29 Fn. 358.
[458] *Bauer*, Die Bundestreue, 1992, S. 247 m.w.N.
[459] S. hierzu unten C.I.4.b.
[460] S. hierzu unten C.I.4.c.
[461] *Bauer*, Die Bundestreue, 1992, S. 361, 363 m.w.N.; a.A. wohl *Sachs*, in: Sachs GG, Art. 20 Rn. 72; kritisch auch *Schneider*, VVDStRL 19 (1961), 1 (15 ff.).
[462] BVerfG, Urt. v. 30.01.1973 – 2 BvH 1/72 = BVerfGE 34, 216 (232); *Bauer*, Die Bundestreue, 1992, S. 362, 364 ff. m.w.N.; *Sachs*, in: Sachs GG, Art. 20 Rn. 72.
[463] S. dazu unten C.I.3.b.cc. und dd.
[464] *Bauer*, Die Bundestreue, 1992, S. 248.

Treu und Glauben über das Rechtsstaatsprinzip hergeleitet.[465] Dem stehen gegebenenfalls dieselben Bedenken gegenüber, die zuvor bereits gegen eine unmittelbare Heranziehung des Rechtsstaatsprinzips zur Herleitung der Bundestreue angebracht wurden.[466] Alternativ kann die Geltung von Treu und Glauben im Verfassungsrecht darin gesehen werden, dass dem Prinzip als allgemeiner Rechtsgrundsatz unmittelbar selbst Rechtsquellencharakter innewohne. Dies setzt voraus, dass man allgemeinen Rechtsgrundsätzen an sich bereits Rechtsquellencharakter zuspricht.[467] Weiter ist der Weg über mitgesetztes Recht denkbar. Von vorneherein nicht überzeugend ist die analoge oder entsprechende Heranziehung des § 242 BGB sowie ggf. anderer zivilrechtlicher Vorschriften,[468] da das einfache Recht kein Verfassungsrecht schaffen kann.

Der Ansatz, allgemeine Rechtsgrundsätze als Rechtsquelle zu identifizieren, wurde insbesondere durch *H. J. Wolff*[469], *P. Liver*[470] und *H. Huber*[471] entwickelt.[472] Allgemeine Rechtsgrundsätze zeichneten sich nach *Wolff* dadurch aus, dass sie „Ableitungen aus dem Rechtsprinzip hinsichtlich solcher allgemeinen und typischen Situationen und Interessenlagen, die lediglich bedingt sind durch die Existenz einer Vielheit von Menschen" seien.[473] Ihren Charakter als Rechtsquelle sollen sie nach dieser Herleitung dadurch erlangen, dass sie eine zeitliche und volkliche Konstanz aufweisen, sodass sie Voraussetzungen einer Rechtsordnung überhaupt, sozusagen der ethische Mindestgehalt und das normative Fundament einer Rechtsordnung seien.[474]

Liver begründet die Ansicht im Wesentlichen auf der Grundlage der sog. opinio iuris – der gemeinsamen Rechtsüberzeugung.[475] Diese stehe auf zwei Säulen:

---

[465] BVerwG, Urt. v. 20.03.2014 – 4 C 11/13 = BVerwGE 149, 211 (221); *Wolff/Bachof/Stober/Kluth*, Verwaltungsrecht I, 13. Aufl. 2017, § 25 Rn. 4; *Schubert*, in: MüKo BGB, § 242 Rn. 69; *Wagner*, in: BeckOK AO, § 5 Rn. 96; *Maurer*, in: Isensee/Kirchhof, HdbStR IV, 3. Aufl. 2006, § 79 Rn. 98; *Wolff*, in: Stern/Sodan/Möstl, Staatsrecht Bd. 1, 2. Aufl. 2022, § 15 Rn. 283.
[466] S. oben C.I.1.c.
[467] Zu dieser Frage *Wolff*, Ungeschriebenes Verfassungsrecht, 2000, S. 146 ff. m.w.N.
[468] *Bauer*, Die Bundestreue, 1992, S. 245 f. Fn. 103; so aber *Sutschet*, in: BeckOK BGB, § 242 Rn. 11; unter Ausklammerung der Bindung des Gesetzgebers *Schubert*, in: MüKo BGB, § 242 Rn. 67 ff.; in erster Linie für das Verwaltungsrecht *Müller-Grune*, Der Grundsatz von Treu und Glauben, 2006, S. 168.
[469] *H. J. Wolff*, in: GS W. Jellinek, 1955, S. 33 ff.
[470] *Liver*, in: FS für den Schweizerischen Juristenverein, 1955, S. 1.
[471] *Huber*, in: FG für den Schweizer Juristenverein, 1955, S. 95 ff.
[472] Zusammenfassend zu den Entwicklungen *Wolff*, Ungeschriebenes Verfassungsrecht, 2000, S. 146 ff.
[473] *H. J. Wolff*, in: GS W. Jellinek, 1955, S. 33 (39).
[474] *H. J. Wolff*, in: GS W. Jellinek, 1955, S. 33 (39 f.).
[475] *Liver*, in: FS für den Schweizerischen Juristenverein, 1955, S. 1 (26); vgl. hierzu auch *Wolff*, Ungeschriebenes Verfassungsrecht, 2000, S. 149.

Zum einen der Rechtsordnung immanente Prinzipien, zum anderen politische und soziale Entscheidungen.[476]

Im Ergebnis ist die Qualifizierung der allgemeinen Rechtsgrundsätze als Rechtsquelle jedoch nicht überzeugend. Insbesondere die folgenden Argumente sprechen dagegen: Erstens sind sie nicht ausreichend belegt, zweitens verdrehten sie das Verhältnis zwischen geschriebenem und ungeschriebenem Recht teils in das Gegenteil, sodass das ungeschriebene Recht Vorrang vor dem geschriebenen Recht entfalten würde, und drittens sind sie nicht hinreichend von der Rechtsgewinnung aus dem Verfassungstext unterscheidbar.[477]

H. J. Wolff stellt fest, dass die allgemeinen Rechtsgrundsätze oft unbewusst das Grundgerüst jeder Rechtsordnung darstellen.[478] Obgleich er an dieser Stelle unternimmt, diese als Rechtsquelle zu etablieren, führt die Feststellung bei Lichte betrachtet allerdings auf einen anderen Pfad: Recht, welches derart fundamental ist und folglich als selbstverständlich empfunden wird, dass der Verfassungsgeber nicht einmal in Erwägung zieht, eine explizite, geschriebene Regelung zu treffen, ist nach überzeugender Ansicht als mitgesetztes Recht zu qualifizieren.[479] Als solches ist der lange etablierte Grundsatz von Treu und Glauben im Verfassungsrecht des Grundgesetzes einzuordnen.[480]

f. Kombinationsansatz

In vielen Punkten zeigt sich, dass einzelne Herleitungsansätze nicht ausreichend sind, um den Grundsatz der Bundestreue zu begründen. Dies zeigt sich einerseits technisch daran, dass bestimmte Ergebnisse anhand eines einzelnen Herleitungsstranges nicht standsicher erklärt werden können, andererseits anhand zahlreicher Überschneidungen, beispielsweise die Verknüpfung der geschriebenen Kompetenzordnung mit dem Grundsatz von Treu und Glauben oder dem Bundesstaatsprinzip oder das Bundesstaatsprinzip selbst mit Treu und Glauben.[481] Dies zeigt, dass diverse Argumentationsmuster nicht auf einzelne Ansätze beschränkt sind, sondern vielmehr unterschiedliche Seiten derselben Medaille darstellen.

---

[476] *Liver*, in: FS für den Schweizerischen Juristenverein, 1955, S. 1 ff. (26 ff.); vgl. hierzu auch *Wolff*, Ungeschriebenes Verfassungsrecht, 2000, S. 149.
[477] Vgl. *Wolff*, Ungeschriebenes Verfassungsrecht, 2000, S. 150 ff.
[478] *H. J. Wolff*, in: GS W. Jellinek, 1955, S. 33 (40).
[479] Vgl. *Wolff*, Ungeschriebenes Verfassungsrecht, 2000, S. 383.
[480] So wohl auch *Wolff*, Ungeschriebenes Verfassungsrecht, 2000, S. 150 ff. i.V.m. 382 f., 388 ff. und 404 ff.
[481] Vgl. *Depenheuer*, Die Verwaltung 28 (1995), 117 (117 f.).

Zwar findet sich im Rahmen der Literatur zum Zwecke der Klarheit häufig die Bemühung, die Herleitung (vermeintlich) auf nur einen der Pfeiler zu stützen.[482] Dies bringt jedoch den Nachteil mit sich, dass man entweder nicht die volle Tiefe des Prinzips der Bundestreue erfassen kann oder die jeweils ausgeschiedenen Begründungsansätze doch wieder hilfsweise als Stützen über die Hintertüre einbringen muss. Wer beispielsweise *Smend* als Begründer der Bundestreue sieht, kann dies kaum behaupten, ohne die Integrationslehre oder einen anderen Bezugspunkt zu tatsächlichen Anforderungen an das Funktionieren des Staates jedenfalls in Ansätzen zur Begründung einfließen zu lassen. So konstatiert *Schenke* in Bezug auf das Schwesterprinzip zur Bundestreue – der Verfassungsorgantreue – zutreffend, dieses erhalte – vermeintlich im Unterschied zu Treu und Glauben[483] – sein besonderes Gepräge und seine Ausformungen erst durch den ihn steuernden Gedanken der staatlichen Integration.[484]

Sieht man die Bundestreue als bereichsspezifische Ausprägung von Treu und Glauben, ergibt sich die Folgefrage, worin die Bereichsspezifität liegen soll. Diese lässt sich nur beantworten, indem man den fraglichen Bereich tatsächlich spezifiziert.[485] Um die Bundestreue richtig zu erfassen, ist deshalb zunächst danach zu fragen, wie der Bundesstaat ausgestaltet ist, und inzident, welches Bild des „Staates" dem Bundesstaat zugrunde liegt. Somit haben zumindest das Bundesstaatsprinzip bzw. die bundesstaatliche Ordnung des Grundgesetzes in die Begründung mit einzufließen.[486]

Zudem gehen richtungsweisende Antworten auf die Grundfragen im Staatsrecht bis in den Weimarer Richtungsstreit zurück und wurden aus diesem heraus entwickelt.[487] Zieht man aus der Denkweise unterschiedlicher Schulen seine Schlüsse, mag man zu unterschiedlichen Ergebnissen gelangen, welche Loyalitätspflichten der Staat des Grundgesetzes zulässt oder nicht zulässt.

Nach dem Zweiten Weltkrieg und unter dem Grundgesetz wurden insbesondere die folgenden Erkenntnisse gewonnen: Zum einen ist der Staat zu komplex, um

---

[482] Deutlich wird dies beispielsweise bei *Bauer,* Die Bundestreue, 1992, S. 247 Fn. 101; kritisch hierzu auch *Depenheuer,* Die Verwaltung 28 (1995), 117 (117 f.).
[483] Vgl. hierzu unten C.I.1.f.
[484] *Schenke,* Die Verfassungsorgantreue, 1977, S. 49, auch wenn letztlich an dieser Stelle zu Treu und Glauben abgegrenzt wird und folglich der Schritt, eine Brücke zwischen den Herleitungen zu schlagen, verpasst wird; ähnlich hinsichtlich der Gewaltentreue *Koepsell,* Exekutiver Ungehorsam, 2023, S. 37 f.
[485] Besonders bezeichnend hierfür ist die Formulierung: „Treu und Glauben in *bundesstaatsspezifischer* Ausprägung", *Bauer,* in: Dreier GG, Art. 20 (Bundesstaat) Rn. 46.
[486] Vgl. auch *Depenheuer,* Die Verwaltung 28 (1995), 117 (118).
[487] Allgemein hierzu *Geis,* JuS 1989, 91; *Lepsius,* in: Gusy, Weimars lange Schatten, 2003, S. 354 ff.

ihn mit einer einzigen Lehre zu erklären.[488] Zum anderen kann sich das Recht jedenfalls nicht in Gänze von dem Tatsächlichen frei machen, weshalb einem strengen Gesetzespositivismus mit der herrschenden Meinung unter dem Grundgesetz eine Absage erteilt wird.[489] Auch der Lehre Schmitts, welcher als Kronjurist der Nationalsozialisten gilt,[490] soll nach den Erfahrungen aus der NS-Diktatur keine Folge geleistet werden.[491] In Bezug auf die Entstehung und das Wesen des Staates verbleiben damit im Wesentlichen die nach *Smend* fortentwickelte Integrationslehre sowie der Ansatz *Hellers*.[492] Somit führt die Bereichsspezifität in zwei Richtungen: Erstens zu der Frage nach grundlegenden Überzeugungen vom Wesen und dem Gehalt des (Bundes-)Staates,[493] welche allein durch Deduktion aus dem Normtext der Verfassung nicht erschließbar sind,[494] zweitens zu der konkreten Frage nach Entscheidungen der Verfassung hinsichtlich der Kompetenzverteilung im Bundesstaat.

Aus der Entscheidung für die Gliederung in Bund und Länder alleine ergeben sich noch keine handfesten Aussagen hinsichtlich möglicher Loyalitätspflichten, welche insbesondere durch ein Gericht festgestellt werden könnten. Mehr Aufschluss ergibt – wie dargestellt – eine Gesamtschau des Kompetenzsystems. Auch bei Heranziehung diverser Normen, fehlt jedoch noch Substanz, die den Sprung zu einem derart übergreifenden und prägenden Prinzip zulässt. Dieser ist erst möglich, wenn das gemeinsame dahinterstehende Telos, welches in der dem Staat vorausliegenden Notwendigkeit der Einheitsbildung bzw. der gesellschaftlichen Integration liegt, aus den jeweiligen Normen herausdestilliert.[495] Dieser Aspekt mag im Rahmen der Bundestreue offenbar noch ignoriert werden

---

[488] Vgl. nur *Möstl*, in: Stern/Sodan/Möstl, Staatsrecht Bd. 1, 2. Aufl. 2022, § 1 Rn. 5.
[489] BVerfG, Beschl. v. 14.02.1973 – 1 BvR 112/65 = BVerfGE 34, 269 (286 f.); *Achterberg*, Die Rechtsordnung als Rechtsverhältnisordnung, 1982, S. 55 f.; *Möstl*, in: Stern/Sodan/Möstl, Staatsrecht Bd. 1, 2. Aufl. 2022, § 1 Rn. 5; *Wolff*, Ungeschriebenes Verfassungsrecht, 2000, S. 298; vgl. auch *Larenz/Canaris*, Methodenlehre, 3. Aufl. 1995, S. 236 ff.
[490] *Rüthers*, NJW 2000, 2866 (2868 f.).
[491] Vgl. *Geis*, JuS 1989, 91 (94); *Michael*, in: Stern/Sodan/Möstl, Staatsrecht Bd. 1, 2. Aufl. 2022, § 3 Rn. 38; *Rückert*, NJW 1995, 1251 (1252, 1259); *Schmitt* selbst spricht von der Legalität als vergifteter Waffe, *Schmitt*, Die Lage der europäischen Rechtswissenschaft, 1950, S. 32.
[492] Wobei richtigerweise und auch mit der ganz herrschenden Meinung diverse Elemente anderer Lehren ihren Platz in der Staats- und Verfassungsrechtswissenschaft haben, vgl. hierzu *Lepsius*, in: Gusy: Weimars lange Schatten, 2003, S. 354 (372 ff.). Die Integrationslehre bedarf unter dem Grundgesetz einiger wesentlicher Modifikationen, s. oben B.II., C.I.1.d.dd. sowie unten C.III.1.a.
[493] Zur Notwendigkeit der Bildung des Bundesstaatsbegriffes aus dem Staatsbegriff *Ermacora*, Allgemeine Staatslehre, Bd. 2, 1970, S. 646; zustimmend *Tsatsos*, EuGRZ 1995, 287 (291).
[494] *Depenheuer*, Die Verwaltung 28 (1995), 117 (118).
[495] Vgl. auch *Depenheuer,* Die Verwaltung 28 (1995), 117 (118); *Koepsell*, Exekutiver Ungehorsam, 2023, S. 37 f.; *Unruh*, EuR 2002, 41 (53 f.).

können, da er im Rahmen eines Bundesstaates derart auf der Hand liegt, dass man ihn mit einem Verweis auf das „Wesen" des Bundesstaates noch abzuhandeln vermag – und schon dort führte dieses Vorgehen zu Kritik[496]. Spätestens im Rahmen anderer Loyalitätspflichten – so viel sei bereits vorweggenommen – ist ein solcher Sprung nicht ohne Weiteres zu wagen. Für sich genommen sind damit sowohl der Grundsatz von Treu und Glauben als auch das Bundesstaatsprinzip unzureichend, um die Bundestreue befriedigend zu erklären. Der Gedanke der Einheitsbildung und die Anknüpfung an die Wirklichkeit des Bundesstaates[497] sind nicht hinwegzudenken.

Umgekehrt ist das Bundesstaatsprinzip, selbst wenn man nominell eine andere Herleitung befürwortet, unumgänglich für die Statuierung des Grundsatzes. Dies wird dadurch deutlich, dass die Entscheidung regelmäßig zugunsten eines einzelnen Herleitungsansatzes getroffen wird, aber bei der Begründung dennoch nicht von Erfordernissen des Bundesstaatsprinzips losgelöst werden können.[498]

Es ist zwar nicht unvertretbar, die Herleitung auf nur einen Ansatz zu stützen. Allerdings geht damit das Risiko des Verlusts an Genauigkeit bei der Anwendung der Bundestreue im Einzelfall einher. Denn die jeweiligen Begründungsansätze können in verschiedenen Einzelfällen eine unterschiedlich starke Relevanz aufweisen, was dazu führt, dass unterschiedliche Ergebnisse produziert werden. Beispielsweise müsste man unter einseitiger Heranziehung von Treu und Glauben den tu-quoque-Einwand – wie im Zivilrecht[499] – auch bei der Bundestreue gelten lassen. Dies wird jedoch einhellig abgelehnt,[500] was man womöglich mit einer Argumentation am Bundesstaatsprinzip[501] begründen könnte. Wesentlich überzeugender lässt sich dieses Ergebnis allerdings am Integrationsgedanken festmachen. Stützt sich die Bundestreue nur auf einen Herleitungsaspekt, dürfte man allein aufgrund des Judiz wohl trotzdem regelmäßig

---

[496] Vgl. oben B.II.1.b.
[497] *Depenheuer,* Die Verwaltung 28 (1995), 117 (118).
[498] Beispielsweise bei *Bauer,* Die Bundestreue, 1992, S. 260 f. – „Wechselbeziehung" und „Einbindung"; *Bauer,* in: Dreier GG, Art. 20 (Bundesstaat) Rn. 46 – „Treu und Glauben in *bundesstaatsspezifischer* Ausprägung".
[499] S. nur BGH, Urt. v. 28.09.1984 – V ZR 43/83 = NJW 1985, 266 (267); BGH, Urt. v. 13.11.1998 – V ZR 386/97 = NJW 1999, 352 (352 f.); *Emmerich,* in: MüKo BGB, § 320 Rn. 42; *Kähler,* in: BeckOGK BGB, § 242 Rn. 482 ff.; *Lorenz,* JuS 1972, 311 ff.; *Mansel,* in: Jauernig BGB, § 242 Rn. 47; *Schubert,* in: MüKo BGB, § 242 Rn. 414 f.
[500] *Bauer,* Die Bundestreue, 1992, S. 337 f.; *Bauer,* in: Dreier GG, Art. 20 (Bundesstaat) Rn. 48; *Geiger,* in: Süsterhenn, Föderalistische Ordnung, 1961, S. 113 (124 f.); *Sachs,* in: Sachs GG, Art. 20 Rn. 69; *Sommermann,* in: v. Mangoldt/Klein/Starck GG, Art. 20 Rn. 38; *Stern,* StaatsR Bd. 1, 2. Aufl. 1984, S. 702; a.A. noch *Bayer,* Die Bundestreue, 1961. S. 67 ff.
[501] So z.B. *Bauer,* Die Bundestreue, 1992, S. 338.

zum selben Ergebnis kommen können, kann sich aber nur einer hinkenden oder jedenfalls schwächeren Argumentation bedienen. Insofern hat ein offener Kombinationsansatz das Potential, jener der Bundestreue immanenten Dynamik gerecht zu werden und gleichzeitig die Ergebnisse vorhersehbarer zu machen.

Festzuhalten ist damit, dass die Bundestreue eine Ausprägung des Grundsatzes von Treu und Glauben ist, welche durch die Wechselwirkungen zwischen der Integration der bundesstaatlichen Gliederungen einerseits und der bundesstaatlichen Verteilung von Gewalt andererseits ihre bereichsspezifische Ausgestaltung erhält. Keiner der drei Säulen kommt hierbei ein derartiges Übergewicht zu, dass sie für sich genommen als die Herleitung der Bundestreue gelten kann.

2. Die Möglichkeit vielgestaltiger Darstellungsweisen

Die Bundestreue kann aus diversen Blickwinkeln betrachtet werden:

Erstens kann eine Konkretisierung unter dem Blickwinkel der Staatsfunktionen vorgenommen werden, d.h. die Wirkungsweise in den Bereichen der Gesetzgebung, Regierung und Verwaltung, Rechtspflege oder in auswärtigen Angelegenheiten betrachtet werden.[502] Auch eine Betrachtung von Einzelmaterien lässt sich regelmäßig finden, häufig in der Form einer Sammlung besonders relevanter Fallgruppen.[503]

Zweitens kann eine technische Differenzierung nach Handlungs- und Unterlassungspflichten,[504] als Auslegungsprinzip[505] oder als Rechtsausübungs- bzw. Missbrauchsschranke[506] vorgenommen werden. Die Grenzen zwischen den drei Dimensionen sind fließend.[507] So kann man beispielsweise die Beschränkung einer Kompetenznorm einerseits im Wege der teleologischen Reduktion unter den Begriff der Auslegung fassen, andererseits aber auch im Grundsatz der Bundestreue eine Kompetenzausübungsschranke sehen, welche der fraglichen Norm immanent ist. Ebenso kann darin eine Unterlassungspflicht gesehen werden, welche sich in einem Bereich findet, in dem rein vom Wortlaut ausgehend noch ein Recht zu aktivem Handeln bestehen könnte.

---

[502] So beispielsweise *Bauer*, Die Bundestreue, 1992, S. 326; *Hertl*, Die Treuepflicht der Länder, 1956, S. 23 ff., 31 ff., 41 ff., 79 ff.
[503] S. z.B. *Wittreck*, in: Härtel, Föderalismus Hdb. Bd. 1, 2012, S. 497 (511 ff.) m.w.N.
[504] S. nur *Grzeszick*, in: Dürig/Herzog/Scholz GG, Art. 20 IV. Rn. 137 ff.; in Form lediglich von Nebenpflichten *Bayer*, Die Bundestreue, 1961, S. 64 f. in engem Bezug zum Grundsatz von Treu und Glauben.
[505] Dazu *Bayer*, Die Bundestreue, 1961, S. 63 ff.; *Smend*, Ungeschriebenes Verfassungsrecht (1916), in: ders., Staatsrechtliche Abhandlungen, 3. Aufl. 1994, S. 39 (51).
[506] S. nur *Dederer*, in: Dürig/Herzog/Scholz GG, Art. 35 Rn. 100; in anschaulichem Zusammenhang mit dem Grundsatz von Treu und Glauben *Bayer*, Die Bundestreue, 1961, S. 65.
[507] *Bayer*, Die Bundestreue, 1961, S. 63 ff.; in Bezug auf die verwandte Verfassungsorgantreue *Schenke*, Die Verfassungsorgantreue, 1977, S. 46 ff.

Drittens kann differenziert werden nach der Art der Pflichten, die aus der Bundestreue erwachsen, beispielsweise Pflichten zum Zusammenwirken, wechselseitigen Rücksichtnahmepflichten und Pflichten zu wechselseitiger Hilfe.[508] Auch bei dieser Abgrenzung ist die Einordnung fließend und erhält im Lichte der Dynamik des Grundsatzes keine weitere Bedeutung.[509] Die zuvor definierten Gruppen sind deshalb keineswegs klar zugeschnitten und werden teils anders aufgeteilt, beispielsweise in Pflichten zur Rücksichtnahme, zum Beistand und zur Mitwirkung, insbesondere Anhörung und Information.[510] Ebenso zeigt diese Art der Systematisierung erneut auf, dass man jede Ausprägung der Bundestreue auch als Handlungs- oder Unterlassungspflicht im oben genannten Sinne einordnen kann, wodurch eine trennscharfe Einordnung in eine der Kategorien noch sinnloser erscheinen.

Einen Zweck haben die unterschiedlichen Kategorisierungen dennoch: Sie vermögen den Grundsatz der Bundestreue greifbar und anschaulich zu machen. Dies ist gerade bei einem solch dynamischen und damit schwer greifbaren Grundsatz von besonders hoher Bedeutung. So kann auch bei der Begründung und Anwendung im Einzelfall an die jeweiligen Fallgruppen bzw. Ausprägungen angeknüpft werden, um den Anwendungsrahmen und die Wirkweise der Bundestreue auszuloten und darzustellen.

3. Voraussetzungen

Über allgemeine Aussagen zu diversen Anwendungs- und Funktionsmodalitäten hinaus lassen sich jedoch auch genauere Aussagen treffen, in welchen Situationen die Bundestreue Anwendung findet. So lässt sich zunächst der Anwendungsbereich der Bundestreue zumindest in Ansätzen konkretisieren, wobei dieser nach der Natur des Prinzips dennoch vielseitig und schwer greifbar bleibt. Im Folgenden sollen die objektiven Voraussetzungen (a) und die Grenzen (b) der Bundestreue herausgearbeitet werden und sodann erörtert werden, inwiefern subjektive Elemente Relevanz entfalten (c).

a. Objektive Voraussetzungen

Zunächst soll eine Bestimmung der Adressaten der Bundestreue (aa) und im Anschluss daran die Erschließung der sachlichen Anwendungsvoraussetzungen (bb) vorgenommen werden.

---

[508] *Bauer,* Die Bundestreue, 1992, S. 326 m.w.N.
[509] Vgl. auch *Bauer,* Die Bundestreue, 1992, S. 326.
[510] So *Egli,* Die Bundestreue, 2010, passim, insb. S. 69 ff.; 97 ff.; 131 ff.

aa. Personeller Anwendungsbereich

Die Bundestreue beansprucht für das gesamte Bundesstaatsrecht Geltung, d.h. immer dann, wenn Bund und Länder oder Länder untereinander in einem Miteinander, Nebeneinander oder Gegeneinander in Beziehung stehen oder treten.[511] Die Bundestreue trat bereits früh als Treuepflicht der Länder gegenüber dem Bund in Erscheinung.[512] Anders als teils im Deutschen Reich von 1871 noch vertreten,[513] stellt sie nach heute einhelliger Ansicht kein Über-/Unterordnungsverhältnis i.S.e Gehorsamspflicht der Länder dar, mit der Konsequenz, dass der Bund auch gegenüber den Ländern verpflichtet ist.[514] Weiter stehen sich die Länder in einem Partnerschaftsverhältnis gegenüber und sind folglich auch untereinander zu bundesfreundlichem Verhalten verpflichtet.[515] Personell ist der Anwendungsbereich damit grundsätzlich leicht zu fassen. Verpflichtet und berechtigt sind der Bund und die Länder, unabhängig davon, welches Organ bzw. welche Untergliederung im konkreten Fall tätig wird. Keine Anwendung findet der Grundsatz der Bundestreue hingegen innerhalb des Bundes und der Länder oder für die Gemeinden.[516] Schwierigkeiten bezüglich des Anwendungsbereiches und der Abgrenzung zum Anwendungsbereich anderer Loyalitätspflichten ergeben sich allenfalls in Einzelfällen.

(1) Gerichte

Zu nennen sind an dieser Stelle insbesondere Fälle, in denen die Frage der Bindung der Gerichte an die Bundestreue aufkommt. Diese bezieht sich häufig auf die Konstellation des Nebeneinanders von Bundesverfassungsgericht und Landesverfassungsgerichten.[517] Jedoch tritt sie auch in sämtlichen anderen Konstellationen der Rechtsprechung im Verhältnis zwischen Bund und Ländern auf. Gegen eine Bindung wird teils die „Eigenart der Rechtsprechung" angeführt.[518]

---

[511] *Bauer,* Die Bundestreue, 1992, S. 327.
[512] S. oben B.I.1.
[513] Vgl. hierzu oben B.I.1.
[514] *Bayer,* Die Bundestreue, 1961, S. 58; kritisch mit Blick auf eine einseitige praktische Anwendung zu Lasten der Länder *Ossenbühl,* NVwZ 2003, 53.
[515] *Bayer,* Die Bundestreue, 1961, S. 59; *Robbers,* in: BK GG, Art. 20 Rn. 982; *Schunck,* SKV 1965, 5.
[516] BVerfG, Beschl. v. 27.04.1982 – 2 BvH 1/81 = BVerfGE 60, 319 (327); *Jarass,* in: Jarass/Pieroth GG, Art. 20 Rn. 26; *Robbers,* in: BK GG, Art. 20 Rn. 983; etwas zurückhaltender *Starski,* in: Kahl/Ludwigs, Hdb. Verwaltungsrecht, Bd. 3, 2022, § 79 Rn. 12 – eine unmittelbare Anwendung sei schwer vertretbar, eine mittelbare jedoch herleitbar.
[517] Vgl. dazu exemplarisch *Bauer,* Die Bundestreue, 1992, S. 331; *Kössler,* Die Bundestreue der Länder, 1960, S. 165 ff.
[518] *Bauer,* Die Bundestreue, 1992, S. 331.

Dennoch wird teils ein Restbereich – im Wesentlichen auf dem „organisatorischen Sektor" – eingeräumt, in dem die Bundestreue Anwendung finden könne.[519] Indes erscheint es technisch nicht korrekt, von einer „Sperrung"[520] des Grundsatzes zu sprechen. Zwar mag es faktisch richtig sein, dass die Bundestreue auf dem Gebiet der Rechtsprechung weniger Relevanz entfaltet. Die Gründe sind allerdings praktischer Natur. So liegt die „Eigenart" der Judikative darin, dass diese über einen ihr vorliegenden Fall entscheidet und dabei gemäß Art. 20 Abs. 3, 97 Abs. 1 GG nur an das Gesetz gebunden ist, d.h. vorrangig und allein das Gesetz der Grund richterlicher Erkenntnis sein darf.[521] So ist in dieser Konstellation im Kern meist nicht der kompetenzielle Schnittbereich von Gerichten auf der einen Seite (regelmäßig als Einrichtung eines Landes) und einer anderen Einrichtung des Bundes oder eines Landes auf der anderen Seite betroffen.

Dass dieser theoretisch jedoch auch durch eine Entscheidung betroffen sein könnte, zeigt sich, wenn man sich vorstellt, die Gerichte würden sich jeweils gezielt für die Auslegungsvariante entscheiden, die dem Zweck der Obstruktion des Bundes dient. Dass eine derartige Vorgehensweise nicht zulässig sein kann, ergibt sich nicht bloß aus Vernünftigkeitserwägungen, sondern klingt auch im Wortlaut des Art. 92 GG an, welcher davon spricht, dass die Rechtsprechung den Richtern „anvertraut" ist.[522] Aus dieser Formulierung lässt sich eine besondere Vertrauensstellung und erhöhte Verpflichtung auch gegenüber dem Staat ableiten.[523] Trifft ein Gericht eine Entscheidung contra legem, verstößt dies schon gegen die Bindung an Gesetz und Recht, womit es auf die Bundestreue nicht mehr entscheidend ankommt. Dies ändert gleichwohl nichts daran, dass die Bundestreue der Sache nach verletzt ist.

Die praktische Bedeutung von Loyalitätspflichten ist in diesem Anwendungsbereich allerdings dennoch nicht zu hoch.[524] Regelmäßig ist den Gerichten kein eigenes Ermessen eingeräumt.[525] Gerade bei Ermessensentscheidungen

---

[519] *Bauer,* Die Bundestreue, 1992, S. 331 f.
[520] Vgl. *Bauer,* Die Bundestreue, 1992, S. 331.
[521] *Wolff,* in: Hömig/Wolff GG, Art. 97 Rn. 8.
[522] Vgl. auch *Giese/Schunck,* Grundgesetz, Art. 92 Erl. II 4; *Stober,* Grundpflichten und Grundgesetz, 1979, S. 72 f.
[523] *Giese/Schunck,* Grundgesetz, Art. 92 Erl. II 4; *Stober,* Grundpflichten und Grundgesetz, 1979, S. 72 f.
[524] Vgl. *Bauer,* Die Bundestreue, 1992, S. 331 m.w.N.; diametral hierzu hingegen die Befassung mit der gerichtlichen Bindung i.R.d. Unionstreue, vgl. hierzu unten D.II.1. m.w.N.
[525] S.a. *Bayer,* Die Bundestreue, 1961, S. 62.

kommt jedoch der Bundestreue eine besondere Bedeutung zu.[526] Die Unabhängigkeit der Richter verhindert in einer Vielzahl an Fällen somit die Anwendung von Loyalitätspflichten gegenüber anderen staatlichen Untergliederungen.[527] Übrig bleibt dann im Wesentlichen der zuvor genannte Organisationsbereich der Gerichte, d.h. Fragen, welche die organisatorische Zusammenarbeit mit anderen Staatsteilen betreffen, insbesondere die Rechtshilfe gem. Art. 35 Abs. 1 GG oder die Kooperation in der Justizverwaltung und Gerichtsorganisation.[528] Darunter fallen beispielsweise Parallelverfahren, welche ein gewisses Maß an Abstimmung und Verständigung erfordern,[529] oder Konstellationen, die den Informationsaustausch betreffen.

Daneben besteht weiter die Frage der Abgrenzung zwischen der Anwendung von Bundes- und Verfassungsorgantreue[530] im Bereich der Judikative. Problematisch ist, dass dieselbe Streitigkeit im Laufe des Instanzenzugs zunächst typischerweise bei Gerichten der Länder liegt, sich gegebenenfalls jedoch letztlich an einem Bundesgericht wiederfinden kann. Die Bundestreue gilt, wie bereits ausgeführt zwischen Bund und Ländern, die Verfassungsorgantreue hingegen zwischen (Verfassungs-)Organen jeweils des Bundes oder der Länder untereinander.[531] Dies würde dazu führen, dass ein Streit, welcher nur Landesorgane eines Landes betrifft und damit allenfalls ein Fall der Landesverfassungsorgantreue darstellen würde, mit dem Sprung zu einem Bundesgericht zu einem Fall der Bundestreue werden könnte. Ein Fall vor Gerichten der Länder, in dem Bundesorgane beteiligt sind, könnte umgekehrt vom Anwendungsbereich der Bundestreue in denjenigen der Verfassungsorgantreue übergehen.

Eine Lösung, welche das Problem umgehen würde, könnte darin liegen, den Anwendungsbereich der Bundestreue u.a. im Einklang mit dem Bundesverwaltungsgericht auf sämtliche Träger öffentlicher Verwaltung zu erweitern.[532] Dadurch wäre stets ein Fall der Bundestreue einschlägig. Inwiefern der Verfas-

---

[526] *Bayer*, Die Bundestreue, 1961, S. 61 f., 70; vgl. auch *Denninger*, Staatsrecht, Bd. 2, 1979, S. 124; *Spanner*, DÖV 1961, 481 (482); der Zusammenhang wird bereits deutlich in StGH, Entsch. v. 25.10.1932 – 15/32 u.a., RGZ 138, Anh. S. 1 (11, 37 ff.); allgemeiner *Bryde*, VVDStRL 46 (1988), 181 (201).
[527] *Hertl*, Die Treuepflicht der Länder, 1956, S. 79; vgl. auch *Bayer*, Die Bundestreue, 1961, S. 62 Fn. 30.
[528] *Bauer*, Die Bundestreue, 1992, S. 331 f.
[529] *Bauer*, Die Bundestreue, 1992, S. 331; *Geiger*, in: FS Laforet, 1952, S. 251 (265 f.).
[530] S. hierzu unten C.I.3.a.aa.(2) und C.II.1.c.bb.(3).β.
[531] S. ausführlich zum personellen Anwendungsbereich der Verfassungsorgantreue unten C.II.2.a.aa.
[532] So BVerwG, Urt. v. 28.07.1989 – 7 C 65/88 = BVerwGE 82, 266 (268).

sungsorgantreue dann noch ein Anwendungsbereich verbliebe, ist fraglich.[533] Jedenfalls vermag dies aber nicht zu überzeugen. Wird die Bundestreue als solche auf sämtliche Hoheitsträger erweitert, würden wichtige Differenzierungslinien verwischt werden: Die Konsequenz wäre nämlich, dass intrapersonale Streitigkeiten, welche nicht das Bund-Länder-Verhältnis betreffen, auf das Bundesstaatsprinzip gestützt würden. Dies ist widersinnig.[534]

Alternativ stellt sich die Frage, inwiefern an dem Begriff der Bundestreue festgehalten werden soll und nicht stattdessen ein übergreifendes Loyalitätsgebot gemeint ist. Dann hätte die Bundestreue aber weiterhin eine Rolle als Ausprägung bzw. Subprinzip dessen. Mit der Begründung, dass ein intrapersonaler Sachverhalt sich nicht durch das Bundesstaatsprinzip lösen lässt, soll an dieser Stelle lediglich die Anwendung der Bundestreue im intrapersonalen Verhältnis abgelehnt werden und die Frage im Übrigen späteren Ausführungen vorbehalten bleiben.[535]

(2) Bundesrat

Eine weitere Frage des personellen Anwendungsbereichs der Bundestreue stellt sich mit Blick auf den Bundesrat. Teilweise werden Konstellationen, welche den Bundesrat und andere Organe betreffen, unter die Bundestreue subsumiert,[536] was insbesondere im älteren Schrifttum der damals schwachen Stellung des Grundsatzes der Verfassungsorgantreue geschuldet sein dürfte. Teilweise wird auch argumentiert, die Bundestreue sei in diesen Fällen einschlägig, da der Bundesrat nur eine „Mittlerstellung" einnehme.[537] Überzeugender erscheint es, den Bundesrat aufgrund seiner Konstituierung als Bundesorgan[538]

---

[533] In diese Richtung auch *Schuldei,* Die Pairing-Vereinbarung, 1997, S. 113 – „Die Verfassungsorgantreue kann auch keine besondere Ausprägung der Bundestreue sein".
[534] Konsequente Ablehnung der Bundestreue im intrapersonalen Bereich daher auch *Jarass,* in: Jarass/Pieroth GG, Art. 20 Rn. 26; a.A. BVerwG, Urt. v. 28.07.1989 – 7 C 65/88 = BVerwGE 82, 266 (268).
[535] S. dazu unten F.III.1.a.
[536] In der jüngeren Literatur beispielsweise *Wöhlert/Pfeuffer,* StuW 2021, 293 (295); ähnlich *Schürmann,* AöR 115 (1990), 45 (61 f.), welcher die Organtreue als besonderen Fall der Bundestreue ansieht.
[537] *Wöhlert/Pfeuffer,* StuW 2021, 293 (295).
[538] Heute unumstritten – so schreibt *Schüle,* in: FS Bilfinger, 1954, S. 441 (448): „Eines ist aber sicher, daß es sich bei dem Bundesrat um ein Bundesorgan handelt, und nur um ein solches"; s.a. BVerfG, Urt. v. 30.07.1958 – 2 BvF 3, 6/58 = BVerfGE 8, 104 (120); BVerfG, Urt. v. 18.12.2002 – 2 BvF 1/02 = BVerfGE 106, 310 (330); *Bayer,* Die Bundestreue, 1961, S. 80; *Schwerdtfeger,* in: v. Münch/Kunig GG, Art. 50 Rn. 14; ausführlich *Schäfer,* Der Bundesrat, S. 27 f.; im Gegensatz zum Bundesrat der RV, dem teils eine „Doppelnatur" zugeschrieben wurde, *Laband,* Das Staatsrecht des Deutschen Reiches, Bd. 1, 5. Aufl. 1911, S. 235; a.A. dagegen *Gierke,* in Schmollers Jahrbuch VII (1883), S. 1097 (1146), der den Bundesrat ausschließlich als Reichsorgan sah; wiederum a.A. *v. Seydel,* Commentar zur Verfassungs-Ur-

durch das Grundgesetz dem Bund zuzuordnen, obwohl er der Interessenvertretung der Länder auf Bundesebene dient. Deshalb gehören Treuefragen zwischen diesem und einem anderen Bundesorgan zu der Verfassungsorgantreue und nur solche zwischen dem Bundesrat und den Ländern zur Bundestreue, wobei der Bundesrat dann der Seite des Bundes zugerechnet werden muss.[539] Im Ergebnis läuft die Anwendung von Bundes- und Verfassungsorgantreue jedoch auf dieselben Folgen hinaus.[540]

Daher bleibt es generell bei einer Anwendung der Bundestreue im interpersonellen Verhältnis.[541]

(3) Zwischenergebnis

Somit lässt sich festhalten, dass Bund und Länder sowie die Länder untereinander zur Bundestreue verpflichtet sind. Dies gilt unabhängig von dem jeweils handelnden Organ. Selbst Gerichte sind damit dem Grunde nach zur Bundestreue verpflichtet, was aufgrund der richterlichen Unabhängigkeit allerdings regelmäßig in den Hintergrund tritt. Eine Erweiterung der Anwendung auf das intrapersonale Verhältnis oder außerhalb des Bundesstaatsverhältnisses ist jedoch abzulehnen.

bb. Sachlicher Anwendungsbereich

Nachdem nunmehr der Adressatenkreis der Bundestreue erörtert wurde, soll im Folgenden das sachliche Anwendungsfeld der Bundestreue erschlossen werden.

(1) Allgemeine Maßgaben

Sachlich ist der Anwendungsbereich der Bundestreue denkbar weit. Sie kann ein Unterlassen oder Handeln, ggf. auch ein Handeln in bestimmter Weise gebieten.[542] Es gibt also weder eine Beschränkung auf bestimmte Materien noch auf bestimmte Handlungsformen. Auch wenn das Bundesverfassungsgericht formuliert, der Grundsatz sei „von Bund und Ländern bei jeder ihrer *Maßnahmen*

---

kunde, 2. Aufl. 1897, S. 124 f., 132, der diesen nur als Versammlung Bevollmächtigter der souveränen Einzelstaaten ansah; unter der WRV wurde der Bundesrat von der h.M. sodann ausschließlich als Reichsorgan gesehen, vgl. exemplarisch *Anschütz*, RV, Vorb. Erster Hauptteil, Abschn. IV, S. 291 f.

[539] *Bauer*, in: Dreier GG, Art. 50 Rn. 18; *Bethge*, in: Schmidt-Bleibtreu/Klein/Bethge, BVerfGG, Vorb. Rn. 353; *Grzeszick*, in: Dürig/Herzog/Scholz GG, Art. 20 IV. Rn. 152 f.; *Lorz*, Interorganrespekt, 2001, S. 37; *Stern*, StaatsR Bd. 1, 2. Aufl. 1984, S. 731; trotz a.A. offen für diese Lösung *Wöhlert/Pfeuffer*, StuW 2021, 293 (295).

[540] *Wöhlert/Pfeuffer*, StuW 2021, 293 (295).

[541] So auch die h.M., s. z.B. *Borowski*, DÖV 2000, 481 (490); *Grzeszick*, in: Dürig/Herzog/Scholz GG, Art. 20 IV. Rn. 136; *Jarass*, in: Jarass/Pieroth GG, Art. 20 Rn. 26; sehr weitgehende a.A. BVerwG, Urt. v. 28.07.1989 – 7 C 65.88 = BVerwGE 82, 266 (268 f.).

[542] BVerfG, Beschl. v. 11.04.1967 – 2 BvG 1/62 = BVerfGE 21, 312 (326).

[...] zu beachten",[543] ist dies nicht so zu verstehen, dass die Verletzung der Bundestreue nur durch aktives Tun verletzt werden kann. Die Anwendung der Bundestreue ist nicht an eine bestimmte Handlungsform geknüpft, sondern kann grundsätzlich bei jedem Tun, Dulden oder Unterlassen einschlägig sein, welches den Bereich zwischen Bund und Ländern betrifft.[544] Eine Verletzung kann somit auch in schlichter Untätigkeit liegen.[545] Lediglich das Rechtsverhältnis zwischen Bund und Ländern oder den Ländern untereinander ist damit erforderlich.[546]

(2) Restriktive oder umfassende Handhabung?

Grundlegend ergibt sich zunächst die Frage, ob in dem Grundsatz der Bundestreue eine umfassende Generalklausel zu sehen ist oder nur ein in engem Rahmen anwendbarer Auffanggrundsatz für die Schlichtung nicht ausdrücklich geregelter Bundesstaatskonflikte.[547] Nach hier vertretener Ansicht ist der Anwendungsbereich weit zu fassen.[548] Ihr kommt nicht nur lückenfüllende Reserve- bzw. Korrekturfunktion zu, wenn das geschriebene Recht zu „unerwünschten" Ergebnissen führt.[549] Vielmehr ist sie ein Prinzip, welches die gesamten Beziehungen zwischen Bund und Ländern beherrscht und prägt.[550]

Dies schlägt sich nicht nur in verschiedenen Normen des Grundgesetzes nieder, welche bundesfreundliches Verhalten fordern,[551] sondern geht auch aus der Herleitung über das Prinzip von Treu und Glauben hervor. Auch dieses ist ein Prinzip, welches die Natur des gesamten ihm zugrundeliegenden Rechts-

---

[543] BVerfG, Urt. v. 30.07.1958 – 2 BvG 1/58 = BVerfGE 8, 122 (131).
[544] BVerfG, Urt. v. 30.07.1958 – 2 BvG 1/58 = BVerfGE 8, 122 (131); *Bauer,* Die Bundestreue, 1992, S. 327; *Bayer,* Die Bundestreue, 1961, S. 59; *Jarass,* in: Jarass/Pieroth GG, Art. 20 Rn. 24; *Robbers,* in: BK GG, Art. 20 Rn. 990.
[545] BVerfG, Urt. v. 30.7.1958 – 2 BvG 1/58 = BVerfGE 8, 122 (141).
[546] *Grzeszick,* in: Dürig/Herzog/Scholz GG, Art. 20 IV. Rn. 136; *Lauser,* Europarechtsfreundlichkeit, 2018, S. 170.
[547] S. hierzu nur *Lorz,* Interorganrespekt, 2001, S. 27 f.; für ersteres vgl. beispielsweise *Robbers,* in: BK GG, Art. 20 Rn. 985 f. (aber „*auch* lückenschließende Funktion", Hervorhebung anders im Original); für zweiteres vgl. beispielsweise *Beckermann,* NdsVBl. 2018, 37 (39); *Hesse,* Grundzüge des Verfassungsrechts, 20. Aufl. 1999, § 7 Rn. 269; *Lindner,* in: Stern/Sodan/Möstl, Staatsrecht Bd. 1, 2. Aufl. 2022, § 16 Rn. 187 ff.
[548] A.A. *Lindner,* in: Stern/Sodan/Möstl, Staatsrecht Bd. 1, 2. Aufl. 2022, § 16 Rn. 187 ff.; *Wittreck,* in: Härtel, Föderalismus Hdb. Bd. 1, 2012, S. 497 (521 f.).
[549] A.A. *Hertl,* Die Treuepflicht der Länder, 1956, S. 22 f.; *Lindner,* in: Stern/Sodan/Möstl, Staatsrecht Bd. 1, 2. Aufl. 2022, § 16 Rn. 192 ff.
[550] Vgl. BVerfG, Urt. v. 28.02.1961 – 2 BvG 1, 2/60 = BVerfGE, 12, 205 (254); *Robbers,* in: BK GG, Art. 20 Rn. 974.
[551] BVerfG, Urt. v. 28.02.1961 – 2 BvG 1, 2/60 = BVerfGE 12, 205 (254); BVerfG, Urt. v. 19.10.1982 – 2 BvF 1/81 = BVerfGE 61, 149 (205); *Lorz,* Interorganrespekt, 2001, S. 18 f.

verhältnisses prägt, aber dennoch hinsichtlich seiner konkreten rechtlichen Folgen auf Konstellationen beschränkt ist, die nicht speziell geregelt sind.[552]

Die Bundestreue erfüllt demnach nicht nur den Zweck, spezifische rechtliche Konflikte aufzulösen, sondern definiert vielmehr auch jenseits der Aspekte, welche als Rechtssatz formuliert werden können, die jedenfalls vorgesehene Natur der Beziehung zwischen den Beteiligten. Lässt man die Bundestreue zu kleiner Münze verkommen, indem man ihr lediglich eine Korrektivfunktion im äußersten Falle beimisst, vermag sie ihr Potential als heilendes Integrationsinstrument nicht wahrzunehmen. Überzeugender ist deshalb, ihr von vornherein Bedeutung als prägendes Verfassungsprinzip beizumessen, welches aber in seiner Form als rechtlicher Entscheidungsfaktor restriktiv gehandhabt werden muss, und so nur in wenigen Fällen das Zünglein an der Waage ist. Dass die bundesstaatlichen Akteure jedoch ihr Verhalten stets nach der Bundestreue – als „bundesstaatlicher Klugheitsregel", wenn man so will[553] – auszurichten haben, kann kaum hinreichend betont werden.

All dies zeigt letztlich nur eines auf: Die Bundestreue ist nicht einfach zu fassen, sondern hat viele Gestalten. Daraus resultiert jedoch nicht das Erfordernis, den Gehalt des Prinzips auf seine Lückenfüllungsfunktion zu reduzieren, sondern vielmehr die Notwendigkeit, präzise zu unterscheiden. So ist zwischen der Bundestreue als umfassendem und grundlegendem Strukturprinzip und der durch sie getragenen Regel in einer konkreten Situation zu differenzieren.[554]

Obwohl diese Sichtweise für die Entscheidungspraxis keine Relevanz entfaltet, wirft sie dennoch ein anderes Licht auf die Bund-Länder-Beziehungen. Außerhalb der Konstellationen, in denen die Bundestreue den entscheidenden Faktor in einer Rechtsstreitigkeit darstellt, dient sie dem Ziel eines gesunden Miteinanders[555] unter den Staatsgliedern.

(3) Erforderlichkeit eines Koordinationsverhältnisses?

Weiter kann eine Beschränkung auf Koordinationsverhältnisse angedacht werden, womit die Anwendbarkeit nicht gegeben wäre, wenn sich Bund und Länder nicht auf Augenhöhe begegnen, sondern im Weisungsverhältnis.[556] Dafür spräche die Möglichkeit, in dieser Konstellation Kompetenzkonflikte durch Weisung

---

[552] Vgl. *Lorz*, Interorganrespekt, 2001, S. 29.
[553] *Wittreck*, in: Härtel, Föderalismus Hdb. Bd. 1, 2012, S. 497 (499).
[554] *Lorz*, Interorganrespekt, 2001, S. 29 ff.; näher hierzu unten F.III.1.b.aa.
[555] Vgl. BVerfG, Urt. v. 01.12.1954 – 2 BvG 1/54 = BVerfGE 4, 115 (141 f.); vgl. parallel zur Verfassungsorgantreue *Voßkuhle*, NJW 1997, 2216 (2218 f.).
[556] Vgl. nur die Stellungnahme der Bundesregierung in BVerfG, Urt. v. 22.05.2990 – 2 BvG 1/88 = BVerfGE 81, 310 (325).

aufzulösen.[557] Diese potentielle Voraussetzung fristet aufgrund des Ausnahmecharakters von Weisungen im Bund-Länder-Verhältnis ein Schattendasein. Das Bundesverfassungsgericht nimmt eine solche nicht an und befasst sich auch nicht explizit mit dem Kriterium.[558] Vielmehr sei der Grundsatz im gesamten verfassungsrechtlichen Verhältnis zwischen dem Gesamtstaat und seinen Gliedern anzuwenden, d.h. auch wenn sich Bund und Länder im hierarchischen Verhältnis gegenübertreten.[559]

Dies vermag auch zu überzeugen. Denn anders als bei einer Weisung innerhalb des Behördenzuges tritt der Bund hier einer eigenständigen Körperschaft entgegen. Die Weisungsbefugnis ist nach der Systematik der Art. 30 und 83 ff. GG gerade die Ausnahme und nicht die Regel im Verhältnis zwischen Hoheitsträgern mit Staatsqualität[560]. Im Sinne der Integration der Länder zum Bund ist es daher erforderlich, Rücksichtnahme zu üben, d.h. insbesondere ihnen die Gelegenheit zur Stellungnahme einzuräumen. Dieselbe Gefahr der Desintegration ist im staatsinternen Bereich hingegen nicht ersichtlich, wenn bereits grundlegend ein hierarchisches Verhältnis besteht. Viel deutlicher tritt zudem im Bundesstaatsverhältnis der Gedanke der Vielheit in der Einheit in den Vordergrund, während er im intrapersonalen Verhältnis, beispielsweise im Zusammenspiel der Verfassungsorgane, keine wesentliche Rolle einnimmt.[561]

(4) Fiskalisches Handeln

Eine weitere Einschränkung wird teils insoweit vorgenommen, als die Bundestreue nur hoheitliches Handeln erfassen soll, nicht hingegen fiskalisches Handeln des Staates.[562] Dies ist mit Blick auf die Säule von Treu und Glauben zu-

---

[557] Vgl. zu der ähnlich gelagerten Problematik im Rahmen der Verfassungsorgantreue *Schenke*, in: GS Brugger, 2013, S. 523 (528); vgl. i.Ü. unten C.II.2.a.bb und F.III.1.a.aa. und cc.
[558] Keine explizite Befassung beispielsweise in der Entscheidung BVerfG, Urt. v. 22.05.1990 – 2 BvG 1/88 = BVerfGE 81, 310 (337), bei der die Annahme des Kriteriums die Anwendung der Bundestreue ausschließen würde.
[559] BVerfG, Urt. v. 22.05.1990 – 2 BvG 1/88 = BVerfGE 81, 310 (337); BVerfG, Urt. v. 19.02.2001 – 2 BvG 2/00 = BVerfGE 104, 249 (270).
[560] S. exemplarisch zu Staatsqualität und grundsätzlicher Hoheitsmacht BVerfG, Urt. v. 23.10.1951 – 2 BvG 1/51 = BVerfGE 1, 14 (34); *Antoni*, in: Hömig/Wolff GG, Art. 20 Rn. 6; *Degenhart*, Staatsorganisationsrecht, 39. Aufl. 2023, § 5 Rn. 481 ff.; *Graf Vitzthum*, VVDStRL 46 (1988), 7 (insb. 22 ff.); *Grzeszick*, in: Dürig/Herzog/Scholz GG, Art. 20 IV. Rn. 34 ff.; *Huber*, NVwZ 2019, 665 (666); *Möstl*, in: Stern/Sodan/Möstl, Staatsrecht Bd. 1, 2. Aufl. 2022, § 1 Rn. 28 ff.; *Sachs*, in: Sachs GG, Art. 20 Rn. 65; zum Regel-Ausnahme-Verhältnis *Kirchhof*, in: Dürig/Herzog/Scholz GG, Art. 83, Rn. 1 ff.; noch restriktiver *Ossenbühl*, in: FS Badura, 2004, S. 975 (982), der das Weisungsrecht für einen sogar begründungsbedürftigen Ausnahmefall hält.
[561] *Lorz*, Interorganrespekt, 2001, S. 38; *Schenke*, Die Verfassungsorgantreue, 1977, S. 30 f.; vgl. auch *Brohm*, Landeshoheit und Bundesverwaltung, 1968, S. 38 f.
[562] *Bayer*, Die Bundestreue, 1961, S. 60.

mindest fragwürdig.[563] Handelt die öffentliche Hand privatrechtlich, so findet der Grundsatz von Treu und Glauben uneingeschränkte Anwendbarkeit.[564] Warum dies anders sein sollte, wenn die Ausprägung der Bundestreue betroffen ist, ist auch mit Blick auf die Einheit des Staates nicht ersichtlich. Das Bundesverfassungsgericht lehnt deshalb zutreffend diese Begrenzung ab.[565] Auswirkungen hat dies nur auf die Frage, ob ein verfassungsrechtliches Verhältnis vorliegt, und die Folgefrage, über welchen Rechtsweg der Verstoß geltend gemacht werden kann.[566]

(5) Zwischenergebnis

Zusammenfassend lässt sich damit sagen, dass sich die Bundestreue auf sämtliche bundesstaatliche Rechtsverhältnisse erstreckt, ohne dass hierbei eine sachliche Beschränkung auf bestimmte Materien oder Handlungsformen bestünde.

b. Grenzen

Eine unbegrenzte Treuepflicht besteht gleichwohl nicht. Vielmehr gibt die verfassungsrechtliche Ordnung der Bundestreue – auch abseits der Begrenzung durch die geschriebenen Kompetenznormen – ihren äußeren Rahmen.

aa. Verfassungsimmanente Grenzen

Eine erste Grenze findet sich in anderen verfassungsrechtlichen Prinzipien und Regeln. So kann ein Spannungsverhältnis beispielsweise zwischen Demokratieprinzip und Bundestreue entstehen: Einerseits ist es im Sinne der Einheit des Bundesstaates, bzw. der Bindung der voneinander abhängigen Teile des Bundesstaates,[567] Konflikte zu vermeiden. Solche sind jedoch durch das Demokratieprinzip im Rahmen der politischen Auseinandersetzung gerade angelegt und erwünscht. In dem Widerspruch und dem politischen Kampf eines Landes gegen die Politik der Bundesregierung liegt somit regelmäßig keine Verletzung des Grundsatzes der Bundestreue.[568]

---

[563] Vgl. auch den Ansatz bei *Lindner,* in: Stern/Sodan/Möstl, Staatsrecht Bd. 1, 2. Aufl. 2022, § 16 Rn. 187.
[564] *Looschelders/Olzen,* in: Staudinger BGB, § 242 Rn. 1142; *Sutschet,* in: BeckOK BGB, § 242 Rn. 12.
[565] BVerfG, Beschl. v. 24.01.2001 – 2 BvE 1/00 = BVerfGE 103, 81 (88); so auch *Robbers,* in: BK GG, Art. 20 Rn. 1031.
[566] BVerfG, Beschl. v. 24.01.2001 – 2 BvE 1/00 = BVerfGE 103, 81 (88); vgl. für eine ähnliche Konstellation auch *Benda/Klein/Klein,* Verfassungsprozessrecht, 4. Aufl. 2020, § 29 Rn. 1109; *Löwer,* in: Isensee/Kirchhof HdbStR III, § 70 Rn. 35.
[567] Vgl. BVerfG, Urt. v. 30.07.1958 – 2 BvG 1/58 = BVerfGE 8, 122 (140);
[568] BVerfG, Urt. v. 30.07.1958 – 2 BvG 1/58 = BVerfGE 8, 122 (140 f.).

bb. Erheblichkeitsschwelle

Die Pflicht zur Bundestreue erfährt nach wohl herrschender Meinung eine weitere Beschränkung auf solche Fälle, in denen eine empfindliche, schwerwiegende Störung der grundgesetzlichen Ordnung erfolgt.[569] Die Bundestreue solle kein Mittel zur Vermeidung von Nichtigkeiten sein.[570] Demnach müsse eine gewisse Erheblichkeitsschwelle überschritten sein, damit der Grundsatz der Bundestreue rechtlich relevant wird.

Davon zu unterscheiden ist freilich die zuvor ausgeführte Dimension der Bundestreue als Leitgedanke. Nur weil aus der Bundestreue in dem konkreten Fall die Erheblichkeitsschwelle nicht überschritten ist und deshalb keine rechtlichen Konsequenzen auf eine bestimmte Verhaltensweise erfolgen, bedeutet dies nicht, dass die Bundestreue für diesen Fall keine außerrechtliche Aussage bereithält. Vielmehr findet sich dennoch ein Appell an die Beteiligten, sich eines schonenden und kooperativen Umgangs miteinander zu bedienen.[571]

Darüber hinaus ist bei der Heranziehung derartiger Beschränkungen auf Tatbestandsebene Vorsicht geboten: Zum einen kann nicht generell davon ausgegangen werden, dass Bagatelle nicht in den rechtserheblichen Bereich fallen, zum anderen gilt es zwischen den voneinander abzugrenzenden Fragen der Rechtserheblichkeit und der Justitiabilität zu differenzieren.[572] Einige Ausprägungen der Bundestreue sind von vornherein einem Geringfügigkeitsvorbehalt nicht zugänglich, beispielsweise der Grundsatz „pacta sunt servanda".[573] Dagegen überzeugt es nicht, die unzweifelhaft bestehenden Schwierigkeiten bei der Ermittlung der Erheblichkeitsschwelle als Argument gegen das Bestehen der Voraussetzung zu sehen.[574] Obgleich man argumentativ zu unterschiedlichen Ergebnissen gelangen kann, sollte nicht von der Komplexität der Rechtsfindung auf den rechtlichen Bestand geschlossen werden. Wem die Konkretisierungsbefugnis zukommt, ist wiederum eine andere Frage.[575]

---

[569] BVerfG, Urt. v. 30.07.1958 – 2 BvG 1/58 = BVerfGE 8, 122 (139); *Morlok/Schindler*, in: Lhotta (Hrsg.), Die Integrationslehre des modernen Staates, 2005, S. 13 (24); a.A. *Bauer*, Die Bundestreue, 1992, S. 339 f.
[570] BVerfG, Urt. v. 26.07.1972 – 2 BvF 1/71 = BVerfGE 34, 9 (45); *Robbers*, in: BK GG, Art. 20 Rn. 1010.
[571] Vgl. *Faller*, in: FS Maunz, 1981, S. 53 (66) – jedoch auf dem Wege einer Beschränkung der gerichtlichen Überprüfbarkeit auf die Einhaltung äußerster Grenzen bei gleichzeitiger Anerkennung, dass das Prinzip an sich weiter ist.
[572] *Bauer*, Die Bundestreue, 1992, S. 340.
[573] *Bauer*, Die Bundestreue, 1992, S. 340.
[574] A.A. *Bauer*, Die Bundestreue, 1992, S. 339 f.
[575] Vgl. hierzu unten C.I.5.a. und b.

cc. Akzessorietät

Ein beschränkender Faktor ist nach ständiger Rechtsprechung des Bundesverfassungsgerichts die Akzessorietät.[576] Danach kann der Grundsatz der Bundestreue für sich alleine keine Handlungs-, Duldungs- oder Unterlassungspflichten des Bundes oder der Länder begründen, sondern kann nur im Rahmen eines anderweitig begründeten, bereits bestehenden Rechtsverhältnisses oder einer sonstigen Rechtspflicht Bedeutung erlangen.[577] Dadurch ist allerdings nicht ausgeschlossen, dass er innerhalb dieses Rechtsverhältnisses Nebenpflichten begründet.[578]

Die Rechtsprechung des Bundesverfassungsgerichts variiert hinsichtlich der Anforderungen an die Akzessorietät: Einerseits wird gefordert, das bestehende Rechtsverhältnis müsse ein konkretes, verfassungsrechtliches Rechtsverhältnis sein, aus dem sich ein Recht der betreffenden Gliederung ergäbe, von dem sie aufgrund der Bundestreue einen bestimmten Gebrauch nicht machen dürfe oder in bestimmter Weise vorgehen müsse.[579] Demnach wäre erforderlich, dass die betreffende Maßnahme eine ausreichende Begründung in einer Kompetenznorm des Grundgesetzes fände.[580] Eine solche verfassungsrechtliche Rechtsposition kann sich beispielsweise aus den Gesetzgebungskompetenzen der Art. 70 ff. GG[581] oder der Verwaltungszuständigkeit des Bundes nach Art. 87 Abs. 3 S. 1 GG[582] ergeben. Im Rahmen eines so verstandenen Rechtsverhältnisses ergänzt die Bundestreue die Kompetenz sodann um Nebenpflichten, moderiert oder variiert sie, d.h. sie setzt dieser Grenzen, beschränkt ihre Anwendungsmöglichkeiten oder setzt einen bestimmten Gebrauch der Kompetenz fest.[583]

Besonders streng formuliert das Bundesverfassungsgericht die Anforderungen an die Akzessorietät in seiner Entscheidung zur Besoldungsvereinheitli-

---

[576] S. nur BVerfG, Urt. v. 07.04.1976 – 2 BvH 1/75 = BVerfGE 42, 103 (117); BVerfG, Beschl. v. 24.01.2001 – 2 BvE 1/00 = BVerfGE 103, 81 (88); BVerfG, Beschl. 05.12.2001 – 2 BvG 1/00 = BVerfGE 104, 238 (247 f.); zustimmend *Grzeszick*, in: Durig/Herzog/Scholz GG, Art. 20 IV. Rn. 133; *Sachs*, in: Sachs GG, Art. 20 Rn. 69.
[577] BVerfG, Urt. v. 11.07.1961 – 2 BvE 2/58 = BVerfGE 13, 54 (75); BVerfG, Beschl. v. 11.04.1967 – 2 BvG 1/62 = BVerfGE 21, 312 (326); BVerfG, Urt. v. 07.04.1976 – 2 BvH 1/75 = BVerfGE 42, 103 (117); *Faller*, in: FS Maunz, 1981, S. 53 (62); *Grzeszick*, in: Dürig/Herzog/Scholz GG, Art. 20 IV. Rn. 133; *Robbers*, in: BK GG Art. 20 Rn. 996.
[578] *Robbers*, in: BK GG Art. 20 Rn. 996.
[579] BVerfG, Beschl. v. 11.04.1967 – 2 BvG 1/62 = BVerfGE 21, 312 (326).
[580] Vgl. *Robbers*, in: BK GG Art. 20 Rn. 997.
[581] Vgl. BVerfG, Urt. v. 08.02.1977 1 BvF 1/76 u.a. = BVerfGE 43, 291 (348).
[582] BVerfG, Beschl. 05.12.2001 – 2 BvG 1/00 = BVerfGE 104, 238 (247 f.).
[583] BVerfG, Urt. v. 07.04.1976 – 2 BvH 1/75 = BVerfGE 42, 103 (117); BVerfG, Beschl. v. 24.01.2001 – 2 BvE 1/00 = BVerfGE 103, 81 (88); *Faller*, in: FS Maunz, 1981, S. 53 (62); *Robbers*, in: BK GG Art. 20 Rn. 996, 998.

chung.⁵⁸⁴ In dieser stellt es heraus, dass für einen Verstoß gegen den Grundsatz der Bundestreue „die beanstandete Maßnahme des Landes ‚an sich' eine hinreichende Stütze in einer Kompetenzvorschrift des Grundgesetzes" finden und „materiell mit Bundesrecht vereinbar" sein müsse.⁵⁸⁵

Dagegen misst es dem Akzessorietätserfordernis in anderen Entscheidungen nur eine geringe Bedeutung bei, wenn es beispielsweise ausführt, die Bundestreue sei bei jeder Maßnahme zu beachten⁵⁸⁶ oder „die Länder im Bundesstaat [stehen] stets in einem verfassungsrechtlichen Verhältnis zueinander"⁵⁸⁷. Hierbei hält das Bundesverfassungsgericht zwar an der Akzessorietät per se fest,⁵⁸⁸ welche noch immer vereinzelte Anwendungsbereiche der Bundestreue ausschließt. Beispielsweise kann dadurch in der Bundestreue kaum ein Geltungsgrund für Landesstaatsverträge gefunden werden und auch bei der Grenzziehung der Länder oder bei dem gliedstaatlichen Nachbarrecht scheidet die Bundestreue als Grundlage aus.⁵⁸⁹ Faktisch wird durch diese Linie des Gerichts jedoch eine restriktivere Handhabung der Bundestreue zunächst nicht bewirkt.⁵⁹⁰

In der Literatur wird die Rechtsprechung zur Akzessorietät unterschiedlich aufgenommen. Überwiegend wird dem Erfordernis zugestimmt.⁵⁹¹ Die Ansichten reichen jedoch von der Forderung strikter Akzessorietät⁵⁹² bis zu der Forderung, das Akzessorietätskriterium ganz oder teilweise aufzugeben bzw. der Relativierung der Bedeutsamkeit als begrenzendes Kriterium⁵⁹³.

Differenzierter ist die Abgrenzung zwischen allgemeinen und speziellen Rechtsverhältnissen.⁵⁹⁴ Das allgemeine Rechtsverhältnis besteht demnach in der all-

---

[584] BVerfG, Urt. v. 26.07.1972 – 2 BvF 1/71 = BVerfGE 34, 9; vgl. auch *Faller*, in: FS Maunz, 1981, S. 53 (62) – „mit besonderem Nachdruck".
[585] BVerfG, Urt. v. 26.07.1972 – 2 BvF 1/71 = BVerfGE 34, 9 (44).
[586] BVerfG, Urt. v. 30.07.1958 – 2 BvG 1/58 = BVerfGE 8, 122 (131).
[587] BVerfG, Urt. v. 07.04.1976 – 2 BvH 1/75 = BVerfGE 42, 103 (113).
[588] BVerfG, Urt. v. 07.04.1976 – 2 BvH 1/75 = BVerfGE 42, 103 (117).
[589] *Stumpf*, DÖV 2003, 1030 (1031), selbstverständlich aber nur als Grundlage und nicht auch bei der Anwendung im Rahmen der aufgeführten Fälle – weshalb die fortfolgende Einschränkung durch Stumpf als weitgehend empfunden wird.
[590] Vgl. *Bauer*, Die Bundestreue, 1992, S. 183; *Stumpf*, DÖV 2003, 1030 (1031).
[591] S. nur *Grzeszick*, in: Dürig/Herzog/Scholz GG, Art. 20 IV. Rn. 137; *Robbers*, in: BK GG, Art. 20 Rn. 996 ff.; *Sachs*, in: Sachs GG, Art. 20 Rn. 69; *Sommermann*, in: v. Mangoldt/Klein/Starck GG, Art. 20 Rn. 37.
[592] *Kowalsky*, Die Rechtsgrundlagen der Bundestreue, 1970, S. 196 f.; *Lauser*, Europarechtsfreundlichkeit, 2018, S. 169.
[593] *Bauer*, in: Dreier GG, Art. 20 (Bundesstaat) Rn. 48 Fn. 234; *Bleckmann*, in Schweizerisches Jahrbuch für Internationales Recht 29 (1973), 9 (47); *Unruh*, EuR 2002, 41 (56).
[594] So *Bauer*, Die Bundestreue, 1992, S. 304; allgemeiner zu dieser Differenzierung *Bauer*, Geschichtliche Grundlagen, 1986, S. 169 f.; *Bauer*, Lehren vom Verwaltungsrechtsverhältnis, 2022, S. 61 f.; *Gröschner*, Das Überwachungsrechtsverhältnis, 1992, S. 141 f.; *Henke*, DÖV 1980, 621 (624 f.); *Schulte*, VerwArch 81 (1990), S. 415 (421); mit unterschiedlicher Termino-

gemeinen, mehrpoligen Grundrelation, in der Bund und Länder durch die bundesstaatliche Ordnung des Grundgesetzes eingebunden sind.[595] Dieses ist auf Dauer angelegt und schließt die Beteiligten zu einer Schicksalsgemeinschaft zusammen.[596] Von diesem geht eine allgemeine bundesstaatliche Treuepflicht aus, welche die bundesstaatlichen Verhältnisse prägt und mehr ist als die Summe konkreter Einzelpflichten.[597] Sie sichert in übergreifendem bundesstaatlichen Kontext sowohl Einheit als auch Pluralismus.[598] Das allgemeine Rechtsverhältnis reicht indes regelmäßig noch nicht dafür aus, eine (gerichtliche) Konfliktentscheidung herbeizuführen.[599]

Das besondere Rechtsverhältnis stellt einen Teilbereich der bundesstaatlichen Ordnung dar, welcher Anhand der einschlägigen rechtlichen Regelungen zu ermitteln ist.[600] Es stellt den zentralen Bezugspunkt dar, anhand dessen konkrete Rechte und Pflichten zu konkretisieren sind.[601] Fraglich ist in diesem Zusammenhang, wie ernst das Kriterium eines *verfassungsrechtlichen* Rechtsverhältnisses zu nehmen ist, an welches die Bundestreue laut diverser Entscheidungen[602] anknüpfen solle. In anderen Entscheidungen sieht das Gericht ohne Weiteres davon ab: Es entschied, die Beziehungen könnten auch sonst aus der Rechtsordnung oder gar durch Verhandlungen, d.h. vertraglich, begründet werden.[603] So können anderweitige selbstständige Rechte und Pflichten auch aus dem einfachen Recht, beispielsweise dem Verwaltungsrecht, stammen.[604] Die Inkonsistenz dürfte der Tatsache geschuldet sein, dass das Bundesverfassungsgericht die Pflicht zu bundesfreundlichem Verhalten regelmäßig aus verfassungsrechtlichen Verhältnissen ableitete, ohne darin ein zwingendes Krite-

---

logie *Achterberg*, Die Rechtsordnung als Rechtsverhältnisordnung, 1982, S. 20 f., der allgemeinen und besonderen Rechtsverhältnissen eine andere Bedeutung zuweist, ebd. S. 61 ff.
[595] *Bauer*, Die Bundestreue, 1992, S. 304.
[596] *Bauer*, Die Bundestreue, 1992, S. 304 f.; vgl. auch BVerfG, Urt. v. 24.06.1986 – 2 BvF 1/83 u.a. = BVerfGE 72, 330 (419).
[597] *Bauer*, Die Bundestreue, 1992, S. 305 f.
[598] *Bauer*, Die Bundestreue, 1992, S. 306; *Bryde*, VVDStRL 46 (1988), 181 (190); vgl. auch *Klein*, in: Isensee/Kirchhof, HdbStR XII, § 279 Rn. 19.
[599] *Bauer*, Die Bundestreue, 1992, S. 306.
[600] *Bauer*, Die Bundestreue, 1992, S. 307.
[601] *Bauer*, Die Bundestreue, 1992, S. 307.
[602] BVerfG, Urt. v. 11.07.1961 – 2 BvG 2/58 = BVerfGE 13, 54 (72 f.); BVerfG, Beschl. v. 11.04.1967 – 2 BvG 1/62 = BVerfGE 21, 312 (326); so auch *Leisner*, in: FG 25 Jahre BVerfG I, 1976, S. 260 (280 ff.).
[603] BVerfG, Urt. v. 07.04.1976 – 2 BvH 1/75 = BVerfGE 42, 103 (117); BVerfG, Beschl. v. 24.01.2001 – 2 BvE 1/00 = BVerfGE 103, 81 (88).
[604] BVerfG, Urt. v. 07.04.1976 – 2 BvH 1/75 = BVerfGE 42, 103 (118); *Faller*, in: FS Maunz 1981, S. 53 (62); kritisch hinsichtlich der uneinheitlichen Handhabung *Ossenbühl*, NVwZ 2003, 53.

rium zu sehen.⁶⁰⁵ Somit ist es nicht erforderlich, dass die jeweiligen selbstständigen Rechte und Pflichten verfassungsrechtlicher Natur sein müssen.⁶⁰⁶ Ist das betreffende Rechtsverhältnis verwaltungsrechtlicher Natur, so ist die Bundestreue akzessorisch zu dem verwaltungsrechtlichen Verhältnis und wirkt in dieses hinein.⁶⁰⁷ Freilich ändert sich dadurch weder die Qualifikation des Rechtes oder der Pflicht als verwaltungsrechtlicher Rechtsposition noch der Bundestreue als verfassungsrechtlichem Grundsatz.⁶⁰⁸ Lediglich die Geltendmachung im Bund-Länder-Streit nach Art. 93 Abs. 1 Nr. 3 GG ist an das Verfassungsrechtsverhältnis gebunden.⁶⁰⁹

Unter diesen Gesichtspunkten wird deutlich, dass der Teil der Literatur, welcher in dieser Rechtsprechung eine Aufweichung des Akzessorietätserfordernisses erblickt, die Differenzierung zwischen unterschiedlich gearteten Ansprüchen jeweils aus dem speziellen und dem Grundverhältnis verkennt. „Ausnahmen" von einem strengen Akzessorietätserfordernis hat es nämlich nur dann gemacht, wenn eine grundlegende Pflicht betroffen war, die bereits das allgemeine Rechtsverhältnis betraf. Von vorneherein war auch nie intendiert, das Akzessorietätserfordernis bedeutungslos zu machen. Dies ergibt sich zum einen aus der Formulierung des Bundesverfassungsgerichts, „daß die Länder im Bundesstaat stets in einem verfassungsrechtlichen Verhältnis zueinander stehen; aber nicht alle Ansprüche zwischen ihnen gründen in diesem verfassungsrechtlichen Grundverhältnis."⁶¹⁰ Zum anderen rekurriert das Gericht noch in derselben Entscheidung auf die Akzessorietät.⁶¹¹

Die Akzessorietät stellt damit nach wie vor eine relevante Beschränkung der Bundestreue dar, jedoch nicht im Sinne einer restriktiven Anwendung, sondern mehr im Sinne einer auf die konkreten rechtlichen Umstände gemünzten Anwendung. So hängen die Rechte und Pflichten, welche sich aus der Bundestreue ergeben, maßgeblich von dem konkreten Rechtsverhältnis ab. Das konkrete Rechtsverhältnis muss hierbei nicht zwingend ein verfassungsrechtliches Rechtsverhältnis sein.

---

⁶⁰⁵ Vgl. *Robbers,* in: BK GG Art. 20 Rn. 999.
⁶⁰⁶ BVerfG, Beschl. v. 24.01.2001 – 2 BvE 1/00 = BVerfGE 103, 81 (88); *Bauer,* Die Bundestreue, 1992, S. 307; a.A. *Leisner,* in: FG 25 Jahre BVerfG I, 1976, S. 260 (281 f.).
⁶⁰⁷ *Robbers,* in: BK GG Art. 20 Rn. 999.
⁶⁰⁸ BVerfG, Urt. v. 07.04.1976 – 2 BvH 1/75 = BVerfGE 42, 103 (118); *Bethge,* in: Schmidt-Bleibtreu/Klein/Bethge BVerfGG, § 69 Rn. 23; *Jarass,* in: Jarass/Pieroth GG, Art. 20 Rn. 25; *Leisner,* in: FG 25 Jahre BVerfG I, 1976, S. 260 (281 f.); *Pünder,* in: Ehlers/Schoch, Rechtsschutz im Öffentlichen Recht, 2021, § 20 Rn. 20; *Robbers,* in: BK GG, Art. 20 Rn. 999.
⁶⁰⁹ *Pünder,* in: Ehlers/Schoch, Rechtsschutz im Öffentlichen Recht, 2021, § 20 Rn. 20; *Robbers,* in: BK GG, 139. EL 2009, Art. 20 Rn. 1203.
⁶¹⁰ BVerfG, Urt. v. 07.04.1976 – 2 BvH 1/75 = BVerfGE 42, 103 (113).
⁶¹¹ BVerfG, Urt. v. 07.04.1976 – 2 BvH 1/75 = BVerfGE 42, 103 (117 f.).

dd. Subsidiarität

Mit der Akzessorietät geht weiter auch die Subsidiarität der Bundestreue Hand in Hand: Die im Grundgesetz angelegten Rechtsverhältnisse sind nicht nur Bedingung, sondern auch Grenze der Anwendbarkeit der Bundestreue.[612] Die besonderen, geschriebenen Regelungen des Grundgesetzes gehen dem ungeschriebenen Grundsatz der Bundestreue vor.[613]

c. Subjektive Voraussetzungen

Der Begriff der „Treue" oder „Untreue" suggeriert, ein Verstoß gegen das Prinzip der Bundestreue beruhe auf Vorwerfbarkeit. Fraglich ist demnach, ob ein Verstoß gegen die Bundestreue nur angenommen werden kann, wenn eine treulose Haltung, d.h. eine subjektive Komponente hinzutritt. Dem ist nach allgemeiner Ansicht grundsätzlich zu widersprechen.[614] Die der Bundestreue zugrundeliegende Integration fordert gerade nicht, dass der Staat gezielt oder unter billigender Inkaufnahme zersetzt wird, sondern sie versucht desintegrative Vorgänge allgemein zu verhindern.[615] Auch mit Blick auf den Grundsatz von Treu und Glauben ergibt sich kein anderer Schluss: So finden sich zwar im Rahmen des § 242 BGB subjektive Elemente, beispielsweise bei der Interessenabwägung, insbesondere bei Fragen des Rechtsmissbrauchs.[616] Sie sind dort allerdings nicht zwingend Voraussetzung für eine Verstoß, auch wenn sie in die Abwägung einfließen müssen.[617]

Die Verletzung der Bundestreue ist somit grundsätzlich rein objektiv-rechtlicher Natur, d.h. der Nachweis von Treulosigkeit oder Böswilligkeit ist regelmäßig nicht erforderlich.[618] Auch eines schuldhaften bzw. vorsätzlichen oder fahrlässigen Tuns oder Unterlassens bedarf es grundsätzlich nicht.[619]

Obgleich diese Erkenntnis sich vielerorts findet,[620] spielt die subjektive Komponente in manchen Fällen doch eine Rolle. So gibt es Konstellationen, in denen

---

[612] *Hebeler*, ZBR 2015, 1 (4); *Sachs*, in: Sachs GG, Art. 20 Rn. 69.
[613] *Sachs*, in: Sachs GG, Art. 20 Rn. 69.
[614] S. nur BVerfG, Urt. v. 30.07.1958 – 2 BvG 1/58 = BVerfGE 8, 122 (140); *Grzeszick*, in: Dürig/Herzog/Scholz GG, Art. 20 Rn. 135; *Sachs*, in: Sachs GG, Art. 20 Rn. 69.
[615] Vgl. *Faller*, in: FS Maunz, 1981, S. 53 (62).
[616] *Schubert*, in: MüKo BGB, 9. Aufl. 2022, § 242 Rn. 130 ff.; *Sutschet*, in: BeckOK BGB § 242, Rn. 20.
[617] *Schubert*, in: MüKo BGB, 9. Aufl. 2022, § 242 Rn. 132; *Schulze*, in: Schulze BGB, § 242 Rn. 14; *Sutschet*, in: BeckOK BGB § 242, Rn. 20.
[618] BVerfG, Urt. v. 30.07.1958 – 2 BvG 1/58 = BVerfGE 8, 122 (140); *Bauer*, Die Bundestreue, 1992, S. 337; *Bauer*, in: Dreier GG, Art. 20 (Bundesstaat) Rn. 48; *Faller*, in: FS Maunz, 1981, S. 53 (62); *Geiger*, BayVBl. 1957, 337 (340); *Grzeszick*, in: Dürig/Herzog/Scholz GG, Art. 20 IV. Rn. 135; *Robbers*, in: BK GG, Art. 20 Rn. 1012; *Sachs*, in: Sachs GG, Art. 20 Rn. 69.
[619] *Bauer*, in: Dreier GG, Art. 20 (Bundesstaat) Rn. 48; *Geiger*, BayVBl. 1957, 337 (340).
[620] Exemplarisch *Bauer*, Die Bundestreue, 1992, S. 337.

die Begründung eines Verstoßes gegen den Grundsatz bundesfreundlichen Verhaltens gerade auf subjektive Elemente abstellt.[621] Daneben finden sich Konstellationen, die unter dem Gesichtspunkt eines Verstoßes gegen den Grundsatz gerügt wurden, obwohl andere Fälle, in denen bei ansonsten vergleichbarem Sachverhalt eine Schädigungsabsicht oder bewusste Rücksichtslosigkeit nicht vorlag, nicht das Verdikt eines Verstoßes gegen die Bundestreue nach sich zogen.[622] Als bekanntes Beispiel lässt sich die 1. Rundfunkentscheidung des Bundesverfassungsgerichts anführen.[623] Das Gericht führt aus, die Pflicht zu bundesfreundlichem Verhalten verbiete es, „nach dem Grundsatz divide et impera zu handeln, d.h. auf die Spaltung der Länder auszugehen".[624] Es stellt somit bei der Begründung auf ein missbilligtes Leitmotiv ab.

Indes wurde zu Recht darauf hingewiesen, dass objektiv eine ähnliche Situation vorliege, wenn die Länder in einem Rechtsstreit gegen den Bund eine einheitliche Front bilden oder sich politisch ähnlich regierte Länder miteinander abstimmen.[625] In diesen Fällen kommt die Bundestreue – auch nach Ansicht des Bundesverfassungsgerichts – nicht zum Einsatz.[626] Dennoch ist die Rechtsprechung zu Stil und Procedere mittlerweile gefestigter Bestandteil der Rechtsprechung und Literatur zur Bundestreue.[627]

Dem ist im Ergebnis zuzustimmen, da eine zielgerichtete Obstruktion zwischen Bund und Ländern gegen den Grundgedanken der Integration und damit der Bundestreue verstößt. Mithin steht die Frage im Raum, wo die Differenzierungslinie zwischen zulässigem und unzulässigem Verhalten in äußerlich ähnlich gelagerten Fällen verläuft.

Dem Sinn und Zweck des Instituts der Bundestreue nach muss diese dort zu finden sein, wo ein Verhalten das Funktionieren des Bundes gefährdet. Mit an-

---

[621] „Zum Zwecke der Schwächung" – *Lindner*, ZBR 2007, 221 (226); „gezielt [...] beeinträchtigt" – *Lindner*, in: Stern/Sodan/Möstl, Staatsrecht Bd. 1, 2. Aufl. 2022, § 16 Rn. 189; bzgl. der Organtreue auf Kommunalebene „allein dem Zweck diente" OVG NRW, Beschl. v. 06.12.2007 – 15 B 1744/07, Ls. 2; ThürOVG, Beschl. v. 19.11.2015 – 3 EO 363/15 = ThürVBl. 2016, 252, juris Rn. 35 – „bewusst treuwidrig"; *Unger*, AöR 139 (2014), 80 (112) – „Zweck".
[622] So z.B. BVerfG, Urt. v. 26.03.1957 – 2 BvG 1/55 = BVerfGE 6, 309, vgl. hierzu *Peters*, Die Rechtslage von Rundfunk und Fernsehen, 1961, S. 24 f.
[623] BVerfG, Urt. v. 28.02.1961 – 2 BvG 1, 2/60 = BVerfGE 12, 205.
[624] BVerfG, Urt. v. 28.02.1961 – 2 BvG 1, 2/60 = BVerfGE 12, 205 (255).
[625] *Peters*, Die Rechtslage von Rundfunk und Fernsehen, 1961, S. 24.
[626] *Peters*, Die Rechtslage von Rundfunk und Fernsehen, 1961, S. 24 f.
[627] BVerfG, Urt. v. 11.07.1961 – 2 BvG 2/58 = BVerfGE 13, 54 (76); BVerfG, Urt. v. 22.05.1990 – 2 BvG 1/88 = BVerfGE 81, 310 (337); BVerfG, Beschl. v. 24.01.2001 – 2 BvE 1/00 = BVerfGE 103, 81 (88); *Bauer*, Die Bundestreue, 1992, S. 352; *Robbers*, in: BK GG, Art. 20 Rn. 1029; *Sachs*, in: Sachs GG, Art. 20 Rn. 71; *Stern*, StaatsR Bd. 1, 2. Aufl. 1984, S. 703; *Unruh*, EuR 2002, 41 (56); a.A. noch *Peters*, Die Rechtslage von Rundfunk und Fernsehen, 1961, S. 24 f.; *Spanner*, DÖV 1961, 481 (483 f.); *Zeidler*, AöR 86 (1961), 361 (399 ff.).

deren Worten liegt ein Verstoß gegen die Bundestreue dann vor, wenn sich eine Verhaltensweise als desintegrativ darstellt. Dies wird man regelmäßig nicht annehmen können, wenn durch eine bestimmte Verhaltensweise in der Praxis zwar möglicherweise Nachteile für andere Beteiligte eintreten, aber die Vorgehensweise auf vernünftigen, pragmatischen Gründen beruht. Anders liegt dies im Falle einer Schädigungsabsicht oder, um die Worte des Bundesverfassungsgerichts zu verwenden, bei einem Handeln nach dem Grundsatz „divide et impera" mit dem *Zweck* der „Spaltung der Länder".[628] Letztlich wird der Verstoß in diesen Fällen zwar nicht mit einem subjektiven Moment begründet. Führt man den Gedanken aber konsequent zu Ende, müsste man den Verstoß auch in den Fällen der Vergleichsgruppe annehmen.

Die Säule von Treu und Glauben trägt dieses Ergebnis ebenfalls: Im Vordergrund stehen nach überkommener Ansicht im Zivilrecht objektive Gesichtspunkte.[629] Auch dort erlangen subjektive Elemente aber zentrale Bedeutung, wenn es um die Untergruppe der unzulässigen Rechtsausübung bzw. des Rechtsmissbrauchs geht.[630]

Im Ergebnis spielt die Intention der handelnden Einrichtung somit in gewissen Fällen doch eine Rolle. Ein solcher Fall liegt dann vor, wenn der gezielte Missbrauch einer ansonsten nicht zu beanstandenden Praxis vorliegt und eine Abwägung im Einzelfall ein anderes Ergebnis nicht rechtfertigt. Das subjektive Moment ist für den Verstoß gegen die Bundestreue dann konstitutiv.

4. Funktionsweise

Im Folgenden soll dargestellt werden, wie die Bundestreue ausgestaltet ist, d.h. insbesondere, welche Funktionen ihr im Rahmen der verfassungsrechtlichen Kompetenzordnung zukommen. Wie in wohl jeglicher Hinsicht besitzt die Bundestreue auch hinsichtlich ihrer Funktionsweise ein hohes Maß an Vielfältigkeit. Ihr Einsatz ist nicht auf eine einzige Modalität beschränkt, sondern sie kann vielmehr in Form eines Auslegungsprinzips, einer Missbrauchsschranke oder als Quelle für Rechte und Pflichten dienen.[631]

---

[628] BVerfG, Urt. v. 28.02.1961 – 2 BvG 1, 2/60 = BVerfGE 12, 205 (255).
[629] *Looschelders/Olzen*, in: Staudinger BGB, § 242 Rn. 222; *Schubert,* MüKo BGB, 9. Aufl. 2022, § 242 Rn. 238; a.A. *Wieacker,* Zur rechtstheoretischen Präzisierung des § 242 BGB, 1956, S. 35.
[630] *Looschelders/Olzen*, in: Staudinger BGB, § 242 Rn. 222; *Schubert,* MüKo BGB, 9. Aufl. 2022, § 242 Rn. 238, 262.
[631] Vgl. dazu bereits *Bayer,* Die Bundestreue, 1961, S. 59 ff.

a. Auslegungsprinzip

Zunächst kann die Bundestreue der Auslegung der geschriebenen Normen dienen.[632] Schon durch *Smend* wurde ihr die Funktion als Auslegungshilfe beigemessen.[633] Häufig verblasst diese Anwendungsvariante der Bundestreue allerdings, da sie in dieser Funktion zum einen als bloßes interpretatorisches Hilfsmittel auftritt und sich zum anderen mit weiteren Auslegungstopoi – insbesondere dem Maßstab der integrierenden Wirkung, der funktionalen Richtigkeit und der praktischen Konkordanz – vermengt und überschneidet.[634]

Dennoch ist sie nicht entbehrlich. Aufgrund der häufig sehr offenen Formulierung der Kompetenznormen, welche der Abstraktheit und Knappheit des Verfassungstextes geschuldet ist, finden sich zahlreiche Räume, in denen mehrere Lesarten denkbar sind. Die Bundestreue dient in ihrem Modus als Auslegungsprinzip im Interesse staatlicher Einheit der Ermittlung von Inhalt und Reichweite der Kompetenz des Bundes oder eines Landes für ein reibungsloses „Ineinandergreifen- und rasten" der Zuständigkeiten unterschiedlicher Staatsteile, sodass diese sich nicht gegenseitig blockieren.[635] Ihr kommt demnach eine „Scharnierfunktion" zwischen Kompetenzen zu, welche ansonsten vermeintlich beziehungslos nebeneinanderstehen.[636]

Zurecht weist *Bauer* jedoch darauf hin, dass die pauschale Bezeichnung als „Auslegungsprinzip" die Gefahr der Überformung des Grundsatzes birgt.[637] Er darf nicht auf die Weise verwendet werden, dass durch die Anführung der Bundestreue bis hin zur Grenze der Beliebigkeit das Ergebnis einer anderen Entscheidung zugeführt wird.[638] Folglich ist die Bezeichnung als „Auslegungsprinzip" nicht im Sinne eines verselbstständigten Interpretationsprinzips, sondern als Rechtsgrundsatz zu verstehen, der im Rahmen der Auslegung anderer Normen im Rahmen von Systematik, Ratio und Telos Einfluss nimmt.[639]

---

[632] Vgl. zur Bundestreue als Auslegungsprinzip exemplarisch *Bauer*, Die Bundestreue, 1992, S. 260; *Bayer*, Die Bundestreue, 1961, S. 63 ff.; *Frowein*, Die selbständige Bundesaufsicht, 1961, S. 77; *Lauser*, Europarechtsfreundlichkeit, 2018, S. 172 f.; *Starski*, in: Kahl/Ludwigs, Hdb. Verwaltungsrecht, Bd. 3, 2022, § 79 Rn. 16.
[633] *Smend*, Ungeschriebenes Verfassungsrecht (1916), in: ders., Staatsrechtliche Abhandlungen, 3. Aufl. 1994, S. 39 (51).
[634] *Schenke*, in: GS Brugger, 2013, S. 523 (526).
[635] Vgl. *Schenke*, Die Verfassungsorgantreue, 1977, S. 41 in Bezug auf die Verfassungsorgantreue.
[636] Vgl. *Schenke*, Die Verfassungsorgantreue, 1977, S. 41 in Bezug auf die Verfassungsorgantreue.
[637] *Bauer*, Die Bundestreue, 1992, S. 260; allgemein kritisch zur Heranziehung von Rechtsgrundsätzen bei der Auslegung *Krüger*, in: FS Forsthoff, 1972, S. 187 (207 ff.).
[638] *Bauer*, Die Bundestreue, 1992, S. 260.
[639] *Bauer*, Die Bundestreue, 1992, S. 260.

Kann folglich ein Recht nach dem Wortlaut eng oder weit ausgelegt werden, während jedoch eine weite Handhabe dem anderen Teil Schaden zufügt oder diesen bei der Wahrnehmung seiner Kompetenzen blockiert, kann die Bundestreue dazu führen, dass die Möglichkeit einer weiten Auslegung entfällt. Andersherum kann die Bundestreue eine weite Auslegung gerade erforderlich machen, wenn eine umfassendere Wahrnehmung der Kompetenzen zur Wahrung der Interessen des anderen Teils notwendig erscheint. Dies bedeutet, dass regelmäßig das Verständnis der Norm zu wählen ist, welches „einheitsstiftend und -erhaltend" wirkt.[640]

b. Rechts- bzw. Kompetenzausübungsschranke

Eine zweite Gangart findet die Bundestreue in ihrer Anwendung als Rechts- bzw. Kompetenzausübungsschranke.[641] In dieser Funktion wirkt die Bundestreue, wenn die Kompetenznorm eine bestimmte Verhaltensweise grundsätzlich abdecken würde, dies allerdings missbräuchlich erscheinen würde. In diesem Fall ist entweder bereits die durch die Bundestreue geforderte Loyalität der Maßstab für die Handhabung der Kompetenz oder diese verhilft dabei, eine bestimmte Gebrauchsweise der Kompetenz als funktionswidrig zu qualifizieren, d.h. die Missbrauchsschwelle wird durch Anwendung des Grundsatzes der Bundestreue herabgesetzt.[642] Darunter fallen insbesondere das Verbot rechtsmissbräuchlichen Verhaltens[643] sowie das Verbot widersprüchlichen Verhaltens[644].

---

[640] *Hesse,* Grundzüge des Verfassungsrechts, 20. Aufl. 1999, § 2 Rn. 74.
[641] BVerfG, Urt. v. 01.12.1954 – 2 BvG 1/54 = BVerfGE 4, 115 (140); BVerfG, Urt. v. 30.07.1958 – 2 BvG 1/58 = BVerfGE 8, 122 (138); BVerfG, Urt. v. 24.07.1962 – 2 BvF 4, 5/61, 1, 2/62 = BVerfGE 14, 197 (215); BVerfG, Urt. v. 15.11.1971 – 2 BvF 1/70 = BVerfGE 32, 199 (242); *Bayer,* Die Bundestreue, 1961, S. 64 f.; *Broemel,* in: v. Münch/Kunig GG, Art. 72 Rn. 28; *Brohm,* Landeshoheit und Bundesverwaltung, 1968, S. 38; *Degenhart,* Staatsorganisationsrecht, 39. Aufl. 2023, § 5 Rn. 505; *Deja,* Besoldung und Versorgung, 2012, S. 29 f., 222 ff.; *Lorz,* Interorganrespekt, 2001, S. 32; *Pleyer,* Föderative Gleichheit, 2005, S. 327; *Sachs,* in: Sachs GG, Art. 20 Rn. 70; *Schunck,* SKV 1965, 5 – „in erster Linie"; *Will,* Staatsrecht I, 2021, S. 242, § 13 Rn. 74; *Wittreck,* in: Härtel, Föderalismus Hdb. Bd. 1, 2012, S. 497 (512); *Wöhlert/Pfeuffer,* StuW 2021, 293 (294).
[642] *Brohm,* Landeshoheit und Bundesverwaltung, 1968, S. 38; *Schenke,* in: GS Brugger, 2013, S. 523 (525); parallel bzgl. der Verfassungsorgantreue *Schenke,* Die Verfassungsorgantreue, 1977, S. 49 f.; *Mahrenholz,* in: FS Schneider, 2008, S. 210 (217).
[643] S. nur BVerfG, Urt. v. 19.02.2001 – 2 BvG 2/00 = BVerfGE 104, 249 (269 f.); BVerfG, Beschl. v. 27.06.2002 – 2 BvF 4/98 = BVerfGE 106, 1 (27); BVerfG, Beschl. v. 03.03.2004 – 1 BvF 3/92 = BVerfGE 110, 33 (52); BVerfG, Beschl. v. 07.12.2021 – 2 BvL 2/15 = BVerfGE 160, 1 (Rn. 48); BVerfG, Beschl. v. 22.03.2022 – 1 BvR 2868/15 = BVerfGE 161, 1 (Rn. 40); BayVerfGH, Entsch. v. 16.07.2020 – Vf. 32-IX-20 = NVwZ 2020, 1429 (1432); *Bauer,* Die Bundestreue, 1992, S. 356 ff.; *Lorz,* Interorganrespekt, 2001, S. 32.
[644] *Bauer,* Die Bundestreue, 1992, S. 358; *Bauer,* in: Dreier GG, Art. 20 (Bundesstaat) Rn. 51; *Lorz,* Interorganrespekt, 2001, S. 32.

Eine Beschränkung von Kompetenzen durch den Grundsatz der Bundestreue kann beispielsweise auf dem Gebiet der konkurrierenden Gesetzgebungskompetenz liegen, wenn der Landesgesetzgeber mangels bestehender bundesrechtlicher Regelung zu einer Materie theoretisch noch eine Regelung treffen dürfte, der Bundesgesetzgeber diese aber zum Gegenstand eines Gesetzgebungsverfahrens macht.[645] Würden Bund und Land sich in Bezug auf eine Materie zeitgleich gesetzgeberisch betätigen, träte ein „schwer erträglicher Zustand"[646] ein. Folglich werden die Länder durch die Bundestreue in einer ihnen formal zustehenden Gesetzgebungskompetenz beschränkt.

Umgekehrt werden die Gesetzgebungskompetenzen des Bundes beispielsweise dort durch den Grundsatz der Bundestreue beschränkt, wo der Bund kraft einer Gesetzgebungskompetenz in eine andere „hineinwirken" kann, die ihm grundsätzlich verschlossen wäre.[647] Die Achtung der Kompetenzen der Länder gebietet dort, diese nicht vollständig auszuschließen, obwohl die Kompetenz des Bundes dies technisch gesehen gestatten würde, der Bund dürfte z.B. nicht über seinen Kompetenztitel hinsichtlich des bürgerlichen Rechts aus Art. 74 Nr. 1 GG das gesamte Staatshaftungsrecht auch der Länder regeln.[648]

Zwischen den Ländern kann eine derartige Beschränkung stattfinden, wenn das eine Landesgesetz andere Länder durch ein zu starkes Gefälle in Zugzwang bringen würde, beispielsweise bei einer massiv abweichenden Beamtenbesoldung.[649]

Die Dimension als Kompetenzausübungsschranke wird teils heftig kritisiert: Es mache keinen Unterschied, ob eine Kompetenz rücksichtslos ausgeübt oder überschritten werde, da die Kompetenzgrenzen in beiden Fällen überschritten seien und auch im Übrigen biete der Grundsatz der Bundestreue gegenüber dem allgemeinen Missbrauchsverbot keine weiteren Vorteile.[650] Die Kritik ist aus

---

[645] BVerfG, Urt. v. 26.07.1972 – 2 BvF 1/71 = BVerfGE 34, 9 (28 f.).
[646] BVerfG, Urt. v. 26.07.1972 – 2 BvF 1/71 = BVerfGE 34, 9 (29).
[647] BVerfG, Urt. v. 19.10.1982 – 2 BvF 1/81 = BVerfGE 61, 149 (204 f.).
[648] BVerfG, Urt. v. 19.10.1982 – 2 BvF 1/81 = BVerfGE 61, 149 (204 f.); *Poscher*, in: Herdegen/Masing/Poscher/Gärditz, Hdb. VerfR, 2021, § 3 Rn. 121.
[649] Grundsätzliche Anerkennung als Kompetenzausübungsschranke bei Besoldungswettbewerb *Bochmann*, ZBR 2007, 1 (6); tendenziell nur Konsultation und Abstimmung, aber auch für die Unzulässigkeit eines Besoldungswettbewerbs bei Abhängung finanzschwacher Länder *Frank/Heinicke*, ZBR 2009, 34 (37); nur ausnahmsweise bei offensichtlichen Wettläufen zum Zwecke der Schwächung eines anderen Landes *Lindner*, ZBR 2007, 221 (226); nur bei Rechtsmissbrauch mit gravierenden Einschnitten in die bundesstaatliche Struktur, dafür aber Verständigungspflicht *Deja*, Besoldung und Versorgung, 2012, S. 224, 229; Gebot, nicht wesentlich mit der Besoldung hinter anderen Bundesländern zurückbleiben zu dürfen *Jach*, RiA 2014, 1 (5); Beschränkung auf Extremfälle *Degenhart*, Staatsorganisationsrecht, 39. Aufl. 2023, § 5 Rn. 506; ablehnend *Hebeler*, ZBR 2015, 1 (4 f.).
[650] *Pestalozza*, Formenmißbrauch des Staates, 1973, S. 101 ff.

mehreren Gründen abzuweisen: Zum einen bietet die Bundestreue gegenüber einer freien Auslegung der Kompetenznorm durch vorgeprägte Argumentationsmuster eine bessere Handhabbarkeit.[651] Darüber hinaus wird die Schwelle im Vergleich zum allgemeinen Missbrauchsverbot gerade herabgesetzt und kommt somit zu anderen Ergebnissen.[652]

Deutlich wird die Beschränkung durch die Bundestreue auch anhand des Rechts auf die Durchführung von Reaktionsmöglichkeiten. Werden Bundes- oder Landesinteressen von außen beeinträchtigt, beispielsweise im Falle einer Völkerrechtsverletzung, bestehen zumindest in gewissem Umfang Reaktionsmöglichkeiten.[653] Ein derartiges Recht zur Einleitung von Gegenmaßnahmen widerspricht im Innenverhältnis dagegen dem Gedanken der Bundestreue.[654] Auch entbindet eine Missachtung der Bundestreue durch den anderen Teil nicht von der Beachtung derselben Pflicht.[655] Der tu-quoque-Einwand, also der Einwand der „Bundesuntreue", ist folglich ausgeschlossen.[656] Dies wird nur klar, wenn man sich Herleitung und Zweck der Bundestreue vor Augen führt. Wird desintegrativem Verhalten eines Bundesstaatsgliedes mehr Desintegration entgegengehalten, vertieft sich der Schaden an der Einheit des Bundesstaates.[657]

c. Rechte und Pflichten

Schließlich kommt der Bundestreue die Funktion als Quelle von Rechten und Pflichten zu.[658] Diese ist jedoch nicht unbegrenzt. So wurde zwar in Erwägung

---

[651] Dies anerkennt auch *Pestalozza*, Formenmißbrauch des Staates, 1973, S. 102 – „anschaulich, griffig", ohne dem jedoch einen hinreichenden Vorteil abzugewinnen.
[652] *Brohm*, Landeshoheit und Bundesverwaltung, 1968, S. 38; *Schenke*, in: GS Brugger, 2013, S. 523 (525); ähnlich bzgl. der Verfassungsorgantreue *Mahrenholz*, in: FS Schneider, 2008, S. 210 (217); *Schenke*, Die Verfassungsorgantreue, 1977, S. 49 f.
[653] S. ausführlich hierzu im Gutachten der Wissenschaftlichen Dienste des Bundestages, WD 2 - 3000 - 071/19 v. 08.07.2019, Rechtsfragen zu völkerrechtlichen Sanktionen; *Schröder*, in: Graf Vitzthum/Proelß, Völkerrecht, 8. Aufl. 2019, S. 745 ff.
[654] *Jarass*, in: Jarass/Pieroth GG, Art. 20 Rn. 25; *Sommermann*, in: v. Mangoldt/Klein/Starck GG, Art. 20 Rn. 38; *Starski*, in: Kahl/Ludwigs, Hdb. Verwaltungsrecht, Bd. 3, 2022, § 79 Rn. 18; vgl. auch *Geiger*, BayVBl. 1957, 337 (339 f.).
[655] BVerfG, Urt. v. 30.07.1958 – 2 BvG 1/58 = BVerfGE 8, 122 (140); *Bauer*, Die Bundestreue, 1992, S. 337 f.
[656] *Bauer*, Die Bundestreue, 1992, S. 337 f.; *Bauer*, in: Dreier GG, Art. 20 (Bundesstaat) Rn. 48; *Geiger*, in: Süsterhenn, Föderalistische Ordnung, 1961, S. 113 (124 f.); *Sachs*, in: Sachs GG, Art. 20 Rn. 69; *Sommermann*, in: v. Mangoldt/Klein/Starck GG, Art. 20 Rn. 38; *Stern*, StaatsR Bd. 1, 2. Aufl. 1984, S. 702; a.A. noch *Bayer*, Die Bundestreue, 1961. S. 67 ff.
[657] Vgl. *Bayer*, Die Bundestreue, 1961, S. 68; *Geiger*, in: Süsterhenn, Föderalistische Ordnung, 1961, S. 113 (124 f.); nur Begründung durch die Funktionsfähigkeit und das fehlende Synallagma im Bundesstaat *Bauer*, Die Bundestreue, 1992, S. 338.
[658] BVerfG, Urt. v. 20.02.1952 – 1 BvF 2/51 = BVerfGE 1, 117 (131); BVerfG, Urt. v. 30.07.1958 – 2 BvG 1/58 = BVerfGE 8, 122 (138 f.); BVerfG, Urt. v. 28.02.1961 – 2 BvG 1, 2/60 = BVerfGE 12, 205 (254 f.); BVerfG, Beschl. v. 07.10.1980 – 2 BvR 584, 598, 599, 604/76 = BVerfGE 56,

gezogen, in der Bundestreue einen „selbstständigen Geltungsgrund" zu sehen, welcher die Begründung selbstständiger Rechte und Pflichten erlaube,[659] d.h. letztlich Kompetenzen für Bund und Länder erstmalig begründen könne. Dem ist jedoch nicht zu folgen. Vielmehr setzt die Bundestreue eine bestehende Kompetenz voraus, bei deren Ausübung sie sodann Beachtung finden muss.[660] Erneut zeichnet sich die Beziehung zum Grundsatz von Treu und Glauben ab: Auch dieser setzt zuvor eine bestehende Sonderbeziehung voraus.[661] Im Zivilrecht ist dies typischerweise ein Vertrag,[662] aber auch andere Sonderverbindungen, beispielsweise eine unerlaubte Handlung,[663] kommen in Betracht. Dagegen kann eine Person durch den Grundsatz von Treu und Glauben nicht zu einer Hauptleistung verpflichtet werden.[664]

Parallel hierzu kann die Bundestreue bei einem bestehenden Rechtsverhältnis jedoch „Nebenpflichten" begründen,[665] beispielsweise Mitwirkungs- und Verständigungspflichten[666]. Hervorzuheben ist insbesondere die Pflicht, andere Bundesglieder durch Informationen zu unterstützen, wie etwa durch das Zurverfügungstellen von Datenmaterial.[667]

Aus der Bundestreue können auch Hilfs- und Unterstützungspflichten folgen.[668] Darunter fällt zum einen die Pflicht zur Kooperation, beispielsweise wenn im Rahmen der Kompetenzverteilung nur das Land handeln darf und der Bund dadurch nicht in der Lage ist, seine eigenen Interessen zu wahren. So war das Land Hessen verfassungsrechtlich dazu verpflichtet, aufsichtsrechtlich gegen eine Volksbefragung auf Kommunalebene einzuschreiten, welche gegen Bun-

---

298 (322); BVerfG, Urt. v. 04.11.1986 – 1 BvF 1/84 = BVerfGE 73, 118 (197); BVerfG, Urt. v. 22.03.1995 – 2 BvG 1/89 = BVerfGE 92, 203 (230 ff.); *Bauer,* in: Dreier GG, Art. 20 (Bundesstaat) Rn. 49; *Sachs,* in: Sachs GG, Art. 20 Rn. 71; *Will,* Staatsrecht I, 2021, S. 243 f., § 13 Rn. 80 ff.
[659] *Kaiser,* ZaöRV 18 (1958), 526 (544) m.w.N.
[660] *Bayer,* Die Bundestreue, 1961, S. 63.
[661] *Mansel,* in: Jauernig BGB, § 242 Rn. 10; *Sutschet,* in: BeckOK BGB, § 242 Rn. 14.
[662] S. z.B. *Mansel,* in: Jauernig BGB, § 242 Rn. 10; *Schubert,* in: MüKo BGB, § 242 Rn. 229; *Sutschet,* in: BeckOK BGB, § 242 Rn. 14 f.
[663] BGH, Urt. v. 05.06.1985 – I ZR 53/83 = BGHZ 95, 274 (279); BGH, Urt. v. 13.06.1985 – I ZR 35/83 = BGHZ 95, 285 (288).
[664] *Kähler,* in: BeckOGK BGB, § 242 Rn. 133.
[665] Vgl. *Bayer,* Die Bundestreue, 1961, S. 64; parallele Terminologie zur Gemeinschaftstreue *Bleckmann,* RIW/AWD 1981, 653 (653).
[666] BVerfG, Urt. v. 04.03.1975 – 2 BvF 1/72 = BVerfGE 39, 96 (119 f.); BVerfG, Beschl. v. 10.02.1976 – 2 BvG 1/74 = BVerfGE 41, 291 (312); BVerfG, Beschl. v. 07.10.1980 – 2 BvR 584/76 u.a. = BVerfGE 56, 298 (322); BVerfG, Urt. v. 24.06.1986 – 2 BvF 1/83 u.a. = BVerfGE 72, 330 (402); *Sachs,* in: Sachs GG, Art. 20 Rn. 71.
[667] *Kämmerer,* Staatsorganisationsrecht, 4. Aufl. 2022, § 4 Rn. 20, 22.
[668] *Bauer,* in: Dreier GG, Art. 20 (Bundesstaat) Rn. 49.

desrecht verstieß, obgleich der Aufsichtsbehörde nach dem Landesrecht grundsätzlich ein Ermessen zustand.[669] Weiter entschied das Bundesverfassungsgericht, dass finanzstärkere Länder den finanzschwächeren Ländern in gewissen Grenzen Hilfe zu leisten haben.[670] In der zugrundeliegenden Entscheidung bestand durch die Vorschriften der Art. 105 ff. GG a.F. ein nach Art. 109 GG a.f. durch die Selbstständigkeit von Bund und Ländern in der Haushaltswirtschaft begrenztes Rechtsverhältnis. An dieser Stelle wirkte der Grundsatz der Bundestreue trotz dieser Beschränkung in der Weise, dass neben den grundsätzlichen Rechten und Pflichten im Rahmen des Haushaltsrechts ein Finanzausgleich zur gegenseitigen Unterstützung zu leisten war.[671] Eine vergleichbare Pflicht dürfte im Rahmen des § 242 BGB selten angenommen werden können. Der wohl nächste Vergleichspunkt im Zivilrecht findet sich im Gesellschaftsrecht bei der Frage einer Nachschusspflicht. Eine solche ist aufgrund des Treuegebotes zwar grundsätzlich denkbar, wird jedoch regelmäßig nicht bejaht bzw. auf ganz außergewöhnliche Fälle beschränkt.[672]

Eine derart intensive Nebenpflicht im Verfassungsrecht kann allerdings durch den Integrationsgedanken erklärt werden, welchem im Zivilrecht nicht dieselbe Bedeutung[673] wie im Verfassungsrecht zukommt. Während sich im Zivilrecht zwei (Vertrags-)Parteien gegenüberstehen, geht es bei der Bundestreue um Staatsteile, welche dem Wohl des Gesamtstaates verpflichtet sind. Dies führt dazu, dass zum Zwecke der Einheit auch hinsichtlich der Intensität über den Grundsatz von Treu und Glauben im Zivilrecht hinausgehende Pflichten begründet werden können. Sieht man in der Bundestreue eine bereichsspezifische Ausprägung von Treu und Glauben, liegt die Begründung in den „Eigenheiten des Bundesstaatsrechts", die der Bundestreue eine „singuläre und unverwech-

---

[669] BVerfG, Urt. v. 30.07.1958 – 2 BvG 1/58 = BVerfGE 8, 122 (138 f.).
[670] BVerfG, Urt. v. 20.02.1952 – 1 BvF 2/51 = BVerfGE 1, 117 (131); BVerfG, Urt. v. 28.02.1961 – 2 BvG 1, 2/60 = BVerfGE 12, 205 (254).
[671] Zu der näheren Begründung BVerfG, Urt. v. 20.02.1952 – 1 BvF 2/51 = BVerfGE 1, 117 (131 ff.); fortgeführt von 1969 bis 2006 durch Art. 104a Abs. 4 GG – „Ausgleich unterschiedlicher Wirtschaftskraft"; heute noch in Art. 107 Abs. 2 S. 1 GG – „unterschiedliche Finanzkraft der Länder angemessen ausgeglichen"; vgl. auch *Häberle/Kotzur*, Europäische Verfassungslehre, 8. Aufl. 2016, Rn. 1178.
[672] BGH, Urt. v. 04.07.2005 – II ZR 354/03 = ZIP 2005, 1455 (1456 f.); OLG Celle, Urt. v. 21.12.2005 – 9 U 96/05 = ZIP 2006, 807 (809); die Zustimmungspflicht zur Kapitalerhöhung nur bejahend, da eine Nachschusspflicht gerade nicht entstünde BGH, Urt. v. 25.09.1986 – II ZR 262/85 = NJW 1987, 189 (190 f.); *Schäfer*, in: MüKo BGB, § 705 Rn. 285; ähnlich auch BGH, Urt. v. 10.06.1965 – II ZR 6/63 = NJW 1965, 1960.
[673] Vgl. *Smend*, Integration, in: ders. Staatsrechtliche Abhandlungen, 3. Aufl. 1994, S. 482 (483); vage Parallelen beispielsweise in BGH, Urt. v. 25.09.1986 – II ZR 262/85 = NJW 1987, 189 (190).

selbare inhaltliche Ausrichtung" geben.[674] Versucht man diese Begründung auf den Fall einer Pflicht zu finanziellem Ausgleich zwischen den Ländern zu konkretisieren, fällt es schwer, um den Integrationsgedanken oder dessen Umschreibungen herumzukommen. Mithin offenbart diese Rechtsprechung des Bundesverfassungsgerichts eine Stärke des Kombinationsansatzes. Umgekehrt kann durch Integrationskomponente jedoch auch der Schluss auf die Richtigkeit der Rechtsprechung des Bundesverfassungsgerichts gezogen werden.

Daneben gewinnt die Dimension als Quelle für Rechte und Pflichten Bedeutung, wenn es um die Frage der Art und Weise der Wahrnehmung der Kompetenz geht.[675] Insofern ergeben sich aus dem Grundsatz bundesfreundlichen Verhaltens bestimmte Rücksichtnahmepflichten im Verfahren.[676] Darunter fallen insbesondere Vorgaben zu Procedere und Stil bei Verhandlungen.[677] Auch die Pflicht zur Gleichbehandlung der Länder ist hierunter zu fassen.[678] So verstößt es beispielsweise gegen den Grundsatz der Bundestreue, wenn aus sachwidrigen Gründen einzelne Bundesländer von Beratungen ausgeschlossen oder sonst gegenüber anderen Ländern diskriminiert werden.[679] Schließlich besteht im Rahmen des Verfahrens in gewissen Fällen, beispielsweise bei der Ausübung des Weisungsrechts durch den Bund gem. Art. 85 Abs. 3 GG, auch ungeschrieben die grundsätzliche Pflicht, betroffenen Bundesgliedern Gelegenheit zur Stellungnahme zu geben, diese anzuhören und deren Standpunkt in die Erwägungen einzubeziehen.[680]

---

[674] Vgl. *Bauer,* Die Bundestreue, 1992, S. 252 f.
[675] *Lerche,* in: Kirchhof/Kommers, Deutschland und sein Grundgesetz, 1993, S. 79 (82); Betonung der Rolle der Bundestreue für das Verfahren bei gleichzeitiger Kritik an dem Grundsatz *Lerche,* VVDStRL 21 (1964), 66 (88 ff.).
[676] *Bauer,* Die Bundestreue, 1992, S. 352 ff.; *Bauer,* in: Dreier GG, Art. 20 (Bundesstaat) Rn. 49 f.; *Sachs,* in: Sachs GG, Art. 20 Rn. 71.
[677] BVerfG, Urt. v. 28.02.1961 – 2 BvG 1, 2/60 = BVerfGE 12, 205 (255); *Bauer,* Die Bundestreue, 1992, S. 353 f.
[678] BVerfG, Urt. v. 28.02.1961 – 2 BvG 1, 2/60 = BVerfGE 12, 205 (255); *Bauer,* Die Bundestreue, 1992, S. 353; *Bauer,* in: Dreier GG, Art. 20 (Bundesstaat) Rn. 50; *Sachs,* in: Sachs GG, Art. 20 Rn. 71; *Starski,* in: Kahl/Ludwigs, Hdb. Verwaltungsrecht, Bd. 3, 2022, § 79, Rn. 17.
[679] BVerfG, Urt. v. 28.02.1961 – 2 BvG 1, 2/60 = BVerfGE 12, 205 (255); *Kämmerer,* Staatsorganisationsrecht, 4. Aufl. 2022, § 4 Rn. 20, 22.
[680] BVerfG, Urt. v. 22.05.1990 – 2 BvG 1/88 = BVerfGE 81, 310 (337); BVerfG, Urt. v. 19.02.2001 – 2 BvG 2/00 = BVerfGE 104, 249 (270); *Ipsen/Kaufhold/Wischmeyer,* Staatsrecht I, 35. Aufl. 2023, § 11 Rn. 33 f.; *Mager,* Staatsrecht I, 9. Aufl. 2021, Rn. 458; *Papier/Krönke,* Grundkurs Öffentliches Recht 1, 4. Aufl. 2022, S. 136 Rn. 259.

d. Verhältnis der Funktionsmodalitäten untereinander

Eine scharfe Abgrenzung der Funktionen stellt sich als schwierig bis unmöglich dar.[681] Dieser Umstand wird dadurch abgemildert, dass die zuvor erläuterten Kategorien teils fließend ineinander übergehen. Dies zeigen bereits einige der angeführten Fälle: Im Rahmen des Finanzausgleichs ergibt sich die Unterstützungspflicht beispielsweise auch aus einer beschränkenden Auslegung des Art. 109 Abs. 1 GG, welcher grundsätzlich eine selbstständige Haushaltswirtschaft vorsieht.[682] Zwar mag der Schwerpunkt in diesem Fall auf der Pflichtendimension liegen, jedoch schließt dies nicht aus, dass die Bundestreue zugleich als Auslegungstopos dient.

Die Rechtsprechung zu Procedere und Stil[683] kann als Pflicht zur Kooperation oder Rücksichtnahme eingeordnet werden.[684] Ebenso ist jedoch denkbar, dieses Ergebnis als Missbrauchsschranke zu sehen, welche die Kompetenzen des Bundes auf solche Verfahrensweisen beschränkt, die nicht durch eine gezielte Spaltung der Länder auf einen faktischen Beitrittszwang hinwirken.

Die unterschiedlichen Einordnungsmöglichkeiten sind allerdings nicht als problematisch anzusehen. Sie dienen zum einen eher der Orientierung und Handhabbarkeit, als dass sie die Bundestreue begrenzen oder definieren wollen. Zum anderen fällt bereits die Darstellung der Einteilung der Funktionen des bundesfreundlichen Verhaltens an sich in der Literatur unterschiedlich aus, ohne dass sich hieraus ein grundlegend anderes Verständnis des Prinzips ergäbe.[685]

5. Rechtsfolgen und Durchsetzbarkeit

Liegt ein Verstoß gegen den Grundsatz bundesfreundlichen Verhaltens vor ist das Handeln oder Unterlassen, welches den Verstoß begründet, verfassungswidrig, da die Bundestreue einen Grundsatz des Verfassungsrechts darstellt.[686] Fraglich sind sodann allerdings die Konsequenzen, die sich aus der Verfassungswidrigkeit ergeben. Im Wesentlichen gilt freilich die allgemeine Systematik, d.h. grundsätzlich das Nichtigkeitsdogma.[687]

---

[681] Vgl. *Bayer,* Die Bundestreue, 1961, S. 65 ff.; parallel zur Verfassungsorgantreue *Schenke,* Die Verfassungsorgantreue, 1977, S. 46 ff.
[682] Vgl. BVerfG, Urt. v. 20.02.1952 – 1 BvF 2/51 = BVerfGE 1, 117 (131).
[683] BVerfG, Urt. v. 28.02.1961 – 2 BvG 1, 2/60 = BVerfGE 12, 205 (255).
[684] Einordnung in die Pflichtendimension z.B. *Robbers,* in: BK GG, Art. 20 Rn. 1029.
[685] Vgl. bereits oben C.I.2.
[686] Vgl. *Jarass,* in: Jarass/Pieroth GG, Art. 20 Rn. 25; *Kloepfer,* Der Staat 13 (1974), 457 (468, Fn. 45); *Robbers,* in: BK GG Art. 20 Rn. 995.
[687] *Bethge,* in: Schmidt-Bleibtreu/Klein/Bethge BVerfGG, § 31 Rn. 142 ff.; *Pfeiffer,* Das exekutive Normsetzungsermessen, 2024, S. 387 ff., jew. m.w.N.

Ein unter Verstoß gegen die Bundestreue zustande gekommenes Gesetz wäre nach dem Nichtigkeitsdogma grundsätzlich ipso iure nichtig.[688] Im Gesetzgebungsverfahren werden jedoch bisweilen Ausnahmen von § 78 BVerfGG gemacht: Das Bundesverfassungsgericht sieht bei Verfahrensfehlern, welche nicht in einer Kompetenzüberschreitung liegen, aus Rechtssicherheitsgründen nur dann die Nichtigkeit des Gesetzes vor, wenn der Verstoß evident ist.[689] Teils findet sich sodann die Forderung einer Nachholung des Verfahrens ohne den etwaigen Fehler.[690] Wird diese endgültig verweigert, ziehe erst dies die Nichtigkeit nach sich.[691]

Das Nichtigkeitsdogma gilt grundsätzlich, aber nicht zwangsläufig auch für andere Rechtsakte.[692] Ein Verstoß durch einen Verwaltungsakt[693] führt beispielsweise grundsätzlich nicht zu dessen Nichtigkeit.[694] In Bezug auf die Bundestreue dürfte die Nichtigkeit häufig bereits am Offensichtlichkeitskriterium des § 44 Abs. 1 VwVfG bzw. dessen landesrechtlichen Pendants scheitern. Der Verstoß durch eine untergesetzliche Norm führt dagegen grundsätzlich, nicht aber zwangsläufig zur ipso-iure Nichtigkeit.[695] Ein Realakt kann bereits seinem Wesen nach nicht nichtig sein.[696] Dasselbe gilt freilich für ein aufgrund Verstoßes gegen die Bundestreue rechtswidriges Unterlassen.

a. Die allgemeine Justitiabilitätsproblematik

Problematisch an der Nichtigkeitsfolge ist die Grenzziehung zwischen politischem und rechtlich verbindlichem Gebot. Dies gilt umso mehr, wenn ein Ge-

---

[688] Vgl. *Bethge*, in: Schmidt-Bleibtreu/Klein/Bethge BVerfGG, § 78 Rn. 7; *Jarass*, in: Jarass/Pieroth GG, Art. 20 Rn. 46; hinsichtlich der Organtreue *Stern/Bethge*, Öffentlich-rechtlicher und privatrechtlicher Rundfunk, 1971, S. 39.
[689] BVerfG, Urt. v. 26.07.1972 – 2 BvF 1/71 = BVerfGE 34, 9 (25); BVerfG, Beschl. v. 11.10.1994 – 1 BvR 337/92 = BVerfGE 91, 148 (175); BVerfG, Beschl. v. 15.01.2008 – 2 BvL 12/01 = BVerfGE 120, 56 (79); BVerfG, Beschl. v. 08.12.2009 – 2 BvR 758/07 = BVerfGE 125, 104 (132); so auch *Kloepfer*, Der Staat 13 (1974), 457 (468, Fn. 45); vgl. auch *Ossenbühl*, NJW 1986, 2805 (2808); a.A. i.R.d. Organtreue *Schenke*, Die Verfassungsorgantreue, 1977, S. 136 f.; *Stern/Bethge*, Öffentlich-rechtlicher und privatrechtlicher Rundfunk, 1971, S. 39; allgemein kritisch *Schwarz*, Verfassungsprozessrecht, 2021, § 6 Rn. 51.
[690] *Kloepfer*, Der Staat 13 (1974), 457 (468, Fn. 45).
[691] *Kloepfer*, Der Staat 13 (1974), 457 (468, Fn. 45).
[692] *Jarass*, in: Jarass/Pieroth GG, Art. 20 Rn. 54; *Spitzlei*, Nichtiges Verwaltungshandeln, 2022, S. 520 f.
[693] So z.B. in BVerfG, Urt. v. 30.07.1958 – 2 BvG 1/58 = BVerfGE 8, 122 (Ls. 1).
[694] S. nur § 44 VwVfG sowie dessen landesrechtliche Pendants; ausführlich hierzu *Spitzlei*, Nichtiges Verwaltungshandeln, 2022, S. 115 ff.
[695] Ausführlich hierzu *Pfeiffer*, Das exekutive Normsetzungsermessen, 2024, S. 387 ff.; *Spitzlei*, Nichtiges Verwaltungshandeln, 2022, S. 359 ff., 411 ff. jew. m.w.N.
[696] Ausführlich *Spitzlei*, Nichtiges Verwaltungshandeln, 2022, S. 353 ff. m.w.N.

richt darüber zu befinden hat.[697] Die Bundestreue wird somit seit jeher von der Justitiabilitätsthematik begleitet. Sie wurde anfänglich aufgeworfen, als sich der Grundsatz erstmals als *Rechts*grundsatz etablierte.[698] Selbst *Smend* sah die Staatsgerichtsbarkeit lediglich als Weg zur Verständigung, d.h. als Schiedsspruch, welcher nicht auf Befehl und Zwang gegen unwillige Parteien ausgehen solle.[699] Für die damals wohl herrschende Meinung erschien schon die rechtliche Verbindlichkeit problematisch.[700] Somit fand auch die Justitiabilität der Bundestreue erst unter der Weimarer Republik allmählich Einzug.[701]

Dies gilt freilich unter dem Grundgesetz nicht mehr, weshalb prinzipiell die gerichtliche Geltendmachung einer Verletzung der Bundestreue ohne weiteres möglich ist.[702] Einschlägig ist typischerweise der Bund-Länder-Streit gem. Art. 93 Abs. 1 Nr. 3 GG.[703] Ein anderer Rechtsweg ist allerdings möglich, beispielsweise im verwaltungsrechtlichen Rechtsverhältnis.[704]

Dennoch verblieb die Diskussion um die Reichweite der Justitiabilität und keimte vor allem anlässlich umstrittener Entscheidungen des Bundesverfassungsgerichts immer wieder auf.[705] Im Kern scheint es sich dabei um die Frage der Abgrenzung zwischen verbindlichem Rechtsgebot und bloß wünschenswerter politischer Verhaltensmaxime zu handeln.[706] Das Bundesverfassungsgericht hielt schon früh fest, dass es „nur Rechtsfragen entscheiden" kann.[707] Demnach wären offensichtlich bloß politische Gehalte der Bundestreue nicht gerichtlich überprüfbar, d.h. diejenigen Fälle, welche primär politischer Natur sind.[708] Ebenso klar scheinen die Fälle zu sein, welche reine Rechtsfragen betreffen. Einen solchen Fall sieht das Bundesverfassungsgericht beispielsweise bei der Frage der

---

[697] S. allgemein zu dieser Problematik *Loewenstein,* Verfassungslehre, 3. Aufl. 1975, S. 261, 264 f.
[698] Vgl. *Smend,* Verfassung und Verfassungsrecht (1928), in: ders., Staatsrechtliche Abhandlungen, 3. Aufl. 1994, S. 119 (240).
[699] *Smend,* Verfassung und Verfassungsrecht (1928), in: ders., Staatsrechtliche Abhandlungen, 3. Aufl. 1994, S. 119 (240, 272 f.).
[700] S. hierzu *Bauer,* Die Bundestreue, 1992, S. 43 ff. m.w.N.
[701] S. hierzu *Bauer,* Die Bundestreue, 1992, S. 90 ff. m.w.N.
[702] *Gröpl,* Staatsrecht I, 15. Aufl. 2023, § 9 Rn. 596; *Kämmerer,* Staatsorganisationsrecht, 4. Aufl. 2022, § 4 Rn. 20; vgl. zu dieser Entwicklung auch *Morlok/Schindler,* in: Lhotta (Hrsg.), Die Integrationslehre des modernen Staates, 2005, S. 13 (24).
[703] *Bayer,* Die Bundestreue, 1961, S. 122 ff.; vgl. auch *Spanner,* Das Bundesverfassungsgericht, 1972, S. 81.
[704] *Pünder,* in: Ehlers/Schoch, Rechtsschutz im Öffentlichen Recht, 2021, § 20 Rn. 20; s. i.Ü. oben C.I.3.b.cc.
[705] So beispielsweise bei der Ausdehnung auf Stil und Procedere durch BVerfG, Urt. v. 28.02.1961 – 2 BvG 1, 2/60 = BVerfGE 12, 205 (255); s. nur *Hesse,* Der unitarische Bundesstaat, 1962, insb. S. 7 ff.; vgl. i.Ü. bereits oben B.II.1.b.
[706] *Bauer,* Die Bundestreue, 1992, S. 149.
[707] BVerfG, Urt. v. 21.05.1952 – 2 BvH 2/52 = BVerfGE 1, 299 (306).
[708] *Bauer,* Die Bundestreue, 1992, S. 150.

Beschränkung der Kompetenzausübung durch den Grundsatz der Bundestreue, welche es „in vollem Umfang" überprüft.[709]

b. Nichtjustitiable Rechtsfragen

Diese Abgrenzung ist nach der Rechtsprechung des Bundesverfassungsgerichts selbst sowie Teilen der Literatur aber nur teilweise zutreffend. Zwischen den Bereichen des rein Politischen und rein Rechtlichen befinde sich ein Bereich, welcher den rechtlichen Gehalt des Grundsatzes der Bundestreue anbelangt, aber dennoch nicht justitiabel sei. Das Bundesverfassungsgericht beschränkt sich ausdrücklich auf die „Kontrolle der Einhaltung äußerster Grenzen", d.h. wenn der betreffende Beteiligte „seine Freiheit offenbar mißbraucht" hat.[710] Daraus lässt sich schließen, dass das Bundesverfassungsgericht die Frage nicht als außerrechtliche Frage sieht, sondern als rechtliche Frage, in der es sich jedoch zurückzuhalten hat (sog. „judicial self-restraint"[711]).[712] Materien, welche in diesen Bereich fallen, sind folglich zwar rechtlich bindend, die gerichtliche Kontrolle reicht allerdings nicht so weit wie die rechtliche Bindung.[713] Auch in der Literatur findet sich – neben der zuvor bereits abgelehnten vollständigen Verbannung aus dem Recht – vielfach die Forderung der Zurückhaltung der Rechtsprechung bei der Anwendung der Bundestreue.[714]

Dennoch dürfe die Begrenzung der gerichtlichen Überprüfung nicht dazu führen, dass Bund und Länder die ihnen obliegenden Pflichten aus der Bundes-

---

[709] BVerfG, Urt. v. 26.07.1972 – 2 BvF 1/71 = BVerfGE 34, 9 (21).
[710] BVerfG, Urt. v. 01.12.1954 – 2 BvG 1/54 = BVerfGE 4, 115 (140); zustimmend *Robbers*, in: BK GG Art. 20 Rn. 1016; vgl. parallel zur Organtreue *Borowski*, DÖV 2000, 481 (490 f.).
[711] BVerfG, Urt. v. 31.07.1973 – 2 BvF 1/73 = BVerfGE 36, 1 (14); allgemeiner dazu Bericht des Berichterstatters an des Plenum des Bundesverfassungsgerichts zur „Status"-Frage, JöR n.F. 6 (1957), 120 (126 f.); *Benda*, in: Thaysen/Davidson/Livingston, US-Kongress, 1988, S. 217 (227); *Burkiczak*, in: Burkiczak/Dollinger/Schorkopf BVerfGG, § 1 Rn. 15; *Delbrück*, in: Randelzhofer/Süß, Konsens und Konflikt, 1986, S. 54 (59 ff.); *Kloepfer*, Hdb. Verfassungsorgane, 2022, § 1 Rn. 161, § 8 Rn. 89 ff.; *Lovens*, Bundesverfassungsrichter, 2009, S. 77; *Robbers*, in: BK GG, Art. 20 Rn. 3233 ff.; *Schenke*, Die Verfassungsorgantreue, 1977, S. 120; *Tomuschat*, DÖV 1973, 801 (801, 806 f.); *Wittig*, Der Staat 8 (1969), 137 (145); *Zuck*, JZ 29 (1974), 361 ff.
[712] Vgl. zu dieser Schlussfolgerung auch *Geiger*, BayVBl. 1957, 337 (339); kritisch zur „Zurückhaltung" i.S.d. Selbstbeschränkung *Heun*, Funktionell-rechtliche Grenzen, 1992, S. 11 f.; *Robbers*, in: BK GG, Art. 20 Rn. 3233 ff.
[713] *Bauer*, Die Bundestreue, 1992, S. 367.
[714] Exemplarisch *Bayer*, Die Bundestreue, 1961, S. 125 – „hohes Maß an richterlicher Selbstzucht"; *Faller*, in: FS Maunz, 1981, S. 53 (66) – „Zurückhaltung in seiner Verwendung als Maßstab richterlicher Entscheidungsfindung"; *Hesse*, Grundzüge des Verfassungsrechts, 20. Aufl. 1999, § 7 Rn. 270; *Ossenbühl*, in: ders. (Hrsg.), Föderalismus und Regionalismus in Europa, 1990, S. 117 (137) – Beschränkung auf „äußerste[n] Behelf zur Behebung einer empfindlichen und schwerwiegenden Störung der bundesstaatlichen Ordnung".

treue vernachlässigen.[715] Hierzu führt das Bundesverfassungsgericht aus, die Beteiligten haben ihre Entscheidungsfreiheit mit Rücksicht auf das Gesamtwohl auszuüben.[716] Der Bundesstaat könne nur dann bestehen, „wenn Bund und Länder im Verhältnis zueinander beachten, daß das Maß, in dem sie von formal bestehenden Kompetenzen Gebrauch machen können, durch gegenseitige Rücksichtnahme bestimmt ist."[717]

Diese Aussage zielt einerseits darauf ab, die begrenzte gerichtliche Prüfungskompetenz durch eine Betonung der Pflicht von Bund und Ländern zu gegenseitiger Rücksichtnahme abzufedern.[718] Andererseits erinnert dies an die Unterscheidung von Funktions- und Kontrollnorm, welche ursprünglich auf *Forsthoff*[719] zurückgeht, aber von *Schenke*[720] für die parallel gelagerte Verfassungsorgantreue und im Anschluss daran von *Bauer*[721] für die Bundestreue fruchtbar gemacht wurde. Danach ist neben der Differenzierung zwischen politischer und rechtlicher Dimension der Bundestreue im Rahmen ihrer rechtlichen Verbindlichkeit zu unterscheiden zwischen den Gehalten der Bundestreue, welche die gesetzgeberische Funktion inhaltlich bindet („Funktionsnorm") und solchen, die das Ausmaß der verfassungsgerichtlichen Überprüfbarkeit angibt („Kontrollnorm").[722] Es kann nicht die Aufgabe des Gerichts sein, seine Meinung als gemeinverbindlich zu setzen, weswegen die gerichtliche Kontrolle hinter der rechtlichen Bindung zurückbleiben muss.[723]

Gerade im Rahmen eines dynamischen Grundsatzes wie der Bundestreue, bei dem je nach den Gegebenheiten des Einzelfalles eine Vielzahl von Ergebnissen vertretbar sein kann, erscheint es nicht sinnvoll, die Interpretationshoheit bei einem einzigen Organ zu konzentrieren. Hinzu tritt die Eigenschaft der Bundestreue, in höherem oder niedrigerem Maße mit politischen Gehalten aufgeladen zu sein, auch wenn an sich eine Rechtsfrage wie die der Reichweite einer Kompetenz betroffen ist. Umso mehr ist die Konzentration derartiger Fragen bei einem Gericht nicht adäquat. Vielmehr sollte die Konkretisierung des Gehaltes

---

[715] Vgl. BVerfG, Urt. v. 01.12.1954 – 2 BvG 1/54 = BVerfGE 4, 115 (141); *Robbers,* in: BK GG Art. 20 Rn. 1018.
[716] BVerfG, Urt. v. 01.12.1954 – 2 BvG 1/54 = BVerfGE 4, 115 (141).
[717] BVerfG, Urt. v. 01.12.1954 – 2 BvG 1/54 = BVerfGE 4, 115 (141 f.).
[718] Insofern tritt auch eine Ähnlichkeit zu der Feststellung *Smends* zutage, dass die Verfassungsgerichtsbarkeit ihrer Natur nach weniger richterlicher Befehl sein solle, sondern auf die Verständigung der Parteien abziele, vgl. *Smend,* Verfassung und Verfassungsrecht (1928), in: ders., Staatsrechtliche Abhandlungen, 3. Aufl. 1994, S. 119 (240).
[719] *Forsthoff,* in: GS W. Jellinek, 1955, S. 221 (232 f.) – bezogen auf das Willkürverbot.
[720] *Schenke,* Die Verfassungsorgantreue, 1977, S. 140 ff.
[721] *Bauer,* Die Bundestreue, 1992, S. 368 ff.
[722] Mit anderem Bezug *Forsthoff,* in: GS W. Jellinek, 1955, S. 221 (233).
[723] Mit anderem Bezug *Forsthoff,* in: GS W. Jellinek, 1955, S. 221 (233).

der Bundestreue im Sinne einer erfolgreichen bundesstaatlichen Integration in erster Linie der Verständigung von Bund und Ländern überlassen werden.[724] Letztlich ist in der Verweisung des Bundesverfassungsgerichts auf die Pflicht gegenseitiger Rücksichtnahme nur der Teil des rechtlichen Gehalts der Bundestreue zu erkennen, welcher gerade nicht überprüft werden soll. Mithin hat diese Aussage nicht mehr als Appellcharakter inne, die verbindlichen Aussagen des Grundsatzes der Bundestreue zu achten, kann aber nicht effektiv verhindern, dass Bund und Länder ihre Treue auf den justitiablen Bereich beschränken. Zwar leuchtet ein, dass das Bundesverfassungsgericht auf dem Spielfeld der verfassungsrechtlichen Akteure einen weiten Handlungsspielraum zulassen will und insofern nur eingreifen will, wenn der Verstoß offensichtlich ist. Dies birgt jedoch die Gefahr, dass die Bundestreue trotz ihrer Rechtswirksamkeit auf ein Mindestmaß reduziert wird.[725]

Eine gute Handhabung ergibt sich durch die Eingrenzung auf evidente Verstöße ebenfalls nicht. Zwar ist die Forderung nach richterlicher Selbstbeschränkung inzwischen etabliert und grundsätzlich sinnvoll,[726] jedoch wird eine scharfe Abtrennung von Justitiablem und Nicht-Justitiablem auch der Entwicklungsoffenheit und Flexibilität des Grundsatzes nicht gerecht.[727] Folglich kann festgehalten werden, dass eine gewisse Zurückhaltung der Gerichte bei der Anwendung des Grundsatzes der Bundestreue geboten ist, sodass dessen inhaltliche Konkretisierung primär bei den Akteuren in Bund und Ländern stattfindet. Eine strikte Beschränkung auf evidente Verstöße überzeugt jedoch nicht. Dies führt zwar dazu, dass im Einzelfall die gerichtliche Entscheidung in geringerem Maße vorhersehbar ist, zwingt die Akteure jedoch weitergehend, den Grundsatz bundesfreundlichen Verhaltens zu achten, während gleichzeitig die Funktionenteilung der staatlichen Glieder nicht zu weitgehend in Richtung der Gerichte verschoben wird.

Trotz dieser vorzugswürdigen flexiblen Handhabung erscheint es dennoch erforderlich, einzelne Indikatoren hervorzuheben, welche das Maß der gerichtlichen Kontrolle beeinflussen. Ein erster Faktor ist in der Komplexität des Sach-

---

[724] I.E. auch *Bauer*, Die Bundestreue, 1992, S. 369; vgl. auch *Smend*, Verfassung und Verfassungsrecht (1928), in: ders., Staatsrechtliche Abhandlungen, 3. Aufl. 1994, S. 119 (240), jedoch bei zu großer Zurücknahme der Bedeutung der verfassungsgerichtlichen Rechtsprechung.
[725] Dem Vorliegen einer maßgeblichen Gefahr mangelnder Justitiabilität mit Bezug auf die Verfassungsorgantreue entgegentretend *Voßkuhle*, NJW 1997, 2216 (2218 f.).
[726] Zustimmung zu der Zurückhaltung des BVerfG beispielsweise *Korioth*, Integration und Bundesstaat, 1990, S. 278 f.; *Lorz*, Interorganrespekt, 2001, S. 30.
[727] Vgl. *Bauer*, Die Bundestreue, 1992, S. 368.

verhaltes zu sehen.[728] Handelt es sich um besonders schwierige Entscheidungen, insbesondere wenn ein großer Beurteilungsraum besteht, ist der Grundsatz der Bundestreue eher restriktiv handzuhaben, sodass auf eine Konkretisierung durch die Beteiligten hingewirkt werden sollte.[729] Eine zu weitgehende gerichtliche Überprüfung gerade dann, wenn eine Entscheidung aus einem ohnehin komplexen Prozess hervorgegangen ist, mutet nach Mikromanagement durch das Gericht an und dürfte auf lange Sicht eher zu einer geringeren Akzeptanz verfassungsgerichtlicher Judikatur führen. Dies stünde dem durch die Bundestreue verfolgten Integrationsziel jedoch entgegen.[730] Aus demselben Grunde ist die Bundestreue bei Entscheidungen, deren Konsequenzen eine hohe Reichweite haben und die besonders intensiv sind, einer restriktiven Kontrolle zu unterziehen.[731]

Andersherum dürfte ein höheres Maß an gerichtlicher Kontrolle angezeigt sein, wenn sich insbesondere subjektiv missbräuchliche Tendenzen erkennen lassen. Zwar setzt eine Verletzung des Grundsatzes der Bundestreue gerade kein subjektives Element voraus, d.h. insbesondere keinen Vorsatz, Verschulden oder gar Böswilligkeit.[732] Jedoch sollten sich die Beteiligten gerade nicht auf gerichtliche Zurückhaltung verlassen können, wenn sie ihrerseits den Rahmen der Justitiabilität weitgehend auszuloten versuchen. Der Begriff der Selbstbeschränkung oder Zurückhaltung der Gerichte impliziert, dass diese sich auf einem Bereich, auf dem sie im Grunde entscheiden könnten, zurücknehmen, um den Entscheidungsspielraum anderer verfassungsrechtlicher Beteiligter – ganz im Sinne des Integrationsgedankens – zu achten.[733] Richten diese allerdings ihr Handeln aufgrund beschränkter gerichtlicher Entscheidungen gezielt auf ein rechtswidriges Verhalten aus, entfällt der Grund für eine gerichtliche Zurückhaltung. Dasselbe gilt bei gezieltem Missbrauch der eingeräumten Kompetenz.

---

[728] Vgl. *Bauer*, Die Bundestreue, 1992, S. 370.
[729] Vgl. *Bauer*, Die Bundestreue, 1992, S. 370.
[730] Vgl. auch *Dreier*, in: FS Schneider, 2008, S. 70 (84 f.).
[731] Vgl. *Bauer*, Die Bundestreue, 1992, S. 370.
[732] BVerfG, Urt. v. 30.07.1958 – 2 BvG 1/58 = BVerfGE 8, 122 (140); *Jarass*, in: Jarass/Pieroth GG, Art. 20 Rn. 24; *Robbers*, in: BK GG, Art. 20 Rn. 1012.
[733] Vgl. BVerfG, Urt. v. 31.07.1973 – 2 BvF 1/73 = BVerfGE 36, 1 (14 f.); inwiefern darin eine harte, rechtliche Grenze für das Bundesverfassungsgericht zu sehen ist, ob es entscheiden darf, oder ein Spielraum des Gerichts (so wohl das BVerfG selbst, ebd.), welcher einem Entschließungsermessen ähnelt, sei dahingestellt. Denn in der Praxis liegt die Bestimmung, wo die Grenze der Entscheidungsbefugnis liegt, ohnehin in den Händen des Verfassungsgerichts, vgl. auch *Adamovich*, in: FS Zeidler, Bd. 1, 1987, S. 281 (286, 292); *Burkiczak*, in: Burkiczak/Dollinger/Schorkopf BVerfGG, § 1 Rn. 15; *Riedel*, in: ders., German Reports on Public Law, 1998, S. 77 (87); kritisch gegenüber einer selbst auferlegten Zurückhaltung *Heun*, Funktionell-rechtliche Grenzen, 1992, S. 11 f.; *Isensee*, in: Isensee/Kirchhof, HdbStR XII, 3. Aufl. 2014, § 268 Rn. 110; *Robbers*, in: BK GG, Art. 20 Rn. 3233 ff.

Diese Gefahr dürfte allerdings in der Praxis nicht allzu hoch einzuschätzen sein, da Bund und Länder die verfassungsgerichtlichen Judikate typischerweise ernstnehmen.[734]

c. Bundeszwang

Da die Bundestreue u.a. Pflichten der Länder nach dem Grundgesetz i.S.d. Art. 37 Abs. 1 GG begründet, d.h. solche Pflichten der Länder, die sich aus ihrem Verhältnis zum und im Bunde ergeben,[735] besteht über die gerichtliche Geltendmachung einer Verletzung der Bundestreue hinaus die Möglichkeit der Durchsetzung im Wege des Bundeszwangs.[736] Diese steht freilich nur dem Bund, nicht aber den Ländern zu, erfordert jedoch auch die Zustimmung des Bundesrates, Art. 37 Abs. 1 GG. Dieses Mittel stellt allerdings nur die ultima ratio dar und dürfte keine praktische Relevanz entfalten.[737]

II. Die Verfassungsorgantreue

Der zweite der hier zu untersuchenden Grundsätze ist die Verfassungsorgantreue. Darunter versteht man die Verpflichtung der Verfassungsorgane zu loyalem Verhalten und Zusammenwirken.[738] Demnach ist die Verfassungsorgantreue zwischen den Verfassungsorganen, was die Bundestreue zwischen Bund und Ländern und den Ländern untereinander ist. Dies vermag angesichts des gemeinsamen Ursprungs in der Lehre *Smends* auch nicht zu verwundern.[739] Nicht umsonst finden sich Bezeichnungen für die Verfassungsorgantreue als „jüngere Schwester"[740] oder „Kind"[741] der Bundestreue. Folglich bestehen zwischen beiden Grundsätzen auch zahlreiche Parallelen. Im Folgenden soll daher für die Verfassungsorgantreue die zur Bundestreue vorgenommene Untersuchung erfolgen und ein Vergleich gezogen werden, wie weit die Parallelen der beiden Prinzipien reichen.

1. Herleitung

Wie bei der Bundestreue findet sich ein bunter Strauß an Herleitungsansätzen. Im Unterschied zu dieser sind – abgesehen von den Ausführungen *Smends*[742] –

---

[734] *Bauer*, Die Bundestreue, 1992, S. 370 f.
[735] *Schäfer*, AöR 78 (1952/53), 1 (40).
[736] *Dernedde*, DV 1949, 315 (316); *Gröpl*, Staatsrecht I, 15. Aufl. 2023, Rn. 596 f.; *Menzel*, DV 1949, 312 (313); *Wolff*, in: Hömig/Wolff GG, Art. 37 Rn. 3.
[737] *Gröpl*, Staatsrecht I, 15. Aufl. 2023, § 9 Rn. 600.
[738] *Schenke*, Die Verfassungsorgantreue, 1977, S. 19.
[739] Vgl. *Schenke*, Die Verfassungsorgantreue, 1977, S. 30.
[740] *Poscher*, in: Herdegen/Masing/Poscher/Gärditz, Hdb. VerfR, 2021, § 3 Rn. 124.
[741] *Lorz*, Interorganrespekt, 2001, S. 34
[742] *Smend*, Verfassung und Verfassungsrecht (1928), in: ders., Staatsrechtliche Abhandlungen, 3. Aufl. 1994, S. 119 (246 ff.).

aber erst unter dem Grundgesetz nennenswerte Ansätze zur Begründung des Prinzips entstanden. Dies bringt den Vorteil mit sich, dass die Verfassungsorgantreue weitgehend unbelastet von unzeitgemäßen Vorstellungen, eigens für das Grundgesetz entwickelt wurde. Gänzlich unpassende Ansätze wie bei der Bundestreue derjenige über die Vertragstreue, welche noch an die Bündnisverträge angelehnt war,[743] bleiben für die Verfassungsorgantreue damit weitgehend[744] aus. Dennoch zeichnet sich im Übrigen ein ähnliches Bild ab: So kommt erneut eine Herleitung im Wege des Verfassungsgewohnheitsrechts in Betracht. Im Übrigen werden bei der Herleitung der Verfassungsorgantreue ebenfalls die Integrationslehre[745] und Treu und Glauben[746] angedacht. Darüber hinaus spielen Ansätze über eine Herleitung aus der Bundestreue selbst[747] sowie über den Gewaltenteilungsgrundsatz[748] eine maßgebliche Rolle. Der Ansatz über das Rechtsstaatsprinzip spielt hingegen allenfalls eine untergeordnete Rolle.[749]

a. Verfassungsgewohnheitsrecht

Für eine Herleitung über das Verfassungsgewohnheitsrecht lassen sich die gleichen Gründe wie bei der Bundestreue anführen. Eine solche begegnet indes auch den gleichen Schwierigkeiten. Diese verschärfen sich sogar aufgrund der viel kürzeren Übung der Verfassungsorgantreue. So kann man dem Grundsatz heute zwar eine breite und nahezu unbestrittene Anerkennung in der verfas-

---

[743] S. dazu oben, insb. B.I.1.
[744] Unklar beispielsweise, welche Rolle dem Richterrecht zukommen soll bei *Hahn,* Der Gesetzgebungsvertrag, 2017, S. 173 – aufgrund der Anknüpfung an das Gewaltenteilungsprinzip ist aber wohl nur die Tatsache gemeint, dass das ungeschriebene Verfassungsrecht gerichtlich konkretisiert wird.
[745] *Schenke,* Die Verfassungsorgantreue, 1977, S. 26 ff.; *Schuldei,* Die Pairing-Vereinbarung, 1997, S. 113; *Smend,* Verfassung und Verfassungsrecht (1928), in: ders., Staatsrechtliche Abhandlungen, 3. Aufl. 1994, S. 119 (246 ff.); so wohl auch *Kienemund,* in: Hömig/Wolff GG, Art. 110 Rn. 5; *Schneider,* in: FS Müller, 1970, S. 421 (433 f.); unklar, ob nur die Gewaltenteilung oder auch eine Verknüpfung mit der Integrationslehre die Herleitung bildet in *Herzog/Pietzner,* Beteiligung des Parlaments (Gutachten), 1979, S. 86, 91; *Koepsell,* Exekutiver Ungehorsam, 2023, S. 32 f.; nicht ganz eindeutig hinsichtlich der Rolle der Integration bei der Herleitung BVerfG, Beschl. v. 20.07.2021 – 2 BvE 4/20 = BVerfGE 159, 26 (34); Orientierung am Integrationsgedanken bei *Desens,* Bindung der Finanzverwaltung, 2011, S. 265.
[746] So beispielsweise *Boos,* ZRP 2006, 66; *Lauser,* Europarechtsfreundlichkeit, 2018, S. 193; *Lorz,* Interorganrespekt, 2001, S. 40.
[747] *Lovens,* Bundesverfassungsrichter, 2009, S. 74; *Schneider,* in: FS G. Müller, S. 421 (422); *Schürmann,* AöR 115 (1990), 45 (61); so kann auch der Verweis auf die Bundestreue verstanden werden bei *Kaufmann,* VVDStRL 9 (1952), 1 (13 f.); ablehnend *Bayer,* Die Bundestreue, 1961, S. 56; *Schuldei,* Die Pairing-Vereinbarung, 1997, S. 113.
[748] So beispielsweise *Herzog/Pietzner,* Beteiligung des Parlaments (Gutachten), 1979, S. 87 ff.; *Koepsell,* Exekutiver Ungehorsam, 2023, S. 33.
[749] Genannt werden kann *Leisner,* in: BeckOK HwO, Anlage C § 7 Rn. 104 – „Ausdruck des verfassungsrechtlichen Verhältnismäßigkeitsgebots".

sungsgerichtlichen Rechtsprechung sowie in der Literatur bescheinigen.[750] Weiter dürfte Grundsatz der Verfassungsorgantreue spätestens in den 1970er-Jahren, insbesondere durch das Werk *Schenkes*[751] sowie diverser Entscheidungen des Bundesverfassungsgerichts[752] Einzug in die Rechtspraxis gefunden haben, war dem deutschen Verfassungsrecht aber auch davor schon bekannt.[753] Man kann ihm somit eine nunmehr etwa 50-jährige und damit zeitlich ausreichende Übung[754] nachweisen, womit die zweite Voraussetzung des Verfassungsgewohnheitsrechts ebenfalls einschlägig ist. Zuletzt stellt auch die Formulierbarkeit als Rechtssatz keine unüberwindliche Hürde dar.

In den Anfangsjahren der Bundesrepublik stellen die langandauernde Übung sowie die rechtliche Anerkennung – wie bei der Bundestreue[755] – jedoch ein Problem dar. Dies hätte insbesondere die Folge, dass frühe Entscheidungen des Bundesverfassungsgerichts einer rechtlichen Grundlage für die Verfassungsorgantreue ermangeln würden. Ebenso passt erneut die Dynamik des Grundsatzes nicht zu der Natur des Verfassungsgewohnheitsrechts und der Vorrang des gesetzten Rechts ist freilich auch hier zu beachten.[756]

Wie bei der Bundestreue ist damit auch die Herleitung der Verfassungsorgantreue nicht im Verfassungsgewohnheitsrecht zu finden.

b. Bundestreue

Nachdem an dieser Stelle bereits zahlreiche Parallelen zwischen Bundestreue und Verfassungsorgantreue zutage getreten sind, könnte der Schluss naheliegen, zweitere schlicht über die Bundestreue selbst herzuleiten. Angedacht wird einerseits, die Verfassungsorgantreue sei nur eine Ausprägung, also ein Unter-

---

[750] BVerfG, Beschl. v. 14.10.1970 – 1 BvR 307/68 = BVerfGE 29, 221 (233 f.); BVerfG, Beschl. v. 04.06.1973 – 2 BvQ 1/73 = BVerfGE 35, 193 (199); BVerfG, Urt. v. 31.07.1973 – 2 BvF 1/73 = BVerfGE 36, 1 (14 f.); *Schenke*, NJW 2002, 1318 (1319) m.w.N.
[751] *Schenke*, Die Verfassungsorgantreue, 1977.
[752] BVerfG, Beschl. v. 14.10.1970 – 1 BvR 307/68 = BVerfGE 29, 221 (233 f.); BVerfG, Beschl. v. 04.06.1973 – 2 BvQ 1/73 = BVerfGE 35, 193 (199); BVerfG, Urt. v. 31.07.1973 – 2 BvF 1/73 = BVerfGE 36, 1 (14 f.).
[753] Seit *Smend*, Verfassung und Verfassungsrecht (1928), in: ders., Staatsrechtliche Abhandlungen, 3. Aufl. 1994, S. 119 (246 ff.).
[754] Vgl. *Wolff*, Ungeschriebenes Verfassungsrecht, 2000, S. 438.
[755] S. dazu oben C.I.1.a.aa.
[756] Vgl. bereits oben C.I.1.a.cc.

fall der Bundestreue[757] oder eine Weiterentwicklung aus dieser,[758] andererseits wird eine Herleitung der Verfassungsorgantreue aus der Bundestreue im Wege der Analogie[759] erwogen. Dies kann, je nach Herleitung der Bundestreue ihrerseits, zu dem eigentümlichen Ergebnis führen, dass sich die Verfassungsorgantreue mittelbar aus dem Bundesstaatsprinzip herleiten würde. Bereits dies ist überaus fragwürdig. Am deutlichsten wird dies daran, dass die Bundestreue historisch zumindest teilweise auf das Vertragswerk der Länder und nur vereinzelt allein auf die Reichsverfassung gestützt wurde.[760] Die Verträge sind der Verfassungsorgantreue hingegen fremd. Aber auch moderne Ansätze, welche die Bundestreue auf das Wesen des Bundesstaates oder das Bundesstaatsprinzip stützen,[761] hätten diese unpassende Verknüpfung zur Folge, würde man die Verfassungsorgantreue über die Bundestreue herleiten.

Sämtliche Ansätze einer Herleitung aus dem Prinzip der Bundestreue vermögen darüber hinaus nicht zu überzeugen, da trotz aller Gemeinsamkeiten einige Unterschiede verbleiben: Bundes- und Verfassungsorgantreue teilen zwar eine gemeinsame Herkunft aus dem Integrationsgedanken und stehen folglich auf derselben Stufe.[762] Der Leitgedanke der „Wahrung der Vielheit in der Einheit", welcher dem Bundesstaat in hohem Maße zugrunde liegt, greift zwischen den Verfassungsorganen jedoch in wesentlich geringerem Maße, wodurch dem Postulat der Integration im Zusammenhang mit der Verfassungsorgantreue ein höherer Stellenwert zukommt.[763] Auch bindet die Bundestreue zwei Körperschaften untereinander, während die Verfassungsorgantreue einzelne Teile innerhalb ein und derselben Körperschaft betrifft.[764] Trotz der Überwindung der Impermeabi-

---

[757] So *Schürmann*, AöR 115 (1990), 45 (61) unter Berufung auf *Schenke*, welcher diese Ansicht jedoch nicht vertritt, vgl. nur *Schenke*, Die Verfassungsorgantreue, 1977, S. 29 ff.; vgl. auch *Schüle*, in: FS Bilfinger, 1954, S. 441 (452), wobei insofern allerdings nicht ganz klar wird, ob noch ein Unterfall der Bundestreue oder ein neues Prinzip vorliegt, als *Schüle* von einer mit der Bundestreue „korrespondierenden Pflicht" spricht; umgekehrt wird teils die Bundestreue als Spezialfall der (Verfassungs-)Organtreue eingeordnet, BVerfG, Urt. v. 09.07.2007 – 2 BvF 1/04 = BVerfGE 119, 96 (125); so auch *Jarass*, in: Jarass/Pieroth GG, Art. 20 Rn. 24.
[758] *Lovens*, Bundesverfassungsrichter, 2009, S. 74; unter Verallgemeinerung des Gedankens *Bryde*, VVDStRL 46 (1988), 181 (192, 214 f.); so ist wohl auch *Kaufmann*, VVDStRL 9 (1952), 1 (13 ff.) zu verstehen.
[759] So wohl *Schneider*, in: FS G. Müller, S. 421 (422); ablehnend *Bayer*, Die Bundestreue, 1961, S. 56; *Herzog/Pietzner*, Beteiligung des Parlaments (Gutachten), 1979, S. 87 Fn. 1; *Kloepfer*, Der Staat 13 (1974), 457 (468).
[760] Ausführlich hierzu *Korioth*, Integration und Bundesstaat, 1990, S. 23 ff. und 32 ff.; *Schröcker*, Der Staat 5 (1966), 137 (148 ff.); s. hierzu auch oben B.I.
[761] S. dazu oben B.I.1.b.
[762] *Schuldei*, Die Pairing-Vereinbarung, 1997, S. 113.
[763] *Lorz*, Interorganrespekt, 2001, S. 38; *Schenke*, Die Verfassungsorgantreue, 1977, S. 30 f.; vgl. auch *Brohm*, Landeshoheit und Bundesverwaltung, 1968, S. 38 f.
[764] *Bauer*, Die Bundestreue, 1992, S. 295 f.

litätstheorie[765] ergeben sich zudem nach wie vor Unterschiede hinsichtlich der Rechtsfähigkeit einerseits der Organe und andererseits der Körperschaften, welchen diese zugerechnet werden.[766] Verzichtet man bereits an dieser Stelle auf eine Differenzierung, würden auch andere in diese Richtung zielende Prinzipien überflüssig werden.[767] Ein solches Unterfangen soll im Rahmen dieser Arbeit unternommen werden, nicht jedoch dadurch, dass die hergebrachten Prinzipien sorglos über einen Kamm geschert werden, sondern vielmehr über die Suche nach einem einheitlichen Grundgedanken, welcher dennoch Raum für Subprinzipien lässt, die einer feineren Differenzierung zugänglich sind.

Im Hinblick auf eine Analogie zu der Bundestreue erscheint bereits das Vorliegen derer Voraussetzungen zweifelhaft.[768] Eine Regelungslücke besteht bei der Bundes- und Verfassungsorgantreue gleichermaßen. Erkennt man eine Regelungslücke darin, dass der Wortlaut der Verfassung das Prinzip nicht hergebe, gilt dies für beide Prinzipien. Sieht man hingegen für die Bundestreue die Gliederung des Staates in Bund und Länder als ausreichend an, so genügt für die Verfassungsorgantreue gleichermaßen die Festsetzung des Gewaltenteilungsprinzips oder die Kompetenzordnung. Aufgrund ihrer Nähe zueinander können somit zwar einige Gedanken zur Herleitung der Bundestreue für die Verfassungsorgantreue fruchtbar gemacht werden. Eine Analogie ist hingegen nicht angezeigt.

Noch weniger lässt sich die Verfassungsorgantreue als Ausprägung der Bundestreue sehen, da dies den Gedanken der Bundestreue überdehnen würde.[769] Letztlich würde die Bundestreue angesichts einer Vielzahl komplett unterschiedlicher Gehalte,[770] welche auch nicht mehr auf die ursprüngliche Herleitung[771] zurückzuführen wären, konturlos erscheinen. Deshalb und wegen ihrer, wenn auch feinen, aber doch bedeutsamen Unterschiede,[772] kommt im Ergebnis eine

---

[765] *Achterberg*, Die Rechtsordnung als Rechtsverhältnisordnung, 1982, S. 38 f. m.w.N.; *Dietlein*, in: BeckOK KommR Hessen, SystEinfKommRDtl., Rn. 170; *Ehlers/Schneider*, in: Schoch/Schneider VwGO, § 40 Rn. 99, 126.
[766] *Butzer*, in: BeckOK GG, Art. 38 Rn. 11, 14; *Lorz*, Interorganrespekt, 2001, S. 37; *Schenke*, Die Verfassungsorgantreue, 1977, S. 25 f.
[767] *Lorz*, Interorganrespekt, 2001, S. 35.
[768] *Schenke*, Die Verfassungsorgantreue, 1977, S. 29 f.; *Schuldei*, Die Pairing-Vereinbarung, 1997, S. 113.
[769] *Lorz*, Interorganrespekt, 2001, S. 35.
[770] Vgl. *Lorz*, Interorganrespekt, 2001, S. 35.
[771] S. dazu oben B.I.1.
[772] S. hinsichtlich Gemeinsamkeiten und Unterschieden insb. *Lorz*, Interorganrespekt, 2001, S. 37 f.; *Schenke*, Die Verfassungsorgantreue, S. 30 f.; unten C.II.2.a.bb.

Herleitung der Verfassungsorgantreue aus der Bundestreue selbst insgesamt nicht in Betracht.

c. Gewaltenteilungsprinzip

Ein Pendant zum Bundesstaatsprinzip findet sich für die Verfassungsorgantreue womöglich im Gewaltenteilungsprinzip.

aa. Herleitung allgemein und übergreifende Zusammenhänge

Folgt man dem Begründungsstrang über den Grundsatz der Gewaltenteilung,[773] stützt man sich darauf, dass die Funktionsfähigkeit des Staates gefährdet ist, wenn die daraus entstandenen Machtzentren nicht zur Kooperation und Rücksichtnahme verpflichtet sind.[774] Strittig ist, ob dieser Gedanke aus dem Gewaltenteilungsprinzip selbst entspringt oder gerade als Gegenpol zum Gewaltenteilungsprinzip fungiert.

Teile der Literatur kritisieren, das Ziel der Gewaltenteilung sei gerade nicht die Integration, sondern die Bändigung staatlicher Macht.[775] Der Gewaltenteilungsgrundsatz sei zwar Anlass, nicht aber tragender Grund für das Prinzip der Verfassungsorgantreue.[776] Die Verfassungsorgantreue nehme somit eine Ergänzungs- bzw. Komplementärfunktion zur Gewaltenteilung ein.[777]

Nach anderer Ansicht könne die Verfassungsorgantreue aus dem Prinzip der Gewaltenteilung hervorgehen, wenn man dieses nicht als strikte, mechanische Trennung der staatlichen Funktionen verstehe,[778] sondern vielmehr mit ihm sogar eine Gewaltenverschränkung einhergehe.[779] Man legt demnach ein Verständnis zugrunde, nach dem von vorneherein mehrere Machtzentren konstitu-

---

[773] So *Brechmann*, in: Meder/Brechmann BV, Art. 5 Rn. 4; *Schröder*, in: BK GG, Art. 43 Rn. 32; *Herzog/Pietzner*, Beteiligung des Parlaments (Gutachten), 1979, S. 87 ff., der aber auch auf einen Integrationsprozess abstellt.
[774] Vgl. z.B. *Schenke*, Die Verfassungsorgantreue, 1977, S. 26 ff.; *Voßkuhle*, NJW 1997, 2216 (2217, 2218).
[775] Vgl. *Schenke*, Die Verfassungsorgantreue, 1977, S. 28 Fn. 35; *Schuldei*, Die Pairing-Vereinbarung, S. 114.
[776] *Schenke*, Die Verfassungsorgantreue, 1977, S. 147; ähnlich BVerfG, Beschl. v. 28.11.1957 – 2 BvL 11/56 = BVerfGE 7, 183 (190).
[777] *Lorz*, Interorganrespekt, 2001, S. 40; vgl. auch *Schenke*, Die Verfassungsorgantreue, 1977, S. 28 Fn. 35; vgl. zu diesem Ergänzungsverhältnis zwischen Einheit und Gewaltenteilung bzgl. Art. 35 GG auch BVerfG, Beschl. v. 28.11.1957 – 2 BvL 11/56 = BVerfGE 7, 183 (190); BVerfG, Beschl. v. 27.04.1971 – 2 BvL 31/71 = BVerfGE 31, 43 (46).
[778] Eine solche kann nach dem heutigen Gewaltenteilungsverständnis unter dem Grundgesetz ohnehin nicht mehr angenommen werden, vgl. auch *Czybulka*, Die Legitimation der öffentlichen Verwaltung, 1989, S. 101 ff.; *Grote*, Der Verfassungsorganstreit, 2010, S. 222; *Vogel*, NJW 1996, 1505 (1506).
[779] Vgl. *Herzog/Pietzner*, Beteiligung des Parlaments (Gutachten), 1979, S. 87 f.; *Schenke*, Die Verfassungsorgantreue, 1977, S. 28 Fn. 35; in diese Richtung auch *Lorz*, Interorganrespekt, 2001, S. 143 in Bezug auf den Interorganrespekt.

iert werden, welche durch das Gewaltenteilungsprinzip zwar zu gegenseitiger Kontrolle, aber auch zur Zusammenarbeit berufen sind.[780]

Die Wurzel des Problems liegt folglich schon in dem grundlegenden Verständnis, welches man der Gewaltenteilung beimisst. Mithin gilt es, die Bedeutung der Gewaltenteilung näher zu untersuchen.

Das Grundgesetz sieht einerseits die Aufteilung der Staatsgewalt in die Funktionen der Gesetzgebung, der vollziehenden Gewalt und der Rechtsprechung vor, Art. 20 Abs. 2 GG. Andererseits fordert es vielerorts die Zusammenarbeit der einzelnen Organe, so bei staatlichen Entscheidungsprozessen, insbesondere dem Gesetzgebungsverfahren (s. exemplarisch nur Art. 76, 77 Abs. 2 GG). Die Annahme einer strikten Gewaltentrennung wäre folglich verfehlt.[781] Vielmehr stellt sich die Gewaltenteilung in der Bundesrepublik Deutschland als System von „Operationszwängen, Vetopositionen und Rechtfertigungspflichten" dar.[782] Die durch die Gewaltenteilung angestrebte Machtkontrolle wird somit nicht schlicht durch die strikte Aufteilung von Hoheitsgewalt auf unterschiedliche Staatsorgane erreicht, sondern dadurch, dass ein komplexeres System der Zusammenarbeit und Kontrolle geschaffen wird und die Kompetenzen der diversen Organe miteinander verflochten werden.[783] Dies beantwortet jedoch noch nicht, ob das Verständnis der Gewaltenteilung selbst die Grundlage für die Beziehungen zwischen den Organen bietet oder diese nur notwendige Durchbrechungen darstellen. Mithin ist das Gewaltenteilungsprinzip auf der Metaebene zu untersuchen.

Bereits bei *Montesquieu* fiel der Gedanke der Gewaltenteilung differenzierter aus als eine mechanische Dreiteilung der Gewalten.[784] Der „Esprit des Lois" sucht Grundgedanken für eine freiheitliche Verfassung in Anlehnung an die englische Verfassung.[785] *Montesquieus* Lehre ist mit ihren geschichtlichen Zusammenhängen verknüpft und war darauf gerichtet, reale politische Kräfte zu ord-

---

[780] *Hesse,* Grundzüge des Verfassungsrechts, 20. Aufl. 1999, § 13 Rn. 482; *Vogel,* NJW 1996, 1505 (1506).
[781] BVerfG, Urt. v. 18.12. 1953 – 1 BvL 106/53 = BVerfGE 3, 225 (247); Gröpl, Staatsrecht I, 15. Aufl. 2023, § 15 Rn. 900; *Lang,* Die Mitwirkungsrechte, 1997, S. 274; *Vogel,* NJW 1996, 1505 (1506); *Wolff,* in: Stern/Sodan/Möstl, Staatsrecht Bd. 1, 2. Aufl. 2022, § 15 Rn. 84; *Zippelius,* in: Merten, Gewaltentrennung im Rechtsstaat, 1989, S. 27 (29); vgl. auch *Adamovich,* in: FS Zeidler, Bd. 1, 1987, S. 281 (281).
[782] *Vogel,* NJW 1996, 1505 (1506).
[783] Vgl. *Herzog/Pietzner,* Beteiligung des Parlaments (Gutachten), 1979, S. 87 f.; *Schröder,* JuS 2022, 122; vgl. auch *Pietzner,* JR 1969, 43 (45 f.).
[784] Vgl. ausführlich hierzu *Kägi,* in: FS Huber, 1961, S. 151 (157 ff.); vgl. auch *Adamovich,* in: FS Zeidler, Bd. 1, 1987, S. 281 (281 f.); *v. Danwitz,* Der Staat 35 (1996), 329 (331 f.); *Lange,* Der Staat 19 (1980), 213 (229 f.); *Grzeszick,* Die Teilung der staatlichen Gewalt, 2013, S. 20 ff.
[785] Vgl. *Montesquieu,* Vom Geist der Gesetze, Bd. 1, Buch XI, Kap. 6, 2. Aufl. 1992, S. 214 ff.; hierzu auch *Kägi,* in: FS Huber, 1961, S. 151 (159).

nen.[786] Somit ist diese Konzeption trotz allgemeingültiger, unabdingbarer Elemente für einen modernen Rechtsstaat bereits in ihrem Ausgangspunkt hinsichtlich ihrer Einzelheiten stark bedingt durch zeitliche und lokale Vorstellungen.[787] Der Grundsatz der Gewaltenteilung gewinnt seinen Bedeutungsgehalt nur im Zusammenhang mit einer konkreten staatlichen Ordnung.[788] Die Vereinfachung zu einem strikten und allgemeingültigen Dogma der Dreiteilung tut dem nicht Genüge und führt zu einer Isolierung, Formalisierung und Mechanisierung.[789]

Ferner ist es hinsichtlich *Montesquieus* Grundanliegen verfehlt, dessen Gewaltenteilungsverständnis auf die Separierung zu reduzieren: Seinem Denken liegt die „dignité humaine" zugrunde, welche sich nur in Freiheit entfalten kann.[790] Die politische Freiheit hält *Montesquieu* nur in gemäßigten Regierungsformen für möglich.[791] Hierfür setzt er einerseits eine Ordnung voraus, in der die Macht der Macht Schranken setzt,[792] was letztlich in der gegenseitigen Hemmung und Kontrolle der staatlichen Gewalten gipfelt.[793] Diese Komponente schützt die Freiheit gegen Despotie.[794] Zugleich betont er jedoch vielfach die Verbindung und Ordnung der staatlichen Gewalten.[795] *Montesquieu* macht stets deutlich, dass eine gemäßigte Regierungsform ebenso auf die Garantie einer geordneten

---

[786] *Hesse,* Grundzüge des Verfassungsrechts, 20. Aufl. 1999, § 13 Rn. 481; vgl. auch *Loewenstein,* Verfassungslehre, 3. Aufl. 1975, S. 33.
[787] *Kägi,* in: FS Huber, 1961, S. 151 (159); *Lange,* Der Staat 19 (1980), 213 (230 f.); *Ossenbühl,* DÖV 1980, 545 (545 f.); vgl. auch *Peters,* Die Gewaltentrennung in moderner Sicht, 1954, S. 8 ff.; als Beispiele seien die gewandelte Bedeutung des Adels, welchem bei *Montesquieu* noch eine maßgebliche Rolle zukommt (Montesquieu, Vom Geist der Gesetze, Bd. 1, 2. Aufl. 1992, Buch XI, Kap. 6, S. 220 f.) oder *Montesquieus* Konzeption der Gerichte genannt, welche nur temporär „aus der Mitte des Volkes entnommen werden" sollten (ebd., Buch XI, Kap. 6, S. 217). Dies wäre für einen heutigen Staat aufgrund der Komplexität des Rechts allenfalls partiell – wie z.B. durch die Jury in angelsächsischen Rechtssystemen – denkbar.
[788] *Hesse,* Grundzüge des Verfassungsrechts, 20. Aufl. 1999, § 13 Rn. 481; vgl. auch *Grzeszick,* Die Teilung der staatlichen Gewalt, 2013, S. 26 f.
[789] *Kägi,* in: FS Huber, 1961, S. 151 (160) vgl. auch *Loewenstein,* Verfassungslehre, 3. Aufl. 1975, S. 31 ff.
[790] *Kägi,* in: FS Huber, 1961, S. 151 (153 f.).
[791] *Montesquieu,* Vom Geist der Gesetze, Bd. 1, 2. Aufl. 1992, Buch XI, Kap. 4, S. 213.
[792] *Montesquieu,* Vom Geist der Gesetze, Bd. 1, 2. Aufl. 1992, Buch XI, Kap. 4, S. 213 – „Le pouvoir arrête le pouvoir".
[793] *Montesquieu,* Vom Geist der Gesetze, Bd. 1, 2. Aufl. 1992, Buch XI, Kap. 6, S. 214 ff.
[794] *Montesquieu,* Vom Geist der Gesetze, Bd. 1, 2. Aufl. 1992, Buch XI, Kap. 6, S. 216.
[795] Vgl. z.B. *Montesquieu,* Vom Geist der Gesetze, Bd. 1, Buch XI, Kap. 6, S. 218 – Zusammenarbeit von Legislative und Exekutive zur Abwehr von Verschwörungen; ebd., S. 222 f. – Bestimmung der Abhaltung und Dauer der Versammlung der gesetzgebenden Körperschaft müsse durch vollziehende Gewalt erfolgen; ebd. S. 223.

staatlichen Gewalt baut, um die Freiheit vor Anarchie zu schützen.[796] Dies ist nur in einem Staat gewährleistet, dessen Gliederungen funktionsfähig miteinander arbeiten.[797] Beide Elemente sind in der Konzeption *Montesquieus* untrennbar miteinander verbunden und können nicht isoliert voneinander bestehen.[798] Erst unter dieser ganzheitlichen Betrachtungsweise wird somit aus einer Regel der Gewaltenteilung, welche sich auf die Forderung beschränkt, die Staatsgewalt müsse ihren Funktionen gemäß auf Legislative, Exekutive und Judikative verteilt sein, ein Prinzip.[799] Wie schon *Montesquieu* für seine Zeit nach dem optimalen „gouvernement modéré" suchte, setzt das Grundgesetz durch ein System, welches die Staatsgewalt nicht nur unterschiedlichen Funktionen zuordnet, sondern diese auch „verbinde[t], ordne[t], mäßig[t] und zum Handeln bring[t]"[800]. Das so verstandene Prinzip der Gewaltenteilung[801] strebt demnach „positiv eine Ordnung menschlichen Zusammenwirkens, die die einzelnen Gewalten konstituiert, ihre Kompetenzen bestimmt und begrenzt, ihre Zusammenarbeit regelt und auf diese Weise zur Einheit – begrenzter – staatlicher Gewalt hinführen soll",[802] an.

Somit überzeugt es nicht, den Gedanken der Gewaltenteilung unter dem Grundgesetz auf eine mit Ausnahmen verwirklichte Separierung zu reduzieren.[803] Die Verfassungsorgantreue ist damit nicht die Ausnahme vom Gewaltenteilungsprinzip, sondern Ausdruck der ihr immanenten Ordnung des Zusammenwirkens staatlicher Gewalt.

Entscheidend ist demnach das Wechselspiel zwischen Gewaltentrennung einerseits und Stabilisierung sowie Einheitsbildung andererseits. Nach Ausgestaltung des Gewaltenteilungsgrundsatzes in der jeweiligen Verfassung bestimmt sich sodann die Kontur der Verfassungsorgantreue. Die Herleitung wird dadurch jedoch nicht infrage gestellt. Die Verfassungsorgantreue dürfte auch in Syste-

---

[796] Z.B. *Montesquieu*, Vom Geist der Gesetze, 2. Aufl. 1992, Bd. 1, Buch XI, Kap. 6, S. 219 – Betonung effizienter Gesetzgebung zur Erhaltung der Kraft der Nation; ebd. S. 222 – Gewährleistung der Gesetzgebung zu Verhinderung von Anarchie.
[797] *Kägi*, in: FS Huber, 1961, S. 151 (163).
[798] *Kägi*, in: FS Huber, 1961, S. 151 (154 f., 156 f.).
[799] Vgl. zu den Kategorien von Prinzip und Regel allgemein *Alexy*, Theorie der Grundrechte, 2. Aufl. 1994, S. 71 ff.
[800] Vgl. *Kägi*, in: FS Huber, 1961, S. 151 (156 f.).
[801] Passender wäre womöglich der Begriff der Gewaltengliederung, vgl. *Möllers*, Gewaltengliederung, 2005, 3 f., 25; *Möllers*, AöR 132 (2007), 493 (501); s.a. *Groß*, Der Staat 55 (2016), 489 (500); kritisch zum Begriff der Gewaltenteilung auch *Achterberg*, Funktionenlehre, 1970, S. 109 ff.
[802] *Hesse*, Grundzüge des Verfassungsrechts, 20. Aufl. 1999, § 13 Rn. 482 unter Bezug auf *Bäumlin*, ZBJV 101 (1965), 81 (94 ff.); vgl. auch *Groß*, Der Staat 55 (2016), 489 (500).
[803] Vgl. *Hesse*, Grundzüge des Verfassungsrechts, 20. Aufl. 1999, § 13 Rn. 481 ff.; *Möllers*, Gewaltengliederung, 2005, S. 25, 398.

men stärkerer Polarisierung der Gewalten – wie beispielsweise in den USA[804] – Geltung entfalten.[805] Lediglich der rechtliche Gehalt des Grundsatzes würde stark von der Verfassungsorgantreue des Grundgesetzes divergieren. Unter dem Grundgesetz ergibt sich das Prinzip der Gewaltenteilung insbesondere aus Art. 20 Abs. 2 S. 2 und Abs. 3 GG, findet jedoch über die Organisations- und Kompetenznormen seine Konturierung.[806] Zu diesen zählen bei konsequenter Zugrundelegung des soeben erörterten Gewaltenteilungsverständnisses auch die speziellen Ausprägungen der Verfassungsorgantreue.

bb. Die Zusammenschau der Verfassungsnormen

Vergleichbar zu den zur Bundestreue aufgezeigten Herleitungslinien über das Bundesstaatsprinzip[807] findet sich über das eben Gesagte auch ein weitreichender Bestand an verfassungsrechtlich normierten Einzelausprägungen des Grundsatzes der Verfassungsorgantreue: Angeführt werden beispielsweise Art. 35, 43 und 53 GG.[808] Hinsichtlich Art. 35 GG ist bereits strittig, ob Verfassungsorgane Behörden im Sinne des Abs. 1 darstellen.[809] Jedenfalls bei der Wahrnehmung verfassungsrechtlicher Kompetenzen ist Art. 35 GG jedoch nicht auf die Verfassungsorgane anwendbar, da in diesem Zusammenhang die Amtshilfe nicht kompatibel ist.[810] Obgleich die Amtshilfe folglich keine Ausprägung der Verfassungsorgantreue darstellt, ist sie mit ihr verwandt.[811]

(1) Art. 43 GG

Zu Recht wird hingegen Art. 43 GG als Ausprägung der Verfassungsorgantreue gesehen.[812] Er statuiert in Abs. 1 ein Zitier- bzw. Herbeirufungsrecht des Bundestages und seiner Ausschüsse gegenüber der Bundesregierung und ihrer Mitglieder. Dem Zitierrecht wird einerseits der Zweck der Regierungskontrolle

---

[804] *Lorz*, Interorganrespekt, 2001, S. 106 ff., 109 m.w.N.
[805] Vgl. hinsichtlich des sogar weiter als die Verfassungsorgantreue reichenden Interorganrespekts *Lorz*, Interorganrespekt, 2001, passim, insb. S. 109 ff., 533 f., 534 f., 626 ff.; a.A. *Wiedmann*, The Principle of Cooperation, 2022, S. 44 ff.
[806] S. nur *Jarass*, in: Jarass/Pieroth GG, Art. 20 Rn. 32 f., 33 ff.; *Rux*, in: BeckOK GG, Art. 20 Rn. 155.
[807] S. hierzu oben C.I.1.b.bb.
[808] *Herzog/Pietzner*, Beteiligung des Parlaments (Gutachten), 1979, S. 88 ff.
[809] Dafür z.B. *v. Danwitz*, in: v. Mangoldt/Klein/Starck GG, Art. 35 Rn. 12; *Epping*, in: BeckOK GG, Art. 35 Rn. 1; *Schmitz/Prell*, in: Stelkens/Bonk/Sachs VwVfG, § 4 Rn. 3; *Schubert*, in: Sachs GG, Art. 35 Rn. 6; a.A. *Jarass*, in: Jarass/Pieroth GG, Art. 35 Rn. 3.
[810] BVerfG, Urt. v. 17.07.1984 – 2 BvE 11, 15/83 = BVerfGE 67, 100 (129); *Dederer*, in: Dürig/Herzog/Scholz GG, Art. 35 Rn. 38; *Epping*, in: BeckOK GG, Art. 35 Rn. 1.
[811] Vgl. auch *Peters*, NVwZ 2020, 1550 (1556); *Reimer*, in: Schoch/Schneider VwVfG, § 71d Rn. 10.
[812] *Herzog/Pietzner*, Beteiligung des Parlaments (Gutachten), 1979, S. 88 f.; *Kloepfer*, Hdb. Verfassungsorgane, 2022, § 1 Rn. 162; *Lorz*, Interorganrespekt, 2001, S. 44; so wohl auch *Pietzner*, JR 1969, 43 (45 f.).

bescheinigt, andererseits aber auch eine Begründung der Ministerverantwortlichkeit sowie eine systemstabilisierende Wirkung zugesprochen.[813] Abs. 2 S. 1 gewährt den Mitgliedern der Bundesregierung und des Bundesrates ein Zutrittsrecht zu den Sitzungen des Bundestags und seiner Ausschüsse, Abs. 2 S. 2 ein Anhörungsrecht. Auch diese Rechte dienen dem reibungslosen Funktionieren des Staates zwischen unterschiedlichen Machtzentren. Art. 43 GG ist damit Ausdruck der „dialektischen Integrationswirkung der Gewaltenteilung",[814] die das Wesen der Verfassungsorgantreue ausmacht und normiert verschiedene Einzelaspekte des Prinzips.

(2) Art. 53 GG

Art. 53 GG bildet praktisch eine Parallelnorm zu Art. 43 GG, die sich zwar auf unterschiedliche Organe bezieht und nichts mit parlamentarischer Verantwortlichkeit zu tun hat, im Wesentlichen jedoch dieselbe Funktion zwischen den Organen erfüllt.[815] Er regelt Rechte und Pflichten zwischen Bundesregierung und Bundesrat zum Zwecke der wechselseitigen Information und schafft damit eine Grundlage für die interorganschaftliche Zusammenarbeit.[816] Die Norm dient folglich der effizienten Ausübung der Mitwirkungsbefugnisse des Bundesrates.[817] Bereits daran zeigt sich, dass es sich bei Art. 53 GG ebenfalls um eine Konkretisierung des Grundsatzes der Verfassungsorgantreue handelt.[818] Die Pflicht der Bundesregierung aus Art. 53 S. 3 GG, den Bundesrat „über die Führung der Geschäfte auf dem Laufenden zu halten" bringt dies sogar noch deutlicher als Art. 43 GG zum Ausdruck.[819]

(3) Art. 23 GG

Zuletzt ist Art. 23 GG zu nennen. Wie zuvor erläutert,[820] stellt dieser in Teilen eine normierte Ausprägung des Grundsatzes der Bundestreue dar. Er sieht allerdings nicht nur einen Ausgleich für Kompetenzverluste der Länder vor.

α. Art. 23 GG und Verfassungsorgantreue

Da die europäische Integration eine Gewichtsverschiebung im Rahmen der Funktionenordnung mit sich bringt, welche das Parlament zu Gunsten der Re-

---

[813] *Schröder*, in: BK GG, Art. 43 Rn. 29 ff.; vgl. auch *Pietzner*, JR 1969, 43 (45 f.), der von einer besonderen strukturellen Bedeutung aufgrund des Integrationszwecks der Norm spricht.
[814] *Herzog/Pietzner*, Beteiligung des Parlaments (Gutachten), 1979, S. 89.
[815] *Wisser*, in: Hömig/Wolff GG, Art. 53 Rn. 1.
[816] *Dörr*, in: BeckOK GG, Art. 53 vor Rn. 1.
[817] Vgl. auch *Müller-Terpitz*, in: Dürig/Herzog/Scholz GG, Art. 53 Rn. 3.
[818] So auch *Bauer*, in: Dreier GG, Art. 53 Rn. 5; *Dörr*, in: BeckOK GG, Art. 53 vor Rn. 1; *Kloepfer*, Hdb. Verfassungsorgane, 2022, § 1 Rn. 162.
[819] *Herzog/Pietzner*, Beteiligung des Parlaments (Gutachten), 1979, S. 89 f.
[820] S. oben C.I.1.b.cc.

gierung zurückdrängt,[821] soll Art. 23 GG die Kompetenzverluste auch des Bundestags, welche durch unmittelbar geltende und anwendbare europäische Rechtsakte entstehen, durch das Einräumen von Mitwirkungsrechten im Rechtsetzungsprozess abfedern.[822] Art. 23 Abs. 2 GG greift in diesem Verhältnis als Grundnorm und wird durch die nachfolgenden Absätze weiter konkretisiert. Abs. 2 und Abs. 3 GG lösen die zuvor genannten kompetenziellen Spannungen teilweise[823] auf, indem sie dem Bundestag ein Mitwirkungsrecht in Form eines Rechts zur Stellungnahme einräumen. Darüber hinaus besteht gem. Art. 23 Abs. 2 S. 2 GG eine Unterrichtungspflicht der Bundesregierung. Die Norm dient demnach dem Zusammenspiel der Bundesorgane und wirkt desintegrativen Alleingängen der Bundesregierung entgegen. Mithin ist sie als geschriebene Ausprägung der Verfassungsorgantreue zu kategorisieren.[824]

β. Bundes- und Verfassungsorgantreue im Fokus des Art. 23 GG

In diesem Zusammenhang soll noch der zuvor bereits aufgeworfenen Tatsache, dass Art. 23 GG auch dem Schutz von Länderkompetenzen dient,[825] Aufmerksamkeit zukommen. Häufig werden die Gehalte von Bundes- und Verfassungsorgantreue aufgrund der gemeinsamen Regelung miteinander vermengt.[826] Sie sind allerdings einer Differenzierung zugänglich. Während das kompetenzrechtliche Verhältnis zwischen Bundesregierung und Bundestag zweifelsfrei dem Gebiet der Verfassungsorgantreue zugeordnet werden kann, bestehen hinsichtlich der Beziehung zum Bundesrat Zweifel. Wie bereits festgestellt, ist der Bundesrat ein Bundesorgan und unterfällt damit grundsätzlich dem Bereich der Verfassungsorgantreue.[827]

Hier könnte die Lage jedoch anders zu beurteilen sein. Im Rahmen des Art. 23 Abs. 4 bis 6 GG handelt zumeist der Bund durch die Bundesregierung. Dem Bundesrat werden zwar Rechte eingeräumt, dies jedoch, um die Länder zu schützen, nicht den Bundesrat selbst. Damit geht es um eine Situation der unmittelbaren Beeinträchtigung von Länderinteressen durch ein Bundesorgan. Art.

---

[821] *Huber*, DVBl. 2009, 574 (576); *Klein/Schwarz*, in: Dürig/Herzog/Scholz GG, Art. 38 Rn. 57.
[822] *Heintschel von Heinegg/Frau*, in: BeckOK GG Art. 23 Rn. 1, 33.
[823] Dennoch verbleiben Konfliktlagen, die allein durch Art. 23 GG nicht aufgelöst werden können, s. dazu *Scholz*, in: Dürig/Herzog/Scholz GG, Art. 23 Rn. 140 ff.
[824] *Tresselt*, Der Vertreter der Länder, 2006, S. 170, „über die im Grundgesetz ausdrücklich hinausgehende Verhaltensanforderungen"; ebenfalls in diese Richtung *Baach*, Parlamentarische Mitwirkung, 2008, S. 163, insb. Fn. 376; a.A. *Tischendorf*, Theorie und Wirklichkeit, 2017, S. 90, der ohne ersichtlichen Grund die Mitwirkungsbefugnisse der Länder der Bundestreue zuordnet, die Mitwirkungsbefugnisse des Bundestages jedoch nicht der Verfassungsorgantreue.
[825] S. oben C.I.1.b.cc.
[826] So z.B. *Scholz*, in: Dürig/Herzog/Scholz GG, Art. 23 Rn. 143, 145, 146.
[827] S. oben C.I.3.a.aa.(2).

23 GG nutzt den Bundesrat somit als adäquates Mittel zur Berücksichtigung der Länderinteressen, weshalb die betreffenden Regelungen aus der Bundestreue erwachsen.[828] Bei einer mittelbaren Beeinträchtigung der Länderinteressen, wenn also ein Bundesorgan Rechte des Bundesrates beeinträchtigt, liegt die Situation anders. An dieser Stelle wurden dem Bundesrat nämlich bereits eigene Rechte eingeräumt, die er in seiner Stellung als Bundesorgan wahrnimmt. In diesem Fall liegt folglich eine Ausprägung der Verfassungsorgantreue vor. Die zweite Konstellation findet sich teilweise in Art. 23 Abs. 4 GG, nämlich dann, wenn der Bundesrat an einer entsprechenden innerstaatlichen Maßnahme mitzuwirken hätte. Somit unterfällt dieser Abschnitt der Verfassungsorgantreue, während die übrigen Teile der Abs. 4 bis 6 der Bundestreue zuzuordnen sind.

Allgemein kann man daraus den Schluss ziehen, dass ausnahmsweise das Verhältnis zwischen Bundesrat und anderen Bundesorganen der Bundestreue und nicht der Organtreue zuzuordnen ist, wenn dem Bundesrat als Reaktion auf eine mit Blick auf die Treue unhaltbare Lage für die Länder Rechte zugeordnet werden. Dann aber ist die Begründung eines Rechtsverhältnisses zwischen Bundesrat und anderen Verfassungsorganen die aus der Bundestreue erwachsende Rechtsfolge. Diese Rechtsfolge lässt sich aus dem ungeschriebenen Grundsatz der Bundestreue nicht ableiten, weshalb die Konstellation ausschließlich als geschriebene Ausprägung der Bundestreue vorkommt.

γ. Übergang zu ungeschriebenen Ausprägungen der Verfassungsorgantreue

Das Bundesverfassungsgericht hat weiter entschieden, dass – über den in Art. 23 GG normierten Gehalt an Loyalität hinaus – die „wechselbezüglichen Kompetenzen [...] von Bundesregierung und Bundestag im Sinne der Organtreue wahrzunehmen" sind.[829] Dasselbe gilt freilich für die Beziehungen zwischen Bundesrat und anderen Organen. Entsteht innerhalb des zuvor erläuterten, auf der Bundestreue beruhenden Rechtsverhältnisses das Bedürfnis der Anwendung von Treuepflichten, ist konsequent die Verfassungsorgantreue heranzuziehen, da nun die Rechte des Bundesrates und nicht die Rechte der Länder betroffen sind.

---

[828] Vgl. auch *Tischendorf*, Theorie und Wirklichkeit, 2017, S. 192, insb. Fn. 400, der allerdings zu weit geht und den Bundesrat in der Konstellation des Art. 23 GG als Organ der Länder einordnet.
[829] BVerfG, Urt. v. 12.10.1993 – 2 BvR 2134, 2159/92 = BVerfGE 89, 155 (191); BVerfG, Beschl. v. 31.03.1998 – 2 BvR 1877/97 und 50/98 = BVerfGE 97, 350 (374 f.); s. hierzu auch *Scholz*, in: Dürig/Herzog/Scholz GG, Art. 23 Rn. 143 ff.; *Schorkopf*, in: BK GG, Art. 23 Rn. 193; *Schachtschneider*, Diskussionsbeitrag VVDStRL 58 (1999), 134 (135).

Mithin zeichnet sich ein fließender Übergang von geschriebenen zu ungeschriebenen Loyalitätspflichten in einem Bereich, der stark von konfligierenden Kompetenzen geprägt ist,[830] ab.[831] Der Anwendungsbereich der ungeschriebenen Ausprägung der Verfassungsorgantreue dürfte aufgrund des hohen Ausdifferenzierungsgrades des Art. 23 GG sowie dessen Ausführungsvorschriften allerdings eher klein sein.[832]

δ. Zwischenergebnis

Festzuhalten ist demnach, dass Art. 23 GG für den Bereich der europäischen Integration erstens die Vorstellung des Grundgesetzes von der Ausgestaltung des Gewaltenteilungsgrundsatzes konkretisiert und hierbei Regelungen diverser Loyalitätspflichten als notwendig erachtet[833] und zweitens diese Konstellation unmittelbar in ungeschriebene Loyalitätspflichten mündet.

Im Ergebnis formuliert *Lang* trefflich, dass sich auf „eine einverständliche Ausübung der Mitwirkungsrechte nach Art. 23 Abs. 2–7 GG hoffen lässt. Gegenseitige Blockaden würden schließlich nicht nur dem Ansehen der Bundesrepublik in der Staatengemeinschaft nachhaltig schaden, sondern auch das innerstaatliche Verhältnis zwischen Bundesregierung, Bundestag, Bundesrat und den Ländern belasten."[834] Damit ist das Kernanliegen der Bundes- und Verfassungsorgantreue im Rahmen des Art. 23 Abs. 2–7 GG erfasst. Mit Blick auf den vorliegenden Untersuchungsgegenstand lässt sich damit festhalten, dass Art. 23 GG in doppelter Hinsicht besonders interessant ist: Erstens findet sich ein Schnittbereich zwischen geschriebenen und ungeschriebenen Ausprägungen von Loyalitätspflichten, zweitens zwischen Bundes- und Verfassungsorgantreue. Darin kann eine besondere Ausprägung des horizontal und vertikal verflochtenen Integrationsnetzes erblickt werden.

(4) Zwischenergebnis

Die hier exemplarisch aufgeführten Normen belegen also, dass sich der Gedanke der Verfassungsorgantreue vielfach im Grundgesetz niederschlägt, auch wenn eine explizite Normierung des Prinzips fehlt. Folglich lässt sich für die Verfassungsorgantreue Ähnliches festhalten wie bereits für die Bundestreue:[835] Erstens ist die Verfassungsorgantreue im Grundgesetz sowohl allgemein im

---

[830] *Lang*, Die Mitwirkungsrechte, 1997, S. 273 ff., 350 ff.
[831] Ähnliche Schnittbereiche dargestellt bei *Tischendorf,* Theorie und Wirklichkeit, 2017, S. 145 f.
[832] *Halfmann*, Entwicklungen des deutschen Staatsorganisationsrechts, 2000, S. 298 f.
[833] S. zum Zusammenhang zwischen Art. 23 GG und dem Gewaltenteilungsgrundsatz ausführlich *Lang*, Die Mitwirkungsrechte, 1997, S. 273 ff., 350 ff.
[834] *Lang,* Die Mitwirkungsrechte, 1997, S. 379, ohne den endgültigen Bezug zu Bundestreue und Verfassungsorgantreue herzustellen.
[835] S. oben C.I.1.b.

Gewaltenteilungsprinzip selbst als auch speziell in der Kompetenzordnung mitgedacht. Die geschriebenen Ausprägungen sind nicht abschließend, weshalb darüber hinaus der Grundsatz der Verfassungsorgantreue als ungeschriebenes, mitgesetztes[836] Recht besteht.

Zweitens ist auch die Verfassungsorgantreue abhängig von dem spezifischen Regelungssystem der Verfassung. Mithin ergibt sich ihr spezifischer Gehalt nur im Zusammenhang mit diesen Normen.

Drittens ist demnach das Verhältnis zwischen einer Herleitung der Verfassungsorgantreue aus dem Gewaltenteilungsgrundsatz per se und den partiellen Regelungen der Verfassungsorgantreue, die der Ausgestaltung des gewaltenteiligen Systems dienen, parallel zu dem Verhältnis zwischen einer Herleitung aus dem Wesen des Bundesstaates bzw. dem Bundesstaatsprinzip und einer Gesamtschau der Einzelnormierungen des Bundestreuegedankens.[837] Die vermeintlich zwei Herleitungsmethoden stellen lediglich eine Herleitung aus dem System der Gewaltenteilung dar und sind untrennbar miteinander verbunden.

d. Integrationslehre

Weiter wird die Herleitung über die Integrationslehre in Betracht gezogen. Teils wird sie in Verbindung mit dem Gewaltenteilungsgrundsatz fruchtbar gemacht,[838] teils aber auch – trotz Wechselwirkung – als selbstständige Basis zur Herleitung der Verfassungsorgantreue herangezogen.[839] Im Vergleich zur Bundestreue auffällig ist die deutlich häufigere Bezugnahme. Insbesondere bei ausführlicheren Befassungen mit der Thematik der Verfassungsorgantreue wird selten auf den Integrationsgedanken verzichtet,[840] was vor allem auf die starke Prägung durch *Schenke* zurückzuführen sein dürfte, der den Integrationsgedanken besonders hervorhebt.[841]

Seine Begründung findet der Herleitungsansatz über die Integrationslehre – wie auch bei der Bundestreue – über das Ziel, die Verfassung selbst und die von ihr konstituierten Prozesse aufrechtzuerhalten und hierdurch die zentrale Verfassungsaufgabe der Gewinnung staatlicher Einheit realisieren zu können,[842] was

---

[836] So auch *Janssen,* Der Staat als Garant der Menschenwürde, 2020, S. 30 Fn. 43.
[837] Vgl. dazu oben C.I.1.b.ee.
[838] So z.B. *Voßkuhle,* NJW 1997, 2216 (2217).
[839] So z.B. *Robbers,* in: BK GG, Art. 20 Rn. 3231; *Schenke,* Die Verfassungsorgantreue, 1977, S. 26 ff.
[840] *Herzog/Pietzner,* Beteiligung des Parlaments (Gutachten), 1979, S. 88 f.; *Lorz,* Interorganrespekt, 2001, S. 38 f.; *Schenke,* Die Verfassungsorgantreue, 1977, S. 26 ff.; *Smend,* Verfassung und Verfassungsrecht (1928), in: ders., Staatsrechtliche Abhandlungen, 3. Aufl. 1994, S. 119 (245 ff.); Voßkuhle, NJW 1997, 2216.
[841] S. insb. *Schenke,* Die Verfassungsorgantreue, 1977, S. 26 ff.
[842] *Lorz,* Interorganrespekt, 2001, S. 38.

nur dann möglich ist, wenn ein staatlicher Zerfall durch sich gegenseitig blockierende Machtzentren verhindert werden kann.[843] Zwischen Organen einer Körperschaft kommt dieser Maßgabe noch größere Bedeutung zu, da sie in höherem Maße auf Geschlossenheit und das Funktionieren ihrer internen Prozesse angewiesen ist, während im Bundesstaat mehr Gewicht auf die Pluralität gelegt wird.[844] Diese Aufgabe vermag das geschriebene Verfassungsrecht nicht abschließend zu bewältigen.[845] Über die Einhaltung des geschriebenen Rechts hinaus, muss deshalb auch ein ungeschriebenes Prinzip gelten, welches zwischen den Organen Kooperation und gegenseitige Rücksichtnahme fordert, um dem Prozess staatlicher Desintegration entgegenzuwirken.[846]

Weil die Verfassungsorgantreue sich mit der Kooperation und Rücksichtnahme zwischen den Organen beschäftigt, die letztlich Ausdruck des Wirkens staatlicher Führungspersönlichkeiten ist, knüpft sie zunächst an die von *Smend* als persönliche Integration[847] bezeichneten Komponente der Integrationslehre an. Die Organe werden dadurch verpflichtet, mit ihrem Tun stets auf die Einheit des Staates hinzuwirken. Allerdings hat *Smend* selbst bereits festgehalten, dass die verschiedenen Integrationstypen in der Realität nicht strikt voneinander getrennt werden können.[848] So finden sich primär funktionelle und teilweise ebenso sachliche Elemente im Grundsatz der Verfassungsorgantreue. Dieser zeichnet sich dadurch aus, dass er in dem Spannungsfeld angesiedelt ist, in welchem Demokratie und Gewaltenteilung Verhaltensweisen fordern, die – um die Terminologie *Smends* aufzugreifen – dem politischen „Kampf"[849] zuzurechnen sind, und diese steuert. Darin spiegelt sich die funktionelle Dimension der Integrationslehre wider.[850]

---

[843] *Lorz,* Interorganrespekt, 2001, S. 38; *Schenke,* Die Verfassungsorgantreue, 1977, S. 26 f.; vgl. auch *Loewenstein,* Verfassungslehre, 3. Aufl. 1975, S. 131.
[844] *Lauser,* Europarechtsfreundlichkeit, 2018, S. 196; *Lorz,* Interorganrespekt, 2001, S. 38; *Schenke,* Die Verfassungsorgantreue, 1977, S. 30.
[845] *Schenke,* Die Verfassungsorgantreue, 1977, S. 27; allgemein zur Lückenhaftigkeit der Verfassung *Wolff,* Ungeschriebenes Verfassungsrecht, 2000, S. 128, 165 m.w.N.; s.a. BVerfG, Beschl. v. 14.02.1973 – 1 BvR 112/65 = BVerfGE 34, 269 (287); in Bezug auf die Bundestreue schon *Smend,* Ungeschriebenes Verfassungsrecht (1916), in: Staatsrechtliche Abhandlungen, 3. Aufl. 1994, S. 39 (55 f.).
[846] *Lorz,* Interorganrespekt, 2001, S. 38 f.; *Schenke,* Die Verfassungsorgantreue, 1977, S. 26 f.
[847] Zu den drei Dimensionen der Integrationslehre s. oben C.I.1.d.bb.
[848] *Smend,* Verfassung und Verfassungsrecht (1928), in: ders., Staatsrechtliche Abhandlungen, 3. Aufl. 1994, S. 119 (142).
[849] *Smend,* Verfassung und Verfassungsrecht (1928), in: ders., Staatsrechtliche Abhandlungen, 3. Aufl. 1994, S. 119 (151, 155, 157); *Smend,* Integrationslehre (1956), in: ders., Staatsrechtliche Abhandlungen, 3. Aufl. 1994, S. 475 (477).
[850] Vgl. *Smend,* Verfassung und Verfassungsrecht (1928), in: ders., Staatsrechtliche Abhandlungen, 3. Aufl. 1994, S. 119 (151, 154 ff.).

Sachlich können Angriffe auf die Würde anderer Verfassungsorgane in gewissen Konstellationen Gegenstand der Verfassungsorgantreue sein, beispielsweise Handlungen, welche die Repräsentationsfunktion eines Organes, z.B. des Präsidenten, beeinträchtigen.[851] Die obersten Staatsorgane haben in diesem Konstrukt der Integrationslehre, wie *Smend* anmerkt,[852] im Gegensatz zu der mittleren und unteren Verwaltung, welche mehr mit technischen Aufgaben betraut sind, eine besonders wichtige Rolle für die Integration. So habe sich „im Zusammenspiel der obersten Staatsorgane das Staatsganze zu integrieren".[853] Mithin ist es nach der Integrationslehre unerlässlich, dass die obersten Staatsorgane auf die Einheit des Staates hinwirken. Dies ist nur dann möglich, wenn sie – ungeachtet aus dem Demokratie- oder dem Gewaltenteilungsprinzip erwachsender, gewollter Spielräume – zusammenarbeiten und sich nicht gegenseitig zersetzen.

e. Treu und Glauben

Zuletzt steht in Übertragung der Erkenntnisse zur Bundestreue konsequenterweise auch die Heranziehung des Grundsatzes von Treu und Glauben für die Herleitung der Verfassungsorgantreue im Raum. Da diese erst 1992 durch *Bauer* für die Bundestreue etabliert wurde,[854] ging *Schenke* diesen Schritt in seiner grundlegenden Befassung zur Verfassungsorgantreue im Jahre 1977 noch nicht.[855] Vielmehr findet sich eine Abgrenzung zwischen Treu und Glauben und der Verfassungsorgantreue.[856] Dort sieht *Schenke* den spezifischen Unterschied zwischen den Prinzipien in dem besonderen Gepräge, welches die Organtreue durch den sie steuernden Gedanken der staatlichen Integration erhält.[857] Dieser Umstand bringe einerseits Unterschiede im Anwendungsbereich mit sich, da Treu und Glauben typischerweise nur auf rechtsgeschäftliche Beziehungen begrenzt sei.[858] Andererseits komme ihm auch praktische Bedeu-

---

[851] In Deutschland ist beispielsweise die besondere Stellung Bundespräsidenten durch die Verfassungsorgantreue gegen Angriffe seitens anderer Amtsträger geschützt, *Nettesheim*, in: Isensee/Kirchhof HdbStR III, 3. Aufl. 2005, § 61 Rn. 25; kritisch *v. Ooyen*, JöR n.F. 57 (2009), 235 (236 f.).
[852] *Smend*, Verfassung und Verfassungsrecht (1928), in: ders., Staatsrechtliche Abhandlungen, 3. Aufl. 1994, S. 119 (246).
[853] *Smend*, Verfassung und Verfassungsrecht (1928), in: ders., Staatsrechtliche Abhandlungen, 3. Aufl. 1994, S. 119 (246).
[854] *Bauer*, Die Bundestreue, 1992, S. 243 ff.; vorher bereits *v. Kempis*, Die Treuepflicht zwischen Gemeinden und Staat, 1970, S. 107 ff., 114 ff., 124 ff., allerdings nicht mit demselben Widerhall.
[855] Vgl. zu dessen Verständnis des Verhältnisses *Schenke,* Die Verfassungsorgantreue, 1977, S. 48.
[856] *Schenke,* Die Verfassungsorgantreue, 1977, S. 48 f.
[857] *Schenke,* Die Verfassungsorgantreue, 1977, S. 49.
[858] *Schenke,* Die Verfassungsorgantreue, 1977, S. 49 m.w.N.

tung zu, da der Bezug der Verfassungsorgantreue zum staatlichen Integrationsprozess erhöhte Loyalitätspflichten mit sich bringe, die es in zivilrechtlichen Verhältnissen in der Form nicht gebe.[859]

Diese Beschränkung des Grundsatzes von Treu und Glauben auf das Zivilrecht ist – wie bereits dargestellt – mittlerweile überwunden.[860] Folglich kann sie einer Heranziehung zur Herleitung der Verfassungsorgantreue auch nicht mehr entgegengehalten werden. Die von *Schenke* angeführten „spezifischen Differenzen" können vielmehr – in Anknüpfung an die Erkenntnisse *Bauers* – als bereichsspezifische Ausprägung des Grundsatzes von Treu und Glauben gesehen werden. So wären die Besonderheiten des öffentlichen Rechts, insbesondere der angeführte Integrationsprozess nicht etwa ein Grund zur Ablehnung einer Herleitung über den Grundsatz von Treu und Glauben, sondern diese würden im Rahmen der Anwendung der Verfassungsorgantreue dessen Anwendungsbereich und die Intensität der Treuepflicht prägen.

Die Anwendung des Grundsatzes von Treu und Glauben auf die Verhältnisse von Organen innerhalb einer Körperschaft ist gleichwohl nicht gänzlich unproblematisch. Gerade wegen seiner Prägung durch das Zivilrecht ist der Grundsatz von Treu und Glauben zunächst darauf ausgerichtet, widerstreitende Interessen vornehmlich im rechtsgeschäftlichen Bereich miteinander in Einklang zu bringen.[861] Unter diesem Aspekt wird auch einer der Unterschiede zwischen Bundes- und Verfassungsorgantreue deutlich: Aufgrund der Interpersonalität zwischen Bund und Ländern fügt sich die Bundestreue leichter in die überkommenen Strukturen des Grundsatzes von Treu und Glauben ein.

Dies kann nicht in demselben Maße über das intrapersonale Verhältnis gesagt werden, da der Bestand von eigenen Organinteressen im Hinblick auf Legitimation und Gemeinwohlbindung wesentlich hinter dem Bestand an eigenen Interessen der Länder zurückstehen muss. Eine Parallele kann demnach eher zu zivilrechtlichen Gemeinschafts- und Gesellschaftsverhältnissen gezogen werden.[862] Aber auch dieser Vergleich ist nur bedingt passend. Denn Gesellschafter haben private Interessen, die im Zivilrecht zu berücksichtigen sind: So stellt beispielsweise im Gesellschaftsrecht der Fall, dass sich eine Pflicht zur Zustim-

---

[859] *Schenke*, Die Verfassungsorgantreue, 1977, S. 49 mit Bezug auf die Ausnahme vergleichbarer gesteigerter Treuepflichten im Gesellschaftsrecht; s. dazu bereits oben C.I.4.c.
[860] S. oben C.I.1.e.
[861] Vgl. *Sutschet*, in BeckOK BGB, § 242 Rn. 18 ff.
[862] Vgl. *Schenke*, Die Verfassungsorgantreue, 1977, S. 49; zu den Loyalitätspflichten im Gesellschaftsrecht BGH, Urt. v. 10.06.1965 – II ZR 6/63 = BGHZ 44, 40 (41); BGH, Urt. v. 28.04.1975 – II ZR 16/73 = BGHZ 64, 253 (257); BGH, Urt. v. 25.09.1986 – II ZR 262/85 = NJW 1987, 189 (190); *Keul*, in: MHdB GesR, Bd. 2, § 76 Rn. 15 ff.; kritisch *Flume*, BGB AT I 2, Die juristische Person, 1983, S. 268 ff., 293.

mung zu der Änderung des Gesellschaftsvertrages aus der Treuepflicht ergibt, die Ausnahme dar.[863]

Dem Zivilrecht vergleichbare Interessen gibt es innerhalb des staatlichen Gefüges unter dem Grundgesetz jedoch grundsätzlich nicht. Zur Debatte stehen lediglich wehrfähige Innenrechte.[864] Teilweise werden „subjektive Rechte" im Innenverhältnis – besonders in der älteren Literatur – kategorisch mit der Begründung abgelehnt, dass die Rechtsmacht nicht im eigenen Interesse ausgeübt werde bzw. nicht der Verfügungsmacht des Amtsträgers unterstehe.[865]

Dabei wird jedoch ein wesentlicher, aus der Gewaltenteilung herrührender Aspekt übersehen: Den Verfassungsorganen ist ein gewisser „Eigenwille" zugedacht, welcher sie gezielt in eine Kontrastrolle versetzen soll.[866] Sie nehmen eine partikulare Perspektive auf das Gemeininteresse ein, welche in ein „quasi-eigenes Interesse" mündet.[867] Dieses soll auch gegenüber anderen Organen durchgesetzt werden können, was insbesondere durch Art. 93 Abs. 1 Nr. 1 GG deutlich indiziert ist.[868] Man könnte von subjektiven Rechten im weiteren Sinne sprechen.[869] Diese haben zwar weniger Gewicht als subjektive Rechte im engeren Sinne, sodass sie beispielsweise nicht den Schutz des Art. 19 Abs. 4 GG genießen.[870] Auch wird das Organ dadurch selbstverständlich nicht zur juristischen Person.[871] Dennoch sind diese Rechte mehr als eine reine Aufgabenzuweisung. Mit einer solchen wäre noch kein Recht gewährleistet, das gleich ei-

---

[863] BGH, Urt. v. 10.06.1965 – II ZR 6/63 = BGHZ 44, 40 (41) = NJW 1965, 1960; BGH, Urt. v. 28.04.1975 – II ZR 16/73 = BGHZ 64, 253 (257); BGH Urt. v. 25.09.1986 – II ZR 262/85 = NJW 1987, 189 (190); *Fastrich*, in: Noack/Servatius/Haas GmbHG, § 13 Rn. 20.
[864] Vgl. beispielsweise für die Organrechte auf Kommunalebene *Dietlein*, Kommunalrecht Bayern, SystKommVorbRDe, Rn. 174; zu den wehrfähigen Innenrechten auf Bundesebene *Ehlers*, in: Ehlers/*Schoch*, Rechtsschutz im Öffentlichen Recht, 2021, § 18 Rn. 45.
[865] BVerwG, Urt. v. 06.10.1964 – V. C 58.63 = BVerwGE 19, 269 (271); *Friesenhahn*, in: FS Thoma, 1950, S. 21 (52 f.); *Jellinek*, System der subjektiven öffentlichen Rechte, 2. Aufl. 1905, S. 227; *Krüger*, Allgemeine Staatslehre, 1966, S. 264; *Rupp*, Grundfragen der heutigen Verwaltungsrechtslehre, 1965, S. 69, 99 f.; *Spanner*, in: FS Jahrreiß, 1964, S. 411 (414).
[866] So *Kisker*, Insichprozeß und Einheit der Verwaltung, 1968, S. 39 f.; vgl. auch *Röhl*, in: Schoch, Besonderes Verwaltungsrecht, 2018, Kap. 2 Rn. 124.
[867] *Kisker*, Insichprozeß und Einheit der Verwaltung, 1968, S. 37; vgl. auch *Bethge*, DVBl. 1980, 309 (313); *Tsatsos*, Der verwaltungsrechtliche Organstreit, 1969, S. 31.
[868] *Kisker*, Insichprozeß und Einheit der Verwaltung, 1968, S. 39 f.; *Krebs*, Jura 1981, 569 (575); vgl. auch *Friesenhahn*, Die Verfassungsgerichtsbarkeit, 1963, S. 39 f.
[869] *Röhl*, in: Schoch, Besonderes Verwaltungsrecht, 2018, Kap. 2 Rn. 124; vgl. auch *Krebs*, Jura 1981, 569 (574 ff.); *Mast*, Staatsinformationsqualität, 2020, S. 420 – „subjektiv-öffentliches Recht des [...] Organs"; „Betonung der sogen. ,subjektivrechtlichen' Seite" – *Lerche*, in: FS Knöpfle, 1996, S. 171 (172); keine volle Rechtsfähigkeit, aber doch unbestreitbare Rechtssubjektivität – *Schenke*, Die Verfassungsorgantreue, 1977, S. 25 f.
[870] BVerwG, Urt. v. 06.10.1964 – V. C 58.63 = BVerwGE 19, 269 (271); *Schmidt-Aßmann*, in: Dürig/Herzog/Scholz GG, Art. 19 Abs. 4 GG, Rn. 44, 116 ff.; vgl. auch *Friesenhahn*, Die Verfassungsgerichtsbarkeit, 1963, S. 39.
[871] *Lorenz*, AöR 93 (1968), 308 (315).

nem subjektiven Recht vor „Übergriffen" anderer Organe schützen soll, sondern lediglich der reibungslose Funktionsablauf innerhalb der Gesamtorganisation zu dem Zwecke der Wahrung öffentlicher Interessen.[872] Die Verfassungsorgane werden allerdings mit derartigen „eigenen" Rechtspositionen ausgestattet.[873] Sie sollen als Kontrastorgane gerade Machtgegensätze widerspiegeln und ihre Rechte zur Sicherung des systemimmanenten Gleichgewichts auch untereinander verteidigen.[874] Im Rahmen der Entfaltung von Organinteressen kann der Grundsatz von Treu und Glauben damit sinnvoll zur Anwendung gebracht werden.[875]

Mithin ist festzuhalten, dass die Verfassungsorgantreue trotz bestehender Unterschiede sowie anfänglicher Bedenken parallel zur Bundestreue auch über den Grundsatz von Treu und Glauben hergeleitet werden kann. Im Übrigen wird demnach auf die Ausführungen zur Bundestreue verwiesen.[876]

f. Kombinationsansatz

Betrachtet man die zuvor gefundenen Ergebnisse, stellt man – wenig überraschend – fest, dass die Herleitung wesentliche Ähnlichkeiten zu den Befunden beim Grundsatz der Bundestreue aufweist. Folglich soll untersucht werden, ob darin ein grundsätzlicher Gleichlauf zu erkennen ist und somit konsequent der Kombinationsansatz, welcher für die Bundestreue fruchtbar gemacht wurde, auch im Rahmen der Verfassungsorgantreue herangezogen werden kann.

In beiden Fällen sind die Integrationslehre sowie der Grundsatz von Treu und Glauben potentielle Ansatzpunkte für die Herleitung. Wie die Bundestreue ist auch die Verfassungsorgantreue eine bereichsspezifische Ausprägung des Grundsatzes von Treu und Glauben. Die Bereichsspezifität ist erneut einer Präzisierung zuzuführen. Ein Unterschied liegt zunächst in den Ansätzen des Bundesstaatsprinzips bei der Bundestreue bzw. des Gewaltenteilungsprinzips bei

---

[872] Vgl. VGH BW Urt. v. 09.03.2004 – 4 S 675/02 = NVwZ-RR 2005, 266 (267); *Bethge*, DVBl. 1980, 309 (313); *Lerche*, in: FS Knöpfle, 1996, S. 171 (172); *Schoch*, in: Ehlers/Schoch, Rechtsschutz im Öffentlichen Recht, 2021, § 33 Rn. 15; ähnlich *Lorenz*, AöR 93 (1968), 308 (318).
[873] *Krebs*, Jura 1981, 569 (573 ff.); *Schoch*, in: Ehlers/Schoch, Rechtsschutz im Öffentlichen Recht, 2021, § 33 Rn. 15; mit Betonung der Relativität der Rechtssubjektivität *Lorenz*, AöR 93 (1968), 308 (316 ff.).
[874] *Kisker*, Insichprozeß und Einheit der Verwaltung, 1968, S. 38 ff.; *Schoch*, in: Ehlers/Schoch, Rechtsschutz im Öffentlichen Recht, 2021, § 33 Rn. 15; vgl. auch VGH BW, Urt. v. 09.03.2004 – 4 S 675/02 = NVwZ-RR 2005, 266 (267) m.w.N.
[875] Im Rahmen des Anwendungsbereiches ist gleichwohl die unterschiedliche materielle Ausrichtung der betreffenden Interessen zu berücksichtigen. Insofern wird von einer „sach- und regelungsbereichsspezifischen" Ausprägung von Treu und Glauben gesprochen, *Bauer,* Die Bundestreue, 1992, S. 252 f.
[876] S. oben C.I.1.e.

der Verfassungsorgantreue. Dieser bedarf jedoch unter einer systematischen Betrachtungsweise ebenfalls einer Relativierung. Im Hinblick auf Bundes- und Verfassungsorgantreue erfüllen beide Prinzipien nämlich denselben Zweck: Sie verteilen gezielt Staatsgewalt auf unterschiedliche Hoheitsträger, zumindest auch mit dem Zweck der Mäßigung staatlicher Gewalt.[877] Nicht umsonst wird im Zusammenhang mit dem Bundesstaatsprinzip auch von vertikaler Gewaltenteilung gesprochen.[878] Beide Ansätze gehen folglich davon aus, dass die Aufsplitterung von Gewalt einen einheitsbildenden Ausgleichsmechanismus zwingend erfordert und somit ein gewisser Grad an Kooperation und Rücksichtnahme bereits in der Strukturentscheidung begründet ist.

Legt man einen Gewaltenteilungsbegriff zugrunde, welcher sich auf die Separierung beschränkt, ist die Kombination beider Gedanken schlechthin unentbehrlich, da beide Aspekte gegenseitig aufeinander bezogen sind.[879] Nach hier vertretener Ansicht ist die Verfassungsorgantreue bereits in dem Begriff der Gewaltenteilung enthalten.[880] Der Bezug zur Integrationslehre mag somit vermeintlich überflüssig erscheinen. Dies ist allerdings keineswegs zutreffend. Das Werk *Montesquieus* zielte darauf ab, einen auf politische Freiheit ausgerichteten, funktionsfähigen Staat zu entwerfen, indem er aus realen, historischen Gegebenheiten Thesen folgerte, wie dieser konzipiert sein solle.[881]

Die Integrationslehre definiert indes als allgemeine Staatslehre überhaupt den Begriff des Staates und ist somit zunächst unabhängig von einer bestimmten Staatsform.[882] Sie vermag jedoch, indem sie den Integrationsgedanken mit den

---

[877] Vgl. *Grzeszick*, in: Dürig/Herzog/Scholz GG, Art. 20 V. Rn. 131; *Leisner-Egensperger*, NJW 2021, 2415 (2418); so historisch-genetisch bereits die Forderung im Parlamentarischen Rat von „über die traditionelle Gewaltenteilung im Sinne Montesquieus hinaus auch Gewaltenteilung zwischen Bund und Ländern", s. *Werner*, Der Parlamentarische Rat, Bd. 9, 1996, S. 57.
[878] Vgl. exemplarisch *Grzeszick*, in: Dürig/Herzog/Scholz GG, Art. 20 V. Rn. 18; *Hesse*, Der unitarische Bundesstaat, 1962, S. 27 ff.; *Kirchhof*, in: Dürig/Herzog/Scholz GG, Art. 83 Rn. 32; *Lauser*, Europarechtsfreundlichkeit, 2018, S. 164; *Lindner*, in: Lindner/Möstl/Wolff BV, Art. 5 Rn. 13; *März/Oberreuter*, Weichenstellung für Deutschland, 1999, S. 98; *Möstl*, Bundesstaat und Staatenverbund, 2012, S. 42, 47; *Robbers*, in: BK GG, Art. 20 Rn. 2960; *Schneider*, AöR 82 (1957), 1 (2); *Schröder*, JuS 2022, 122 (123); *Schwarz/Sairinger*, NVwZ 2021, 265 (265 ff.); *Süsterhenn*, in: FS Nawiasky, S. 141; *Vogel*, NJW 1996, 1505 (1506); ebenfalls in Bezug auf die Aufteilung von Gewalt zwischen Bund und Ländern spricht das BVerfG auch von „funktionaler Gewaltenteilung", BVerfG, Urt. v. 15.07.2003 – 2 BvF 6/98 = BVerfGE 108, 169 (181); beide Begrifflichkeiten bei *Kotzur*, in: v. Münch/Kunig GG, Art. 20 Rn. 104.
[879] Vgl. BVerfG, Beschl. v. 28.11.1957 – 2 BvL 11/56 = BVerfGE 7, 183 (190); *Hesse*, Grundzüge des Verfassungsrechts, 20. Aufl. 1999, § 1 Rn. 10.
[880] Vgl. oben C.II.1.c.aa.
[881] Vgl. *Montesquieu*, Vom Geist der Gesetze, Bd. 1, 2. Aufl. 1992, Buch XI Kap. 1 ff., S. 211 ff.
[882] S. nur *Smend*, Verfassung und Verfassungsrecht (1928), in: ders., Staatsrechtliche Abhandlungen, 3. Aufl. 1994, S. 119 (140, 150 ff., 174 f., insb. 218 ff.).

spezifischen Gegebenheiten und dem verfassungsrechtlichen Kontext eines konkreten Staates in Verbindung setzt,[883] dessen Wesen zu bestimmen. Der Blickwinkel auf die Gewaltenteilung verschiebt sich bei *Smend* von der bloßen Trennung hin zu dem Zusammenspiel der Staatsgewalten.[884] Die Gewaltenteilung ist unter dieser Betrachtungsweise als systematische Ordnung des staatlichen Lebens schwerpunktmäßig der funktionellen Integration zuzuordnen.[885] Jeder Staatstypus und jeder konkrete Staat unterliegt jedoch eigenen Integrationsfaktoren. Nach diesen richtet sich erst der materiale Gehalt des Gewaltenteilungsprinzips. Somit fügen sich die hiesigen Erkenntnisse zur Gewaltenteilung[886] nahtlos in die Integrationslehre ein. Im Kontext der Integrationslehre stellen die von *Montesquieu* zugrunde gelegten Bedingungen, welche Stabilität und Freiheit gewährleisten sollen, somit Integrationsfaktoren dar.[887]

Wie bereits das Bundesstaatsprinzip ist das Gewaltenteilungsprinzip sodann durch Spezialnormen im Grundgesetz ausgestaltet, mit der Folge, dass sich der bei der Bundestreue breiter dargestellte Strauß an Einzelansätzen, welche sich jedoch letztlich alle auf den gemeinsamen Nenner des (differenziert ausgestalteten) Bundesstaatsprinzips zurückführen lassen, auch bei der Verfassungsorgantreue in gleicher Weise wiederfindet.

Damit ist erneut der Schluss zu ziehen, dass die Verfassungsorgantreue gerade den Ausdruck des Wechselspiels zwischen Integration und Gewaltenteilung un-

---

[883] Allgemein *Smend*, Verfassung und Verfassungsrecht (1928), in: ders., Staatsrechtliche Abhandlungen, 3. Aufl. 1994, S. 119 (187 ff.); anschaulich z.B. bei der Begründung der Bundestreue durch *Smend*, Ungeschriebenes Verfassungsrecht (1916), in: ders., Staatsrechtliche Abhandlungen, 3. Aufl. 1994, S. 39 (50 ff.) und *Smend*, Verfassung und Verfassungsrecht (1928), in: ders., Staatsrechtliche Abhandlungen, 3. Aufl. 1994, S. 119 (223 ff., insb. 229 f. und 268 ff.).
[884] *Unruh*, Weimarer Staatsrechtslehre, 2004, S. 151.
[885] *Unruh*, Weimarer Staatsrechtslehre, 2004, S. 150; vgl. auch *Küster*, AöR 75 (1949), S. 397 (402); *Notthoff*, Der Staat als „geistige Wirklichkeit", 2008, S. 121; *Pietzner*, JR 1969, 43 (45) spricht von der „dialektischen Integrationswirkung der Gewaltenteilung"; vgl. auch ursprüngliche Konzeption *Smend*, Verfassung und Verfassungsrecht (1928), in: ders., Staatsrechtliche Abhandlungen, 3. Aufl. 1994, S. 119 (205); dabei weicht *Smend* jedoch von der klassischen Gewaltenteilungslehre ab, vgl. *Bartlsperger*, Die Integrationslehre, 1964, S. 127; *Notthoff*, a.a.O., S. 119 f., sinnvoller erscheint indes die Weiterentwicklung des Gewaltenteilungsprinzips unter Berücksichtigung der Integrationsgedankens, vgl. auch *Notthoff*, a.a.O., S. 120.
[886] S. oben C.II.1.c.
[887] Vgl. *Hesse*, Grundzüge des Verfassungsrechts, 20. Aufl. 1999, § 13 Rn. 485, 497 f.; *Küster*, AöR 75 (1949), S. 397 (402); *Smend*, Verfassung und Verfassungsrecht (1928), in: ders., Staatsrechtliche Abhandlungen, 3. Aufl. 1994, S. 119 (205 ff.); *Sobota*, Das Prinzip Rechtsstaat, 1997, S. 73; s.a. *Pietzner*, JR 1969, 43 (45 f.), der von der „dialektischen Integrationswirkung der Gewaltenteilung" spricht.

ter Verbindung durch die Brücke[888] von Treu und Glauben darstellt.[889] Für die Verfassungsorgantreue empfiehlt sich damit ebenfalls ein offener Kombinationsansatz.

2. Voraussetzungen

Nachdem nun nachgewiesen wurde, dass Bundestreue und Verfassungsorgantreue in der Herleitung einen wesentlichen Gleichlauf aufweisen, sollen im Folgenden die durch Literatur und Rechtsprechung geprägten objektiven (a.) und subjektiven (b.) Voraussetzungen sowie die Grenzen (c.) der Verfassungsorgantreue dargestellt und kritisch untersucht werden. Sodann sollen auch diese mit dem vorherigen Befund zu Bundestreue verglichen werden.

a. Objektive Voraussetzungen

Zunächst soll untersucht werden, welche objektiven Voraussetzungen an einen Fall der Verfassungsorgantreue gestellt werden, zum einen personell (aa.) zum anderen sachlich (bb.)

aa. Personeller Anwendungsbereich

Personell beansprucht der Grundsatz der Verfassungsorgantreue zunächst unstreitig Geltung zwischen den Verfassungsorganen untereinander.[890] So klar der Adressatenkreis erscheint, wirft er letztlich doch mehr Fragen auf als die Bundestreue. Während die fünf ständigen Verfassungsorgane Bundestag, Bundesrat,[891] Bundesregierung, Bundespräsident und Bundesverfassungsgericht zweifelsfrei unter den personellen Anwendungsbereich fallen,[892] stellen sich im Übrigen die Fragen, was ein (Verfassungs-)Organ im Sinne des Grundsatzes der Verfassungsorgantreue ausmacht und inwiefern dieser folglich auf sonstige Organe oder Organteile sowie auf Rechtsverhältnisse innerhalb eines Organes anwendbar ist.

(1) Verfassungsorgane

Zuerst stellt sich damit die Frage, was „Verfassungsorgane" sind. Obwohl dies trivial erscheint, können bereits an dieser Stelle unterschiedliche Differenzierungen getroffen werden, die zu einem engeren oder weiteren Verständnis führen. Gegen die Berufung auf einen etwaigen Konsens zum Verfassungsorganbegriff

---

[888] Vgl. *Lorz*, Interorganrespekt, 2001, S. 40.
[889] Vgl. zum Kombinationsansatz bei der Bundestreue oben C.I.1.f.; im Ergebnis ähnlich *Lauser*, Europarechtsfreundlichkeit, 2018, S. 193 ff.; *Lorz*, Interorganrespekt, 2001, S. 39 f.
[890] *Lorz*, Interorganrespekt, 2001, S. 33; *Robbers*, in: BK GG, Art. 20 Rn. 3231; *Schenke*, Die Verfassungsorgantreue, 1977, S. 147.
[891] Zur Abgrenzung der personellen Anwendungsbereiche der Bundes- und Verfassungsorgantreue bereits oben C.I.3.a.aa.
[892] *Schenke*, Die Verfassungsorgantreue, 1977, passim.

sprechen folgende Gesichtspunkte: Erstens ist ein eigenständiges Verständnis für das Prinzip der Organtreue denkbar, das sich im Detail von der herkömmlichen Verwendung des Begriffes unterscheidet. Zweitens ist der Begriff aber auch in anderen Kontexten nicht gänzlich unumstritten.

Nimmt man zunächst den Begriff selbst in Augenschein, so lassen sich zwei Bestandteile identifizieren: Verfassung und Organ. Dies legt nahe, dass Verfassungsorgane „Organ[e] der Verfassung" sind.[893] Folglich stellt sich erstens die Frage, was man unter einem Organ versteht, zweitens welcher Zusammenhang mit der Verfassung bestehen muss.

a. Organe, oberste Bundesorgane und Verfassungsorgane

Der Begriff des Organs geht auf das griechische Wort „organon" zurück, was Werkzeug bedeutet.[894] Eine Legaldefinition des Organbegriffs im Grundgesetz findet sich nicht.[895] Auch bei den Beratungen zum Grundgesetz wurde der Begriff – soweit erkennbar – nicht problematisiert, sondern vielmehr vorausgesetzt.[896] Die Literatur ist sich dennoch weitgehend über dessen Bedeutung einig und beruft sich zumeist auf die Definition von *H. J. Wolff* oder vergleichbare Definitionen.[897] Danach ist ein Organ im juristischen Sinne jedes durch Rechtssatz gebildete, selbstständige institutionelle Subjekt, durch das eine (teil-)rechtsfähige Organisation ihre Aufgaben derart wahrnimmt, dass die Handlungen des Organs ihr zugerechnet werden.[898] Ähnlich formuliert *Hauenschild*: „Organ ist der durch die Verfassung einer Körperschaft abstrakt formulierte Komplex von Zuständigkeiten, d.h. von organisatorischen Berechtigungen und Verpflichtungen, für die Körperschaft bindend zu handeln."[899] Somit treten zwei wesentliche Elemente nach beiden Definitionen hervor:[900] Erstens die Fähigkeit,

---

[893] *Bethge*, in: Schmidt-Bleibtreu/Klein/Bethge BVerfGG, § 1 Rn. 16, obgleich es insoweit ungenau wäre, von den Organen der Verfassung zu sprechen, als die Verfassung keine Organe haben kann, sondern nur der Staat. Folglich ist der Begriff fragwürdig, hat sich jedoch etabliert, vgl. *Bethge*, a.a.O., § 63 Rn. 17; *Ehlers/Schneider*, in: Schoch/Schneider VwGO, § 40 Rn. 147.
[894] *Papier/Krönke*, Grundkurs Öffentliches Recht 1, 4. Aufl. 2022, S. 38 Rn. 76.
[895] *Hölscheidt*, Das Recht der Parlamentsfraktionen, 2001, S. 316.
[896] Vgl. *Bucher*, Der Parlamentarische Rat, Bd. 2, 1981, S. 37; *Czybulka*, Die Legitimation, der öffentlichen Verwaltung, 1989, S. 113.
[897] *Bethge*, in: Schmidt-Bleibtreu/Klein/Bethge BVerfGG, § 1 Rn. 18; *Hölscheidt*, Das Recht der Parlamentsfraktionen, 2001, S. 316 m.w.N.; *Kasten*, Ausschußorganisation und Ausschußrückruf, 1983, S. 26 ff.
[898] *H. J. Wolff*, Organschaft und juristische Person, Bd. 2, 1968, S. 236; *Wolff/Bachof/Stober/Kluth*, Verwaltungsrecht II, § 82 Rn. 132; s.a. *Hölscheidt*, Das Recht der Parlamentsfraktionen, 2001, S. 317; *Stern*, StaatsR Bd. 2, 1980, S. 86.
[899] *Hauenschild*, Wesen und Rechtsnatur, 1968, S. 167.
[900] Weiterführend zu der Unterscheidung beider Definitionen *Hölscheidt*, Das Recht der Parlamentsfraktionen, 2001, S. 317.

eigenständig für eine Körperschaft zu handeln, zweitens die Konstitution durch Rechtssatz.

Unter dem Terminus des Verfassungsorgans wird der Kreis der Organe sodann verengt auf die obersten Staatsorgane, die durch die Verfassung selbst vorgesehen sind.[901] Dazu reicht nicht bereits deren Erwähnung in der Verfassung, sondern deren Aufgaben müssen sich im Wesentlichen aus der Verfassung selbst ergeben.[902] Darüber hinaus wird gefordert, dass diese im Wesentlichen frei und keinem anderen Organ untergeordnet sind.[903] Ein typisches, aber nicht unbedingt zwingendes[904] Kennzeichen hierfür ist regelmäßig die Geschäftsordnungsautonomie.[905] Weiter soll ein Merkmal der Verfassungsorgane sein, dass sie das spezifische Wesen des Staates ausmachen[906] oder anders gefasst, dass sie durch ihr Vorhandensein und ihren Aufbau, ihre Zuständigkeiten und ihr Zusammenwirken dem Verfassungsgefüge sein Gepräge geben.[907] Im Sinne der Integrationslehre handelt es sich also um diejenigen Organe, welche in besonders hohem Maße zur Integration des Staates beitragen.[908]

Verfassungsrechtlich freilich unverbindliche Anhaltspunkte zum Begriff des Verfassungsorgans tauchen in unterschiedlichen Zusammenhängen auf. So ist er beispielsweise Objekt des Straftatbestandes des § 105 StGB in Bezug auf die Nötigung von Verfassungsorganen. In diesem Zusammenhang sind die Gesetzgebungsorgane, also die Parlamente und der Bundesrat, sowie deren Ausschüsse (Nr. 1), die Bundesversammlung und ihre Ausschüsse (Nr. 2) sowie die Regierungen und Verfassungsgerichte (Nr. 3) umfasst.[909] Auch in diversen Normen des Bundesverfassungsgerichtsgesetzes findet der Begriff seinen Niederschlag. § 1 BVerfGG, aus dessen Wortlaut die Verfassungsorganeigenschaft des Bundesverfassungsgerichts geschlossen werden kann, sowie § 31 Abs. 1 und § 82 Abs. 2 i.V.m. § 77 und § 94 BVerfGG erwähnen den Begriff. Darüber hinaus findet er sich in diversen weniger prominenten Gesetzen, die aber jeweils von sich aus keinen Aufschluss über die begriffliche Bedeutung geben. Diese einfachrechtlichen Ausprägungen können allerdings nicht den auf

---

[901] *Weber*, in: Weber Rechtswörterbuch, 31. Ed. 2023, Verfassungsorgane.
[902] *Stern*, StaatsR Bd. 2, 1980, S. 42.
[903] *Stern*, StaatsR Bd. 2, 1980, S. 42.
[904] A.A. *Arndt*, Parlamentarische Geschäftsordnungsautonomie, 1966, S. 62.
[905] *Kämmerer*, Staatsorganisationsrecht, 4. Aufl. 2022, vor § 5 Rn. 2.
[906] *Stern*, StaatsR Bd. 2, 1980, S. 42, 344.
[907] *Goessl*, Organstreitigkeiten, 1961, S. 96.
[908] *Goessl*, Organstreitigkeiten, 1961, S. 96; noch stärkere Betonung der Integrationsfunktion der Verfassungsorgane bei *Smend*, Verfassung und Verfassungsrecht (1928), in: ders., Staatsrechtliche Abhandlungen, 3. Aufl. 1994, S. 119 (142 ff.; 242 ff.).
[909] Vgl. auch *Valerius*, in: BeckOK StGB, § 105 Rn. 2.

Verfassungsrang stehenden Begriff des Verfassungsorgans definieren, sondern lassen allenfalls auf das Verständnis des Gesetzgebers schließen.

Eng verwandt mit dem Begriff des Verfassungsorgans ist der Begriff des obersten Bundesorgans.[910] Die beiden Begriffe werden teils nicht trennscharf voneinander abgegrenzt, wenn nicht sogar synonym verwendet,[911] was teils auch aufgrund des Umstandes, dass nur der Staat als Rechtssubjekt, nicht aber die Verfassung, Organe haben kann, absichtlich geschieht.[912] Will man differenzieren, bietet es sich an, unter den sonstigen obersten Bundesorganen diejenigen Organe zu verstehen, die ihrerseits eigenständig und nicht weisungsgebunden sind, ihre Aufgaben im Wesentlichen aber nicht aus der Verfassung beziehen, selbst wenn sie in dieser genannt werden.[913] Anders gewendet sind mit dem Begriff des Verfassungsorgans danach die Organe gemeint, welche die Verfassung gegenüber anderen Organen mit besonderer Autorität ausstattet, das heißt diejenigen, welche den Staat konstituieren und dessen Einheit sichern.[914] Der Begriff des Verfassungsorgans wird somit nach hier vertretener Auffassung enger gefasst als der des obersten Bundesorgans.

Im Wesentlichen unstreitig umfasst sind die klassischen Verfassungsorgane Bundestag, Bundesrat, Bundesregierung, Bundespräsident und seit geraumer Zeit nunmehr auch das Bundesverfassungsgericht.[915] Der einstmalige Streit um den Status des Bundesverfassungsgerichts als Verfassungsorgan[916] dürfte

---

[910] Freilich in Bezug auf den Bund als Körperschaft. Dasselbe lässt sich jedoch auch über die obersten Landesorgane sagen. Insofern wäre „Verfassungsorgan" ein Überbegriff, welcher Bundes- und Landesorgane gleichermaßen umfasst, jedoch je nach Kontext regelmäßig auf eine der beiden Kategorien bezogen ist.
[911] So beispielsweise in Bezug auf die Anforderungen an den Begriff des obersten Bundesorgans i.S.d. Art. 93 Abs. 1 Nr. 1 GG, BVerfG, Beschl. v. 20.09.2016 – 2 BvE 5/15 = BVerfGE 143, 1 (9) – „[...] nur solche (Verfassungs-)Organe parteifähig [...]"; diesbezüglich ausdrücklich synonyme Verwendung bei *Detterbeck*, in: Sachs GG, Art. 93 Rn. 45; keine scharfe Unterscheidung trifft auch *Hillgruber*, JA 2017, 477; *Sachs*, JuS 2017, 479 (480); synonyme Verwendung *Gröpl*, Staatsrecht I, 15. Aufl. 2023, § 19 Rn. 1486; *Papier/Krönke*, Grundkurs Öffentliches Recht 1, 4. Aufl. 2022, S. 38 Rn. 76; *Sachs*, GG, Art. 62 Rn. 17.
[912] So beispielsweise *Ipsen/Kaufhold/Wischmeyer*, Staatsrecht I, 35. Aufl. 2023, § 17 Rn. 3.
[913] So z.B. *Stern*, StaatsR Bd. 2, 1980 S. 42.
[914] *Benda/Klein/Klein*, Verfassungsprozessrecht, 4. Aufl. 2020, § 4 Rn. 119; *Bethge*, in: Schmidt-Bleibtreu/Klein/Bethge BVerfGG, § 1 Rn. 19.
[915] Vgl. beispielsweise *Kämmerer*, Staatsorganisationsrecht, 4. Aufl. 2022, vor § 5 Rn. 1 f.; *Masing*, in: Herdegen/Masing/Poscher/Gärditz, Hdb. VerfR, 2021, § 15 Rn. 38 Fn. 51; *Simon*, in: Benda/Maihofer/Vogel, Hdb. Verfassungsrecht, 2. Aufl. 1994, § 34 Rn. 12; sogar von „mindestens 6 (obersten) Organen" unter Hinzunahme des Gemeinsamen Ausschusses spricht *Czybulka*, Die Legitimation der öffentlichen Verwaltung, 1989, S. 114 f.; a.A. hinsichtlich des BVerfG und jedenfalls kritisch hinsichtlich Bundesregierung und Bundespräsident *Ipsen/Kaufhold/Wischmeyer*, Staatsrecht I, 35. Aufl. 2023, § 17 Rn. 3 ff.
[916] S. dazu Denkschrift des Bundesverfassungsgerichts, JöR n.F. 6 (1957), 144 ff.; *Lovens*, Bundesverfassungsrichter, 2009, S. 70 ff.

wohl trotz guter Gegenargumente zu Recht als abgeschlossen gelten.[917] Über die klassischen Verfassungsorgane hinaus kommen jedoch weitere Anwärter auf den Rang eines Verfassungsorganes in Betracht, die im Folgenden – nicht abschließend – erörtert werden sollen.

β. Die Bundesversammlung

Zu nennen ist zunächst die Bundesversammlung. Diese wird mit Art. 54 Abs. 1 GG durch die Verfassung selbst konstituiert und ihre einzige Aufgabe – die Wahl des Bundespräsidenten – ergibt sich aus dieser.[918] Sie besteht weiter zwar aus Mitgliedern des Bundestages und Vertretungen der Länder, ist aber weisungsfrei und eigenständig.[919] Ob sie derart prägend für das Wesen des Staates ist, könnte aufgrund ihres nur kurzzeitigen Bestandes infrage gestellt werden. Gegen diese Zweifel steht jedoch der Einfluss und die gewichtige Aufgabe der Wahl des Staatsoberhauptes in Verknüpfung mit der Unterstreichung der Würde des Amtes.[920] Die Bundesversammlung stellt damit ein Verfassungsorgan dar.[921] Obgleich der Anwendungsbereich der Verfassungsorgantreue eher gering ausfallen dürfte, sind keine Gründe ersichtlich, weshalb der Grundsatz die Bundesversammlung schon per se nicht treffen sollte.

γ. Der Gemeinsame Ausschuss

Entgegen der irreführenden Bezeichnung ist auch der Gemeinsame Ausschuss nicht etwa ein Ausschuss im Sinne einer Untergliederung eines Organes, sondern ein eigenständiges Verfassungsorgan, da er vom Bundestag und Bundesrat gemeinsam beschickt wird (Art. 53a Abs. 1 S. 1 GG), sämtliche Rechte beider Organe wahrnimmt und deren Weisungen nicht unterworfen[922] ist.[923] Dies betonte auch der verfassungsändernde Gesetzgeber, der den Gemeinsamen Ausschuss explizit als „besonderes Verfassungsorgan mit eigenständigen Befugnissen und Verpflichtungen, vor allem – aber nicht ausschließlich – im Zu-

---

[917] A.A. *Ipsen/Kaufhold/Wischmeyer,* Staatsrecht I, 35. Aufl. 2023, § 17 Rn. 3 ff.
[918] *Nettesheim,* in: Isensee/Kirchhof, HdbStR III, 3. Aufl. 2005, § 63 Rn. 1.
[919] *Domgörgen,* in: Hömig/Wolff GG, Art. 54 Rn. 8; *Nierhaus/Brinktrine,* in: Sachs GG, Art. 54 Rn. 12; *Pieper,* in: BeckOK GG, Art. 54 Rn. 23.
[920] BVerfG, Urt. v. 10.06.2014 – 2 BvE 2/09, 2/10 = BVerfGE 136, 277 (312, Rn. 98)
[921] *Gröpl,* Staatsrecht I, 15. Aufl. 2023, § 18 Rn. 1307; *Herzog,* in: Dürig/Herzog/Scholz GG, Art. 54 Rn. 29; Korioth, in: v. Mangoldt/Klein/Starck GG, Art. 50 Rn. 10; *Nettesheim,* in: Isensee/Kirchhof, HdbStR III, 3. Aufl. 2005, § 63 Rn. 1; *Nierhaus/Brinktrine,* in: Sachs GG, Art. 54 Rn. 11 m.w.N.
[922] Hinsichtlich der Bundestagsmitglieder ergibt sich dies aus Art. 38 Abs. 1 GG, hinsichtlich der sonst weisungsunterworfenen Bundesratsmitglieder aus Art. 53a Abs. 1 S. 3 GG; vgl. auch *Fink,* in: v. Mangoldt/Klein/Starck GG, Art. 53a Rn. 20.
[923] *Gröpl,* Staatsrecht I, 15. Aufl. 2023, § 16 Rn. 1007; *Herzog/Klein,* in: Dürig/Herzog/Scholz GG, Art. 53a Rn. 10 ff.

stand äußerer Gefahr" bezeichnet.[924] Im Hinblick auf die Verfassungsorgantreue bestätigt sich diese Einordnung auch durch Art. 115g GG. Dieser normiert ein Beeinträchtigungsverbot zum Schutze des Bundesverfassungsgerichts, um dessen Funktionsfähigkeit zu erhalten.[925] Er regelt somit u.a. in dem Verhältnis zwischen Bundesverfassungsgericht und Gemeinsamem Ausschuss gerade einen Aspekt, welcher eine geschriebene Ausprägung des Grundsatzes der Verfassungsorgantreue darstellt.[926]

δ. *Der Vermittlungsausschuss*

Ähnliches gilt für den Vermittlungsausschuss, welcher ebenfalls durch Bundestag und Bundesrat gemeinsam besetzt wird (Art. 77 Abs. 2 S. 1 GG). Die Einordnung als Verfassungsorgan ist in diesem Falle jedoch weitaus strittiger. Für die Einordnung des Vermittlungsausschusses als eigenständiges Verfassungsorgan[927] oder jedenfalls eine Gleichstellung spricht der Zweck des Vermittlungsausschusses. Im Gegensatz zu anderen Ausschüssen dient er nicht der Vorbereitung der Arbeit des Bundestages, sondern der Kompromissfindung im Gesetzgebungsverfahren.[928] Deshalb wird er regelmäßig als Organ sui generis angesehen.[929] Dies wird dadurch unterstrichen, dass weder die Ausschussmitglieder des Bundestags[930] noch des Bundesrats (Art. 77 Abs. 2 S. 3 GG) weisungsgebunden sind.

Dagegen spricht, dass er durch das Grundgesetz nur als „Ausschuss" bezeichnet wird. Weiter kommt dem Vermittlungsausschuss selbst keine Geschäftsordnungsautonomie zu.[931] Diese steht dem Bundestag zu, wobei sich die Mitwirkung des Bundesrates auf die Zustimmung beschränkt.[932] Der Vermittlungsausschuss sei gerade keine „dritte Kammer".[933] Im Wege eines Erst-recht-Schlus-

---

[924] Entwurf BT-Drs. V/1879 v. 06.04.1967, S. 20; vgl. zu der danach unveränderten Sichtweise *Hobe*, in: BK GG, Art. 53a Rn. 4.
[925] *Gärditz*, in: Dürig/Herzog/Scholz GG, Art. 115g Rn. 13; *Robbers*, in: Sachs GG, Art. 115g Rn. 1, 3, 10; *Schmidt-Radefeldt*, in: BeckOK GG, Art. 115g Rn. vor 1 ff.
[926] *Wisser*, in: Hömig/Wolff GG, Art. 115g Rn. 1; vgl. auch *Gärditz*, in: Dürig/Herzog/Scholz GG, Art. 115g Rn. 4.
[927] So z.B. *Gröpl*, Staatsrecht I, 15. Aufl. 2023, § 16 Rn. 1007; *Jekewitz*, in: AK-GG, Art. 77 Rn. 22; *Trossmann*, JZ 1983, 6 (7 ff.) m.w.N.
[928] *Kokott*, in BK GG, Art. 77 Rn. 91.
[929] *Dietlein*, in: Schneider/Zeh, Parlamentsrecht, § 57 Rn. 9; *Dietlein*, in: BeckOK GG, Art. 77 Rn. 26.1; *Kokott*, in BK GG, Art. 77 Rn. 91; *Stern*, StaatsR Bd. 2, 1980, S. 100; leicht davon abweichend BVerfGE 112, 118 (137) – „ständiges und gemeinsames Unterorgan"; *Hasselsweiler*, Der Vermittlungsausschuß, 1981, S. 39 ff., 71 – „sektoral verselbständigtes Unterorgan"; *Kämmerer*, NJW 2003, 1166 – „Zwitterorgan".
[930] *Trossmann*, JZ 1983, 6 (8).
[931] *Kokott*, in BK GG, Art. 77 Rn. 91.
[932] *Kokott*, in BK GG, Art. 77 Rn. 91.
[933] *Bismark*, DÖV 1983, 269 (270); *Stern*, StaatsR Bd. 2, 1980, S. 100, 627.

ses ließe sich demnach sagen, dass er dann auch kein Verfassungsorgan in dem hier maßgeblichen Sinne darstellt. Dagegen spricht auch, dass er selbst kein oberstes Bundesorgan i.S.d. Art. 93 Abs. 1 Nr. 1 GG ist.[934] Der Begriff des obersten Bundesorgans ist jedoch gerade enger als der Begriff des Verfassungsorgans.[935]

Am überzeugendsten erscheint es, den Vermittlungsausschuss zwar nicht als Verfassungsorgan zu klassifizieren, da er trotz weitgehender Unabhängigkeit[936] dennoch ein dem Bundestag und Bundesrat untergeordnetes Unterorgan darstellt.[937] Auch darf bezweifelt werden, dass er „das spezifische Wesen des Staates"[938] ausmacht. Dennoch kommt ihm gerade mit Blick auf seine aus der Vermittlungstätigkeit zwischen Bundestag und Bundesrat erwachsende integrierende Wirkung eine entscheidende Funktion zu, welche ihn begrenzt auf Augenhöhe mit den Verfassungsorganen stellt. Durch die ihm gem. Art. 77 Abs. 2 GG zugewiesene Rechtsstellung ist er mithin mit den Verfassungsorganen vergleichbar, weshalb der Grundsatz der Verfassungsorgantreue Anwendung finden muss.[939] Sieht man den Vermittlungsausschuss dagegen ohnehin bereits als vollwertiges Verfassungsorgan,[940] ist der Grundsatz der Verfassungsorgantreue ohne Weiteres anwendbar.

ε. *Weitere Anwärter und Nichtverfassungsorgane*

Über die soeben erörterten Anwärter auf den Verfassungsorganstatus hinaus, sollen – ohne Anspruch auf Vollständigkeit und in der gebotenen Kürze – noch einige denkbare Adressaten der Verfassungsorgantreue angesprochen werden, welche gewöhnlich nicht als Verfassungsorgane eingeordnet werden, aber aus teleologischen Gründen dennoch an die Verfassungsorgantreue gebunden sein könnten. Es ist zu bedenken, dass das Prinzip nicht ausdrücklich durch die Verfassung normiert wird. Insofern liegt nahe, dass bei ihrer Entstehung primär an die Konstellationen zwischen den klassischen Verfassungsorganen gedacht

---

[934] *Detterbeck*, in: Sachs GG, Art. 93 Rn. 45 f.; *Morgenthaler*, in: BeckOK GG, Art. 93 Rn. 21; *Schenke*, in: GS Brugger, 2013, S. 523 (544).
[935] S. bereits oben C.II.2.a.aa.(1).α.; *Stern*, StaatsR Bd. 2, 1980, S. 42.
[936] *Dietlein*, in: Schneider/Zeh, Parlamentsrecht, § 57 Rn. 9; *Schenke*, in: GS Brugger, 2013, S. 523 (544).
[937] So auch *Hasselsweiler*, Der Vermittlungsausschuß, 1981, S. 42.
[938] Was teils gefordert wird, so z.B. *Stern*, StaatsR Bd. 2, 1980, S. 42, 344.
[939] So auch *Schenke*, in: GS Brugger, 2013, S. 523 (544); *Schenke*, Die verfassungsrechtlichen Grenzen, 1984, S. 46 f.
[940] Abw. Meinung Broß zu BVerfG, Beschl. v. 03.12.2002 – 2 BvE 3/02 = BVerfGE 106, 265 (274); *Jekewitz*, in: AK-GG, Art. 77 Rn. 22; *Spanner*, Das Bundesverfassungsgericht, 1972, S. 150; *Trossmann*, JZ 1983, 6 (7 ff.); so wohl auch *Bismark*, DÖV 1983, 269 (278), ohne weiter auf die Frage einzugehen; offenlassend BVerfG, Urt. v. 22.09.2015 – 2 BvE 1/11 = BVerfGE 140, 115 (139); *Dietlein*, NJW 1983, 80 (88); *Schenke*, Die verfassungsrechtlichen Grenzen, 1984, S. 46.

wurde. So findet sich selbst in der grundlegenden Befassung *Schenkes*[941] keine Aussage hierzu und auch im Übrigen sucht man in den Anfangsjahren vergeblich. Darüber hinaus können jedoch Sinn und Zweck des Prinzips zu dem Schluss führen, dass der Rahmen der Beteiligten trotz der Bezeichnung als Verfassungsorgantreue weiter ist, sodass auch andere oberste Bundesorgane umfasst sein könnten, die nicht zugleich Verfassungsorgane nach dem herkömmlichen Verständnis sind, oder gar weitere Beteiligte, welche nicht einmal den Status eines obersten Bundesorganes innehaben. Angenommen wurde dies bereits für den Vermittlungsausschuss, sofern man ihn nicht bereits als Verfassungsorgan einstuft.[942]

Aufgrund ihrer Rechte aus dem Grundgesetz werden teils im Rahmen des Organstreits gem. Art. 93 Abs. 1 Nr. 1 GG teils auch Bundesbank (Art. 88 GG)[943] und Bundesrechnungshof (Art. 114 Abs. 2 GG)[944] sowie der Wehrbeauftragte (Art. 45b GG)[945] als Antragsberechtigte angesehen, woraus sich schließen lässt, dass jedenfalls eine gewisse Gleichstellung mit den Verfassungsorganen besteht.

Die Bundesbank ist nach überzeugender herrschender Meinung jedenfalls kein Verfassungsorgan.[946] Zentral ist erneut das Hierarchieverhältnis, d.h. letztlich die Weisungsabhängigkeit. Gem. § 12 S. 1 BBankG ist die Bundesbank einfachgesetzlich von der Bundesregierung weisungsunabhängig gestellt. Ob die Weisungsunabhängigkeit allerdings verfassungsrechtlich garantiert ist, ist umstritten.[947] Gem. Art. 88 S. 2 GG ist die Europäische Zentralbank unabhängig, wenn ihr die Aufgaben und Befugnisse der Bundesbank übertragen werden.

---

[941] *Schenke,* Die Verfassungsorgantreue, 1977.
[942] S. oben C.II.2.a.aa.(1).δ.
[943] *Kment,* in: Jarass/Pieroth GG, Art. 93 Rn. 66; „Sonderrollen", *Wolff,* in: Stern/Sodan/Möstl, Staatsrecht Bd. 1, 2. Aufl. 2022, § 15 Rn. 78, a.A. *Benda/Klein/Klein,* Verfassungsprozessrecht, 4. Aufl. 2020, § 28 Rn. 1034.
[944] *Burkiczak,* in: BK GG, Art. 93 Rn. 241; *Kment,* in: Jarass/Pieroth GG, Art. 93 Rn. 66; „Sonderrollen", *Wolff,* in: Stern/Sodan/Möstl, Staatsrecht Bd. 1, 2. Aufl. 2022, § 15 Rn. 78; gegen den Status als oberstes Bundesorgan *Benda/Klein/Klein,* Verfassungsprozessrecht, 4. Aufl. 2020, § 28 Rn. 1034; *Ipsen/Kaufhold/Wischmeyer,* Staatsrecht I, 35. Aufl. 2023, § 17 Rn. 3 ff.; *Stern,* StaatsR Bd. 2, 1980, S. 344 f.; parallel für den Landesverfassungshof Sachsen-Anhalt LSAVerfG, Urt. v. 23.11.2015 – LVG 8/13, Ablehnung der Verfassungsorganqualität (juris Rn. 46 ff.), aber anderer Beteiligter mit eigener Zuständigkeit (juris Rn. 51 ff.), der sich jedoch mangels Verfassungsorganqualität und Verfassungsrechtsverhältnisses nicht auf die Verfassungsorgantreue berufen könne (juris Rn. 77 ff.).
[945] *Kment,* in: Jarass/Pieroth GG, Art. 93 Rn. 66; a.A. *Benda/Klein/Klein,* Verfassungsprozessrecht, 4. Aufl. 2020, § 28 Rn. 1034.
[946] BVerfG, Urt. v. 05.05.2020 – 2 BvR 859/15 u.a. = BVerfGE 154, 17 (Rn. 95); *Detterbeck,* in: Sachs GG, Art. 93 Rn. 45; *Ipsen/Kaufhold/Wischmeyer,* 35. Aufl. 2023, § 17 Rn. 5; *Stern,* StaatsR Bd. 2, 1980, S. 344 f.; *Wolff,* in: Hömig/Wolff GG, Art. 88 Rn. 3.
[947] Mehr noch unter der alten Fassung des Art. 88 GG, vgl. *Siekmann,* in: Sachs GG, Art. 88 Rn. 69.

Mithin überzeugt es, dass mittelbar verfassungsrechtlich auch die Bundesbank im Rahmen des Europäischen Systems der Zentralbanken (ESZB) weisungsunabhängig ist.[948] Mag die Bundesbank somit zwar als oberste Bundesbehörde gelten,[949] so hat sie dennoch weder staatskonstitutive Bedeutung noch kommt ihr eine derart zentrale Rolle für das Staatsganze zu, dass man sie grundsätzlich als Verfassungsorgan einordnen sollte.[950]

Wenn sie jedoch unabhängig und nicht weisungsunterworfen ist, wäre es sinnwidrig, sie nicht an Loyalitätsgrundsätze gebunden zu sehen. Dies hätte zur Folge, dass ihr desintegratives, treuwidriges Verhalten erlaubt wäre und der Handlungsspielraum der Bundesbank diesbezüglich größer wäre, als wenn sie ein Verfassungsorgan wäre. Unabhängig von der Verfassungsorganqualität besteht damit ein Anwendungsbedürfnis von Treuepflichten. Immerhin eine Ausprägung der allgemeinen Treuepflicht findet sich einfachrechtlich in § 12 S. 2 BBankG. Ist die Bundesbank jedoch bereits von Verfassungs wegen unabhängig, besteht darüber hinaus das Bedürfnis der Anwendung eines „allgemeinen Prinzip[s] der Organtreue".[951] Insoweit bestehen erneut die Möglichkeiten der Erweiterung der Verfassungsorgantreue oder der Begründung eines übergreifenden Prinzips.

Darüber hinaus kann beispielsweise an die obersten Bundesgerichte gedacht werden.[952] Sie sind oberste Bundesorgane.[953] Trotz ihrer Existenzgarantie gem. Art. 95 Abs. 1 GG sind sie indes keine Verfassungsorgane, da sich ihre Aufgaben im Wesentlichen nicht aus der Verfassung, sondern dem Gerichtsverfassungsrecht und den Verfahrensordnungen ergeben.[954] Obgleich ihre Beteiligung am Staatswillensbildungsprozess, sofern hiervon überhaupt gesprochen

---

[948] *Remmert*, in: BeckOK GG, Art. 88 Rn. 15 m.w.N.; *Siekmann*, in: Sachs GG, Art. 88 Rn. 69 – hierdurch hat der Streit unter Art. 88 a.F. mittlerweile an Bedeutung verloren.
[949] *Kloepfer*, Hdb. Verfassungsorgane, 2022, § 1 Rn. 56.
[950] So auch *Kämmerer*, in: v. Münch/Kunig GG, Art. 88 Rn. 19; *Kloepfer*, Hdb. Verfassungsorgane, 2022, § 1 Rn. 56.
[951] *Herdegen*, in: Dürig/Herzog/Scholz GG, Art. 88 Rn. 81.
[952] Vgl. z.B. *Höpfner*, RdA 2018, 321 (336).
[953] *Kloepfer*, Hdb. Verfassungsorgane, 2022, § 1 Rn. 56; *Stern*, StaatsR Bd. 2, 1980, S. 392 f.; nicht allerdings i.S.d. Art. 93 Abs. 1 Nr. 1 GG, s. *Kment*, in: Jarass/Pieroth GG, Art. 93 Rn. 67; Schlaich/Korioth, Das Bundesverfassungsgericht, 12. Aufl. 2021, Teil 4 Rn. 87.
[954] *Jachmann-Michel*, in: Dürig/Herzog/Scholz GG, Art. 95 Rn. 73; *Kloepfer*, Hdb. Verfassungsorgane, 2022, § 1 Rn. 56; *Sydow*, in: BK GG, Art. 95 Rn. 28 Fn. 42; *Voßkuhle*, in: v. Mangoldt/Klein/Starck GG; Art. 95 Rn. 26; a.A. *Wacke*, AöR 83 (1958), 309 (320).

werden kann,[955] zur Disposition des einfachen Gesetzgebers steht[956] und deren Integrationsauftrag eine geringere Rolle als ihre technische Staatstätigkeit einnimmt,[957] tragen diese durch ihre Rechtsprechung doch in ganz erheblichem Maße zur staatlichen Integration bei.[958]

Auch sind die Richter schon aufgrund des Art. 97 Abs. 1 GG unabhängig und nur dem Gesetz unterworfen. Zwar setzt sich das Bundesverfassungsgericht durch seine Stellung als Verfassungsorgan und die Nennung vor den obersten Bundesgerichten in Art. 92 GG von diesen ab, eine formale Hierarchie besteht indes nicht.[959] Auch entstünde – würde man die Verfassungsorgantreue auf oberste Bundesgerichte nicht anwenden – das seltsam anmutende Ergebnis, dass einfache Gerichte im Verhältnis zum Bund im Prinzip dem Grundsatz der Bundestreue unterworfen sind,[960] derartige Pflichten im Instanzenzug jedoch schlicht verschwinden, sobald der Fall bei den Bundesgerichten liegt. Mithin sprechen gewichtige Argumente dafür, zumindest die obersten Bundesgerichte dem Grundsatz der Verfassungsorgantreue zu unterwerfen.

Dagegen spräche das allmähliche Verschwimmen des Anwendungsbereiches sowie die hervorgehobene persönliche Integrationsfunktion der Verfassungsorgane.[961] Entstünde hierdurch eine Lücke, welche einerseits dazu führen könnte, dass den obersten Bundesgerichten Freiheiten zukämen, welche nicht einmal das Bundesverfassungsgericht genießt, die obersten Bundesgerichte andererseits aber nicht in den Genuss einer Rücksichtnahmepflicht kämen, welche selbst ein erstinstanzliches Gericht für sich in Anspruch nehmen könnte, wäre die Anwendung des Grundsatzes der Verfassungsorgantreue vorzugswürdig. Gibt es hingegen ein übergreifendes Loyalitätsprinzip, in dessen Rahmen die obersten Bundesgerichte ihren Platz finden, besteht kein Anlass, die Verfas-

---

[955] Kritisch *Stern*, StaatsR Bd. 2, 1980, S. 392; vgl. hinsichtlich kognitiver und wertender oder volitiver Elemente der Rechtsprechungstätigkeit BVerfG, Beschl. v. 14.02.1973 – 1 BvR 112/65 = BVerfGE 34, 269 (287); *Achterberg*, Funktionenlehre, 1970, S. 150; *Arndt*, NJW 1963, 1273 (1280); *Rheinstein*, JuS 1974, 409 (416 f.); *Bachof*, JZ 1956, 588 (591).
[956] Vgl. *Stern*, StaatsR Bd. 2, 1980, S. 392; *Voßkuhle*, in: v. Mangoldt/Klein/Starck GG, Art. 95 Rn. 26.
[957] *Smend*, Verfassung und Verfassungsrecht (1928), in: ders., Staatsrechtliche Abhandlungen, 3. Aufl. 1994, S. 119 (147).
[958] Vgl. *Heller*, Staatslehre, 4. Aufl. 1970, S. 194; wesentlich zurückhaltender *Smend*, Verfassung und Verfassungsrecht (1928), in: ders., Staatsrechtliche Abhandlungen, 3. Aufl. 1994, S. 119 (146 f., 208), welcher die Funktion der Judikative nicht dem Integrations-, sondern dem Rechtswert zuordnet.
[959] *Sydow*, in: BK GG, Art. 95 Rn. 28.
[960] S. hierzu oben C.I.3.a.aa.(1).
[961] *Smend*, Verfassung und Verfassungsrecht (1928), in: ders., Staatsrechtliche Abhandlungen, 3. Aufl. 1994, S. 119 (246).

sungsorgantreue künstlich und unter Verlust einiger Feinheiten bei der Differenzierung auf die obersten Bundesgerichte auszuweiten.

Schließlich finden sich stellenweise Ausführungen dahingehend, dass das Volk – insbesondere unter Bezugnahme auf seine Stellung nach Art. 20 Abs. 2 S. 2 GG und Art. 29 GG – ein Verfassungsorgan sei.[962] Folglich wäre es durch die Verfassungsorgantreue berechtigt und verpflichtet.[963] Dies vermag schon nach der klassischen Organdefinition nicht zu überzeugen, da das Volk weder eine durch Rechtssatz gebildete Institution ist noch rechtsverbindlich für den Staat handeln kann. Darum wird in der verfassungsgerichtlichen Rechtsprechung trotz Bezeichnung als Verfassungs*organ* auch die Parteifähigkeit im Organstreitverfahren abgelehnt.[964] Selbst wenn man darüber hinwegsähe, kann das Volk nicht rechtlich zur Loyalität gegenüber den Staatsorganen verpflichtet werden,[965] sondern nur der einzelne Bürger zur Befolgung der Gesetze. Daneben treten Parallelerscheinungen zu staatsorganisatorischen Treuepflichten im Verhältnis zwischen Staat und Bürger auf, welche aus dem Grundsatz von Treu und Glauben erwachsen.[966] Trotz – mit Blick auf die Rechtsgrundlagen und inhaltliche Ausgestaltung – partieller Verwandtschaft sind diese aufgrund der Überschreitung der organisatorischen Grenze nicht gleichzusetzen.[967]

Zwar ließe sich dergleichen mit Blick auf die Integrationslehre vertreten, da diese die Linie zwischen Staat und Bürger – insbesondere bezüglich der Grundrechte – gerne verschwimmen lässt und den Bürgern den „Beruf" bzw. die Pflicht

---

[962] BVerfG, Urt. v. 30.07.1958 – 2 BvF 3, 6/58 = BVerfGE 8, 104 (114 f.); BVerfG, Urt. v. 11.07.1961 – 2 BvG 2/58 = BVerfGE 13, 54 (95); BVerfG, Urt. v. 31.10.1990 – 2 BvF 3/89 = BVerfGE 83, 60 (71); BayVerfGH, Entsch. v. 19.01.1994 – Vf. 89, 92 – III – 92 = NVwZ-RR 1994, 529 (531); *Bethge*, in: Schmidt-Bleibtreu/Klein/Bethge BVerfGG, § 13 Nr. 5 Rn. 13; *Kloepfer*, Hdb. Verfassungsorgane, 2022, § 1 Rn. 5 ff.; vgl. zu Rücksichtnahmepflichten zwischen Verwaltung und Bürger auch *Bauer*, Die Bundestreue, 1992, S. 214 ff.
[963] HbgVerfG, Urt. v. 15.12.2004 – HVerfG 6/04 = NVwZ 2005, 685 (688); so i.E. unter Anknüpfung an die Grundrechte auch hinsichtlich des kooperativen Verfassungssinnes *Kloepfer*, Der Staat 13 (1974), 457 (468); in eine ähnliche Richtung zielt bereits der Versuch von *Lücke*, Der Staat 17 (1978), 341 (346 ff., 352 ff., 366 f.), die Bundestreue in Verbindung mit den Grundrechten zu einem bürgerfreundlichen Verhalten auf das Staat-Bürger-Verhältnis zu erweitern, kritisch hierzu *Wittreck*, in: Härtel, Föderalismus Hdb. Bd. 1, 2012, S. 497 (523).
[964] BVerfG, Urt. v. 11.07.1961 – 2 BvG 2/58 = BVerfGE 13, 54 (95); so auch *Bethge*, in: Schmidt-Bleibtreu/Klein/Bethge BVerfGG, § 13 Nr. 5 Rn. 13; *Friesenhahn*, Die Verfassungsgerichtsbarkeit, 1963, S. 39.
[965] *Schwarz*, in: Stern/Sodan/Möstl, Staatsrecht Bd. 1, 2. Aufl. 2022, § 20 Rn. 21.
[966] S. z.B. *Bauer*, Die Bundestreue, 1992, S. 214 ff. m.w.N.; *Dürr*, NVwZ 1985, 719 (722);
[967] So auch *Bauer*, Die Bundestreue, 1992, S. 215 f., bei dessen Herleitung der Bundestreue allein über den Grundsatz von Treu und Glauben noch eine größere Nähe attestiert werden dürfte als nach hier vertretener Ansicht.

zur Integration abfordert.⁹⁶⁸ Diese extreme Ausformung der Integrationslehre steht allerdings nicht mit der primären Rolle der Grundrechte als Abwehrrechte unter dem Grundgesetz in Einklang, weshalb ihr keine Folge zu leisten ist.⁹⁶⁹ Insofern sei an das *Böckenförde*-Diktum erinnert, nach dem der freiheitliche, säkularisierte Staat von Voraussetzungen lebt, die er selbst nicht garantieren kann.⁹⁷⁰ Der Staat kann lediglich eine Vorbildfunktion in der Hoffnung einnehmen, dass das Staatsvolk ebenfalls im Geiste der Integration agiert.

Eine Ausnahme von der grundsätzlichen Unanwendbarkeit der Verfassungsorgantreue ist anzudenken, wenn das Staatsvolk unmittelbar Staatsgewalt ausübt, d.h. ihm im Rahmen unmittelbarer Demokratie durch Volksbegehren und Volksentscheide die Gesetzgebungsfunktion zukommt.⁹⁷¹ Diese sind den obersten Staatsorganen funktional gleichgeordnet, da sie eine selbstständige, verfassungsrechtliche Kompetenz ausüben.⁹⁷² Die Verfassungsorgantreue ist ursprünglich vom Grundsatz der repräsentativen Demokratie her gedacht, in deren Rahmen das Volk allein durch Wahlen direkten Einfluss auf die Staatsgewalt ausübt und somit eine Kompetenzkollision mit Staatsorganen nicht auftritt.⁹⁷³ Im Falle von Plebisziten ergibt sich allerdings eine Parallelzuständigkeit mit den formalen Staatsorganen, was zu Konfliktpotentialen führt, die denen der klassischen Gewaltenteilung gleichgelagert sind.⁹⁷⁴ Man kann hier insofern von Gewaltenteilung im weiteren Sinne sprechen. Eine formal-personale Interpretation der Verfassungsorgantreue würde sich somit als Verkürzung des Grundsatzes darstellen, sobald das Volk unmittelbar Staatsgewalt ausübt.⁹⁷⁵

Zudem spricht auch der Integrationsgedanke für die Anwendbarkeit der Verfassungsorgantreue auf plebiszitäre Instrumente. *Smend* definiert den Begriff der

---

⁹⁶⁸ S. v.a. *Smend*, Bürger und Bourgeois, in: ders., Staatsrechtliche Abhandlungen, 3. Aufl. 1994, S. 309 (317 ff.); *Smend*, Staat und Politik, in: ders., Staatsrechtliche Abhandlungen, 3. Aufl. 1994, S. 363 (378); vgl. hierzu auch *Dreier*, in: FS Schneider, 2008, S. 70 (77 f., 86 f.); *Korioth*, Integration und Bundesstaat, 1990, S. 124 f.; *Korioth*, in: Lhotta, Die Integration des modernen Staates, 2005, S. 113 (115); *Lhotta*, in: Lhotta, Die Integration des modernen Staates, 2005, S. 91 (101 ff.).
⁹⁶⁹ *Dreier*, in: FS Schneider, 2008, S. 70 (87 ff.) m.w.N.
⁹⁷⁰ *Böckenförde*, in: Recht, Staat, Freiheit, 1991, 92 (112).
⁹⁷¹ HbgVerfG, Urt. v. 14.12.2011 – 3/10 = LVerfGE 22, 161, juris Rn. 132 m.w.N.; *Borowski*, DÖV 2000, 481 (490); *Mahrenholz*, in: FS Schneider, 2008, S. 210 (215 ff.); *Schenke*, in: GS Brugger, 2013, S. 523 (549 f.); vgl. auch HbgVerfG, Urt. v. 01.09.2023 – 3/22, Rn. 71; offenlassend BerlVerfGH, Urt. v. 06.10.2009 – VerfGH 63/08 u. 143/08.
⁹⁷² HbgVerfG, Urt. v. 27.04.2007 – 3/06 = LVerfGE 18, 211, juris Rn. 89; *Schenke*, in: GS Brugger, 2013, S. 523 (550); vgl. auch *Rossi/Lenski*, DVBl. 2008, 416 (422).
⁹⁷³ *Rossi/Lenski*, DVBl. 2008, 416 (422).
⁹⁷⁴ *Rossi/Lenski*, DVBl. 2008, 416 (422).
⁹⁷⁵ *Rossi/Lenski*, DVBl. 2008, 416 (422).

Integration unter Berufung auf *Renans* Charakterisierung der Nation[976] als sich täglich wiederholendes Plebiszit.[977] Übt das Volk nun selbst die Staatsgewalt aus, haben andere Staatsteile dieser Bestrebung Respekt entgegenzubringen, um die von der Integrationslehre gewollte Formung der staatlichen Einheit durch die Integration des Volkes zu gewährleisten. *Smend* betont immer wieder die wichtige Rolle, welche der Bürger im Staat aktiv wahrnehmen soll.[978] So dienen nach dieser Sichtweise z.B. Grundrechte der Sicherung der politischen Freiheit, indem sie die persönliche, soziale und wirtschaftliche Sphäre des Bürgers unantastbar machten und darüber hinaus den Bürger mit dem Staat verknüpfen, beispielsweise den Eigentümer an sein Vaterland binden.[979] Wenngleich die Ereignisse unter der nationalsozialistischen Gewaltherrschaft deutlich gemacht haben, dass die Grundrechte doch in erster Linie – in ihrer Funktion als Abwehrrechte – der Verteidigung vor dem Staat dienen,[980] vermögen sie dennoch sekundär den freien Bürger zur Beteiligung am politischen Diskurs anzuregen.[981]

Vergleichbares können die hier infrage stehenden plebiszitären Beteiligungsformen leisten, dies aber nur, wenn der Bürger in dieser Konstellation auch in die Lage versetzt wird, effektiv von derartigen Mitteln Gebrauch zu machen. In der Praxis ist der Gesetzgeber dazu in der Lage ist, ohne die hohen Hürden, welchen plebiszitäre Instrumente unterliegen, seinen Willen durchzusetzen.[982] Somit ist die Sicherung vor einem Unterlaufen des Volkswillens erforderlich, welche über bestehende Kollisionsregeln hinaus angemessen und vollständig nur durch den Grundsatz der Verfassungsorgantreue erreicht werden kann.[983] Umgekehrt bedeutet dies freilich auch eine Verpflichtung des Plebiszits gegenüber anderen staatlichen Organen. Allerdings dürfte diese in der Rechtspraxis kaum

---

[976] *Renan,* Was ist eine Nation, 1996, S. 7 (35) – im Original „un plébiscite de tous les jours", zitiert nach *Heller,* Souveränität, 1927, S. 82.
[977] *Smend,* Verfassung und Verfassungsrecht (1928), in: ders., Staatsrechtliche Abhandlungen, 3. Aufl. 1994, S. 119 (136); ebenso *Heller,* Souveränität, 1927, S. 82.
[978] Vgl. nur *Smend,* Bürger und Bourgeois, in: ders., Staatsrechtliche Abhandlungen, 3. Aufl. 1994, S. 309 (317 ff.); *Smend;* Staat und Politik, in: ders., Staatsrechtliche Abhandlungen, 3. Aufl. 1994, S. 363 (377 ff.).
[979] *Smend,* Bürger und Bourgeois, in: ders., Staatsrechtliche Abhandlungen, 3. Aufl. 1994, S. 309 (317).
[980] So auch *Dreier,* in: FS Schneider, 2008, S. 70 (87); *Unruh,* Weimarer Staatsrechtslehre, 2004, S. 153 f.
[981] *Friedrich,* AöR 112 (1987), 1 (7 f.); *Mols,* Allgemeine Staatslehre, 1969, S. 216; mit umgekehrter Schwerpunktsetzung *Smend,* Bürger und Bourgeois, in: ders., Staatsrechtliche Abhandlungen, 3. Aufl. 1994, S. 309 (318 f.).
[982] Vgl. *Borowski,* DÖV 2000, 481 (489); *Mahrenholz,* in: FS Schneider, 2008, S. 210 (213, 220); *Müller,* LKV 2008, 451 (453).
[983] Vgl. auch *Borowski,* DÖV 2000, 481 (490 f.); *Rossi/Lenski,* DVBl. 2008, 416.

bedeutsam werden, allein schon aufgrund der stärkeren Position staatlicher Organe.

Neben Art. 29 GG, in dessen Rahmen der Verfassungsorgantreue lediglich geringfügige Relevanz zukommen dürfte, finden sich entsprechende Kompetenzen vornehmlich auf Landesebene. So sehen sämtliche Landesverfassungen unterschiedliche Formen der direkten Demokratie vor, mit jeweils der Möglichkeit zur Schaffung einfacher Gesetze, teilweise aber auch zur Verfassungsänderung.[984] Die Verfassungsorgantreue entfaltet in diesem Verhältnis v.a. ihre Wirkung, wenn andere Organe einen Volksentscheid verhindern, erschweren oder überspielen wollen.[985]

Besonders das Verhältnis zwischen Parlament und Volksgesetzgeber ist problematisch. Die Verfassungsorgantreue statuiert kein generelles Verbot, ein Gesetz mit anderslautendem Inhalt zu beschließen, sondern lediglich das Gebot, den Willen des Volkes hinreichend zu würdigen und abzuwägen.[986] Dies liegt darin begründet, dass das durch Volksentscheid zustande gekommene Gesetz keinen höheren Rang genießt als andere Gesetze und somit grundsätzlich jederzeit auch durch das Parlament geändert oder aufgehoben werden kann.[987]

Der Grundsatz der Verfassungsorgantreue vermag für das Gesetzgebungsrecht nur äußerste Grenzen zu setzen.[988] Denkbar ist dies, wenn der Wille des Gesetzgebers schon vorher gefasst ist. Aus der Verfassungsorgantreue geht deshalb das Gebot hervor, sich eingehend und sachlich mit dem Volksentscheid zu befassen.[989] Sachliche Gründe für eine Änderung des Volksgesetzes können v.a. in einer Beeinträchtigung des Gemeinwohls oder der Veränderung der tatsächlichen oder juristischen Umstände liegen.[990] Eine deutliche Nähe zu einem

---

[984] Bayern, Art. 71 ff. BV; Baden-Württemberg, Art. 59 f. BWVerf; Berlin, Art. 59, 61 ff. BlnVerf; Brandenburg, Art. 22, 75 ff., 115 BbgVerf; Bremen, Art. 70 f., 125 BremVerf; Hamburg, Art. 48, 50 HbgVerf; Hessen, Art. 123 f. HV; Mecklenburg-Vorpommern, Art. 60 MVVerf; Niedersachsen, Art. 49 NV; Nordrhein-Westfalen, Art. 2, 68 f. Verf NRW; Rheinland-Pfalz, Art. 107 ff. VerfRP; Saarland, Art. 61, 99 f. SVerf; Sachsen, Art. 70, 72 ff. SächsVerf; Sachsen-Anhalt, Art. 81 LSAVerf; Schleswig-Holstein, Art. 48 f. SHVerf; Thüringen, Art. 81 f. ThürVerf.
[985] HbgVerfG, Urt. v. 15.12.2004 – HVerfG 6/04 = NVwZ 2005, 685 (688); *Schenke*, in: GS Brugger, 2013, S. 523 (550); vgl. auch *Mahrenholz*, in: FS Schneider, 2008, S. 210 (217).
[986] HbgVerfG, Urt. v. 15.12.2004 – HVerfG 6/04 = NVwZ 2005, 685 (688); *Müller*, LKV 2008, 451 (453); *Rossi/Lenski*, DVBl. 2008, 416 (423 f.); *Salaw-Hanslmaier/Möller*, ZRP 2020, 77 (78).
[987] HbgVerfG, Urt. v. 15.12.2004 – HVerfG 6/04 = NVwZ 2005, 685 (686); *Huber*, in: Niedobitek/Sommermann, Die Europäische Union als Wertegemeinschaft, 2013, S. 34 f. m.w.N.; *Möstl*, in: Lindner/Möstl/Wolff BV, Art. 74 Rn. 18 Fn. 88; *Schenke*, in: GS Brugger, 2013, S. 523 (550); vgl. auch *Engelken*, DVBl. 2005, 415 (420).
[988] *Borowski*, DÖV 2000, 481 (491); *Rossi/Lenski*, DVBl. 2008, 416 (423).
[989] Vgl. *Schenke*, in: GS Brugger, 2013, S. 523 (552).
[990] *Mahrenholz*, in: FS Schneider, 2008, S. 210 (217 f.).

Paradebeispiel der Verfassungsorgantreue – dem Überspielen von verfassungsgerichtlichen Entscheidungen – ist erkennbar.[991] Teilweise wird vertreten, die Organtreue finde keine Anwendung, sofern dem Volk andere Möglichkeiten – in Bayern zum Beispiel die Abberufung des Landtags nach Art. 18 Abs. 3 BV oder ein erneutes Volksgesetzgebungsverfahren – offen stünden.[992] Dies vermag jedoch nicht zu überzeugen, da ein Verfassungsverstoß nicht durch die Möglichkeit einer anderweitigen Abstrafung geheilt werden kann. Die Verfassungsorgantreue will gerade verhindern, dass die Missachtung des Volksentscheides eintritt. Besonders mit Blick auf den ungleich höheren Aufwand der Volksgesetzgebung im Vergleich zum eingespielten Gesetzgebungsprozess im Parlament käme in einem solchen Konflikt dem parlamentarischen Gesetzgeber ein deutlicher Vorteil zu.[993] Ansonsten könnte auch im Falle des Überspielens verfassungsgerichtlicher Entscheidungen angeführt werden, dem Verfassungsgericht sei es unbenommen, auch das neue Gesetz aufzuheben. Im Ergebnis dürfen demnach die anderen Verfassungsorgane den Volksentscheid nicht ohne triftigen Grund erschweren oder verhindern und haben diesen nach Beschluss zu würdigen.[994]

Im Ergebnis ist daher festzuhalten, dass bei sämtlichen staatlichen Untergliederungen das Bedürfnis der Anwendung von Treuepflichten besteht, wenn kein hierarchisches Verhältnis besteht, d.h. sofern sie nicht den Weisungen eines Verfassungsorgans unterworfen sind.[995] Dieses Problem kann nur auf drei Weisen aufgelöst werden: Erstens kann man diese unbefriedigende Rechtslücke akzeptieren, zweitens die Verfassungsorgantreue mit der Konsequenz des aufgezeigten Verwischens von Differenzierungslinien ausweiten oder drittens, sofern möglich, diese unter ein übergreifendes oder spezielles Loyalitätsgebot fassen. Ob dies möglich und sinnvoll ist, wird im weiteren Verlauf der Untersuchung noch festzustellen sein.

(2) Organteile und Unterorgane

Weiter ist fraglich, ob nur Gesamtorgane oder auch Organteile Subjekt der Verfassungsorgantreue sein können. Auf den ersten Blick scheint die Frage ohne Belang, wenn man die Konstellation vor Augen hat, dass ein Organ durch einen

---

[991] S. dazu *Schenke*, Die Verfassungsorgantreue, 1977, S. 130 ff.; *Voßkuhle*, NJW 1997, 2216 (2218).
[992] *Möstl*, in: Lindner/Möstl/Wolff BV, Art. 74 Rn. 18.
[993] *Borowski*, DÖV 2000, 481 (489); *Mahrenholz*, in: FS Schneider, 2008, S. 210 (220); *Müller*, LKV 2008, 451 (453).
[994] So auch *Schenke*, in: GS Brugger, 2013, S. 523 (550 ff.).
[995] *Schenke*, Die verfassungsrechtlichen Grenzen, 1984, S. 47; vgl. auch *Lorz*, Interorganrespekt, 2001, S. 174, 251 f.

Organteil oder ein Unterorgan gegenüber einem anderen Organ handelt. Niemand dürfte bezweifeln, dass dann die Bindung des Gesamtorgans an die Verfassungsorgantreue auch für das Handeln seiner Untergliederung gilt. Anders erscheint dies, wenn ein Unterorgan gegenüber dem Gesamtorgan auftritt. Vertritt man die Auffassung, die Verfassungsorgantreue binde nur das Gesamtorgan, wäre es sinnwidrig anzunehmen, das Unterorgan könne sich diesem gegenüber auf ein Recht berufen, welches dem Organ nur als Ganzem zusteht. Im Ergebnis stellt sich also die Folgefrage, ob die Verfassungsorgantreue nur zwischen den Verfassungsorganen gilt (Interorgantreue) oder auch innerhalb der Organe (Intraorgantreue). Beide Fragen wirken sich im Einzelnen auf die Einordnung bestimmter Einrichtungen – wie beispielsweise diversen Ausschüssen – aus.

Zuerst stellt sich die Frage, ob – wie der Begriff der Verfassungsorgantreue vermuten lassen könnte – nur die Verfassungsorgane im Ganzen erfasst werden, oder ob auch Unterorgane und allgemeiner Organteile zum Kreis der Adressaten gehören.

Die begriffliche Differenzierung zwischen Organ, Organteil, Teilorgan und Unterorgan ist uneinheitlich, was daran liegen mag, dass es regelmäßig nicht auf eine trennscharfe Unterscheidung ankommt.[996] Bisweilen werden unter Organteilen alle Untergliederungen eines Organs bis hin zum einzelnen Organwalter verstanden,[997] teils werden nur diejenigen Untergliederungen mit eigenen Rechten und Pflichten als Organteile bezeichnet.[998]

Welchem Begriffssystem man letztlich folgt, ist jedoch regelmäßig nicht entscheidend. Vielmehr kommt es auf eine funktionelle Einordnung der jeweiligen Institutionen an. Mithin soll im Folgenden das zuvor bereits aufgegriffene Begriffssystem nach *H. J. Wolff*[999] zugrunde gelegt werden. Nach diesem ist das maßgebliche Unterscheidungskriterium die Frage, für wen die betreffende Einrichtung Aufgaben wahrnimmt, d.h. wem das Handeln zugerechnet wird.[1000] Ausgangspunkt ist dabei die juristische Person.[1001] Ausgehend von dieser bestimmt sich im relativen Bezug zwischen den betreffenden Institutionen, welche Rolle ihnen jeweils zukommt.[1002]

---

[996] Vgl. darüber hinaus *Schnapp*, AöR 105 (1980), 243 (244 ff.).
[997] *Roth*, Verwaltungsrechtliche Organstreitigkeiten, 2001, S. 30.
[998] *Goessl*, Organstreitigkeiten, 1961, S. 98.
[999] S. oben C.II.2.a.aa.(1).α.
[1000] S. hierzu oben C.II.2.a.aa.(1).α.; vgl. auch *Kasten*, Ausschußorganisation und Ausschußrückruf, 1983, S. 27 ff.; *Schnapp*, AöR 105 (1980), 243 (256 f.).
[1001] *Schnapp*, AöR 105 (1980), 243 (257).
[1002] *Kasten*, Ausschußorganisation und Ausschußrückruf, 1983, S. 27 ff.; *Schnapp*, AöR 105 (1980), 243 (255 f.).

Dies soll an einem Beispiel dargelegt werden. So kommt dem Bundestag gegenüber der Bundesrepublik Deutschland Organqualität zu. Organteile sind sodann Institutionen, welche innerhalb einer größeren Organisation an deren Aufgabenstellung mitwirken.[1003] Hat ein Organteil wiederum eigene Zuständigkeiten im Verhältnis zu einem Organ, kommt ihm selbst Organqualität zu.[1004] Im Verhältnis zu der darüberstehenden juristischen Person ist es insofern Unterorgan, d.h. Organ eines Organs einer juristischen Person, begrifflich jedoch nur der juristischen Person gegenüber Unterorgan.[1005] Ein parlamentarischer Untersuchungsausschuss ist demnach Organteil des Bundestages.[1006] Er hat diesem gegenüber jedoch auch eigene Zuständigkeiten.[1007] Ihm kommt damit gegenüber dem Bundestag Organqualität, gegenüber der Bundesrepublik Deutschland Unterorganqualität zu. Demnach hängt die Qualifizierung einer Institution davon ab, in welchem Verhältnis sie zu einer anderen Institution steht (sog. Relativität des Organbegriffs).[1008]

Nach vereinzelten Stimmen in der Literatur ist die Verfassungsorgantreue nicht auf Organteile, sondern nur auf vollwertige Verfassungsorgane anwendbar.[1009] Eine überzeugende Begründung, warum die Verfassungsorgantreue für bloße Teile eines Organs keine Bindung entfalten soll, findet sich indes nicht. Die Vermutung liegt nahe, dass diese Ansicht sich neben einem engen begrifflichen Verständnis auf die gängige Definition der Verfassungsorgantreue stützt. Nach dieser versteht man darunter die Pflicht der Verfassungsorgane zu loyalem Verhalten und Zusammenwirken, bzw. das Gebot der Rücksichtnahme auf die jeweils anderen Verfassungsorgane und die Selbstbeschränkung auf die ihnen übertragenen Aufgaben.[1010] Diese Definition übergeht die Frage der Geltung für Organteile und suggeriert vielmehr, dass diese nur zwischen den Verfassungsorganen als solchen bestehe. Ein derart enges Verständnis erscheint jedoch weder zwingend noch überzeugend. Obgleich eine Befassung mit dieser spezi-

---

[1003] *Hölscheidt,* Das Recht der Parlamentsfraktionen, 2001, S. 319.
[1004] *Hölscheidt,* Das Recht der Parlamentsfraktionen, 2001, S. 317; a.A. *Krüger,* Allgemeine Staatslehre, 1966, S. 264 f.
[1005] Vgl. zu dieser Differenzierung auch *Kasten,* Ausschußorganisation und Ausschußrückruf, 1983, S. 28.
[1006] *Scholz,* AöR 105 (1980), 564 (600); *Walter,* in: BeckOK BVerfGG, § 63 Rn. 15.
[1007] BVerfG, Urt. v. 08.04.2002 – 2 BvE 2/01 = BVerfGE 105, 197 (220); *Klein/Schwarz,* in: Dürig/Herzog/Scholz GG, Art. 44 Rn. 66.
[1008] *Kasten,* Ausschußorganisation und Ausschußrückruf, 1983, S. 27 ff. m.w.N.
[1009] *Epping,* in: v. Mangoldt/Klein/Starck GG, Art. 69 Rn. 12.
[1010] *Schenke,* Die Verfassungsorgantreue, 1977, S. 19.

fischen Frage häufig nicht stattfindet, geht die wohl herrschende Meinung davon aus, dass auch Organteile Subjekt der Verfassungsorgantreue sein können.[1011] Einen ersten Anhaltspunkt dafür kann die Regelung des Organstreitverfahrens gem. Art. 93 Abs. 1 Nr. 1 GG bieten. In diesem kann auch ein „anderer Beteiligter" als ein oberstes Bundesorgan, der „mit eigenen Rechten ausgestattet" ist, seine Rechte vor dem Bundesverfassungsgericht geltend machen. Davon erfasst sind insbesondere Organteile der obersten Bundesorgane.[1012] Über das Bestehen eigener Rechte von Organteilen sagt dies wenig aus. Jedoch werden die Organteile zumindest partiell, verfahrenstechnisch auf die Ebene der obersten Bundesorgane gehoben. Insofern kann darin ein Indiz gesehen werden, dass die Verfassung jedenfalls bestimmten Organteilen eine ähnliche Stellung beimisst.

Löst man sich von einer formalen Betrachtung der Frage und nimmt man stattdessen den Zweck und die Funktionsweise der Verfassungsorgantreue in den Blick, kommt man zu demselben Ergebnis. Für die Auflösung von Konfliktlagen auf oberster Staatsebene kann es nicht darauf ankommen, ob Aufgaben der Staatsleitung durch ein Organ oder einen Organteil wahrgenommen werden. Dies bedeutete, dass durch die rein formale Stellung als Verfassungsorgan oder nur als Organteil das materielle Auslegungsergebnis abhinge. Deutlich wird dies bei der Bundesregierung. Bei dieser ist bereits umstritten, ob die nur Bundesregierung selbst, Kanzler und Minister jeweils für sich oder allesamt Verfassungsorgane bzw. oberste Bundesorgane sind.[1013]

Vielmehr stellt die zumindest partielle Eigenverantwortlichkeit den teleologisch schlüssigeren Ansatzpunkt dar, welcher die Subjektstellung von Organteilen bezüglich der Verfassungsorgantreue ausmacht. Die Verfassungsorgantreue will Reibungen und Konflikte auf oberster staatlicher Ebene auflösen oder gar verhindern. Solche entstehen nur, wenn Organteile selbstständig tätig werden. Mithin deckt sich die Frage, ob Organteile an die Verfassungsorgantreue gebunden

---

[1011] So explizit *Schenke*, in: GS Brugger, 2013, S. 523 (528); *Schenke*, NJW 1982, 2521 (2525); s.a. VerfGH NRW, Urt. v. 20.04.2021 – VerfGH 177/20, juris Rn. 179; in Bezug auf den Untersuchungsausschuss StGH BW, Urt. v. 21.10.2002 – 11/02, juris Rn. 84; in Bezug auf Parlamentsminderheit sowie parlamentarische Untersuchungsausschüsse *Unger,* in: v. Mangoldt/Klein/Starck GG, Art. 44 Rn. 40 f.
[1012] BVerfGE 143, 1 (10, Rn. 32); *Burkiczak*, in BK GG, Art. 93 Rn. 244.
[1013] Für die Stellung sämtlicher Betroffenen als oberste Bundesorgane *Benda/Klein/Klein*, Verfassungsprozessrecht, 4. Aufl. 2020, § 28 Rn. 1033; *Grote*, Der Verfassungsorganstreit, 2010, S. 104 f.; *Walter,* in: Dürig/Herzog/Scholz GG, Art. 93 Rn. 206; gegen die Verfassungsorganstellung von Bundeskanzler und Ministern *Kloepfer*, Hdb. Verfassungsorgane, 2022, § 1 Rn. 170; *Lorz*, Interorganrespekt, 2001, S. 245 (dennoch wird die Anwendbarkeit der Verfassungsorgantreue bzw. des Intraorganrespekts jew. i.E. bejaht, s. *Kloepfer*, a.a.O., § 7 Rn. 324 und *Lorz*, a.a.O., S. 246).

sind mit der Qualifikation als Unterorgan, d.h. wenn ihnen in irgendeiner Beziehung eigene verfassungsrechtliche Rechtspositionen zustehen.

Die Frage nach einer Einschränkung der Anwendbarkeit des Grundsatzes auf Fälle, in denen ein Koordinationsverhältnis besteht und das Organteil nicht den Weisungen des Gesamtorgans unterliegt,[1014] ist an dieser Stelle noch nicht relevant. Während es sich bei der Frage, ob der Grundsatz der Verfassungsorgantreue ein Organteil berechtigen oder verpflichten kann, um eine reine Frage der Subjektstellung handelt, beziehen sich die eben genannten Anforderungen auf ein bestimmtes Rechtsverhältnis. Es geht folglich darum, ob im Intra- oder Interorganverhältnis allgemein oder in einer bestimmten Rechtsbeziehung zusätzliche Anforderungen an die Anwendbarkeit gegeben sind, während bei der Frage der Subjektstellung irgendeine eigene verfassungsrechtliche Rechtsposition genügt.

Folglich richtet sich das Prinzip der Verfassungsorgantreue auch an Organteile, sofern ihnen eine eigenständige Rechtsstellung zukommen kann, d.h. wenn sie in irgendeiner Beziehung als Unterorgan zu qualifizieren sind. Die Bindung an die Verfassungsorgantreue erstreckt sich damit insbesondere auch auf parlamentarische Untersuchungsausschüsse,[1015] die Oppositionsfraktionen,[1016] den Parlamentspräsidenten[1017] sowie Bundeskanzler und Minister.[1018]

(3) Inter- und Intraorgantreue

Bejaht man die Geltung der Verfassungsorgantreue für Organteile, stellt sich unmittelbar auch die Folgefrage, ob neben der Interorgantreue auch die Intraorgantreue erfasst ist. Die beiden Fragen sind eng miteinander verknüpft, da die selbstständige Bindung mehrerer Organteile eine logisch zwingende Voraussetzung der Intraorgantreue ist: Zwei Teile ein und desselben Organs können sich denknotwendig nicht gleichzeitig und entgegengesetzt auf Rechte ebendieses Organes berufen.

Die beiden Fragen werden deshalb zwar gerne gemeinsam behandelt.[1019] Sie sind allerdings nicht deckungsgleich. So kommt einerseits eine Konstellation zwischen zwei Organteilen desselben Organs in Betracht, andererseits aber auch zwischen einem Teil eines Verfassungsorgans und einem anderen Ver-

---

[1014] So *Schenke* in Bezug auf das Intraorganverhältnis, in: GS Brugger, 2013, S. 523 (528).
[1015] *Peters*, NVwZ 2020, 1550 (1556); *Scholz*, AöR 105 (1980), 564 (600 f.); *Unger*, in: v. Mangoldt/Klein/Starck GG, Art. 44 Rn. 41; VerfGH NRW, Urt. v. 20.04.2021 – 177/20, juris Rn. 207.
[1016] *Schenke*, Die Verfassungsorgantreue, 1977, S. 32 f.; *Scholz*, AöR 105 (1980), 564 (600).
[1017] VerfGH NRW, Urt. v. 04.04.2022 – 122/21, juris Rn. 53.
[1018] *Lorz*, Interorganrespekt, 2001, S. 245 ff.; a.A. *Epping*, in: v. Mangoldt/Klein/Starck GG, Art. 69 Rn. 12.
[1019] So beispielsweise *Schenke*, in: GS Brugger, 2013, S. 523 (528 f.).

fassungsorgan. Auch in diesem Fall ist ein enges begriffliches Verständnis denkbar und wird vereinzelt in der Literatur vertreten.[1020] Begründet wird diese Ansicht nicht.

Im Übrigen vermag sie in dieser Absolutheit auch nicht zu überzeugen: Dass auch Organteile unter bestimmten Voraussetzungen berechtigt und verpflichtet sein können, wurde vorstehend bereits bejaht.[1021] Für eine Ausnahme davon gegenüber einem anderen Teil desselben Organs sind keine Gründe ersichtlich. Die Situation unterscheidet sich regelmäßig nicht von klassischen Anwendungsfällen der Verfassungsorgantreue.

Deutlich wird dies anhand bestimmter Konstellationen innerhalb des Bundestages: So wird regelmäßig die Regierung von der Bundestagsmehrheit gestützt.[1022] Diese ziehen dann auch typischerweise an einem Strang und stehen der Opposition gemeinsam gegenüber.[1023] Beschränkt die Verfassungsorgantreue die Regierung in ihrem Handeln gegenüber dem Bundestag zum Zwecke des Schutzes der Opposition, so kann das Ergebnis nicht anders lauten, wenn stattdessen die Parlamentsmehrheit in vergleichbarer Weise gegen die Opposition vorgeht.

Auch eine Besinnung auf die Wurzeln der Verfassungsorgantreue stützt dieses Ergebnis. Im Sinne der Integration besteht dieselbe Erforderlichkeit der Anwendung des Grundsatzes auch bei desintegrativ wirkenden Konflikten innerhalb der Organe. Innerhalb des Parlaments ist zwar die demokratische Auseinandersetzung gerade gewünscht. Wird die Auseinandersetzung jedoch beispielsweise mit unverhältnismäßigen Mitteln, grob unsachlich oder rechtsmissbräuchlich geführt, sodass die Stabilität des Parlaments gefährdet erscheint, spricht der Integrationsgedanke für die Anwendung des Grundsatzes. Die Auseinandersetzung stellt sich dann nicht mehr als Ausprägung des demokratischen Prozesses, sondern als interne Zersetzung des Organes dar. Auch bei Verhältnissen innerhalb der Regierung, welche bereits grundsätzlich so konzipiert ist, dass sie ein einheitlicheres Gesamtbild abgeben soll als das Parlament,[1024] wird dies deutlich.

[1020] So beispielsweise *Epping*, in: v. Mangoldt/Klein/Starck GG, Art. 69 Rn. 12.
[1021] S. oben C.II.2.a.aa.(2).
[1022] *v. Münch*, NJW 1998, 34 (34); Scheuner, DÖV 1974, 433 (437); *Schneider*, in: Merten, Gewaltentrennung im Rechtsstaat, 1989, S. 77 (85 f.); ähnlich *Ossenbühl*, DÖV 1980, 545 (547); vgl. auch zu einer „Verschmelzung von Parlament und Regierung zu einem einheitlichen Bereich der ‚Politik'" *Zimmer*, Funktion – Kompetenz – Legitimation, 1979, S. 269.
[1023] *Herzog*, Der Integrationsgedanke und die obersten Staatsorgane, 1986, S. 15; *v. Münch*, NJW 1998, 34 (34); *Ossenbühl*, DÖV 1980, 545 (547).
[1024] Vgl. nur Art. 65 S. 1, 3 GG einerseits und Art. 38 Abs. 1 S. 2 Hs. 2, 42 Abs. 2 S. 1 GG andererseits.

Die Herleitungssäule über Treu und Glauben bestätigt diesen Gedanken ebenfalls. So findet sich im Zivilrecht eine ganz ähnliche Konstellation, nämlich diejenige unter den Gesellschaftern. So kann ein Gesellschafter Einzelinteressen haben, welche den Interessen anderer Gesellschafter entgegenstehen. In dieser Konstellation finden sich für das Zivilrecht Treuepflichten unter den Gesellschaftern.[1025] Sind Interessen eines Organteils gegenüber einem anderen Organteil betroffen, auch wenn diese keine Privatinteressen, sondern vielmehr solche sind, die sich aus ihrem Zweck und ihrer Aufgabe ergeben, ist kein Grund ersichtlich, warum eine Loyalitätspflicht innerhalb des Organs ausscheiden soll.

Für die Anwendbarkeit der Verfassungsorgantreue im Intraorganverhältnis werden allerdings zwei Einschränkungen betont, namentlich das Vorliegen eines Koordinationsverhältnisses sowie eines Verfassungsrechtsverhältnisses.[1026] Diese sind keineswegs besondere Anforderungen, welche nur Organteile im Intraorganverhältnis zusätzlich erfüllen müssen. Vielmehr spiegeln sich darin allgemeine Voraussetzungen der Verfassungsorgantreue wider, welche jedoch regelmäßig nur im Intraorganverhältnis problematisch sind, während sie in den klassischen Konstellationen des Interorganverhältnisses typischerweise keine besondere Relevanz entfalten. Sie sollen daher im Folgenden als allgemeine Voraussetzungen untersucht werden.

bb. Sachlicher Anwendungsbereich

Im Gegensatz zum persönlichen Anwendungsbereich drängt sich die Parallele zur Bundestreue im sachlichen Anwendungsbereich der Verfassungsorgantreue quasi auf. Dies liegt zunächst darin begründet, dass beiden Grundsätzen die gleiche Funktion lediglich in einem unterschiedlichen Anwendungsbereich zukommt,[1027] in großen Teilen aber auch darin, dass die Verfassungsorgantreue anhand der Erkenntnisse zur Bundestreue konkretisiert wurde. So formuliert *Schenke:* „[...] nachdem der Gedanke staatlicher Integration erst einmal in seiner speziellen Variante als Rechtsprinzip der Bundestreue seine Inthronisation fand, [kann] ihm diese dann konsequenterweise auch nicht im Verhältnis der Verfassungsorgane zueinander verweigert werden."[1028] Diese Aussage gibt nicht nur Aufschluss über die gemeinsame Wurzel der beiden Prinzipien, son-

---

[1025] BGH, Urt. v. 10.06.1965 – II ZR 6/63 = BGHZ 44, 40 (41); BGH, Urt. v. 28.04.1975 – II ZR 16/73 = BGHZ 64, 253 (257); BGH, Urt. v. 25.09.1986 – II ZR 262/85 = NJW 1987, 189 (190); Keul, in: MHdB GesR, Bd. 2, § 76 Rn. 15 ff.; Schäfer, in: MüKo BGB, § 705 Rn. 273 ff.; s.a. oben C.I.4.c.
[1026] *Schenke,* in: GS Brugger, 2013, S. 523 (528).
[1027] *Grzeszick,* in: Dürig/Herzog/Scholz GG, Art. 20 IV. Rn. 136; *Schenke,* Die Verfassungsorgantreue, 1977, S. 29 f.
[1028] *Schenke,* Die Verfassungsorgantreue, 1977, S. 30.

dern stellt auch anschaulich dar, in welchem Verhältnis beide Prinzipien zueinander stehen: Sie erfüllen in unterschiedlichen Konstellationen dieselbe Funktion.[1029] Folglich darf im Grundsatz auf die jeweiligen Ausführungen zu der Bundestreue entsprechend verwiesen werden.[1030]

Dennoch erübrigt sich ein genauerer Blick auf einzelne Fragestellungen nicht gänzlich. Ein erstes Merkmal, welches sich nur im Rahmen der Verfassungsorgantreue, kaum aber in den Ausführungen zur Bundestreue findet, ist das Erfordernis des soeben angesprochenen Koordinationsverhältnisses.[1031] Die Verfassungsorgantreue finde demnach nur Anwendung, wenn die betreffenden Organe hinsichtlich des infrage stehenden Rechtsverhältnisses in einem Koordinationsverhältnis stehen, d.h. nicht in Hierarchieverhältnis eingegliedert sind.[1032] Lässt sich die Spannung zwischen zwei Organen oder Organteilen[1033] nämlich bereits im Wege der Weisung auflösen, ist für die Anwendung der Verfassungsorgantreue kein Raum.[1034]

Diese Diskrepanz zur Bundestreue erklärt sich durch die Intrapersonalität der Verfassungsorgantreue, während im Verhältnis zwischen Hoheitsträgern mit Staatsqualität[1035] typischerweise anfänglich bereits kein Weisungsverhältnis besteht und somit das Koordinationsverhältnis die Regel ist.[1036] In speziellen Konstellationen, beispielsweise solchen nach Art. 87c GG, kann der Bund jedoch auch den Ländern Weisungen erteilen (Art. 85 Abs. 3 GG). Bund und Länder befinden sich dann ebenfalls in einem hierarchischen Verhältnis[1037] und bilden eine funktionale Einheit[1038]. Oftmals wird deshalb trotz der Personenver-

---

[1029] Dies bedeutet allerdings nicht, dass es keine Besonderheiten bei den jeweiligen Prinzipien gibt.
[1030] S. oben C.I.3.a.bb.
[1031] Für die Verfassungsorgantreue *Schenke,* in: GS Brugger, 2013, S. 523 (528); Vernachlässigung aber bei der Bundestreue, z.B. in BVerfG, Urt. v. 22.05.1990 – 2 BvG 1/88 = BVerfGE 81, 310 (337 f.) trotz dahingehender Stellungnahme der Bundesregierung, ebd. S. 325; s. i.Ü. oben C.I.3.a.bb.(3).
[1032] *Schenke,* in: GS Brugger, 2013, S. 523 (528).
[1033] S. dazu oben C.II.2.a.aa.(2) und (3).
[1034] *Schenke,* in: GS Brugger, 2013, S. 523 (528).
[1035] S. zu Staatsqualität der Länder nur st. Rspr. seit BVerfG, Urt. v. 23.10. 1951 – 2 BvG 1/51 = BVerfGE 1, 14 (34); *Grzeszick,* in: Dürig/Herzog/Scholz GG, Art. 20 IV. Rn. 174; *Lindner,* in: Stern/Sodan/Möstl, Staatsrecht Bd. 1, 2. Aufl. 2022, § 16 Rn. 40 f.
[1036] Vgl. oben C.I.3.a.bb.(3).
[1037] *Kirchhof,* in: Dürig/Herzog/Scholz GG, Art. 85 Rn. 72, 76, 84; gleichbedeutend Unterordnungs- bzw. Unterstellungsverhältnis und instanzielles Verhältnis oder Verschränkung *Trute,* in: v. Mangoldt/Klein/Starck GG, Art. 85 Rn. 26, 28.
[1038] *Kirchhof,* in: Dürig/Herzog/Scholz GG, Art. 85 Rn. 84.

schiedenheit häufig auch vom „Innenverhältnis" gesprochen,[1039] womit sich die Ausgangslagen von Bundes- und Verfassungsorgantreue partiell weiter annähern. Wie bereits dargestellt[1040] findet die Bundestreue in diesen Konstellationen trotz des Fehlens eines Koordinationsverhältnisses allerdings Anwendung.[1041] Übt der Bund seine Weisungsbefugnis aus, werden regelmäßig Verfahrenspflichten, insbesondere Anhörungspflichten, ausgelöst.[1042]

Im Sinne der Annäherung der beiden Grundsätze könnte angedacht werden, derartige Pflichten auch im intrapersonalen Verhältnis zu fordern. Dagegen sprechen jedoch gerade die Unterschiede, welche aus der Intrapersonalität herrühren. Eine Treuepflicht kann nur dann angenommen werden, wenn spezifisch subjektivierte Organrechte betroffen sind.[1043] In einem von Grund auf hierarchisch strukturierten Verhältnis entstehen diese nicht.[1044] Indes ist im interpersonalen Verhältnis die grundlegend gleichrangige Stellung des Gegenübers zu achten, auch wenn ausnahmsweise ein Weisungsverhältnis besteht.[1045]

Darüber hinaus wird bisweilen das Vorliegen eines Verfassungsrechtsverhältnisses gefordert.[1046] Dementsprechend müsste insbesondere die betreffende eigenständige Rechtsstellung, welche einem Organteil die (Unter-)Organqualität vermittelt, durch die Verfassung begründet werden.[1047] Dieses taucht auch im Rahmen der Bundestreue auf, entfaltet dort aber nur untergeordnete Bedeutung, da die Anforderungen daran so niedrig gehalten werden, dass es quasi bedeutungslos wird.[1048] Selbiges lässt sich für die Verfassungsorgantreue be-

---

[1039] S. nur BVerfG, Beschl. v. 02.03.1999 – 2 BvF 1/94 = JuS 2000, 601; Abw. Meinung Di Fabio und Mellinghoff zu BVerfG, Urt. v. 19.02.2002 – 2 BvG 2/00 = BVerfGE 104, 249 (279); BVerwG, Beschl. v. 26.03.2007 – 7 B 74/06 = NVwZ 2007, 837 (838); LG Bonn, Urt. v. 06.04.2016 – 1 O 458/14 = EnWZ 2016, 426 (430); *Suerbaum*, in: BeckOK GG, Art. 85 Rn. 7.1; *Wolff*, in: Hömig/Wolff GG, Art. 85 Rn. 6.
[1040] S. oben C.I.3.a.bb.(3).
[1041] BVerfG, Urt. v. 22.05.1990 – 2 BvG 1/88 = BVerfGE 81, 310 (337); BVerfG, Urt. v. 19.02.2001 – 2 BvG 2/00 = BVerfGE 104, 249 (270); *Ipsen/Kaufhold/Wischmeyer*, Staatsrecht I, 35. Aufl. 2023, § 11 Rn. 33 f.; *Kirchhof*, in: Dürig/Herzog/Scholz GG, Art. 85 Rn. 84; *Papier/Krönke*, Grundkurs Öffentliches Recht 1, 4. Aufl. 2022, S. 136 Rn. 259; *Trute*, in: v. Mangoldt/Klein/Starck GG, Art. 85 Rn. 28; *Winkler*, in: Sachs GG, Art. 85 Rn. 26.
[1042] BVerfG, Urt. v. 22.05.1990 – 2 BvG 1/88 = BVerfGE 81, 310 (337); BVerfG, Urt. v. 19.02.2001 – 2 BvG 2/00 = BVerfGE 104, 249 (270); *Ipsen/Kaufhold/Wischmeyer*, Staatsrecht I, 35. Aufl. 2023, § 11 Rn. 33 f.; *Papier/Krönke*, Grundkurs Öffentliches Recht 1, 4. Aufl. 2022, S. 136 Rn. 259.
[1043] S. oben C.II.1.e. und C.II.2.a.(2).
[1044] Vgl. *Schenke*, in: GS Brugger, 2013, S. 523 (528).
[1045] S. hierzu oben C.I.3.a.bb.(3).
[1046] LSAVerfG, Urt. v. 23.11.2015 – LVG 8/13, juris Rn. 78; *Bethge*, in: Schmidt-Bleibtreu/Klein/Bethge BVerfGG, § 63 Rn. 33; *Desens*, Bindung der Finanzverwaltung, 2011, S. 266 f.; *Schenke*, in: GS Brugger, 2013, S. 523 (528).
[1047] *Schenke*, in: GS Brugger, 2013, S. 523 (528).
[1048] S. dazu oben C.I.3.b.cc.; kritisch demgegenüber v.a. *Ossenbühl*, NVwZ 2003, 53.

reits dann sagen, wenn man sie – wie zuvor bereits angedacht – auf diverse Nichtverfassungsorgane oder bloße oberste Bundesorgane anwendet.[1049] Ein Verfassungsrechtsverhältnis zu fordern wäre dann sinnlos, da ein solches schon von vornherein nicht bestehen kann, wenn die Verfassung das besagte Organ schon nicht mit Kompetenzen ausstattet.

Denkt man dies zu Ende, ergeben sich drei Varianten, die Frage zu beantworten:

1. Variante: Man lehnt die Anwendbarkeit der Verfassungsorgantreue auf nichtverfassungsrechtliche Verhältnisse ab und fordert eine strikte Begrenzung von Loyalitätspflichten im intrapersonalen Bereich auf Verfassungsorgane. Dies hätte die aufgezeigten Inkonsequenzen und Regelungslücken zur Folge und kann deshalb aus den genannten Gründen nicht überzeugen.[1050]

2. Variante: Man sieht die Verfassungsorgantreue als Subprinzip eines übergeordneten Loyalitätsgrundsatzes an, das sich strikt auf die Verfassungsorgane beschränkt, mit den Untervarianten a) der Erforderlichkeit des Verfassungsrechtsverhältnisses einerseits oder b) der Entbehrlichkeit des Verfassungsrechtsverhältnisses im Rahmen des Subprinzips andererseits. Die Untervariante a) erfordert allerdings sodann aus Gründen der Konsistenz im Gesamtsystem, dass Konstellationen, welche Verfassungsorgane im nicht verfassungsrechtlichen Verhältnis betrifft, unter den übergeordneten Loyalitätsgrundsatz fielen. Bei der jeweiligen Einordnung unter die Verfassungsorgantreue einerseits oder eine übergeordnete Treuepflicht andererseits erscheinen Differenzen auf der Rechtsfolgenseite denkbar, weshalb die Unterscheidung möglicherweise nicht dahinstehen kann. Diese Frage soll jedoch späteren Ausführungen vorbehalten bleiben.

3. Variante: Man dehnt die Verfassungsorgantreue auch auf nicht verfassungsrechtliche Verhältnisse aus. Dies kommt Variante 2 im Ergebnis sehr nahe. Fraglich ist jedoch, wie den Problemen begegnet werden kann, dass Nichtverfassungsorgane typischerweise eine geringere Integrationsleistung bewirken als Verfassungsorgane und auch dem Handeln von Verfassungsorganen untereinander im nichtverfassungsrechtlichen Verhältnis typischerweise nicht die gleiche Integrationskraft zukommt wie im Verfassungsrechtsverhältnis. Letztlich ist dies das spiegelbildliche Problem, dem auch Lösungsvariante 2 begegnet.

[1049] Ablehnung daher in LSAVerfG, Urt. v. 23.11.2015 – LVG 8/13, juris Rn. 78 f.
[1050] S. dazu oben C.II.2.a.aa.ε.

Ob nun Variante 2 oder Variante 3 vorzugswürdig erscheint, hängt davon ab, inwiefern eine allgemeine Loyalitätspflicht sinnvoll begründet werden kann.[1051]

b. Subjektive Voraussetzungen

Die Frage der subjektiven Komponente wird bei der Verfassungsorgantreue kaum behandelt. Die Gründe dafür dürften in der Übertragung des von der Bundestreue Bekannten, aber auch in der weitgehend ähnlichen Herleitung beider Grundsätze zu finden sein: Aus dem Gewaltenteilungs- bzw. Bundesstaatsprinzip lassen sich nur schwerlich subjektive Anforderungen ziehen, während die beiden zugrunde liegenden Ansätze von Integration sowie Treu und Glauben – wie bei der Bundestreue ausgeführt[1052] – in eine tendenziell objektive Richtung mit nur stellenweise subjektivem Einschlag[1053] deuten. Demnach ist auch bei der Verfassungsorgantreue grundsätzlich kein Verschulden und keine Böswilligkeit oder dergleichen gefordert. Die Verletzung der Verfassungsorgantreue richtet sich somit im Wesentlichen nach objektiven Gesichtspunkten. Indes kann ausnahmsweise, insbesondere bei Missbrauchskonstellationen, die subjektive Komponente Bedeutung erlangen.[1054] Dies bestätigt sich durch diverse Befunde, bei denen auf gewisse subjektive Momente nicht verzichtet werden sollte, beispielsweise bei der *gezielten* Behinderung der Arbeit anderer Organe.[1055] Wie bei der Bundestreue kann dieselbe Verhaltensweise mit einer anderen Zwecksetzung zulässig sein.

c. Grenzen

Auch hinsichtlich der Begrenzung der rechtlichen Heranziehbarkeit findet sich ein weitgehender Gleichlauf von Bundestreue und Verfassungsorgantreue. So unterliegt auch die Verfassungsorgantreue – unter expliziter Bezugnahme auf die Rechtsprechung zur Bundestreue – dem Akzessorietätsgrundsatz.[1056] Die Verfassungsorgantreue knüpft somit ebenfalls an ein Rechtsverhältnis an, wel-

---

[1051] S. hierzu unten F.I.
[1052] S. dazu oben C.I.3.c.
[1053] Vgl. z.B. *Bethge*, in: Schmidt-Bleibtreu/Klein/Bethge BVerfGG, § 31 Rn. 199 – „durch diese bewusste Obstruktion und Provokation"; *Henseler*, NJW 1982, 849 (852) – „Rücksichtslos kann nur verfahren, wer in der Lage ist, seinen Willen einem anderen [...] aufzuzwingen"; *Heusch*, in: Umbach/Clemens/Dollinger BVerfGG, § 31 Rn. 64; *Korioth*, Der Staat 30 (1991), 549 (567); *R. P. Schenke*, FR 2004, 638 (643) – schwerwiegender Verstoß gegen die Verfassungsorgantreue bei vorsätzlicher Täuschung; *Schulze-Fielitz*, in: FS 50 Jahre BVerfG, 2001, S. 385 (392 f.).
[1054] Vgl. parallel zur Bundestreue oben C.I.3.c.
[1055] *Schaaf*, DVP 2021, 431 (431).
[1056] BVerfG, Beschl. 17.09.2013 – 2 BvR 2436/10, 2 BvE 6/08 = BVerfGE 134, 141 (201); *Bethge*, in: Schmidt-Bleibtreu/Klein/Bethge BVerfGG, § 63 Rn. 33; *Poscher*, in: Herdegen/Masing/Poscher/Gärditz, Hdb. VerfR, 2021, § 3 Rn. 126.

ches sie sodann moderiert.[1057] Weiter wird auch – ebenfalls explizit in Anlehnung an die Rechtsprechung zur Bundestreue – bisweilen eine Erheblichkeitsschwelle für die Verfassungsorgantreue angesetzt.[1058] Diese überzeugt wie auch bei der Bundestreue nur bedingt.[1059]

Gelegentlich wird gefordert, die Anwendung der Verfassungsorgantreue dürfe „selbstverständlich [...] nur im Rahmen des Rechts ausgeübt werden".[1060] Dies ist insofern richtig, als sonstiges Verfassungsrecht geachtet und vielfach eine Abwägung vorgenommen werden muss. Insbesondere dürfen keine Widersprüche zu geschriebenem Verfassungsrecht entstehen.[1061]

Allerdings kann der Grundsatz der Verfassungsorgantreue nicht ohne Weiteres durch das einfache Recht, beispielsweise datenschutzrechtliche Bestimmungen, beschränkt werden.[1062] Dem stünde entgegen, dass die Verfassungsorgantreue, obgleich sie ungeschrieben ist, dennoch aufgrund ihres Verfassungsranges über dem einfachen Recht steht, Art. 20 Abs. 3 GG. Könnte das einfache Recht die Verfassungsorgantreue entkräften, hätte es der Bundestag in der Hand, sich seinen Grenzen durch die Verfassungsorgantreue zu entziehen. So gesteht auch *Robbers* ein, dass andererseits Informationen, die für die rechtliche und effektive Ausübung der Aufgaben eines Staatsorgans wesentlich sind, dem anderen Staatsorgan nicht vorenthalten werden dürfen.[1063] Die Beschränkung der Verfassungsorgantreue besteht demnach nicht aufgrund einer etwaigen Subsidiarität zum einfachen Recht, sondern vielmehr als gesetzlich konkretisiertes Ergebnis einer Abwägung – in diesem Fall mit dem allgemeinen Persönlichkeitsrecht in Form des Rechts auf informationelle Selbstbestimmung gem. Art. 2 Abs. 1 i.V.m. Art. 1 Abs. 1 GG.

3. Funktionsweise

In einem weiteren Schritt soll die Funktionsweise der Verfassungsorgantreue aufgezeigt werden. Der Grundsatz verpflichtet die Verfassungsorgane zu gegenseitiger Rücksichtnahme, einem fairen Verfahren und dem Respekt vor dem Funktionsbereich des jeweils anderen Verfassungsorganes, insbesondere der Achtung des Kernbereichs, in den Grenzen der Gewaltenteilung aber auch zur

---

[1057] LSAVerfG, Urt. v. 23.11.2015 – LVG 8/13 = NVwZ 2016, 527 (529); *Bethge*, in: Schmidt-Bleibtreu/Klein/Bethge BVerfGG, § 63 Rn. 33.
[1058] BVerfG, Beschl. 17.09.2013 – 2 BvR 2436/10, 2 BvE 6/08 = BVerfGE 134, 141 (196 f.).
[1059] Vgl. oben C.I.3.b.bb.
[1060] *Robbers*, in: BK GG, Art. 20 Rn. 3231.
[1061] Allgemein zu dem Verhältnis von ungeschriebenem und geschriebenem Verfassungsrecht *Hesse*, Grundzüge des Verfassungsrechts, 20. Aufl. 1999, § 1 Rn. 34; *Wolff*, Ungeschriebenes Verfassungsrecht, 2000, S. 359 ff. m.w.N.
[1062] So aber *Robbers*, in: BK GG, Art. 20 Rn. 3231.
[1063] *Robbers*, in: BK GG, Art. 20 Rn. 3231.

Kooperation.[1064] Diese Vielgestaltigkeit erlaubt unterschiedliche Systematisierungsmöglichkeiten. Hierbei werden regelmäßig die ausgetretenen Pfade der Bundestreue aufgesucht.[1065] Zunächst kommt eine Differenzierung nach dem Funktionsbereich, d.h. Legislative, Exekutive oder Judikative, oder gar nach den Rechten und Pflichten der einzelnen Organe in Betracht. Dies erscheint insofern zwar sinnvoll, als jedem Organ eine unterschiedliche Rolle im gewaltenteiligen System zukommt. Allerdings geht dies nicht über die ohnehin relevante Bestimmung der Art des betroffenen Rechtsverhältnisses hinaus und soll deshalb an dieser Stelle nicht weiterverfolgt werden.

Wie bei der Bundestreue[1066] kann jedoch insbesondere auch zwischen den Funktionsweisen des Prinzips selbst, d.h. als Auslegungsprinzip,[1067] als Kompetenzausübungsschranke[1068] sowie als Quelle von Rechten und Pflichten[1069] unterschieden werden. Die Funktion als Auslegungsprinzip kommt beispielsweise bei Art. 23 Abs. 2, 3 GG besonders zur Geltung, bei dessen Anwendung die Organtreue zu wahren ist,[1070] oder bei der Auslegung des Art. 112 GG.[1071] In ebendiesem zweiten Zusammenhang mit dem Zustimmungsrecht des Bundesfinanzministers aus Art. 112 GG entfaltet sie auch ihre Funktion als Kompe-

---

[1064] Vgl. *Hahn*, Der Gesetzgebungsvertrag, 2017, S. 174 f.; *Unger*, in: v. Mangoldt/Klein/Starck GG, Art. 44 Rn. 40; unter Betonung der Grenzen der Kooperation *Scholz*, in: Dürig/Herzog/Scholz GG, Art. 23 Rn. 144; hinsichtlich Rücksichtnahme BVerfG, Beschl. v. 04.06.1973 – 2 BvQ 1/73 = BVerfGE 35, 193 (199); BVerfG, Urt. v. 25.05.1977 – 2 BvE 1/74 = BVerfGE 45, 1 (39); *Mehde*, AöR 127 (2002), 655 (664 f.); *Schneider*, in: FS G. Müller. S. 421 (422); hinsichtlich Verfahrensanforderungen BVerfG, Urt. v. 25.05.1977 – 2 BvE 1/74 = BVerfGE 45, 1 (39); *Schneider*, in: FS G. Müller, S. 421 (423); hinsichtlich der Achtung des Funktionsbereichs HbgVerfG, Urt. v. 21.12.2021 – 6/20 = NVwZ-RR 2022, 281 (286); *Rux*, in: BeckOK GG, Art. 20 Rn. 163; *Sommermann*, in: v. Mangoldt/Klein/Starck GG, Art. 20 Rn. 225, 260, 284.
[1065] Bezugnahme beispielsweise bei BVerfG, Beschl. v. 17.09.2013 – 2 BvE 6/08 = BVerfGE 134, 141 (196), allerdings i.E. offengelassen; *Schenke*, Die Verfassungsorgantreue, 1977, S. 41 Fn. 60 u. S. 45; *Sommermann*, in: v. Mangoldt/Klein/Starck GG, Art. 20 Rn. 225 – „funktionales Äquivalent".
[1066] Zu dem Gleichlauf im Rahmen der Funktionsweise *Schenke*, in: GS Brugger, 2013, S. 523 (525 f.).
[1067] *Mehde*, AöR 127 (2002), 655 (665); *Schenke*, Die Verfassungsorgantreue, 1977, S. 41 ff.; *Schenke*, Die verfassungsrechtlichen Grenzen, 1984, S. 44 ff.; *Voßkuhle*, NJW 1997, 2216 (2217);
[1068] VerfGH NRW, Urt. v. 04.04.2022 – 122/21, juris Rn. 53; *Mehde*, AöR 127 (2002), 655 (665); *Schenke*, Die Verfassungsorgantreue, 1977, S. 43 f.; *Schenke*, Die verfassungsrechtlichen Grenzen, 1984, S. 46; *Voßkuhle*, NJW 1997, 2216 (2217); kritisch bzgl. der eigenständigen Bedeutung *Pestalozza*, Formenmißbrauch des Staates, 1973, S. 99 f.
[1069] *Schenke*, Die Verfassungsorgantreue, 1977, S. 44 ff.; *Schenke*, Die verfassungsrechtlichen Grenzen, 1984, S. 45 f.; *Voßkuhle*, NJW 1997, 2216 (2217).
[1070] BVerfG, Urt. v. 12.10.1993 – 2 BvR 2134, 2159/92 = BVerfGE 89, 155 (191); *Scholz*, in: Dürig/Herzog/Scholz GG, Art. 23 Rn. 143 ff.; s. zu den Zusammenhängen zwischen Art. 23 GG und den Loyalitätspflichten i.Ü. bereits oben C.I.1.b.cc und C.II.1.c.bb.(3).
[1071] BVerfG, Urt. v. 25.05.1977 – 2 BvE 1/74 = BVerfGE 45, 1 (39).

tenzausübungsschranke, welche dazu führt, dass der Finanzminister sein Recht erst nach Konsultation des Bundestages ausüben darf.[1072]

Als Rechte- und Pflichtenquelle schließlich kommt die Verfassungsorgantreue beispielsweise zum Einsatz, um diverse Verfahrenspflichten zu statuieren.[1073] Eine in der Praxis besonders relevante Verfahrenspflicht liegt hierbei in der Obliegenheit der vorprozessualen Rüge bzw. darüber hinaus der dialogförmigen Konfrontation des Verfahrensgegners mit dem Begehren, bei dessen Fehlen die mangelnde Rücksichtnahme zum Entfallen des Rechtsschutzbedürfnisses bzw. des objektiven Klarstellungsinteresses führt.[1074] Wie die Entscheidung des Bundesverfassungsgerichtes zur Haushaltsüberschreitung,[1075] in der alle drei Funktionen deutlich zur Geltung gekomken sind, eindrücklich zeigt, schließen sich die verschiedenen Dimensionen – wie auch schon bei der Bundestreue[1076] – gegenseitig nicht aus.[1077]

Somit erscheint im Gleichlauf zur Bundestreue die Einteilung in die Funktionsmodalitäten des Auslegungsprinzips, der Quelle für Rechte und Pflichten, sowie der Rechtsausübungsschranke sinnvoll. Überschneidungen der Funktionsmodalitäten sind dabei nicht unüblich.

4. Rechtsfolgen und Durchsetzbarkeit

Wie die Bundestreue bewegt sich auch die Verfassungsorgantreue auf dem schmalen Grat zwischen rechtlicher Relevanz und nur politischer, unverbindlicher Idealvorstellung.[1078] Mithin stellt sich auch bei der Verfassungsorgantreue die Frage, ob und inwiefern diese justiziabel ist. Relevante Unterschiede treten erneut im Wesentlichen nicht zutage, weshalb letztlich auch hier derselbe Maßstab gelten muss, welcher zuvor für den Grundsatz bundesfreundlichen Verhaltens erarbeitet wurde.[1079]

[1072] BVerfG, Urt. v. 25.05.1977 – 2 BvE 1/74 = BVerfGE 45, 1 (39).
[1073] BVerfG, Urt. v. 25.05.1977 – 2 BvE 1/74 = BVerfGE 45, 1 (39) – Prüfungs- und Verfahrenspflichten; VerfGH NRW, Urt. v. 20.04.2021 – 177/20, juris Rn. 207 – insb. Informations- und Offenlegungspflichten; *Schneider*, in: FS Müller, 1970, S. 421 (423, 432).
[1074] BVerfG, Beschl. v. 22.11.2011 – 2 BvE 3/08 = BVerfGE 129, 356 (374 f.); ThürVerfGH, Urt. v. 22.06.2022 – 17/21, juris Rn. 52; VerfGH RP, Beschl. v. 01.04.2022 – VGH O 20/21, juris Rn. 112; *Hillgruber/Goos*, Verfassungsprozessrecht, 5. Aufl. 2020, § 4 Rn. 524; insb. bei Übertragung der Organtreue auf das Kommunalrecht, s. exemplarisch SächsOVG, Urt. v. 06.07.2021 – 4 A 695/20, juris Rn. 13; SächsOVG, Beschl. v. 18.05.2022 – 4 B 185/21, juris Rn. 6.
[1075] BVerfG, Urt. v. 25.05.1977 – 2 BvE 1/74 = BVerfGE 45, 1.
[1076] S. oben C.I.4.d.
[1077] *Schenke*, Die Verfassungsorgantreue, 1977, S. 46 ff.
[1078] S. zu dem Problem spezifisch mit Bezug zur Verfassungsorgantreue *Schenke*, Die Verfassungsorgantreue, 1977, S. 34 f.
[1079] S. hierzu oben C.I.5.b.

Ein spezielles Problem, welches bei der Bundestreue nur eine untergeordnete Rolle spielt, tritt bei der Verfassungsorgantreue jedoch prominent hervor: Das Bundesverfassungsgericht ist zugleich Adressat des Grundsatzes der Verfassungsorgantreue, aber auch „Hüter der Verfassung"[1080] und die einzige Instanz[1081], die verbindlich über einen Verstoß entscheiden kann. Es kann jedoch aufgrund des allgemeinen rechtsstaatlichen Gebotes nemo iudex in causa sua nicht Richter in eigener Sache sein.[1082] Darüber hinaus ist es im regelmäßig einschlägigen Organstreitverfahren gem. § 63 BVerfGG nicht als Beteiligter genannt. Art. 93 Abs. 1 Nr. 1 GG ist insofern, obgleich das Bundesverfassungsgericht ein oberstes Bundesorgan ist, teleologisch zu reduzieren.[1083]

Das zuvor Gesagte gilt freilich im selben Maße für die Anwendung der Verfassungsorgantreue auf Landesebene.[1084] Auch die Landesverfassungsgerichte können nicht in eigener Sache entscheiden.[1085] Für diese gäbe es aber mit dem Landesbinnenstreitverfahren nach Art. 93 Abs. 1 Nr. 4 Var. 3 GG, §§ 13 Nr. 8, 71 f. BVerfGG möglicherweise einen Ausweg: Das Bundesverfassungsgericht kann nach Art. 93 Abs. 1 Nr. 4 GG über öffentlich-rechtliche Streitigkeiten innerhalb eines Landes und damit über Organstreitigkeiten auch zwischen Landesverfassungsgerichten und anderen Landesverfassungsorganen entscheiden.

Das Verfahren ist gem. Art. 93 Abs. 1 Nr. 4 Hs. 2 GG in mehrfacher Hinsicht subsidiär: So sind einerseits andere Verfahrensarten vor dem Bundesverfassungsgericht, andererseits aber auch der Rechtsweg zu den Landesverfassungsgerichten und sogar den Fachgerichten vorrangig.[1086] Das speziellere[1087] Verfahren nach Art. 99 Alt. 1 GG, §§ 13 Nr. 10, 73 ff. BVerfGG, welches eine

---

[1080] S. nur BVerfG, Beschl. v. 10.06.1975 – 2 BvR 1018/74 = BVerfGE 40, 88 (93); BVerfG, Beschl. v. 20.07.2021 - 2 BvE 4, 5/20 = NJW 2021, 2797 (2799); Denkschrift des Bundesverfassungsgerichts, JöR n.F. 6 (1957), 144 (145); *Bethge*, in: Schmidt-Bleibtreu/Klein/Bethge BVerfGG, § 1 Rn. 52 ff.; *Denninger*, Staatsrecht, Bd. 2, 1979, S. 201; *Morgenthaler*, in: BeckOK GG, Art. 93 Rn. 3; *Stern*, Verfassungsgerichtsbarkeit, 1980, S. 12.
[1081] Parallel hierzu freilich die Landesverfassungsgerichte für die Entscheidung über einen Verstoß der Landesverfassungsorgane gegen die Verfassungsorgantreue auf Landesebene.
[1082] *Schwarz*, Verfassungsprozessrecht, 2021, § 14 Rn. 15; *Voßkuhle*, NJW 1997, 2216 (2218); Herleitung des Verbots über Art. 97 GG in *Lovens*, Bundesverfassungsrichter, 2009, S. 72.
[1083] *Schwarz*, Verfassungsprozessrecht, 2021, § 14 Rn. 15.
[1084] Vgl. *Rossi/Lenski*, DVBl. 2008, 416 (421 f.).
[1085] BVerfG, Beschl. v. 24.03.1982 – 2 BvH 1, 2/82, 2 BvR 233/82 = BVerfGE 60, 175 (202 f.); *Schwarz*, Verfassungsprozessrecht, 2021, § 14 Rn. 15.
[1086] *Burkiczak*, in: BK GG, Art. 93 Rn. 409 f.; *Hillgruber/Goos*, Verfassungsprozessrecht, 5. Aufl. 2020, § 2 Rn. 79; *Voßkuhle*, in: v. Mangoldt/Klein/Starck GG, Art. 93 Rn. 152.
[1087] BVerfG, Urt. v. 05.04.1952 – 2 BvH 1/52 = BVerfGE 1, 208 (218); *Wolff*, in: Hömig/Wolff GG, Art. 99 Rn. 2.

Organleihe des Bundesverfassungsgerichts an ein Land ermöglicht,[1088] scheidet aus, da es ausdrücklich einer Zuweisung durch Landesgesetz bedarf. Hiervon hat lediglich Schleswig-Holstein bis zum Jahre 2008 Gebrauch gemacht.[1089] Das Verfahren nach Art. 99 Alt. 1 GG ist damit aktuell bedeutungslos.[1090] Dem Verfahren nach Art. 93 Abs. 1 Nr. 4 GG könnte schließlich noch entgegenstehen, dass die Landesverfassungen jeweils Organstreitverfahren vorsehen. Indes ist die Zuständigkeit des Bundesverfassungsgerichts nicht nur gegeben, wenn das Landesrecht überhaupt keine Zuständigkeit des Landesverfassungsgerichts für Organstreitigkeiten vorsieht, sondern auch soweit es den Kreis der Antragsberechtigten enger zieht als Art. 93 Abs. 1 Nr. 4 GG i.V.m. § 71 Abs. 1 Nr. 3 BVerfGG.[1091] Zweck der Norm ist demnach der lückenlose Rechtsschutz für die am Verfassungsleben eines Landes Beteiligten gegen alle Verletzungen ihrer eigenen Rechte aus der Landesverfassung.[1092] Entgegen der Rechtsprechung des Bundesverfassungsgerichts[1093] entsteht gerade dadurch, dass die Landesverfassungsgerichte nicht in eigener Sache entscheiden können, obwohl ihnen der Status eines Landesverfassungsorganes zukommt, eine solche Lücke.

Das Bundesverfassungsgericht begründet die Ablehnung der Beteiligtenfähigkeit in dem Verfahren nach Art. 93 Abs. 1 Nr. 4 GG in dem vorliegenden Fall gerade damit, dass der betreffende Staatsgerichtshof „kein möglicher Streitteil im vorliegenden Organstreit" und somit nicht parteifähig ist.[1094] Aus den weiteren Ausführungen wird jedoch klar, dass dies in der Pauschalität nicht zwingend ist: So führt es weiter aus, dass der Staatsgerichtshof als Rechtsprechungsorgan sachlich und persönlich unabhängig ist[1095] und es „nicht der Stellung eines zur Neutralität und Unparteilichkeit verpflichteten Gerichts [entspricht], daß es sich als Partei mit den Beteiligten eines von ihm entschiedenen Rechtsstreits

---

[1088] *Detterbeck,* in: Sachs GG, Art. 99 Rn. 1; *Morgenthaler,* in: BeckOK GG, Art. 99 Rn. 1; *Walter,* in: Dürig/Herzog/Scholz GG, Art. 99 Rn. 5; *Wolff,* in: Hömig/Wolff GG, Art. 99 Rn. 1.
[1089] *Hillgruber/Goos,* Verfassungsprozessrecht, 5. Aufl. 2020, § 2 Rn. 93; *Schwarz,* Verfassungsprozessrecht, 2021, § 16 Rn. 7; *Walter,* in: Dürig/Herzog/Scholz GG, Art. 99 Rn. 4.
[1090] *Hillgruber/Goos,* Verfassungsprozessrecht, 5. Aufl. 2020, § 2 Rn. 93.
[1091] BVerfG, Beschl. v. 17.07.1995 – 2 BvH 1/95 = BVerfGE 93, 195 (202); *Burkiczak,* in: BK GG, Art. 93 Rn. 410; *Schwarz,* Verfassungsprozessrecht, 2021, § 16 Rn. 8.
[1092] BVerfG, Urt. v. 21.07.2000 – 2 BvH 3/91 = BVerfGE 102, 224 (231).
[1093] BVerfG, Beschl. v. 24.03.1982 – 2 BvH 2/82 = BVerfGE 60, 175 (202).
[1094] BVerfG, Beschl. v. 24.03.1982 – 2 BvH 2/82 = BVerfGE 60, 175 (202).
[1095] BVerfG, Beschl. v. 24.03.1982 – 2 BvH 2/82 = BVerfGE 60, 175 (202 f.) unter Berufung auf BVerfG, Beschl. v. 17.12.1969 – 2 BvR 271, 342/68 = BVerfGE 27, 312 (322).

vor einem anderen Gericht auf gleicher Ebene über die Richtigkeit der von ihm getroffenen Entscheidung auseinandersetzt"[1096].

Zutreffend daran ist, dass eine Überprüfung der Rechtsprechungstätigkeit an sich durch das Bundesverfassungsgericht ausgeschlossen ist.[1097] In Betracht kommen jedoch solche Konstellationen, in denen gerade das Landesverfassungsgericht Antragsteller ist oder der Streit nicht der Überprüfung einer Entscheidung dient. Dem Landesverfassungsgericht fehlt es somit nicht an der Parteifähigkeit im Rahmen des Landesbinnenstreitverfahrens, sondern vielmehr in Fällen wie dem aufgeführten an der Antragsbefugnis. Folglich steht bei Streitigkeiten um Rechte und Pflichten aus der (Landes-)Verfassungsorgantreue unter Beteiligung eines Landesverfassungsgerichtes grundsätzlich der Weg zum Bundesverfassungsgericht offen, nicht jedoch mit Blick auf die Überprüfung einer Entscheidung.

Eine derartige Lösung ist in Bezug auf das Bundesverfassungsgericht nicht ersichtlich. Dies liegt daran, dass rein strukturell kein geeignetes, höheres Gericht zur Verfügung steht. Angedacht werden kann bei Betroffenheit nur eines Senates die Entscheidung durch den anderen Senat.[1098] Dies ist jedoch wegen des „besonderen kollegialen Bandes, das die 16 höchsten Richter miteinander verknüpft"[1099] sowie dem „bösen Schein der Selbstbetroffenheit"[1100] richtigerweise abzulehnen. Auch könnte dies zu nicht wünschenswerten Spannungen innerhalb des Bundesverfassungsgerichtes führen.[1101]

Ein weiterer Vorschlag zur partiellen Lösung des Problems sieht vor, den Verstoß eines einzelnen Verfassungsrichters gegen den Grundsatz der Verfassungsorgantreue nach § 19 BVerfGG analog gleich einem Fall der Befangenheit rügefähig zu machen.[1102] Dies wäre allerdings nur dann möglich, wenn erstens tatsächlich nur ein Richter handelt, zweitens dies im Wege einer Meinungsäußerung geschieht und drittens dadurch auf ein bestehendes Verfahren zwischen anderen Verfassungsorganen eingewirkt wird. Damit ist nur ein Bruchteil der denkbaren Konstellationen erfasst. Zugleich hätte das Bundesverfassungsgericht gem. § 19 Abs. 1 BVerfGG analog inzident über den Verstoß eines ihm angehörigen Richters gegen die Verfassungsorgantreue und damit die Verlet-

---

[1096] BVerfG, Beschl. v. 24.03.1982 – 2 BvH 2/82 = BVerfGE 60, 175 (202 f.) unter Berufung auf BVerfG, Urt. v. 18.12.1953 – 1 BvL 106/53 = BVerfGE 3, 225 (229).
[1097] Vgl. ferner bzgl. der grundsätzlichen Bindung der Gerichte an die Bundestreue C.I.3.a.aa.(1), bei der die Unabhängigkeit der Richter ebenfalls zu einer Beschränkung führt.
[1098] *Voßkuhle*, NJW 1997, 2216 (2218).
[1099] *Voßkuhle*, NJW 1997, 2216 (2218).
[1100] *Voßkuhle*, NJW 1997, 2216 (2218).
[1101] *Voßkuhle*, NJW 1997, 2216 (2218).
[1102] *Lovens*, Bundesverfassungsrichter, 2009, S. 81.

zung von Verfassungsrecht zu entscheiden. Dies geht deutlich weiter als die bloße Entscheidung über die Befangenheit. Darüber hinaus stehen dieser Vorgehensweise dieselben Argumente entgegen, mit denen auch eine Entscheidung des jeweils anderen Senats soeben abgelehnt wurde. Mithin vermag die analoge Anwendung des § 19 Abs. 1 BVerfGG nicht zu überzeugen.

Dennoch erscheint die Verfassungsorgantreue in diesen sowie sonstigen Fällen, in denen das Bundesverfassungsgericht eine verbindliche Entscheidung nicht herbeiführen kann, nicht als stumpfes Schwert: So mag zwar im Vergleich zur Bundestreue[1103] eine zusätzliche Justitiabilitätsbeschränkung vorliegen. Bereits der plausible Vorwurf der Verfassungswidrigkeit kann jedoch dem Handelnden empfindliche Nachteile, insbesondere mit Blick auf dessen Glaubwürdigkeit oder nichtgerichtliche Sanktionen durch andere Verfassungsorgane einbringen.[1104] Denkbar ist in besonders öffentlichkeitswirksamen Fällen auch eine Abstrafung durch den Wähler. Zuletzt sollte auch unabhängig von Sanktionen der Wille der Amtsträger zu verfassungsgemäßem Handeln bestehen.[1105] Somit geht allein von dem Wissen um das Bestehen rechtlicher Bindungen eine „heilsame Wirkung"[1106] auf den Umgang der Verfassungsorgane miteinander aus.

5. Zwischenergebnis

Zusammenfassend lässt sich sagen, dass die Verfassungsorgantreue notwendig ist, um das Gleichgewicht und das Funktionieren im gewaltenteiligen System zu wahren. Mithin haben sich auch Verfassungsorgane und Organteile untereinander so zu verhalten, wie Treu und Glauben es nach den spezifischen Umständen in einem Kompetenzsystem zwischen Integration und Gewaltenteilung gebieten. Ihr kommt somit dieselbe Funktion im horizontalen Verhältnis zu wie der Bundestreue im vertikalen Verhältnis. Dementsprechend ist für beide Prinzipien eine kombinierte Herleitung aus Treu und Glauben, Gewaltenteilung im weiteren Sinne und Integration zu befürworten.

Der Gleichlauf spiegelt sich auch im Rahmen der praktischen Anwendung wider. So sind Verfassungsorgantreue und Bundestreue zwar nicht in jeder Hinsicht identisch, sondern weisen jeweils eigene Besonderheiten auf, die sich dadurch erklären, dass die Rechtsverhältnisse typischerweise unterschiedlich

---

[1103] Vgl. oben C.I.5.b.
[1104] *Voßkuhle*, NJW 1997, 2216 (2219) – als denkbare Sanktionen auf unzulässige Kritik am BVerfG wird beispielsweise der Entzug des Wortes gem. § 36 GOBT genannt; ähnlich *Schulze-Fielitz*, AöR, 122 (1997), 1 (28) – Legitimitätsverlust.
[1105] In ähnlichem Zusammenhang von der Vermutung der Einhaltung von Recht und Gesetz sprechend *Schulze-Fielitz*, AöR, 122 (1997), 1 (27).
[1106] *Schenke*, Die Verfassungsorgantreue, 1977, S. 34; so in Anschluss daran auch *Voßkuhle*, NJW 1997, 2216 (2219); vgl. auch *Bauer*, Die Bundestreue, 1992, S. 370 f.

ausgestaltet sind, insbesondere im Organverhältnis keine voll rechtsfähigen juristischen Personen aufeinandertreffen. Darin ist jedoch lediglich ein Unterschied im Anwendungsbereich zu erkennen, nicht hingegen ein grundlegender Wesensunterschied zwischen Bundestreue und Verfassungsorgantreue. Andersherum kann in dieser Unterschiedlichkeit sogar vielmehr die Gemeinsamkeit der Abhängigkeit vom spezifischen Rechtsverhältnis gesehen werden. Dieses kann von den zuvor genannten typischen Konstellationen abweichen. So bestehen erstens Konstellationen, in denen die Trennlinie zwischen Bundestreue und Verfassungsorgantreue nahezu unsichtbar wird, beispielsweise der nahezu identisch gelagerte Fall einer Kooperationspflicht zwischen einem Bundesgericht[1107] und einem Untersuchungsausschuss des Bundestages einerseits und einem Landesgericht und einem Untersuchungsausschuss des Bundestages. Zweitens bestehen Konstellationen, in denen ein Fall der Verfassungsorgantreue enge inhaltliche Bezüge zum bundesstaatlichen Gefüge aufweist, was häufig in Konstellationen mit Beteiligung des Bundesrates geschieht. Umgekehrt bestehen drittens Konstellationen, in denen Unterschiede der Prinzipien deutlich werden, z.B. in Fällen eines Weisungsverhältnisses.

Die Umstände, die das spezifische Rechtsverhältnis ausgestalten, wirken auf Inhalt und Umfang der Loyalitätspflicht im spezifischen Einzelfall ein. Zweck, Herleitung und Anwendungsbereich der Loyalitätspflichten sind jedoch eng verwandt, sodass man festhalten kann, dass hinter der Bundestreue und der Verfassungsorgantreue ein gemeinsamer Gedanke steht.

III. Die Loyalitätspflichten der kommunalen Körperschaften

Nachdem anhand der Bundes- und der Verfassungsorgantreue nachgewiesen wurde, dass Loyalitätspflichten prinzipiell im horizontalen wie im vertikalen Verhältnis sowie inter- und intrapersonal gleichermaßen zur Geltung kommen, soll der Blick nun auf kommunale Loyalitätsgebote gerichtet werden. In deren Zentrum steht das sog. „gemeindefreundliche" – bzw. terminologisch genauer: Das „kommunalfreundliche Verhalten"[1108]. Darunter versteht man die Pflicht zu Loyalität und Rücksichtnahme im Verhältnis zwischen Kommunen und Bund, Kommunen und Ländern sowie Kommunen untereinander.[1109]

[1107] Welches freilich nur bei einem weiten Verständnis der Verfassungsorgantreue umfasst ist.
[1108] Vgl. zu der Terminologie *Mehde*, in: Dürig/Herzog/Scholz GG, Art. 28 Rn. 326.
[1109] *Riederle*, Kommunale Spitzenverbände, 1995, S. 117.

Trotz mittlerweile weitgehender Anerkennung des Grundsatzes,[1110] steht auch der Kommunaltreue noch ein gewisses Maß an Kritik bzw. eine gewisse Zurückhaltung bei der Anwendung gegenüber,[1111] was insbesondere auf gewisse Schwierigkeiten bei der Ableitung aus der Verfassung zurückzuführen sein dürfte.[1112] Denselben Grad an Prominenz wie insbesondere die Bundestreue konnte der Grundsatz (bisher) nicht erlangen. Bis heute existieren nur wenige eingehende Befassungen mit dem Grundsatz, welche obendrein aus den 1970er-Jahren stammen.[1113] Im Übrigen finden sich vornehmlich zahlreiche Nennungen sowie einige knappe Befassungen,[1114] wodurch sich der Grundsatz seitdem nur punktuell weiterentwickeln konnte.

Die im Folgenden zu untersuchende Materie ist in mehrfacher Hinsicht heterogener als die Bundes- und Verfassungsorgantreue: Zunächst kann man unterscheiden zwischen dem Verhältnis zu den Ländern, denen die Kommunen zugerechnet werden,[1115] und dem Verhältnis zum Bund. Prinzipiell unterfallen beide Beziehungen dem Gebot der Kommunaltreue. Gewisse Unterschiede zwischen den jeweiligen Rechtsverhältnissen liegen jedoch auf der Hand.[1116] Dies darf bei der Konkretisierung der Kommunaltreue nicht außer Acht bleiben.

[1110] S. nur BayVerfGH, Entsch. v. 15.12.1988 – Vf. 70 – VI/86 = NVwZ 1989, 551 (552); ThürOVG, Urt. v. 13.11.2013 – 4 KO 217/12, = ThürVBl 2015, 238, juris Rn. 77; VGH BW, Urt. v. 12.08.2014 – 9 S 1722/13, Ls. 2; *Bauer*, Die Bundestreue, 1992, S. 302; *Geis*, Kommunalrecht, 5. Aufl. 2020, S. 47, § 6 Rn. 10; *Hecker*, NVwZ 2018, 787 (791); *v. Kempis*, Die Treuepflicht zwischen Gemeinden und Staat, 1970, passim; *Macher*, Der Grundsatz des gemeindefreundlichen Verhaltens, 1971, passim; *Ogorek*, in: BeckOK KommR Hessen, § 135 HessGO Rn. 17; *Rauber*, HGZ 2015, 238 (242); *Röhl*, in: Schoch, Besonderes Verwaltungsrecht, 2018, Kap. 2 Rn. 57; *Stern*, StaatsR Bd. 1, 2. Aufl. 1984, S. 418; *Weigert*, BayVBl. 1978, 597 (598); in Bezug auf die Landkreise VG Würzburg, Urt. v. 03.02.1978 – Az. W 304 III 76 = BayVBl. 1978, 674 (675); anders noch *Scholz*, Der Rechtsschutz der Gemeinden, 2002, S. 134 f.; zumindest kritisch dagegen *Lange*, Kommunalrecht, 2. Aufl. 2019, Kap. 2 Rn. 92 ff.; *Schmidt*, Die Beschränkung kommunalen Planungsermessens, 2013, S. 224 f.
[1111] Beispielsweise *Ahlers*, Beteiligungsrechte im Verwaltungsverfahren, 1984, S. 152; *Ingold*, Erstplanungspflichten, 2007, S. 243; *Röhl*, in: Schoch, Besonderes Verwaltungsrecht, 2018, Kap. 2 Rn. 57; *Roßmüller*, Schutz der kommunalen Finanzausstattung, 2009, S. 184 f.; *Schmidt*, Die Beschränkung kommunalen Planungsermessens, 2013, S. 224 f.
[1112] Vgl. *Ingold*, Erstplanungspflichten, 2007, S. 243; *Roßmüller*, Schutz der kommunalen Finanzausstattung, 2009, S. 184 f.
[1113] Im Wesentlichen von *Macher*, Der Grundsatz des gemeindefreundlichen Verhaltens, 1971 und *v. Kempis*, Die Treuepflicht zwischen Gemeinden und Staat, 1970.
[1114] S. exemplarisch nur *Hecker*, NVwZ 2018, 787 (791); *Rauber*, HGZ 2015, 238 (242).
[1115] BVerfG, Urt. v. 27.05.1992 – 2 BvF 1, 2/88 u.a. = BVerfGE 86, 148 (215, 218 f.); BVerfG, Urt. v. 19.09.2018 – 2 BvF 1, 2/15 = BVerfGE 150, 1 (80, 93); *Hellermann*, in: BeckOK GG, Art. 28 Rn. 21.
[1116] Vgl. alleine schon BVerfG, Beschl. v. 10.06.1969 – 2 BvR 480/61 = BVerfGE 26, 172 (181).

Daneben existiert auf Kommunalebene der sog. Grundsatz der Organtreue.[1117] Technisch gesehen handelt es sich bei kommunalfreundlichem Verhalten und Organtreue um unterschiedliche Loyalitätsgebote, die einerseits im interpersonalen, andererseits im intrapersonalen Raum angesiedelt sind. Ihr Verhältnis gleicht somit demjenigen zwischen Bundes- und Verfassungsorgantreue. Die Untersuchung geht folglich zunächst davon aus, dass die Kommunaltreue dem Befund zu Bundes- und Verfassungsorgantreue entspricht, soweit diese deckungsgleich sind. Sofern sich Unterschiede zwischen Bundes- und Verfassungsorgantreue ergeben, wird davon ausgegangen, dass die Kommunaltreue den Unterscheidungsfaktor spiegelt, d.h. beispielsweise im interpersonalen Verhältnis der Bundestreue, im intrapersonalen Verhältnis der Verfassungsorgantreue nachempfunden ist. Dies bedeutet insbesondere, dass auch die Neuerungen, welche Bundes- und Verfassungsorgantreue vollzogen haben, übertragen werden, sofern dem nicht eine Besonderheit der kommunalen Verhältnisse entgegensteht.

Damit diese Prämissen überhaupt zugrunde gelegt werden können, ist zunächst zu klären, ob die für die Bundes- und Verfassungsorgantreue gefundenen Herleitungsansätze überhaupt für die Kommunaltreue fruchtbar gemacht werden können. Ist dies nicht der Fall, muss die zuvor beschriebene simple Übertragung schon dem Grunde nach abgelehnt werden. Ergibt sich hingegen der Befund, dass die Herleitung auch für die Kommunaltreue herangezogen werden kann, soll der Fokus besonders auf Unterschiede und Probleme gelegt werden, welche dem kommunalen Verhältnis eigen sind.

1. Herleitung

Zunächst soll festgestellt werden, worauf sich eine Herleitung der Kommunaltreue stützen kann. Veraltete und oberflächliche Ansätze werden hierbei nicht berücksichtigt. So versteht ein von der Bundestreue bekannter Ansatz die Kommunaltreue als besondere Ausprägung des Verhältnismäßigkeitsgrundsatzes, jedoch nicht ohne enge Anknüpfung an das Selbstverwaltungsrecht.[1118] Dagegen spricht, dass die inhaltliche Konzeption der Loyalitätspflichten weiter ist als der Verhältnismäßigkeitsgrundsatz.

[1117] Vgl. OVG NRW, Beschl. v. 19.03.2004 – 15 B 522/04, Rn. 36; OVG NRW, Urt. v. 12.05.2021 – 15 A 2079/19, Rn. 56; *Schaaf*, DVP 2021, 431; *Schaaf*, DVP 2021, 474; ohne ausdrückliche Verwendung des Begriffs SaarlOVG, Urt. v. 10.10.1973 – III R 37/73, Rn. 48; kritisch *Wefelmeier*, NdsVBl. 1997, 31 (36).
[1118] *Czybulka*, Die Legitimation der öffentlichen Verwaltung, 1989, S. 223 f.; *Geis*, Kommunalrecht, 5. Aufl. 2020, S. 47, § 6 Rn. 10.

Auch eine Analogie oder eine sonstige Begründung, die sich unmittelbar auf die Bundestreue stützt,[1119] ist trotz struktureller Parallelen und der praktischen Anlehnung an den Grundsatz[1120] von vorneherein zu verwerfen[1121]. Eine derartige Ableitung wäre allenfalls im Bereich zwischen Bund und Kommunen überhaupt denkbar,[1122] da die Kommunen der Landesstaatsgewalt zugerechnet werden[1123]. Somit bestünde der Sache nach ein Rechtsverhältnis zwischen dem Bund und einem Land. Dies überzeugt allerdings nicht, da Art. 28 Abs. 2 GG den Kommunen eine besondere Stellung beimisst, welche ihnen eine gewisse Eigenständigkeit gegenüber den Ländern einräumt, sodass sie nicht bloßes Landesorgan sind.[1124] So werden die Kommunen – der Idee nach nicht vollkommen zu Unrecht – trotz der Zuordnung zu den Ländern teils sogar als dritte Säule der deutschen Staatsverwaltung gesehen.[1125] Dieser Besonderheit gilt es Rechnung zu tragen.

Zudem besteht zwischen Kommunen und Ländern eine ähnliche potentielle Konfliktlage, welcher sodann nur durch eine Erweiterung der Treuepflichten auf Landesebene begegnet werden könnte. Treuepflichten zwischen Kommunen kann die Bundestreue ebenfalls von vorneherein nicht begründen. Eine Analogie zur Bundestreue muss aber insgesamt schon daran scheitern, dass die Gemeinden in einem anderen Verhältnis zum Staat stehen als die Länder zum Bund.[1126]

Nachdem Analogien und vergleichbare Ansätze demnach für das gemeindefreundliche Verhalten sowie zuvor schon für die Verfassungsorgantreue in Lite-

---

[1119] So z.B. OVG NRW, Entsch. v. 08.01.1964 – III A 1151/61 = DVBl. 1964, 678 (681); *Hamann*, Die Selbstverwaltung der Gemeinden, 1967, S. 66 f.; *Krüger*, Allgemeine Staatslehre, 1966, S. 877; *Niemeier*, Bund und Gemeinden, 1972, S. 114 f.
[1120] Vgl. *Hamann*, Die Selbstverwaltung der Gemeinden, 1967, S. 66 f.; *Macher*, Der Grundsatz des gemeindefreundlichen Verhaltens, 1971, S. 27; *Brohm*, JuS 1977, 500 (506); *Schaaf*, DVP 2021, 431 (431 f.).
[1121] *Macher*, Der Grundsatz des gemeindefreundlichen Verhaltens, 1971, S. 35; *Lange*, Kommunalrecht, 2. Aufl. 2019, Kap. 2 Rn. 93; i.E. trotz nicht überzeugender Begründung ebenso *Roßmüller*, Schutz der kommunalen Finanzausstattung, 2009, S. 172 f.
[1122] Vgl. *Niemeier*, Bund und Gemeinden, 1972, S. 114 ff.; ausdrücklich dagegen *Bayer*, Die Bundestreue, 1961, S. 57.
[1123] BVerfG, Urt. v. 10.12.1974 – 2 BvF 1/72 = BVerfGE 39, 96 (109); BVerfG, Urt. v. 27.05.1992 – 2 BvF 1, 2/88 u.a. = BVerfGE 86, 148 (215); *Mann*, in: BK GG, Art. 28 Rn. 137; *Mehde*, in: Dürig/Herzog/Scholz GG, Art. 28 Rn. 150.
[1124] Vgl. *Röhl*, in: Schoch Verwaltungsrecht, 15. Aufl. 2013, S. 20, Kap. 1 Rn. 16.
[1125] *Mann*, in: BK GG, Art. 28 Rn. 137; *Röhl*, in: Schoch Verwaltungsrecht, 15. Aufl. 2013, S. 20, Kap. 1 Rn. 16; *Thieme*, in: Mann/Püttner HKWP I, 3. Aufl. 2007, § 9 Rn. 44 ff.
[1126] *Lange*, Kommunalrecht, 2. Aufl. 2019, Kap. 2 Rn. 93; *Schmidt*, Die Beschränkung kommunalen Planungsermessens, 2013, S. 224; vgl. auch *Ingold*, Erstplanungspflichten, 2007, S. 243.

ratur und Rechtsprechung wenig Zustimmung finden,[1127] sind die Befunde zur Organtreue auf Kommunalebene schlechthin verwunderlich: Zumeist besteht die Vorgehensweise darin, den Gedanken der Organtreue – gemeint ist wohl die Verfassungsorgantreue – auf die Organe im kommunalrechtlichen Verhältnis zu übertragen.[1128] Hierdurch zeichnet sich die Tendenz ab, dem Grundsatz der (Verfassungs-)Organtreue bereits ein umfassenderes Verständnis zugrunde zu legen, welches den Anwendungsbereich über die Rechtsverhältnisse der Verfassungsorgane hinaus erstreckt, ohne diesen Schritt jedoch zu begründen.[1129] Dabei ist allerdings Vorsicht geboten. Bereits die Einbeziehung weisungsfreier Behörden in die klassische Verfassungsorgantreue stieß auf Bedenken.[1130] Umso weniger kann ohne Weiteres im kommunalverfassungsrechtlichen Verhältnis von einer vergleichbaren Interessenlage ausgegangen werden.

Mithin verbleiben die von der Bundes- und Verfassungsorgantreue bereits bekannten Ansätze, namentlich die Integrationslehre (a),[1131] der Grundsatz von Treu und Glauben (b)[1132] sowie schließlich die Gewinnung aus dem Rechtssystem, in welches die Kommunen eingebettet sind, insbesondere in Form von Ausprägungen des Gewaltenteilungsgrundsatzes im weiteren Sinne (c)[1133]. Die genannten Ansätze sollen im Folgenden auf ihre Tauglichkeit zur Herleitung der Kommunaltreue untersucht werden.

a. Integrationslehre

Die Anwendung der Integrationslehre ist – anders als bei der Bundes- und Verfassungsorgantreue – nicht ohne weiteres möglich. Dies liegt in der Tatsache begründet, dass die Untersuchungen *Smends* ausdrücklich auf das Staats- und

---

[1127] *Kahl*, Die Staatsaufsicht, 2000, S. 512; *Schnapp*, Zuständigkeitsverteilung, 1973, S. 38 f.; vgl. zur Verfassungsorgantreue bereits oben C.II.1.b.
[1128] OVG NRW, Beschl. v. 19.03.2004 – 15 B 522/04 = NVwZ-RR 2004, 519 (521); OVG NRW, Urt. v. 29.01.2010 – 1 K 1807/08 = BeckRS 2010, 46327; OVG NRW, Beschl. v. 16.05.2013 – 15 A 785/12 = BeckRS 2013, 51162; *Schaaf*, DVP 2021, 431 (432); ohne eigene Positionierung *Dietlein*, in: BeckOK KommR Bayern, SystEinfKommRDtl, Rn. 177.
[1129] S. z.B. VG Düsseldorf, Urt. v. 16.05.2022 – 1 K 1296/21= BeckRS 2022, 12390 Rn. 32; *Schaaf*, DVP 2021, 431 (432).
[1130] S. oben C.II.2.a.aa.(1).ε.
[1131] So wohl SaarlOVG, Urt. v. 10.10.1973 – III R 37/73, Rn. 48 – „Einheit der Gemeinde"; darauf aufbauend *Schaaf*, DVP 2021, 431 (432); vgl. auch *Brüning*, in: Ehlers/Fehling/Pünder, Besonderes Verwaltungsrecht Bd. 3, 4. Aufl. 2021, § 64 Rn. 54.
[1132] SächsOVG, Urt. v. 06.07.2021 – 4 A 691/20, juris Rn. 23; OVG NRW, Urt. v. 12.05.2021 – 15 A 2079/19, juris Rn. 56; VG Düsseldorf, Urt. v. 16.05.2022 – 1 K 1296/21= BeckRS 2022, 12390 Rn. 32; *v. Kempis*, Die Treuepflicht zwischen Gemeinden und Staat, 1970, S. 35 ff.; *Weigert*, BayVBl. 1978, 597 (598).
[1133] Nachweise, s. abhängig von der jeweiligen Konstellation und Vorgehensweise unten C.III.1.c.

Verfassungsrecht gemünzt sind.[1134] Aussagen zu anderen Rechtsgebieten werden hierbei gerade nicht getroffen. Zu den Kommunen führt er sogar ausdrücklich an, diese seien nur „technische Hilfseinrichtungen des Staates" und von diesem „durch die Aufsicht nach festem Recht geleitet" seien.[1135] Sie seien gerade „nicht Mitträger [des] Daseins" des Staates.[1136]

Eine Untersuchung der Grundlagen der Integrationslehre zeigt allerdings auf, dass dies nicht zwingend ist:[1137] *Smend* begrenzt seine Untersuchung auf den „Nachweis ihrer [der erkenntnistheoretischen und kulturphilosophischen Voraussetzungen] Fruchtbarkeit für die Theorie vom Staat und für die Auslegung des Staatsrechts".[1138] *Smends* Leistung liegt somit nicht in der Erfindung einer Soziallehre, sondern vielmehr in der Übertragung gewisser Erkenntnisse auf das Staatsrecht. Um dies zu bewerkstelligen, stützt er sich vorwiegend auf die Untersuchungen *Theodor Litts* und macht diese fruchtbar, um das Staats- und Verfassungsrecht – insbesondere als Gegenmodell zu den überkommenen positivistischen Lehren[1139] – zu reformieren und zu dynamisieren.[1140]

Die Arbeit *Litts* findet im Gegensatz zu Smends Werken gerade keinen Bezug auf den Staat. Sie bezieht sich vielmehr auf jegliche Gemeinschaftsform.[1141] So liegt die Beschränkung der Lehre *Smends* nicht in einer grundsätzlichen Unmöglichkeit der Anwendung des Integrationsgedankens auch auf andere Gebilde als den Staat,[1142] sondern vielmehr in einer Absteckung des Untersuchungsgegenstandes. Dies stellt *Smend* im Rahmen seines Spätwerkes klar:

[1134] *Smend,* Verfassung und Verfassungsrecht (1928), in: ders., Staatsrechtliche Abhandlungen, 3. Aufl. 1994, S. 119 (125).
[1135] *Smend,* Verfassung und Verfassungsrecht (1928), in: ders., Staatsrechtliche Abhandlungen, 3. Aufl. 1994, S. 119 (271).
[1136] *Smend,* Verfassung und Verfassungsrecht (1928), in: ders., Staatsrechtliche Abhandlungen, 3. Aufl. 1994, S. 119 (271).
[1137] So auch *Stern,* StaatsR Bd. 1, 2. Aufl. 1984, S. 405.
[1138] *Smend,* Verfassung und Verfassungsrecht (1928), in: ders., Staatsrechtliche Abhandlungen, 3. Aufl. 1994, S. 119 (125).
[1139] *Dreier,* Staatsrecht in Demokratie, 2016, S. 408.
[1140] Vgl. *Scheuner,* in: FS Smend, 1952, S. 253 (254).
[1141] *Bartlsperger,* Die Integrationslehre, 1964, S. 8; vgl. in Bezug auf die Integration nach *Heller,* welche nach hier vertretener Ansicht mehr einen Anknüpfungspunkt für die Fortentwicklung als ein Gegenmodell zur Integrationslehre *Smends* bietet (s. oben B.I.2, B.II. und C.I.1.d.dd.), s.a. *Böckenförde,* Die verfassungstheoretische Unterscheidung von Staat und Gesellschaft, 1973, S. 25.
[1142] Vgl. *Heller,* Staatslehre, 4. Aufl. 1970, S. 229; *Herzog,* Allgemeine Staatslehre, 1971, S. 81; *Kluth,* ZAR 2016, 336 ff.; *Krüger,* Allgemeine Staatslehre, 1966, S. 151; dies wird auch in der Arbeit *Smends* selbst deutlich, *Smend,* Verfassung und Verfassungsrecht (1928), in: ders., Staatsrechtliche Abhandlungen, 3. Aufl. 1994, S. 119 (192). Andere Gruppen unterscheiden sich demnach durch die Bestimmung zu fakultativen, einzelnen sachlichen Zwecken sowie die mangelnde gebietsuniversale Entscheidungseinheit und letztinstanzliche Ordnungskraft, s. ebd. S. 196.

„Die Integration ist ein grundlegender Lebensvorgang *aller* gesellschaftlichen Gebilde im weitesten Sinne [...]. Mit Integrationstheorie oder Integrationslehre bezeichnet man das Eindringen dieser Problemstellung in die Rechts- und insbesondere in die Verfassungslehre."[1143]

Die soeben angeführte Begründung *Smends*,[1144] die Kommunen seien nur Hilfseinrichtungen des Staates und trügen das Dasein des Staates nicht mit, überzeugt nicht. Die Kommunen stellen eine besonders bürgernahe und durch Partizipation geprägte Untergliederung des Staates dar,[1145] weshalb es nur logisch erscheint, diesen eine maßgebliche Rolle bei der Integration der Bürger zum Staat zuzusprechen.[1146] So stellt *J. J. Hesse* im Rahmen der Beobachtung der Entwicklung praktischer Gegenbewegungen zur staatlichen Steuerungszentralisierung fest, dass „der politische Paradigmawechsel zu Themen der Staatsverdrossenheit, der Überbürokratisierung, der Dezentralisierung, der Basisdemokratie u.ä. [...] die Kommunalebene auf[werte]".[1147] Auch stoße der Staat bei zunehmender Ausdifferenzierung der gesellschaftlichen Lebens- und Produktionsprozesse an die Grenzen der Standardisierung zentralstaatlicher Regelungen.[1148] Schließlich erzeuge der sozio-ökonomische Strukturwandel neue Probleme, deren politische Inzidenz zunächst auf der Gemeindeebene anfalle – besonders hervorzuheben ist an dieser Stelle der Wertewandel.[1149]

All dies greift am Herzen des Integrationsprozesses an und zeigt, dass den Gemeinden mehr als nur eine Hilfsfunktion zukommt. Sie sind zentrale Faktoren der staatlichen Einheitsbildung durch Vermittlung von Integrationsprozessen als Bindeglied zwischen Bürgern und Staat, sichern dessen Einheit durch „Verzahnung der örtlichen Verwaltung mit überregionalen Entscheidungsträgern"[1150] und regen auf der unteren Ebene den demokratisch-politischen Prozess an.[1151]

[1143] *Smend,* Integration (1966), in: ders., Staatsrechtliche Abhandlungen, 3. Aufl. 1994, S. 482 (483).
[1144] *Smend,* Verfassung und Verfassungsrecht (1928), in: ders., Staatsrechtliche Abhandlungen, 3. Aufl. 1994, S. 119 (271).
[1145] Vgl. BVerfG, Beschl. v. 12.07.1960 – 2 BvR 373/60, 442/60 = BVerfGE 11, 266 (275 f.); BVerfG, Beschl. v. 19.11.2014 – 2 BvL 2/13 = BVerfGE 138, 1 (18); BVerfG, Urt. v. 21.11.2017 – 2 BvR 2177/16 = BVerfGE 147, 185 (222); *Dietlein,* in: Stern/Sodan/Möstl, Staatsrecht Bd. 1, 2. Aufl. 2022, § 17 Rn. 3; vgl. auch *Czybulka,* Die Legitimation der öffentlichen Verwaltung, 1989, S. 209 ff.
[1146] A.A. *Dreier,* in: FS Schneider, 2008, S. 70 (82 f.).
[1147] *Hesse,* in: ders. u.a., Staat und Gemeinden, 1983, S. 11 (13 f.); dagegen geht *Czybulka,* Die Legitimation der öffentlichen Verwaltung, 1989, S. 180 f. m.w.N. von einem Nachlassen der Integrationskraft aus.
[1148] *Hesse,* in: ders. u.a., Staat und Gemeinden, 1983, S. 11 (13 f.).
[1149] *Hesse,* in: ders. u.a., Staat und Gemeinden, 1983, S. 11 (14).
[1150] So der Schlussbericht der Enquete-Kommission Verfassungsreform v. 09.12.1976, BT-Drs. 7/214, S. 221; a.A. *Dreier,* in: FS Schneider, 2008, S. 70 (82 f.).
[1151] Ähnlich *v. Kempis,* Die Treuepflicht zwischen Gemeinden und Staat, 1970, S. 1.

So stellte auch die Enquete-Kommission Verfassungsreform des Bundestages von 1977 fest: „Das Verhältnis zwischen Staatsverwaltung und Kommunalverwaltung wird nicht mehr durch die Trennung beider Bereiche, sondern durch einen fortdauernden Prozeß der Integration gekennzeichnet. Damit ist zugleich die kommunale Selbstverwaltung vom örtlichen Bereich auf die Mitwirkung an überörtlichen Bereichen, Programmen, Plänen und Projekten erweitert."[1152] Konsequent wurde unmittelbar daran anknüpfend festgestellt, dass „die Erörterung eines kommunalen Anhörungsrechts im Gesetzgebungsverfahren nahe[liege]".[1153]

Mit Blick auf die Kritik *Kelsens*, welche der Integrationslehre vorwirft, sie sei aufgrund der Unübersehbarkeit der Staatsbürger und der perspektivischen Grenzen menschlicher Auffassungsmöglichkeit als Staatstheorie ungeeignet,[1154] bietet sich die Integrationslehre sogar noch eher auf Kommunalebene als auf Staatsebene an, da diese Probleme dort nicht im selben Maße auftreten.

Auch unter dem Grundgesetz zeigt sich, dass die Gemeinden nicht nur Werkzeuge des Staates sind: Art. 28 Abs. 2 GG sowie diverse Landesverfassungen[1155] gewähren den Gemeinden das Selbstverwaltungsrecht. Besonders stark kommt dieser Status in Art. 11 Abs. 2 S. 2 BV zum Vorschein. Dieser bezeichnet die Gemeinden als „ursprüngliche Gebietskörperschaften". Historisch geht die Formulierung darauf zurück, dass nach dem Verfassungsgeber die Gemeinden als Träger von eigenen Rechten zu akzeptieren seien, da diese älter als der Staat sind.[1156] So liegt eine der Funktionen der Selbstverwaltungsgarantie in der Aktivierung bürgerschaftlicher Mitwirkung im Sinne einer demokratischen Teilhabe der Bürgerschaft an der Wahrnehmung von Verwaltungsaufgaben.[1157] Damit deckt sich die Vorstellung *Smends* vom Staat als Sozialgebilde aus Bürgern, die nicht dem Staat gegenübergestellt sind, sondern unmittelbar selbst den Staat bilden und aktiv am Staat teilhaben und mitwirken sollen.[1158]

[1152] Schlussbericht der Enquete-Kommission Verfassungsreform v. 09.12.1976, BT-Drs. 7/214, S. 221.
[1153] Schlussbericht der Enquete-Kommission Verfassungsreform v. 09.12.1976, BT-Drs. 7/214, S. 221.
[1154] *Kelsen,* Der soziologische und der juristische Staatsbegriff, 1922, S. 7 ff.
[1155] Vgl. beispielsweise Art. 11 Abs. 2 S. 2 BV.
[1156] *Wolff,* in: Lindner/Möstl/Wolff BV, 2. Aufl. 2017, Art. 11 Rn. 12; *Wollenschläger,* in: Meder/Brechmann BV, Art. 11 Rn. 7.
[1157] BVerfG, Beschl. v. 12.07.1960 – 2 BvR 373/660 u.a. = BVerfGE 11, 266 (275 f.); *Hellermann,* in: BeckOK GG, Art. 28 Rn. 31; *Pagenkopf,* Kommunalrecht Bd. 1, 2. Aufl. 1975, S. 45; *Stern,* StaatsR Bd. 1, 2. Aufl. 1984, S. 399; vgl. auch BVerfG, Beschl. v. 19.11.2002 – 2 BvR 329/97 = BVerfGE 107, 1 (11 f.).
[1158] Vgl. zu der Konzeption *Smends* oben C.I.1.d.

Folglich ist festzuhalten, dass die Integrationslehre über ihren ursprünglich angedachten Anwendungsbereich hinaus auch die Stellung der Kommunen im Staat begründen kann.[1159] Ihnen kommt sogar insofern eine gewichtige Integrationsfunktion zu, als sie den Bürger auf unterster staatlicher Ebene in die staatliche Gemeinschaft einbinden und so Integrationsprozesse zum Staat hin vermitteln. Die innere Bindung und Einheit in der Vielheit zwischen und innerhalb von Kommunen, Bund und Ländern ist wie schon im Rahmen der Bundes- und Verfassungsorgantreue gleichsam durch gegenseitige Loyalität zu sichern.[1160] Damit können auch die Wurzeln des Grundsatzes der Kommunaltreue in der Integrationslehre gesehen werden.

b. Treu und Glauben

Weiter wurde bereits früh – nämlich schon vor der Etablierung bei der Bundestreue durch die Habilitationsschrift *Bauers* – der Herleitungsansatz über den Grundsatz von Treu und Glauben erkannt[1161] und wird teilweise zur Herleitung des kommunalfreundlichen Verhaltens und der Organtreue herangezogen.[1162] Im Vergleich zu hergebrachten Loyalitätspflichten ergeben sich hier keine maßgeblichen Unterschiede, was darin begründet liegt, dass die Loyalitätspflicht sich jeweils als bereichsspezifische Ausprägung des allgemeinen Grundsatzes von Treu und Glauben darstellt.[1163] Für die Herleitung gilt mithin entsprechend das bereits Gesagte.[1164] Die Berücksichtigung der Besonderheiten des jeweiligen Rechtsverhältnisses vollzieht sich bei einer reinen Herleitung aus Treu und Glauben sodann auf Anwendungsebene. Nach hier vertretener Ansicht greift – parallel zu den vorigen Erkenntnissen[1165] – ein derartiger Ansatz zu kurz.

c. Rechts- und Verfassungsordnung

Schließlich soll ein Blick auf die Stellung der Kommunen, insbesondere der Gemeinden, in der Rechtsordnung geworfen werden. Bestand der Ansatzpunkt für die Bundestreue im Bundesstaatsprinzip und für die Verfassungsorgantreue im

---

[1159] A.A. *Dreier*, in: FS Schneider, 2008, S. 70 (82 f.).
[1160] Vgl. bzgl. föderaler Strukturen allgemein *Starski*, in: Kahl/Ludwigs, Hdb. Verwaltungsrecht, Bd. 3, 2022, § 79 Rn. 1; *Woelk*, ZöR 52 (1997), 527 (547).
[1161] *v. Kempis*, Die Treuepflicht zwischen Gemeinden und Staat, 1970, S. 29 ff.; *Weigert*, BayVBl. 1978, 597 (598).
[1162] Für das kommunalfreundliche Verhalten *v. Kempis*, Die Treuepflicht zwischen Gemeinden und Staat, 1970, S. 35 ff.; *Weigert*, BayVBl. 1978, 597 (598); für die Organtreue SächsOVG, Urt. v. 06.07.2021 – 4 A 691/20, juris Rn. 23; OVG NRW, Urt. v. 12.05.2021 – 15 A 2079/19, juris Rn. 56; VG Düsseldorf, Urt. v. 16.05.2022 – 1 K 1296/21= BeckRS 2022, 12390 Rn. 32.
[1163] *Bauer*, Die Bundestreue, 1992, S. 243; *Benrath*, Die Konkretisierung von Loyalitätspflichten, 2019, S. 57 ff.; *Lorz*, Interorganrespekt, 2001, S. 26, 569.
[1164] Vgl. oben C.I.1.e. und C.II.1.e.
[1165] Vgl. oben C.I.1.f. und C.II.1.f.

Gewaltenteilungsprinzip samt deren verschiedentlicher Konkretisierungen in der Verfassung, drängt sich im Rahmen der Kommunaltreue die Selbstverwaltungsgarantie des Art. 28 Abs. 2 GG sowie dessen Pendants in den Landesverfassungen auf. Jedoch bietet die Rechtsordnung alternativ hierzu noch weitere Ansatzpunkte.

aa. Schutz- und Förderungsklauseln

Ein erster könnte sich aus dem einfachen Recht in Form der sog. Schutz- und Förderungsklauseln ergeben.[1166] Diese verpflichten[1167] die Aufsichtsbehörden dazu, die Gemeinden in ihren Rechten zu schützen sowie bei der Erfüllung der gemeindlichen Aufgaben deren Entschlusskraft und Verantwortlichkeit nicht zu beeinträchtigen, sondern vielmehr zu fördern.[1168] Schutz- und Förderungsklauseln seien in allen Gemeindeordnungen der Länder enthalten.[1169] Teils sind diese ausdrücklich normiert, beispielsweise in Art. 108 BayGO und Art. 83 Abs. 4 S. 4 BV, § 11, 135 HessGO, § 9 SchlHGO oder § 118 Abs. 3 BWGemO. Da in diesen jedoch ein allgemeiner Rechtsgedanke zum Ausdruck kommt, beanspruchen Schutz- und Förderungsklauseln auch ohne ausdrückliche Regelung Geltung.[1170]

Der Schluss ist zwar mit Blick auf den Untersuchungsgegenstand naheliegend. Ein allgemeiner Gedanke kann jedoch denknotwendig nicht gleichzeitig (insbesondere einfachrechtlichen) Landesnormen entspringen und selbige in anderen Ländern ersetzen. Wenn dieser allgemeine Gedanke demnach länderübergreifende Geltung beanspruchen soll, stellt sich erneut die Frage seiner rechtlichen Verankerung. Hierfür bietet sich vornehmlich an, diese in einem verfassungsrechtlichen Grundsatz der Kommunaltreue oder ggf. auch dem Grundsatz von Treu und Glauben sehen.[1171] Aus der entsprechenden Förderungsklausel selbst lässt sich hingegen kein allgemeiner Rechtsgedanke herleiten.[1172] Eine Herleitung der Kommunaltreue aus den landesrechtlichen Förderungsklauseln stellt

---

[1166] *Hecker*, NVwZ 2018, 787 (791); vgl. ausführlich hierzu *Macher*, Der Grundsatz des gemeindefreundlichen Verhaltens, 1971, S. 35 ff.
[1167] Trotz des unklaren Wortlauts z.B. des Art. 108 BayGO als Soll-Vorschrift besteht nach h.M. eine Hilfspflicht, *Gaß*, in: Widtmann/Grasser/Glaser GO, Art. 108 Rn. 6 m.w.N.
[1168] *Macher*, Der Grundsatz des gemeindefreundlichen Verhaltens, 1971, S. 36.
[1169] *Macher*, Der Grundsatz des gemeindefreundlichen Verhaltens, 1971, S. 35 f.
[1170] *Brüning*, DÖV 2010, 553 (556); *Brüning/Vogelsang*, Die Kommunalaufsicht, 2. Aufl. 2009, Kap. V Rn. 149; *Macher*, Der Grundsatz des gemeindefreundlichen Verhaltens, 1971, S. 35 f.
[1171] Vgl. *Nierhaus*, LKV 1995, 5 (8), der von einer Kodifizierung des gemeindefreundlichen Verhaltens spricht, nicht umgekehrt; so auch *Ogorek*, in: BeckOK KommR Hessen, § 135 HessGO Rn. 17.
[1172] So auch *Macher*, Der Grundsatz des gemeindefreundlichen Verhaltens, 1971, S. 40.

sich damit als zirkelschlüssig dar. Vielmehr bedarf es eines verfassungsrechtlichen Anknüpfungspunktes.[1173]

Zudem weisen Schutz- und Förderungsklauseln als Herleitungsansatz weitere Nachteile auf: Zum einen können sie – eng mit der vorigen Problematik verwoben – als landesrechtliche, einfachgesetzliche Regelungen nur innerhalb des jeweiligen Landes den Grundsatz der Kommunaltreue begründen und sodann auch nur auf Ebene des einfachen Rechts positionieren. Lässt sich der Grundsatz jedoch bereits verfassungsrechtlich herleiten, lägen in den Schutz- und Förderungsklauseln bloße einfachgesetzliche Konkretisierungen. Zum anderen treffen sie lediglich für den Teilbereich der staatlichen Aufsicht Regelungen. Schon eine Ausdehnung der Pflichten der Aufsichtsbehörde über den Wortlaut hinaus erscheint fraglich. Die Ausdehnung auf Pflichten der Gemeinde gegenüber der Aufsichtsbehörde oder gar zwischen Kommunen überdehnt den Wortlaut allerdings eindeutig und ist auch einer Analogie nicht zugänglich.[1174]

bb. Selbstverwaltungsgarantie

Somit ist zu untersuchen, ob ein verfassungsrechtlicher Ansatz fruchtbar gemacht werden kann.

(1) Art. 28 Abs. 2 GG und dessen landesrechtliche Pendants

Als verfassungsrechtliche Grundlage kommen für die Kommunaltreue als grundlegende Norm für die Stellung der Kommunen in der Rechtsordnung Art. 28 Abs. 2 GG und seiner landesverfassungsrechtlichen Pendants in Betracht,[1175] beispielsweise Art. 11 Abs. 2 S. 2 BV. Der diesen zugrunde liegende

---

[1173] Vgl. auch *Bethge*, DÖV 1972, 155 (157 Fn. 29); *Stern*, StaatsR Bd. 1, 2. Aufl. 1984, S. 419; unklar ist, ob die Stützung auf das Selbstverwaltungsrecht unter Heranziehung des § 1 Abs. 1 KrO NRW (Kreisordnung für das Land Nordrhein-Westfalen i.d.F. v. 14.07.1994) durch das OVG NRW anders zu verstehen ist – „Damit statuiert *die Kreisordnung* den Grundsatz des gemeindefreundlichen Verhaltens.", Urt. v. 22.02.2005 – 15 A 130/04, juris Rn. 31, keine Hervorhebung im Original.

[1174] Die Ausdehnung ebenfalls ablehnend *Macher*, Der Grundsatz des gemeindefreundlichen Verhaltens, 1971, S. 38 ff.

[1175] BayVerfGH, Entsch. v. 15.12.1988 – Vf. 70 – VI/86 = NVwZ 1989, 551 (552); BayVerfGH, Entsch. v. 27.03.1992 – Vf. 8-VII-89 = NVwZ 1993, 163 (165); BayVerfGH, Entsch. v. 04.07.1996 – Vf. 16-VII-94 u.a. = NVwZ 1997, 481 (482); ThürOVG, Beschl. v. 19.09.2000 – 4 EO 133/00, juris Rn. 47; ThürOVG, Urt. v. 13.11.2013 – 4 KO 217/12, juris Rn. 77; *Bethge*, DÖV 1972, 155 (157 Fn. 29); *Brüning*, in: Kahl/Ludwigs, Hdb. Verwaltungsrecht Bd. 3, 2022, § 64 Rn. 67; *Brüning/Vogelsang*, Die Kommunalaufsicht, 2. Aufl. 2009, Kap. V Rn. 149; *Macher*, Der Grundsatz des gemeindefreundlichen Verhaltens, 1971, S. 49 ff.; *Mehde*, in: Dürig/Herzog/Scholz GG, Art. 28 Rn. 326; *Ogorek*, in: BeckOK KommR Hessen, § 135 HessGO Rn. 17, § 143 HessGO Rn. 3; *Ress*, WiVerw 1981, 151 (161); *Stern*, StaatsR Bd. 1, 2. Aufl. 1984, S. 419; *Wolff*, in: Lindner/Möstl/Wolff BV, Art. 11 Rn. 27, 34; *Wollenschläger*, in: Meder/Brechmann BV, Art. 11 Rn. 16; mittelbar über den Umweg des § 1 Abs. 1 KrO NRW (Kreisordnung für das Land Nordrhein-Westfalen i.d.F. v. 14.07.1994) OVG NRW, Urt. v. 22.02.2005 – 15 A 130/04, juris Rn. 31.

Zentralbegriff der Selbstverwaltung bezeichnet die eigenverantwortliche Selbsterfüllung von Aufgaben öffentlicher Körperschaften durch eigene Organe unter Aufsicht des Staates.[1176] Ihr wird u.a. die Funktion administrativer Dezentralisation, d.h. eine Funktion, welche der vertikalen Gewaltenteilung bzw. der Gewaltenteilung im weiteren Sinne zugeordnet werden kann, beigemessen.[1177] Diese wird zwar durch Art. 28 Abs. 2 GG selbst insofern abgeschwächt, als er Gesetzesvorbehalte zugunsten der staatlichen Seite enthält.[1178] Dennoch verbleibt nach Art. 28 Abs. 2 S. 1 GG zwingend ein wesentlicher Bereich der Eigenverantwortlichkeit, in dem die Kommunen tatsächlich in eigener Verantwortung autonome Entscheidungen treffen können.[1179] Daraus lässt sich schließen, dass die Verhältnisse auf Kommunalebene und zwischen Kommunen und Staat nicht (strikt) hierarchisch, sondern durch „die Verfolgung gleichgerichteter Interessen im Wege des Ausgleichs und der Ergänzung geprägt" sind.[1180]

Auch die „Wesens"-Terminologie bleibt bei der Kommunaltreue nicht aus.[1181] So wird teils bei deren Herleitung durch Rechtsfortbildung intra legem aus Art. 28 Abs. 2 GG davon gesprochen, dass „das Wesen und die Besonderheiten der institutionellen Garantie der kommunalen Selbstverwaltung berücksichtigt werden müssen".[1182] Interessant daran ist, dass der Wesensbegriff – anders als vielfach im Zusammenhang mit der Bundestreue – nicht alleine steht, sondern unmittelbar mit Art. 28 Abs. 2 GG in Verbindung gebracht wird. Im Gegensatz zu zahlreichen Ansätzen im Rahmen der Bundestreue[1183] findet sich hier unmittelbar eine Symbiose zwischen dem Wesensansatz und den normbasierten An-

---

[1176] *Macher*, Der Grundsatz des gemeindefreundlichen Verhaltens, 1971, S. 59 m.w.N.; *Pagenkopf*, Kommunalrecht, Bd. 1, 2. Aufl. 1975, S. 43.
[1177] *Grzeszick*, in: Stern/Sodan/Möstl, Staatsrecht Bd. 2, 2. Aufl. 2022, § 33 Rn. 18; *Hellermann*, in: BeckOK GG, Art. 28 Rn. 30; *Karpen*, Gesetzgebungs-, Verwaltungs- und Rechtsprechungslehre, 1989, S. 34; *Mann*, in: BK GG, Art. 28 Rn. 132; *Peters*, Die Gewaltentrennung in moderner Sicht, 1954, S. 26; *Peters*, Geschichtliche Entwicklung, 1969, S. 194; *Scholz*, Der Rechtsschutz der Gemeinden, 2002, S. 133, 137, 141; *Stern*, AfK 3 (1964), 81 (93 f.); *Stern*, StaatsR Bd. 1, 2. Aufl. 1984, S. 403.
[1178] *Grzeszick*, in: Stern/Sodan/Möstl, Staatsrecht Bd. 2, 2. Aufl. 2022, § 33 Rn. 18; differenziert hierzu, insb. mit Blick auf das gemeindefreundliche Verhalten *Czybulka*, Die Legitimation der öffentlichen Verwaltung, 1989, S. 224 ff.
[1179] BVerfG, Beschl. v. 19.11.2002 – 2 BvR 329/97 = BVerfGE 107, 1 (12); vgl. auch *Wollenschläger*, in: Meder/Brechmann BV, Art. 11 Rn. 9, 11.
[1180] OVG NRW, Urt. v. 22.02.2005 – 15 A 130/04.
[1181] Vgl. *Macher*, Der Grundsatz des gemeindefreundlichen Verhaltens, 1971, S. 50, 60 ff.; *Roßmüller*, Schutz der kommunalen Finanzausstattung, 2009, S. 179; *Stern*, AfK 3 (1964), 81 (93).
[1182] *Macher*, Der Grundsatz des gemeindefreundlichen Verhaltens, 1971, S. 50, 60 ff.
[1183] Vgl. hierzu oben C.I.1.b.

sätzen, wie sie im Rahmen der vorliegenden Untersuchung für die Bundestreue herausgearbeitet wurde.[1184]

(2) Sonstige verfassungsrechtliche Konkretisierungen der Stellung der Kommunen

Über Art. 28 Abs. 2 GG hinaus finden sich weitere Normen, die die Stellung der Gemeinden im föderalen System gestalten. Darunter fallen beispielsweise Art. 28 Abs. 1, 84 Abs. 1 S. 7, 85 Abs. 1 S. 2, 91e, 93 Abs. 1 Nr. 4b, 104b und 106 GG. Sie bringen die eigenverantwortliche Stellung der Kommunen neben Bund und Ländern als „faktisch drittes Element im Staatsgefüge" zum Ausdruck.[1185] Aus der besonderen Stellung der Gemeinden im Grundgesetz ließe sich dann der Grundsatz gemeindefreundlichen Verhaltens theoretisch als verbindende Klammer zwischen Staat und Gemeinde herleiten.[1186] Für sich genommen dürfte die Hervorhebung der Gemeinden allerdings nicht genügen, da der Loyalitätsgedanke selbst nicht in den entsprechenden Normen angelegt ist.[1187]

(3) Verfassungsrechtliche Teilnormierungen

Weiter enthält das Grundgesetz Vorschriften, welche Teilgehalte kommunalfreundlichen Verhaltens normieren, beispielsweise Art. 29 Abs. 7 S. 3 GG, welcher die Anhörung der betroffenen Gemeinden und Kreise bei einer Änderung des Gebietsbestandes der Länder vorsieht. Auch Teile der Art. 106 und 107 Abs. 2 GG stellen Konkretisierungen der Kommunaltreue dar, soweit sie den Bestand und die Funktionsfähigkeit der Kommunen sichern, indem Regelungen getroffen werden, die absichern, dass die Gemeinden durch die ihnen übertragenen Aufgaben nicht finanziell zugrunde gerichtet werden.[1188] Eine ähnliche, wenngleich womöglich restriktivere Rechtsfolge wäre ungeschrieben aus dem Grundsatz der Kommunaltreue denkbar, nicht zuletzt, wenn man die Rechtsprechung des Bundesverfassungsgerichts zum Länderfinanzausgleich[1189] berücksichtigt, welche einen parallelen Weg für die Bundestreue einschlägt.

[1184] Vgl. hierzu oben C.I.1.b.ee.
[1185] *Macher*, Der Grundsatz des gemeindefreundlichen Verhaltens, 1971, S. 46 f.
[1186] I.E. dennoch ablehnend *Macher*, Der Grundsatz des gemeindefreundlichen Verhaltens, 1971, S. 47.
[1187] Ähnlich *Macher*, Der Grundsatz des gemeindefreundlichen Verhaltens, 1971, S. 47.
[1188] Vgl. BayVerfGH, Entsch. v. 27.03.1992 – Vf. 8-VII-89 = NVwZ 1993, 163 (165); *Bayer*, KStZ 1989, 181 (183); enger Zusammenhang auch bei *Stern*, StaatsR Bd. 1, 2. Aufl. 1984, S. 418 f.; verwandt ist damit auch die Thematik der Begrenzung der Kreisumlage durch den Grundsatz des gemeindefreundlichen Verhaltens, vgl. hierzu *Rauber*, HGZ 2015, 238 (242).
[1189] BVerfG, Urt. v. 24.06.1986 – 2 BvF 1/83 u.a. = BVerfGE 72, 330 (397 f.); BVerfG, Urt. v. 19.10.2006 – 2 BvF 3/03 = BVerfGE 116, 327 (380); s.a. *Bauer*, Die Bundestreue, 1992, S. 343 ff.; *Sommermann*, in: v. Mangoldt/Klein/Starck GG, Art. 20 Rn. 41; lediglich von Gemeinsamkeiten spricht *P. Kirchhof*, in: Dürig/Herzog/Scholz GG, Art. 3 Abs. 1 Rn. 169.

(4) Zwischenergebnis

Insgesamt ergibt sich somit für die Kommunen, insbesondere die Gemeinden, sowohl im Grundgesetz als auch in den Landesverfassungen ein System, welches diesen ein beachtliches Maß an Eigenständigkeit einräumt und der Dezentralisation staatlicher Gewalt dient. In deren Zentrum steht die Selbstverwaltungsgarantie des Art. 28 Abs. 2 GG sowie dessen landesverfassungsrechtlichen Parallelnormen. Dadurch ergibt sich parallel zum Bundesstaat und der Gewaltenteilung die Notwendigkeit der Absicherung der Funktionsfähigkeit des Gesamtstaates. Diese ist bereits in der Entscheidung für die Gewaltenteilung im weiteren Sinne durch die Selbstverwaltung angelegt, was sich insbesondere durch die einschlägigen Teilnormierungen zeigt.

cc. Der Sonderfall der Organbeziehungen

Bei den vorangegangenen Ausführungen blieb ein entscheidender Teil kommunaler Loyalitätspflichten noch unberücksichtigt: Der Bereich intrakommunaler Loyalitätspflichten, d.h. die Organtreue auf Kommunalebene. Da die Selbstverwaltungsgarantie lediglich das Verhältnis zwischen Kommunen und Bund bzw. Ländern betrifft, lassen sich Aussagen zur kommuneninternen Struktur nicht treffen. Fraglich ist demnach, ob im intrapersonalen Bereich eine entsprechende Ausformung der Gewaltenteilung besteht oder ob den Loyalitätspflichten somit eine Stütze wegbricht, was sich gegebenenfalls auf deren Intensität oder gar deren Geltungsanspruch auswirken könnte.

(1) Status quo in Literatur und Rechtsprechung

Literatur und Rechtsprechung schweigen sich zu den Problemen bei der Herleitung der Organtreue aus dem Gewaltenteilungsgrundsatz aus oder vertiefen diese jedenfalls nicht weiter. So wird teils die (ausschließliche) Herleitung aus dem Gewaltenteilungsgrundsatz für die Verfassungsorgantreue vertreten und ein Grundsatz der Organtreue schlicht auf die Kommunalebene übertragen.[1190] Teils wird der Problematik noch weiträumiger ausgewichen, indem die Herleitung der Verfassungsorgantreue ausschließlich auf den Integrationsgedanken gestützt wird, während zugleich für die Herleitung der Bundestreue das Bundesstaatsprinzip für erforderlich gehalten wird.[1191] *Sensburg* leitet den Grundsatz der Verfassungsorgantreue vermeintlich nur aus einer Kombination aus Treu und Glauben und dem Integrationsgedanken her,[1192] wodurch er scheinbar dem Dilemma entgeht.[1193] Auch er kommt jedoch nicht umhin, unter Verweis auf *Lorz*

[1190] *Rossi/Lenski*, DVBl. 2008, 416 (421 f.).
[1191] *Schaaf*, DVP 2021, 431 (432).
[1192] *Sensburg*, Der kommunale Verwaltungskontrakt, 2004, S. 180.
[1193] Vgl. *Sensburg*, Der kommunale Verwaltungskontrakt, 2004, S. 186 Fn. 985.

den Grundsatz der Organadäquanz zur Herleitung heranzuziehen,[1194] welcher seinerseits nach allgemeiner Ansicht[1195] eine Ausprägung des Grundsatzes der Gewaltenteilung darstellt. Ganz überwiegend findet sich v.a. in der Rechtsprechung jedoch – wenn überhaupt – die bloße Behauptung der Übertragbarkeit des Grundsatzes der Organtreue aus dem Staatsrecht in das Kommunalrecht.[1196] Fraglich ist somit, ob die Stützung auf die Gewaltenteilung überhaupt möglich ist.

(2) Einklang mit der historischen Entwicklung des Kommunalverfassungsrechts

Als erster Anhaltspunkt kann die Strukturentwicklung auf Staats- und Kommunalebene von der Weimarer Republik zum Dritten Reich und schließlich zur Bundesrepublik Deutschland hin herangezogen werden: Durch das NS-Regime wurde die Gewaltenteilung auf Staatsebene abgeschafft und durch das Führerprinzip ersetzt.[1197] Zuvor wurde bereits die vertikale Gewaltenteilung durch Gleichschaltung der Länder abgeschafft.[1198] Diese Umformung fand gleichsam in Bezug auf die Gemeinden statt, indem zum einen schrittweise deren Selbstverwaltungsrecht ausgehöhlt wurde[1199] und zum anderen dem Bürgermeister gem. § 32 DGO[1200] die „Verwaltung in voller und ausschließlicher Verantwortung" übertragen wurde.[1201] Dies bezweckte nach der amtlichen Begründung „Autorität nach unten und uneingeschränkte Verantwortung nach oben".[1202] Dem Gemeinderat kam hingegen nur noch eine beratende und zur Bürgerschaft vermittelnde Funktion zu.[1203] Seine Kontroll- und Informationsrechte wurden ab-

---

[1194] *Sensburg,* Der kommunale Verwaltungskontrakt, 2004, S. 180 f.
[1195] S. nur BVerfG, Beschl. v. 13.10.2016 – 2 BvE 2/15 = BVerfGE 143, 101 (136); *Hesse,* Grundzüge des Verfassungsrechts, 20. Aufl. 1999, § 13 Rn. 489; *Lorz,* Interorganrespekt, 2001, S. 43 m.w.N.; *Brocker,* in: BeckOK GG, Art. 44 Rn. 15a.
[1196] Z.B. OVG NRW, z.B. OVG NRW, Beschl. v. 19.03.2004 – 15 B 522/04 = NVwZ-RR 2004, 519 (521); OVG NRW, Beschl. v. 29.03.2004 – 15 B 674/04, juris Rn. 8; NdsOVG, Urt. v. 27.05.2020 – 2 LC 21/17, juris Rn. 47; NdsOVG, Beschl. v. 08.02.2011 – 10 ME 43/10, juris Rn. 18; *Oebbecke,* DÖV 1995, 701 (706); *Oebbecke,* Städte- und Gemeinderat 2000, 24 (26); unter zusätzlicher Heranziehung des Grundsatzes von Treu und Glauben OVG NRW, Urt. v. 12.05.2021 – 15 A 2079/19, juris Rn. 66.
[1197] *Grzeszick,* in: Stern/Sodan/Möstl, Staatsrecht, Bd. 1, 2. Aufl. 2022, § 33 Rn. 7.
[1198] *Hain,* in: v. Mangoldt/Klein/Starck GG, Art. 79 Rn. 122.
[1199] BVerfG, Beschl. v. 12.07.1960 – 2 BvR 373/60 u.a. = BVerfGE 11, 266 (275); *Kenntner,* DÖV 1998, 701 (703); *Mehde,* in: Dürig/Herzog/Scholz GG, Art. 28 Rn. 142.
[1200] Deutsche Gemeindeordnung vom 30.01.1935 (RGBl. I S. 49 ff.).
[1201] Zur Abkehr hierdurch von der vorigen Gewaltenteilung auf Gemeindeebene v. *Hoffmann,* DÖV 1954, 326 (326).
[1202] Surén/Loschelder, DGO, Bd. 1, 1940, § 32, Erl. 1; s.a. *Reichert,* Das Spannungsverhältnis zwischen Bürgermeister und Gemeinderat, 1979, S. 87.
[1203] *Reichert,* Das Spannungsverhältnis zwischen Bürgermeister und Gemeinderat, 1979, S. 87.

geschafft.¹²⁰⁴ All diese Umstrukturierungen dienten demselben Zweck, nämlich der Konzentration von Macht in den Händen der nationalsozialistischen Führung.¹²⁰⁵

Sie wurden unter dem Grundgesetz freilich wieder umgekehrt.¹²⁰⁶ Auf kommunalverfassungsrechtlicher Ebene geschah dies zu Gunsten eines stärkeren Fokus auf die Demokratie in vereinzelten Bundesländern durch Umkehrung der Verantwortungsverhältnisse in der Weise, dass die Zuständigkeit bei der Gemeindevertretung konzentriert wurde und dem Bürgermeister somit eine untergeordnete Rolle zukam (sog. monistische Gemeindeverfassung).¹²⁰⁷ In dieser Konstellation konnte ebenfalls nicht von Gewaltenteilung auch nur im weitesten Sinne gesprochen werden, da nunmehr der Gemeindevertretung kein anderes Organ mehr gegenüberstand. Früh wurde jedoch schon die Einführung der Gewaltenteilung auf Gemeindeebene gefordert.¹²⁰⁸ Die Ausgestaltung des Gemeinderates als Gemeindeparlament im Rechtssinne erfolgte nicht.¹²⁰⁹ Allerdings ist man nunmehr in sämtlichen Gemeindeverfassungen von dem monistischen System abgerückt und zu einer dualistischen Struktur übergegangen.¹²¹⁰

(3) „Kommunale Gewaltenteilung" als rechtsstaatliche Anforderung

Damit stellt sich die Frage, ob diese historische Entwicklung nicht nur rechtsstaatlich wünschenswert war, sondern zudem eine Forderung des Rechtsstaatsprinzips einlöste. Zum rechtsstaatlichen Kanon zählt schließlich auch der Gewaltenteilungsgrundsatz.¹²¹¹ Zwar wird der Landesverfassungsgeber gem. Art. 28 Abs. 1 S. 1 GG zur Schaffung rechtsstaatlicher Verhältnisse verpflichtet. Es erscheint jedoch nicht zwingend, dass eine der Gewaltenteilung ähnlich ge-

---

[1204] *Reichert,* Das Spannungsverhältnis zwischen Bürgermeister und Gemeinderat, 1979, S. 87 f.
[1205] Surén/Loschelder, DGO, Bd. 1, 1940, § 32, Erl. 1; hinsichtlich der Gemeinden *Mehde,* in: Dürig/Herzog/Scholz GG, Art. 28 Rn. 142.
[1206] S. hierzu nur BVerfG, Beschl. v. 23.11.1988 - 2 BvR 1619, 1628/83 = BVerfGE 79, 127 (149).
[1207] *Gern/Brüning,* Deutsches Kommunalrecht, 4. Aufl. 2019, Rn. 58.
[1208] S. beispielsweise *v. Hoffmann,* DÖV 1954, 326 (131).
[1209] S. nur BVerfG, Urt. v. 13.02.2008 – 2 BvK 1/07 = BVerfGE 120, 82 (112) m.w.N.; *Eckhardt,* Die Rechtsstellung des bayerischen Gemeinderats, 1969, S. 108 f.; *Lange,* Kommunalrecht, 2. Aufl. 2019, Kap. 4 Rn. 65 m.w.N.; trotz der Bezeichnung als Gemeindeparlament z.B. in BVerfG, Beschl. v. 17.10.1957 – 1/BvL 1/57 = BVerfGE 7, 155, (167)
[1210] *Gern/Brüning,* Deutsches Kommunalrecht, 4. Aufl. 2019, Rn. 58; *Lange,* Kommunalrecht, 2. Aufl. 2019, Kap. 3 Rn. 4; *Röhl,* in: Schoch, Besonderes Verwaltungsrecht, 2018, Kap. 2 Rn. 98; mit gewissen Modifikationen in Hessen, vgl. *Röhl,* a.a.O. Rn. 98; zu der Abkehr vom monistischen Modell in NRW *Heinisch,* in: BeckOK KommR NRW, § 62 GO NRW Rn. 34; kritisch *Stiefken,* SKV 1976, 261 (265).
[1211] BVerfG, Urt. v. 27.04.1959 – 2 BvF 2/58 = BVerfGE 9, 268 (279); VG Lüneburg, Urt. v. 26.04.2006 – 5 A 414/05, juris Rn. 17; *Mehde,* in: Dürig/Herzog/Scholz GG, Art. 28 Abs. 1 Rn. 88.

lagerte Form auf Kommunalebene verwirklicht werden muss: Aus Art. 28 Abs. 1 S. 2 GG lässt sich nur die zwingende Wahl einer Volksvertretung ableiten. Eindeutige Aussagen, ob auch nur ein zweites Organ bestehen muss, finden sich im Grundgesetz indes nicht.

Das Homogenitätsgebot schreibt zudem keine Uniformität, sondern nur ein Mindestmaß an Übereinstimmung vor.[1212] Teils wird angenommen, der Homogenitätsgrundsatz begründe eine Pflicht zur Statuierung mehrerer Organe, welche sich gegenseitig kontrollieren und begrenzen.[1213] Praktisch kommt den Gemeindeorganen jedenfalls eine relative Unabhängigkeit zu.[1214] Ob Art. 28 Abs. 1 GG aber „Gewaltenteilung" zwischen Kommunalorganen tatsächlich zwingend vorsieht, diese aus Perspektive der verfassungsrechtlichen Leitgedanken bloß wünschenswert ist oder eine solche nur rein faktisch aus bloßen Praktikabilitätsgründen entsteht, um die zwingend vorgesehene, demokratisch legitimierte Gemeindevertretung zu entlasten, ist fraglich.

(4) Strukturelle Vergleichbarkeit

Gegen die Anwendung des Gewaltenteilungsprinzips wird eingewandt, dass die kommunalen Vertretungen keine Organe der gesetzgebenden Gewalt sind.[1215] Dem ist insofern zuzustimmen, als das Gewaltenteilungsmodell im klassischen Sinne in Form der Gewaltentrias zwischen Legislative, Exekutive und Judikative offensichtlich nicht einschlägig oder übertragbar ist.[1216] Diese Sichtweise ist allerdings zu kurz gegriffen, da ansonsten jegliche Form von Gewaltenteilung jenseits der Dreiteilung, beispielsweise auch weit verbreitete Ausprägungen wie die vertikale Gewaltenteilung,[1217] von vorneherein ausschiede.

[1212] BVerfG, Urt. v. 27.04.1959 – 2 BvF 2/58 = BVerfGE 9, 268 (279); BVerfG, Urt. v. 31.10.1990 – 2 BvF 2, 6/89 = BVerfGE 83, 37 (58); *Jarass*, in: Jarass/Pieroth GG, Art. 28 Rn. 5; *Wolff*, in: Hömig/Wolff GG, Art. 28 Rn. 2.
[1213] HessVGH, Beschl. v. 09.05.2019 – 8 B 473/19 = NVwZ-RR 2019, 1061 (1062); VG Lüneburg, Urt. v. 26.04.2006 – 5 A 414/05, juris Rn. 17; *v. Hoffmann*, DÖV 1954, 326 (327); *Lück/Witznick*, KommJur 2021, 405 (407); vgl. auch *Bleutge*, Der Kommunalverfassungsstreit, 1970, S. 103 f.; *Heusch/Rosarius*, NVwZ 2021, 604; *Klüber*, Das Gemeinderecht, 1972, S. 119 f.
[1214] *Ipsen*, in: Mann/Püttner, HKWP I, 3. Aufl. 2007, § 24 Rn. 14.
[1215] BVerwG, Beschl. v. 07.02.1956 – I B 40.55 = BVerwGE 3, 127 (129); *Kasten*, Ausschußorganisation und Ausschußrückruf, 1983, S. 198; *Meyer*, Kommunales Parteien- und Fraktionsrecht, 1990, S. 224 f.
[1216] *Barth*, BeckOK KommR Bayern, Art. 30 GO Rn. 16; *Bleutge*, Der Kommunalverfassungsstreit, 1970, S. 103; *Klüber*, Das Gemeinderecht, 1972, S. 119; *Meyer*, Kommunales Parteien- und Fraktionsrecht, 1990, S. 224.
[1217] Vgl. hierzu beispielsweise *Adamovich*, in: FS Zeidler, Bd. 1, 1987, S. 281 (286, 292); *Ermacora*, Allgemeine Staatslehre, Bd. 2, 1970, S. 622; *Grzeszick*, in: Dürig/Herzog/Scholz GG, Art. 20 V. Rn. 18; *Hesse*, Der unitarische Bundesstaat, 1962, S. 27 ff.; *Isensee*, Subsidiaritätsprinzip, 2. Aufl. 2001, S. 95 ff.; f. *Kirchhof*, in: Dürig/Herzog/Scholz GG, Art. 83 Rn. 32; *Lindner*,

Somit könnte man durchaus eine „Gewaltenteilung sui generis"[1218] oder eine Art „(inner-)administrativer Gewaltenteilung"[1219] in Betracht ziehen.[1220] Entscheidend hierfür ist, wie eng das Grundgesetz den Anwendungsbereich des Gewaltenteilungsgrundsatzes zieht. Letztlich stellt sich also insbesondere die Frage, ob die Verfassung ein summarisches oder ein integrales Gewaltenteilungsverständnis zugrunde legt, ob demnach die Gewaltenteilung in den Einzelvorschriften aufgeht oder einen eigenen Regelungsgehalt besitzt.[1221] Bei summarischem Verständnis müsste man einen inneradministrativen Gewaltenteilungsansatz ablehnen. Ein integrales Verständnis würde hingegen ungeschriebene Ausprägungen der Gewaltenteilung zulassen.

Zunächst soll untersucht werden, inwiefern die kommunalverfassungsrechtliche Realität mit der klassischen Gewaltenteilung übereinstimmt.[1222] Jedenfalls eine gewisse Parallelität zwischen der Gewaltenteilung im engeren Sinne einerseits und den Beziehungen zwischen Gemeinderat und Bürgermeister[1223] andererseits liegt auf der Hand: Der Gemeinderat weist insofern Ähnlichkeiten zu einem Parlament auf, als er ebenfalls eine unmittelbar demokratisch legitimierte Recht-

---

in: Lindner/Möstl/Wolff BV, Art. 5 Rn. 13; *Möstl,* Bundesstaat und Staatenverbund, 2012, S. 42, 47; *Peters,* Die Gewaltentrennung in moderner Sicht, 1954, S. 24 f.; *Robbers,* in: BK GG, Art. 20 Rn. 2960.; *Schneider,* AöR 82 (1957), 1 (2).

[1218] *Barth,* BeckOK KommR Bayern, Art. 30 GO Rn. 17.

[1219] Jeweils ohne spezifischen Bezug auf die horizontalen Kommunalverhältnisse *Kirste,* VVDStRL 77 (2017), 161 (177); *Schlink,* Die Amtshilfe, 1982, S. 12 ff.; 23 ff.; *Schmidt-Aßmann,* Das allgemeine Verwaltungsrecht als Ordnungsidee, 2. Aufl. 2004, S. 259 f.; *Schulze-Fielitz,* in: Dreier GG, Art. 20 (Rechtsstaat) Rn. 79; ähnlich *Peters,* Die Gewaltentrennung in moderner Sicht, 1954, S. 25 f.; *Peters,* Geschichtliche Entwicklung, 1969, S. 193 f.; *Schmidt-Aßmann,* in: Hoffmann-Riem/Schmidt-Aßmann/Schuppert, Reform des Allgemeinen Verwaltungsrechts, 1993, S. 11 (46).

[1220] In diese Richtung auch *Eckhardt,* Die Rechtsstellung des bayerischen Gemeinderats, 1969, S. 108; *Kalbfell,* Kommunale Mandatsträger, 2009, S. 90 ff.; *Klüber,* Das Gemeinderecht,* 1972, S. 119; *Lange,* Kommunalrecht, 2. Aufl. 2019, Kap. 4 Rn. 67; *Reichert,* Das Spannungsverhältnis zwischen Bürgermeister und Gemeinderat, 1979, 42 ff.; *Schröder,* Grundlagen und Anwendungsbereich des Parlamentsrechts, 1979, S. 435 ff., 438 ff.

[1221] Vgl. hierzu *Grzeszick,* Die Teilung der staatlichen Gewalt, 2013, S. 32 ff.; *Grzeszick,* in: Dürig/Herzog/Scholz GG, Art. 20 V. Rn. 25 ff.; *Möllers,* AöR 132 (2007), 493 (495 f.).

[1222] Im Folgenden können nicht sämtliche Besonderheiten des Kommunalverfassungsrechts aller Bundesländer vertieft werden. Die Stadtstaaten bleiben an dieser Stelle vollständig außer Betracht.

[1223] Die Begriffe bezeichnen hier und im Folgenden bei abweichender Terminologie auch das jeweilige Funktionsäquivalent, s. v.a. in Hessen die Aufteilung zwischen der Gemeindevertretung und dem kollegial verfassten Gemeindevorstand anstelle eines monokratischen Organs, vgl. hierzu auch *Röhl,* in: Schoch, Besonderes Verwaltungsrecht, 2018, Kap. 2 Rn. 97.

setzungsinstanz darstellt,[1224] während der Bürgermeister ähnlich der staatlichen Exekutive Vollzugs- und Verwaltungsaufgaben wahrnimmt[1225]. Die Gemeinden verfügen trotz gewisser Parallelen[1226] jedoch weder über ein echtes Parlament im verfassungsrechtlichen Sinne[1227] noch eine eigene, gemeindeinterne rechtsprechende Gewalt[1228]. Zudem kommen dem Gemeinderat nicht nur Aufgaben des Normerlasses, sondern zu großen Teilen Verwaltungsaufgaben zu.[1229] Dies bestätigt beispielsweise der Wortlaut des Art. 29 BayGO, welcher davon spricht, dass die Gemeinde „durch den Gemeinderat verwaltet" wird. Die Gemeinden sind somit im Ganzen der Exekutive zuzuordnen.[1230] Dennoch geht das Bundesverwaltungsgericht differenzierend vor und überträgt diverse parlamentarische Grundsätze, z.B. das Spiegelbildlichkeitsprinzip,[1231] sehenden Auges auf die Gemeindevertretung.[1232]

[1224] *Bethge*, NVwZ 1983, 577 (579).
[1225] *Röhl*, in: Schoch, Besonderes Verwaltungsrecht, 2018, Kap. 2 Rn. 98, 113; vgl. z.B. für Bayern Art. 36, 37 GO; *Glaser*, in: Widtmann/Grasser/Glaser GO, Art. 36 Rn. 7; besonders deutlich i.R.d. Aufgaben des Gemeindevorstands in Hessen gem. § 66 Abs. 1 S. 1 HessGO.
[1226] *Püttner*, in: Mann/Püttner, HKWP I, 3. Aufl. 2007, § 19 Rn. 24.
[1227] BVerfG, Beschl. v. 21.06.1988 – 2 BvR 975/83 = BVerfGE 78, 344 (348); BVerwG, Beschl. v. 07.09.1992 – 7 NB 2/92 = NJW 1993, 411 (412); BVerwG, Urt. v. 28.04.2010 – 8 C 18/08 = NVwZ-RR 2010, 818 (819); ThürVerfGH, Urt. v. 25.09.2018 – VerfGH 24/17 = NVwZ-RR 2019, 129 (140); *Bleutge*, Der Kommunalverfassungsstreit, 1970, S. 103; *Katz*, NVwZ 2018, 1091 (1093); *Lück/Witznick*, KommJur 2021, 405 (406); *Richter*, Verfassungsprobleme der kommunalen Funktionalreform, 1977, S. 106; *Röhl*, in: Schoch, Besonderes Verwaltungsrecht, 2018, Kap. 2 Rn. 100; *Zimmer*, Funktion – Kompetenz – Legitimation, 1979, S. 281 ff.
[1228] Zuletzt verfügte soweit ersichtlich Baden-Württemberg über sog. Gemeindegerichte, welche als echte Gerichte zu qualifizieren sind (BVerfG, Beschl. v. 09.05.1962 – 2 BvL 13/60 = BVerfGE 14, 56 (65 ff.)), schaffte diese jedoch mit dem Gesetz zur Aufhebung der Gemeindegerichtsbarkeit und zur Regelung des Sühneversuchs in Privatklagesachen v. 19.10.1971 ab. Jedenfalls bestehen solche derzeit in keinem Bundesland mehr. Indes gibt es in Hessen noch Ortsgerichte als Hilfsbehörden der Justiz für örtlich und sachlich begrenzte Aufgabenbereiche, z.B. die Beglaubigung von Unterschriften und Abschriften oder der Mitwirkung bei der Festsetzung und Erhaltung von Grundstücksgrenzen, § 2, 13 ff. OGerG HE 1952 (Ortsgerichtsgesetz des Landes Hessen i.d.F. v. 02.04.1980, GVBl. I 1980, 114), sowie in manchen Ländern Schiedsämter und Schiedsstellen auf Gemeindeebene, s. z.B. § 1 Abs. 2 SchAG NRW (Gesetz über das Schiedsamt in den Gemeinden des Landes Nordrhein-Westfalen v. 16.12.1992, GV. NRW. 1993, 32).
[1229] S. nur *Reichert*, Das Spannungsverhältnis zwischen Bürgermeister und Gemeinderat, 1979, S. 40 f.
[1230] BVerfG, Beschl. v. 22.11.1983 – 2 BvL 25/81 = BVerfGE 65, 283 (289); BVerwG, Beschl. v. 07.09.1992 – 7 NB 2/92 = NJW 1993, 411 (412); *Bleutge*, Der Kommunalverfassungsstreit, 1970, S. 103; *Czybulka*, Die Legitimation der öffentlichen Verwaltung, 1989, S. 195 ff.; *Katz*, NVwZ 2018, 1091 (1093); *Lück/Witznick*, KommJur 2021, 405 (406); *Richter*, Verfassungsprobleme der kommunalen Funktionalreform, 1977, S. 106; *Stern*, StaatsR Bd. 1, 2. Aufl. 1984, S. 407.
[1231] Allgemein hierzu *Degenhart*, Staatsorganisationsrecht, 39. Aufl. 2023, § 7 Rn. 648.
[1232] BVerwG, Urt. v. 28.04.2010 – 8 C 18/08 = NVwZ-RR 2010, 818 (819 f.); so auch *Lange*, Kommunalrecht, 2. Aufl. 2019, Kap. 4 Rn. 65 f.; *Röhl*, in: Schoch, Besonderes Verwaltungs-

Dieser Befund deutet darauf hin, dass die horizontale kommunale Struktur partiell jedenfalls faktisch der horizontalen staatlichen Struktur gleicht, partiell jedoch auch wesentlich davon abweicht. Ob tatsächlich von Gewaltenteilung im weiteren Sinne die Rede sein kann, ist somit nicht allein unter dem Gesichtspunkt der Parallelität zu beantworten.

(5) Funktionale Betrachtung

Vielmehr ist darauf abzustellen, ob die betreffende Struktur dazu bestimmt ist, die Funktionen der Gewaltenteilung zu erfüllen.[1233] Wie bereits dargestellt, beschränkt der Sinn der Gewaltenteilung deren Umsetzung nicht auf die Dreiteilung zwischen Legislative, Exekutive und Judikative.[1234] Sie dient primär der Freiheitssicherung, indem sie staatliche Gewalt durch Kontrolle und/oder Begrenzung mäßigt.[1235] Daneben zielt sie aber auch auf die Richtigkeit staatlicher Entscheidungen ab, indem sie Aufgaben den staatlichen Organen zuweist, die nach Organisation, Zusammensetzung, Funktion und Verfahrensweise über die besten Voraussetzungen verfügen (sog. Grundsatz der funktionsgerechten Organstruktur bzw. Organadäquanz).[1236] Typischerweise richtet sich der Grundsatz funktionsgerechter Organstruktur auf eine sachgerechte Kompetenzzuweisung, nicht hingegen auf die Schaffung einer funktionsgerechten Struktur, wie

---

recht, 2018, Kap. 2 Rn. 100; vorsichtig *Kasten,* Ausschußorganisation und Ausschußrückruf, 1983, S. 199 f., 209 f.; deutlichere Tendenz in Richtung der Übertragbarkeit BayVerfGH, Entsch. v. 23.07.1984 - Vf. 15 – VII/83 = NVwZ 1985, 823; kritisch *Schröder,* Grundlagen und Anwendungsbereich des Parlamentsrechts, 1979, S. 31 ff., 37 ff., 505 ff., ausführlich Kap. 2 m.w.N.

[1233] Aufruf zur Besinnung auf die Funktion auch *Korinek,* in: Isensee, Gewaltenteilung heute, 2000, S. 49 (52); anders *Reichert,* Das Spannungsverhältnis zwischen Bürgermeister und Gemeinderat, 1979, S. 42 f., der die Funktion als erfüllt ansieht, aber dennoch „Gewaltenteilung im verfassungsrechtlichen Sinn" ablehnt und stattdessen von einer „Nachbildung des Gewaltenteilungsgrundsatzes" und „Verwaltungsteilung" spricht.

[1234] Vgl. oben C.II.1.c.aa.

[1235] BVerfG, Urt. v. 27.04.1959 – 2 BvF 2/58 = BVerfGE 9, 268 (279); *Jarass,* Politik und Bürokratie, 1975, S. 5 f.; *Kägi,* in: FS Huber, 1961, S. 151 (162); *Leisner,* in: FG Maunz, 1971, S. 267 (267); *Ossenbühl,* DÖV 1980, 545 (546); *Rux,* in: BeckOK GG, Art. 20 Rn. 156; aus österreichischer Sicht *Korinek,* in: Isensee, Gewaltenteilung heute, 2000, S. 49 (52); so bereits *Montesquieu,* Vom Geist der Gesetze, 2. Aufl. 1992, Buch XI Kap. 6, S. 215.

[1236] BVerfG, Urt. v. 18.12.1984 – 2 BvE 13/83 = BVerfGE 68, 1 (86); BVerfG, Beschl. v. 17.07.1996 – 2 BvF 2/93 = BVerfGE 95, 1 (15); BVerfG, Beschl. v. 30.06.2015 – 2 BvR 1282/11 = BVerfGE 139, 321 (362); *v. Danwitz,* Der Staat 35 (1996), 329 ff.; *Grzeszick,* Die Teilung der staatlichen Gewalt, 2013, S. 48 ff.; *Heun,* Funktionell-rechtliche Schranken, 1992, S. 13; *Heun,* Verfassung und Verfassungsgerichtsbarkeit, 2014, S. 73; *Horn,* Die grundrechtsunmittelbare Verwaltung, 1999, S. 260 ff.; *Leisner-Egensperger,* NJW 2021, 2415 (2418); *Lerche,* in: Isensee, Gewaltenteilung heute, 2000, S. 75 (76 ff.); *Möllers,* AöR 132 (2007), 493 (497 f.); *Ossenbühl,* DÖV 1980, 545 (548 f.); *Rux,* in: BeckOK GG, Art. 20 Rn. 156; vgl. auch *Böckenförde,* Die Organisationsgewalt, 1964, S. 79 f.; *Kirchhof,* in: Isensee/Kirchhof, HdbStR V, 3. Aufl. 2007, § 99 Rn. 45; aus österreichischer Sicht *Korinek,* in: Isensee, Gewaltenteilung heute, 2000, S. 49 (52).

die Bezeichnung nahelegen würde.[1237] Dies liegt im typischen Anwendungsfeld des Grundsatzes begründet, da dieser regelmäßig im Verhältnis zwischen Staatsorganen seine Relevanz entfaltet, wo die Schaffung der entsprechenden Organe nicht fraglich ist, weil diese bereits von Verfassungs wegen konstituiert sind.[1238]

Anders ist dies auf Kommunalebene.[1239] Hier steht die Konstitution entsprechender Organe in der Verantwortung des Gesetzgebers.[1240] Mithin kann das Gewaltenteilungsprinzip in diesem Zusammenhang seine Rolle als Strukturforderung entfalten. Als formellem Prinzip kommt ihm der Charakter eines Optimierungsgebots zu.[1241] Dies bedeutet natürlich keinesfalls, auf einen möglichst hohen Grad der Zersplitterung staatlicher Macht hinzuwirken.[1242] Beide Komponenten des Gewaltenteilungsprinzips stehen nämlich in einem untrennbaren Sinnzusammenhang: Gewaltenteilung bedeutet Ausbalancierung und Ordnung staatlicher Macht zwischen ordnungsgemäßer Funktionsfähigkeit und gegenseitiger Mäßigung.[1243] Somit ist vielmehr eine Struktur erforderlich, die beide Aspekte ausgewogen miteinander in Einklang bringt.[1244]

[1237] *Lerche,* in: Isensee, Gewaltenteilung heute, 2000, S. 75 (78). Der Begriff der funktionsgerechten Organstruktur wird an der Stelle begrifflich nicht wie etwa bei *Lorz,* Interorganrespekt, 2001, S. 42 von der organadäquaten Funktionenzuordnung getrennt. Genauer wäre auch hier die Bezeichnung als Organadäquanz i.S.e. gemeinsamen Bezeichnung für beide Aspekte.
[1238] Weitergehend in Richtung eines Auftrags zur Funktionsordnung wohl *Ossenbühl,* DÖV 1980, 545 (549); deutlich zurückhaltender BVerfG, Urt. v. 18.12.1984 – 2 BvE 13/83 = BVerfGE 68, 1 (86); BVerfG, Beschl. v. 17.07.1996 – 2 BvF 2/93 = BVerfGE 95, 1 (15); BVerfG, Beschl. v. 30.06.2015 – 2 BvR 1282/11 = BVerfGE 139, 321 (362); vgl. hierzu *Lerche,* in: Isensee, Gewaltenteilung heute, 2000, S. 75 (78).
[1239] Vgl. *v. Danwitz,* Der Staat 35 (1996), 329 (340); *Lorz,* Interorganrespekt, 2001, S. 78 f.; *Sensburg,* Der kommunale Verwaltungskontrakt, 2004, S. 181.
[1240] Vgl. *v. Danwitz,* Der Staat 35 (1996), 329 (340); *Lorz,* Interorganrespekt, 2001, S. 78.
[1241] *Alexy,* VVDStRL 61 (2002), 7 (28); *Sieckmann,* Rechtsphilosophie, 2018, S. 189; in diese Richtung auch *Küster,* AöR 75 (1949), S. 397 (403, 404); *Alexy,* Theorie der Grundrechte, 2. Aufl. 1994, S. 120 nennt als formelles Prinzip, dass „der demokratische Gesetzgeber die für die Gemeinschaft wichtigen Entscheidungen treffen soll", s. ferner auch ebd., S. 267, 384, 427; weitere dahingehende formelle Prinzipien bei *da Silva,* in: Sieckmann, Die Prinzipientheorie, 2007, S. 215 (223); s.a. *Hwang,* AöR 133 (2008), S. 606 (620) mit kritischer Beleuchtung der Leistungsfähigkeit formeller Prinzipien im Verhältnis zwischen Gesetzgeber und Bundesverfassungsgericht, S. 621 ff.; allgemein zu Prinzipien als Optimierungsgeboten *Alexy,* a.a.O., S. 75 f.
[1242] Davor warnend v. Arnauld, ZParl 2001, 678 (681) m.w.N.
[1243] Vgl. *Hesse,* Grundzüge des Verfassungsrechts, 20. Aufl. 1999, § 13 Rn. 484 ff.
[1244] Vgl. auch *Dreier,* Hierarchische Verwaltung, 1991, S. 177; *Hesse,* Grundzüge des Verfassungsrechts, 20. Aufl. 1999, § 13 Rn. 482; *Küster,* AöR 75 (1949), 397 (401 ff.); *Ossenbühl,* DÖV 1980, 545 (549); *Schmidt-Aßmann,* Das allgemeine Verwaltungsrecht als Ordnungsidee, 2004, S. 179 f.

(6) Kontrastorgantheorie

Eine überzeugende Abgrenzung, ob Kompetenzträger in diesem Sinne nach dem Gewaltenteilungsprinzip strukturiert sind, bietet die Theorie der Kontrastorgane, welche typischerweise für die Frage des Vorliegens subjektiver Rechte i.w.S. innerhalb einer Körperschaft herangezogen wird.[1245] Unter Kontrastorganen versteht man solche Organe, die sich als Gegenüber des anderen Organs im politischen Kräftespiel begreifen.[1246] Dabei kommt es darauf an, ob dem jeweiligen Funktionssubjekt ein eigener Entscheidungsanteil zugedacht ist, welchen dieses auch gegenüber anderen Subjekten durchsetzen können soll.[1247] Den kommunalen Hauptorganen kommen – ungeachtet der landesspezifischen Nuancen – jeweils gesetzlich garantierte, selbstständige Aufgaben zu.[1248] Die Verteilung auf die Träger orientiert sich an der Aufspaltung in Funktionen politischer Entscheidung auf der einen und Träger von Fachkenntnissen und Erfahrung auf der anderen Seite.[1249] Hierbei werden die Organe gezielt in ein Spannungsverhältnis versetzt.[1250] Sowohl der Bürgermeister als auch der Gemeinderat hat typischerweise das jeweils andere Organ zu kontrollieren und so rechtmäßige Funktionsabläufe zu gewährleisten.[1251] Sie stehen sich folglich in einem Verhältnis von Gewicht und Gegengewicht, checks and balances bzw. counter-

---

[1245] S. hierzu *Bethge*, Die Verwaltung 1975, 459 (463 ff.); *Bethge*, DVBl. 1980, 309 (312 ff.); *Bleutge*, Der Kommunalverfassungsstreit, 1970, S. 101 ff.; *Erichsen*, in: FS Menger, 1985, S. 211 (226); *Erichsen/Biermann*, Jura 1997, 157 (159); *Kingreen*, DVBl. 1995, 1337 (1338 f.); *Kisker*, Insichprozeß und Einheit der Verwaltung, 1968, S. 38 f.; *Kisker*, JuS 1975, 704 (708 f.); *Lange*, Kommunalrecht, 2. Aufl. 2019, Kap. 10 Rn. 23; *Schnapp*, VerwArch, 78 (1987), 407 (418 ff.); *Tsatsos*, Der verwaltungsrechtliche Organstreit, 1969, S. 18 ff., 31.
[1246] *Kisker*, Insichprozeß und Einheit der Verwaltung, 1968, S. 38.
[1247] *Erichsen*, in: FS Menger, 1985, S. 211 (228); *Erichsen/Biermann*, Jura 1997, 157 (159); *Kingreen*, DVBl. 1995, 1337 (1339); *Lange*, Kommunalrecht, 2. Aufl. 2019, Kap. 10 Rn. 23; vgl. auch *Schlink*, Die Amtshilfe, 1982, S. 26.
[1248] *Bleutge*, Der Kommunalverfassungsstreit, 1970, S. 104; *Kalbfell*, Kommunale Mandatsträger und Wahlbeamte, 2009, 90; vgl. auch *Bethge*, DVBl. 1980, 309 (313); *Röhl*, in: Schoch, Besonderes Verwaltungsrecht, 2018, Kap. 2 Rn. 97 f, 113 ff.
[1249] *Klüber*, Das Gemeinderecht, 1972, S. 119; *Peters*, Die Gewaltentrennung in moderner Sicht, 1954, S. 27; *Peters*, Geschichtliche Entwicklung, 1969, S. 194; *Reichert*, Das Spannungsverhältnis zwischen Bürgermeister und Gemeinderat, 1979, S. 43.
[1250] *Lange*, Kommunalrecht, 2. Aufl. 2019, Kap. 10 Rn. 23; vgl. auch *Birkenfeld/Fuhrmann*, in: BeckOK KommR Hessen, § 66 HessGO Rn. 1.
[1251] Für den Bürgermeister ergibt sich dies beispielsweise aus Art. 59 Abs. 2 BayGO oder § 55 BbgKVerf, für den Gemeinderat aus § 24 Abs. 1 S. 3 BWGemO, Art. 30 Abs. 3 BayGO; § 29 BbgKVerf; vgl. auch *Röhl*, in: Schoch, Besonderes Verwaltungsrecht, 2018, Kap. 2 Rn. 109; in Hessen für die Gemeindevertretung § 9 Abs. 1 S. 3 HessGO, § 50 Abs. 2 S. 1 HessGO; *Birkenfeld/Fuhrmann*, in: BeckOK KommR Hessen, § 66 HessGO Rn. 1; andererseits für den Bürgermeister § 63 HessGO; vgl. auch VGH BW, Urt. v. 29.05.1984 – 1 S 252/84 = NVwZ 1984, 664 (664 f.); *Kalbfell*, Kommunale Mandatsträger und Wahlbeamte, 2009, 90 f.; Rügerecht des Bürgermeisters in allen Gemeindeordnungen, vgl. *Röhl*, a.a.O., Rn. 114; Widerspruchsrecht des Bürgermeisters nach einigen Gemeindeordnungen, vgl. *Röhl*, a.a.O., Rn. 114; vgl. auch *Bleutge*, Der Kommunalverfassungsstreit, 1970, S. 105.

vailing powers gegenüber.[1252] Mit anderen Worten konstituiert sie das Kommunalverfassungsrecht als Kontrastorgane. Mithin wird auch zwischen diesen der Gedanke der Gewaltenteilung und Balancierung erfüllt.[1253] Welche Rolle dem Prinzip der Organtreue sodann zukommt, hängt von der landesspezifischen Ausgestaltung des Kommunalverfassungsrechts ab.

(7) Zwischenergebnis

Damit kann festgehalten werden, dass auch der Innenbereich der Gemeinde im Sinne der Gewaltenteilung strukturiert ist. Der Grundsatz der Organtreue findet darin seinen Anknüpfungspunkt.

dd. Zwischenfazit

Mithin ist grundsätzlich – vergleichbar dem Verhältnis zwischen Bundestreue und Verfassungsorgantreue – zwischen der Organtreue auf Kommunalebene und der interpersonalen Kommunaltreue zu differenzieren. Beide Varianten bauen zwar mit der Notwendigkeit der Einheitsbildung im Staat auf der Integrationslehre auf und speisen sich aus dem Grundsatz von Treu und Glauben. Die jeweiligen Rechtsbeziehungen sind jedoch zunächst insofern unterschiedlich gelagert, als sie einerseits durch die Selbstverwaltungsgarantie, andererseits durch kommuneninterne Funktionsteilungsprozesse bedingt sind. Ein gemeinsamer Nenner lässt sich in dem Zweck der Gewaltenteilung im weiteren Sinne finden: Sowohl die Selbstverwaltungsgarantie als auch die Konstituierung von Kontrastorganen dienen (auch) der Dezentralisation von Kompetenzen und mithin der Gewaltenteilung im weiteren Sinne. Obgleich an dieser Stelle wegen der Unterschiedlichkeit der Spielarten kommunaler Treuepflichten die Differenzierung noch sinnvoll erscheint, besteht dennoch eine weitreichende gemeinsame Basis. Diese Option wird durch die herkömmliche Zusammenfassung der Rechtsverhältnisse zwischen Staat und Gemeinde, Gemeinden untereinander sowie mit Blick auf Gemeindeverbände,[1254] welche ebenfalls unterschiedlich ausgestaltet sind, unterstrichen.

[1252] *Lange*, Kommunalrecht, 2. Aufl. 2019, Kap. 10 Rn. 23; vgl. auch *Bethge*, Die Verwaltung 1975, 459 (463 ff.); *Kisker*, Insichprozeß und Einheit der Verwaltung, 1968, S. 38 f.; a.A. *Meyer*, Kommunales Parteien- und Fraktionsrecht, 1990, S. 409.
[1253] Vgl. auch *Bleutge*, Der Kommunalverfassungsstreit, 1970, S. 105; *Erichsen/Biermann*, Jura 1997, 157 (159); *Kisker*, Insichprozeß und Einheit der Verwaltung, 1968, S. 39; a.A. BVerwG, Beschl. v. 07.02.1956 – I B 40.55 = BVerwGE 3, 127 (129); *Meyer*, Kommunales Parteien- und Fraktionsrecht, 1990, S. 224 m.w.N.
[1254] Vgl. nur *Macher*, Der Grundsatz des gemeindefreundlichen Verhaltens, 1971, S. 133 ff.; *Mehde*, in: Dürig/Herzog/Scholz GG; Art. 28 Abs. 2 Rn. 326; *Stern*, StaatsR Bd. 1, 2. Aufl. 1984, S. 419.

d. Kombinationsansatz

Erneut zeigen sich zahlreiche Schnittmengen der gleichermaßen schlüssigen und nicht voneinander trennbaren Herleitungsansätze. Im Vordergrund steht im Rahmen der Kommunaltreue die kommunale Selbstverwaltungsgarantie. Art. 28 Abs. 2 GG vereinigt in sich die Funktionen der Gewaltenteilung in Form einer Dezentralisierung des Verwaltungsaufbaus und der Aktivierung und Partizipation der Bürger am Staat.[1255] Das Grundgesetz sowie die Landesverfassungen sehen ein System vor, in dem die Gemeinden zwar in den Staat eingegliedert sind, jedoch einen hohen Grad an Autonomie besitzen. Dieser wird einerseits ein Gesetzesvorbehalt entgegengesetzt, andererseits bestehen jedoch vielerlei Regelungen, welche ein reibungsloses Funktionieren zwischen Staat und Kommunen gewährleisten sollen und somit normierte Spezialfälle der Kommunaltreue darstellen. Bund und Länder haben somit im Rahmen einschlägiger Besonderheiten des jeweiligen Rechtsverhältnisses im Geiste von Treu und Glauben zusammenzuarbeiten.

Gleichsam sind auch die Kommunalorgane in ein dezentralisiertes Geflecht eingeordnet, in dem sie sich kontrastierend entgegenstehen.[1256] Dennoch darf hierdurch nicht die interne Einheit der Kommune gefährdet werden, weshalb sie miteinander nach dem Grundsatz von Treu und Glauben zu verfahren haben.

2. Voraussetzungen

Im Folgenden soll der Anwendungsbereich der Kommunaltreue sowohl in personaler wie sachlicher Hinsicht als auch mit Blick auf die Grenzen untersucht werden.

a. Anwendungsbereich

Die Treuepflichten auf Kommunalebene umfassen verschiedentliche Rechtsverhältnisse zwischen einer Vielzahl an Adressaten.

aa. Regelmäßige Adressaten

In deren Kern steht das gemeindefreundliche Verhalten, welches die Gemeinden sowie den Staat adressiert.[1257] Seine Herleitung u.a. aus der Selbstverwaltungsgarantie erweitert diesen Kreis jedoch. Aufgrund dieser Verbindung deckt sich der Kreis der Adressaten mit dem Kreis der Träger und Verpflichteten der Selbstverwaltungsgarantie. Dieses Recht statuiert Art. 28 Abs. 2 S. 2 GG auch

---

[1255] Vgl. *Hellermann*, in: BeckOK GG, Art. 28 Rn. 30 f.; *Stern,* AfK 3 (1964), 81 (93 f.); s. i.Ü. bereits oben C.III.1.c.bb.(1).
[1256] Vgl. oben C.III.1.c.cc.
[1257] OVG NRW, Entsch. v. 08.01.1964 – III A 1151/61 = DVBl. 1964, 678 (681); *Mehde*, in: Dürig/Herzog/Scholz GG, Art. 28 Rn. 326 f.; *Wolff,* in: Lindner/Möstl/Wolff BV, Art. 11 Rn. 27.

für die Gemeindeverbände. Der Begriff des Gemeindeverbandes i.S.d. Art. 28 Abs. 2 S. 2 GG meint kommunale Zusammenschlüsse, die entweder zur Wahrnehmung von Selbstverwaltungsaufgaben gebildete Gebietskörperschaften sind oder diesen jedenfalls nach Umfang und Gewicht der von ihnen wahrzunehmenden Selbstverwaltungsaufgaben nahekommen, insbesondere Landkreise.[1258] Deshalb werden auch diese anerkanntermaßen einbezogen.[1259]

bb. Interkommunale Zusammenarbeit

Darüber hinaus könnten diverse Formen interkommunaler Zusammenarbeit von der Kommunaltreue umfasst sein. Die Beurteilung kann indes nicht pauschal, sondern nur unter Differenzierung zwischen den zahlreichen, landesspezifischen Erscheinungsformen kommunaler Zusammenarbeit vorgenommen werden. Trotz der im Einzelnen unterschiedlichen Ausgestaltung kann im Wesentlichen zwischen Arbeitsgemeinschaften,[1260] öffentlich-rechtlichen Vereinbarungen bzw. Zweckvereinbarungen[1261] und kommunalen Zweckverbänden[1262] unterschieden werden.

Die Arbeitsgemeinschaft dient der Beratung und Abstimmung von Angelegenheiten, welche die beteiligten Kommunen gemeinsam berühren.[1263] Aufgaben werden hierbei nicht übertragen.[1264] Somit bleibt die Kommune vollkommen selbstständig.[1265] Die Arbeitsgemeinschaft erlangt keine Rechtspersönlichkeit und kann sich nicht auf die Selbstverwaltungsgarantie berufen.[1266] Sie ist folg-

---

[1258] BVerfG, Urt. v. 24.07.1979 – 2 BvK 1/78 = BVerfGE 52, 95 (112); *Hellermann*, in: BeckOK GG, Art. 28 Rn. 23.
[1259] OVG NRW, Urt. v. 22.02.2005 – 15 A 130/04, juris Rn. 31, 33 = DÖV 2005, 568 (569); *Macher*, Der Grundsatz des gemeindefreundlichen Verhaltens, 1971, S. 133 ff.; *Stern*, StaatsR Bd. 1, 2. Aufl. 1984, S. 419; *Mehde*, in: Dürig/Herzog/Scholz GG, Art. 28 Rn. 279; a.A. *Gaß*, in: Widtmann/Grasser/Glaser GO, Art. 1 LKrO Rn. 12, der stattdessen den unmittelbaren Rückgriff auf Treu und Glauben vorschlägt; eher ablehnend auch *Hölzl/Hien/Huber*, GO, Art. 1 LKrO Erl. 2.
[1260] S. z.B. Art. 4 f. BayKommZG, § 4 GKGBbg, § 2 Abs. 2 GKG-LSA, § 2 GkG NRW, § 3 HessKGG § 14 RhPfKomZG.
[1261] S. Art. 7 ff. BayKommZG, §§ 25 ff. GKZ BW, §§ 5 ff. GKGBbg, §§ 24 ff. HessKGG, §§ 165 f. KV MV; §§ 5 f. NdsKommZG, §§ 23 ff. GkG NRW, §§ 12 f. KomZG RP; §§ 17 ff. SaarlKGG, §§ 71 ff. SächsKomZG, §§ 3 ff. GKG-LSA, §§ 18 f. GkZ SH, §§ 7 ff. ThürKGG.
[1262] S. Art. 17 ff. BayKommZG, §§ 2 ff. GKZ BW, §§ 10 ff. GKGBbg, §§ 9 ff. HessKGG, §§ 150 ff. KV MV, §§ 7 ff. NdsKommZG, §§ 4 ff. GkG NRW, §§ 2 ff. KomZG RP, §§ 2, 5 ff. SaarlKGG, §§ 44 ff. SächsKomZG, §§ 6 ff. GKG-LSA, §§ 2 ff. GkZ SH, §§ 16 ff. ThürKGG.
[1263] *Lange*, Kommunalrecht, 2. Aufl. 2019, Kap. 19 Rn. 33.
[1264] *Kraft-Zörcher/Neubauer*, LKV 2010, 193 (195 f.).
[1265] *Duvenbeck*, Interkommunale Zusammenarbeit, 1966, S. 23; *Macher*, Der Grundsatz des gemeindefreundlichen Verhaltens, 1971, S. 162.
[1266] *Macher*, Der Grundsatz des gemeindefreundlichen Verhaltens, 1971, S. 163.

lich nicht selbst Adressat der Kommunaltreue, sondern wirkt lediglich zwischen den beteiligten Kommunen.[1267] Zweckvereinbarungen ermöglichen hingegen eine vertragliche Übertragung von Aufgaben.[1268] Darin liegt eine Ausnahme von der grundsätzlichen Zuständigkeitsordnung.[1269] Wurde eine Aufgabe übertragen, geht damit – ungeachtet von Kündigungs-, Änderungs- oder Aufhebungsmöglichkeiten[1270] – auch der Verlust des Hoheitsrechts über die Aufgabe einher.[1271] Damit geht auch der Schutz des Art. 28 Abs. 2 GG samt der Berechtigung und Verpflichtung aus dem gemeindefreundlichen Verhalten auf die ausführende Kommune über.[1272] Handelt allerdings die ausführende Kommune im Rahmen der Zweckvereinbarung können gleichwohl sonstige Rechtspositionen einer übertragenden Kommune betroffen sein. Das allgemeine Gebot gemeindefreundlichen Verhaltens greift nach wie vor zwischen den beteiligten Kommunen. Die Aufgabenübertragung bedeutet nicht den Verzicht auf jegliche Rücksichtnahme, sondern allenfalls eine Modifikation des Rechtsverhältnisses durch die Zweckvereinbarung.

Zweckverbände, beispielsweise Verwaltungsgemeinschaften i.S.d. Art. 1 Abs. 1 VGemO, könnten hingegen als selbstständige Adressaten der Loyalitätspflichten in Betracht gezogen werden. Sie sind juristische Personen des öffentlichen Rechts und damit Träger von Rechten und Pflichten.[1273] Da sie jedoch nur bestimmte Einzelaufgaben wahrnehmen, fallen sie nicht unter den Begriff des Gemeindeverbandes und sind damit nicht Träger der Selbstverwaltungsgaran-

---

[1267] Vgl. *Macher,* Der Grundsatz des gemeindefreundlichen Verhaltens, 1971, S. 163.
[1268] *Becker,* in: BHKM, Öffentliches Recht in Bayern, 8. Aufl. 2022, Teil II Rn. 580; *Gern/Brüning,* Deutsches Kommunalrecht, 4. Aufl. 2019, Rn. 1564; *Gilbert,* BayVBl. 1967, 37 (40); *Kraft-Zörcher/Neubauer,* LKV 2010, 193 (195); *Röhl,* in: Schoch, Besonderes Verwaltungsrecht, 2018, Kap. 2 Rn. 244; *Schober,* in: Widtmann/Grasser/Glaser GO, Art. 7 KommZG Rn. 2, 3.
[1269] *Röhl,* in: Schoch, Besonderes Verwaltungsrecht, 2018, Kap. 2 Rn. 244.
[1270] Vgl. z.B. Art. 14 BayKommZG; *Becker,* in: BHKM, Öffentliches Recht in Bayern, 8. Aufl. 2022, Teil II Rn. 582; *Lange,* Kommunalrecht, 2. Aufl. 2019, Kap. 19 Rn. 18.
[1271] *Macher,* Der Grundsatz des gemeindefreundlichen Verhaltens, 1971, S. 164; *Röhl,* in: Schoch, Besonderes Verwaltungsrecht, 2018, Kap. 2 Rn. 244.
[1272] *Macher,* Der Grundsatz des gemeindefreundlichen Verhaltens, 1971, S. 164.
[1273] *Haack,* in: Steiner/Brinktrine, Besonderes Verwaltungsrecht, 9. Aufl. 2018, § 1 Rn. 297; *Lange,* Kommunalrecht, 2. Aufl. 2019, Kap. 19 Rn. 40.

tie.[1274] Somit besteht keine unmittelbare Anwendbarkeit des gemeindefreundlichen Verhaltens.[1275]

Mittelbar entfaltet das gemeindefreundliche Verhalten indes auch in Zweckverbänden Relevanz.[1276] Denn der Zweckverband tritt an die Stelle mehrerer Gemeinden, welche ihrerseits dem Grundsatz unterworfen sind. Er hat somit auch die damit einhergehenden Bindungen zu achten, welche sich aus der ursprünglich gemeindlichen Kompetenz ableiten: Der Kompetenzgewinn auf der einen Seite und der Kompetenzverlust auf der anderen Seite entsprechen einander.[1277] Die mittelbare Bindung wirkt sich nicht nur gegenüber Außenstehenden, sondern auch im Innenverhältnis, beispielsweise hinsichtlich der treuwidrigen Verhinderung des Austritts einer Mitgliedsgemeinde, aus.[1278]

Anders als die zuvor behandelten Zweckverbände sind die Verbandsgemeinden in Rheinland-Pfalz und die Samtgemeinden in Niedersachsen zu beurteilen, welche zwar Formen der kommunalen Zusammenarbeit wie der bayerischen Verwaltungsgemeinschaft ähnlich sind, aber als Gemeindeverbände im Sinne der Selbstverwaltungsgarantie anerkannt sind.[1279] Maßgeblich für diese Einordnung ist die erhebliche Wahrnehmung von Selbstverwaltungsaufgaben in eigener Verantwortung sowie deren legitimatorische Rückbindung an das Volk.[1280] Sie sind somit durch die Kommunaltreue berechtigt und verpflichtet.[1281] Eine Teilnormierung des Grundsatzes findet sich für das Verhältnis von Verbands- und Ortsgemeinden in Rheinland-Pfalz in § 70 GemO.[1282]

[1274] BVerfG, Urt. v. 24.07.1979 – 2 BvK 1/78 = BVerfGE 52, 95 (110); BVerwG, Urt. v. 23.08.2011 – 9 C 2/11 = NVwZ 2012, 506 (507 f.); OVG RP, Urt. v. 28.07.1987 – 6 A 18/86 = NVwZ 1988, 1145 (1145); *Haack*, in: Steiner/Brinktrine, Besonderes Verwaltungsrecht, 9. Aufl. 2018, § 1 Rn. 297; *Hellermann*, in: BeckOK GG, Art. 28 Rn. 23.4; *Lange*, Kommunalrecht, 2. Aufl. 2019, Kap. 19 Rn. 41 f.; *Mehde*, in Dürig/Herzog/Scholz GG, Art. 28 Rn. 278; *Röhl*, in: Schoch, Besonderes Verwaltungsrecht, 2018, Kap. 2 Rn. 237; *Wolff*, in: Hömig/Wolff GG, Art. 28 Rn. 18; a.A. *Stockmeier*, Kommunale Pflichtverbände, 1960, S. 138 ff.; *Weber*, Staats- und Selbstverwaltung, 1967, S. 40.
[1275] *Macher*, Der Grundsatz des gemeindefreundlichen Verhaltens, 1971, S. 165.
[1276] *Macher*, Der Grundsatz des gemeindefreundlichen Verhaltens, 1971, S. 165.
[1277] *Gilbert*, BayVBl. 1967, 37 (42).
[1278] ThürOVG, Beschl. v. 19.09.2000 – 4 EO 133/00, juris Rn. 47 ff.
[1279] *Bethge*, in: Schmidt-Bleibtreu/Klein/Bethge BVerfGG, § 91 Rn. 29; *Mehde*, in: Dürig/Herzog/Scholz GG, Art. 28 Rn. 278; *Wolff*, in: Hömig/Wolff GG, Art. 28 Rn. 18; für Rheinland-Pfalz VerfGH RP, Entsch. v. 17.12.1969 – VGH 10/69 = DÖV 1970, 602 (603); für Niedersachsen *Pautsch*, in: BeckOK KommR Nds, § 97 NKomVG Rn. 1 m.w.N.
[1280] *Bethge*, in: Schmidt-Bleibtreu/Klein/Bethge BVerfGG, § 91 Rn. 29; *Mehde*, in: Dürig/Herzog/Scholz GG, Art. 28 Rn. 278.
[1281] Für die Verbandsgemeinden in Rheinland-Pfalz OVG RP, Urt. v. 30.06.2022 – 7 A 11610/20, juris Rn. 45; für die Samtgemeinden in Niedersachsen *Pautsch*, in: BeckOK KommR Nds, § 97 NKomVG Rn. 2; *Thiele*, NKomVG, § 97 Rn. 4.
[1282] Vgl. OVG RP, Urt. v. 30.06.2022 – 7 A 11610/20, juris Rn. 45.

Zuletzt sind die kommunalen Spitzenverbände anzudenken. Diese dienen als privatrechtliche Vereine nur der Beratung und Interessenrepräsentation.[1283] Sie haben folglich selbst nicht an der Selbstverwaltungsgarantie teil.[1284] Zugunsten der Gemeinden wirkt der Grundsatz des gemeindefreundlichen Verhaltens jedoch „durch [die Gemeindeverbände] hindurch".[1285] Der Staat hat sich demnach gegenüber den Gemeinden auch gemeindefreundlich zu verhalten, indem er ihre Interessenvertretung zu achten hat.[1286]

cc. Allgemeine Anwendungsvoraussetzungen

Sachlich findet sich weitgehend eine Projektion der Erkenntnisse von der Bundestreue auf das kommunalfreundliche Verhalten[1287] sowie von der Verfassungsorgantreue auf die Organtreue auf Kommunalebene[1288]. Dies spiegelt sich nicht bloß in einer gewissen Vergleichbarkeit inhaltlicher Anwendungsfelder, sondern bereits in der Parallelität der Grundvoraussetzungen wider. Zentral ist demnach jeweils das Rechtsverhältnis zwischen sich autonom gegenüberstehenden Hoheitsträgern, in erster Linie aus der Selbstverwaltungsgarantie, auf welche der Grundsatz des gemeindefreundlichen Verhaltens aufbaut, zwischen Gemeinde und Ländern sowie dem Bund.

Aber auch die Gemeinden und Landkreise stehen zueinander nicht in einem hierarchischen Über- und Unterordnungsverhältnis, sondern grundsätzlich nebeneinander.[1289] Im Rahmen des Art. 28 Abs. 2 GG sind die Landkreise gegenüber den Gemeinden an die Selbstverwaltungsgarantie gebunden, obwohl sie anderweitig Träger der Selbstverwaltungsgarantie sind.[1290] Somit besteht zwischen Gemeinden und Kreisen ein Rechtsverhältnis, welches mit demjenigen zwischen Gemeinden und Staat vergleichbar ist. Eine eindrückliche Normierung des Loyalitätsverhältnisses zwischen Gemeinden und Kreisen findet sich beispielsweise in § 20 KrO SH, welcher nicht nur die Förderung der gemeindlichen Selbstverwaltung durch die Kreise (Abs. 1), sondern zudem deren Zusammen-

---

[1283] *Röhl*, in: Schoch, Besonderes Verwaltungsrecht, 2018, Kap. 2 Rn. 237.
[1284] *Röhl*, in: Schoch, Besonderes Verwaltungsrecht, 2018, Kap. 2 Rn. 237.
[1285] *Macher*, Der Grundsatz des gemeindefreundlichen Verhaltens, 1971, S. 168.
[1286] Ausführlicher hierzu *Macher*, Der Grundsatz des gemeindefreundlichen Verhaltens, 1971, S. 168.
[1287] Vgl. nur *v. Kempis*, Die Treuepflicht zwischen Gemeinden und Staat, 1970, S. 182.
[1288] Vgl. nur *Schaaf*, DVP 2021, 431 (432).
[1289] BayVGH, Urt. v. 21.03.2011 – 4 BV 10.108 = BayVBl. 2011, 632 (633); OVG NRW, Urt. v. 22.02.2005 – 15 A 130/04, juris Rn. 31 = DÖV 2005, 568 (569); *Gaß*, in: Widtmann/Grasser/Glaser GO, Art. 1 LKrO Rn. 12.
[1290] *Faber*, in: AK-GG, Art. 28 Abs. 2 Rn. 51; *Mehde*, in: Dürig/Herzog/Scholz GG, Art. 28 Rn. 188.

wirken vorsieht (Abs. 2), zugleich jedoch zur Zurückhaltung der Kreise im Sinne der Achtung des Selbstverwaltungsrechtes der Gemeinden mahnt (Abs. 3).

Zuletzt sind auch die Rechtsverhältnisse zwischen Gemeinden untereinander erfasst.[1291] Die Gemeinden sind insofern durch die Selbstverwaltungsgarantie verpflichtet, als sie durch ihr Handeln die Selbstverwaltungsgarantie anderer Gemeinden beeinträchtigen können.[1292] Insbesondere auf dem Gebiet der Planungshoheit besteht hohes Konfliktpotential zwischen benachbarten Gemeinden.[1293] Daraus folgt ein Rücksichtnahmegebot der Gemeinden untereinander.[1294] Eine spezialgesetzliche Normierung findet sich beispielsweise in § 2 Abs. 2 BauGB.[1295]

Hinsichtlich der Frage des subjektiven Elements ergeben sich keine Besonderheiten zu den bisher behandelten Grundsätzen.[1296] Insofern wird auf die vorigen Ausführungen verwiesen.

dd. Besondere Konstellation im Rahmen der Selbstverwaltungsgarantie

Sowohl der Grundsatz kommunalfreundlichen Verhaltens als auch die Organtreue auf Kommunalebene weisen jedoch Besonderheiten auf, welche der Eigenart der zugrunde liegenden Rechtsverhältnisse geschuldet sind.

Im Rahmen des kommunalfreundlichen Verhaltens ergeben sich derartige Besonderheiten aufgrund der Ausgestaltung des Art. 28 Abs. 2 GG.

(1) Die Wechselseitigkeit des kommunalfreundlichen Verhaltens

Da Art. 28 Abs. 2 GG in erster Linie eine institutionelle Garantie zum Schutz der Gemeinden vor dem Staat statuieren will,[1297] fragt sich, inwiefern überhaupt von einer Wechselseitigkeit der Loyalitätspflichten gesprochen werden kann. Zwischen Gemeinden und Gemeindeverbänden bestehe in vielfältiger Weise eine Verflechtung sowie ein gegenseitiger Bezug im Rahmen einer nicht hierar-

---

[1291] *Mehde,* in: Dürig/Herzog/Scholz GG, Art. 28 Rn. 188.
[1292] *Brohm,* DVBl. 1980, 653 (654); *Mehde,* in: Dürig/Herzog/Scholz GG, Art. 28 Rn. 188.
[1293] *Mehde,* in: Dürig/Herzog/Scholz GG, Art. 28 Rn. 188; vgl. auch *Brohm,* DVBl. 1980, 653 (654).
[1294] *Brohm,* JuS 1977, 500 (506); *Brohm,* DVBl. 1980, 653 (655); *Brohm,* DÖV 1989, 429 (435); *Mehde,* in: Dürig/Herzog/Scholz GG, Art. 28 Rn. 188; a.A. *Ingold,* Erstplanungspflichten, 2007, S. 243.
[1295] *Mehde,* in: Dürig/Herzog/Scholz GG, Art. 28 Rn. 188 m.w.N.
[1296] Vgl. hierzu oben C.I.3.c. und C.II.2.b.; subjektive Tendenz z.B. SächsOVG, Beschl. v. 24.11.2021 – 4 B 415/21, juris Rn. 7 – „bewusst oder willkürlich".
[1297] *Gern/Brüning,* Deutsches Kommunalrecht, 4. Aufl. 2019, Rn. 69 f.; *Hellermann,* in: BeckOK GG, Art. 28 Rn. 33; *Pagenkopf,* Kommunalrecht, Bd. 1, 2. Aufl. 1975, S. 57 f.; *Stern,* StaatsR Bd. 1, 2. Aufl. 1984, S. 408 f.; *Wolff/Bachof/Stober/Kluth,* Verwaltungsrecht II, 8. Aufl. 2023, § 85 Rn. 49.

chischen Beziehung.[1298] Während somit die Wechselbezüglichkeit zwischen Gemeinden und Kreisen angenommen wird,[1299] wird sie in Bezug auf das Verhältnis zwischen Gemeinde(-verband) und Staat unterschiedlich aufgefasst. Einerseits wird vertreten, dass ein derartiges wechselseitiges Verhältnis bestehe, welches auch die Gemeinden gegenüber dem Staat verpflichte.[1300] So soll eine Gemeinde gegen den Grundsatz staatsfreundlichen Verhaltens verstoßen, wenn sie eine Bauleitplanung durchführt, ohne den Abschluss einer bereits eingeleiteten Landesplanung abzuwarten.[1301]

Andererseits wird die Verpflichtung der Kommunen gegenüber dem Staat teils überhaupt nicht erwähnt, wobei unklar bleibt, ob dies aufgrund seiner geringen praktischen Bedeutung oder einer Ablehnung demgegenüber beruht.[1302] Teils wird sogar vertreten, einen Grundsatz des „staatsfreundlichen Verhaltens" könne man nicht aus Art. 28 Abs. 2 GG ableiten.[1303] Dies führt entweder dazu, dass die Kehrseite des gemeindefreundlichen Verhaltens einer anderen Grundlage bedarf oder in erster Linie eine nur einseitige Treueverpflichtung zugunsten der Gemeinden besteht.

Für eine einseitige Treueverpflichtung spreche die einseitige Ausgestaltung des Art. 28 Abs. 2 S. 1 GG.[1304] Dieser sieht die Selbstverwaltungsgarantie nur „im Rahmen der Gesetze" vor. Damit sei bereits von vorneherein keinen Raum für Treuepflichten der Gemeinden, da der Staat im Wege der Aufsicht einschreiten könne.[1305] Hierfür spricht auf den ersten Blick auch die Rechtsprechung des

---

[1298] OVG NRW, Urt. v. 22.02.2005 – 15 A 130/04, juris Rn. 31 = DÖV 2005, 568 (569).
[1299] OVG NRW, Urt. v. 22.02.2005 – 15 A 130/04, juris Rn. 31, 33 = DÖV 2005, 568 (569).
[1300] OVG NRW, Entsch. v. 08.01.1964 – III A 1151/61 = DVBl. 1964, 678 (681); *Brüning*, DÖV 2010, 553 (556); *Brüning/Vogelsang*, Die Kommunalaufsicht, 2. Aufl. 2009, Kap. V Rn. 149 („freilich"); *Dietlein*, in: BeckOK KommR Bayern, SystEinfKommRDtl., Rn. 28, 28.3; *Dietlein*, in: Stern/Sodan/Möstl, Staatsrecht Bd. 1, 2. Aufl. 2022, § 17 Rn. 5; *Geis*, Kommunalrecht, 5. Aufl. 2020, S. 266, § 24 Rn. 5; *Hamann*, Die Selbstverwaltung der Gemeinden, 1967, S. 66 f.; *Knott*, Genehmigungsvorbehalte im Verwaltungsrecht, 1965, S. 81 f.; *Korte*, VerwArch 61 (1970), 141 (167); *Stern/Bethge*, Anatomie eines Neugliederungsverfahrens, 1977, S. 36.
[1301] *Hamann*, Die Selbstverwaltung der Gemeinden, 1967, S. 66 f.
[1302] So z.B. in ThürOVG, Beschl. v. 19.09.2000 – 4 EO 133/00, juris Rn. 47; *Ahlers*, Beteiligungsrechte im Verwaltungsverfahren, 1984, S. 151; *Bethge*, in: Schmidt-Bleibtreu/Klein/Bethge BVerfGG, § 90 Rn. 93; *Brüning*, in: Ehlers/Fehling/Pünder, Besonderes Verwaltungsrecht Bd. 3, 4. Aufl. 2021, § 64 Rn. 54; *Engels*, in: Sachs GG, Art. 28 Rn. 77; *Ogorek*, in: BeckOK KommR Hessen, § 135 HessGO Rn. 17; *Wolff*, in: Lindner/Möstl/Wolff BV, Art. 11 Rn. 27, 34, Art. 83 Rn. 134.
[1303] *Lange*, Kommunalrecht, 2. Aufl. 2019, Kap. 2 Rn. 93; *Macher*, Der Grundsatz des gemeindefreundlichen Verhaltens, 1971, S. 139; *Schnapp*, Zuständigkeitsverteilung, 1973, S. 36 ff.; i.E. zustimmend *Czybulka*, Die Legitimation der öffentlichen Verwaltung, 1989, S. 223 Fn. 144.
[1304] *Macher*, Der Grundsatz des gemeindefreundlichen Verhaltens, 1971, S. 139.
[1305] *Macher*, Der Grundsatz des gemeindefreundlichen Verhaltens, 1971, S. 145 ff.; *Schnapp*, Zuständigkeitsverteilung, 1973, S. 39.

Bundesverfassungsgerichts zur Volksbefragung in Hessen.[1306] Danach fehlt dem Bund ein unmittelbares Durchgriffsrecht gegen die Gemeinden, da die Kommunalaufsicht ausschließlich den Ländern zusteht.[1307] Deshalb leitet das Bundesverfassungsgericht eine Pflicht der Länder gegenüber dem Bund ab, dass diese gegen die betreffende Kommune einschreiten.[1308] Bei genauerem Hinsehen bedeutet dies allerdings nur, dass der Bund kein Recht hat, gegen die Gemeinde vorzugehen, jedoch gerade nicht, dass die Gemeinden keine Pflicht zur Rücksichtnahme gegenüber dem Bund haben.[1309] Dass der Bund diese nicht durchsetzen kann, liegt folglich allein daran, dass das Vorgehen im Wege der Aufsicht den Ländern vorbehalten ist.

Gleichsam sollte aus der Möglichkeit zu aufsichtsrechtlichem Einschreiten nicht auf das Fehlen einer Pflicht der Gemeinden zu loyalem Verhalten gegenüber den Ländern geschlossen werden. Dadurch würde gerade übersehen, dass die Selbstverwaltungsgarantie es den Ländern versagt, unbegrenzt aufsichtsrechtlich gegen die Gemeinden vorzugehen. Vielmehr sind sie im Rahmen des eigenen Wirkungskreises auf die Rechtsaufsicht und diese auch nur in dem notwendigen Maß beschränkt.[1310] Demnach kann das Land nur dann gegen die Gemeinde vorgehen, wenn deren Handeln den Rahmen der gemeindlichen Kompetenzen überschreitet und auf Bundes- oder Landeskompetenzen übergreift.[1311] Zwar wird angeführt, derartige rechtliche Beschränkungen entstünden auch durch die Einordnung der Gemeinden in den Staat.[1312] Dieser Einordnung widerspräche ein Vorgehen der Gemeinde, welches dem Staatsinteresse, d.h. die äußere und innere Integrität, die Selbstbehauptung und Lebensfähigkeit als Staat, zuwiderläuft, mit der Folge der Rechtswidrigkeit dieses Handelns.[1313] Daraus wird sodann der Schluss gezogen, das staatsfreundliche Verhalten sei überflüssig oder allenfalls deklaratorischer Natur, da dem Grundsatz kein eigener normativer Charakter zukomme.[1314]

Übersehen wird dabei jedoch, dass sich eine derartige Beschränkung weder explizit in der Verfassung noch als einfachrechtliche Beschränkung der Selbst-

---

[1306] BVerfG, Urt. v. 30.07.1958 – 2 BvG 1/58 = BVerfGE 8, 122; im Anschluss daran *Bayer*, Die Bundestreue, 1961, S. 57.
[1307] BVerfG, Urt. v. 30.07.1958 – 2 BvG 1/58 = BVerfGE 8, 122 (137).
[1308] BVerfG, Urt. v. 30.07.1958 – 2 BvG 1/58 = BVerfGE 8, 122 (138).
[1309] A.A. *Bayer*, Die Bundestreue, 1961, S. 57.
[1310] VG Regensburg, Urt. v. 22.10.2003 – RO 3K 02.2309 = BayVBl. 2004, 538 (539); *Knemeyer*, in: Mann/Püttner, HKWP I, 3. Aufl. 2007, § 12 Rn. 13 f., 37 ff.
[1311] Vgl. BVerfG, Urt. v. 30.07.1958 – 2 BvG 1/58 = BVerfGE 8, 122 (135 ff.).
[1312] Vgl. *Macher*, Der Grundsatz des gemeindefreundlichen Verhaltens, 1971, S. 146.
[1313] *Macher*, Der Grundsatz des gemeindefreundlichen Verhaltens, 1971, S. 146 m.w.N.; vgl. auch *Heering*, Die zulässige staatliche Einflußnahme, 1969, S. 199.
[1314] *Macher*, Der Grundsatz des gemeindefreundlichen Verhaltens, 1971, S. 149.

verwaltungsgarantie findet. Vielmehr wird gerade der der Kommunaltreue – in ihrer Form als staatsfreundlichem Verhalten – innewohnende Integrationsgedanke deutlich. Um also in erster Linie den besagten Rechtsbruch abzustecken, bedarf es demnach der Pflicht der Gemeinden zu staatsfreundlichem Verhalten. Diese wird durch das zugrunde liegende Rechtsverhältnis freilich geprägt, ist jedoch für die genaue Bestimmung der Kompetenzgrenzen im staatlichen Gefüge im Wege der Auslegung entscheidend.[1315] Damit stellt sich nicht mehr die Frage des Bestehens von Loyalitätspflichten der Gemeinde, sondern mit den aufsichtsrechtlichen Mitteln eine Besonderheit bei deren Durchsetzung.[1316]

(2) Sachliche Beschränkung auf den eigenen Wirkungskreis?

Eine weitere Besonderheit, welche im Rahmen der Einbettung der Gemeinden in den Staat eine herausgehobene Bedeutung besitzt, ist die Vielzahl an Aufgaben, welche die Gemeinden für Bund und Länder im übertragenen Wirkungskreis wahrnehmen. Da dieser nicht unter die Angelegenheiten der örtlichen Gemeinschaft i.S.d. Art. 28 Abs. 2 S. 1 GG fällt, ist der Staat nicht auf die Rechtsaufsicht beschränkt, sondern darf im Rahmen der Fachaufsicht[1317] Weisungen gegenüber den Gemeinden erteilen.[1318]

Die Stellung der Gemeinden in diesem Bereich ist umstritten: Nach einer Ansicht werden die Kommunen „als verlängerter Arm des Staates"[1319] bzw. „gleichsam als dessen Organ"[1320] grundsätzlich dem staatlichen Innenbereich zugerechnet. Ausnahmsweise komme der Weisung Außenwirkung zu, wenn eine Norm, beispielsweise Art. 109 Abs. 2 S. 2 GO, der Kommune eine geschützte Rechtsstellung zuerkenne und ihr somit in beschränktem Umfang Rechtssubjektivität zukomme.[1321] Nach überzeugender anderer Ansicht sind die Kommunen als Körperschaften immer eigenständige Rechtsträger, weshalb die Weisung den Innenbereich des Landes verlässt und ihre Wirkung im Rechtskreis

---

[1315] Parallel zur Verfassungsorgantreue *Schenke,* Die Verfassungsorgantreue, 1977, S. 38 f.
[1316] S. hierzu unten C.III.4.b.bb.
[1317] Trotz gegebener kommunalverfassungsrechtlicher Differenzen kann prinzipiell zwischen der Rechts- und der Fachaufsicht unterschieden werden. Auch die „Sonderaufsicht" in Brandenburg und Nordrhein-Westfalen stellt lediglich einen systematischen Unterfall der Fachaufsicht dar, vgl. *Schoch,* Jura 2006, 358 (358 f.) m.w.N.
[1318] *Knemeyer,* in: Mann/Püttner HKWP I, 3. Aufl. 2007, § 12 Rn. 73.
[1319] VGH BW, Urt. v. 28.02.2005 – 1 S 1312/04 = NVwZ-RR 2006, 416 (417); *Gern/Brüning,* Deutsches Kommunalrecht, 4. Aufl. 2019, Rn. 363.
[1320] BayVGH, Urt. v. 20.09.1976 – 67 V 70 = BayVBl. 1977, 152 (153); ähnlich HessVGH, Beschl. v. 19.08.1988 – 4 TG 438/88 = NVwZ-RR 1990, 4 (6) m.w.N.; HessVGH, Urt. v. 04.02.2016 – 4 A 617/14 = NVwZ-RR 2016, 551; *Lübking/Vogelsang,* Die Kommunalaufsicht, 1998, Rn. 270.
[1321] BayVGH, Urt. v. 20.09.1976 – 67 V 70 = BayVBl. 1977, 152 (153).

der Kommune entfaltet.[1322] Die Kommunen behalten auch bei funktionaler Einbindung in die Erfüllung staatlicher Aufgaben ihre Qualität als eigenständige juristische Person und werden daher niemals als „Organ" eines anderen Rechtsträgers tätig.[1323] Fraglich ist somit nur, ob ihnen ein subjektives Recht zusteht.[1324]

Wie diese Frage beantwortet wird, wirkt sich darauf aus, ob und inwiefern Loyalitätspflichten im übertragenen Wirkungskreis Geltung entfalten. Folgt man der ersten Ansicht, kommt eine Loyalitätspflicht allenfalls im staatlichen Innenbereich in Betracht. Sodann stellt sich jedoch die Frage, woraus sich dieses Recht ableitet. Konsequent wird vertreten, der sachliche Anwendungsbereich des Grundsatzes der Kommunaltreue beschränke sich auf den Bereich, welcher der Selbstverwaltungsgarantie unterfällt, d.h. die nach Art. 28 Abs. 2 GG gewährleisteten gemeindlichen Hoheitsrechte betrifft.[1325] Er könne sich nicht über die seiner Grundlegung in Art. 28 Abs. 2 GG nach geschützten Bereiche hinaus auf andere Bereiche erstrecken.[1326]

Auch wenn man der überzeugenden anderen Ansicht folgt, sind jedoch nicht alle Probleme ausgeräumt. Obwohl die Kommune ein eigenständiger Rechtsträger außerhalb des Innenbereichs des Landes bleibt,[1327] wird sie gleichwohl durch dessen Weisungsbefugnis faktisch in ein Hierarchieverhältnis versetzt. In einer solchen Konstellation ist grundsätzlich für Loyalitätspflichten kein Platz.[1328] Vielmehr sind Konflikte grundsätzlich über das Weisungsverhältnis abzuwickeln.[1329]

Ein anderes Licht könnte die Entscheidung des Bundesverfassungsgerichts Kalkar II auf diese Frage werfen, welche zwar in dem Rechtsverhältnis zwischen dem Bund und dem Land Nordrhein-Westfalen angesiedelt war,[1330] aber insofern eine vergleichbare Situation betraf, als das Land hier im Rahmen der Bundesauftragsverwaltung in ein Weisungsverhältnis nach Art. 85 Abs. 3 GG ein-

---

[1322] *Götte*, Kommunale Aufgaben in Bayern und Nordrhein-Westfalen, 1995, S. 70; *Schoch*, in: Ehlers/Schoch, Rechtsschutz im Öffentlichen Recht, 2021, § 33 Rn. 28 f.; *Scholz*, Der Rechtsschutz der Gemeinden, 2002, S. 133, 136.
[1323] *Hölzl/Hien/Huber*, GO, Art. 116 Anm. 2; *Knemeyer*, DÖV 1988, 397 (399 ff.); *Schoch*, Jura 2006, 358 (359); *Suerbaum*, in: BeckOK KommR Bayern, Art. 116 GO Rn. 23; nunmehr auch *Brüning/Vogelsang*, Die Kommunalaufsicht, 2. Aufl. 2009, Rn. 304, trotz Beibehaltung des Begriffs der „Quasi-Staatsbehörden".
[1324] Vgl. *Suerbaum*, in: BeckOK KommR Bayern, Art. 116 GO Rn. 22 f.
[1325] *Macher*, Der Grundsatz des gemeindefreundlichen Verhaltens, 1971, S. 170 f.; *Stern*, in: BK GG, 13. EL 1964, Stand: Juli 1969, Art. 28 Rn. 97-104, 120-125, zitiert nach *Macher*, a.a.O.
[1326] *Macher*, Der Grundsatz des gemeindefreundlichen Verhaltens, 1971, S. 171.
[1327] *Knemeyer*, in: Mann/Püttner HKWP I, 3. Aufl. 2007, § 12 Rn. 84.
[1328] Vgl. bzgl. der Verfassungsorgantreue *Schenke*, in: GS Brugger, 2013, S. 523 (528).
[1329] Vgl. bzgl. der Verfassungsorgantreue *Schenke*, in: GS Brugger, 2013, S. 523 (528).
[1330] BVerfG, Urt. v. 22.05.1990 – 2 BvG 1/88 = BVerfGE 81, 310 (335).

gebunden war. Dennoch entschied das Bundesverfassungsgericht den Fall unter Heranziehung des Grundsatzes der Bundestreue.[1331] Wie in dieser Konstellation, welche trotz eines hierarchischen Verhältnisses die Anwendung der Bundestreue zulässt, tritt der Staat auch im übertragenen Wirkungskreis einem eigenständigen Rechtsträger gegenüber.[1332] In beiden Konstellationen unterscheidet sich die Weisung deshalb zu Weisungen im Behördenzug des Staates.[1333] Diesem Umstand gilt es Rechnung zu tragen. Neben Spezialvorschriften[1334] wie Art. 109 Abs. 2 S. 2 GO können somit ausnahmsweise subjektive Rechte der Kommune im übertragenen Wirkungskreis auch aus dem Grundsatz des kommunalfreundlichen Verhaltens erwachsen.[1335] Darüber hinaus sind Eingriffe in das Verwaltungsermessen aufgrund des Grundsatzes des kommunalfreundlichen Verhaltens auch in Bundesländern, welche eine dem Art. 109 Abs. 2 S. 2 GO vergleichbare Vorschrift nicht besitzen, auf Fälle zu beschränken, in denen entweder das Gemeinwohl oder öffentlich-rechtliche Ansprüche Einzelner dies erfordern.[1336] Auch sind örtliche Gegebenheiten und Bedürfnisse bei der Entscheidung zu berücksichtigen.[1337] Gleichwohl ist zu betonen, dass im übertragenen Wirkungskreis dem gemeindefreundlichen Verhalten eine geringere Bedeutung zukommt als im eigenen Wirkungskreis und das Rechtsverhältnis selbstverständlich von der Konzeption des übertragenen Wirkungskreises geprägt ist. Beispielsweise hat die betroffene Gemeinde nicht erst ihr Einvernehmen zu einer fachaufsichtlichen Weisung zu erteilen, da ansonsten das sachliche Entscheidungsrecht der Aufsichtsbehörde ad absurdum geführt würde.[1338]

(3) Beschränkter Loyalitätsmaßstab gegenüber den Gemeindeverbänden

Schließlich ist die Selbstverwaltungsgarantie der Gemeinden anders ausgestaltet als diejenige der Gemeindeverbände: Während Art. 28 Abs. 2 S. 1 GG die Selbstverwaltungsgarantie der Gemeinden „im Rahmen der Gesetze" gewährt, besteht sie für die Gemeindeverbände gem. Art. 28 Abs. 2 S. 2 GG nur „im Rahmen ihres gesetzlichen Aufgabenbereiches nach Maßgabe der Gesetze". Dies

---

[1331] BVerfG, Urt. v. 22.05.1990 – 2 BvG 1/88 = BVerfGE 81, 310 (335); vgl. hierzu bereits oben C.I.3.a.bb.(3).
[1332] *Scholz,* Der Rechtsschutz der Gemeinden, 2002, S. 133 f., 136.
[1333] *Knemeyer,* in: Mann/Püttner HKWP I, 3. Aufl. 2007, § 12 Rn. 74.
[1334] Vgl. *Knemeyer,* in: Mann/Püttner HKWP I, 3. Aufl. 2007, § 12 Rn. 81.
[1335] So auch *Scholz,* Der Rechtsschutz der Gemeinden, 2002, S. 133 f., 136 f.
[1336] *Knemeyer,* in: Mann/Püttner HKWP I, 3. Aufl. 2007, § 12 Rn. 81; *Scholz,* Der Rechtsschutz der Gemeinden, 2002, S. 139 ff.; ähnlich in Bezug auf die Neugliederung *Tettinger,* JR 1973, 407 (408 f.); a.A. Friesenhahn, in: GS Imboden, 1972, S. 115 (130 ff.); *Meyer,* DÖV 1971, 801 (808 f.).
[1337] *Scholz,* Der Rechtsschutz der Gemeinden, 2002, S. 139.
[1338] *Scholz,* Der Rechtsschutz der Gemeinden, 2002, S. 138 f.

bedeutet insbesondere, dass den Gemeindeverbänden nur ein Mindestbestand an zugewiesenen Selbstverwaltungsaufgaben zukommt, welcher ein Gewicht aufweisen muss, das der institutionellen Garantie der Kreise als Selbstverwaltungskörperschaften gerecht wird.[1339]

Im Gegensatz zu den Gemeinden bedeutet eine Veränderung des Aufgabenbestandes somit typischerweise keinen Eingriff in deren Selbstverwaltungsgarantie.[1340] Für die Treuepflichten der Gemeindeverbände bedeutet dies zunächst einen unterschiedlichen Rahmen, da das zugrunde liegende Rechtsverhältnis sich anders ausgestaltet. Beispielsweise ergibt sich daraus, dass die Achtung des Staates vor den Kompetenzen der kommunalen Hoheitsträger unterschiedlich ausgestaltet sein muss: Während Konstellationen wie die Achtung des Kernbereiches der Exekutive, welche der Verfassungsorgantreue zuzuordnen ist,[1341] ein unmittelbares Pendant in der Garantie der Gemeinden, eigenverantwortlich alle Angelegenheiten der örtlichen Gemeinschaft zu regeln,[1342] findet, kann eine Übertragung dieses Gedankens bezüglich der Gemeindeverbände nur bedingt stattfinden.

Die Asymmetrie bei der Gegenseitigkeit der Loyalitätspflichten zwischen Kommune und Staat verschiebt sich damit bei den Gemeindeverbänden weiter als bei den Gemeinden zugunsten der staatlichen Seite.

ee. Besonderheiten im Rahmen der Organtreue

Auch im Rahmen der Rechtsverhältnisse zwischen Kommunalorganen bestehen gewisse Besonderheiten. Diese sind dem Umstand geschuldet, dass zwischen ihnen keine klassische Gewaltenteilung besteht.[1343] Dies führt zu einer engeren Verbindung zwischen den Kommunalorganen, mit der Folge, dass der Gegenpol zur Loyalität schwächer ist und die Organtreue stärkere Bindungen entfalten kann.[1344] Deutlich wird dies beispielsweise an dem Verhältnis zwischen erstem Bürgermeister und Gemeinderat in Bayern: Der erste Bürgermeister ist einerseits der Leiter des gemeindlichen Verwaltungsapparats,[1345] zugleich aber Teil und sogar Vorsitz des Gemeinderates und hat dessen Beschlüsse zu vollziehen, Art. 31 Abs. 1, 36 S. 1 GO. Damit wird er auf eine Art

---

[1339] BVerfG, Urt. v. 20.12.2007 – 2 BvR 2433, 2434/04 = BVerfGE 119, 331 (354 f.).
[1340] BVerfG, Urt. v. 20.12.2007 – 2 BvR 2433, 2434/04 = BVerfGE 119, 331 (354).
[1341] S. oben C.II.3.; i.Ü. stellt diese Konstellation auch einen Fall des Interorganrespekts dar, *Lorz*, Interorganrespekt, 2001, S. 563, s. auch unten E.I.3.
[1342] S. zu dieser Garantie, auch in Abgrenzung zu den Gemeindeverbänden, nur BVerfG, Beschl. v. 23.11.1988 – 2 BvR 1619, 1628/83 = BVerfGE 79, 127 (151 ff.).
[1343] Vgl. oben C.III.1.c.cc.
[1344] Vgl. auch *Sensburg*, Der kommunale Verwaltungskontrakt, 2004, S. 185.
[1345] *Röhl*, in: Schoch, Besonderes Verwaltungsrecht, 2018, Kap. 2 Rn. 118, 134.

und Weise eingebunden, die nach klassisch deutschem Gewaltenteilungsverständnis nicht denkbar ist.[1346] Seine Treuepflicht zum Rat manifestiert sich bereits bei den Regelungen, wie er den Ratsvorsitz auszuüben hat, beispielsweise bei Fragen der Anforderungen an die Vorbereitung von Gemeinderatssitzungen. Art. 46 Abs. 2 GO normiert z.B. ausdrücklich die Vorbereitung der Beratungsgegenstände und die Ladung mit *angemessener* Frist. Darüber hinaus ergibt sich aus dem Grundsatz der Organtreue fließend die Pflicht, dem Gemeinderat erforderliche Informationen zur Verfügung zu stellen.[1347] Zugleich kommt ihm jedoch die zuvor beschriebene Kontrollfunktion zu, welche ihn als Kontrastorgan konstituiert.

ff. Adressaten der Organtreue

Welche kommunalen Einrichtungen letztlich als „Organe" zu qualifizieren sind, lässt sich nicht allgemeingültig festmachen, da dies von der jeweiligen Kommunalverfassung der Länder abhängt. Das Grundgesetz enthält insofern nur wenige Vorgaben zur Konstitution der Kommunen. Zwingend ist gem. Art. 28 Abs. 1 S. 2, 4 GG nur die Einrichtung einer gewählten Volksvertretung oder ggf. einer Gemeindeversammlung.

Möglich ist aber ferner die Einrichtung von Abstimmungen gem. Art. 20 Abs. 2 S. 2 GG, beispielsweise in Form von Bürgerbegehren und Bürgerentscheid, ohne dass diese zwingend als Gemeindeorgan qualifiziert werden müssen.[1348] Die gemeinsame Nennung von Abstimmungen mit Wahlen würde sogar nahelegen, darin eher ein Partizipationsinstrument der Bürger als Zusammenfassung natürlicher Personen zu sehen und somit Bürgerbegehren und Bürgerentscheid außerhalb des staatsinternen Bereiches anzusiedeln.[1349] Dies ist indes nicht zwingend.[1350] Vielmehr kommt es darauf an, wie das Landesrecht diese einordnet.

[1346] Vgl. *Klein*, in: Dürig/Herzog/Scholz GG, Art. 40 Rn. 92; nach montesquieu´schem Verständnis wiederum käme dem Parlament z.B. gerade kein Selbstversammlungsrecht zu, *Montesquieu*, Vom Geist der Gesetze, Bd. 1, 2. Aufl. 1992, Buch XI, Kap. 6, S. 222 f. Das Pendant hierzu im bayerischen Kommunalrecht läge in der Ladung durch die bayerische Bürgermeisterin bzw. den ersten Bürgermeister, Art. 46 Abs. 2 GO; kritisch hinsichtlich der umgekehrten Situation der „Usurpation" der kommunalen Verwaltungsspitze durch das Vertretungsorgan *Klüber*, Das Gemeinderecht, 1972, S. 120 f.
[1347] *Schaaf*, DVP 2021, 431 (433) und DVP 2021, 474 (475).
[1348] So z.B. OVG RP, Beschl. v. 01.12.1994 - 7 B 12954/94 = NVwZ-RR 1995, 411 (412); SächsOVG, Beschl. v. 06.02.1997 – 3 S 680/96 = NVwZ-RR 1998, 253 (254); *Wefelmeier*, NdsVBl. 1997, 31 (33); ablehnend *Pietzcker/Marsch*, in: Schoch/Schneider VwGO, Vorb. § 42 Abs. 1 Rn. 17; *Schliesky*, DVBl. 1998, 169 (170 f.).
[1349] So wohl auch *Gern/Brüning*, Deutsches Kommunalrecht, 4. Aufl. 2019, Rn. 775; vgl. auch *Schliesky*, ZG 1999, 91 (92 ff.); ablehnend *Jaroschek*, BayVBl. 1997, 39 (40).
[1350] Vgl. *Jaroschek*, BayVBl. 1997, 39 (40); *Thum*, BayVBl. 1997, 225 (229).

Eine verhältnismäßig deutliche Regelung findet sich beispielsweise in Baden-Württemberg mit § 41 Abs. 2 KomWG, welcher explizit Rechtsschutz über die Anfechtungs- oder Verpflichtungsklage vorsieht, der Zurückweisung des Bürgerbegehrens damit Außenwirkung zuspricht und somit deklariert, dass dieses außerhalb der Gemeindeverwaltung steht. Eine ähnliche Tendenz in Bayern zeigt Art. 18a Abs. 8 GO, welcher die Notwendigkeit sieht, ein ansonsten wohl erforderliches Vorverfahren auszuschließen.[1351] Dennoch wird der Grundsatz der Organtreue vielfach durch die Rechtsprechung angewandt[1352] und durch die Literatur[1353] bestätigt, ohne die Voraussetzung der Organqualität für die Organtreue zu thematisieren oder nachdem die Organqualität bereits abgelehnt wurde.[1354]

Trotz der weitgehenden Begründungsarmut ist die Anwendung des Grundsatzes der Organtreue auf Bürgerbegehren und Bürgerentscheide im Ergebnis jedoch unabhängig von der formalen Einordnung dieser plebiszitären Instrumente überzeugend.[1355] Wie auch bei plebiszitären Beteiligungsformen auf Bundes- und Landesebene[1356] nehmen auf Kommunalebene Bürgerbegehren und -entscheid womöglich zwar nicht die formale, aber jedenfalls die funktionale Stellung eines Kommunalorganes ein und üben unmittelbar selbst Staatsgewalt

---

[1351] Gegen die Einordnung als Organ in Bayern *Knemeyer,* Bayerisches Kommunalrecht, 12. Aufl. 2007, Rn. 191; *Seckler,* BayVBl. 1997, 232 (234 f.).
[1352] OVG NRW, Beschl. v. 06.12.2007 – 15 B 1744/07, Ls. 1-3, juris Rn. 39 f. = DVBl. 2008, 120 (123); VGH BW, Beschl. v. 27.06.2011 – 1 S 1509/11, juris Rn. 34 = VBlBW 2011, 471 (474); VGH BW, Beschl. v. 06.12.2012 – 1 S 2408/12, juris Rn. 11 = VBlBW 2013, 212 (213); ThürOVG, Beschl. v. 19.11.2015 – 3 EO 363/15 = ThürVBl. 2016, 252, juris Rn. 35; OVG NRW, Beschl. v. 16.06.2020 – 15 A 4343/19, juris Rn. 24; VG Göttingen, Urt. v. 27.11.2019 – 1 A 394/17, juris Rn. 55 ff.; VG Karlsruhe, Urt. v. 10.07.2020 – 2 K 7650/19, juris Rn. 67; ohne Bezeichnung als Organtreue BayVGH, Beschl. v. 07.10.1997 – 4 ZE 97.2965 = BayVBl. 1998, 85; so wohl auch VG Oldenburg, Beschl. v. 19.04.2005 – 2 B 901/05, juris Rn. 40; offenlassend OVG NRW, Beschl. v. 28.04.2003 – 1 L 622/03, juris Rn. 9 f.; OVG NRW, Beschl. v. 19.03.2004 – 15 B 522/04 = NVwZ-RR 2004, 519 (521); VG Stuttgart, Urt. v. 17.07.2009 – 7 K 3229/08, juris Rn. 106 = VBlBW 2009, 432 (437).
[1353] *Burmeister/Wortha,* VBlBW 2009, 412 (415); *Oebbecke,* DÖV 1995, 701 (706); *Porsch,* VBlBW 2013, 208 (210); *Unger,* AöR 139 (2014), 80 (111 ff.); a.A. *Schliesky,* ZG 1999, 91 (114 Fn. 129), allerdings unter Stützung auf mangelnde Organqualität; kritisch in Bezug auf Niedersachsen *Wefelmeier,* NdsVBl. 1997, 31 (36).
[1354] Kritisch hierzu *Beckermann,* KommJur 2019, 445 (447 Fn. 39).
[1355] So auch *Rossi/Lenski,* DVBl. 2008, 416 (422).
[1356] Vgl. hierzu oben C.II.2.a.aa.(1).ε.

aus.[1357] Faktisch handelt es sich somit um eine Konstellation der (dezisiven)[1358] Gewaltenteilung.[1359]

Damit ein derartiges System mit Parallelzuständigkeiten funktionieren kann, sind jedoch Kollisionsregeln erforderlich[1360] und zum Teil, beispielsweise mit Art. 18a Abs. 9 GO, vorhanden. Denn mit der Entscheidung für plebiszitäre Elemente ist zwar ein Konkurrenzverhältnis zwischen Bürgerentscheid und Gemeinderat gewollt angelegt, da ein Bürgerentscheid gerade dann seine Relevanz entfaltet, wenn zwischen Gemeindevolk und Volksvertretung Differenzen bezüglich des jeweils für richtig befundenen Zieles bestehen.[1361] Die Befugnisse des Bürgerbegehrens und der (sonstigen) Gemeindeorgane stehen aber nicht dergestalt voneinander losgelöst nebeneinander, dass eine rücksichtslose Rechtsausübung möglich wäre, ohne dadurch den Interessen des jeweils anderen Schaden zuzufügen.[1362]

Zusammenfassend lässt sich damit festhalten, dass der Grundsatz der Organtreue unabhängig von einer formalen Organstellung zwischen jeglichen kommunalen Einrichtungen anwendbar ist, welchen autonome staatliche Kompetenzen eingeräumt sind, welche diese auch gegenüber den jeweils anderen Subjekten durchsetzen können sollen.

b. Grenzen

Die Grenzen der Loyalitätspflichten auf Kommunalebene weisen nur wenige Besonderheiten auf. So verlaufen die Beschränkungen durch Subsidiarität[1363] und Akzessorietät[1364] sowie der Forderung des Überschreitens einer gewissen Er-

---

[1357] Vgl. *Rossi/Lenski*, DVBl. 2008, 416 (422); kritisch bzgl. des Stadiums der Unterschriftensammlung *Porsch*, VBlBW 2013, 208 (210); Bezug bereits auf das Frühstadium des Bürgerbegehrens dagegen VGH BW, Beschl. v. 06.12.2012 – 1 S 2408/12, juris Rn. 11 = VBlBW 2013, 212 (213); *Burmeister/Wortha*, VBlBW 2009, 412 (415) m.w.N.
[1358] *Bergt*, Ausgewählte Fragen zur Gewaltenteilung, 2010, S. 54 ff.; *Heun*, Verfassung und Verfassungsgerichtsbarkeit, 2014, S. 72 f.; *Patzelt*, in: Brandt, Parlamentarisierung, 2016, S. 81 (87); *Steffani*, Gewaltenteilung und Parteien im Wandel, 1997, S. 48 ff.
[1359] Vgl. *Rossi/Lenski*, DVBl. 2008, 416 (421 f.).
[1360] Vgl. *Rossi/Lenski*, DVBl. 2008, 416 (416, 421 f.).
[1361] Vgl. BayVGH, Beschl. v. 07.10.1997 – 4 ZE 97.2965 = BayVBl. 1998, 85.
[1362] Vgl. BayVGH, Beschl. v. 07.10.1997 – 4 ZE 97.2965 = BayVBl. 1998, 85.
[1363] ThürOVG, Beschl. v. 19.09.2000 – 4 EO 133/00, juris Rn. 47.
[1364] VerfGH NRW, Urt. v. 26.06.2001 – 28/00 u. 30/00 = NVwZ-RR 2001, 617 (620); VerfGH NRW, Urt. v. 23.03.2010 – VerfGH 19/08 = NVwZ-RR 2010, 705 (709); *Bethge*, in: Schmidt-Bleibtreu/Klein/Bethge BVerfGG, § 90 Rn. 93; *Dietlein*, in: BeckOK KommR Bayern, SystEinf KommRDtl., Rn. 28.2; *Engels*, in: Sachs GG, Art. 28 Rn. 77; *Scholz*, Der Rechtsschutz der Gemeinden, 2002, S. 142.

heblichkeitsschwelle[1365] gleich mit ihrem jeweiligen Pendant bei Bundes- und Verfassungsorgantreue.[1366]

Eine erhebliche Abweichung zu den vorigen Grundsätzen ergibt sich jedoch hinsichtlich verfassungsimmanenter Grenzen: Der Grundsatz des kommunalfreundlichen Verhaltens unterliegt von voneherein einem Gesetzesvorbehalt,[1367] welchen weder die Bundestreue noch die Verfassungsorgantreue kennen. Dieser ergibt sich für die Gemeinden aus Art. 28 Abs. 2 S. 1 GG, nach dem die Selbstverwaltungsgarantie nur „im Rahmen der Gesetze" gewährleistet ist. Für die Gemeindeverbände fällt er insofern noch schärfer aus, als diese in erster Linie die Selbstverwaltungsgarantie nur „im Rahmen ihres gesetzlichen Aufgabenbereiches nach Maßgabe der Gesetze" genießen, Art. 28 Abs. 2 S. 2 GG.

Die Organtreue auf Kommunalebene ist von vorneherein mangels spezifischer Anforderungen der Verfassung an die gemeindeinterne Struktur von der einfachgesetzlichen Ausgestaltung abhängiger. Dies öffnet dem Gesetzgeber die Möglichkeit einer engeren Grenzziehung als dies noch bei anderen Grundsätzen der Fall war. Eine äußerste Grenze einer derartigen Regelung besteht dennoch beim Rechtsmissbrauch.[1368] Der Grundsatz von Treu und Glauben sowie ein Mindestmaß an Einheit sichern diese verfassungsrechtlich ab.

3. Funktionsweise

Hinsichtlich der Funktionsweise finden sich nur sehr geringfügige Differenzen zu Bundes- und Verfassungsorgantreue. Diese betreffen weniger die Funktionsmodalitäten an sich, sondern mehr das Gewicht, welches den einzelnen Funktionsmodalitäten zukommt. So findet sich auch bei kommunalen Loyalitätspflichten die klassische Einordnung in Rechtsausübungsschranke,[1369] Auslegungs-

---

[1365] S. z.B. ThürOVG, Beschl. v. 19.09.2000 – 4 EO 133/00, juris Rn. 47.
[1366] Vgl. hierzu oben C.I.3.b und C.II.2.c.
[1367] BVerfG, Beschl. v. 23.11. 1988 - 2 BvR 1619, 1628/83 = BVerfGE 79, 127 (143); *Mehde*, in: Dürig/Herzog/Scholz GG, Art. 28 Rn. 249.
[1368] Vgl. *Unger*, AöR 139 (2014), 80 (112 f.).
[1369] Vgl. *Scholz*, Der Rechtsschutz der Gemeinden, 2002, S. 142 f.; bzgl. Organtreue *Sensburg*, Der kommunale Verwaltungskontrakt, 2004, S. 184.

prinzip[1370] und Quelle für Rechte und Pflichten[1371] wieder.[1372] Besondere Aufmerksamkeit ist im Rahmen kommunaler Treuepflichten der Funktion als Auslegungsprinzip einzuräumen, da im Kommunalrecht im Vergleich zum Verfassungsrecht eine wesentlich höhere Normdichte besteht. Da es sich dennoch um verfassungsrechtliche Grundsätze handelt, sind die Normen, welche die kommunalen Rechtsverhältnisse ausgestalten, im Lichte der Loyalitätsgebote zu lesen. Als Quelle für Rechte und Pflichten kommt dem gemeindefreundlichen Verhalten besondere Bedeutung für Anhörungsrechte, insbesondere im Gesetzgebungsverfahren, zu.[1373]

4. Rechtsfolgen und Durchsetzbarkeit

An der grundlegenden Justitiabilität der Kommunaltreue kann kaum Zweifel bestehen.[1374] Die Ablehnung der Justitiabilität würde dazu führen, dass selbst Extremfälle vom guten Willen der Beteiligten abhingen und der Grundsatz zu einem reinen Programmsatz verkäme.[1375] Jedoch tut sich auch bei kommunalen Treuepflichten die Frage auf, ob deren Reichweite identisch mit ihrem rechtlichen Gehalt, und dieser wiederum mit ihrem justitiablen Gehalt ist. Insgesamt finden sich nur wenige Aussagen hierzu.

a. Beschränkte gerichtliche Überprüfbarkeit

Teils wird eine Beschränkung auf eine erhebliche Gefährdung des Selbstverwaltungsrechts vorgenommen, welche sich nicht auf die rechtliche Reichweite des gemeindefreundlichen Verhaltens, sondern lediglich die gerichtliche Durchsetzbarkeit beziehen dürfte.[1376] Teils wird vertreten, die Kommunaltreue sei nur

---

[1370] Bzgl. Organtreue *Sensburg,* Der kommunale Verwaltungskontrakt, 2004, S. 183 f.; vgl. i.R.d. des gemeindefreundlichen Verhaltens nur *Macher,* Der Grundsatz des gemeindefreundlichen Verhaltens, 1971, S. 205 f.; unter Bezugnahme auf die gemeindefreundliche Intention des Gesetzgebers bei der Genese der betreffenden Normen BVerwG, Urt. v. 20.05.1987 – 7 C 78/85 = NVwZ 1987, 887 (887 f.); VG Köln, Urt. v. 12.01.2012 – 1 K 535/10 = CR 2012, 368 (369); bzw. deren klar gemeindefreundlich ausgestalteten Wortlaut *Füßer/Lau,* UPR 2012, 418 (423).
[1371] Bzgl. Organtreue *Sensburg,* Der kommunale Verwaltungskontrakt, 2004, S. 184 f.; vgl. bzgl. des gemeindefreundlichen Verhaltens *Scholz,* Der Rechtsschutz der Gemeinden, 2002, S. 138 f.
[1372] *v. Kempis,* Die Treuepflicht zwischen Gemeinden und Staat, 1970, S. 177 ff.
[1373] *Riederle,* Kommunale Spitzenverbände, 1995, S. 117 ff.; *Scholz,* Der Rechtsschutz der Gemeinden, 2002, S. 138.
[1374] Vgl. *Scholz,* Der Rechtsschutz der Gemeinden, 2002, S. 139, 142; ähnlich *Macher,* Der Grundsatz des gemeindefreundlichen Verhaltens, 1971, S. 244.
[1375] *Macher,* Der Grundsatz des gemeindefreundlichen Verhaltens, 1971, S. 244.
[1376] ThürOVG, Beschl. v. 19.09.2000 – 4 EO 133/00, juris Rn. 47 – *„durchsetzbarer* Ansprüche" (keine Hervorhebung im Original).

justitiabel, wenn die Schwelle des Rechtsmissbrauchs überschritten ist, insbesondere bei Willkür oder Verstoß gegen das Übermaßverbot der Fall sei.[1377] Nach einer anderen Ansicht kommt es für die Grenze der Justitiabilität auf das konkrete Rechtsverhältnis an: So sei aus Gründen der Gewaltenteilung ein Verstoß seitens der Legislative gegen eine Kommune nur justitiabel, wenn die betreffende Maßnahme „geeignet ist, die gemeindliche Eigeninitiative zu unterdrücken, zu hemmen oder nicht zur Entfaltung kommen zu lassen".[1378] Auf das Verhältnis zur Exekutive wird diese Maßgabe indes nicht übertragen.[1379] Eine Beschränkung wird nur darin gesehen, dass die Frage des Verstoßes typischerweise eine Ermessensfrage darstellt,[1380] welcher von den Verwaltungsgerichten nur nach den allgemeinen Ermessensgrundsätzen des § 114 VwGO eingeschränkt überprüfbar ist.[1381] Zugleich wirkt allerdings der Grundsatz des gemeindefreundlichen Verhaltens ermessensbeschränkend.[1382]

Sämtliche Ansichten vermögen nicht vollständig zu überzeugen. Zuzustimmen ist zwar insofern, als die Missbräuchlichkeit eine Determinante für die Justitiabilität darstellt.[1383] Zudem ist der gewichtigen Rolle der hergebrachten Systematik beschränkter Überprüfbarkeit von Ermessensentscheidungen beizupflichten, da sich im Gegensatz zu der bisher behandelten Materie ein großer Teil des Anwendungsbereiches auf verwaltungsrechtliche Rechtsverhältnisse bezieht und folglich bei der Überprüfung dem Verwaltungsprozessrecht, insb. § 114 VwGO, unterworfen ist.

Die Justitiabilität allein auf den Rechtsmissbrauch zu beschränken, ist jedoch schon deshalb abzulehnen, weil ein großer Teil der Auslegungsfunktion sowie der Dimension als Quelle für Rechte und Pflichten nicht hinreichend berücksichtigt würden. Gerade im Rahmen der Auslegung vermögen Loyalitätsgebote die Missbrauchsschwelle herabzusetzen, wodurch die Schwelle des allgemeinen Missbrauchsverbots sich nicht als Maßstab eignet.[1384] Die letzte Ansicht greift

---

[1377] Vgl. v. Kempis, Die Treuepflicht zwischen Gemeinden und Staat, 1970, S. 255, 258.
[1378] Macher, Der Grundsatz des gemeindefreundlichen Verhaltens, 1971, S. 246.
[1379] Macher, Der Grundsatz des gemeindefreundlichen Verhaltens, 1971, S. 251.
[1380] Macher, Der Grundsatz des gemeindefreundlichen Verhaltens, 1971, S. 180 ff.; Mehde, in: Dürig/Herzog/Scholz GG, Art. 28 Rn. 326.
[1381] OVG NRW, Urt. v. 22.02.2005 – 15 A 130/04, juris Rn. 34 = DÖV 2005, 568 (570); Scholz, Der Rechtsschutz der Gemeinden, 2002, S. 145 ff.
[1382] Brüning/Vogelsang, Die Kommunalaufsicht, 2. Aufl. 2009, Kap. V Rn. 203; Korte, VerwArch 61 (1970), 141 (167); Macher, Der Grundsatz des gemeindefreundlichen Verhaltens, 1971, S. 251; Scholz, Der Rechtsschutz der Gemeinden, 2002, S. 145 ff.
[1383] Vgl. parallel zur Bundestreue oben C.I.5.b. und zu der Anknüpfung daran bei der Verfassungsorgantreue oben C.II.4.
[1384] S. oben C.I.4.b.; Brohm, Landeshoheit und Bundesverwaltung, 1968, S. 38; Mahrenholz, in: FS Schneider, 2008, S. 210 (217); Schenke, Die Verfassungsorgantreue, 1977, S. 49 f.; Schenke, in: GS Brugger, 2013, S. 523 (525).

etwas zu kurz, da sie nur einen Ausschnitt der potentiellen Verhältnisse beleuchtet, beispielsweise keine Aussagen zur Staatstreue der Gemeinden[1385] trifft oder sich hinsichtlich der Exekutive auf Ermessenskonstellationen beschränkt. Gleichsam ist mit dem Erfordernis einer erheblichen Gefährdung des Selbstverwaltungsrechts nicht der gesamte Anwendungsbereich erfasst.

Vielmehr lassen sich somit die überkommenen Ansichten als Teilaspekt der zuvor schon aufgeworfenen Gewaltenteilungsproblematik zwischen der Judikative einerseits und der Legislative oder Exekutive andererseits[1386] begreifen. Die Beschränkung auf Rechtsmissbrauchs-, Evidenz- oder Erheblichkeitskriterien stellen nur potentielle Lösungsmöglichkeiten für die Problematik der (Letzt-)Konkretisierungsbefugnis dar. Ebenda ist § 114 VwGO als gesetzliche Konkretisierung administrativer und judikativer Entscheidungskompetenzen einzuordnen.[1387]

b. Ausgewählte Probleme und Besonderheiten

Weiter finden sich Differenzierungen hinsichtlich der formellen Ausgestaltung des Rechtsschutzes je nach der einschlägigen Konstellation, beispielsweise zwischen Gemeinde und Legislative einerseits und Gemeinde und Exekutive andererseits.[1388] An sich bestehen keine bemerkenswerten Besonderheiten, da freilich weder das kommunalfreundliche Verhalten noch die Organtreue ein besonderes Verfahren hervorrufen. Allenfalls erwähnenswert erscheint das Folgende:

aa. Kommunalverfassungsbeschwerde

Zum einen besteht die Möglichkeit der Gemeinden und Gemeindeverbände, eine Verfassungsbeschwerde gegen (auch untergesetzliche) Normen mit Außenwirkung[1389] nach Art. 93 Abs. 1 Nr. 4b GG, § 91 BVerfGG zu erheben. Diese erfordert gem. Art. 93 Abs. 1 Nr. 4b Hs. 1 GG und § 91 S. 2 BVerfGG die Betroffenheit des Selbstverwaltungsrechts nach Art. 28 Abs. 2 GG.[1390] Da der Grundsatz kommunalfreundlichen Verhaltens auf der Selbstverwaltungsgaran-

---

[1385] Dies ist konsequent, da *Macher* diesen Teilbereich der Kommunaltreue ablehnt, *Macher,* Der Grundsatz des gemeindefreundlichen Verhaltens, 1971, S. 139 ff.; s. auch oben C.III.2.a.dd.(1).
[1386] Vgl. oben C.I.5.
[1387] *Riese,* in: Schoch/Schneider VwGO, § 114 Rn. 2.
[1388] Vgl. *Macher,* Der Grundsatz des gemeindefreundlichen Verhaltens, 1971, S. 244 ff.
[1389] BVerfG, Beschl. v. 24.06.1969 – 2 BvR 446/64 = BVerfGE 26, 228 (236); BVerfG, Beschl. v. 15.10.1985 – 2 BvR 1808/82 u.a. = BVerfGE 71, 25 (34); BVerfG, Beschl. v. 19.11.2002 – 2 BvR 329/97 = BVerfGE 107, 1 (8 ff.); BVerfG, Urt. v. 07.10.2014 – 2 BvR 1641/11 = BVerfGE 137, 108 (136 f.); *Walter,* in: Dürig/Herzog/Scholz GG, Art. 93 Rn. 424.
[1390] *Morgenthaler,* in: BeckOK GG, Art. 93 Rn. 81, 86.

tie des Art. 28 Abs. 2 GG aufbaut und diese konkretisiert, ist die Kommunalverfassungsbeschwerde grundsätzlich einschlägig.[1391] Insofern bietet er weitergehenden Schutz als der Wesensgehalt der kommunalen Selbstverwaltung, was den Anwendungsbereich der Verfassungsbeschwerde nach Art. 93 Abs. 1 Nr. 4b GG, § 91 BVerfGG aus praktischer Perspektive ausweitet.[1392] Das Prinzip der Kommunaltreue fällt somit in die Kategorie der sog. Ergänzungs- und Erstreckungsgarantien.[1393] Darunter versteht man Verfassungsprinzipien, die „derart sachlogisch mit dem kommunalen Autonomiebereich verknüpft sind, daß, hätten sie keine spezialgesetzliche Ausformung gefunden, sie der allgemeinen Garantienorm des Art. 28 Abs. 2 zugeschrieben werden müßten".[1394] Die begriffliche und inhaltliche Nähe zu der Terminologie der Komplementär- bzw. Ergänzungsfunktion[1395] der Verfassungsorgantreue zum Gewaltenteilungsprinzip ist unverkennbar.

Zudem wird vertreten, der Schutz nach Art. 93 Abs. 1 Nr. 4b GG, § 91 BVerfGG müsse entgegen dem Wortlaut, welcher ein die Verletzung durch ein Gesetz fordert, für die Kommunaltreue auch auf Konstellationen des Unterlassens durch den Gesetzgeber erweitert werden, wenn diesem daraus eine Pflicht zum Handeln erwächst.[1396] Dies sei erforderlich, damit das kommunale Selbstverwaltungsrecht nicht bloß Programmsatz sei, sondern Anerkennung und Beachtung finde.[1397] Dem ist zuzustimmen. Jedoch handelt es sich nicht um eine Besonderheit der Kommunaltreue, sondern um ein allgemeines Problem der Kommunalverfassungsbeschwerde, welches an dieser Stelle nicht weiter vertieft werden soll.[1398]

bb. Rechtsschutz in Bezug auf aufsichtsrechtliche Maßnahmen

Eine Besonderheit tritt bei der Durchsetzbarkeit von Pflichten der Kommunen durch den Staat auf, da diesem zusätzlich das Instrument der Aufsicht zukommt. Wie zuvor erläutert, liegt in einem Verstoß der Kommune gegen den Grundsatz

---

[1391] *Macher,* Der Grundsatz des gemeindefreundlichen Verhaltens, 1971, S. 244 f.
[1392] *Macher,* Der Grundsatz des gemeindefreundlichen Verhaltens, 1971, S. 244 f.; ohne Einordnung einzelner Gehalte unter den Grundsatz kommunalfreundlichen Verhaltens bzw. dessen Erwähnung, aber i.E. partiell deckungsgleich *Bethge,* in: Schmidt-Bleibtreu/Klein/Bethge BVerfGG, § 91 Rn. 59 ff.
[1393] *Engels,* in: Sachs GG, Art. 28 Rn. 77.
[1394] *Bethge,* DÖV 1972, 155 (157); vgl. auch *Bethge,* in: Schmidt-Bleibtreu/Klein/Bethge BVerfGG, § 91 Rn. 60.
[1395] Vgl. *Lorz,* Interorganrespekt, 2001, S. 40.
[1396] *Macher,* Der Grundsatz des gemeindefreundlichen Verhaltens, 1971, S. 245.
[1397] *Macher,* Der Grundsatz des gemeindefreundlichen Verhaltens, 1971, S. 246.
[1398] Vgl. zu dem Streitstand *Walter,* in: Dürig/Herzog/Scholz GG, Art. 93 Rn. 425; offengelassen in BVerfG, Beschl. v. 18.07.2000 – 2 BvR 1501/91 = NVwZ 2001, 66 (67).

der Kommunaltreue ein Rechtsverstoß.[1399] Dieser ist mit den Mitteln der Rechtsaufsicht, d.h. auch im Bereich des eigenen Wirkungskreises der Gemeinden, angreifbar. Unter Berufung auf die Bundestreue kann auch der Bund mittelbar über die Länder aufsichtliche Maßnahmen gegen die Gemeinden in Gang setzen.[1400] Aufgrund des Vorrangs der Aufsicht der Länder ist er allerdings auch auf diese Vorgehensweise beschränkt.[1401] Mithin besteht einerseits kein praktisches Bedürfnis der Länder und andererseits keine Möglichkeit des Bundes, gerichtlichen Rechtsschutz gegen einen Verstoß der Kommunen gegen den Grundsatz der Kommunaltreue in Anspruch zu nehmen. Dies führt freilich nicht dazu, dass den Ländern ein Auslegungsprimat hinsichtlich der Bedeutung der Kommunaltreue in ihrer Form als staatstreues Verhalten zukommt. Vielmehr steht zum einen den Kommunen sodann der Rechtsweg gegen die aufsichtliche Maßnahme offen. Zum anderen kann der Bund gerichtlich gegen das jeweilige Land vorgehen, wenn dieses die geforderte rechtsaufsichtliche Maßnahme verweigert. Das Gericht hat sodann inzident zu prüfen, ob ein Verstoß gegen die Kommunaltreue vorliegt.

cc. Kommunalverfassungsstreit

Während bei der Bundes- und Verfassungsorgantreue noch darum gestritten wurde, ob ein verfassungsrechtliches Rechtsverhältnis erforderlich ist, kommt die doppelte Verfassungsunmittelbarkeit bei der Organtreue auf Kommunalebene nicht in Betracht, da schon keine Verfassungsorgane miteinander streiten. Dies führt freilich nicht dazu, dass Verstöße nicht justitiabel wären. Sie sind vielmehr ohne Weiteres im Wege eines Kommunalverfassungsstreits vor den Verwaltungsgerichten geltend zu machen. Der Grundsatz der Organtreue vermag dem betroffenen Organ subjektive Rechte i.S.d. § 42 Abs. 2 VwGO zu vermitteln.[1402] Welche Verfahrensart hierbei regelmäßig einschlägig ist, ist umstritten.[1403] Regelmäßig ist nach überzeugender Ansicht die allgemeine Leistungs- oder Feststellungsklage einschlägig.[1404]

[1399] S. oben C.III.2.a.dd.(1).
[1400] BVerfG, Urt. v. 30.07.1958 – 2 BvG 1/58 = BVerfGE 8, 122 (138 f.); *Ogorek*, in: BeckOK KommR Hessen, § 135 HGO Rn. 2; s. hierzu auch oben C.I.4.c.
[1401] BVerfG, Urt. v. 30.07.1958 – 2 BvG 1/58 = BVerfGE 8, 122 (138); *Ogorek*, in: BeckOK KommR Hessen, § 135 HGO Rn. 2; s. hierzu auch oben C.I.4.c.
[1402] VG Düsseldorf, Urt. v. 16.05.2022 – 1 K 1296/21, juris Rn. 21.
[1403] Zu dem Streitstand *Pietzcker/Marsch*, in: Schoch/Schneider VwGO, Vorb § 42 Abs. 1 Rn. 18 m.w.N.
[1404] SächsOVG Beschl. v. 07.02.2020 – 4 A 428/19, juris Rn. 6 f.; OVG NRW, Urt. v. 17.11.2020 – 15 A 3460/18 = NVwZ-RR 2021, 223 (224); *Brüning*, in: Ehlers/Fehling/Pünder Besonderes Verwaltungsrecht, Bd. 3, 4. Aufl. 2021, § 64 Rn. 162; *Burgi*, KommR, 6. Aufl. 2019, § 14 Rn. 10 f.; *Ehlers*, NVwZ 1990, 105 (106 f.); *Engels/Krausnick*, KommR, 2. Aufl.

In der Praxis führt der Grundsatz der Organtreue ironischerweise jedoch regelmäßig gerade zur Unzulässigkeit der Klage mangels Rechtsschutzbedürfnisses.[1405] Aus diesem wird nämlich die Obliegenheit abgeleitet, rechtliche Bedenken rechtzeitig – vor Klageerhebung – zu rügen, damit dem betreffenden Organ nicht die Möglichkeit genommen wird, den Einwand zu prüfen und gegebenenfalls für Abhilfe zu sorgen.[1406]

5. Zwischenergebnis

Die Übertragung der Erkenntnisse zur Bundes- und Verfassungsorgantreue auf die Rechtsverhältnisse zwischen Staat und Kommunen, Kommunen untereinander sowie auf die kommuneninternen Verhältnisse ist mittlerweile weitgehend anerkannt. Dennoch fallen nahezu an jedem Punkt Besonderheiten auf. Die diesbezügliche Analyse hat gezeigt, dass dies weniger an einer mangelnden Übertragbarkeit liegt, sondern vielmehr daran, dass die unterschiedlichen Rechtsverhältnisse neue Nuancen staatlicher Loyalitätspflichten zu Tage fördern, nicht aber den dahinterstehenden allgemeinen Rechtsgedanken infrage stellen. Somit erschließen sich dem Loyalitätsgedanken weitere Anwendungsbereiche, welche immer mehr in die Richtung eines allgemeinen Loyalitätsgrundsatzes zwischen staatlichen Akteuren weisen. Gleichzeitig machen die bestehenden Differenzen bereits an diesem Punkt der Untersuchung klar, dass eine Unterscheidung zwischen den bisher untersuchten Grundsätzen jedenfalls zum Zwecke der Vereinfachung der Subsumtion unbedingt erhalten bleiben sollten. Mit der Begründung eines übergreifenden Loyalitätsgrundsatzes wären die einzelnen Treuepflichten somit keinesfalls überflüssig.

2020, Teil 2, § 6 Rn. 10 ff.; *Erbguth/Mann/Schubert* Verwaltungsrecht BT, 13. Aufl. 2019, Rn. 183; *Erichsen/Biermann*, Jura 1997, 157 (161 f.); *Geis*, Kommunalrecht, 6. Aufl. 2023, § 25 Rn. 14; *Gern/Brüning*, Deutsches Kommunalrecht, 4. Aufl. 2019, Rn. 706 f.; *Meister*, JA 2004, 414 (415); *Ogorek*, JuS 2009, 511 (513 f.); *Pietzcker/Marsch*, in: Schoch/Schneider VwGO, Vorb § 42 Abs. 1 Rn. 18; *Schmidt*, KommR, 2. Aufl. 2014, Rn. 531 f.; *Schoch*, Jura 2008, 826 (834 f.); für eine allgemeine Gestaltungsklage mit kassatorischer Wirkung hingegen BayVGH, Urt. v. 31.07.1974, BayVBl. 1976, 753 (754); *Schmidt*, DÖV 2011, 169 (173); *Stumpf*, BayVBl. 2000, 103 (104 ff.); kürzlich VG München, Urt. v. 12.05.2021 – M 7 K 20.3447, juris Rn. 39 f.
[1405] OVG NRW, Beschl. v. 16.07.2009 – 15 B 945/09, juris Rn. 21; OVG NRW, Urt. v. 25.03.2014 – 15 A 1651/12, juris Rn. 69; OVG NRW, Beschl. v. 17.05.2017 – 15 A 1008/16, juris Rn. 7 ff.; SächsOVG, Urt. v. 06.07.2021 – 4 A 691/20, juris Rn. 27 f.; OVG Bremen, Beschl. v. 10.05.2023 – 1 B 59/23, juris Rn. 12; *Schaaf*, DVP 2021, 474 (475).
[1406] OVG NRW, Urt. v. 02.05.2006 – 15 A 817/04, juris Rn. 76; OVG NRW, Beschl. v. 12.09.2008 – 15 A 2129/08, juris Rn. 11; OVG NRW, Beschl. v. 16.07.2009 – 15 B 945/09, juris Rn. 21; OVG NRW, Urt. v. 25.03.2014 – 15 A 1651/12 = NVwZ-RR 2014. 774 (Ls. 8); OVG NRW, Urt. v. 14.09.2017 – 15 A 2785/15 = NVwZ-RR 2018, 318 (319); OVG NRW, Beschl. v. 17.05.2017 – 15 A 1008/16, juris Rn. 9; SächsOVG, Urt. v. 06.07.2021 – 4 A 691/20, juris Rn. 28; OVG Bremen, Beschl. v. 10.05.2023 – 1 B 59/23, juris Rn. 12.

Weiter hat sich besonders im Vergleich zwischen dem klassischen gemeindefreundlichen Verhalten und der Organtreue auf Kommunalebene erneut herauskristallisiert, dass Loyalitätsgrundsätze nur wenigen allgemeinen, festen Regeln folgen, sondern stark einzelfallabhängig und dynamisch sind. Umso wichtiger ist die Anknüpfung an das zugrunde liegende Rechtsverhältnis, welches den Rahmen der Loyalitätspflichten vorgibt und beeinflusst. Dieses ist im Rahmen des kommunalfreundlichen Verhaltens in Teilen und bei der Organtreue vollständig im Verwaltungsrecht angesiedelt. Dies eröffnet perspektivisch die Möglichkeit, auch bei hergebrachten Spielarten von Loyalitätsgrundsätzen diverse Beschränkungen neu zu überdenken, beispielsweise die Beschränkung der Bundes- und Verfassungsorgantreue auf das Verfassungsrechtsverhältnis, welche zuvor bereits kritisch gesehen wurde.[1407]

[1407] S. oben C.I.3.b.cc. und C.II.2.a.bb.

D. Unionstreue und Europarechtsfreundlichkeit

Auch dem Unionsrecht sind Treuepflichten zwischen den Gliederungen der Union nicht unbekannt. Nach der im Schrifttum weitgehend anerkannten[1408] Rechtsprechung des EuGH besteht ein allgemeines Gebot loyaler Zusammenarbeit.[1409] Für die vorliegende Untersuchung ist dieses als Vergleichspunkt interessant, da es den bisher behandelten Loyalitätsgeboten inhaltlich nahesteht, was letztlich einerseits darauf zurückgeführt werden kann, dass bestehende Loyalitätsgebote der Einzelstaaten – mithin auch aus der deutschen Bundes- und Verfassungsorgantreue – Anstoß zur Entwicklung der Unionstreue gaben und somit Vorbildcharakter hatten.[1410] Andererseits kann die Nähe in einer logischen Notwendigkeit gesehen werden, wenn man davon ausgeht, dass in sämtlichen föderativen oder „gewaltenteiligen" Systemen derartige Treuegebote gelten müssen.[1411]

Weiter ist die Unionstreue deshalb interessant, weil der EuGH diese zum einen explizit als allgemeines Loyalitätsgebot ansieht[1412] und damit weiter geht als das Bundesverfassungsgericht in seiner bisherigen Rechtsprechung. Damit verknüpft die Unionstreue horizontale und vertikale Ausprägungen von Loyalitätsgeboten und kann Vorbildcharakter für einen allgemeinen Loyalitätsgrundsatz auf nationaler Ebene entfalten. Zum anderen gehen aber auch die Verträge mit der Normierung von Subprinzipien der Unionstreue in Art. 4 Abs. 3 und 13 Abs. 2 S. 2 EUV weiter als das Grundgesetz.

Freilich kann nicht unmittelbar vom Unionsrecht auf deutsches Verfassungsrecht geschlossen werden. Gleichwohl können eventuelle Parallelen Erkenntnisse bereithalten, welche der Fortbildung nationaler Loyalitätsgebote dienlich sind. Eine dahingehende Untersuchung wird im Folgenden vorgenommen.

[1408] *Hatje*, in: Schwarze, EU-Kommentar, Art. 4 EUV Rn. 27 f.; *Sauer*, Jurisdiktionskonflikte, 2008, S. 387 m.w.N.
[1409] EuGH, Urt. v. 15.01.1986, C-44/84, ECLI:EU:C:1986:2, Rn. 38 (Hurd).
[1410] Vgl. beispielsweise *Bauer*, Die Bundestreue, 1992, S. 210; *Bleckmann*, DVBl. 1976, 483 (486); *Engel*, Völkerrecht als Tatbestandsmerkmal, 1989, S. 139 f.; *Obwexer*, in: v. d. Groeben/Schwarze/Hatje, Art. 4 EUV Rn. 60; *Oppermann*, Europarecht, 1. Aufl., 1991, § 6 Rn. 407 – „in Anlehnung an das eigene Staatsrecht [...] ausgebaut"; *Wille*, Die Pflicht der Organe, 2003, S. 85; *Wittreck*, in: Härtel, Föderalismus Hdb. Bd. 1, 2012, S. 497 (508); *Woelk*, ZöR 52 (1997), 527 (541); Verknüpfung auch bei *Poscher*, in: Herdegen/Masing/Poscher/Gärditz, Hdb. VerfR, 2021, § 3 Rn. 122; besonders krass *Lecheler*, EA 23 (1968), 403 (404, 409 ff.) – „europäische Bundestreue".
[1411] In diese Richtung mit Bezug sowohl zu Bundes- als auch Unionstreue beispielsweise *Sauer*, Jurisdiktionskonflikte, 2008, S. 375, 389; *Unruh*, EuR 2002, 41 (53, 57).
[1412] Beispielsweise für die nicht in Art. 4 Abs. 3 EUV normierte Loyalitätspflicht zwischen Mitgliedsstaaten (allerdings noch bzgl. Art. 5 EWG-Vertrag) EuGH, Urt. v. 11.06.1991, C-251/89, ECLI:EU:C:1991:242, Rn. 57 (Athanasopoulos); zur Weitergeltung nach neuem Recht *Obwexer*, in: v. d. Groeben/Schwarze/Hatje, Art. 4 EUV Rn. 65.

I. Herleitung

Hatte man bereits im deutschen Verfassungsrecht den Eindruck, das Bundesverfassungsgericht kläre die Frage der Herleitung der Bundes- und Verfassungsorgantreue nicht vollständig, stellt man bei einem Blick auf die Rechtsprechung zur Unionstreue sowie zuvor der Gemeinschaftstreue fest, dass sich auch der EuGH nicht tiefergehend dazu äußert.[1413] So beschäftigt sich dieser kaum mit der Herleitung des Prinzips. Vielmehr finden sich regelmäßig pauschale oder überhaupt keine Aussagen hierzu.[1414] Erst kürzlich sprach er von dem „in Art. 4 Abs. 3 EUV verankerten Grundsatz der loyalen Zusammenarbeit".[1415] Vergleichbare Aussagen des EuGH – auch zu den Vorgängervorschriften – finden sich vielfach.[1416] Sie dürften aber wohl kaum so verstanden werden, dass der EuGH die einschlägigen Normen als (alleinige) Rechtsgrundlage des Grundsatzes der loyalen Zusammenarbeit ansieht, da diese lediglich Ausdruck eines umfassenderen Prinzips seien, welches dem Unionsrecht zugrunde liege.[1417] Der Grundsatz der loyalen Zusammenarbeit ist damit insgesamt weiter als Art. 4 Abs. 3 EUV, weshalb dieser eine bloße Teilnormierung darstellt.[1418]

Für tragfähigere Begründungen bleibt man somit auf das europarechtliche Schrifttum verwiesen. Es verwundert nicht, dass man hierbei erneut auf ähnliche Ideen stößt wie im bisherigen Verlauf der Untersuchung: Treu und Glauben,[1419] eine Gesamtschau von Einzelbestimmungen[1420] oder der Unions-

---

[1413] Kritisch hierzu *Sauer*, Jurisdiktionskonflikte, 2008, S. 387.
[1414] Vgl. beispielsweise EuGH, Urt. v. 10.7.1990, C-217/88, ECLI:EU:C:1990:290, Rn. 33 (Kommission/Deutschland): „der gegenseitigen Verpflichtung zu loyaler Zusammenarbeit, die sich [...] insbesondere aus Artikel 5 EWG-Vertrag ergibt, nach Treu und Glauben zusammenarbeiten".
[1415] EuGH, Beschl. v. 07.03.2023, C-561/22, ECLI:EU:C:2023:167, Rn. 26 (Willy Hermann Service); EuGH, Urt. v. 23.03.2023, C-640/20 P, ECLI:EU:C:2023:232, Rn. 88 (PV/Kommission); wortgleich bereits EuGH, Urt. v. 22.11.2012, C-116/11, ECLI:EU:C:2012:739, Rn. 62 (Adamiak).
[1416] Vgl. nur EuGH, Urt. v. 10.02.1983, C-230/81, ECLI:EU:C:1983:32, Rn. 37 (Luxemburg/Parlament); EuGH, Urt. v. 15.01.1986, C-52/84, ECLI:EU:C:1986:3, Rn. 16 (Kommission/Belgien).
[1417] Ständige Rspr. des EuGH seit Luxemburg/Parlament, a.a.O.; sehr eindeutig in EuGH, Urt. v. 15.01.1986, C-44/84, ECLI:EU:C:1986:2, Rn. 38; EuGH, Urt. v. 16.12.2004, C-293/03, ECLI:EU:C:2004:821, Rn. 48 (My); ausführlich zu dieser Problematik *Benrath*, Die Konkretisierung von Loyalitätspflichten, 2019, S. 23 ff.
[1418] *Starski*, in: Kahl/Ludwigs, Hdb. Verwaltungsrecht, Bd. 3, 2022, § 79 Rn. 29; noch zu Art. 10 EGV *Unruh*, EuR 2002, 41 (45 f.); a.A. wohl *Knöfel*, EuR 2010, 618 (643); unklar, ob Art. 4 Abs. 3 EUV die abschließende Grundlage sein soll bei *Gärditz*, AöR 139 (2014), 329 (364).
[1419] *Benrath*, Die Konkretisierung von Loyalitätspflichten, 2019, S. 57 ff., 619; *Hatje*, Loyalität als Rechtsprinzip, 2001, S. 37 ff.; ergänzende Heranziehung *Woelk*, ZöR 52 (1997), 527 (542); a.A. *Unruh*, EuR 2002, 41 (59).
[1420] *Böhringer/Marauhn*, in: Schulze/Janssen/Kadelbach, Europarecht, 4. Aufl. 2020, § 7, Rn. 8; *Kahl*, in: Calliess/Ruffert, EUV/AEUV, Art. 4 EUV Rn. 97; *Wille*, Die Pflicht der Organe, 2003, S. 115 ff.; *Woelk*, ZöR 52 (1997), 527 (542); a.A. *Unruh*, EuR 2002, 41 (59).

rechtsordnung im Ganzen,[1421] die Erforderlichkeit von Loyalitätsgeboten in einem gewaltenteiligen System im weiteren Sinne,[1422] sowie der Gedanke der Integration[1423]. Letzterer entspricht nicht mehr der Vorstellung, die *Smend* hatte, als er die Integrationslehre entwickelte.[1424] Insbesondere wird deshalb zu untersuchen sein, inwiefern die Anwendung des Gedankens überhaupt möglich ist bzw. ob es einer Anpassung bedarf.

In die Linie teilweise bekannter Herangehensweisen darf wohl auch die Argumentation der Kontinuität des Grundsatzes der loyalen Zusammenarbeit[1425] eingeordnet werden. Wie bei der bisherigen Untersuchung ist auch für das EU-Recht festzuhalten, dass die reine Anerkennung keine taugliche Rechtsgrundlage darstellt.[1426] Man kann die Kontinuität daher allenfalls als Gewohnheits- oder Richterrecht mit der Besonderheit einer späteren Teilnormierung ansehen, um darin überhaupt eine Rechtsgrundlage zu finden. Neben zahlreichen speziellen Gründen,[1427] welche den Umfang der vorliegenden Untersuchung sprengen würden, ist der Ansatz aber bereits aus den zuvor für die Bundes- und Verfassungsorgantreue genannten Gründen auch im EU-Recht nicht zielführend.[1428] Inwiefern Gewohnheits- und Richterrecht im Rahmen des europäischen Rechts überhaupt eine Rolle spielen,[1429] darf demnach im Rahmen dieser Arbeit dahingestellt bleiben.

1. Einzelnormen und die Gesamtrechtsordnung

Zunächst sollen diejenigen Herleitungen betrachtet werden, welche an das europäische Primärrecht anknüpfen, welches das Verfassungsrecht der Union[1430]

[1421] *Benrath*, Die Konkretisierung von Loyalitätspflichten, 2019, S. 55 f., 619 unter naher Anbindung bzw. Gleichsetzung mit Treu und Glauben, vgl. ebd. S. 57 ff., 619.
[1422] *Sauer*, Jurisdiktionskonflikte, 2008, S. 385; so wohl auch *Unruh*, EuR 2002, 41 (59).
[1423] *Bernhardt*, Verfassungsprinzipien, 1987, S. 193; *Bieber*, Solidarität und Loyalität, 1997, passim, insb. S. 15; *Hatje*, Loyalität als Rechtsprinzip, 2001, S. 37, 49 ff.; angedeutet auch von *Sauer*, Jurisdiktionskonflikte, 2008, S. 385; *Wille*, Die Pflicht der Organe, 2003, S. 124.
[1424] Korioth, VVDStRL 62 (2002), 117 (150 ff.); *Morlok/Schindler*, in: Lhotta (Hrsg.), Die Integrationslehre des modernen Staates, 2005, S. 13 (29 f.); *Tsatsos*, EuGRZ 1995, 287 (288).
[1425] Dies andenkend, aber i.E. überzeugend ablehnend *Benrath*, Die Konkretisierung von Loyalitätspflichten, 2019, S. 29 ff.
[1426] Ähnlich auch *Benrath*, Die Konkretisierung von Loyalitätspflichten, 2019, S. 37 ff.
[1427] Ausführlich hierzu *Benrath*, Die Konkretisierung von Loyalitätspflichten, 2019, S. 29 ff., 39 f.
[1428] Vgl. oben C.I.1.a. und C.II.1.a.
[1429] S. zum Gewohnheitsrecht beispielsweise *Bieber*, in: GS Sasse, 1981, S. 327 (331); *Hummer*, in: ders., Paradigmenwechsel, 2004, S. 111 (167); *Wille*, Die Pflicht der Organe, 2003, S. 75; zum Richterrecht *Wille*, a.a.O., S. 76 ff. m.w.N.
[1430] EuGH, Urt. v. 23.04.1986, C-294/83 ECLI:EU:C:1986:166, Rn. 23 (Les Verts); *Leible/Domröse*, in: Riesenhuber, Europäische Methodenlehre, 4. Aufl. 2021, § 8 Rn. 1; vgl. auch BVerfG, Beschl. v. 18.10.1967 = BVerfGE 22, 293 (296).

darstellt. Vorgeschlagen wird eine Herleitung aus Einzelnormen,[1431] aus einer Gesamtschau von Einzelnormen[1432] und schließlich aus der Gesamtrechtsordnung[1433].

a. Konkretisierungen des Treuegedankens im Unionsrecht

Zuvörderst sind Art. 4 Abs. 3 und 13 Abs. 2 S. 2 EUV anzubringen. Diese normieren den Grundsatz der Unionstreue jedoch nicht abschließend, sondern stellen nur Teilregelungen eines umfassenden Loyalitätsprinzips dar.[1434] Auch eine Gesamtanalogie zu den beiden Normen zur Gewinnung eines übergreifenden Grundsatzes erscheint nicht sachgerecht, da hierbei diverse rechtliche Umstände, welche im Folgenden zu würdigen sind, außenvor gelassen werden. Aufgrund dieser Bedenken beschränkt sich die Literatur nicht auf Art. 4 Abs. 3 und 13 Abs. 2 S. 2 EUV und gegebenenfalls eine Analogie zu diesen.

So werden als weitere Ausprägungen des Loyalitätsgedankens Art. 4 Abs. 2, 19 Abs. 1 UAbs. 2, 24 Abs. 3 und 32 Abs. 1 EUV sowie Art. 344 und 351 AEUV angebracht.[1435] Zudem können Art. 42 Abs. 7 EUV und Art. 222 AEUV genannt werden, welche Solidaritätspflichten in Form von Beistandspflichten bei militärischen, bewaffneten Angriffen einerseits und Terroranschlägen und Katastrophen andererseits regeln.[1436] Auch Art. 131 AEUV stellt eine spezielle Ausprägung des allgemeinen Loyalitätsgrundsatzes dar.[1437] Diese Regelungen zeigen deutlich auf, dass das Primärrecht die loyale Zusammenarbeit kennt und fordert. Die Unionstreue geht dabei jedoch nach dem erkennbaren Willen der Vertrags-

---

[1431] So z.B. *Epiney*, EuR 1994, 301 (313 f.).
[1432] *Bleckmann*, DVBl. 1976, 483 ff.; *Wuermeling*, Kooperatives Gemeinschaftsrecht, 1988, S. 188 f.
[1433] So v.a. *Benrath*, Die Konkretisierung von Loyalitätspflichten, 2019, S. 56 ff. unter Verknüpfung mit Treu und Glauben; wohl auch *Bleckmann*, Europarecht, 6. Aufl. 1997, Rn. 699 f.
[1434] *Benrath*, Die Konkretisierung von Loyalitätspflichten, 2019, S. 19 ff.; *Kahl*, in: Calliess/Ruffert EUV/AEUV, Art. 4 EUV Rn. 97; bereits zu der Vorgängernorm EuGH, Urt. v. 10.02.1983, C-230/81, ECLI:EU:C:1983:32, Rn. 37 (Luxemburg/Parlament); EuGH, Urt. v. 15.01.1986, C-44/84, ECLI:EU:C:1986:2, Rn. 38 (Hurd); EuGH, Urt. v. 16.12.2004, C-293/03, ECLI:EU:C:2004:821, Rn. 48 (My).
[1435] *Obwexer*, in: v. d. Groeben/Schwarze/Hatje, Art. 4 EUV, Rn. 85.
[1436] *Schroeder*, Grundkurs Europarecht, 7. Aufl. 2021, § 4 Rn. 26; vgl. auch *Kaufmann-Bühler*, in: Grabitz/Hilf/Nettesheim, EUV Art. 42 Rn. 67, 69; nur hinsichtlich Art. 222 AEUV *Calliess*, in: Calliess/Ruffert, EUV/AEUV, Art. 222 AEUV Rn. 11; *Frenz*, in: Frankfurter Kommentar, Art. 222 AEUV Rn. 3; für eine strikte Abgrenzung von Loyalität und Solidarität hingegen *Hatje*, Loyalität als Rechtsprinzip, 2001, S. 16 f.
[1437] *Griller*, in: Grabitz/Hilf/Nettesheim AEUV, Art. 131 Rn. 1; *Wutscher*, in: Schwarze EU-Kommentar, Art. 131 AEUV Rn. 2.

herren, der Rechtsprechung des EuGH und der herrschenden Ansicht in der Literatur über die Einzelnormen hinaus.[1438]

b. Die Gesamtrechtsordnung als Grundlage der loyalen Zusammenarbeit

Zum Teil wird vertreten, der Grundsatz der Unionstreue werde derart aus der Gesamtrechtsordnung hergeleitet, dass er eine bereichsspezifische Ausprägung von Treu und Glauben sei,[1439] die der Verwirklichung der Rechtsordnung im Einzelfall diene.[1440] So eröffne der Grundsatz von Treu und Glauben eine „neue Perspektive auf die Gesamtrechtsordnung der Union."[1441] Der Ansatz verknüpft demnach Treu und Glauben mit der *Gesamtrechtsordnung,* um die Unionstreue zu gewinnen. Die Komponente von Treu und Glauben soll zunächst noch zurückgestellt werden.[1442] Stattdessen soll der Fokus zunächst auf die Verknüpfung mit der Komponente der Gesamtrechtsordnung gerichtet werden. Diese kann so nicht überzeugen, da zwar der Grundsatz von Treu und Glauben tatsächlich nicht alleinstehen kann und somit der Konkretisierung und Ausgestaltung bedarf.[1443] Allerdings ergeben sich die Treueverpflichtungen nicht aus der Gesamtrechtsordnung der Union, sondern stehen lediglich mit den Normen in Wechselwirkung, die den Schnittbereich zwischen autonomen Akteuren des Unionsrechts gestalten. Mit dem überwiegenden sonstigen Unionsrecht können zwar Kollisionen bestehen, welche die Unionstreue begrenzen. Für die Herleitung des Grundsatzes enthalten diese hingegen keine Aussage. So würde wohl niemand behaupten, dem Recht auf Leben gem. Art. 2 GRCh, welches zweifelsohne an der Gesamtrechtsordnung partizipiert, komme irgendeine Bedeutung für die Herleitung des Grundsatzes loyaler Zusammenarbeit zu. Im Übrigen erscheint eine Herleitung aus Gesamtrechtsordnung schon deshalb problematisch, weil sie Primärrecht und Sekundärrecht vermengt.

c. Das vertikale und horizontale Kompetenzgeflecht der Union

Folglich geht es statt einer Anknüpfung an die Gesamtrechtsordnung vielmehr um Normen, die entweder das Verhältnis der Unionsorgane untereinander – d.h. das institutionelle Gleichgewicht[1444] – oder das Verhältnis zwischen Union und

---

[1438] Vgl. z.B. Entschließung des Europäischen Parlaments zu dem Vertrag von Lissabon v. 20.02.2008, ABl. 2009/C 184 E/30; EuGH, Urt. v. 15.01.1986, C-44/84, ECLI:EU:C:1986:2, Rn. 38 (Hurd); *Hatje,* in: Schwarze, EU-Kommentar, Art. 4 EUV Rn. 31 m.w.N.; *Sauer,* Jurisdiktionskonflikte, 2008, S. 386.
[1439] Vgl. umgekehrt aus der Perspektive von Treu und Glauben unten D.I.2.
[1440] *Benrath,* Die Konkretisierung von Loyalitätspflichten, 2019, S. 57 ff.
[1441] *Benrath,* Die Konkretisierung von Loyalitätspflichten, 2019, S. 59.
[1442] S. hierzu unten D.I.2.
[1443] So auch zutreffend *Benrath,* Die Konkretisierung von Loyalitätspflichten, 2019, S. 59.
[1444] S. nur *Geiger/Kotzur,* in: Geiger/Khan/Kotzur/Kirchmair, Art. 13 EUV Rn. 13 ff.; *Kugelmann,* in: Streinz EUV/AEUV, Art. 17 EUV Rn. 15.

Mitgliedsstaaten ausgestalten. Der Zusammenhang dieser Normen besteht darin, dass sie in Summe in ein komplexes Geflecht vertikaler und horizontaler Funktionenteilungen münden.[1445] Somit stellen sie das unionsrechtliche Pendant zur Gewaltenteilung und zur bundesstaatlichen Ordnung dar. Zwar sind die Gewaltenteilung und das institutionelle Gleichgewicht[1446] sowie die bundesstaatliche Ordnung und der europäische Föderalismus[1447] nicht identisch. Trotz bestehender Unterschiede geht von diesen jedoch horizontal wie vertikal ein Gewinn an gewaltenteilenden Effekten aus.[1448] Zugleich ordnen und strukturieren sie. Mithin erfüllen sie auf supranationaler Ebene die Funktionen der Gewaltenteilung im weiteren Sinne.[1449]

Nimmt man dies als Anknüpfungspunkt eines umfassenden unionsrechtlichen Loyalitätsprinzips, wird eine Annahme einer Verbindungslinie zwischen horizontalen und vertikalen Loyalitätsprinzipien über die Gewaltenteilung im weiteren Sinne bestärkt. Denn nach ganz herrschender Ansicht im Unionsrecht besteht mit dem Grundsatz der loyalen Zusammenarbeit ein einheitlicher Grundsatz, zwischen dessen Ausprägungen nicht nach dem Geltungsgrund differenziert wird.[1450] Diese Gleichsetzung ist nur bei einer einheitlichen Grundlage möglich.

d. Verknüpfung

Fühlt man sich nun durch die einzelnen Herangehensweisen an die Herleitung der Bundestreue aus unterschiedlichen Aspekten des Bundesstaatsrechts erinnert, ist dies kein Zufall. Nicht nur finden sich Hinweise auf eine Herleitung aus nationalen Treuepflichten, beispielsweise im Wege der Analogie,[1451] welche freilich rechtsordnungsübergreifend nicht möglich ist.[1452] Vielmehr entsprechen

---

[1445] *Möstl*, Bundesstaat und Staatenverbund, 2012, S. 39.
[1446] S. nur *Hatje*, in: Schwarze, EU-Kommentar, Art. 13 EUV Rn. 31 f.; *Hummer*, in: ders., Paradigmenwechsel, 2004, S. 111 (155 f.); *Möllers*, Gewaltengliederung, 2005, S. 257 ff.; *Streinz*, in: Streinz EUV/AEUV, Art. 13 EUV Rn. 22 f.
[1447] S. nur *Calliess*, in: Calliess/Ruffert EUV/AEUV, Art. 1 EUV Rn. 27 ff. m.w.N.; s. hinsichtlich der Verknüpfung zwischen vertikalem und horizontalem institutionellem Gleichgewicht *Hummer*, in: ders., Paradigmenwechsel, 2004, S. 111 (155 ff.).
[1448] *Möstl*, Bundesstaat und Staatenverbund, 2012, S. 50 f.; s.a. *v. Danwitz*, Europäisches Verwaltungsrecht, 2008, S. 308, 345; nur bzgl. „vertikaler Gewaltenteilung" *Krönke*, Die Verfahrensautonomie, 2013, S. 38.
[1449] Vgl. zu dem zugrunde gelegten Gewaltenteilungsverständnis oben C.II.1.c.aa. und C.III.1.c.cc.(5) und (6).
[1450] *Geiger/Kirchmair*, in: Geiger/Khan/Kotzur/Kirchmair, Art. 4 EUV Rn. 5 f.; *Kahl*, in: Calliess/Ruffert EUV/AEUV, Art. 4 EUV Rn. 109.
[1451] So noch *Bleckmann*, in: v. d. Groeben/Thiesing/Ehlermann EWGV, 3. Aufl. 1983, Art. 5 Rn. 27; allgemeiner auch *Ophüls*, NJW 1963, 1697 (1698).
[1452] *Benrath*, Die Konkretisierung von Loyalitätspflichten, 2019, S. 40; *Epiney*, EuR 1994, 301 (312); *Wille*, Die Pflicht der Organe, 2003, S. 84; *Woelk*, ZöR 52 (1997), 527 (543); vgl. auch *Söllner*, Art. 5 EWG-Vertrag, 1985, S. 22 ff.

auch die Struktur und der Problemkreis demjenigen bei der Herleitung der Bundestreue aus dem Bundesstaatsprinzip.[1453] Es ist daher nicht überzeugend, die Ansätze voneinander zu isolieren. So stellen auch im Unionsrecht vereinzelt normierte Treuepflichten letztlich nur Ausprägungen eines ihnen gemeinsamen Gedankens dar – oder anders gewendet: Der Gedanke ist in diesen Normen angelegt.

Nicht zu trennen ist davon auch die sog. „Gesamtrechtsordnung". Versteht man unter der Gesamtrechtsordnung die diversen geregelten Ausprägungen des Loyalitätsgrundsatzes, ist das Verständnis deckungsgleich mit einer Gesamtschau an Einzelnormen. Will man damit hingegen ausdrücken, dass jedes einzelne Rechtsverhältnis in Wechselwirkung zur Unionstreue steht, d.h. die Gesamtrechtsordnung die Loyalitätspflicht in ihrer spezifischen Form prägt, ist dies weniger eine Frage der Herleitung, sondern eher der Ausgestaltung des Grundsatzes. Ansonsten steckt in diesem Gedanken wie im Begriff des „Wesens des Bundesstaates" nichts anderes als die nur zu einleuchtende Erkenntnis eines durch den gesamten Aufbau getragenen, notwendig mitnormierten Gedankens einer erforderlichen inneren Bindung der Glieder der Union. Folglich überzeugt es auch nicht, die Herleitungsvariante aus dem „Wesen der Union"[1454] davon zu trennen.[1455]

Nach Übereinstimmung der einzelnen Ansätze kann die Unionstreue sodann wie folgt aus der Rechtsordnung der Europäischen Union gewonnen werden: Wie ein gewaltenteiliger Staat legt diese ebenfalls mehrere Machtzentren an, einerseits horizontal durch Verteilung von Macht auf unterschiedliche Unionsorgane, geprägt durch den Begriff des institutionellen Gleichgewichts, andererseits werden vertikal Kompetenzen von den Mitgliedsstaaten an die Union abgegeben.[1456] Dies geschieht jedoch nicht, ohne zugleich ausdrücklich oder implizit deren Verständigung sowie gegenseitige Rücksichtnahme und Loyalität zu verankern. Denn auch und gerade in der Europäischen Union gilt es, die Funktionsfähigkeit durch die Moderation von Konflikten und die Gewährleistung der Rechtseinheit zu sichern.[1457] Die Loyalitätspflichten bilden demnach ein notwendiges, mitgesetztes Gegenlager zum organisatorischen Trennungsprinzip.[1458] Mithin wird ein Begründungsmuster deutlich, welches insbesondere bei der Ver-

---

[1453] Vgl. nur *Pleyer*, Föderative Gleichheit, 2005, S. 327.
[1454] *Unruh*, EuR 2002, 41 (46, 57 ff.); in diese Richtung auch EuGH, Urt. v. 07.02.1973, C-39/72, ECLI:EU:C:1973:13, Rn. 5 (Kommission/Italien) – „durch ihren Beitritt zur Gemeinschaft"; vgl. auch *Wille*, Die Pflicht der Organe, 2003, S. 112 f.
[1455] So aber *Benrath*, Die Konkretisierung von Loyalitätspflichten, 2019, S. 51 ff.
[1456] *Möstl*, Bundesstaat und Staatenverbund, 2012, S. 39 ff., 50 f.
[1457] S. v.a. *Sauer*, Jurisdiktionskonflikte, 2008, S. 388.
[1458] *Kahl*, in: Calliess/Ruffert EUV/AEUV, Art. 4 EUV Rn. 109.

fassungsorgantreue regelmäßig angeführt wird, nämlich die Herleitung als Komplement zum Gewaltenteilungsgrundsatz,[1459] auch wenn die Union mangels „reiner" Funktionszuordnung nach allgemeiner Meinung keine „Gewaltenteilung" im herkömmlichen Sinne kennt.[1460]

e. Zwischenergebnis

Folglich kann festgehalten werden, dass Art. 4 Abs. 3 EUV und Art. 13 Abs. 2 EUV die stärksten Anknüpfungspunkte für eine Herleitung der Unionstreue sind. Da diese aber nur Teilaspekte des Grundsatzes regeln und sich weitere Anhaltspunkte über das Primärrecht verteilt wiederfinden, ist es vorzugswürdig, die Herleitung aus einer Gesamtschau dieser Normen vorzunehmen, die ein in sich geschlossenes System bilden, welches mit der zuvor erarbeiteten Konzeption der Gewaltenteilung[1461] maßgebliche Schnittmengen aufweist, sodass es dennoch unter Heranziehung eines modifizierten Gewaltenteilungsmodells erfasst werden kann.[1462] Dieses umfasst ein allgemeines Loyalitätsgebot, welches die Stabilität und Funktionsfähigkeit des Systems gewährleistet.

2. Treu und Glauben

Weiter wird auch im Unionsrecht der Grundsatz von Treu und Glauben vielfach zur Herleitung der Unionstreue ins Feld geführt.[1463] Zum einen finden sich die zuvor aufgezeigten primärrechtlich gesetzten Konkretisierungen des Treuegrundsatzes.[1464] Zum anderen wird der Grundsatz von Treu und Glauben mit der Unionsrechtsordnung verknüpft.[1465] Der Übergang ist dabei fließend. Das Prinzip loyaler Zusammenarbeit stellt eine „bereichsspezifische Ausprägung von Treu und Glauben" dar.[1466] Es wird somit wiederum in Verbindung mit der Kompetenzordnung gebracht. Die Bereichsspezifikation hat ihren Anknüpfungspunkt dabei nicht in der sog. Gesamtrechtsordnung, sondern knüpft an die einschlägigen Normen des Primärrechts an.[1467] Ihm kommt gleichwohl die Auf-

---

[1459] S. hierzu *Lorz*, Interorganrespekt, 2001, S. 40, 596; *Schenke*, Die Verfassungsorgantreue, 1977, S. 28 Fn. 35.
[1460] S. nur *Hatje*, in: Schwarze, EU-Kommentar, Art. 13 EUV, Rn. 31 f.; *Oppermann/Classen/Nettesheim*, Europarecht, 9. Aufl. 2021, § 5 Rn. 15 ff.
[1461] Vgl. oben C.II.1.c. und C.III.1.c.cc.(5) und (6).
[1462] *Hatje*, in: Schwarze, EU-Kommentar, Art. 13 EUV, Rn. 32.
[1463] So *Bauer*, Die Bundestreue, 1992, S. 211; *Benrath*, Die Konkretisierung von Loyalitätspflichten, 2019, insb. S. 57 ff.; *Hatje*, Loyalität als Rechtsprinzip, 2001, S. 37 f.; Zusammenhang auch in EuGH, Urt. v. 10.07.1990, C-217/88, ECLI:EU:C:1990:290, Rn. 33 (Kommission/Deutschland).
[1464] S. oben D.I.1.a.
[1465] *Benrath*, Die Konkretisierung von Loyalitätspflichten, 2019, S. 57 ff.
[1466] *Benrath*, Die Konkretisierung von Loyalitätspflichten, 2019, S. 57 ff.
[1467] Vgl. oben D.I.1.; a.A. *Benrath*, Die Konkretisierung von Loyalitätspflichten, 2019, S. 57 ff., 61 ff.

gabe zu, „eine neue Perspektive auf die Gesamtrechtsordnung der Union" zu eröffnen.[1468] Dies bezieht sich jedoch erst auf die Anwendung des Grundsatzes, nicht auf dessen rechtliche Grundlage.

Durch die Heranziehung von Treu und Glauben wird die Unionstreue nicht entbehrlich, sondern stellt eine „Zwischenformel" zu anwendungsfähigen Einzelfallkonkretisierungen in einem bestimmten Bereich dar.[1469] Wie bei der Bundes- und Verfassungsorgantreue läuft die Herleitung damit auch hier auf eine bereichsspezifische Ausprägung von Treu und Glauben hinaus.[1470]

3. Integration

Schwierig ist die Anwendung der Integrationslehre zur Herleitung der Unionstreue, da *Smend* seine Untersuchung auf die Staatstheorie und die Auslegung des Staatsrechts begrenzt.[1471] Diese Einschränkung erscheint allerdings nicht zwingend.[1472]

Der Begriff der Integration ist im Kontext der Europäischen Union nicht unbekannt. Auffällig ist vor allem die allgegenwärtige Verwendung des Begriffes der „europäischen Integration". Darunter versteht man die Herausbildung der Europäischen Gemeinschaften und der Europäischen Union und deren Entwicklung von einem einheitlichen Wirtschaftsraum zur politischen Union.[1473] Die Begriffe stehen demnach zunächst in einem unterschiedlichen Zusammenhang. Auf den ersten Blick scheint es so, als wären sie voneinander zu unterscheiden und die Integrationslehre *Smends* für das Unionsrecht zu verwerfen.

Die Integrationslehre unterlag allerdings schon in der Vergangenheit stetem Wandel, wurde immer wieder im Lichte der jeweils geltenden Staats- und Verfassungslage gesehen und ist in hohem Maße wandelbar.[1474] Somit soll sie nicht voreilig verworfen werden. Supranationale Konstruktionen wie die Europäische Union waren jedenfalls in derartiger Form der Weimarer Staatsrechtslehre fremd, weshalb nicht auszuschließen ist, dass die Integrationslehre – gegebe-

---

[1468] *Benrath*, Die Konkretisierung von Loyalitätspflichten, 2019, S. 59.
[1469] *Hatje*, Loyalität als Rechtsprinzip, 2001, S. 38.
[1470] So trotz konzeptioneller Differenzen auch *Benrath*, Die Konkretisierung von Loyalitätspflichten, 2019, S. 619.
[1471] *Smend*, Verfassung und Verfassungsrecht (1928), in: ders., Staatsrechtliche Abhandlungen, 3. Aufl. 1994, S. 119 (125).
[1472] S. v.a. *Heller*, Staatslehre, 4. Aufl. 1970, S. 229; Verknüpfung der Integrationsbegriffe bei *Ehmke*, VVDStRL 20 (1961), 53 (65); vgl. auch *Krüger*, Allgemeine Staatslehre, 1966, S. 151; *Tsatsos*, EuGRZ 1995, 287 (288).
[1473] *Droege*, in: Evangelisches Staatslexikon, 4. Aufl. 2006, Integration, Sp. 1021.
[1474] *Morlok/Schindler*, in: Lhotta (Hrsg.), Die Integrationslehre des modernen Staates, 2005, S. 13 (15 f.); vgl. auch *Pernice*, AöR 120 (1995), 100 (114 f.).

nenfalls unter Anpassung – auch auf diese Konstellation angewandt werden kann.

a. Begriffsanalyse

Schon bei einer etwas tiefergehenden Untersuchung des Integrationsbegriffes bröckelt die pauschale Ablehnung der Anwendbarkeit im Rahmen der europäischen Integration. Ermittelt man nämlich, wodurch sich die soeben angeführte Herausbildung und Entwicklung der Europäischen Union auszeichnet, findet sich auch hier die Definition der „Einbindung in etwas oder den Zusammenschluss bis hin zur Herstellung einer Einheit [bzw. als] [...] Verdichtungsprozess [...], der zu einer Verbindung verschiedener Teile hin zu einem Ganzen führt. Anders ausgedrückt kann Integration Verflechtung und Interdependenz bedeuten."[1475] Die Nähe zu *Smends* Begriffsbestimmung als „Entstehung einer Einheit oder Ganzheit aus einzelnen Elementen, so daß die gewonnene Einheit mehr als die Summe der vereinigten Teile ist",[1476] drängt sich nahezu auf. Die Europäische Union und ihre Mitgliedsstaaten sind ein konsozialer Rechtsverband,[1477] dem die „Idee der Gemeinschaft zugrunde [liegt], in der sich Ansätze einer föderalen Verbundenheit (,Einheit in Vielfalt') ausdrücken."[1478] Der Grundsatz gegenseitiger Loyalität ist eine normative Ausprägung dieser Verbindung.[1479]

b. Historische Vergleichsaspekte

Für die Anwendbarkeit sprechen weiter gewisse entstehungsgeschichtliche Parallelen der Bundestreue und der Unionstreue selbst. Die Unionstreue ist auf dem Gebiet des Primärrechts der Europäischen Union angesiedelt, welches trotz und wegen des Status der Union als „Staatenverbund"[1480] Völkervertragsrecht darstellt.[1481] Dennoch weist die Union zahlreiche Besonderheiten zu an-

---

[1475] *Wetz*, Funktionen von Verfassungsidentität, 2021, S. 50 m.w.N.
[1476] *Smend*, Integration (1966), in: Staatsrechtliche Abhandlungen, 3. Aufl. 1994, S. 482.
[1477] *Nettesheim*, ZEuS 2002, 507; *Oppermann/Classen/Nettesheim*, Europarecht, 9. Aufl. 2021, § 4 Rn. 28.
[1478] *Oppermann/Classen/Nettesheim*, Europarecht, 9. Aufl. 2021, § 4 Rn. 28; *Starski*, in: Kahl/Ludwigs, Hdb. Verwaltungsrecht, Bd. 3, 2022, § 79 Rn. 30; vgl. auch *Tsatsos*, EuGRZ 1995, 287 (289).
[1479] *Oppermann/Classen/Nettesheim*, Europarecht, 9. Aufl. 2021, § 4 Rn. 28.
[1480] Vgl. hierzu *Herdegen*, Europarecht, 22. Aufl. 2020, S. 90 ff., § 5 Rn. 15 ff.; *Scholz*, in: Dürig/Herzog/Scholz GG, Art. 23 Rn. 19; BVerfG, Urt. v. 12.10.1993 – 2 BvR 2134, 2159/92 = BVerfGE 89, 155 (184); a.A. *Schachtschneider*, Prinzipien des Rechtsstaates, 2006, S. 169 – „echter Bundesstaat".
[1481] *Dörr*, in: Grabitz/Hilf/Nettesheim, Art. 47 EUV Rn. 77.

deren völkerrechtlichen Organisationen auf,[1482] welche sie von diesen abheben und dem Staatsbegriff annähern.

Der Bundestreue liegen ganz ähnliche Entwicklungen zugrunde. So formulierte der Weimarer Staatsgerichtshof in einer seiner frühen Entscheidungen zur Bundestreue: „Die Sätze des Völkerrechts in seiner neueren Entwicklung beruhen wesentlich auf der Einschränkung der Gebietshoheit der einzelnen Staaten durch ihre Zugehörigkeit zur Völkerrechtsgemeinschaft. Aus ihr wird eine Pflicht der Staaten zur gegenseitigen Achtung und Rücksichtnahme, eine Pflicht einander nicht zu verletzen, hergeleitet."[1483] Diese Aussage versteht sich nur dadurch, dass die Bundestreue ihre erstmalige Relevanz in einem Zustand des Deutschen Reiches von 1871 entfaltete, in dem den Einzelstaaten noch erhebliche Macht zukam und das Reich an sich von deren Zustimmung lebte.[1484] Die Staatsrechtslehre diskutierte die Staatsqualität des Deutschen Reiches in engem Zusammenhang mit der staatlichen Souveränität und lehnte diese teils sogar ab.[1485] Man mag folglich parallel hierzu eine europäische Integration durch europäisches Verfassungsrecht mit dem Argument ablehnen, dass die vorrechtlichen Voraussetzungen kollektiver Selbstbestimmung fehlten.[1486] Dies trifft aber nur in einem vergleichbaren Maße zu, in dem man dies auch bei der Vereinigung der deutschen Staaten zu einem Bundesstaat sagen kann.[1487]

c. Analyse der Grundlagen der Integrationslehre

Geht man das Problem von Seiten der Grundlagen der Integrationslehre *Smends* an, kommt man noch deutlicher zu dem Zusammenhang zwischen den beiden Verwendungen des Integrationsbegriffes.[1488] Da *Smend* die Integrationslehre aus der Perspektive eines bestehenden Staates – der Weimarer Republik – begründete und mit ihr insbesondere der Krise in Staatstheorie und

---

[1482] Vgl. *Calliess*, NVwZ 2020, 897 (900); *Starski*, in: Kahl/Ludwigs, Hdb. Verwaltungsrecht, Bd. 3, 2022, § 79 Rn. 28; beispielsweise die Unionsbürgerschaft (Art. 9 EUV) und das durch die Unionsbürger gewählte Parlament (Art. 14 Abs. 3 EUV).
[1483] StGH, Zwischenentscheidung v. 18.06.1927 – 7/25, abgedruckt in *Lammers/Simons*, Die Rechtsprechung, Bd. 1, S. 178 ff. (186).
[1484] Vgl. zu den politischen Ursprüngen im Zusammenhang mit Bismarck und der Staatsrechtslehre v. *Seydels*, oben B.I.1.
[1485] Hervorzuheben insb. v. *Seydel*, Der Bundesstaatsbegriff, in: Staatsrechtliche und politische Abhandlungen, 1893, S. 1 (48).
[1486] So Korioth, VVDStRL 62 (2002), 117 (150 f.).
[1487] Vgl. *Pernice*, AöR 120 (1995), 100 (113 f.); ohne Bezug zur Integration *Lauser*, Europarechtsfreundlichkeit, 2018, S. 187; gerade die Anknüpfung an die Souveränität entfällt bei *Smend*, Integrationslehre (1956), in: ders., Staatsrechtliche Abhandlungen, 3. Aufl. 1994, S. 475 (478); s.a. *Kuschnick*, Integration in Staatenverbindungen, 1999, S. 118.
[1488] Ähnlich *Pernice*, AöR 120 (1995), 100 (113 ff.).

Staatslehre begegnen wollte,[1489] kann man leicht vergessen, dass diese nicht nur eine juristische Beschreibung des Staates darstellt. Dies stünde in grundlegendem Widerspruch zu dem Kern und Anliegen der Integrationslehre: Der Staat ist danach ein Einheitsgefüge, welches stets im Fluss ist und dem Wandel unterliegt.[1490] Die Tatsächlichkeit des Staates sei eine Kulturerrungenschaft, die „wie alle Realitäten des geistigen Lebens selbst fließendes Leben, also steter Erneuerung und Weiterführung bedürftig" ist.[1491] Die Betrachtung des bestehenden Staates kann im Rahmen der Integrationslehre demnach nicht ohne dessen soziale Grundlage betrachtet werden, d.h. der Staat erklärt sich aus den gesellschaftlichen Wechselwirkungen und sein Bestand mithin aus seiner Entstehung durch Integrationsprozesse.[1492]

Eine eben solche Entwicklung – ob und unter welchen Bedingungen diese verfassungsrechtlich zulässig ist[1493] sowie ob sie je von Erfolg gekrönt sein wird, sei dahingestellt – ist auch bei der Europäischen Union zu beobachten.[1494] So steckt zum einen Art. 23 Abs. 1 GG das Ziel eines vereinten Europas durch die Entwicklung der Europäischen Union, komplettiert durch die Befugnis zur Übertragung von Hoheitsrechten.[1495] Zum anderen findet sich seit langem in Literatur und Politik die Vision der Staatlichkeit der Europäischen Union bzw. eines europäischen Bundesstaates.[1496] Ähnliche Tendenzen finden sich in sämtlichen Mitgliedsstaaten der EU.[1497] Unter diesem Aspekt stehen auch andere, (noch)

[1489] *Smend,* Verfassung und Verfassungsrecht (1928), in: ders., Staatsrechtliche Abhandlungen, 3. Aufl. 1994, S. 119 (121); *Smend,* Integration (1987), in: Evangelisches Staatslexikon, 3. Aufl. 1987, Sp. 1356.
[1490] *Smend,* Verfassung und Verfassungsrecht (1928), in: ders., Staatsrechtliche Abhandlungen, 3. Aufl. 1994, S. 119 (132); vgl. auch *Lerche,* VVDStRL 21 (1964), 66 (90 ff.); *Möstl,* Bundesstaat und Staatenverbund, 2012, S. 76.
[1491] *Smend,* Verfassung und Verfassungsrecht (1928), in: ders., Staatsrechtliche Abhandlungen, 3. Aufl. 1994, S. 119 (135).
[1492] Vgl. oben B.I.2. und C.I.1.d.
[1493] S. dazu beispielsweise *Möstl,* Bundesstaat und Staatenverbund, 2012, S. 75 ff.; *Möstl,* in: Stern/Sodan/Möstl, Staatsrecht Bd. 1, 2. Aufl. 2022, § 1 Rn. 34 ff.; *Nettesheim,* in: Grabitz/Hilf/Nettesheim, Art. 1 EUV Rn. 73 f.; *Uerpmann-Wittzack,* in: v. Münch/Kunig GG, Art. 23 Rn. 105 m.w.N.
[1494] Vgl. *Michael,* in: Stern/Sodan/Möstl, Staatsrecht Bd. 1, 2. Aufl. 2022, § 3 Rn. 30 ff.; *Möstl,* Bundesstaat und Staatenverbund, 2012, S. 17 f.; *Nettesheim,* in: Grabitz/Hilf/Nettesheim, Art. 1 EUV Rn. 66 ff. m.w.N.; *Tsatsos,* EuGRZ 1995, 287 (289); kritisch dagegen *Starski,* in: Kahl/Ludwigs, Hdb. Verwaltungsrecht, Bd. 3, 2022, § 79 Rn. 30.
[1495] *Scholz,* in: Dürig/Herzog/Scholz GG, Art. 23 Rn. 3.
[1496] Koalitionsvertrag zwischen SPD, Bündnis 90/Die Grünen und FDP, 2021, S. 131; *Bergmann,* Handlexikon EU, 6. Aufl. 2022, Art. Bundesstaat; *Isak,* in: Blumenwitz u.a., Die Europäische Union als Wertegemeinschaft, 2005, S. 29 ff. m.w.N.; *Nettesheim,* EuR 2022, 525 (526); *Scholz,* NVwZ 1993, 817 (818 f.); gegen die kategorische Verneinung jeglicher Staatsqualität *Möstl,* in: Stern/Sodan/Möstl, Staatsrecht Bd. 1, 2. Aufl. 2022, § 1 Rn. 35 ff.
[1497] S. nur *Isak,* in: Blumenwitz u.a., Die Europäische Union als Wertegemeinschaft, 2005, S. 29 (30) m.w.N.

nicht staatliche Gemeinschaften im Fokus der Integrationslehre. Loyalitätspflichten sind folglich in jeglichen Mehrebenensystemen mit aufgeteilten Kompetenzen notwendige, immanente rechtliche Bestandteile, welche je nach Integrationsdichte in Qualität und Quantität variieren können.[1498]

Man kann die Lage folglich mit derjenigen bei der Entstehung der August- und Novemberverträge[1499] vergleichen und sich fragen: Wie hätte *Rudolf Smend* den Integrationsstatus vor Entstehung des Deutschen Reiches beurteilt und welche Schlüsse hätte er daraus gezogen? Eine zumindest partielle Antwort darauf liefert *Smend* in seinem Spätwerk selbst, indem er internationalen Zusammenschlüssen, z.B. der EWG, „besondere Probleme der Integration, der Eingliederung der bisher geschlossenen und unabhängigen Staaten"[1500] attestiert. Hier werde besonders deutlich, dass „Integration nicht Addition, Anschluß aneinander, sondern Bildung eines neuen Ganzen durch ein neues Zusammenspiel der bisher vereinzelten Glieder bedeutet".[1501] Ein Staat grenze sich von anderen gesellschaftlichen Gruppen nicht durch die Grundlage der Integration ab, sondern durch das Fehlen einer äußeren Garantie.[1502]

d. Bedeutung der Werteordnung

Weiter verbindet auch der Begriff der Werteordnung die Integrationsbegriffe der Europäischen Union und der Lehre *Smends*. So geht die EU schrittweise immer mehr von einem Verband zum Zwecke der Verwirklichung politischer Projekte bzw. einer Wirtschaftsunion zu einer Werteunion über.[1503] Dies erinnert unmittelbar an die objektive Werteordnung des Grundgesetzes, welche nicht unwesentlich auf die Integrationslehre *Smends* zurückgeht[1504]. Nicht zuletzt wird die

---

[1498] *Sauer*, Jurisdiktionskonflikte, 2008, S. 402; unter Betonung der rechtsbeschränkenden Komponente *Pleyer*, Föderative Gleichheit, 2005, S. 327.
[1499] S. dazu oben B.I.1.
[1500] *Smend*, Integration (1966), in: ders., Staatsrechtliche Abhandlungen, 3. Aufl. 1994, S. 482 (483).
[1501] *Smend*, Integration (1966), in: ders., Staatsrechtliche Abhandlungen, 3. Aufl. 1994, S. 482 (483).
[1502] *Smend*, Integration (1966), in: ders., Staatsrechtliche Abhandlungen, 3. Aufl. 1994, S. 482 (484).
[1503] *Nettesheim*, EuR 2022, 525 (525 ff.); *Rensmann*, in: Blumenwitz u.a., Die Europäische Union als Wertegemeinschaft, 2005, S. 49 (52); *Schorkopf*, Der Europäische Weg, 3. Aufl. 2020, S. 50 ff.; vgl. auch *Vollard*, European Disintegration, 2018, S. 185 ff., teilweise relativierend.
[1504] *Alexy*, VVDStRL 61 (2002), 7 (9); *Bühler*, Das Integrative der Verfassung, 2011, S. 93 f.; *Darnstädt*, NJW 2019, 1580 (1584); *Henne*, in: Henne/Riedlinger, Das Lüth-Urteil, 2005, S. 197 (213 f.); *Herdegen*, in: Dürig/Herzog/Scholz GG, Art. 1 Abs. 3 Rn. 22; *Smend*, Das Bundesverfassungsgericht, in: Staatsrechtliche Abhandlungen, 3. Aufl. 1994, S. 581 (592 f.); vgl. auch *Smend*, Verfassung und Verfassungsrecht (1928), in: ders., Staatsrechtliche Abhandlungen, 3. Aufl. 1994, S. 119 (158 ff., 217, 264 f.); kritisch zu einer vollständigen Gleichsetzung allerdings *Dreier*, in: FS Schneider, 2008, S. 70 (87 ff.).

Europäische Union deshalb teils als durch gemeinsame Werte integrierte Gemeinschaft im Sinne der Integrationslehre verstanden.[1505] In diesem Zusammenhang wird die Wertegemeinschaft als „Katalysator" für das Zusammengehörigkeitsgefühl der Unionsbürger verstanden.[1506] Klar zeigt sich dies in der Einbindung der Grundrechte im Wege der gemeinsamen Verfassungsüberlieferungen gem. Art. 6 Abs. 3 EUV. Die gemeinsamen Werte der Union und ihrer Mitgliedsstaaten stellen somit heute maßgebliche Integrationsfaktoren dar.

e. Position des Bundesverfassungsgerichts

Dass die Integration nicht bloß das Ziel der Eingebundenheit oder Einheit, sondern auch den Prozess der Einbindung und Verflechtung umfasst, entspricht auch der Sichtweise des Bundesverfassungsgerichts im Zusammenhang mit der europäischen Integration.[1507] Es führt in der Maastricht-Entscheidung aus: „Mit der durch den Vertrag von Maastricht begründeten Unionsbürgerschaft wird zwischen den Staatsangehörigen der Mitgliedstaaten ein auf Dauer angelegtes rechtliches Band geknüpft, das zwar nicht eine der gemeinsamen Zugehörigkeit zu einem Staat vergleichbare Dichte besitzt, dem bestehenden Maß existentieller Gemeinsamkeit jedoch einen rechtlich verbindlichen Ausdruck verleiht."[1508] Es setzt folglich am Staatsbegriff an und sieht den Unterschied nicht in qualitativen Gesichtspunkten, sondern in der Dichte des rechtlichen Bandes. Diese verbleibt unterhalb der Staatlichkeitsschwelle. Dieses Band verleihe dem Maß existentieller Gemeinsamkeit rechtlich verbindlichen Ausdruck.

In dieselbe Richtung weisen die Anforderungen, welche *Smend* an die Verfassung stellt bzw. eben nicht stellt: So verlangt er für diese weder eine spezifische Form noch bestimmte Träger oder Verfahren der Verfassungsgebung.[1509] Die Übertragung der Integrationslehre auf das Primärrecht der Europäischen Union scheitert somit nicht an der Frage, ob dieses formal als Verfassung zu sehen

---

[1505] *Rensmann*, in: Blumenwitz u.a., Die Europäische Union als Wertegemeinschaft, 2005, S. 49 ff. (53).
[1506] *Rensmann*, in: Blumenwitz u.a., Die Europäische Union als Wertegemeinschaft, 2005, S. 49 ff. (53).
[1507] Zur Integration als Prozess BVerfG, Beschl. v. 23.06.1981 – 2 BvR 1107, 1124/77 u.a. = BVerfGE 58, 1 (36); BVerfG, Urt. v. 12.10.1993 – 2 BvR 2134, 2159/92 = BVerfGE 89, 155 (189 Rn. 110); BVerfG, Urt. v. 30.06.2009 – 2 BvE 2, 5/08 u.a. = BVerfGE 123, 267 (395 f. Rn. 329); zur Integration als Ziel BVerfG, Urt. v. 12.10.1993 – 2 BvR 2134, 2159/92 = BVerfGE 89, 155 (189 Rn. 110); BVerfG, Urt. v. 30.06.2009 – 2 BvE 2, 5/08 u.a. = BVerfGE 123, 267 (344 Rn. 219; 346 f. Rn. 225 f.; 370 f. Rn. 277; 420 Rn. 376); vgl. ausführlicher hierzu *Wetz*, Funktionen von Verfassungsidentität, 2021, S. 50 f.
[1508] BVerfG, Urt. v. 12.10.1993 – 2 BvR 2134, 2159/92 = BVerfGE 89, 155 (184).
[1509] *Pernice*, AöR 120 (1995), 100 (117).

ist[1510]. Die Formulierung, dem bestehenden Maß existentieller Gemeinsamkeit werde ein rechtlich verbindlicher Ausdruck verliehen, weist zumindest eine starke Assoziation mit *Smends* Vorstellung von der Verfassung auf, welche eine Normierung einzelner Aspekte des Integrationsprozesses sei.[1511] Die Begrenzung der grundlegenden Untersuchung *Smends* ist folglich auch diesbezüglich der Tatsache geschuldet, dass die Europäische Union ein Novum darstellt, mit dem *Smend* sich seinerzeit nicht befasst haben konnte.[1512]

f. Zwischenergebnis

Schlussendlich kann man sagen, die Union und ein Staat unterscheiden sich nicht durch das Wesen der ihnen zugrunde liegenden Integration, sondern durch Entwicklungsstand und Dichte des Integrationsprozesses.[1513] Damit ist der bisher betrachtete Integrationsbegriff der Sache nach anwendbar.[1514] Er ist allerdings neben dem Einbezug der Erkenntnisse *Hellers*[1515] und der Neuerungen des Grundgesetzes[1516] auch diesbezüglich in einen neuen Kontext zu setzen. Um es mit den Worten *Pernices* auszudrücken: „Wer freilich an überholten nationalstaatlichen Kategorien festhält, kann den Integrationsproze ß und den damit verbundenen Wandel der Staatlichkeit nicht nachvollziehen."[1517] Folglich ist es nicht nur möglich, sondern auch sinnvoll, die Unionstreue als Instrument einzuordnen, welches dazu dient, der Desintegration entgegenzuwirken.[1518]

[1510] S. hierzu *Kuschnick,* Integration in Staatenverbindungen, 1999, S. 240 f. m.w.N.; *Möstl,* in: Stern/Sodan/Möstl, Staatsrecht Bd. 1, 2. Aufl. 2022, § 2 Rn. 75 ff.; *Müller-Graff,* in: Dauses/Ludwigs Hdb. EU-Wirtschaftsrecht, A.I. Rn. 69, 78 f.; Bezeichnung als „Verfassung im funktionellen Sinne" in BVerfG, Urt. v. 30.06.2009 – 2 BvE 2, 5/08 u.a. = BVerfGE 123, 267 (349).
[1511] Vgl. *Smend,* Verfassung und Verfassungsrecht (1928), in: ders., Staatsrechtliche Abhandlungen, 3. Aufl. 1994, S. 119 (189).
[1512] Ähnlich *Pernice,* AöR 120 (1995), 100 (119) – *Smend* habe nicht voraussehen können, für welche Fragen seine Staats- und Verfassungslehre einmal Bedeutung haben könne; gegen die schlichte Übernahme und für die Reflexion in neuen Kontexten *Michael,* in: Stern/Sodan/Möstl, Staatsrecht Bd. 1, 2. Aufl. 2022, § 3 Rn. 8, spezifisch zur Übertragbarkeit der Integrationslehre ebd., Rn. 34 f.
[1513] Vgl. auch *Kuschnick,* Integration in Staatenverbindungen, 1999, S. 242; *Möstl,* Bundesstaat und Staatenverbund, 2012, S. 50 f.
[1514] So auch *Kuschnick,* Integration in Staatenverbindungen, 1999, S. 69 ff., 240 ff.; *Lorz,* Interorganrespekt, 2001, S. 547 ff.
[1515] S. dazu oben B.I.2, B.II. und C.I.1.d.dd.; vgl. auch *Lepsius,* in: Gusy, Weimars lange Schatten, 2003, S. 354 (367).
[1516] *Dreier,* in: FS Schneider, 2008, S. 70 (76 ff.); *Lepsius,* in: Gusy, Weimars lange Schatten, 2003, S. 354 (363 ff.); s. auch oben B.II.
[1517] *Pernice,* AöR 120 (1995), 100 (120).
[1518] So auch *Sauer,* Jurisdiktionskonflikte, 2008, S. 385.

4. Kombinationsansatz

Alle drei Elemente des zuvor erarbeiteten Kombinationsansatzes spielen demnach auch für den Grundsatz loyaler Zusammenarbeit im Unionsrecht eine Rolle. Somit kommt erneut in Betracht, die zuvor angeführten Herleitungsvarianten in Zusammenhang zu setzen. Diese Herangehensweise bietet sich im Vergleich zu den Ansätzen bezüglich Loyalitätspflichten unter dem Grundgesetz noch deutlicher an, da die drei Säulen durch das geltende Unionsrecht wesentlich enger miteinander verwoben sind. Schon Art. 4 Abs. 3 EUV und Art. 13 Abs. 2 EUV spiegeln dies eindrucksvoll wider, indem sie die Loyalitätspflichten in den Kontext der europäischen Integrationsaufgabe stellen,[1519] dabei aber zugleich die Verbindung zur Unionsrechtsordnung[1520] herstellen. Mithin erscheint es am sachgerechtesten, die beiden Normen sowie weitere Ausprägungen des Grundsatzes der Unionstreue in Gesamtschau mit dem System der Union zu sehen, hierbei aber den Integrationsgedanken und den Grundsatz von Treu und Glauben, welche sich in den einschlägigen Rechtsnormen widerspiegeln mit heranzuziehen.[1521]

II. Anwendungsbereich

Nachdem die Parallelität der Herleitung der Unionstreue zu sämtlichen bisher behandelten Loyalitätsprinzipien dargelegt wurde, sollen im Folgenden deren Anwendungsvoraussetzungen untersucht werden.

1. Persönlicher Anwendungsbereich

Zunächst stellt sich hierbei die Frage, wer überhaupt Adressat der Pflicht ist bzw. in welchen Beziehungen sie Anwendung findet. Erste Anhaltspunkte sind die Teilnormierungen in Art. 4 Abs. 3 und Art. 13 Abs. 2 EUV. Als Pendant zur Verfassungsorgantreue bezeichnet Art. 13 Abs. 2 EUV die Organe, während Art. 4 Abs. 3 EUV als Pendant zur Bundestreue von den Mitgliedsstaaten spricht. Da die beiden Normen allerdings bloß untergeordnete Aspekte der Unionstreue darstellen, geben sie lediglich den unteren Rahmen vor. So ist zwar der Wortlaut des Art. 4 Abs. 3 EUV nicht eindeutig, weshalb er theoretisch so verstanden werden kann, dass nur die Verhältnisse zwischen Union und Mit-

---

[1519] Vgl. nur *Kahl*, in: Calliess/Ruffert EUV/AEUV, Art. 4 EUV Rn. 98 – „quasi die *Geschäftsgrundlage* des gesamten europäischen Integrationsprojekts" m.w.N.
[1520] Vgl. EuGH, Urt. v. 07.02.1973, C-39/72, ECLI:EU:C:1973:13, Ls. 5 (Kommission/Italien) – „Ein solcher Verstoß gegen die Pflicht zur Solidarität [...] beeinträchtigt die Rechtsordnung der Gemeinschaft bis in ihre Grundfesten.".
[1521] Ähnlich, aber ohne Einbeziehung des Integrationsgedankens *Bauer,* Die Bundestreue, 1992, S. 211.

gliedsstaaten umfasst sind.[1522] Darüber hinaus ist in Anknüpfung zu der Rechtsprechung des EuGH zu der Vorgängernorm des Art. 5 EWGV bzw. Art. 10 EGV jedoch anerkannt, dass auch die Mitgliedstaaten untereinander zu gegenseitiger Loyalität verpflichtet sind.[1523] Wie parallel auch bei der Bundestreue – teils kritisch – angemerkt wird,[1524] bedeutet die Gegenseitigkeit jedoch nicht inhaltliche Symmetrie, sondern richtet sich nach den Verhältnissen der speziellen Beziehung.[1525] Auch auf Unionsebene können der einen Seite damit gegebenenfalls intensivere Pflichten zukommen als der anderen.

Die Bindungen erstrecken sich jedoch auch darüber hinaus deutlich weiter: Im Gegensatz zum System des Grundgesetzes[1526] gibt es in der Union kein grundsätzliches Verbot der Mischverwaltung.[1527] Vielmehr besteht ein stetig wachsender Trend hin zu administrativen Kooperations- und Mischformen beim Vollzug des Unionsrechts.[1528] Auch Union und Mitgliedstaaten stehen in einem sehr engen Verhältnis.[1529] Dies liegt nicht zuletzt an der Konzeption der Europäischen Union: So sind beispielsweise durch die Besetzung des Europäischen Rates und des Ministerrats einerseits intergouvernementale, d.h. interpersonale bzw. föderale, und andererseits institutionelle, d.h. intrapersonale Konflikte kaum voneinander zu trennen.[1530]

Die Form des horizontal und vertikal gewaltenteiligen Systems wirkt sich maßgeblich auf die Loyalitätspflichten aus. Eine derart gestaltete Funktionsordnung

---

[1522] *Obwexer,* in: v. d. Groeben/Schwarze/Hatje, Art. 4 EUV Rn. 65; *Schill/Krenn,* in: Grabitz/Hilf/Nettesheim, EUV, Art. 4 Rn. 61; bessere Formulierung v.a. in der englischen Sprachfassung – „[...] the Union and the Member States shall, in full mutual respect, assist each other [...]"; vgl. auch *Benrath,* Die Konkretisierung von Loyalitätspflichten, 2019, S. 69.
[1523] EuGH, Urt. v. 22.03.1983, C-42/82, ECLI:EU:C:1983:88, Rn. 36 (Kommission/Frankreich); EuGH, Urt. v. 11.06.1991, C-251/89, ECLI:EU:C:1991:242, Rn. 57 (Athanasopoulos); *Benrath,* Die Konkretisierung von Loyalitätspflichten, 2019, S. 68; *Schill/Krenn,* in: Grabitz/Hilf/Nettesheim, EUV, Art. 4 Rn. 61.
[1524] S. nur *Ossenbühl,* NVwZ 2003, 53.
[1525] *Benrath,* Die Konkretisierung von Loyalitätspflichten, 2019, S. 70.
[1526] BVerfG, Beschl. v. 21.10.1971 – 2 BvL 6/69 u.a. = BVerfGE 32, 145 (156); BVerfG, Urt. v. 04.03.1975 – 2 BvF 1/72 = BVerfGE 39, 96 (120); BVerfG, Beschl. v. 12.01.1983 – 2 BvL 23/81 = BVerfGE 63, 1 (37 ff.); BVerfG, Urt. v. 15.07.2003 – 2 BvF 6/98 = BVerfGE 108, 169 (182); BVerfG, Urt. v. 20.12.2007 – 2 BvR 2433, 2434/04 = BVerfGE 119, 331 (365); *Huber,* DÖV 2008, 844 (845 f.); *Siegel,* in: Stern/Sodan/Möstl, Staatsrecht Bd. 2, § 50 Rn. 2 f. Ausnahmen sind beispielsweise vorgesehen für die Verwaltung der Grundsicherung für Arbeitsuchende gem. Art. 91e GG, s. hierzu mit Kritik *Klein/Shirvani,* in: Dürig/Herzog/Scholz GG, Art. 91e Rn. 14 f., oder die Finanzverwaltung gem. Art. 108 GG, s. hierzu *Heller/Kniel,* NVwZ 2019, 935 (937); *Siekmann,* in: Sachs GG, Art. 108 Rn. 2, 6.
[1527] *Kahl,* in: Calliess/Ruffert, EUV/AEUV, Art. 4 EUV Rn. 109 m.w.N.
[1528] *Kahl,* in: Calliess/Ruffert, EUV/AEUV, Art. 4 EUV Rn. 109; *Krönke,* Die Verfahrensautonomie, 2013, S. 32 ff. jew. m.w.N.
[1529] *Benrath,* Die Konkretisierung von Loyalitätspflichten, 2019, S. 69.
[1530] Vgl. ausführlich *Benrath,* Die Konkretisierung von Loyalitätspflichten, 2019, S. 71 ff.

bedeutet damit nicht nur, dass die Unionstreue besonders intensiv wirkt, sondern auch, dass ein weiter persönlicher Anwendungsbereich im Gegensatz zu dem System des Grundgesetzes keine Schwierigkeiten aufwirft. Infolgedessen verschwimmen zum einen die Grenzen der einzelnen Ausprägungen der Unionstreue im Vergleich zu Bundes- und Verfassungsorgantreue mehr, was sich in der Rechtsprechung des EuGH widerspiegelt, welche die interorganschaftlichen Treuepflichten in erster Linie durch Ausdehnung der mitgliedsstaatlichen Loyalitätspflicht gewann und auch in der Folge keine strikte Trennung vornahm.[1531] Zum anderen ist der Adressatenkreis der Unionstreue leicht zu fassen, da eine umfassende Bindung leichter zu begründen ist. Adressat ist demnach der Staat in toto, d.h. alle mitgliedsstaatlichen Träger öffentlicher Gewalt, egal ob sie Legislative, Exekutive oder Judikative angehören.[1532]

Besonders hervorzuheben ist die Bindung der Gerichte, die – soweit ersichtlich – einhellig angenommen wird[1533] und im Kontext der Unionstreue eine wesentliche Rolle spielt, was mit Blick auf die Vernachlässigung bei der Bundestreue[1534] erstaunt. Insbesondere werden den mitgliedsstaatlichen Gerichten nach der Rechtsprechung des EuGH detaillierte Vorgaben über die Wahrnehmung ihres Rechtsschutzauftrages gesetzt.[1535] Um die Beachtung und Durchsetzung des Unionsrechts zu sichern, sind diese im Rahmen ihrer Loyalitätsverpflichtung gehalten, beispielsweise das nationale Recht unionsrechtskonform auszulegen[1536] oder den Vollzug eines nationalen Umsetzungsaktes nur unter engen Voraussetzungen auszusetzen.[1537] Mithin werden durch die Unionstreue die nationalen Prozessordnungen trotz der grundsätzlichen Verfahrensautonomie der Mitgliedsstaaten partiell überformt.[1538]

[1531] EuGH, Urt. v. 27.09.1988 – 204/86, ECLI:EU:C:1988:450, Rn. 16 (Griechenland/Rat); EuGH, Urt. v. 30.03.1995, C-65/93, ECLI:EU:C:1995:91, Rn. 23 (Europäisches Parlament/Rat); vgl. auch *Benrath*, Die Konkretisierung von Loyalitätspflichten, 2019, S. 73; *Hummer*, in: ders., Paradigmenwechsel, 2004, S. 111 (151).
[1532] *Hatje*, in: Schwarze, EU-Kommentar, Art. 4 EUV, Rn. 28; *Kahl*, in: Calliess/Ruffert, EUV/AEUV, Art. 4 EUV Rn. 109 m.w.N.; *Kroll*, Eine Pflicht zum Finanzausgleich, 2019, S. 276.
[1533] *Bauer*, Die Bundestreue, 1992, S. 212; *Bernhardt*, Verfassungsprinzipien, 1987, S. 192 m.w.N.; *Hatje*, Loyalität als Rechtsprinzip, 2001, S. 75 ff.; *Klamert*, The Principle of Loyalty, 2014, S. 23 f. m.w.N.; *Sauer*, Jurisdiktionskonflikte, 2008, S. 398 f.; *Knöfel*, EuR 2010, 618 (619 f.).
[1534] Vgl. oben C.I.3.a.aa.(1).
[1535] *Sauer*, Jurisdiktionskonflikte, 2008, S. 398 ff.
[1536] St. Rspr. EuGH, Urt. v. 05.10.1994, C-165/91 ECLI:EU:C:1994:359, Rn. 32 ff., (van Munster); EuGH, Urt. v. 26.09.2000, C-262/97, ECLI:EU:C:2000:492, Rn. 38 ff. (Engelbrecht); *Herrmann*, Richtlinienumsetzung, 2003, S. 102 f.; *Klamert*, Die richtlinienkonforme Auslegung, 2001, S. 191; *Sauer*, Jurisdiktionskonflikte, 2008, S. 400; Streinz, in: Streinz EUV/AEUV, Art. 4 EUV Rn. 33.
[1537] *Sauer*, Jurisdiktionskonflikte, 2008, S. 399 f.
[1538] *Sauer*, Jurisdiktionskonflikte, 2008, S. 398 f.

Obwohl sich die Verpflichtung also an den Staat als solchen richtet, werden die nationalen Stellen mittelbar über die Mitgliedsstaaten erfasst, wobei die der autonomen Organisation der Mitgliedsstaaten überlassene staatsinterne Struktur sich nicht auf die umfassende Bindung der jeweiligen Untergliederungen auswirkt.[1539] Umfasst sind folglich auch die Regionen und sonstigen Gebietskörperschaften, verselbstständigte Verwaltungseinheiten, z.B. Kammern, Anstalten oder Beliehene, sowie öffentliche Unternehmen.[1540] Einzig nicht umfasst sind nicht hoheitlich handelnde Private[1541] sowie – trotz Art. 216 ff. AEUV oder der Völkerrechtsfreundlichkeit der Union – Völkerrechtssubjekte außerhalb der Union, beispielsweise innerhalb des Europäischen Wirtschaftsraumes, da diese nicht dem Unionsrecht unterfallen[1542]. Ähnliche Treuepflichten, beispielsweise solche aus dem völkerrechtlichen Grundsatz von Treu und Glauben, genügen an dieser Stelle.[1543]

Im Ergebnis ergibt sich damit eine vierdimensionale Struktur der Unionstreue, d h erstens vertikal von der Union zu den Mitgliedsstaaten, zweitens vertikal von den Mitgliedsstaaten zur Union, drittens horizontal zwischen den Mitgliedsstaaten und viertens horizontal zwischen den Organen der Union.[1544] Gebunden sind jeweils sämtliche Organe, Einrichtungen und sonstigen Untergliederungen und Stellen, d.h. sämtliche hoheitliche Protagonisten des Unionsrechts.[1545] Die Unionstreue behandelt die Loyalitätspflicht somit mit einer Leichtigkeit, welche im nationalen, deutschen Diskurs wünschenswert wäre. Wie zuvor jedoch bereits vielfach angeklungen ist,[1546] bedeutet dies keineswegs, dass die nationalen Loyalitätspflichten sich bereits grundsätzlich einem vergleichbar weiten persönlichen Anwendungsbereich sperren.

2. Sachlicher Anwendungsbereich

Ihren sachlichen Anknüpfungspunkt findet die Unionstreue an der Kompetenzausübung.[1547] Die zuvor genannten Akteure können sich in einer Vielzahl

---

[1539] *Benrath*, Die Konkretisierung von Loyalitätspflichten, 2019, S. 78 ff. m.w.N.; *Epiney*, in: Zuleeg, Die neue Verfassung der Europäischen Union, 2006, S. 47 (65).
[1540] *Hatje*, EU-Kommentar, Art. 4 EUV, Rn. 28; *Kahl*, in: Calliess/Ruffert, EUV/AEUV, Art. 4 EUV Rn. 109 m.w.N.
[1541] *Benrath*, Die Konkretisierung von Loyalitätspflichten, 2019, S. 83 ff.; *Schill/Krenn*, in: Grabitz/Hilf/Nettesheim, EUV, Art. 4 Rn. 61.
[1542] *Benrath*, Die Konkretisierung von Loyalitätspflichten, 2019, S. 85 f.
[1543] *Benrath*, Die Konkretisierung von Loyalitätspflichten, 2019, S. 85.
[1544] *Kahl*, in: Calliess/Ruffert, EUV/AEUV, Art. 4 EUV Rn. 109.
[1545] *Benrath*, Die Konkretisierung von Loyalitätspflichten, 2019, S. 86; *Kahl*, in: Calliess/Ruffert, EUV/AEUV, Art. 4 EUV Rn. 109.
[1546] S. v.a. oben C.II.2.a.aa.ε. und C.II.2.a.bb.
[1547] *Schill/Krenn*, in: Grabitz/Hilf/Nettesheim EUV, Art. 4 Rn. 69; *Schoenfleisch*, Integration durch Koordinierung, 2018, S. 162 f.

unterschiedlicher Konstellationen gegenübertreten, welche im Folgenden untersucht werden sollen.

a. Unionsrechtsbezug

Nicht sämtliche Konstellationen, in denen sich die Adressaten der Unionstreue begegnen, sind umfasst. Vielmehr kommt es auf die spezifische Beziehung an, welche durch unionsrechtliche Rechte und Pflichten geprägt sein muss.[1548] Begegnen sich beispielsweise die Mitgliedsstaaten in einem Bereich, der nicht dem Unionsrecht unterfällt, findet freilich auch die Unionstreue keine Anwendung. Darunter fällt sowohl das geschriebene wie auch das ungeschriebene Unionsrecht.[1549] Weiter ist die Unionstreue – wie insbesondere durch Art. 4 Abs. 3 EUV deutlich wird – auch bei innerstaatlichen Akten zu beachten, die durch Unionsrecht geprägt sind, d.h. wenn Unionsrecht ausgeführt wird oder zu beachten ist.[1550] So wird beispielsweise aus der Unionstreue die Vorwirkung von Richtlinien und teils auch Verordnungen in Form eines Frustrationsverbotes abgeleitet.[1551]

Im Übrigen zeichnet sich wie schon im Rahmen des persönlichen Anwendungsbereichs auch im sachlichen Anwendungsbereich der Unionstreue aufgrund der angelegten Nähe und Koordination der Untergliederungen ein klar loyalitätsfreundliches Bild ab.[1552] Schon die Tatsache, dass die Europäische Union als Rechtsunion konzipiert und damit von der Mitwirkung ihrer Glieder existenziell abhängig ist, versetzt die Unionstreue in die Rolle eines wesentlichen Bausteins („key concept") der Unionsrechtsordnung.[1553] Nicht zuletzt die Art. 4 Abs. 3 und 13 Abs. 2 EUV bestätigen dies. So formuliert Art. 4 Abs. 3 EUV, dass der Grundsatz loyaler Zusammenarbeit „bei der Erfüllung der Aufgaben, die sich aus den Verträgen ergeben", Anwendung findet.[1554] Dies betrifft nicht nur Kompetenzen, die sich aus den Verträgen ergeben, sondern auch solche, die gem. Art. 4

[1548] *Benrath*, Die Konkretisierung von Loyalitätspflichten, 2019, S. 87 f.; vgl. auch *Hatje*, Loyalität als Rechtsprinzip, 2001, S. 60.
[1549] *Benrath*, Die Konkretisierung von Loyalitätspflichten, 2019, S. 89.
[1550] *Klamert*, The Principle of Loyalty, 2014, S. 24; vgl. auch *Benrath*, Die Konkretisierung von Loyalitätspflichten, 2019, S. 90; *Bleckmann*, Europarecht, 6. Aufl. 1997, Rn. 703, 723.
[1551] *Janal*, Gutachten DNS-Resolver v. 14.01.2023, S. 14; *Kibler/Sandhu*, NVwZ 2018, 528 (530 f.); vgl. nur hinsichtlich Richtlinien EuGH, Urt. v. 18.12.1997, C-129/96, ECLI:EU:C:1997:628, Rn. 45 (Inter-Environnement Wallonie); EuGH, Urt. v. 22.11.2005, C-144/04, ECLI:EU:C:2005:709, Rn. 67 (Mangold); ausführlich *Hofmann*, in: Riesenhuber, Europäische Methodenlehre, 4. Aufl. 2021, § 15 Rn. 7 ff.
[1552] Restriktiver dagegen z.B. *Walzel*, Bindungswirkungen ungeregelter Vollzugsinstrumente, 2008, S. 164 ff.
[1553] *Kahl*, in: Calliess/Ruffert EUV/AEUV, Art. 4 EUV Rn. 98 m.w.N.; vgl. auch *Calliess*, NVwZ 2020, 897 (900) – „Basis des […] Staaten- und Verfassungsverbunds"; *Lorz*, Interorganrespekt, 2001, S. 73; *Sauer*, Jurisdiktionskonflikte, 2008, S. 386.
[1554] Vgl. auch *Schill/Krenn*, in: Grabitz/Hilf/Nettesheim EUV, Art. 4 Rn. 69.

Abs. 1 EUV bei den Mitgliedsstaaten verbleiben.[1555] Mithin haben die Mitgliedsstaaten nach Art. 4 Abs. 3 UAbs. 3 EUV zum Schutze des Integrationsverbandes auch alles zu unterlassen, was die Ziele der Union beeinträchtigt oder deren Wirksamkeit gefährdet.[1556] Der Unionsrechtsbezug ist demnach grundsätzlich weit zu fassen und stellt eine verhältnismäßig niedrige Hürde dar.

Die Grenze ist allerdings erreicht, wenn nur noch ein tatsächlicher Bezug zur Union besteht, beispielsweise eine rein faktische Parallelität der Interessen von Mitgliedsstaaten.[1557] Diese gehen nicht vollständig in ihrer Funktion als Teil der Union auf, sondern behalten neben ihren unionsrechtlichen Verpflichtungen ihre Funktion als souveräner Staat mit eigenständigen Handlungsmöglichkeiten.[1558] Gerade auch diese Autonomie der Mitgliedsstaaten wird durch die Unionstreue in Form von Rücksichtnahme- und Unterlassungspflichten geschützt, da ansonsten gleichermaßen die Koexistenz der beiden Ebenen gefährdet ist.[1559] Der Respekt vor der Eigenständigkeit der Mitgliedsstaaten ist essenzielle Bedingung für ein föderales System, welches obendrein die Vielheit in der Einheit so sehr betont wie die Europäische Union.[1560] Wird diese bewusste Entscheidung nicht geachtet, verliert die Union an Anerkennung, was langfristig zu ihrer Desintegration führt.[1561]

b. Loyalität und Solidarität

Eine materielle Beschränkung wird vereinzelt durch die Abgrenzung zwischen Loyalität und Solidarität erzielt.[1562] Nur die Loyalität solle unter den Anwendungsbereich der Unionstreue fallen.[1563] Während diese Unterscheidung teils als maßgeblich empfunden wird,[1564] werden die Begriffe in Literatur und Recht-

---

[1555] *Schill/Krenn*, in: Grabitz/Hilf/Nettesheim EUV, Art. 4 Rn. 69.
[1556] *Benrath*, Die Konkretisierung von Loyalitätspflichten, 2019, S. 91 f.; *Schill/Krenn*, in: Grabitz/Hilf/Nettesheim EUV, Art. 4 Rn. 69.
[1557] *Benrath*, Die Konkretisierung von Loyalitätspflichten, 2019, S. 94.
[1558] *Benrath*, Die Konkretisierung von Loyalitätspflichten, 2019, S. 93 f.; *Lais*, Das Solidaritätsprinzip, 2007, S. 194 f.
[1559] *Hatje*, Loyalität als Rechtsprinzip, 2001, S. 63.
[1560] Vgl. *Pernice*, AöR 120 (1995), 100 (112 f.); *Tsatsos*, EuGRZ 1995, 287 (289); *Woelk*, ZöR 52 (1997), 527 (543 f.); in diese Richtung zielt auch das Motto der EU: „In Vielfalt geeint", ABl. 2008/C 115, 355.
[1561] Vgl. auch *Vollaard*, European Disintegration, 2018, S. 219 f.
[1562] Hierzu *Hatje*, Loyalität als Rechtsprinzip, 2001, S. 16 f.
[1563] *Hatje*, Loyalität als Rechtsprinzip, 2001, S. 17.
[1564] *Hatje*, Loyalität als Rechtsprinzip, 2001, S. 16 f.; *Klamert*, The Principle of Loyalty, 2014, S. 35 ff., allerdings bestehe eine Verbindung („interconnection"), ebd. S. 40; begriffliche Differenzierung in *Lais*, Das Solidaritätsprinzip, 2007, S. 43 f. bei gleichzeitiger Fassung des Art. 10 EGV unter den Solidaritätsbegriff, ebd. S. 169 f.

sprechung häufig gleichgesetzt.[1565] Im Rahmen der nationalen Loyalitätspflichten wird die Differenzierung soweit ersichtlich bereits in erster Linie nicht thematisiert. Unterstützungspflichten, die der Solidarität unterfielen, werden ohne Weiteres mit Loyalitätspflichten gleichgesetzt, beispielsweise im Rahmen des Finanzausgleichs dem Grundsatz der Bundestreue zugeordnet.[1566] Das Primärrecht verwendet beide Begriffe, beispielsweise in Art. 3 Abs. 3 UAbs. 3 EUV und Art. 4 Abs. 3 EUV. Einerseits ist die Rede von „Zusammenhalt und [...] Solidarität", andererseits von der „loyalen Zusammenarbeit". Darin kann eine strenge Differenzierung erblickt werden.[1567] Der maßgebliche Unterschied sei, dass Loyalität eine bestehende Pflichtenbindung voraussetze, welche in bestimmter – nämlich loyaler – Art und Weise zu erfüllen sei, während Solidarität dem Gedanken der „Vielheit als Einheit" und des Zusammenhaltes entspringe und deshalb auch ohne bereits bestehende Pflichtenbindung materielle Beistands- und Unterstützungspflichten begründe.[1568] Dies vermag jedoch mit Blick auf die gleichlaufende Herleitung unter dem Aspekt der Einheitsbildung nicht zu überzeugen.[1569] Sowohl bei der Loyalität als auch bei der Solidarität geht es darum, der Desintegration der einzelnen Teile entgegenzuwirken. Dass jedenfalls keine grundlegende Differenzierung angezeigt ist, bestätigt sich durch Art. 24 Abs. 3 EUV, welcher die Begriffe der Loyalität und gegenseitigen Solidarität im Sinne einer gesteigerten Förderungspflicht[1570] im Rahmen der GASP miteinander in Verbindung setzt. Die Regelung wird insgesamt als Konkretisierung der Unionstreue gesehen[1571] und die Zusammensetzung der Begriffe als „leicht tautologisch"[1572] erachtet.

[1565] EuGH, Urt. v. 10.12.1969, C-6/69, ECLI:EU:C:1969:68, Rn. 14/17 (Kommission/Frankreich); *Bleckmann*, RIW/AWD 1981, 653 (655); *Hilf*, ZaöRV 35 (1975), 51 (58); *Schroeder*, Grundkurs Europarecht, 7. Aufl. 2021, § 4 Rn. 26; später beanstandungslos sogar *Hatje*, in: Schwarze EU-Kommentar, Art. 4 EUV, Rn. 25, 31; Loyalität als Ausprägung der Solidarität *Weiß*, ZöR 70 (2015), 403 (415); von einer (Wesens-)Verbundenheit sprechen EuGH, C-848/19 P, ECLI:EU:C:2021:598 (Deutschland), Rn. 41; *Starski*, in: Kahl/Ludwigs, Hdb. Verwaltungsrecht, Bd. 3, 2022, § 79 Rn. 30.
[1566] BVerfG, Urt. v. 24.06.1986 2 BvF 1/83 u.a. = BVerfGE 72, 330 (386 f., 396 ff.); BVerfG, Urt. v. 19.10.2006 – 2 BvF 3/03 = BVerfGE 116, 327 (380); *Bauer*, Die Bundestreue, 1992, S. 305, 343 ff.; *Grzeszick*, in: Dürig/Herzog/Scholz GG, Art. 20 IV. Rn. 148 ff.; *Jestaedt*, in: Isensee/Kirchhof, HdbStR II, § 29 Rn. 29 m.w.N.; *Sommermann*, in: v. Mangoldt/Klein/Starck GG, Art. 20 Rn. 41.
[1567] So *Hatje*, Loyalität als Rechtsprinzip, 2001, S. 16 f. noch zur alten Rechtslage.
[1568] *Hatje*, Loyalität als Rechtsprinzip, 2001, S. 16 f.
[1569] So wohl auch *Häberle/Kotzur*, Europäische Verfassungslehre, 8. Aufl. 2016, Rn. 1178.
[1570] *Cremer*, in: Calliess/Ruffert, EUV/AEUV, Art. 24 EUV Rn. 12.
[1571] *Cremer*, in: Calliess/Ruffert, EUV/AEUV, Art. 24 EUV Rn. 12 m.w.N.; *Sauer*, Jurisdiktionskonflikte, 2008, S. 387 f.
[1572] *Cremer*, in: Calliess/Ruffert, EUV/AEUV, Art. 24 EUV Rn. 12.

Vielmehr ist die dargestellte Differenzierung eine Frage der Anforderungen an das Rechtsverhältnis, d.h. letztlich das Akzessorietätserfordernis, sowie der Systematisierung der Funktionen der Unionstreue. Auch das Argument, dass Solidarität beispielsweise in Titel IV der GRCh anders verwendet wird, nämlich für die Begründung von Arbeitnehmerrechten, dem Schutz der Familie, Garantien sozialer Sicherheit und des Gesundheits- und Verbraucherschutzes, bedeutet nicht etwa, dass die Trennlinie zwischen Loyalität und Solidarität verläuft, sondern vielmehr, dass der Begriff in verschiedenen Unionsrechtsmaterien unterschiedliche Bedeutungsgehalte aufweisen kann. Dies zeigt sich bereits daran, dass die Solidarität zwischen den Mitgliedsstaaten und die Rechte aus Art. 27 ff. GRCh sich nicht auf dieselbe Begründung zurückführen lassen.

c. Einzelausprägungen

Nach dieser Rahmensetzung sind mehrere prominente Gebote der Unionstreue zuzuordnen, obgleich dies in der Literatur und Rechtsprechung bisweilen untergeht: Namentlich die Gebote effektiver Auslegung und Anwendung („effet utile"), unionsrechtskonformer Auslegung, die Umsetzungspflicht von Richtlinien i.S.d. Art. 288 Abs. 3 AEUV nebst Frustrationsverbot[1573] und die Pflicht ordnungsgemäßer und einheitlicher Anwendung des Unionsrechts.[1574] Überdies ist die Pflicht zur Rücksichtnahme auf die nationale Identität und verfassungsrechtliche Strukturen der Mitgliedsstaaten gem. Art. 4 Abs. 2 EUV darunter zu fassen.[1575] Loyalität ist keine „Einbahnstraße" und darf deshalb nicht derart exzessiv einseitig angewandt werden, dass sie in einen „Unitarisierungssog" mündet.[1576]

Dass diese Ausprägungen häufig nicht ausdrücklich mit der Unionstreue in Verbindung gebracht werden, dürfte dadurch zu erklären sein, dass die einzelnen Ausprägungen anhand zahlreicher Einzelfälle durch den EuGH erarbeitet wurden. Materiell findet sich jedoch eine Übereinstimmung mit sämtlichen Säulen der Herleitung der Unionstreue: Sämtliche der aufgeführten Gebote dienen der Funktionsfähigkeit und Einheit der Union in dem Sinne, dass sie das Vorankommen der Union in den Kompetenzbereichen zwischen den Gewalten der Euro-

---

[1573] *Hofmann*, in: Riesenhuber, Europäische Methodenlehre, 4. Aufl. 2021, § 15 Rn. 7 ff.; *Janal*, Gutachten DNS-Resolver v. 14.01.2023, S. 14; *Kibler/Sandhu*, NVwZ 2018, 528 (530 f.); vgl. auch *v. Danwitz*, Europäisches Verwaltungsrecht, 2008, S. 475 f.
[1574] EuGH, Urt. v. 24.10.2018, C-234/17, ECLI:EU:C:2018:853, Rn. 22; EuGH, Beschl. v. 07.03.2023, C-561/22, ECLI:EU:C:2023:167, Rn. 26; *Hatje*, in: Schwarze EU-Kommentar, Art. 4 EUV, Rn. 32 f., 41, 44 ff., 52 ff.; *Schroeder*, Grundkurs Europarecht, 7. Aufl. 2021, § 4 Rn. 25; *Wille*, Die Pflicht der Organe, 2003, S. 26 ff.
[1575] *Calliess*, NVwZ 2020, 897 (900); *Lauser*, Europarechtsfreundlichkeit, 2018, S. 207; *Sauer*, Jurisdiktionskonflikte, 2008, S. 387; *Schroeder*, Grundzüge Europarecht, 7. Aufl. 2021, § 4 Rn. 26.
[1576] *Sauer*, Jurisdiktionskonflikte, 2008, S. 388 Fn. 62.

päischen Union und den Mitgliedsstaaten so absichern, wie es die Treue untereinander gebietet. Unterstrichen wird dies durch die Parallelerscheinung der Achtung der Kompetenzen anderer staatlicher Untergliederungen bei der Bundes- und Verfassungsorgantreue.[1577]

d. Beziehung zum Verhältnismäßigkeitsgrundsatz

Konträr zu der soeben erfolgten Inhaltsbestimmung wird teils vertreten, die Funktion des Grundsatzes gegenseitiger Loyalität beschränke sich im Interorganverhältnis der Sache nach auf eine Verhältnismäßigkeitsprüfung.[1578] Indes zeigt nicht nur die separate Regelung des Art. 5 Abs. 4 EUV, dass Verhältnismäßigkeit und Loyalitätsgrundsatz nicht deckungsgleich sind. Wäre dies der Fall, hätte sich der EuGH auch nicht gezwungen sehen müssen, für das Organverhältnis auf Art. 10 EGV zurückzugreifen.[1579] Vielmehr erinnert die Gleichsetzung an die bereits bei der Bundestreue geführte Debatte: Dort versuchte man, Treuepflichten vor allem durch die Anwendung des Verhältnismäßigkeitsgrundsatzes zurückzudrängen, was jedoch nur von mäßigem Erfolg gekrönt war.[1580] Auch die deutlich weitergehende Anwendung im Rahmen des Art. 4 Abs. 3 EUV weist in eine andere Richtung.

3. Grenzen

Neben positiven Anwendungsbedingungen weist auch die Unionstreue negative Anwendungsgrenzen auf. Die wohl bedeutsamsten Grenzen der Unionstreue sind erneut solche, die bereits von den nationalen Treuepflichten bekannt sind: Der Akzessorietätsgrundsatz und der Subsidiaritätsgrundsatz.

a. Akzessorietät und Subsidiarität

Der Akzessorietätsgrundsatz ergibt sich bereits aus dem Wortlaut des Art. 4 Abs. 3 EUV, nach dem der Grundsatz der loyalen Zusammenarbeit bei den „Aufgaben, die sich aus den Verträgen" oder der „Erfüllung der Verpflichtungen, die sich aus den Verträgen oder den Handlungen der Organe der Union ergeben" Geltung entfaltet.[1581] Die Akzessorietät korreliert insofern mit dem Unions-

---

[1577] S. dazu oben C.I.4.b. und C.II.3.
[1578] *Nettesheim*, in: Grabitz/Hilf/Nettesheim EUV, Art. 13 Rn. 79
[1579] So beispielsweise EuGH, Urt. v. 30.03.1995, C-65/93, ECLI:EU:C:1995:91, Rn. 23 (Europäisches Parlament/Rat).
[1580] S. hierzu oben B.II.1.b.
[1581] *Hatje*, Loyalität als Rechtsprinzip, 2001, S. 60 f.; *Kahl*, in: Calliess/Ruffert EUV/AEUV, Art. 4 EUV Rn. 110; *Lauser*, Europarechtsfreundlichkeit, 2018, S. 206; *Streinz*, in: Streinz EUV/AEUV, Art. 4 EUV Rn. 25; vgl. mit Hinweis auf fehlende Anknüpfung an bestehende Regelungen auch EuGH, Urt. v. 12.07.1973, C-2/73, ECLI:EU:C:1973:89, Ls. 1 (Riseria Geddo); EuGH, Urt. v. 10.01.1985, C-229/83, ECLI:EU:C:1985:1, Rn. 20 (Leclerc); mit Blick auf die Diskussion zur Bundestreue kritisch *Unruh*, EuR 2002, 41 (62); ablehnend *Benrath*, Die Konkretisierung von Loyalitätspflichten, 2019, S. 113 ff.

rechtsbezug, als das Rechtsverhältnis nach dieser Konzeption auch das allgemeine Rechtsverhältnis aus den Verträgen sein kann und nicht etwa eine Beschränkung auf die Aufgaben und Pflichten aus den Verträgen besteht.[1582] Dieselbe Problematik hinsichtlich der Anforderungen an das betreffende Rechtsverhältnis, ist im Rahmen deutscher Treuepflichten noch nicht abschließend geklärt.[1583]

Neben der Akzessorietät gilt auch der Subsidiaritätsgrundsatz für die Unionstreue.[1584] Mithin findet das allgemeine Loyalitätsgebot nur dann Anwendung, wenn keine spezielle primärrechtliche Regelung besteht, d.h. insbesondere Art. 4 Abs. 2, 3 EUV oder Art. 13 Abs. 2 EUV.[1585] Weiter wird Art. 4 Abs. 3 EUV – und somit auch der allgemeine Loyalitätsgrundsatz – durch speziellere Verpflichtungen aus dem Primär- und Sekundärrecht verdrängt.[1586] Art. 4 Abs. 3 ist insofern nur deklaratorisch.[1587] Ist die Verpflichtung hingegen nur unvollständig geregelt, bleibt es bei einer Anwendung des Art. 4 Abs. 3 EUV bzw. des allgemeinen Loyalitätsgrundsatzes.[1588] Konstitutive Wirkung entfaltet Art. 4 Abs. 3 EUV hingegen trotzdem, wenn er im Zusammenspiel mit einer anderen Unionsrechtsnorm zur Begründung oder Ausformung ergänzender Pflichten herangezogen wird, wie dies beispielsweise im Zusammenhang mit Art. 288 Abs. 3 AEUV der Fall ist.[1589]

[1582] Vgl. hierzu oben D.II.2.a.
[1583] Vgl. insb. oben C.I.3.b.cc. und C.II.2.a.bb.
[1584] *Hatje*, Loyalität als Rechtsprinzip, 2001, S. 62 f.; *Lauser*, Europarechtsfreundlichkeit, 2018, S. 208; a.A. *Benrath*, Die Konkretisierung von Loyalitätspflichten, 2019, S. 109 ff.
[1585] *Benrath*, Die Konkretisierung von Loyalitätspflichten, 2019, S. 109; *Geiger/Kirchmair*, in Geiger/Khan/Kotzur/Kirchmair, Art. 4 EUV Rn. 6; *Hatje*, Loyalität als Rechtsprinzip, 2001, S. 62 f.; *Klamert*, The Principle of Loyalty, 2014, S. 13, 237; *Lais*, Das Solidaritätsprinzip, 2007, S. 170, 177 f.; *Lauser*, Europarechtsfreundlichkeit, 2018, S. 208; *Unruh*, EuR 2002, 41 (62).
[1586] Vgl. EuGH, Urt. v. 17.06.1987, C-394/85, ECLI:EU:C:1987:293, Rn. 21 (Kommission/Italien); EuGH, Urt. v. 12.07.1990, C-35/88, ECLI:EU:C:1990:302, Rn. 43 (Kommission/Griechenland); EuGH, Urt. v. 03.03.1994, C-332/92, ECLI:EU:C:1994:79, Rn. 22 (Eurico Italia); *Streinz*, in: Streinz EUV/AEUV, Art. 4 EUV Rn. 28.
[1587] *Streinz*, in: Streinz EUV/AEUV, Art. 4 EUV Rn. 28.
[1588] Vgl. *Streinz*, in: Streinz EUV/AEUV, Art. 4 EUV Rn. 28.
[1589] *Streinz*, in: Streinz EUV/AEUV, Art. 4 EUV Rn. 28; vgl. EuGH, Urt. v. 12.07.2007, C-507/04, ECLI:EU:C:2007:427, Rn. 344 (Kommission/Österreich); EuGH, Urt. v. 17.07.2008, C-132/06, ECLI:EU:C:2008:412, Rn. 37 ff. (Kommission/Italien).

b. Bestimmbarkeit

Hinzu tritt bisweilen die Forderung einer Grenze der Bestimmtheit bzw. Bestimmbarkeit.[1590] Gleichbedeutend werden die Begriffe der Klarheit oder Konkretisierbarkeit verwendet.[1591] Gemeint ist damit, dass um der Vorhersehbarkeit Willen der Grundsatz loyaler Zusammenarbeit nur anwendbar sei, wenn anhand unionsrechtlicher Bestimmungen hinreichend konkrete Anknüpfungspunkte für eine konkrete und präzise ausgestaltete Loyalitätspflicht bestünden.[1592] Diesem Kriterium ist indes nicht zuzustimmen. Versteht man die Bestimmtheit als Erfordernis der Offensichtlichkeit, ist dies keine Frage des Anwendungsbereichs, sondern eine Frage der Justitiabilität.[1593] Denn das Offensichtlichkeitskriterium wirft nicht die Frage auf, ob der Grundsatz loyaler Zusammenarbeit in erster Linie ein rechtliches Gebot enthält, sondern nur, ob ein solches eindeutig betroffen ist. Eine derartige Eingrenzung entfaltet nur bei dem Umfang der gerichtlichen Konkretisierungs- und Entscheidungsbefugnis Relevanz.

Versteht man darunter hingegen, dass die rechtliche Regelung aus sich heraus bestimmbar sein müsse, stellt dies kein tragfähiges Anwendbarkeitskriterium dar.[1594] Denn jede Norm ist in höherem oder niedrigerem Maße auslegungsbedürftig und niemals aus sich heraus absolut bestimmt.[1595] Die Komplexität der Konkretisierung kann jedoch nie ein Grund dafür sein, schon den Anwendungsbereich eines Rechtsgrundsatzes zu beschneiden.[1596]

c. Funktionsfähigkeit

Als weitere Grenze wird teils die Beschränkung auf den Zweck der Erhaltung der Funktionsfähigkeit angedacht.[1597] Der Schutz der Funktionsfähigkeit ist ein Argumentationstopos, welches bereits von der Bundes- und Verfassungsorgan-

---

[1590] *v. Bogdandy*, in: GS Grabitz, 1995, S. 17 (21); *Gronen*, Die Vorwirkung, 2006, S. 56; *Walzel*, Bindungswirkungen ungeregelter Vollzugsinstrumente, 2008, S. 164; ablehnend *Benrath*, Die Konkretisierung von Loyalitätspflichten, 2019, S. 118 ff.
[1591] Vgl. z.B. GA *Mayras*, SchlA. zu EuGH, Urt. v. 03.07.1974, C-192/73, ECLI:EU:C:1974:55 (Van Zuylen); *Benrath*, Die Konkretisierung von Loyalitätspflichten, 2019, S. 118 m.w.N.
[1592] *Benrath*, Die Konkretisierung von Loyalitätspflichten, 2019, S. 118 f.; *Gronen*, Die Vorwirkung, 2006, S. 56, 63; *Wille*, Die Pflicht der Organe, 2003, S. 52, 59.
[1593] Vgl. *Benrath*, Die Konkretisierung von Loyalitätspflichten, 2019, S. 119; s. hierzu i.Ü. unten D.IV.
[1594] So auch *Benrath*, Die Konkretisierung von Loyalitätspflichten, 2019, S. 120 f.
[1595] *Benrath*, Die Konkretisierung von Loyalitätspflichten, 2019, S. 120.
[1596] Etwas polemisch *Benrath*, Die Konkretisierung von Loyalitätspflichten, 2019, S. 120 f.; vgl. auch zum Interorganrespekt *Lorz*, Der Interorganrespekt, 2001, S. 572.
[1597] *Benrath*, Die Konkretisierung von Loyalitätspflichten, 2019, S. 98 f. m.w.N.; *Walzel*, Bindungswirkungen ungeregelter Vollzugsinstrumente, 2008, S. 164.

treue bekannt erscheint.[1598] *Benrath* weist zu Recht darauf hin, die Funktionsfähigkeit der Union könne nicht eigenständig als Abgrenzungskriterium stehen.[1599] Das Unionsrecht gebe das richtige Funktionieren und damit die Funktionsfähigkeit vor und gleichzeitig könne die Union nur dann als vollständig funktionsfähig angesehen werden, wenn dem gesamten Unionsrecht Genüge getan werde.[1600] Dies ist insofern zutreffend, als Inhalt und Anwendungsbereich der Unionstreue durch die Rechtsordnung geformt werden, mit dieser in Einklang stehen müssen und nicht darüber hinausgehen oder deren explizite Grenzen überschreiten dürfen.[1601] Dabei wird jedoch verkannt, dass der Unionstreue gerade der Zweck zukommt, besonders im Einzelfall der Bestimmung des rechtlichen Inhalts der Unionsrechtsordnung zu dienen, d.h. der Auslegung des geschriebenen Unionsrechts zu dienen.

Das Kriterium der „Funktionsfähigkeit" ist demnach anders zu verstehen, nämlich als Telos des Grundsatzes.[1602] Begründung und Anwendungsbereich der Unionstreue können logisch nicht getrennt voneinander betrachtet werden, da Sinn und Zweck einer Rechtsfigur nicht beliebig auf andere Anwendungsfälle ausgedehnt werden können. Ausgehend von den oben ausgemachten Begründungslinien, nämlich erstens der Integration, zweitens der „Gewaltenteilung", welche sich über Treu und Glauben in der Unionsrechtsordnung verwirklichen, ergibt sich Folgendes: Die Integration wirkt auf die Einheitsbildung im Wege des kooperativen Prozesses hin und ist damit komplementär zur Gewaltenteilung.[1603] Freilich steht dies häufig in einer Linie mit der Verwirklichung der Unionsrechtsordnung („effet utile"), nicht die gesamte Unionsrechtsordnung wirkt aber auf dieses Ziel hin.

Vielmehr fordert das Kriterium der Funktionsfähigkeit damit ein der Zersetzung entgegenwirkendes Verhalten. Unzutreffend wäre deshalb auch die Stützung eines allgemeinen Effizienz- oder Effektivitätsgebotes jenseits der Verpflichtung der Mitgliedsstaaten zur effektiven Durchsetzung des Unionsrechts.[1604] Nicht nur sind diese nicht mit dem Funktionieren der Unionsrechtsordnung gleichzu-

---

[1598] S. oben C.I.1.b.
[1599] *Benrath*, Die Konkretisierung von Loyalitätspflichten, 2019, S. 98.
[1600] *Benrath*, Die Konkretisierung von Loyalitätspflichten, 2019, S. 98 f.; *Lais,* Das Solidaritätsprinzip, 2007, S. 170, 259.
[1601] *Kahl*, in: Calliess/Ruffert, EUV/AEUV, Art. 4 EUV Rn. 110.
[1602] *Hatje*, in: Schwarze, EU-Kommentar, Art. 4 EUV Rn. 26; vgl. auch *Woelk*, ZöR 52 (1997), 527 (541 f.).
[1603] Vgl. *Lorz*, Interorganrespekt, 2001, S. 40 Fn. 156 unter Verweis auf *Jacqué,* RUDH 1995, 397 (412 ff.).
[1604] In diese Richtung tendiert z.B. *Bleckmann*, RIW/AWD 1981, 653 (655), der die *Effektivität* der Zusammenarbeit fordert, nicht die *Loyalität* bei der Zusammenarbeit oder die effektive Umsetzung des *Unionsrechts*.

setzen, vielmehr können diese sogar trotz zahlreicher Schnittmengen[1605] im Widerspruch zu der Unionstreue stehen[1606] und sind mit dieser in praktische Konkordanz zu bringen. Ist beispielsweise aus Sicht der Unionstreue die Achtung der Funktion eines Unionsorgans und damit dessen Einbindung gefordert, kann dies zu einem ineffizienteren Prozess führen. Deutlich zeigt sich dies oft an der Einbindung des Europäischen Parlaments, welche zu einer Verkomplizierung und Verlängerung des Normsetzungsverfahrens führen kann.

Zutreffender wird durch die Funktionsfähigkeit damit der Zweck der Stabilisierung des gewaltenteiligen Systems zur Gewährleistung der Einheit beschrieben. Damit ist das Wesen der Loyalitätspflicht betroffen. Somit kann nicht von einer Begrenzung des Anwendungsbereichs die Rede sein. Vielmehr kommt die Unionstreue von vorneherein nicht in Betracht, wenn ihr Anliegen nicht betroffen ist.

d. Schutz des Zusammenhalts

In eine ähnliche Richtung zielt eine Beschränkung auf den Schutz des Zusammenhalts.[1607] Anders, als dies bisweilen dargestellt wird,[1608] sind aber die Kriterien von Zusammenhalt oder auch Einheit nicht als Abgrenzung zur Eigenständigkeit zu sehen.[1609] Vielmehr ist darin der Integrationsgedanke zu sehen, welcher – jedenfalls nach modernem Verständnis[1610] – keine Uniformität oder ein unbegrenztes Zuarbeiten der Mitgliedsstaaten verlangt, sondern auch durch die Vielheit in der Einheit erreicht werden kann.[1611] Dies erfordert auch die Rücksicht auf mitgliedsstaatliche Einzelinteressen.[1612] Das Zusammenspiel von Integration und Gewaltenteilung im weiteren Sinne erfordert vielmehr auch die Achtung der einzelnen Glieder und somit die Autonomie der Mitgliedsstaaten.[1613] Somit ist es zutreffend, dass die Unionstreue auf Einheit und Zusammenhalt gerichtet ist. Eine Begrenzung des Anwendungsbereichs ist darin indes

---

[1605] Vgl. *Benrath,* Die Konkretisierung von Loyalitätspflichten, 2019, S. 487 f., 572.
[1606] Vgl. auch *Benrath,* Die Konkretisierung von Loyalitätspflichten, 2019, S. 214.
[1607] Vgl. hierzu letztlich ablehnend *Benrath,* Die Konkretisierung von Loyalitätspflichten, 2019, S. 100 ff.
[1608] Vgl. *Benrath,* Die Konkretisierung von Loyalitätspflichten, 2019, S. 102 f.
[1609] So auch *Tsatsos,* EuGRZ 1995, 287 (289).
[1610] Vgl. hierzu v.a. *Herzog,* Der Integrationsgedanke und die obersten Staatsorgane, 1986, S. 6 ff.; spezifisch mit Blick auf die Union *Tsatsos,* EuGRZ 1995, 287 (289); s. zu dem pluralistischeren Integrationsverständnis bereits oben B.I.2., B.II.
[1611] Vgl. auch *Brohm,* Landeshoheit und Bundesverwaltung, 1968, S. 38; *Lohse,* in: Stern/Sodan/Möstl, Staatsrecht Bd. 2, 2. Aufl. 2022, § 38 Rn. 23 f.; *Tsatsos,* EuGRZ 1995, 287 (289).
[1612] Vgl. *Epiney,* EuR 1994, 301 (312).
[1613] Vgl. *Epiney,* EuR 1994, 301 (312); *Hatje,* Loyalität als Rechtsprinzip, 2001, S. 63 f.; *Wille,* Die Pflicht der Organe, 2003, S. 80 f.

nicht zu erblicken. Im Übrigen stellt sich das Kriterium als schwer handhabbar dar, weshalb es nicht für eine genauere Eingrenzung geeignet wäre.

e. Begrenzung auf bestimmte Verhaltensweisen

Zuletzt wird teils eine Begrenzung auf bestimmte Verhaltensweisen angedacht.[1614] Gemeint ist damit letztlich nichts anderes als eine enge Fassung des Unionsrechtsbezugs.[1615] Eine solche könnte man aus dem Wortlaut des Art. 4 Abs. 3 UAbs. 1 EUV herauslesen, welcher den Grundsatz loyaler Zusammenarbeit „bei der Erfüllung der Aufgaben, die sich aus den Verträgen ergeben", anordnet.[1616] Ausgeschlossen wären demnach Verhaltensweisen außerhalb des Unionsrahmens oder ohne finalen Bezug zur Union.[1617] Allerdings ist Art. 4 Abs. 3 EUV nicht abschließend und schon Art. 4 Abs. 3 UAbs. 3 EUV macht deutlich, dass eine derartige Beschränkung nicht gewollt ist.[1618] Eine Unterstützungspflicht kommt den Mitgliedsstaaten danach nämlich auch zu, wenn die Union ihre Aufgaben wahrnimmt, und ein Unterlassungspflicht schon bei einer reinen Gefährdung der Ziele der Union. Eine derartige Einschränkung des Anwendungsbereichs ist damit abzulehnen.

f. Zwischenergebnis

Letztlich bleibt es somit bei der Begrenzung und Prägung des Grundsatzes durch das konkrete Rechtsverhältnis durch Akzessorietät und Subsidiarität.

III. Funktionsweise und Ausprägungen

Auch im Rahmen der Unionstreue lassen sich die Funktionen in Auslegungsprinzip,[1619] Rechtsausübungsschranke[1620] und Quelle für Rechte und Pflichten[1621] unterteilen.[1622] Hierbei ist die Dimension als Quelle für Rechte und Pflichten besonders prominent: Solidaritäts- und Unterstützungspflichten spielen eine

---

[1614] Letztlich ablehnend *Benrath*, Die Konkretisierung von Loyalitätspflichten, 2019, S. 99 f.
[1615] Vgl. *Benrath*, Die Konkretisierung von Loyalitätspflichten, 2019, S. 99 f.
[1616] Vgl. auch *Benrath*, Die Konkretisierung von Loyalitätspflichten, 2019, S. 99.
[1617] *Benrath*, Die Konkretisierung von Loyalitätspflichten, 2019, S. 99.
[1618] So auch *Benrath*, Die Konkretisierung von Loyalitätspflichten, 2019, S. 99 f.
[1619] *Hatje*, Loyalität als Rechtsprinzip, 2001, S. 85; *Larik*, in: Bungenberg/Herrmann, Die gemeinsame Handelspolitik, 2016, S. 45 (52); so z.B. in EuGH, Urt. v. 22.09.1988, C-358/85, ECLI:EU:C:1988:431, Rn. 34 ff. (Frankreich/Parlament).
[1620] *Calliess*, NVwZ 2020, 897 (900); *Unruh*, EuR 2002, 41 (64); *Wille*, Die Pflicht der Organe, 2003, S. 60 ff.; *Woelk*, ZöR 52 (1997), 527 (545).
[1621] *Bleckmann*, RIW/AWD 1981, 653 (653); *Geiger/Kirchmair*, in: Geiger/Khan/Kotzur/Kirchmair, Art. 4 EUV Rn. 7 ff.; *Larik*, in: Bungenberg/Herrmann, Die gemeinsame Handelspolitik, 2016, S. 45 (52 f.); *Unruh*, EuR 2002, 41 (63); *Walzel*, Bindungswirkungen ungeregelter Vollzugsinstrumente, 2008, S. 163 f.; *Wille*, Die Pflicht der Organe, 2003, S. 25 ff.; *Woelk*, ZöR 52 (1997), 527 (541).
[1622] Terminologisch leicht abweichend *Hatje*, Loyalität als Rechtsprinzip, 2001, S. 63, 85 f.

wesentliche Rolle.[1623] Die Pflichten umfassen – bereits nach dem Wortlaut des Art. 4 Abs. 3 EUV – sowohl aktives Tun als auch Unterlassen.[1624] Unter den Pflichten kann weiter zwischen Vertragserfüllungs- und Unterstützungspflichten differenziert werden.[1625] Unter die Unterstützungspflichten fallen parallel zu nationalen Treuepflichten auch im Europarecht Pflichten zu Beistand, Information und Konsultation.[1626]

Als Auslegungsprinzip wird die Unionstreue beispielsweise im Rahmen des Art. 222 AEUV relevant, welcher selbst eine Teilverwirklichung des allgemeinen Loyalitätsgrundsatzes darstellt[1627]. Der allgemeine Solidaritätsgedanke kann jedoch bei Zweifeln am Vorliegen der tatbestandlichen Voraussetzungen verstärkend hinzutreten.[1628] Als Auslegungsmaxime wirkt sich die Unionstreue aber nicht nur im Primärrecht aus, sondern kann auch zur Auslegung sonstigen Unionsrechts und bei Unionsrechtsbezug sogar des nationalen Rechts herangezogen werden.[1629]

Die Funktion als Kompetenzausübungsschranke entfaltet besonders im Rahmen der Erhaltung der praktischen Wirksamkeit der Verträge Bedeutung.[1630] Wie bei der Bundes- und Verfassungsorgantreue stehen die drei Funktionen nicht in einem Exklusivitätsverhältnis, was sich bereits anhand der vorangegangenen Ausführungen zeigt. So begründet die Unionstreue in ihrer Ausprägung des Art. 4 Abs. 3 EUV i.V.m. Art. 288 Abs. 3 AEUV beispielsweise die Pflicht zur ordnungsgemäßen Umsetzung von Richtlinien, so dass das Richtlinienziel erreicht werden kann.[1631] Zugleich stellt dies eine Auslegung des Art. 288 AEUV im Lichte der Unionstreue dar, wodurch konkrete Anforderungen an die Richtlinienumsetzung abgeleitet werden.[1632]

Alle drei Funktionen sind beispielsweise bei der Anwendung des Art. 4 Abs. 3 EUV i.V.m. Art. 101 AEUV einschlägig, wenn daraus sog. Stillhalteverpflichtungen im Kartellrecht abgeleitet werden.[1633] Die Auslegungsfunktion knüpft an die

---

[1623] Vgl. *Bleckmann*, RIW/AWD 1981, 653 (653 ff.); s.a. *Calliess*, EuZW 2023, 781 (784 f.).
[1624] Vgl. *Epiney*, in: Zuleeg, Die neue Verfassung der Europäischen Union, 2006, S. 47 (63); *Sauer*, Jurisdiktionskonflikte, 2008, S. 390.
[1625] *Sauer*, Jurisdiktionskonflikte, 2008, S. 387.
[1626] *Sauer*, Jurisdiktionskonflikte, 2008, S. 390.
[1627] *Schroeder*, Grundkurs Europarecht, 7. Aufl. 2021, § 4 Rn. 26.
[1628] *Frenz*, in: Frankfurter Kommentar AEUV, Art. 222 Rn. 4.
[1629] *Hatje*, Loyalität als Rechtsprinzip, 2001, S. 85 f.
[1630] *Sauer*, Jurisdiktionskonflikte, 2008, S. 390.
[1631] *Streinz*, in: Streinz EUV/AEUV, Art. 4 EUV Rn. 28 m.w.N.
[1632] *Lauser*, Europarechtsfreundlichkeit, 2018, S. 208 – „ergänzende Nebenpflichten"; *Streinz*, in: Streinz EUV/AEUV, Art. 4 EUV Rn. 28.
[1633] *Lauser*, Europarechtsfreundlichkeit, 2018, S. 208; vgl. auch EuGH, Urt. v. 11.04.1989, C-66/86, ECLI:EU:C:2000:100, Rn. 49 (Ahmed Saeed Flugreisen) noch zu Art. 5 und 85 EWG-Vertrag.

einschlägigen wettbewerbsrechtlichen Normen an. Neben der Pflicht beispielsweise der Luftverkehrsbehörden, „alles zu unterlassen [...], was als Ermutigung der Luftfahrtunternehmen zum Abschluß von gegen den Vertrag verstoßenden Tarifvereinbarungen angesehen werden könnte",[1634] ist darin auch eine Rechtsausübungsschranke zu sehen, auf Tarifvereinbarungen einzuwirken.

Eine Differenzierung nach (Staats-)Funktionen[1635] ist ebenso denkbar.[1636] So ergeben sich typischerweise unterschiedliche Pflichten für Legislative, Judikative und Exekutive der Mitgliedsstaaten. Der Sinn der Differenzierung geht allerdings erneut nicht über die Rolle hinaus, die das jeweilige Organ in der Rechtsordnung einnimmt, da die Unionstreue ohnehin durch das jeweilige Rechtsverhältnis geprägt ist.[1637] Mithin soll diese Unterscheidung nicht weiterverfolgt werden.

IV. Rechtsfolgen und Durchsetzbarkeit

Die Unionstreue ist nach nunmehr einhelliger Ansicht nicht lediglich ein Programmsatz oder Appell an die Mitgliedsstaaten, sondern eine echte Rechtspflicht.[1638] Ein Verstoß stellt somit eine Vertragsverletzung dar.[1639] Behörden und Gerichte dürfen nationale Vorschriften nach dem Vereitelungsverbot bzw. Effizienzgebot aus Art. 4 Abs. 3 EUV nicht anwenden, die die Verwirklichung unionaler Pflichten unmöglich machen oder wesentlich erschweren würden.[1640] Wie alle Loyalitätsprinzipien bewegt sich auch die Unionstreue im Schnittbereich zwischen Recht und Politik. Primär ist sie mithin durch die Mitgliedsstaaten

---

[1634] EuGH, Urt. v. 11.04.1989, C-66/86, ECLI:EU:C:2000:100, Rn. 49 (Ahmed Saeed Flugreisen).
[1635] Vgl. dazu oben C.I.2.
[1636] Vgl. *Hatje*, in: Schwarze, EU-Kommentar, Art. 4 EUV, Rn. 58 ff.
[1637] Vgl. *Benrath*, Die Konkretisierung von Loyalitätspflichten, 2019, S. 277 ff.; *Hatje*, Loyalität als Rechtsprinzip, 2001, S. 46 ff.
[1638] *Hatje*, in: Schwarze, EU-Kommentar, Art. 4 EUV Rn. 27; *Kahl*, in: Calliess/Ruffert EUV/AEUV, Art. 4 EUV Rn. 106; *Kroll*, Eine Pflicht zum Finanzausgleich, 2019, S. 276; *Obwexer*, in: v. d. Groeben/Schwarze/Hatje, Art. 4 EUV Rn. 78; *Oppermann/Classen/Nettesheim*, Europarecht, 9. Aufl. 2021, § 4 Rn. 28; *Söllner*, Art. 5 EWG-Vertrag, 1985, S. 127; *Starski*, in: Kahl/Ludwigs, Hdb. Verwaltungsrecht, Bd. 3, 2022, § 79 Rn. 29; *Unruh*, EuR 2002, 41 (61); *Walzel*, Bindungswirkungen ungeregelter Vollzugsinstrumente, 2008, S. 163; *Wille*, Die Pflicht der Organe, 2003, S. 20; *Wuermeling*, Kooperatives Gemeinschaftsrecht, 1988, S. 187; vgl. auch EuGH, Urt. v. 26.11.2002, C-275/00, ECLI:EU:C:2002:711, Rn. 49 (First und Franex); EuGH, Urt. v. 10.07.2014, C-220/13 P, ECLI:EU:C:2014:2057, Rn. 51 (Nikolaou); zu den Meinungsstreitigkeiten im Rahmen des Art. 10 EGV a.F. *Hatje*, a.a.O., Art. 4 EUV, Rn. 27 m.w.N.; *Wille*, a.a.O., S. 20 f.; ablehnend beispielsweise noch *Daig*, EuR 1970, S. 1 (21 ff.).
[1639] *Hatje*, Loyalität als Rechtsprinzip, 2001, S. 84.
[1640] *Hatje*, Loyalität als Rechtsprinzip, 2001, S. 84; *Hatje*, in: Schwarze, EU-Kommentar, Art. 4 EUV Rn. 29.

und Unionsorgane im politischen Prozess durchzusetzen.[1641] Gleichwohl ist sie im Streitfall justitiabel.[1642]

1. Unmittelbare Wirkung

Im Vergleich zum deutschen Staatsrecht auffällig ist die Behandlung der Frage, ob die Unionstreue unmittelbare Wirkung gegenüber Dritten entfaltet. Da den Mitgliedsstaaten ein erheblicher Entscheidungsspielraum bei der Umsetzung zukommt, ist hiervon grundsätzlich nicht auszugehen.[1643] Bereits aus Art. 4 Abs. 3 EUV ergeht aufgrund seiner weiten Fassung regelmäßig nur beschränkt unmittelbare Rechtswirkung.[1644] Vielmehr bedarf es – auch in Anbetracht der Akzessorietät – im Regelfall der Anknüpfung an eine zusätzliche, hinreichend genaue und unbedingte Bestimmung des Unionsrechts, d.h. des Primär- oder Sekundärrechts einschließlich völkerrechtlicher Übereinkünfte der Union oder gar bloßer politischer Erklärungen[1645].[1646]

Während dies in der älteren Rechtsprechung des EuGH noch eher strikt gehandhabt wurde,[1647] ist die heute herrschende Literaturauffassung[1648] sowie die neuere Rechtsprechung des EuGH[1649] großzügiger. Ausnahmsweise sind demnach unmittelbare, autonome Pflichten denkbar,[1650] allerdings nur bei einer Ermessensreduktion auf Null,[1651] wenn beispielsweise dem Gebot des effektiven Rechtsschutzes durch mitgliedsstaatliche Gerichte zur Durchsetzung der uni-

---

[1641] *Böhringer/Marauhn*, in: Schulze/Janssen/Kadelbach, Europarecht, 4. Aufl. 2020, § 7 Rn. 22.
[1642] *Böhringer/Marauhn*, in: Schulze/Janssen/Kadelbach, Europarecht, 4. Aufl. 2020, § 7 Rn. 22; *Starski*, in: Kahl/Ludwigs, Hdb. Verwaltungsrecht, Bd. 3, 2022, § 79 Rn. 29; *Unruh*, EuR 2002, 41 (61); für den Bereich der GASP restriktiv *Larik*, in: Bungenberg/Herrmann, Die gemeinsame Handelspolitik, 2016, S. 45 (51).
[1643] EuGH, Urt. v. 02.02.1977, C-50/76, ECLI:EU:C:1977:13, Rn. 32 f. (Amsterdam Bulb); *Hatje*, in: Schwarze, EU-Kommentar, Art. 4 EUV Rn. 29; *Söllner*, Art. 5 EWG-Vertrag, 1985, S. 126.
[1644] *Kahl*, in: Calliess/Ruffert, EUV/AEUV, Art. 4 EUV Rn. 107; restriktiver noch EuGH, Urt. v. 24.10.1973, C-9/73, ECLI:EU:C:1973:110, Rn. 39 (Schlüter); EuGH, Urt. v. 10.01.1985, C-229/83, ECLI:EU:C:1985:1, Rn. 20 (Leclerc); EuGH, Urt. v. 15.01.1986, C-44/84, ECLI:EU:C:1986:2, Rn. 46 ff. (Hurd).
[1645] So z.B. EuGH, Urt. v. 04.10.1979, C-141/78, ECLI:EU:C:1979:225, Rn. 8 (Frankreich/Vereinigtes Königreich).
[1646] *Obwexer*, in: v. d. Groeben/Schwarze/Hatje, Art. 4 EUV Rn. 81.
[1647] EuGH, Urt. v. 24.10.1973, C-9/73, ECLI:EU:C:1973:110, Rn. 39 (Schlüter); EuGH, Urt. v. 10.01.1985, C-229/83, ECLI:EU:C:1985:1, Rn. 20 (Leclerc); EuGH, Urt. v. 15.01.1986, C-44/84, ECLI:EU:C:1986:2, Rn. 48 (Hurd).
[1648] *Kahl*, in: Calliess/Ruffert, EUV/AEUV, Art. 4 EUV Rn. 107; *Lauser*, Europarechtsfreundlichkeit, 2018, S. 209; *Streinz*, in: Streinz EUV/AEUV, Art. 4 EUV Rn. 27.
[1649] Vgl. EuGH, Urt. v. 01.10.1998, C-285/96, ECLI:EU:C:1998:453, Rn. 19 f. (Kommission/Italien).
[1650] *Epiney*, EuR 1994, 301 (310); *Obwexer*, in: v. d. Groeben/Schwarze/Hatje, Art. 4 EUV Rn. 80.
[1651] *Obwexer*, in: v. d. Groeben/Schwarze/Hatje, Art. 4 EUV Rn. 80.

onsrechtlich garantierten Rechte nur durch eine einzige, bestimmte Maßnahme nachgekommen werden kann.[1652]

Mithin ist eine ähnliche Tendenz wie im Rahmen der Rechtsprechung des Bundesverfassungsgerichts und der Literatur zur Akzessorietät der Bundestreue hin zu einer weniger restriktiven Handhabung der Loyalitätsgrundsätze zu beobachten.[1653] Während allerdings die Bundestreue rein auf Voraussetzungsebene einen weniger strengen Trend aufweist, wird die Unionstreue im Rahmen der Anforderungen an das Rechtsverhältnis eher weit gefasst, während eine zunächst zurückhaltende, aber zunehmend liberalere Handhabung auf Rechtsfolgenseite beobachtet werden kann.[1654] Ein grundlegender Unterschied ist hierin jedoch nicht zu sehen, da eine Norm mit Ermessen auf Rechtsfolgenseite regelmäßig auch zu einer Norm mit Beurteilungsspielraum auf Tatbestandsseite umformuliert werden kann, ohne dadurch das Ergebnis zu verändern.[1655] Zudem wird dieser Differenzierung durch den EuGH ohnehin wenig Bedeutung beigemessen.[1656]

2. Gerichtliche Durchsetzbarkeit

Der Grundsatz der Unionstreue bedarf zunächst grundsätzlich der Konkretisierung durch die Rechtsordnung.[1657] Erst in Verbindung mit den Normen, welche das konkrete Rechtsverhältnis ausgestalten, lassen sich im Gerichtsverfahren konkrete Pflichten ableiten.[1658] Ist diese Voraussetzung erfüllt, ist die Vertragsverletzung durch einen Mitgliedsstaat in einem Verfahren nach Art. 258 ff. AEUV und die Vertragsverletzung durch ein Unionsorgan in einem Verfahren nach Art. 263 f. AEUV vor dem EuGH bzw. dem EuG überprüfbar und sanktionierbar.[1659] Die unionsrechtlichen Sanktions- und Durchsetzungsmechanismen gegenüber den Mitgliedsstaaten sind allerdings beschränkt.[1660] In Betracht kommen im Wesentlichen Zwangsgelder gem. Art. 260 AEUV.[1661] Insofern stellt sich für die Unionstreue dasselbe Problem der Umsetzungswilligkeit der Mitgliedsstaaten wie bei sämtlichen Pflichten des Unionsrechts.[1662] Genau dies macht die Unions-

---

[1652] *Obwexer*, in: v. d. Groeben/Schwarze/Hatje, Art. 4 EUV Rn. 80.
[1653] S. oben C.I.3.b.cc.
[1654] Vgl. insb. oben D.II.2.a und 3.a.
[1655] Ausführlich hierzu *Pfeiffer*, Das exekutive Normsetzungsermessen, 2024, S. 26 ff., 79 f.
[1656] *Dörr*, in: Grabitz/Hilf/Nettesheim AEUV, Art. 263 Rn. 192; *Pfeiffer*, Das exekutive Normsetzungsermessen, 2024, S. 80.
[1657] *Kahl*, in: Calliess/Ruffert, EUV/AEUV, Art. 4 EUV Rn. 107.
[1658] *Kahl*, in: Calliess/Ruffert, EUV/AEUV, Art. 4 EUV Rn. 107.
[1659] *Kahl*, in: Calliess/Ruffert, EUV/AEUV, Art. 4 EUV Rn. 106 f.; noch nach alter Rechtslage *Hatje*, Loyalität als Rechtsprinzip, 2001, S. 84 ff.
[1660] *Kahl*, in: Calliess/Ruffert, EUV/AEUV, Art. 4 EUV Rn. 98.
[1661] *Hatje*, Loyalität als Rechtsprinzip, 2001, S. 84.
[1662] Vgl. hierzu *Bieber*, Solidarität und Loyalität, 1997, S. 22 f.

treue jedoch zugleich wesentlich: Sie soll ihre heilsame Wirkung bereits entfalten, bevor es zum Bruch kommt, indem sie auf inneren Zusammenhalt und Anerkennung des Unionsrechts hinwirkt.[1663] Somit kann sie zumindest ansatzweise eine Lösung für die nach wie vor bestehenden Durchführungs-, Umsetzungs- und Vollzugsdefizite der Union bieten.[1664]

Hinsichtlich der Reichweite der Entscheidungskompetenz bei der Nichtigkeitsklage zeigen sich weitgehend bekannte Muster auf: Soweit die Klage begründet ist, spricht das zuständige Unionsgericht gem. Art. 264 AEUV grundsätzlich die Folge der Nichtigkeit aus.[1665] Die angefochtene Handlung wird grundsätzlich mit ex-tunc-Wirkung und erga omnes aufgehoben.[1666] Ein feiner Unterschied zu der grundsätzlichen Lage nach deutschem Recht[1667] besteht darin, dass keine deklaratorische Feststellungs-, sondern eine Gestaltungsentscheidung[1668] ergeht, obwohl beispielsweise der Wortlaut der §§ 78 und 95 Abs. 3 BVerfGG und des Art. 264 AEUV sich im Wesentlichen nicht unterscheiden. Praktisch macht dies jedoch kaum einen Unterschied, da in beiden Rechtsordnungen grundsätzlich die Gültigkeits- und Rechtmäßigkeitsvermutung bis zur Entscheidung bestehen und mit der Entscheidung die ex-tunc-Nichtigkeit folgt.[1669] Lediglich die ipso iure Nichtigkeit wird von der jeweiligen herrschenden Ansicht unterschiedlich beurteilt.[1670]

[1663] Vgl. *Bieber*, Solidarität und Loyalität, 1997, S. 24 f.
[1664] *Kahl*, in: Calliess/Ruffert, EUV/AEUV, Art. 4 EUV Rn. 99 f.
[1665] *Dörr*, in: Grabitz/Hilf/Nettesheim AEUV, Art. 263 Rn. 197; *Ehlers*, in: Ehlers/Schoch, Rechtsschutz im Öffentlichen Recht, 2021, § 9 Rn. 81.
[1666] *Dörr*, in: Grabitz/Hilf/Nettesheim AEUV, Art. 263 Rn. 197; *Ehlers*, in: Ehlers/Schoch, Rechtsschutz im Öffentlichen Recht, 2021, § 9 Rn. 85 f.; *Schroeder*, Europarecht, 7. Aufl. 2021, § 9 Rn. 48; inter-partes-Wirkung bei an Adressaten gerichteten Beschlüssen *Ehlers*, a.a.O., § 9 Rn. 85 sowie ausnahmsweise ex-nunc-Wirkung aus Rechtssicherheits- oder Vertrauensschutzgründen oder aufgrund von Rechten Dritter, *Ehlers*, a.a.O., § 9 Rn. 86.
[1667] Vgl. zur deutschen h.M. (sog. Nichtigkeitslehre) BVerfG, Urt. v. 23.10.1951 – 2 BvG 1/51 = BVerfGE 1, 14 (37); BVerfG, Urt. v. 19.10.1982 – 2 BvF 1/81 = BVerfGE 61, 149 (151) – „mit [...] [dem Grundgesetz] unvereinbar und *daher nichtig*" (keine Hervorhebung im Original); *Dederer*, in: Dürig/Herzog/Scholz GG, Art. 100 Rn. 239; *Schlaich/Korioth*, Das Bundesverfassungsgericht, 12. Aufl. 2021, § 12 Rn. 380; unter Darlegung der Schwächen beider Auffassungen *Lechner/Zuck*, BVerfGG, § 78 Rn. 4; a.A. *Böckenförde*, Die sogenannte Nichtigkeit, 1966, S. 21 ff.; *Pestalozza*, Verfassungsprozeßrecht, 3. Aufl. 1991, § 20 Rn. 127 (sog. „Vernichtbarkeitslehre").
[1668] *Dörr*, in: Grabitz/Hilf/Nettesheim AEUV, Art. 263 Rn. 197; *Ehlers*, in: Ehlers/Schoch, Rechtsschutz im Öffentlichen Recht, 2021, § 9 Rn. 81; *Schwarze/Voet van Vormizeele*, in: Schwarze EU-Kommentar, Art. 264 AEUV Rn. 4.
[1669] Für das deutsche Recht *Stark*, in: Umbach/Clemens/Dollinger BVerfGG, § 95 Rn. 26; für das Unionsrecht *Schwarze/Voet van Vormizeele*, in: Schwarze EU-Kommentar, Art. 264 AEUV Rn. 3.
[1670] Vgl. zum deutschen Recht exemplarisch *Karpenstein/Schneider-Buchheim*, in: BeckOK BVerfGG, § 78 Rn. 10 f.; *Schlaich/Korioth*, Das Bundesverfassungsgericht, 12. Aufl. 2021,

Bei Streitigkeiten zwischen den Unionsorganen hat der EuGH aufgrund des institutionellen Gleichgewichtes Zurückhaltung zu üben.[1671] Den anderen Einrichtungen der Union kommen regelmäßig Entscheidungsspielräume zu, welche der EuGH zu achten hat.[1672] Auch darin besteht eine Parallele zum deutschen Recht.[1673]

V. Der Zusammenhang zwischen Europarechtsfreundlichkeit und Unionstreue

Nach den zuvor erarbeiteten Erkenntnissen stellt die Unionstreue einen Grundsatz dar, welcher im Unionsrecht verankert ist und somit in den Mitgliedsstaaten unmittelbare Geltung entfaltet. Trotz dahingehender Versuche, die Europäische Union als Bundesstaat auszugestalten,[1674] ist dies bekanntlich nicht erfolgt, womit der Union keine Kompetenz-Kompetenz zukommt[1675] und diese in hohem Maße vom guten Willen ihrer Mitglieder abhängig ist. An dieser Stelle setzt die Unionstreue an und zielt darauf ab, die Mitgliedsstaaten dazu zu bewegen, mit der Union zu kooperieren. Letztlich ist aber auch die Unionstreue nur Teil ebendieses besonderen Völkerrechts, es sei denn, die Verschränkung der Unionsrechtsordnung mit den Rechtsordnungen der Mitgliedsstaaten bringt es mit sich, dass die Treueverpflichtung auch durch das Verfassungsrecht der Mitgliedsstaaten abgesichert ist. In den Mitgliedsstaaten wird dies regelmäßig durch den Anwendungsvorrang des Unionsrechts abgesichert.[1676]

1. Herleitung

Stellt man sich die Frage, ob eine derartige Verpflichtung über den Anwendungsvorrang des Unionsrechts hinaus aus dem Grundgesetz hervorgeht, stößt man unweigerlich auf Art. 23 GG. Dieser fixiert das Prinzip der „offenen Staatlichkeit" und bekennt sich zur europäischen Einigung.[1677] Flankiert wird Art. 23 GG von der Präambel des Grundgesetzes, welche das Ziel der Bundesrepublik, „als gleichberechtigtes Glied in einem vereinten Europa dem Frieden der Welt

---

§ 12 Rn. 380 ff.; vgl. zum Unionsrecht exemplarisch *Ehlers*, in: Ehlers/Schoch, Rechtsschutz im Öffentlichen Recht, 2021, § 9 Rn. 1; weiter relativierend *Stark*, in: Umbach/Clemens/Dollinger BVerfGG, § 95 Rn. 26.
[1671] *Dörr*, in: Grabitz/Hilf/Nettesheim AEUV, Art. 263 Rn. 193; *Schroeder*, Europarecht, 7. Aufl. 2021, § 9 Rn. 47.
[1672] *Dörr*, in: Grabitz/Hilf/Nettesheim AEUV, Art. 263 Rn. 186 ff.
[1673] Vgl. hierzu oben C.I.5.b.
[1674] S. exemplarisch nur *Tsatsos*, EuGRZ 1995, 287 (291) m.w.N.; vgl. auch *Bergmann*, Handlexikon EU, 6. Aufl. 2022, Art. Bundesstaat; *Nettesheim*, in: Grabitz/Hilf/Nettesheim, Art. 1 EUV Rn. 66; neuerlicher Vorstoß durch den Koalitionsvertrag zwischen SPD, Bündnis 90/Die Grünen und FDP, 2021, S. 131.
[1675] *Nettesheim*, in: Grabitz/Hilf/Nettesheim, Art. 1 EUV Rn. 69.
[1676] *Lauser*, Europarechtsfreundlichkeit, 2018, S. 218 f.
[1677] *Scholz*, in: Dürig/Herzog/Scholz GG, Art. 23 Rn. 3.

zu dienen", festsetzt, sowie Art. 24 Abs. 1 GG, welcher die Übertragung von Hoheitsrechten auf sonstige zwischenstaatliche Einrichtungen ermöglicht.[1678] Aus Art. 23 Abs. 1 GG und der Präambel leitet das Bundesverfassungsgericht demnach ab, dass „insbesondere für die deutschen Verfassungsorgane [...] nicht in ihrem politischen Belieben steht, sich an der europäischen Integration zu beteiligen oder nicht. Das Grundgesetz will eine europäische Integration und eine internationale Friedensordnung: Es gilt deshalb nicht nur der Grundsatz der Völkerrechtsfreundlichkeit, sondern auch der Grundsatz der Europarechtsfreundlichkeit."[1679]

Da die unmittelbare Geltung der Unionstreue qua Unionsrecht nicht umstritten ist, kommt auch selten die Frage auf, in welchem Zusammenhang Unionstreue und Europarechtsfreundlichkeit stehen. Eine eingehende Untersuchung dieser Fragestellung hat *Lauser* vorgenommen, indem sie Gemeinsamkeiten und Unterschiede zwischen Bundes- und Verfassungsorgantreue einerseits und Europarechtsfreundlichkeit andererseits gegenüberstellte sowie im Anschluss das Verhältnis zwischen Unionstreue und Europarechtsfreundlichkeit untersuchte.[1680]

Wesentliche Gemeinsamkeiten zwischen Bundestreue bzw. Verfassungsorgantreue und Europarechtsfreundlichkeit fand sie in der Lückenfüllungs- und Ergänzungsfunktion, der „Konfliktvermeidung" bzw. Konfliktlösung oder -abmilderung aus Treuegesichtspunkten, ohne jedoch auf die Gleichschaltung abzuzielen, sowie der Akzessorietät der jeweiligen Grundsätze.[1681]

Die Unterschiede zwischen Bundestreue und Europarechtsfreundlichkeit lägen zunächst in der unterschiedlichen Herleitung: Während sich die Bundestreue auf ein Staatsstrukturprinzip stütze, begründe sich die Europarechtsfreundlichkeit aus einem Staatsziel.[1682] Dies ist allerdings nur die halbe Wahrheit, wie sich bereits an den weiteren Ausführungen *Lausers* zeigt. Das bezeichnete Staatsziel meint nämlich gerade die europäische Integration.[1683] Der Zusammenhang zwischen staatlicher und europäischer Integration liegt jedoch nach hier vertretener Auffassung nicht in deren grundlegenden Bedeutung, sondern vielmehr in dem sie einbettenden Rahmen und deren Intensität.[1684] Die maßgebliche Funk-

---

[1678] Vgl. hierzu auch *Scholz*, in: Dürig/Herzog/Scholz GG, Art. 23 Rn. 3 f.
[1679] BVerfG, Urt. v. 30.06.2009 – 2 BvE 2, 5/08 u.a. = BVerfGE 123, 267 (346 f.)
[1680] *Lauser*, Europarechtsfreundlichkeit, 2018, S. 159 ff.
[1681] *Lauser*, Europarechtsfreundlichkeit, 2018, S. 187 f., 201.
[1682] *Lauser*, Europarechtsfreundlichkeit, 2018, S. 188.
[1683] BVerfG, Urt. v. 30.06.2009 – 2 BvE 2/08 u.a. = BVerfGE 123, 267 (346 f., 363); *Scholz*, in: Dürig/Herzog/Scholz GG, Art. 23 Rn. 50.
[1684] S. hierzu oben D.I.3.; vgl. auch *Möstl*, Bundesstaat und Staatenverbund, 2012, S. 50 f.

tion des Integrationsgedankens im Rahmen der Bundestreue bestreitet *Lauser* indes nicht.[1685]

Das durch *Lauser* bezeichnete Strukturprinzip ist für die Bundestreue das Bundesstaatsprinzip. Einen maßgeblichen Unterschied stelle in diesem Rahmen die unterschiedliche Auflösung von Normkollisionen dar.[1686] Für die Europarechtsfreundlichkeit ist jedoch nicht zu ignorieren, dass die Europäische Union gleichfalls ein föderalistisches System mit nicht unerheblichen strukturellen Parallelen zu einem Bundesstaat bildet.[1687] So stellt *Lauser* selbst fest, man könne ein „föderale[s] Element des Mehrebenensystems in den Mittelpunkt" stellen, mit der Folge, dass der Unterschied zwischen Anwendungsvorrang des Unionsrechts und Geltungsvorrang des Art. 31 GG nicht entscheidend sei.[1688] In der Tat ist der Unterschied zwischen Art. 31 GG und dem Anwendungsvorrang im Rahmen der Bundestreue und der Europarechtsfreundlichkeit ohnehin von sekundärer Bedeutung. Dies liegt darin begründet, dass zur präventiven Vermeidung von Kollisionen sowohl Art. 31 GG als auch der Anwendungsvorrang zum einen von vornherein subsidiär gegenüber der Auslegung des einschlägigen Rechts sind,[1689] zum anderen auch nur die Rechtsfolge der Kollision, nicht aber deren Grundlage betreffen.

Auch sei mit dem Grundsatz der loyalen Zusammenarbeit gem. Art. 4 Abs. 3 EUV ein „föderales Element enthalten, das dem Grundsatz der Bundestreue gegenübergestellt werden kann".[1690] Dies zeigt nicht nur, dass hierdurch „enge, einem föderalen Staat ähnliche, [sic] Verflechtungen, die auch wechselseitige Treuepflichten implizieren",[1691] begründet werden.

Schließlich verweist *Lauser* auf das Element von Treu und Glauben, welchem sie eine wesentliche Rolle im Rahmen der Europarechtsfreundlichkeit beimisst.[1692] Demnach finden sich auch bei *Lauser* sämtliche drei Herleitungssäulen, auf die nach hier vertretener Ansicht die Bundestreue gestützt wird, sowohl bei der Bundestreue als auch bei der Europarechtsfreundlichkeit.

[1685] Vgl. *Lauser*, Europarechtsfreundlichkeit, 2018, S. 196.
[1686] *Lauser*, Europarechtsfreundlichkeit, 2018, S. 189.
[1687] Vgl. hierzu *Calliess*, in: Calliess/Ruffert, EUV/AEUV, Art. 1 EUV Rn. 27 ff.; *Möstl*, Bundesstaat und Staatenverbund, 2012, passim; *Möstl*, in: Stern/Sodan/Möstl, Staatsrecht Bd. 1, 2. Aufl. 2022, § 2 Rn. 76 ff., 83 f., 85; *Nettesheim*, in: Grabitz/Hilf/Nettesheim, Art. 1 EUV Rn. 66 ff. m.w.N.
[1688] *Lauser*, Europarechtsfreundlichkeit, 2018, S. 189.
[1689] S. nur bzgl. Art. 31 GG *Korioth*, in: Dürig/Herzog/Scholz GG, Art. 31 Rn. 16; bzgl. des Anwendungsvorrangs *Wendel*, in: Kahl/Ludwigs, Hdb. Verwaltungsrecht, Bd. 2, 2021, § 51 Rn. 15.
[1690] *Lauser*, Europarechtsfreundlichkeit, 2018, S. 189.
[1691] *Lauser*, Europarechtsfreundlichkeit, 2018, S. 189.
[1692] *Lauser*, Europarechtsfreundlichkeit, 2018, S. 191.

Schließlich gilt es noch, einen etwaigen Bezug zwischen Europarechtsfreundlichkeit und Unionstreue zu untersuchen. Nach den vorangegangenen Erkenntnissen umfasst die Unionstreue sowohl die vertikale als auch die horizontale Ebene der Treuepflichten im Rahmen des Unionsrechts. Sie stellt damit sowohl nach ihrer Begründung als auch nach ihrer Funktion und in ihren grundlegenden Ausprägungen horizontal ein Pendant zur Verfassungsorgantreue und vertikal ein Pendant zur Bundestreue dar. All dies kulminiert in einem Netz gleichlaufender Herleitungsstränge, die jeweils angepasst auf ihren Anwendungsbereich in eine bereichsspezifische Form des Grundsatzes von Treu und Glauben mündet, welchem die Funktion des Ausgleichs zwischen Integration und Gewaltenteilung im weiteren Sinne zukommt. In dieses Netz kann, wie zuvor festgestellt wurde, auch die Europarechtsfreundlichkeit eingeordnet werden.

2. Bedeutung

Der Grundsatz der Europarechtsfreundlichkeit geht aus Art. 23 Abs. 1 S. 1 GG hervor und dient der Verwirklichung des europäischen Integrationsauftrages.[1693] Er zielt dabei auf den Schutz der Funktionsfähigkeit der Unionsrechtsordnung ab.[1694] Seine Wirkung entfaltet er besonders bei der Auslegung von Normen.[1695] Insbesondere ergeben sich daraus der Anwendungsvorrang des Unionsrechts und der Effet-utile auf Verfassungsebene.[1696] Der Wortlaut des Art. 23 Abs. 1 GG ist jedoch nicht auf die Auslegungsfunktion beschränkt, sondern spricht vielmehr von einer Mitwirkung der Bundesrepublik Deutschland bei der Entwicklung der Europäischen Union. Erfasst werden von der Europarechtsfreundlichkeit somit auch verfahrensrechtliche und materielle Pflichten.[1697] Beispielsweise werden dadurch auch ein Kooperationsverhältnis zwischen Bundesverfassungsgericht und EuGH,[1698] die Vorlagepflicht an den EuGH[1699] oder die Anerkennung des EuGH als gesetzlichen Richter[1700] begründet. Zweiteres stellt eine Ausprägung des Respekts vor dem Kompetenzbereich eines anderen Organs, in diesem Fall über die Ebenen des Mehrebenensystems hinweg, dar.

[1693] BVerfG, Urt. v. 30.06.2009 – 2 BvE 2, 5/08 u.a. = BVerfGE 123, 267 (346 f.); *Wolff*, in: Hömig/Wolff GG, Art. 23 Rn. 2.
[1694] BVerfG, Urt. v. 30.06.2009 – 2 BvE 2, 5/08 u.a. = BVerfGE 123, 267 (354); BVerfG, Urt. v. 21.06.2016 – 2 BvR 2728/13 u.a. = BVerfGE 142, 123 (204).
[1695] BVerfG, Beschl. v. 12.10.2010 – 2 BvF 1/07 = BVerfGE 127, 293 (334); *Lauser*, Europarechtsfreundlichkeit, 2018, S. 60 ff.; *Wolff*, in: Hömig/Wolff GG, Art. 23 Rn. 3.
[1696] *Wolff*, in: Hömig/Wolff GG, Art. 23 Rn. 3.
[1697] *Lauser*, Europarechtsfreundlichkeit, 2018, S. 49.
[1698] BVerfG, Urt. v. 12.10.1993 – 2 BvR 2134, 2159/92 = BVerfGE 89, 155 (175); *Wolff*, in: Hömig/Wolff GG, Art. 23 Rn. 3.
[1699] *Lauser*, Europarechtsfreundlichkeit, 2018, S. 70 ff.; *Wolff*, in: Hömig/Wolff GG, Art. 23 Rn. 3.
[1700] *Wolff*, in: Hömig/Wolff GG, Art. 23 Rn. 3.

a. Grundsätzlich einseitige Verpflichtung gegenüber der Union

Der Wortlaut des Art. 23 Abs. 1 S. 1 GG sowie Inhalt und Funktionsweise des Grundsatzes der Europarechtsfreundlichkeit deuten damit auf eine weitgehende Kooperations- und Treueverpflichtung der Bundesrepublik Deutschland gegenüber der Europäischen Union hin. Insofern zeigt sich eine materielle Identität der Europarechtsfreundlichkeit und der Unionstreue, allerdings grundsätzlich nur in eine Richtung.[1701] Da die Europarechtsfreundlichkeit mit ihrer Verankerung in Art. 23 Abs. 1 GG ein Grundsatz des nationalen Verfassungsrechts ist, entfaltet sie ihre Wirkung nicht auf Unionsrechtsebene, sondern auf Verfassungsrechtsebene und vermag somit nicht unmittelbar die Union gegenüber den Mitgliedsstaaten zu verpflichten.[1702] Diese Pflicht erfolgt vielmehr über die Verträge.

Dies ist aber mitnichten als Unterordnung zu verstehen, sondern vielmehr als Bekenntnis zur Union mit einer schon in den Gründungsverträgen verankerten,[1703] damit verbundenen Erwartungshaltung, dass auch die Union ihren Mitgliedsstaaten Treue entgegenbringen werde.[1704] Die Verpflichtung auf den Respekt jeweils anderer Kompetenzbereiche ist somit auch in die andere Richtung zu betonen: Die Verfassungsgerichte der Mitgliedsstaaten üben – im Sinne des europäischen Zusammenhalts – mit dem Verdikt eines ultra-vires-Akts grundsätzlich Zurückhaltung,[1705] während die Union, insbesondere der EuGH, die eigenen Kompetenzgrenzen – vorsichtig formuliert – des Öfteren großzügig auslegt, wenn nicht zum Teil sogar unter Verstoß gegen die Unionstreue auf mitgliedsstaatliche Kompetenzen übergreift.[1706] In diesem Fall handelt der EuGH

[1701] Von gänzlicher Einseitigkeit ausgehend *Lauser*, Europarechtsfreundlichkeit, 2018, S. 211 ff.
[1702] *Dietz*, AöR 142 (2017), 78 (89 f.); *Lauser*, Europarechtsfreundlichkeit, 2018, S. 211.
[1703] Heute insb. Art. 4, 5 EUV.
[1704] Vgl. auch BVerfG, Urt. v. 12.10.1993 – 2 BvR 2134, 2159/92 = BVerfGE 89, 155 (181, 189 f.); *Epiney*, EuR 1994, 301 (312); *Heintschel v. Heinegg/Frau*, in: BeckOK GG, Art. 23 Rn. 15; *Scholz*, in: Dürig/Herzog/Scholz GG, Art. 23 Rn. 19, 31; ähnliche Tendenz *Möstl*, in: Stern/Sodan/Möstl, Staatsrecht Bd. 1, 2. Aufl. 2022, § 2 Rn. 83 f.
[1705] BVerfG, Beschl. v. 06.07.2010 – 2 BvR 2661/06 = BVerfGE 126, 286 (307); BVerfG, Urt. v. 05.05.2020 – 2 BvR 859/15 u.a. = BVerfGE 154, 17 (91 f.); vgl. auch *Kahl*, DVBl. 2013, 197 (197); *Ludwigs*, NVwZ 2015, 537 (538); a.A. bzgl. des PSPP-Urteils *Calliess*, NVwZ 2020, 897 (898 ff.); Kritik an mangelnder Zurückhaltung *Nowrot/Tietje*, EuR 2017, 137 (146) m.w.N.; mahnend auch *Franzius*, EuR 2019, 365 (374 ff.); allgemein zur Tendenz oberster Gerichte zur Zurückhaltung hinsichtlich Kompetenzüberschreitungen *Riedel*, in: ders., German Reports on Public Law, 1998, S. 77 (88).
[1706] Vgl. exemplarisch nur *Durner/Hillgruber*, ZG 2014, 105 (111 ff.); *Götz*, in: Götz/Martínez Soria, Kompetenzverteilung, 2002, S. 83 (87 ff.); *Hatje*, in: FS Bull, 2011, S. 137 (137 f.) m.w.N.; *Klein*, AöR 139 (2014), 165 (186 f.); *Ludwigs*, NVwZ 2015, 537 (537); *Nettesheim*, JZ 2014, 585 (587); zurückhaltender *Franzius*, EuR 2019, 365 (376).

selbst ultra vires.[1707] Dass darin zumindest eine Gefahr für die Akzeptanz der EU liegt, dürfte – auch im Lichte aktueller Entwicklungen[1708] – kaum zu bestreiten sein.[1709] Diese andere Seite der Medaille ist der Unionstreue – genauer ihrer Ausprägung aus Art. 4 Abs. 3 UAbs. 1 i.V.m. Art. 5 EUV – zuzuordnen. Umso mehr zeigt sich jedoch die notwendige Verklammerung der beiden Rechtsordnungen durch Europarechtsfreundlichkeit und Unionstreue sowie deren inhaltlicher Bezug zueinander.

b. Verfassungsrechtlich gesicherter materieller Mindestgehalt gegenüber Deutschland

Ganz einseitig ist jedoch auch die nationale Treuepflicht zwischen Mitgliedsstaat und Union nicht. Denn die zuvor genannte Erwartungshaltung des Grundgesetzes an Loyalität, welche sich insbesondere in Art. 23 Abs. 1 GG niederschlägt, umfasst zumindest ein gewisses Maß an Rücksichtnahme auf die Kompetenzen, die Identität und Souveränität.[1710] Die Anforderungen, welche die Union nach deutschem Verfassungsrecht zu achten hat, stellen hierbei die Grenzen der Kompetenzübertragung (ultra-vires-Akt)[1711] und der Bestands- und Identitätsschutz[1712] dar.

Materiell stellt sich die Frage der Kongruenz verfassungsrechtlicher und unionsrechtlicher Loyalitätspflichten in Form der Pflichten zur Achtung der Kompetenzgrenzen und der Identität. Da die Kompetenzgrenzen rechtlich determiniert sind, ergibt sich diesbezüglich eine vollständige Deckung zwischen Verfassungs- und Unionsrecht. Dasselbe wird bisweilen für die Achtung der Identität nach dem Grundgesetz und nach Art. 4 Abs. 2 EUV angenommen.[1713] Dies erscheint in-

---

[1707] BVerfG, Urt. v. 05.05.2020 – 2 BvR 859/15 u.a. = BVerfGE 154, 17 (92); deutlich, enger, d.h. nur im Falle „dauerhafter und schwerwiegender […] Kompetenzverletzungen", *Proelß*, Bundesverfassungsgericht und überstaatliche Gerichtsbarkeit, 2014, S. 266 f. m.w.N.
[1708] S. nur *Franzius*, EuR 2019, 365 (368); ausführlich zu Desintegrationsursachen *Vollaard*, European Disintegration, 2018.
[1709] Vgl. nur *Durner/Hillgruber*, ZG 2014, 105 (105 f., 135); *Schaumburg*, in: Brandt, DFGT 1 (2004), 73 (94); *Wille*, Die Pflicht der Organe, 2003, S. 154 ff.
[1710] Vgl. BVerfG, Urt. v. 12.10.1993 – 2 BvR 2134, 2159/92 = BVerfGE 89, 155 (181, 189 f.); *Heintschel v. Heinegg/Frau*, in: BeckOK GG, Art. 23 Rn. 15.
[1711] S. z.B. *Kahl*, DVBl. 2013, 197 (199); *Möstl*, in: Stern/Sodan/Möstl, Staatsrecht Bd. 1, 2. Aufl. 2022, § 2 Rn. 84.
[1712] BVerfG, Urt. v. 12.10.1993 – 2 BvR 2134, 2159/92 = BVerfGE 89, 155 (189 ff.); BVerfG, Urt. v. 30.06.2009 – 2 BvE 2, 5/08 u.a. = BVerfGE 123, 267 (341 ff.); BVerfG, Beschl. v. 14.01.2014 – 2 BvR 2728/13 u.a. = BVerfGE 134, 366 (382, 384 f.); BVerfG, Beschl. v. 15.12.2015 – 2 BvR 2735/14 = BVerfGE 140, 317 (336); *Calliess*, in: Dürig/Herzog/Scholz GG, Art. 24 Rn. 201 f., 209 f.; *Scholz*, in: Dürig/Herzog/Scholz GG, Art. 23 Rn. 122 ff.; *Kahl*, DVBl. 2013, 197 (200); *Möstl*, in: Stern/Sodan/Möstl, Staatsrecht Bd. 1, 2. Aufl. 2022, § 2 Rn. 84.
[1713] *Guckelberger*, ZEuS 2012, 1 (28 f.); *Kahl*, DVBl. 2013, 197 (200).

des nicht zwingend.[1714] Der unionsrechtliche Begriff der nationalen Identität ist zwar unter Rekurs auf die fundamentalen Gehalte des nationalen Verständnisses der Verfassungsidentität zu bestimmen, d.h. in Deutschland insbesondere die durch Art. 79 Abs. 3 GG gesicherten Einrichtungen und Normen.[1715] Diese stellen die untere Grenze des Bedeutungsgehaltes der nationalen Identität i.S.d. Art. 4 Abs. 2 EUV dar.[1716] Das unionsrechtliche Treuegebot kann insofern weiter sein. Bisweilen wird die Identitätskontrolle als Kehrseite zur Bindung der EU nach Art. 4 Abs. 2 EUV betrachtet.[1717] Die verfassungsrechtliche Grenze kann und sollte jedoch restriktiver gehandhabt werden.[1718]

Materiell ist der Gehalt der verfassungsrechtlichen Verpflichtung somit wenig gewinnbringend, da die Unionstreue diesen schon vollumfänglich abdeckt und überdies eine Überschreitung der grundgesetzlichen Grenzen überhaupt nur innerstaatlich Relevanz entfalten kann.

c. Prozessuale Perspektive

Praktisch könnte die Unterscheidung allerdings relevant sein, wenn sie die Prüfungskompetenz des Bundesverfassungsgerichts von Unionsakten erweitern würde. Inwiefern Unionsakte überhaupt durch das Bundesverfassungsgericht überprüfbar sind, ist höchst umstritten: Im Grundsatz kommt diesem keine Prüfungskompetenz von Unionsakten zu, sodass Verfahrensgegenstand vor dem Bundesverfassungsgericht prinzipiell nur ein Akt der deutschen öffentlichen Gewalt sein kann, Art. 1 Abs. 3, 20 Abs. 3 GG.[1719] Ausnahmen werden in der ultra-vires-Kontrolle, der Bestands- und Identitätskontrolle und – über den vorliegenden Untersuchungsgegenstand hinaus – der Grundrechtskontrolle gesehen.[1720] Bereits diese Konstellationen sind überaus strittig.[1721] So wird dem EuGH gem. Art. 19 Abs. 1 S. 2 EUV bisweilen ein absolutes Prüfungsmonopol zuerkannt und die Kontrolle des Bundesverfassungsgerichts als Kompetenzübergriff de-

---

[1714] *Calliess,* in Dürig/Herzog/Scholz GG, Art. 24 Rn. 211 f.; *Schill/Krenn,* in: Grabitz/Hilf/Nettesheim, EUV, Art. 4 Rn. 325.
[1715] *Schill/Krenn,* in: Grabitz/Hilf/Nettesheim, EUV, Art. 4 Rn. 24 f.
[1716] *Schill/Krenn,* in: Grabitz/Hilf/Nettesheim, EUV, Art. 4 Rn. 25.
[1717] *Kahl,* DVBl. 2013, 197 (200); vgl. auch *Guckelberger,* ZEuS 2012, 1 (28 f.).
[1718] Vgl. nur BVerfG, Beschl. v. 15.12.2015 – 2 BvR 2735/14 = BVerfGE 140, 317 (339).
[1719] *Schoch,* in: Ehlers/Schoch, Rechtsschutz im Öffentlichen Recht, 2021, § 14 Rn. 28.
[1720] *Calliess,* in: Dürig/Herzog/Scholz GG, Art. 24 Rn. 197 ff., 201 ff., 208 ff.; *Pegatzky,* NVwZ 2022, 761 ff.; kritische Darstellung *Klein,* in: Niedobitek/Sommermann, Die Europäische Union als Wertegemeinschaft, 2013, S. 59 (73 ff.).
[1721] Kritisch z.B. *Dörr,* Der europäisierte Rechtsschutzauftrag, 2003, S. 130 f., 255 f.; *Klein,* in: Niedobitek/Sommermann, Die Europäische Union als Wertegemeinschaft, 2013, S. 59 (74 f.); *Ludwigs,* NVwZ 2015, 537 (539 ff.); *Nettesheim,* JZ 2014, 585 (586 ff.); *Proelß,* Bundesverfassungsgericht und überstaatliche Gerichtsbarkeit, 2014, S. 265 ff.; *Schoch,* in: Ehlers/Schoch, Rechtsschutz im Öffentlichen Recht, 2021, § 14 Rn. 29.

klariert.[1722] Das Bundesverfassungsgericht selbst erkennt ein grundsätzliches Entscheidungsmonopol des EuGH an, macht jedoch eine Ausnahme hiervon, bei offensichtlichen, hinreichend qualifizierten Kompetenzverstößen mit struktureller Bedeutung.[1723]

Die beschränkte Prüfung des Bundesverfassungsgerichts stellt sich ihrerseits bereits als Ergebnis einer der Union gegenüber rücksichtsvolle und zurückhaltende Entscheidungskultur und somit der Europarechtsfreundlichkeit dar.[1724] Es erscheint damit vorzugswürdig, die Kontrollkompetenzen des Bundesverfassungsgerichtes nicht über die Grenzen hinaus auszudehnen, welche das Gericht selbst herausgearbeitet hat. Ob demnach aus dem Verfassungsrecht weitergehende Loyalitätspflichten der Union hervorgehen, soll somit unter den Gesichtspunkten, dass diese jedenfalls materiell von der Unionstreue abgedeckt sind und über die bisherige Praxis des Bundesverfassungsgerichts hinaus nicht justitiabel und damit ohne praktische Bedeutung sind, nicht vertieft werden. Jedenfalls mit Blick auf das unionsrechtliche Gebot der loyalen Zusammenarbeit ist die Achtung der mitgliedstaatlichen Kompetenzen sowie die Kooperation des EuGH mit den Verfassungsgerichten[1725] zu betonen.

3. Zwischenergebnis

Mithin bildet der Grundsatz der Europarechtsfreundlichkeit ein Bekenntnis der deutschen Verfassung zur Europäischen Union, welches die Unionstreue auf Verfassungsebene spiegelt, hierbei aber überwiegend die Bundesrepublik Deutschland unilateral gegenüber der Union bindet.[1726] Somit wird ein doppelter Boden für die Sicherung der Funktionsfähigkeit des Mehrebenensystems gebildet. Zusätzlich wird durch den Gleichlauf der Loyalitätspflichten des Grundgesetzes und der Europäischen Union die Möglichkeit eröffnet, dass gewonnene Erkenntnisse zu dem einen Grundsatz auch Eingang in die jeweils andere

---

[1722] *Schoch*, in: Ehlers/Schoch, Rechtsschutz im Öffentlichen Recht, 2021, § 14 Rn. 30.
[1723] BVerfG, Beschl. v. 06.07.2010 – 2 BvR 2661/06 = BVerfGE 126, 286 (Ls. 1); BVerfG, Beschl. v. 14.01.2014 – 2 BvR 2728/13 u.a. = BVerfGE 134, 366 (383); *Ludwigs*, NVwZ 2015, 537 (538).
[1724] Vgl. oben C.I.5.b. m.w.N.; kritisch dagegen *Klein*, in: Niedobitek/Sommermann, Die Europäische Union als Wertegemeinschaft, 2013, S. 59 (74 f.), welcher die Zurückhaltung des BVerfG bei der Ultra-vires-Kontrolle als nötige Konsequenz einer Kompetenzüberschreitung des BVerfG in erster Linie erachtet und für die Beschränkung auf die Identitätskontrolle plädiert.
[1725] BVerfG, Urt. v. 12.10.1993 – 2 BvR 2134, 2159/92 = BVerfGE 89, 155 (Ls. 7); *Kahl*, DVBl. 2013, 197 (199).
[1726] Von gänzlicher Einseitigkeit ausgehend *Lauser*, Europarechtsfreundlichkeit, 2018, S. 211 ff.

Rechtsordnung finden und die beiden Rechtsordnungen hierdurch noch enger miteinander verknüpft werden.[1727]

VI. Zwischenergebnis

Festgehalten werden kann somit, dass die Unionstreue sowohl im Hinblick auf ihre Herleitung als auch auf Anwendungsbereich und Funktionsweise eine Parallelerscheinung zu den Loyalitätspflichten in Deutschland ist. Anders als diese ist sie jedoch anerkanntermaßen bereits jetzt ein übergreifender Grundsatz für das gesamte Unionsrecht, der insbesondere horizontal und vertikal ausgeprägt ist. Zudem ist er durch Art. 4 Abs. 3 EUV und Art. 13 Abs. 2 S. 2 EUV in Teilen explizit normiert. Nachdem die nationalen Loyalitätspflichten der Unionstreue als Vorlage dienten, kann diese somit nun andersherum möglicherweise die Fortentwicklung nationaler Loyalitätspflichten inspirieren.

Auf nationaler Ebene findet sich mit der Europarechtsfreundlichkeit eine überwiegend einseitige „Schattenkopie" der Unionstreue, welche die Loyalität der Mitgliedsstaaten gegenüber der Union absichert.

[1727] *Lauser*, Europarechtsfreundlichkeit, 2018, S. 213.

E. Übergreifende Loyalitätsgrundsätze

Nachdem nun einzelne Ausprägungen der Loyalitätsgrundsätze dargestellt und teils bereits verglichen wurden, soll im Folgenden die Auseinandersetzung mit den wichtigsten bestehenden Ansätzen zu übergreifenden Prinzipien erfolgen. Hierbei geht die Untersuchung zunächst auf den Interorganrespekt ein (I.), der die umfassendste Ausarbeitung erfahren hat. Sodann erfolgt eine gemeinsame Darstellung der Theorien *Kloepfers* und *Desens´*, welche sich aufgrund deren inhaltlicher Nähe anbietet (II.).

In Literatur und Rechtsprechung finden sich darüber hinaus – teils unausgereifte oder knappe – Ansätze.[1728] Bei diesen ist häufig undeutlich, inwiefern tatsächlich ein übergreifender Grundsatz gemeint ist und nicht nur eines der Subprinzipien, insbesondere die Verfassungsorgantreue.[1729] Dies dürfte in Teilen darauf zurückzuführen sein, dass die Terminologie – wie bereits dargestellt[1730] – oft mehrdeutig ist und stellenweise Überschneidungen bestehen.

So führt das Bundesverfassungsgericht aus, die Bundestreue sei ein Spezialfall des allgemeinen Aspekts der Organtreue.[1731] Aus dieser Formulierung kann geschlossen werden, dass die Organtreue an dieser Stelle wohl nicht im engen Sinne zu verstehen ist, sodass sie nicht lediglich für Verfassungsorgane und innerhalb einer Körperschaft gelten solle. Die Bundestreue unter diesen Topos zu fassen, ergibt nur Sinn, wenn der Begriff der „Organtreue" mehr sein soll als die Verfassungsorgantreue nach dem klassischen Verständnis.[1732] Denn zum einen sind Bund und Länder keine (Verfassungs-)Organe, zum anderen ist nicht davon auszugehen, dass das Bundesverfassungsgericht das Verhältnis zwischen den beiden Grundsätzen verändern wollte.

Andererseits stützt sich das Bundesverfassungsgericht bei eben diesen Ausführungen auf seine vorherige Rechtsprechung, aus der dieses Spezialitätsverhältnis noch nicht hervorging und zumindest zweifelhaft ist, ob ein übergreifender Grundsatz gemeint war.[1733] So waren in der Maastricht-Entscheidung, der Entscheidung zu sog. „Out-of-area-Einsätzen" und der Euro-Entscheidung le-

---

[1728] S. nur *Bryde*, VVDStRL 46 (1988), 181 (207 f., 214); *Herdegen*, in: Dürig/Herzog/Scholz GG, Art. 88 Rn. 81; *Hill*, Das fehlerhafte Verfahren, 1986, S. 336 f. – „Funktionentreue"; *Reimer*, in: Schoch/Schneider VwVfG, § 71d Rn. 10; *Schmitz/Prell*, in: Stelkens/Bonk/Sachs VwVfG, § 4 Rn. 2 f.
[1729] So beispielsweise in BVerfG, Urt. v. 12.10.1993 – 2 BvR 2134, 2159/92 = BVerfGE 89, 155 (191, 203).
[1730] S. oben A.III.
[1731] BVerfG, Urt. v. 09.07.2007 – 2 BvF 1/04 = BVerfGE 119, 96 (125); so auch im Anschluss daran *Jarass*, in Jarass/Pieroth GG, Art. 20 Rn. 24.
[1732] S. dazu oben C.II.a.aa.(1).
[1733] BVerfG, Urt. v. 09.07.2007 – 2 BvF 1/04 = BVerfGE 119, 96 (125).

diglich das klassische Verhältnis zwischen Verfassungsorganen betroffen.[1734] In der Entscheidung zu Out-of-area-Einsätzen ist sogar die Rede von „obersten Staatsorganen", während aber u.a. die 1. Rundfunkentscheidung, welche für den Grundsatz der Bundestreue maßgeblich – (nur) vergleichend – zitiert wird.[1735] Ob also das Bundesverfassungsgericht seit jeher unter dem Grundsatz der (Verfassungs-)organtreue einen übergreifenden Grundsatz verstanden haben will, ist fraglich, aber zu bezweifeln. Wahrscheinlicher ist, dass erstmals ein übergreifender Grundsatz gemeint war, obgleich auf Entscheidungen zur Verfassungsorgantreue nach ihrem klassischen Verständnis Rekurs genommen wurde.

Weitere Ansätze, welche sich lediglich auf eine allgemeine Idee berufen, diese jedoch nicht weiter voranbringen, bleiben in Rahmen dieser Arbeit im Wesentlichen außer Betracht.

I. Der Interorganrespekt

Der Interorganrespekt fand erstmals 1986 Eingang in die verfassungsrechtliche Debatte.[1736] Bereits vor *Lorz* definierte *Riedel* den Begriff des Interorganrespekts wie folgt: „where each of the three state powers is entitled to some core area of autonomous self-responsibility, not subject to interference by the other powers, and the controlling functions are reserved to the penumbral shade areas of power convergence, to be settled by constitutional law modalities of dispute resolution."[1737] Vollkommen deckungsgleich ist dieses Verständnis nicht, da es anders als *Lorz* nicht auf eine „produktive Gegenseitigkeit" im Sinne einer positiven Zusammenwirkungspflicht abzielt.[1738]

Maßgeblich geprägt wurde der Grundsatz erst durch die Untersuchung von *Ralph Alexander Lorz* aus dem Jahr 2001.[1739] Erst dadurch hat sich der Interorganrespekt von einer vagen Idee zur bisher umfangreichsten und ausgereiftesten Theorie einer übergreifenden Loyalitätspflicht im deutschen Rechtsraum entwickelt. Darüber hinaus wird der Grundsatz nicht nur mit Blick auf das deutsche Recht untersucht. Vielmehr nimmt *Lorz* umfangreiche rechtsvergleichende Untersuchungen zu der Rechtslage in den USA und der Europäischen Union

---

[1734] BVerfG, Urt. v. 12.10.1993 – 2 BvR 2134, 2159/92 = BVerfGE 89, 155 (191, 203); BVerfG, Urt. v. 12.07.1994 – 2 BvE 3/92 u.a. = BVerfGE 90, 286 (337); BVerfG, Beschl. v. 31.03.1998 – 2 BvR 1877/97 und 50/98 = BVerfGE 97, 350 (374 f.).
[1735] BVerfG, Urt. v. 12.07.1994 – 2 BvE 3/92 u.a. = BVerfGE 90, 286 (337).
[1736] *Delbrück*, in: Randelzhofer/Süß, Konsens und Konflikt, S. 54 (60 f., 67) sowie *Riedel*, in: Johannes Gutenberg-Universität Mainz, Antrittsvorlesungen Bd. 1, 1986, S. 155 (177).
[1737] *Riedel*, in: ders., German Reports on Public Law, 1998, S. 77 (88).
[1738] *Lorz*, Interorganrespekt, 2001, S. 570.
[1739] *Lorz*, Interorganrespekt, 2001.

vor. Ziel dieses Rechtsvergleichs ist, den Interorganrespekt als „umfassende Ordnungsidee" mit einem Geltungsanspruch in allen modernen Verfassungssystemen zu etablieren, die sich eines gewaltenteiligen Systems bedienen.[1740] Die drei ausgewählten Systeme dienen der Veranschaulichung, wobei ihnen folgende Wesensmerkmale gemeinsam seien: 1. Ein demokratischer Willensbildungsprozess, 2. Eine föderale Ausrichtung, 3. Eine deutliche Betonung der Rechtsstaatlichkeit und 4. Das Ziel einer freiheitlichen Gesellschaft, welche sich insbesondere durch ihre Grundrechte auszeichnet.[1741] Das Prinzip des Interorganrespekts soll zunächst dargestellt und sodann insbesondere mit Blick darauf, ob es das Ziel einer umfassenden Ordnungsidee erfüllen kann und den bestehenden Problemen spezieller und allgemeiner Loyalitätspflichten standhalten kann, kritisch beleuchtet werden.

1. Herleitung

Lorz legt den Fokus seiner Arbeit deutlich auf die praktische Anwendung des Interorganrespekts. So fällt die Herleitung des Prinzips verhältnismäßig knapp aus. *Lorz* nimmt zuerst die Herleitung „teils weitläufig, teils eng verwandt[er]"[1742] Prinzipien, namentlich Bundestreue, Verfassungsorgantreue und Organadäquanz[1743] vor. In Anlehnung an diese erfolgt sodann eine normative Fundierung des Interorganrespekts selbst.[1744] Bei letzterem begnügt er sich zunächst damit, drei Ansätze in den Raum zu stellen.

Die normative Begründung des Interorganrespekts könne demnach darauf gestützt werden, dass ein derartiger allgemeiner Rechts- bzw. Verfassungsgrundsatz einem gewaltenteilig verfassten Staat notwendig immanent sei bzw. eine ungeschriebene Generalklausel in solch einem System erforderlich sei.[1745] Er setzt diesen Ansatz zutreffend mit der Herleitung der Bundestreue aus dem Wesen des Bundesstaates[1746] gleich.[1747] Mithin kann diesem auch dieselbe Kritik entgegengehalten werden.[1748] Gleichzeitig liegt nahe, dass wie hinter dem omi-

---

[1740] *Lorz*, Interorganrespekt, 2001, S. 4 f.; 556.
[1741] *Lorz*, Interorganrespekt, 2001, S. 6.
[1742] *Lorz*, Interorganrespekt, 2001, S. 12.
[1743] *Lorz*, Interorganrespekt, 2001, S. 12 ff.
[1744] *Lorz*, Interorganrespekt, 2001, S. 93 f.
[1745] *Lorz*, Interorganrespekt, 2001, S. 93.
[1746] BVerfG, Urt. v. 21.05.1952 – 2 BvH 2/52 = BVerfGE 1, 299 (315); BVerfG, Urt. v. 30.07.1958 – 2 BvG 1/58 = BVerfGE 8, 122 (138); BVerfG, Urt. v. 28.02.1961 – 2 BvG 1, 2/60 = BVerfGE 12, 205 (254); BVerfG, Urt. v. 27.07.1971 – 2 BvF 1/68, 2 BvR 702/68 = BVerfGE 31, 314 (354); BVerfG, Urt. v. 26.07.1972 – 2 BvF 1/71 = BVerfGE 34, 9 (20); dieser Herleitung folgend u.a. *Hertl*, Die Treuepflicht der Länder, 1956, S. 15 f.; s. zu diesem Ansatz bereits oben C.I.1.b.
[1747] *Lorz*, Interorganrespekt, 2001, S. 93 Fn. 45.
[1748] S. v.a. oben B.II.1.b. und C.I.1.b.

nösen „Wesen des Bundesstaates" auch hinter dieser ungeschriebenen Generalklausel bzw. immanenten Notwendigkeit eine tiefergehende Herleitung steckt, welche dieser nicht entgegensteht, sondern sie vielmehr illustriert und konkretisiert.[1749] Die Verfassung transportiert somit verschiedene Gedanken, welche dieses Wesen ausmachen. Grundsätzlich in Betracht gezogen werden in diesem Rahmen weiter gewohnheitsrechtliche Ansätze sowie eine normative Verwurzelung über den Integrationsgedanken.[1750]

Die zweite Variante findet ihre Anbindung im geschriebenen Verfassungsrecht und knüpft an den Gewaltenteilungsgrundsatz, ggf. in Zusammenschau mit dem allgemeinen Rechtsstaatsprinzip, an.[1751] Abgesehen von dem Verweis auf parallele Vorgehensweisen *Herzogs* und *Pietzners*[1752] bei der Verfassungsorgantreue und *Denningers*[1753] bei der Bundestreue erschöpft sich dieser Ansatz zunächst auch in den vorigen Ausführungen.

Die dritte Herleitungsvariante bildet einen Mittelweg aus den zuvor beschriebenen Varianten.[1754] Danach stelle der Interorganrespekt eine verfassungsrechtliche Ausprägung des allgemeinen Grundsatzes von Treu und Glauben dar.[1755] *Lorz* stützt diese Variante erneut besonders auf diverse Parallelen bei der Herleitung der Bundestreue,[1756] genannt sei insbesondere der prominente Ansatz *Bauers*[1757]. Dieser Ansatz sei wegen der prinzipiellen Anerkennung des Grundsatzes von Treu und Glauben besonders zugänglich.[1758]

Auf dieser Basis geht *Lorz* sodann in die Praxisanalyse über und kommt erst nach der Auswertung der gefundenen Ergebnisse auf die eigentliche normative Begründung des Interorganrespekts zurück.[1759] Hierbei beruft er sich einerseits auf die soeben erläuterte Vorarbeit, andererseits gleicht er ab, inwiefern die von ihm untersuchten praktischen Anwendungsbereiche mit bestimmten Herleitungsvarianten harmonieren.[1760] Dabei kommt er zu ähnlichen Ergebnissen wie die vorliegende Arbeit hinsichtlich der bisher untersuchten Subprinzipien: Keine der einzelnen Herleitungslinien vermöge den Interorganrespekt in seiner Gänze

---

[1749] S. dazu oben C.I.1.b.ee.
[1750] *Lorz*, Interorganrespekt, 2001, S. 93.
[1751] *Lorz*, Interorganrespekt, 2001, S. 93.
[1752] *Herzog/Pietzner*, Beteiligung des Parlaments (Gutachten), 1979, S. 88.
[1753] *Denninger*, Staatsrecht, Bd. 2, 1979, S. 124.
[1754] *Lorz*, Interorganrespekt, 2001, S. 93.
[1755] *Lorz*, Interorganrespekt, 2001, S. 93.
[1756] *Lorz*, Interorganrespekt, 2001, S. 93 Fn. 49.
[1757] *Bauer*, Die Bundestreue, 1992, S. 245 ff.
[1758] *Lorz*, Interorganrespekt, 2001, S. 94.
[1759] *Lorz*, Interorganrespekt, 2001, S. 546 ff.
[1760] *Lorz*, Interorganrespekt, 2001, S. 546 ff.

zu begründen.[1761] An erster Stelle sei demnach eine Anknüpfung an den Grundsatz der Gewaltenteilung erforderlich, welcher unabdingliche Voraussetzung für jegliche Loyalitätsgebote sei, da ohne Gewaltenteilung freilich nicht mehrere gleichberechtigte, nebeneinander rangierende Verfassungsorgane bestehen.[1762] Zugleich sei die Machtbalance bereits in der Gewaltenteilung mit angelegt.[1763] Der Grundsatz von Treu und Glauben baue darauf auf und postuliere eine die aus der Gewaltenteilung erwachsende Parameter achtende wechselseitige Rücksichtnahmepflicht.[1764] Ihm komme somit die Aufgabe zu, bei der Verwirklichung der Machtbalance zu helfen.[1765] Die Integrationslehre schließlich bilde die „Krone des auf diese Weise errichteten normativen Gebäudes".[1766] Eine Verfassung diene zuallererst der Stiftung einer Rechtsgemeinschaft.[1767] Diese sei wiederum nur unter der Voraussetzung des Zusammenwirkens der das Gemeinwesen steuernden Organe möglich.[1768]

Auffällig ist allerdings, dass Lorz den jeweiligen partiellen Herleitungen innerhalb des Interorganrespekts bestimmte Bereiche zuweist: So gehe das Rücksichtnahmegebot vor allem auf den Grundsatz von Treu und Glauben,[1769] positive Kooperationspflichten auf die Integrationslehre[1770] sowie die Ausprägungen der Organadäquanz und funktionsgerechten Organstruktur auf den Gewaltenteilungsgedanken[1771] zurück. Mit Blick auf die Fragen, ob einerseits Organadäquanz und Organtreue in erster Linie bereits auf dieselbe Ebene gestellt bzw. in einem einheitlichen Prinzip erfasst werden sollten und andererseits die jeweiligen Facetten des Prinzips so klar auseinandergehalten werden können, seien bereits an dieser Stelle Zweifel angemeldet. Im Detail soll darauf zu späterem Zeitpunkt eingegangen werden.[1772]

Zusammenfassend lässt sich festhalten, dass Lorz im Wesentlichen zu einer ähnlichen Herleitung gelangt wie die bisherige Untersuchung. Insbesondere besteht ein weitreichender Gleichlauf zu der Konzeption der Verfassungsorgantreue. Die Bedeutung, die den einzelnen Säulen beigemessen wird, variiert indes abhängig von der jeweiligen Funktion des Interorganrespekts.

[1761] *Lorz*, Interorganrespekt, 2001, S. 555.
[1762] *Lorz*, Interorganrespekt, 2001, S. 551, 555.
[1763] *Lorz*, Interorganrespekt, 2001, S. 551, 555.
[1764] *Lorz*, Interorganrespekt, 2001, S. 555.
[1765] *Lorz*, Interorganrespekt, 2001, S. 546.
[1766] *Lorz*, Interorganrespekt, 2001, S. 555.
[1767] *Lorz*, Interorganrespekt, 2001, S. 547.
[1768] *Lorz*, Interorganrespekt, 2001, S. 548.
[1769] *Lorz*, Interorganrespekt, 2001, S. 546 f.
[1770] *Lorz*, Interorganrespekt, 2001, S. 548.
[1771] *Lorz*, Interorganrespekt, 2001, S. 551 f.
[1772] S. unten E.I.2.a.bb. und F.II.2.b.

2. Anwendungsbereich

Auf dieser Grundlage soll im Folgenden der Anwendungsbereich des Interorganrespekts nachgezeichnet werden. Dabei wird davon abgesehen, die Vielzahl konkreter Einzelfälle, die *Lorz* als Untersuchungsgrundlage dienen,[1773] aufzubereiten.

Wie bereits angedeutet wurde, versteht sich der Interorganrespekt als übergreifende Ordnungsidee, welche insbesondere den Grundsätzen der Verfassungsorgantreue, der Bundestreue sowie der Organadäquanz nahesteht, den Blick jedoch nicht auf das Grundgesetz beschränkt, sondern auch das Recht der Europäischen Union[1774] und die Verfassung der Vereinigten Staaten einbezieht. Aufgrund dieser weiten Konzeption, welche *Lorz* für den Interorganrespekt vorsieht, stellt er nur wenige konkrete Voraussetzungen für das Prinzip auf. Obgleich *Lorz* anhand praktischer Beispiele überzeugend darlegt, warum der Interorganrespekt für alle drei Systeme Relevanz entfaltet und wie er sich in praktischer Hinsicht in diverse Einzelfälle einfügt, ergeben sich einige grundlegende Folgerungen nur aus einer Deutung dieser konkreten Anwendungsfälle. Insbesondere das Verhältnis zu den soeben genannten Treueprinzipien bleibt stellenweise vage, obwohl es mehrfach angesprochen wird. Dieses soll im Folgenden geklärt und anhand dessen der Anwendungsbereich im Übrigen abgesteckt werden.

a. Das Verhältnis zur Verfassungsorgantreue und Organadäquanz

Zunächst soll das Verhältnis des Interorganrespekts zu den mit ihm am engsten verwandten Prinzipien untersucht werden, d.h. zur Verfassungsorgantreue (aa.), der Organadäquanz (bb.) und der Kompetenzeffektivität (cc.).

aa. Verfassungsorgantreue

Lorz´ Aussagen zu dem Verhältnis zwischen Interorganrespekt und Verfassungsorgantreue suggerieren an verschiedenen Stellen der Untersuchung eine unterschiedliche Diskrepanz zwischen den beiden Prinzipien. So reichen diese von einer geringfügigen Erweiterung des Gedankens der Verfassungsorgantreue bis hin zu einer weitgreifenden Unterscheidung. Von einer bloß terminolo-

---

[1773] S. zu der breit gefächerten Darstellung konkreter Anwendungsfälle *Lorz*, Interorganrespekt, 2001, S. 139-483.
[1774] Zum Zeitpunkt der Veröffentlichung der grundlegenden Schrift bestand noch die EG nach dem Stand der Verträge von Maastricht und Amsterdam. An der grundlegenden Übertragbarkeit auf das geltende Recht der EU bestehen allerdings keine Zweifel, da die primärrechtlichen Änderungen keine Verschlechterung der Kooperation und gegenseitigen Rücksichtnahme, sondern vielmehr sogar deren Stärkung vorsehen, vgl. oben B.II.3; *Kahl*, in: Calliess/Ruffert, EUV/AEUV, Art. 4 EUV Rn. 88.

gischen Abweichung kann indes nicht die Rede sein.[1775] Besonders interessant erscheint dabei seine Beschäftigung mit der Begriffswahl. Einerseits spricht er von einem „Begriffswechsel",[1776] was auf eine jedenfalls weitgehende Gleichsetzung beider Prinzipien hindeutet. Andererseits geht aus den einschlägigen Formulierungen deutlich hervor, dass zwei unterschiedliche Prinzipien vorliegen, welche „im Kern erhebliche Gemeinsamkeiten auf[weisen]".[1777] *Lorz* selbst nennt als den wesentlichen Unterschied zwischen den beiden Prinzipien den „potentiell umfassende[n] Charakter" des Interorganrespekts.[1778] Der Verfassungsorgantreue „nach ihrem herkömmlichen Verständnis" komme hingegen lediglich die Funktion zu, das „Verhalten der einzelnen Organe zu regulieren".[1779]

bb. Organadäquanz

Über die soeben beschriebene Funktion präge der Interorganrespekt auch die „Entscheidungsstrukturen innerhalb der Verfassungsorgane und die Zuweisung der verschiedenen Funktionen an sie", da ihm die Zwecke der Herstellung eines ausgewogenen Verhältnisses des Respekts zwischen den Organen sowie zugleich effizienter und verlässlicher Entscheidungsprozesse zugrunde liegen.[1780] Diese Funktion bezeichnet man herkömmlich als Organadäquanz oder Grundsatz der funktionsgerechten Organstruktur.[1781] Der Grundsatz der Organadäquanz zielt darauf ab, dass „staatliche Entscheidungen möglichst richtig, das heißt von den Organen getroffen werden, die dafür nach ihrer Organisation, Zusammensetzung, Funktion und Verfahrensweise über die besten Voraussetzungen verfügen, und sie will auf eine Mäßigung der Staatsgewalt insgesamt hinwirken."[1782] Das Bundesverfassungsgericht sieht diese als unmittelbare Auspä-

---

[1775] So aber *Unger*, AöR 139 (2014), 80 (111 f. Fn. 154).
[1776] *Lorz*, Interorganrespekt, 2001, S. 90.
[1777] *Lorz*, Interorganrespekt, 2001, S. 89 ff.
[1778] *Lorz*, Interorganrespekt, 2001, S. 91.
[1779] *Lorz*, Interorganrespekt, 2001, S. 91 f.
[1780] *Lorz*, Interorganrespekt, 2001, S. 91 f.
[1781] Technisch gesehen stellen die funktionsgerechte Organstruktur und die organadäquate Funktionenzuordnung zwei separate Aspekte dar, welche unter dem Begriff der Organadäquanz zusammengefasst werden können, vgl. *Lorz*, Interorganrespekt, 2001, S. 42. Die Terminologie ist indes nicht immer einheitlich, vgl. z.B. *Grzeszick*, in: Dürig/Herzog/Scholz GG, Art. 20 V. Rn. 54 – „Funktionsadäquanz", „funktionsgerechte Organstruktur"; *Heun*, Verfassung und Verfassungsgerichtsbarkeit, 2014, S. 73 – „Funktionsgerechtigkeit oder Organadäquanz".
[1782] BVerfG, Urt. v. 18.12.1984 – 2 BvE 13/83 = BVerfGE 68, 1 (86); BVerfG, Beschl. v. 17.07.1996 – 2 BvF 2/93 = BVerfGE 95, 1 (15); BVerfG, Beschl. v. 30.06.2015 – 2 BvR 1282/11 = BVerfGE 139, 321 (362); vgl. auch *Kirchhof*, in: Isensee/Kirchhof, HdbStR V, 3. Aufl. 2007, § 99 Rn. 45.

gung des Gewaltenteilungsgrundsatzes an.[1783] Nach *Lorz* gehe der Grundsatz der Organadäquanz jedoch darüber hinaus auf die Einheit des Volkes als Quelle demokratischer Legitimation zurück.[1784] Somit knüpft *Lorz* diese auch an den Integrationsgedanken an.[1785] Schließlich sieht er ebenfalls eine Verknüpfung zum Grundsatz von Treu und Glauben, gesteht aber ein, dass dieser bei der Verfassungsorgantreue „wesentlich stärker zum Tragen kommt"[1786] und sich auch nur bedingt zur Herleitung des Grundsatzes der Organadäquanz eignet.[1787]

Mithin versteht er Organtreue und Organadäquanz als zwei – auch hinsichtlich ihrer Wurzeln – derart verknüpfte Prinzipien, dass sie nicht losgelöst voneinander betrachtet werden sollten. Er differenziert folglich Interorganrespekt und Verfassungsorgantreue vornehmlich dadurch, dass der Interorganrespekt zusätzlich den Gedanken der Organadäquanz umfasse. „Interorganrespekt" sei also ein „Oberbegriff", der die „terminologische Lücke" für das Verhältnis zwischen beiden Grundsätzen fülle.[1788] Dies lässt die Frage offen, warum *Lorz* – wie im Rahmen der Herleitung des Interorganrespekts dargestellt[1789] – die Begründung des Grundsatzes in erster Linie relativ strikt nach Funktionen unterteilt, wenngleich sie für sämtliche Aspekte Relevanz entfalten sollen. Um zu beurteilen, ob diese Verbindung überzeugt, soll ein genauerer Blick auf das Verhältnis zwischen Organtreue und Organadäquanz geworfen werden.

Die thematische Nähe von Verfassungsorgantreue und Organadäquanz ist unverkennbar.[1790] Besonders deutlich zeigt sich dies am Beispiel der Funktionszuordnung. Deren absoluteste Ausprägung stellt die Kernbereichslehre dar, wonach jeder der drei Staatsgewalten eine exklusive Domäne zukommt, welche durch die jeweils anderen Gewalten nicht usurpiert werden darf.[1791] Hierbei geht aus dem Gewaltenteilungsgedanken des Art. 20 Abs. 2 S. 2 GG selbst hervor, dass jeder Gewalt ein Kernbereich gewährleistet wird.[1792]

[1783] Vgl. über das soeben Gesagte hinaus auch die sonstigen Ausführungen an dieser Stelle, BVerfG, Urt. v. 18.12.1984 – 2 BvE 13/83 = BVerfGE 68, 1 (86).
[1784] *Lorz*, Interorganrespekt, 2001, S. 42.
[1785] *Lorz*, Interorganrespekt, 2001, S. 42.
[1786] *Lorz*, Interorganrespekt, 2001, S. 43.
[1787] *Lorz*, Interorganrespekt, 2001, S. 547.
[1788] *Lorz*, Interorganrespekt, 2001, S. 92.
[1789] S. oben E.I.1.
[1790] Vgl. auch *Schenke*, in: GS Brugger, 2013, S. 523 (529 f.).
[1791] *Grzeszick*, in: Stern/Sodan/Möstl, Staatsrecht Bd. 2, 2. Aufl. 2022, § 33 Rn. 51 m.w.N.; *Möllers*, Gewaltengliederung, 2005, S. 73 f.
[1792] S. nur *Grzeszick*, in: Dürig/Herzog/Scholz GG, Art. 20 V. Rn. 52 m.w.N. zur Rspr. d. BVerfG; *Jarass*, in: Jarass/Pieroth GG, Art. 20 Rn. 33.

Die klassische Kernbereichslehre ist jedoch für sich nicht ausreichend, um im Konfliktfall eine angemessene Funktionsordnung zu gewährleisten.[1793] Darüber hinaus bedarf es folglich einer feingliedrigeren Zuordnung. Hierzu tragen sowohl die Verfassungsorgantreue als auch die Organadäquanz bei. Die Prinzipien wirken allerdings in unterschiedliche Richtungen: Während die Organadäquanz demjenigen Organ eine Kompetenz positiv zuordnen will, welches nach seiner Organisation, Zusammensetzung, Funktion und Verfahrensweise die besten Voraussetzungen aufweist,[1794] wirkt die Verfassungsorgantreue im Konfliktbereich zwischen bestehenden Kompetenzen darauf hin, dass der Kompetenzbereich anderer Organe Achtung erfährt.[1795]

Während die Organadäquanz demnach Kompetenzfelder begründet, schränkt die Verfassungsorgantreue sie ein. Dabei will sie allerdings nur auf das „Wie" einwirken, d.h. nicht grundlegend die Kompetenzordnung ändern, sondern lediglich desintegrative Formen der Kompetenzausübung unterbinden. Dies gilt selbst dann, wenn sie in ihrer Funktion als Quelle von Rechten und Pflichten dient: Denn auch dann knüpft sie stets an den bestehenden Kompetenzrahmen an.[1796] Die Organadäquanz ist der Organtreue somit vorgelagert.

cc. Kompetenzeffektivität

In engem Zusammenhang mit der Organadäquanz steht auch der Grundsatz der Kompetenzeffektivität bzw. Effizienz.[1797] Dieser fordert eine effektive und effiziente Ausübung staatlicher Kompetenzen[1798] und verfolgt somit ein ähnliches Ziel.[1799] Anders als dieser gestaltet er jedoch nicht das Kompetenzgefüge an sich, sondern beeinflusst, *wie* die Kompetenzen handzuhaben sind.[1800] Gleich der Verfassungsorgantreue ist er der Organadäquanz also nachgelagert. Die Beziehung zwischen Kompetenzeffektivität und Verfassungsorgantreue wurde in der Literatur bereits aufgeworfen.[1801]

[1793] S. v.a. *v. Danwitz,* Der Staat 35 (1996), 329 ff.
[1794] BVerfG, Urt. v. 18.12.1984 – 2 BvE 13/83 = BVerfGE 68, 1 (86); BVerfG, Urt. v. 17.07.1996 – 2 BvF 2/93 = BVerfGE 95, 1 (15); BVerfG, Urt. v. 14.07.1998 – 1 BvR 1640/97 = BVerfGE 98, 218 (251 f.); *Grzeszick,* in: Stern/Sodan/Möstl, Staatsrecht Bd. 2, 2. Aufl. 2022, § 33 Rn. 52.
[1795] *Schenke,* Die Verfassungsorgantreue, 1977, S. 41 ff.
[1796] *Schenke,* Die Verfassungsorgantreue, 1977, S. 37 ff., 44 ff.
[1797] Vgl. hierzu *Isensee,* JZ 1971, 73 (75); *Kloepfer,* Der Staat 13 (1974), 457 (466 f.); *Kloepfer,* Vorwirkung von Gesetzen, 1974, S. 35; *Leisner,* Effizienz als Rechtsprinzip, 1971, passim, insb. S. 9 ff.; *Schröder,* Die Verwaltung 4 (1971), 301 (318 f.).
[1798] *Isensee,* JZ 1971, 73 (75); *Kloepfer,* Der Staat 13 (1974), 457 (466 f.).
[1799] Vgl. zu der Nähe nur *Grzeszick,* in: Dürig/Herzog/Scholz GG, Art. 20 V. Rn. 62.
[1800] Vgl. *Isensee,* JZ 1971, 73 (75); *Kloepfer,* Der Staat 13 (1974), 457 (467).
[1801] *Kloepfer,* Der Staat 13 (1974), 457 (465 ff.); *Schenke,* Die Verfassungsorgantreue, 1977, S. 50 ff.

Lorz versucht – wie auch mit der Organadäquanz geschehen – beide Prinzipien unter dem Banner des Interorganrespekts zu vereinen.[1802] Den Zusammenhang findet er in dem Spannungsverhältnis zwischen Effizienz bzw. Effektivität einerseits und Kontrolle andererseits.[1803] Der Grundsatz der Kompetenzeffektivität wirkt in diesem Zusammenhang immer in Richtung Effizienz und Effektivität. Der Grundsatz der Verfassungsorgantreue dagegen kann unterschiedliche Wirkungen entfalten: So kann er einerseits eine Treuebindung dahingehend entfalten, dass die betreffenden Organe kooperieren, sich koordinieren müssen oder jedenfalls nicht behindern dürfen. Dann würde auch die Verfassungsorgantreue die Effizienz und Effektivität staatlichen Handelns unterstützen.[1804]

Andererseits kann jedoch auch ein Spannungsverhältnis zwischen den Grundsätzen entstehen, wenn es zwar aus Effizienz- bzw. Effektivitätsgründen geboten erscheint, ein Organ seine Kompetenz ungestört ausüben zu lassen, die Erfüllung der Funktion eines anderen Organes jedoch dessen Einbeziehung erfordert.[1805] Damit wird deutlich, dass Effektivität und Loyalität nicht zwingend Hand in Hand gehen, sondern auch als Gegenspieler agieren können, welche miteinander abgewogen und in praktische Konkordanz gebracht werden müssen. *Lorz* führt hierzu aus, der Interorganrespekt „soll den Konflikt zwischen den beiden Polen Effizienz und Kontrolle auflösen oder jedenfalls abmildern und die sozialen Interdependenzkosten minimieren helfen, indem er die Verfassungsorgane, auf die eine bestimmte Entscheidungsbefugnis im Interesse ihrer wechselseitigen Kontrolle aufgeteilt worden ist, zu Rücksichtnahme und loyaler Kooperation verpflichtet und auf diese Weise die notwendig eintretenden Reibungsverluste auf ihr unvermeidliches Maß reduziert."[1806]

dd. Schlussfolgerungen für den Anwendungsbereich

Der Interorganrespekt umfasst somit die Grundsätze der Verfassungsorgantreue, der Organadäquanz und der Kompetenzeffektivität und setzt sie miteinander in Zusammenhang.

Für den Anwendungsbereich bedeutet dies, dass sich der von *Lorz* untersuchte Rahmen personell mit demjenigen der Verfassungsorgantreue zunächst deckt, d.h. auf die Beziehungen der permanent tätigen obersten Bundesorgane unter-

---

[1802] *Lorz*, Interorganrespekt, 2001, S. 529 ff.
[1803] *Lorz*, Interorganrespekt, 2001, S. 529 ff.
[1804] Vgl. auch *Riederle*, Kommunale Spitzenverbände, 1995, S. 118.
[1805] Ähnliche Bedenken äußert *Schenke*, Die Verfassungsorgantreue, 1977, S. 51 f., kommt jedoch zu dem Ergebnis, dass der Kompetenzeffektivität neben der Verfassungsorgantreue keine eigenständige Bedeutung zukommt.
[1806] *Lorz*, Interorganrespekt, 2001, S. 532.

einander beschränkt.[1807] Sonstige in der Verfassung verankerte Institutionen wie die Bundesbank, den Bundesrechnungshof oder die Gerichte lässt *Lorz* bei seiner Untersuchung überwiegend außer Betracht, obwohl er für diese ein weitgehendes Einsatzfeld des Interorganrespekts erblickt.[1808] Diese Beschränkung beruht nicht auf einer materiellen Beschränkung des personellen Anwendungsbereichs auf Verfassungsorgane, sondern lediglich auf dem engen Rahmen der Untersuchung. Weiter suggeriert die Bezeichnung als *Inter*organrespekt die Unanwendbarkeit von gleichgelagerten Respektsverpflichtungen im intraorganschaftlichen Verhältnis. Die Annahme einer derartigen Beschränkung des personellen Anwendungsbereiches wird jedoch von *Lorz* ausdrücklich abgelehnt.[1809] Der sachliche Anwendungsbereich wird mit der Ergänzung um die Organadäquanz und Kompetenzeffektivität erweitert und versieht somit den Interorganrespekt um zusätzliche Funktionalität.

b. Das Verhältnis zu Bundestreue und Föderalismus

Während *Lorz* das Verhältnis zwischen Interorganrespekt und Verfassungsorgantreue weitgehend darstellt, bleiben Fragen hinsichtlich des Verhältnisses zur Bundestreue offen. Zwar deutet *Lorz* die Existenz einer vertikalen Ausrichtung des Interorganrespekts an, legt den Fokus jedoch auf die horizontale Ausprägung.[1810] Somit wird zwar deutlich, dass der Interorganrespekt beide Ausprägungen speisen soll.[1811] Aus dem freiheitsschützenden Oberziel der Machtbalance schließe sich eine starke Vermutung an, dass die im Prinzip des Interorganrespekts gebündelten Gesichtspunkte aufgrund ihrer Komplementärfunktion im Verhältnis zur Gewaltenteilung[1812] auch im vertikalen Verhältnis Geltung beanspruchten und dies in Gestalt der Bundestreue zum großen Teil auch täten.[1813] Eine präzise Bestimmung der Beziehung zwischen Interorganrespekt und Bundestreue bleibt jedoch aus. Vielfach wird nur die Nähe bzw. Verwandtschaft beider Prinzipien herausgestellt.[1814]

Weiter geht *Lorz* mit Blick auf die jeweiligen Ländervertretungen davon aus, dass der Föderalismus eine maßgebliche Konstante für das Prinzip des Interorganrespekts darstellt und für dessen Charakter wesentlich ist.[1815] Betrachtet man jedoch Ungleichgewichte in föderalistischen Systemen rein aus dem Blick-

---

[1807] *Lorz*, Interorganrespekt, 2001, S. 9 f.
[1808] *Lorz*, Interorganrespekt, 2001, S. 9 f., 277 f.
[1809] *Lorz*, Interorganrespekt, 2001, S. 92, 244, 481 ff., 512.
[1810] *Lorz*, Interorganrespekt, 2001, S. 10, 352, 596 f.
[1811] So auch *Mast*, Staatsinformationsqualität, 2020, S. 418 ff.
[1812] Vgl. hierzu oben C.II.1.c.aa.
[1813] *Lorz*, Interorganrespekt, 2001, S. 596; vgl. auch *Schmidt*, AöR 87 (1962), 253 (261).
[1814] S. v.a. *Lorz*, Interorganrespekt, 2001, S. 12, 596.
[1815] Vgl. v.a. *Lorz*, Interorganrespekt, 2001, S. 6, 595 ff., obgleich sie nicht zwingend ist, S. 527.

winkel des horizontalen Interorganrespekts, führt dies unter gewissen Umständen zu Verschiebungen der Kompetenzordnung. So führt Lorz aus: „Auskunft über die Verwirklichung dieser Balance [zwischen Demokratieprinzip und Föderalismus] vermag dabei *nur* eine Gesamtbetrachtung von Zusammensetzung und Kompetenzen des einzelstaatlichen Vertretungsorgans zu geben."[1816]

Diese Sichtweise greift zu kurz. Zwar kann der Interorganrespekt in dieser Konstellation zutreffend dem Ausgleich zwischen Demokratieprinzip und Bundesstaatsprinzip dienen. Es überzeugt jedoch nicht, die Perspektive derart auf die horizontale Ebene zwischen Parlament und Ländervertretung einzuengen. Dem Bundesrat kommen unterschiedlichste Mitwirkungsbefugnisse in nahezu allen staatlichen Funktionsbereichen, wenngleich mit unterschiedlichem Gewicht zu.[1817] Unter diesen sind zwar in der Tat die Mitwirkungsbefugnisse im Gesetzgebungsverfahren, insbesondere die Zustimmungskompetenz, besonders bedeutsam.[1818] Der Intensitätsgrad der Mitwirkungsbefugnisse des Bundesrates ist grundsätzlich auch an die Bedeutung für das bundesstaatliche Verhältnis geknüpft.[1819] Zum einen können jedoch Konstellationen auftreten, welche die Interessen der Länder in einem Maße betreffen, welches durch die konkret einschlägigen Mitwirkungsbefugnisse nicht zu kompensieren vermögen. Zum anderen liegen zahlreiche Schwerpunkte des Bundesstaatsprinzips gerade jenseits des Verhältnisses zwischen Bundestag und Bundesrat oder sind gar völlig vom Bundesrat abgekoppelt. Beispielsweise haben sich zahlreiche Entscheidungsprozesse in informelle Verhandlungen zwischen Bund und Ländern sowie in den parteiinternen Bereich verlagert.[1820] Insofern richtet sich der Fokus auf das vertikale Verhältnis.[1821]

Um demnach die gewünschte Ausbalancierung zu erzielen, muss das Gesamtsystem in Betracht genommen werden, d.h. mitunter wäre gerade die vertikale Ausprägung des Interorganrespekts von höchster Relevanz und kann somit für die Frage der Balancefunktion des Interorganrespekts zwischen Bundesstaats- und Demokratieprinzip nicht ausgeblendet werden.

Der Interorganrespekt ist somit zwar als Prinzip zur Ausbalancierung von Föderalismus und Demokratieprinzip zu sehen, sofern sich eine Verfassung für einen

---

[1816] *Lorz*, Interorganrespekt, 2001, S. 597, keine Hervorhebung im Original.
[1817] *Stern*, StaatsR Bd. 1, 2. Aufl. 1984, S. 740 f.
[1818] *Stern*, StaatsR Bd. 1, 2. Aufl. 1984, S. 741.
[1819] *Stern*, StaatsR Bd. 2, 1980, S. 153.
[1820] *Korioth*, in: v. Mangoldt/Klein/Starck GG, Art. 50 Rn. 31.
[1821] Vgl. zu einer derartigen Konstellation nur BVerfG, Urt. v. 28.02.1961 – 2 BvG 1, 2/60 = BVerfGE 12, 205 (255 f.).

föderalistischen Aufbau entscheidet.[1822] Entgegen der Sichtweise von *Lorz* findet diese jedoch nicht „in erster Linie zwischen dem gesamtverbandlichen und dem einzelstaatlichen Repräsentativorgan statt",[1823] sondern vollzieht sich an sämtlichen Schnittpunkten zwischen Bund und Ländern.

Festgehalten werden kann damit jedenfalls, dass zwischen Bundestreue und einer angedeuteten vertikalen Ausprägung des Interorganrespekts weitreichende Schnittmengen bestehen. Das genaue Verhältnis bleibt allerdings offen. Zudem nimmt der Föderalismusgedanke Einfluss auf den Interorganrespekt in seiner horizontalen Ausprägung, da er über das entsprechende Vertretungsorgan der Länder Einzug in die Organbeziehungen auf Bundesebene findet. *Lorz* deutet somit die Verflechtung horizontaler und vertikaler Gewaltenteilung und deren Zusammenhang mit den Treueprinzipien an. Diese werden noch genauer zu untersuchen sein.[1824]

c. Das Verhältnis zur Kommunaltreue und Verwaltungsorgantreue

Die Kommunaltreue sowie die Verwaltungsorgantreue nehmen im Rahmen der Untersuchung zum Interorganrespekt eine untergeordnete Rolle ein. *Lorz* greift diese lediglich beiläufig auf,[1825] da er die Ausführungen weitgehend auf das Verfassungsrechtsverhältnis der obersten Staatsorgane eingrenzt.[1826] Im Wesentlichen werden die kommunalen Treuepflichten als „ähnliche Parallelerscheinungen" deklariert.[1827]

d. Schlussfolgerungen für den Anwendungsbereich des Interorganrespekts

Somit lässt sich festhalten, dass der Interorganrespekt im Wesentlichen auf horizontaler Ebene die Organtreue, die Organadäquanz und die Kompetenzeffektivität in sich vereint und miteinander in Einklang bringt sowie das Spannungsverhältnis zwischen Effizienz und Kontrolle moderieren will. Auf vertikale Beziehungen sowie Beziehungen unterhalb der obersten Staatsorgane ist er nicht gemünzt, aber explizit erweiterungsfähig. Somit dürften die personellen Anwendungsbereiche der Bundes- und Verfassungsorgantreue vollständig abgedeckt sein.[1828] Zudem werden die vertikale und horizontale Achse miteinander in Verbindung gebracht, jedoch bisher nur aus dem Blickwinkel der horizontalen Ebene beleuchtet.

[1822] So zunächst i.E. auch *Lorz*, Interorganrespekt, 2001, S. 600.
[1823] *Lorz*, Interorganrespekt, 2001, S. 600.
[1824] S. unten F.I.1.b., F.I.2. und F.III.1.a.aa.
[1825] *Lorz*, Interorganrespekt, 2001, S. 77 f.
[1826] *Lorz*, Interorganrespekt, 2001, S. 9 f.
[1827] *Lorz*, Interorganrespekt, 2001, S. 77.
[1828] Vgl. auch *Mast*, Staatsinformationsqualität, 2020, S. 418.

In sachlicher Hinsicht ist der Grundsatz vielseitig und reicht von einer weitgehenden Ordnungsidee bis hin zu konkreten Anwendungsfällen. Dies erscheint zunächst wie ein „Zauberkasten"[1829], aus dem man jegliche Beziehung zwischen staatlichen Untergliederungen frei interpretieren und gestalten kann. *Lorz* verschafft diesem Problem jedoch zumindest in gewissem Maße Abhilfe: So knüpft er Konsequenzen aus dem Interorganrespekt stets an das konkrete Rechtsverhältnis an und arbeitet sie aus der gegebenen Situation heraus.[1830] Damit werden auch die Ergebnisse vorhersehbarer.

Weiter macht er deutlich, dass eine gewisse Entwicklungsoffenheit und Elastizität in der Natur des Interorganrespekts liegt.[1831] Der Anwendungsbereich des Prinzips kann folglich einerseits nicht erschöpfend abgesteckt werden, mit der Folge, dass sich mit der Zeit neue Konkretisierungen herausbilden.[1832] Andererseits ist es auch möglich, dass „bislang anerkannte Konkretisierungen in ihrer praktischen Bedeutung zurücktreten".[1833] Die Folgerungen, welche aus dem Grundsatz des Interorganrespekts erwachsen, richten sich somit nach den Umständen des Einzelfalles.[1834] Diese Entwicklungsoffenheit und Flexibilität begrüßt *Lorz*, da der Interorganrespekt seine Legitimation daraus ziehe, dass er selbst dann sachgerechte Ergebnisse liefere, wenn explizite Kompetenzzuweisungen an ihre Grenzen stoßen.[1835] Eine abschließende Festlegung auf einen detaillierten und umfassenden Verhaltenskodex widerspräche damit seiner Natur als übergreifendem Verfassungsstrukturprinzip.[1836] Somit biete der Interorganrespekt vielmehr ein Leitbild für den ständigen Diskurs zwischen den Verfassungsakteuren, aus dem sich stetig neue Handlungsregeln für das Zusammenwirken der obersten Verfassungsorgane ergäben.[1837] Maßgebliche Anhaltspunkte für die Einzelfallkonkretisierung ließen sich insbesondere aus der Verfassungspraxis der zur Verfassungskonkretisierung berufenen staatlichen Akteure – mit besonderem Augenmerk auf die Verfassungsgerichte – entnehmen.[1838] Genannt werden v.a. Formen faktischer Kooperation und Interorgan-

---

[1829] Bezogen auf die Gewaltenloyalität *Desens*, Bindung der Finanzverwaltung, 2011, S. 272.
[1830] S. v.a. *Lorz*, Interorganrespekt, 2001, S. 560.
[1831] *Lorz*, Interorganrespekt, 2001, S. 571 f.
[1832] *Lorz*, Interorganrespekt, 2001, S. 571.
[1833] *Lorz*, Interorganrespekt, 2001, S. 571.
[1834] *Lorz*, Interorganrespekt, 2001, S. 571, unter Verweis auf die Praxis zur Bundestreue – BVerfG, Urt. v. 22.05.1990 – 2 BvG 1 /88 = BVerfGE 81, 310 (337).
[1835] *Lorz*, Interorganrespekt, 2001, S. 572; vergleichbare Schlüsse zur Bundestreue bereits *Bauer*, Die Bundestreue, 1992, S. 313 ff.; sowie zusätzlich zur Verfassungsorgantreue *Schenke*, JZ 1989, 653 (658 f.).
[1836] *Lorz*, Interorganrespekt, 2001, S. 572.
[1837] *Lorz*, Interorganrespekt, 2001, S. 572.
[1838] *Lorz*, Interorganrespekt, 2001, S. 573 ff.

vereinbarungen.[1839] Auch der Rechtswissenschaft komme ein maßgeblicher Anteil bei der Konkretisierungsarbeit zu.[1840]

Umgekehrt könne die politische Praxis auch in negativer Form zur Konkretisierung beitragen, wenn ein bestimmtes Verhalten das Bedürfnis der Berücksichtigung des Interorganrespekts nahelege.[1841] Exemplarisch werden die Ausnutzung bestehender Gestaltungsmöglichkeiten im Gesetzgebungsverfahren zur Minimierung der Beteiligung anderer Organe, rein politische motivierte Blockademaßnahmen, die unnötige Präjudizierung von Ausgaben durch die Exekutive und der sachfremde Einsatz des Budgetbewilligungsrechtes durch die Legislative genannt.[1842]

Trotz des hohen Abstraktionsgrades und der Flexibilität des Anwendungsbereiches des Interorganrespekts, zeichnen sich seine Umrisse anhand der zahlreichen von *Lorz* dargestellten Einzelfallbeispiele ab, von denen an dieser Stelle nur wenige exemplarisch angeführt werden sollen. Vielfach decken sich diese mit den Anwendungsfällen, welche durch die Verfassungsorgantreue erfasst werden, beispielsweise das sog. Normwiederholungsverbot, welches dem Gesetzgeber grundsätzlich untersagt, Entscheidungen des Bundesverfassungsgerichts durch den Neuerlass des jeweiligen Gesetzes zu konterkarieren.[1843] Auf der anderen Seite hält der Interorganrespekt das Bundesverfassungsgericht zugleich zur Rücksichtnahme auf die Kompetenzsphäre und den Gestaltungsspielraum des Gesetzgebers an.[1844]

Im Gesetzgebungsverfahren hilft der Interorganrespekt einerseits dabei, das Zusammenwirken der Organe, insbesondere im Rahmen von Gesetzesinitiativen, beispielweise in der Form wechselseitiger Unterrichtungspflichten, zu regulieren.[1845] So stellen Art. 76 Abs. 2 und 3 GG normative Ausprägungen des

---

[1839] *Lorz*, Interorganrespekt, 2001, S. 573.
[1840] *Lorz*, Interorganrespekt, 2001, S. 574.
[1841] *Lorz*, Interorganrespekt, 2001, S. 575.
[1842] *Lorz*, Interorganrespekt, 2001, S. 575; ausführliche Darstellung ebd., S. 145 f. (Umgehung des Bundesrates im ersten Durchgang), S. 175 ff. (Aufspaltung zustimmungspflichtiger Gesetze), 206 ff. (Einflussminimierung, Blockade, Lähmung), 269 ff. (Ausgabenpräjudizierung, Budgetbewilligungsrecht).
[1843] S. hierzu *Lorz*, Interorganrespekt, 2001, S. 400; für die Verfassungsorgantreue gleichbedeutend *Schulze-Fielitz*, in: FS 50 Jahre BVerfG I, 2001, S. 385 (391 ff.); *Voßkuhle*, NJW 1997, 2216 (2218) m.w.N.; im Rahmen eines darüberhinausgehenden Loyalitätsgebotes zwischen den Gewalten *Schaumburg*, in: Brandt, DFGT 1 (2004), 73 (93); das grundsätzliche Verbot bezieht sich allerdings nur auf das Konterkarieren, gegen einen Neuerlass, welcher die verfassungsgerichtliche Rechtsprechung respektiert, spricht indes nichts, vgl. hierzu auch *Korioth*, Der Staat 30 (1991), 549 (567); *Schulze-Fielitz*, a.a.O. (392).
[1844] *Lorz*, Interorganrespekt, 2001, S. 451.
[1845] *Lorz*, Interorganrespekt, 2001, S. 144.

Interorganrespekts dar.[1846] Ungeschrieben könnte aus dem Interorganrespekt eine Verpflichtung der diesbezüglich besser ausgestatteten Exekutive gegenüber der Legislative zur Unterstützung in Form von Informationen und juristischen Formulierungshilfen bei Gesetzentwürfen erwogen werden.[1847] Innerhalb der Regierung erlangt der Interorganrespekt[1848] besonders in dem Spannungsfeld zwischen der Richtlinienkompetenz des Bundeskanzlers gem. Art. 65 S. 1 GG und Rechten der Minister, insb. dem Ressortprinzip gem. Art. 65 S. 2 GG Bedeutung.[1849] Bei kollegialen Entscheidungen der Bundesregierung fordert der Interorganrespekt in Einklang mit der verfassungsgerichtlichen Rechtsprechung umfassende Information und ausreichende Entscheidungsfristen für die Kabinettsmitglieder.[1850]

Entsprechende bzw. vergleichbare Anwendungsfelder des Interorganrespekts werden auch für die Union und die USA dargelegt.[1851]

3. Funktionsweise

Hinsichtlich der Funktionsweise trifft *Lorz* sehr konkrete Aussagen. So knüpft er zum einen an die überkommenen Unterscheidungen an, welche von Bundes- und Verfassungsorgantreue bekannt sind, d.h. die Funktionen als Kompetenzausübungsschranke, Quelle konkreter Rechte und Pflichten sowie als Auslegungsregel.[1852] Insoweit darf auf die diesbezüglichen Ausführungen verwiesen werden.[1853] Zum anderen ergänzt er diese jedoch um die Dimension als Funktionsordnungsprinzip.[1854] Der Interorganrespekt dient in dieser Funktion als Argumentationstopos zur Beantwortung der Frage, welchem Organ eine bestimmte Funktion zugeordnet wird.[1855] Diese wird insbesondere dann relevant, wenn eine Aufgabe nicht gerade einem Organ ausschließlich zukommt, d.h. der Kernbereich betroffen ist, sondern ein anderes Organ involviert werden muss oder ein Regel-Ausnahme-Verhältnis begründet wird.[1856] Gemeint ist damit

---

[1846] *Lorz*, Interorganrespekt, 2001, S. 144.
[1847] *Lorz*, Interorganrespekt, 2001, S. 145; so bereits zur Verfassungsorgantreue *Schenke*, Die Verfassungsorgantreue, 1977, S. 107 ff.
[1848] Genau genommen ist in diesem Zusammenhang von „Intraorganrespekt" zu sprechen, so auch *Lorz*, Interorganrespekt, 2001, S. 244.
[1849] *Lorz*, Interorganrespekt, 2001, S. 246.
[1850] BVerfG, Beschl. v. 11.10.1994 – 1 BvR 337/92 = BVerfGE 91, 148 (166); *Lorz*, Interorganrespekt, 2001, S. 245 ff.
[1851] *Lorz*, Interorganrespekt, 2001, passim.
[1852] Vgl. *Lorz*, Interorganrespekt, 2001, S. 563 ff.
[1853] S. hierzu oben C.I.4. und C.II.3.
[1854] Vgl. *Lorz*, Interorganrespekt, 2001, S. 562 f.
[1855] *Lorz*, Interorganrespekt, 2001, S. 563.
[1856] *Lorz*, Interorganrespekt, 2001, S. 563.

schlicht die Erweiterung um den Aspekt der Organadäquanz.[1857] In dieser Funktion tritt der Interorganrespekt beispielsweise in dem Verhältnis zwischen Judikative einerseits und Legislative oder Exekutive andererseits auf, wenn es um die Zurückhaltung bei der gerichtlichen Kontrolldichte in spezifischen Bereichen anderer Verfassungsorgane geht.[1858] Im Rahmen des ständigen Kompetenzbalanceakts in außenpolitischen Belangen bietet der Interorganrespekt in seiner Form als Funktionszuordnungsregel einen Abwägungsmaßstab.[1859]

Der Ergänzung durch die Dimension als Funktionsordnungsprinzip bedurfte es im Rahmen der überkommenen Funktionssystematik nicht, da sämtliche Anwendungsfelder jedenfalls einer, wenn nicht mehreren der hergebrachten Modi zugeordnet werden konnten. Dies ist bei der Organadäquanz nicht mehr der Fall, da – wie zuvor festgestellt – die Organadäquanz konstruktiv Kompetenzen zugunsten eines Organes begründen kann, da dieses für deren Wahrnehmung am geeignetsten erscheint. Die Organtreue kann dies hingegen nicht leisten. Zwar kann sie ebenfalls Rechte begründen. Hierbei handelt es sich jedoch um solche Rechte, die eine vorhandene Stellung stärken oder schützen, beispielsweise Anhörungsrechte, welche gewährleisten sollen, dass ein Organ die ihm zukommende Aufgabe ordnungsgemäß erfüllen kann. Um der Anschaulichkeit Willen den hier etwas problematischen[1860] Duktus der zivilrechtlichen Ausprägung von Treu und Glauben aufgreifend, handelt es sich quasi um Nebenpflichten.[1861] Darüber geht die Organadäquanz hinaus, weshalb sich dieser Teilbereich auch nicht unter die Funktion als Quelle von Rechten und Pflichten im bisherigen Sinne einordnen lässt. Die Eröffnung einer vierten Funktion durch *Lorz* erscheint demnach innerhalb seiner Konzeption als konsequent.

Das Verhältnis zwischen den einzelnen Funktionen ist wie auch bei der Bundes- und Verfassungsorgantreue nicht exklusiv.[1862] Vielmehr dient die Untergliederung auch hier der besseren Veranschaulichung, indem sie einen „Beitrag zur Ausfächerung [des] potentiellen Einsatzspektrums" des Interorganrespekts leistet und unterschiedliche Blickwinkel auf dessen Wirkungsmodalitäten ermöglicht.[1863] So sind regelmäßig sogar mehrere Funktionen gleichzeitig einschlägig und eine scharfe Trennung ist weder erforderlich noch möglich.[1864]

[1857] *Lorz*, Interorganrespekt, 2001, S. 562.
[1858] *Lorz*, Interorganrespekt, 2001, S. 562.
[1859] *Lorz*, Interorganrespekt, 2001, S. 563.
[1860] Vgl. *Schenke*, Die Verfassungsorgantreue, 1977, S. 45 f.
[1861] Vgl. *Bayer*, Die Bundestreue, 1961, S. 64; *Bleckmann*, RIW/AWD 1981, 653 (653).
[1862] *Lorz*, Interorganrespekt, 2001, S. 568.
[1863] *Lorz*, Interorganrespekt, 2001, S. 568.
[1864] *Lorz*, Interorganrespekt, 2001, S. 568.

4. Rechtsfolgen und Durchsetzbarkeit

Ein besonders drängendes Problem des Interorganrespekts stellt die Justitiabilität dar. Im Unterschied zu den bisherigen Loyalitätspflichten konstruiert *Lorz* den Interorganrespekt deutlich umfassender, sodass ihm sogar Aussagen bis hin zu einem Neuüberdenken der gewachsenen Verfassungspraxis oder Anstöße für Verfassungsreformen zu entnehmen seien.[1865] Dass eine Verfassungsänderung nicht den Gerichten, inklusive dem Bundesverfassungsgericht, sondern ausschließlich dem verfassungsändernden Gesetzgeber vorbehalten ist, steht außer Frage.[1866] Aber bereits diesseits solcher Forderungen gestaltet sich die Ermittlung eines verlässlichen Anwendungsmaßstabes zur Entscheidung konkreter gerichtlicher Streitigkeiten als schwierig.[1867]

Erneut steht weniger die Frage des Ob der Justitiabilität im Fokus. Dass auch der Interorganrespekt zumindest in gewissem Maße justitiabel ist, liegt schon deshalb auf der Hand, weil ihm eine nicht unbedeutende Schnittmenge mit anderen Loyalitätsprinzipien, insbesondere der Verfassungsorgantreue, eigen ist.[1868] Vielmehr liegen die Problemkreise zum einen in der Grenzziehung zwischen Justitiablem und nicht Justitiablem, zum anderen in der Frage der Identität von Rechtsverbindlichkeit und Justitiabilität.[1869] Der Interorganrespekt steht somit demselben Problem gegenüber, welches sich vielfach bereits im Rahmen anderer Verfassungsstrukturprinzipien, insbesondere dem Rechtsstaatsprinzip,[1870] offenbart hat: Zieht man aus diesen inflationär unmittelbare Schlüsse für die Konfliktlösung im konkreten Einzelfall, geht dies typischerweise mit Rechtsunsicherheit und willkürlicher Rechtsanwendung einher.

Zugleich als Lösung und als Verschärfung der Justitiabilitätsproblematik präsentiert sich der aus dem Interorganrespekt selbst abgeleitete sog. judicial self-restraint.[1871] Da dieser eine Zurücknahme der gerichtlichen Kontrolldichte aus Res-

---

[1865] S. beispielsweise *Lorz*, Interorganrespekt, 2001, S. 598 – Forderung der Stärkung des Demokratieprinzips auf europäischer Ebene.
[1866] *Heun*, Funktionell-rechtliche Schranken, 1992, S. 58 f.; *Schlaich/Korioth*, Das Bundesverfassungsgericht, 12. Aufl. 2021, Teil 4 Rn. 119.
[1867] Diese Einschätzung teilt auch *Lorz*, Interorganrespekt, 2001, S. 575.
[1868] Vgl. oben E.I.2.a.aa.
[1869] Vgl. *Lorz*, Interorganrespekt, 2001, S. 575 ff.; zu Parallelproblematiken im Rahmen der Verfassungsorgantreue *Schenke*, Die Verfassungsorgantreue, 1977, S. 34 f.; *Voßkuhle*, NJW 1997, 2216 (2218); sowie mit Bezug auf die Bundestreue *Bauer*, Die Bundestreue, 1992, S. 366 ff.
[1870] Vgl. *Kunig*, Das Rechtsstaatsprinzip, 1986, S. 3 ff., 457 ff., 464 ff.; *Krüger*, in: FS Forsthoff, 1972, S. 187 (193, 208); *Krüger*, Rechtsstaat, Sozialstaat, Staat, 1975, S. 13; *Ridder*, Die soziale Ordnung des Grundgesetzes, 1976, S. 144 ff.
[1871] *Delbrück*, in: Randelzhofer/Süß, Konsens und Konflikt, 1986, S. 54 (60 f.); *Laufer*, Verfassungsgerichtsbarkeit und politischer Prozeß, 1968, S. 466 ff.; *Lorz*, Interorganrespekt, 2001, insb. S. 424 ff., 575 f.; als „Ausdruck von Respekt" – *Hassemer*, JZ 63 (2008), 1 (9); aus der

pekt vor den Funktionsbereichen anderer Organe, insbesondere dem unmittelbar demokratisch legitimierten Gesetzgeber fordert, könne die Rechtsprechung sinnvollerweise erst dann eingreifen, wenn die Grenzen eines Strukturprinzips evident überschritten sind.[1872] Damit wäre die gerichtliche Kontrolle von Verstößen gegen den Interorganrespekt auf offenkundige Fälle beschnitten.[1873] Einer Überdehnung der Aussagekraft des Prinzips ist somit vorerst vorgebeugt. Andererseits ist weiterhin unklar, wie die verbleibenden Gehalte des Interorganrespekts gehandhabt werden sollen.

Erschwerend tritt – wie auch bei der Verfassungsorgantreue – in zahlreichen Fällen die Beschränkung des Grundsatzes nemo iudex in causa sua hinzu.[1874] Selbst wenn demnach ein evidenter Verstoß gegen den Interorganrespekt zulasten des Bundesverfassungsgerichts eintritt, darf dieses keine Entscheidung in eigener Sache treffen. Mithin kann festgehalten werden, dass sich eine nicht unwesentliche Diskrepanz zwischen dem eigentlichen Gehalt des Interorganrespekts und seinem gerichtlich kontrollierbaren Gehalt auftut.

Dies muss jedoch nicht bedeuten, dass alles, was jenseits der Grenzen gerichtlicher Überprüfbarkeit liegt, in eine außerrechtliche, rein politische Sphäre fällt. Zu diesem Schluss kommt auch *Lorz* mit der wohl herrschenden Meinung im Rahmen hergebrachter Loyalitätspflichten.[1875] Im Anschluss daran macht auch er die *Forsthoff'sche* Unterscheidung von Funktions- (bzw. Handlungs-[1876]) und Kontrollnormen (bzw. Konfliktentscheidungsnorm[1877]) fruchtbar.[1878] Demnach gehe aus dem Interorganrespekt als Funktionsnorm ein rechtlich verbindlicher Handlungsmaßstab für die Beteiligten hervor.[1879] Der gerichtlichen Kontrolle sei hingegen nur der Interorganrespekt als Konfliktentscheidungsnorm zugäng-

---

Verfassungsorgantreue *Kloepfer,* Hdb. Verfassungsorgane, 2022, § 1 Rn. 161, § 8 Rn. 89 ff.; *Lovens,* Bundesverfassungsrichter, 2009, S. 77; *Schenke,* Die Verfassungsorgantreue, 1977, S. 119 ff.; allgemein hierzu ohne explizite Anknüpfung an Loyalitätsgrundsätze Bericht des Berichterstatters an das Plenum des Bundesverfassungsgerichts zur „Status"-Frage, JöR n.F. 6 (1957), 120 (125 ff.); *Tomuschat,* DÖV 1973, 801 (801, 806 f.); *Wittig,* Der Staat 8 (1969), 137 (145 f.); *Zuck,* JZ 29 (1974), 361 (365, 367); kritisch dagegen *Hwang,* AöR 133 (2008), 606 (621 ff., 624); *Sauer,* Jurisdiktionskonflikte, 2008, S. 394 ff. m.w.N.
[1872] *Lorz,* Interorganrespekt, 2001, S. 575 f.
[1873] *Lorz,* Interorganrespekt, 2001, S. 576.
[1874] Vgl. *Voßkuhle,* NJW 1997, 2216 (2218); s. hierzu bereits oben C.II.4.
[1875] *Lorz,* Interorganrespekt, 2001, S. 576 m.w.N.; s. hierzu im Rahmen der hergebrachten Grundsätze *Bauer,* Die Bundestreue, 1992, S. 369 ff.; *Schenke,* Die Verfassungsorgantreue, 1977, S. 140 ff.; s. auch oben C.I.5.b.
[1876] Vgl. *Lorz,* Interorganrespekt, 2001, S. 578.
[1877] So die Terminologie bei *Bauer,* Die Bundestreue, 1992, S. 369 ff.
[1878] *Lorz,* Interorganrespekt, 2001, S. 575 ff.; s. hierzu im Rahmen der hergebrachten Grundsätze *Bauer,* Die Bundestreue, 1992, S. 369 ff.; *Schenke,* Die Verfassungsorgantreue, 1977, S. 140 ff.; s auch oben C.I.5.b.
[1879] *Lorz,* Interorganrespekt, 2001, S. 578.

lich.[1880] Dieser sei beschränkt durch den Grundsatz der Subsidiarität, welcher Normen des geschriebenen Rechts Vorrang einräumt.[1881] Dies schließe freilich nicht die Heranziehung als Auslegungsprinzip aus, insbesondere wenn es sich bei der geschriebenen Norm um eine (Teil-)Konkretisierung des Interorganrespekts handele.[1882] Zum anderen beschränke er sich als Konfliktentscheidungsnorm auf die zuvor beschriebene Zurückhaltung der Gerichte, mit der Konsequenz einer bloßen Evidenzkontrolle, welche sich auf schwerwiegende und offensichtliche Verstöße belaufe.[1883] Somit komme dem Interorganrespekt als Funktionsnorm ein weiter Anwendungsbereich zu, während er als Konfliktentscheidungsnorm nur die Rolle eines Reserverechtssatzes zur Lückenfüllung und Ergänzung des kodifizierten Rechts einnehme.[1884]

5. Zwischenergebnis

Festzuhalten ist damit, dass der Interorganrespekt im Wesentlichen die bestehenden Grundsätze der Verfassungsorgantreue, der Organadäquanz und der Kompetenzeffektivität aufgreift und diese in einen einheitlichen Rahmen setzt. Dabei steckt *Lorz* das ambitionierte Ziel, eine übergreifende Ordnungsidee zu schaffen, welche die maßgeblichen Aspekte einer modernen Verfassung in sich vereinigt und miteinander in Einklang bringt, jedoch zugleich Antworten für den Einzelfall bereitstellen will. Trotz der thematischen Beschränkung seiner Untersuchung findet dabei auch der Föderalismus Berücksichtigung, womit die inhaltliche Verflechtung zwischen Horizontale und Vertikale ans Licht tritt. Darin zeigt sich eine Parallele zu dem Zusammenhang zwischen Horizontale und Vertikale auf Kommunalebene, welche gleichsam nicht beziehungslos nebeneinander stehen.

II. Gewaltenloyalität und kooperativer Verfassungssinn

Anders als *Lorz*, der keine Ausarbeitung des vertikalen Interorganrespekts vornahm,[1885] sondern nur die Bundestreue für seine Herleitung des Interorganrespekts ausleuchtete[1886] und von der Existenz einer vertikalen Ausrichtung des Interorganrespekts ausgeht,[1887] wagt *Desens* den Schritt, ein umfassendes Prinzip mit sowohl vertikaler als auch horizontaler Ausrichtung auszuarbei-

---

[1880] *Lorz*, Interorganrespekt, 2001, S. 578 ff.
[1881] *Lorz*, Interorganrespekt, 2001, S. 580; parallel zur Bundestreue bereits *Bauer*, Die Bundestreue, 1992, S. 371 ff. m.w.N.
[1882] *Lorz*, Interorganrespekt, 2001, S. 580.
[1883] *Lorz*, Interorganrespekt, 2001, S. 580.
[1884] *Lorz*, Interorganrespekt, 2001, S. 580; ähnlich hinsichtlich der Verfassungsorgantreue *Schenke*, Die Verfassungsorgantreue, 1977, S. 34 f., 41.
[1885] *Lorz*, Interorganrespekt, 2001, S. 10.
[1886] *Lorz*, Interorganrespekt, 2001, S. 12 ff.
[1887] *Lorz*, Interorganrespekt, 2001, S. 352.

ten.[1888] Hierfür bringt er den Begriff der Gewaltenloyalität an. Zwar wird weder dieser Begriff von *Desens* begründet,[1889] sondern lediglich aufgegriffen, noch geht die Idee eines derart umfassenden Loyalitätsprinzip auf ihn zurück.[1890] Dennoch kann mit Recht behauptet werden, dass ihm die maßgebliche Leistung bei der Ausarbeitung des Grundsatzes zukommt. Obgleich der Grundsatz der Gewaltenloyalität zumindest noch nicht in aller Munde ist, wurde er trotz seiner relativen Neuheit bereits von anderen Autoren – zumeist unter Stützung auf *Desens* – aufgegriffen.[1891]

In eine ähnliche Stoßrichtung gehen die deutlich älteren Ausführungen *Klopfers* zum sog. „kooperativen Verfassungssinn".[1892] Die Nähe der beiden Ansätze zeigt sich einerseits bereits begrifflich bei *Kloepfer*, der den „Gedanken interorganschaftlicher und auch gewaltenverbindender Loyalität als Ausfluß der umfassenden Vorstellung des kooperativen Verfassungssinns" sieht.[1893] Andererseits tritt sie inhaltlich bei *Desens* zutage, der sich bei der Begründung der Gewaltenloyalität auf die Vorarbeit *Kloepfers* stützt.[1894] Obwohl der Ansatz nicht besonders umfangreich ausgearbeitet ist, wird er in der Literatur verhältnismäßig häufig rezipiert.[1895] Dies dürfte wohl darauf zurückzuführen sein, dass er aus den 1970er Jahren stammt und damit mit einer derartigen inhaltlichen Weite – welche sich über *Desens*´ Konzeption hinaus sogar auf das Staat-Bürger-Ver-

---

[1888] *Desens*, Bindung der Finanzverwaltung, 2011, S. 264 ff.
[1889] S. z.B. *Crezelius*, in: FG Felix, 1989, S. 37 (47); jeweils mit leichten begrifflichen Variationen *Brockhoff*, Stbg. 1979, 27 (31); *Felix*, StuW 1979, 65 (65); *Felix*, BB 1988, 1500 (1502); *Jachmann*, in: FS Spindler, 2011, S. 115 (127, 136); *Klein*, DStZ 1984, 55 ff.; *Kreft*, Der Nichtanwendungserlaß, 1989, S. 82 f.; *Offerhaus*, StbJb 1995/1996, 7 (14); *Schaumburg*, in: Brandt, DFGT 1 (2004), 73 (87); *Spindler*, DStR 2007, 1061 (1064); *Völker/Ardizzoni*, NJW 2004, 2413 (2416, Fn. 42).
[1890] Vgl. nur *Kloepfer*, Der Staat 13 (1974), 457 (468); *Kloepfer*, Vorwirkung von Gesetzen, 1974, S. 52 ff.
[1891] S. z.B. *Drüen*, StuW 2015, 210 (215); *Haedicke*, GRUR Int. 2019, 885 (894); *Koepsell*, Exekutiver Ungehorsam, 2023, S. 35 ff.; *Maciejewski*, Nichtanwendungsgesetze, 2021, S. 263.
[1892] *Kloepfer*, Der Staat 13 (1974), 457 (468 f.); *Kloepfer*, Vorwirkung von Gesetzen, 1974, S. 53 f.; *Kloepfer*, Hdb. Verfassungsorgane, § 1 Rn. 159, insb. Fn. 170 – interessant erscheint, dass *Kloepfer* kaum auf den kooperativen Verfassungssinn, aber dafür den Interorganrespekt eingeht, ebd. § 1 Rn. 160; ähnlich bereits *Bachof*, Verfassungswidrige Verfassungsnormen, 1951, S. 43; *Huber*, in: FG Schweizer Juristenverein, 1955, S. 95 (103); *Ipsen*, DV 1949, 486 (490), jew. m.w.N., welche die Bundestreue als „hintergründiges Konstitutionsprinzip des Verfassungssinnes" einordnen, den Begriff allerdings umfassender spannen und mit dem Verfassungssinn wohl eher den Umstand bezeichnen, dass die Bundestreue ungeschriebenes Recht darstellt, welches nach heutigem Verständnis als mitgesetztes Recht bezeichnet werden kann, s. hierzu *Wolff*, Ungeschriebenes Verfassungsrecht, 2000, S. 404 ff.
[1893] *Kloepfer*, Der Staat 13 (1974), 457 (468).
[1894] *Desens*, Bindung der Finanzverwaltung, 2011, S. 267.
[1895] S. nur *Bauer*, Die Bundestreue, 1992, S. 192, 208 Fn. 263; *Borowski*, DÖV 2000, 481 (490); *Lorz*, Interorganrespekt, 2001, S. 79; *Rossi/Lenski*, DVBl. 2008, 416 (421).

hältnis erstreckt[1896] – seiner Zeit deutlich voraus war. Im Vergleich zu *Desens'* Ansatz vermag er allerdings heute aufgrund der knappen Ausarbeitung bloß einen ideengeschichtlichen Mehrwert zu bieten.

Mithin sollen beide Topoi gemeinsam ausgeführt und durch weitere relevante Beiträge der Rechtsprechung und Wissenschaft angereichert werden.

1. Herleitung

Anders als bei den bisher behandelten Treuepflichten kam der Herleitung der Gewaltenloyalität bis zu der Befassung *Desens'* eine hintergründige Bedeutung zu. Sie fiel allenfalls knapp aus oder beschränkte sich auf Teilaspekte der Gewaltenloyalität, vornehmlich das Verhältnis zwischen Finanzgerichtsbarkeit und Gesetzgeber.[1897]

a. Die Herleitungen nach Desens und Kloepfer

Zunächst sind die Herleitungslinien der Gewaltenloyalität bei *Desens* nachzuzeichnen. Auch hier wird ein verfassungsgewohnheitsrechtlicher Ansatz mangels dauerhafter Übung knapp und überzeugend abgelehnt.[1898] Eine Analogie zur Bundes- oder Verfassungsorgantreue wird angesprochen, aber sogleich mit der Begründung verworfen, dass sich jeweils eigene Konfliktlinien – einerseits im föderativen System, andererseits im Verfassungsrechtsverhältnis zwischen Verfassungsorganen – ergeben, welche einer Analogie entgegenstehen.[1899]

Anschließend sucht *Desens* einen gemeinsamen Gedanken, welcher hinter den etablierten Loyalitätsgrundsätzen steht.[1900] Hierbei stößt er zunächst auf den Ansatz *Kloepfers*[1901].[1902] Demnach enthalte die Verfassung einen „kooperativen Verfassungssinn", welcher eine Verpflichtung auf ein „gemeinsames Ganzes" und hieraus eine umfassende Pflicht gegenseitiger Rücksichtnahme und Kooperation vorsehe.[1903] Unter diesen werden nicht bloß die hier im Vordergrund stehenden ungeschriebenen Loyalitätspflichten gefasst, sondern auch die positiv-rechtlich gesetzten, insbesondere die Rechts- und Amtshilfepflicht des Art.

[1896] *Kloepfer*, Der Staat 13 (1974), 457 (468), s. gegen die grundsätzliche Anwendung im Staat-Bürger-Verhältnis unten F.III.1.a.bb sowie bereits oben C.II.2.a.aa.(1).ε. und C.III.2.a.ff.
[1897] Exemplarisch hierfür *Schaumburg/Schaumburg*, in: FS Spindler, 2011, S. 171 (172 f.).
[1898] *Desens*, Bindung der Finanzverwaltung, 2011, S. 269.
[1899] *Desens*, Bindung der Finanzverwaltung, 2011, S. 266 f.; a.A. *Koepsell*, Exekutiver Ungehorsam, 2023, S. 35.
[1900] *Desens*, Bindung der Finanzverwaltung, 2011, S. 267 ff.
[1901] *Kloepfer*, Vorwirkung von Gesetzen, 1974, S. 52 ff.
[1902] *Desens*, Bindung der Finanzverwaltung, 2011, S. 267.
[1903] *Desens*, Bindung der Finanzverwaltung, 2011, S. 267; *Kloepfer*, Vorwirkung von Gesetzen, 1974, S. 54.

35 Abs. 1 GG.[1904] Der kooperative Verfassungssinn stelle damit ein selbststeuerndes Korrektiv der Gewaltenteilung sowie jeglicher sonstiger Verselbstständigung oder Sonderung von Staatsfunktionen dar, welches eine „mit der Gewaltenteilung mitgegebene Aufgabe der Gewaltenverbindung und Gewaltenzuordnung" darstelle.[1905]

Tragend für den Ansatz *Kloepfers* ist demnach einerseits die Gewaltenteilung. Indem *Kloepfer* jede „Verselbständigung oder Sonderung von Staatsfunktionen"[1906] einbezieht, gleich ob damit Organe der Legislative, Exekutive oder Judikative – also aus dem Rahmen der klassischen Gewaltenteilung – Bund und Länder, Kommunen oder sonstige Aufgliederungen staatlicher Gewalt betroffen sind, kristallisiert sich ein Verständnis der Gewaltenteilung im weiteren Sinne heraus. Diese transportiert immer den Gedanken der Erhaltung des Ganzen in sich.[1907]

Kloepfer erkannte damit früh, was im Verlaufe dieser Untersuchung für die einzelnen Loyalitätsgrundsätze nachgewiesen werden konnte, nämlich dass die Gewaltenteilung im weiteren Sinne ein zentraler Baustein der Loyalitätspflichten ist. Das gewaltenteilige System muss zugleich ordnend und erhaltend gestaltet sein. Dieses in der Verfassung verpflichtend angelegte Streben nach einem einheitlichen Ganzen, welches *Kloepfer* beschrieb,[1908] führte *Desens* – in ausdrücklicher Übereinstimmung mit *Lorz* – schließlich auf die Verwirklichung des Integrationsgedankens im Sinne der Lehren *Smends* und *Hellers* zurück, wenngleich er die Modifikation für den Bereich zwischen Verwaltung und Rechtsprechung für erforderlich hält.[1909] Somit finden sich erneut Parallelen zur vorliegenden Untersuchung, welche bereits für das Kommunalrecht sowie das Unionsrecht zu dem Schluss gekommen ist, dass die Integrationslehre in der Form, wie sie ursprünglich durch *Smend* begründet wurde, zwar zu eng, aber einer Modifikation zugänglich ist.[1910]

Die bis dahin lediglich auf den hinter der Gewaltenloyalität stehenden Gedanken eingehenden Ausführungen werden sodann auf die normative Fundierung des Grundsatzes gelenkt. Hierbei koppelt *Desens* den Integrationsgedanken von der rechtlichen Fundierung ab, da eine Begründung über die notwendige Ver-

---

[1904] *Desens*, Bindung der Finanzverwaltung, 2011, S. 267; *Kloepfer*, Vorwirkung von Gesetzen, 1974, S. 54.
[1905] *Desens*, Bindung der Finanzverwaltung, 2011, S. 267; *Kloepfer*, Vorwirkung von Gesetzen, 1974, S. 54.
[1906] *Kloepfer*, Vorwirkung von Gesetzen, 1974, S. 54.
[1907] *Kloepfer*, Vorwirkung von Gesetzen, 1974, S. 54; *Kloepfer*, Der Staat 13 (1974), 457 (468).
[1908] *Kloepfer*, Vorwirkung von Gesetzen, 1974, S. 54; *Kloepfer*, Der Staat 13 (1974), 457 (468).
[1909] *Desens*, Bindung der Finanzverwaltung, 2011, S. 267 f.
[1910] Vgl. hierzu oben C.III.1.a. und D.I.3.

fassungsimmanenz die Gefahr berge, „politische Aspekte als Verfassungsrecht auszugeben".[1911] Auch eine Fundierung anhand des Grundsatzes von Treu und Glauben wird abgelehnt, da dieser sich auf Interessen von miteinander in rechtsgeschäftlichen Kontakt tretenden Personen beziehe.[1912] Dies führt *Desens* schließlich zu dem Ergebnis, der richtige normative Anknüpfungspunkt sei allein die jeweilige Verfassungsnorm, welche zur Trennung der einheitlichen Staatsgewalt führe, d.h. Art. 20 Abs. 1 GG für die Bundestreue, Art. 28 Abs. 1 GG für das gemeindefreundliche Verhalten und der Gewaltenteilungsgrundsatz für die Verfassungsorgantreue.[1913] Die Begründung hierfür wird darin gesehen, dass die Gewaltenteilung darauf abziele, ein „annäherndes Gleichgewicht der Gewalten und der sie repräsentierenden Kräfte herzustellen" und demnach ein „zum Missbrauch verleitendes Übergewicht einzelner Machtträger von vornherein zu vermeiden".[1914] Die Kompetenzen müssten vielmehr so wahrgenommen werden, dass „der verfassungsrechtliche Status anderer Gewalten geachtet" werde.[1915] Von den einzelnen Kompetenzen zur Kontrolle, Mäßigung und Hemmung wird sodann auf die Art und Weise der Ausübung solcher Kompetenzen, die durch Respekts- und Loyalitätspflichten geprägt ist, geschlossen.[1916] Diese lasse sich als Gewaltenloyalität zusammenfassen.

b. Kritische Würdigung

Dieser Ansatz greift allerdings etwas zu kurz. So sieht sich *Desens* unmittelbar im Anschluss an die dargelegten Ausführungen dazu veranlasst, Rekurs auf die Integrationslehre zu nehmen: Die Pflicht, die genannten Kompetenzen innerhalb ihrer Grenzen mit Rücksicht auf die anderen staatlichen Gliederungen auszuüben, diene „der Erfüllung des Auftrages, die Kompetenz im Sinne eines Staates wahrzunehmen, der auf Integration und Einheit angewiesen ist."[1917] Ginge dies allein aus den aufgeführten Normen hervor, bedürfte es des Rekurses auf die Integrationslehre nicht mehr. Dies ist jedoch nicht der Fall. Die Integrationslehre erklärt nämlich einerseits sozialwissenschaftlich die Natur des Staates, schlägt aber zugleich den Bogen in die Rechtswissenschaft, indem sie

---

[1911] *Desens*, Bindung der Finanzverwaltung, 2011, S. 269.
[1912] *Desens*, Bindung der Finanzverwaltung, 2011, S. 270.
[1913] *Desens*, Bindung der Finanzverwaltung, 2011, S. 270 f.
[1914] *Desens*, Bindung der Finanzverwaltung, 2011, S. 270.
[1915] *Desens*, Bindung der Finanzverwaltung, 2011, S. 271.
[1916] *Desens*, Bindung der Finanzverwaltung, 2011, S. 271.
[1917] *Desens*, Bindung der Finanzverwaltung, 2011, S. 271.

das Recht und den tatsächlichen Integrationsprozess, d.h. das Wesen eines jeden Staates miteinander in Einklang bringt.[1918]
Weiter überzeugt die Ablehnung eines eigenständigen Bedeutungsgehaltes der Integration nicht. Es ist zwar zutreffend, dass andere Loyalitätsgrundsätze, insbesondere die Bundestreue, sich seit jeher der Kritik ausgesetzt sahen, sie gäben politische Aspekte als Verfassungsrecht aus.[1919] Man gewinnt demgegenüber jedoch nichts damit, eine isolierte Verfassungsnorm wie Art. 20 Abs. 1 GG, welcher nur die Maßgabe eines Bundesstaates enthält, mit ebendiesen Gedanken aufzuladen. Vielmehr gilt es also, umfassend herauszuarbeiten, „was zwischen den Zeilen [der Verfassung] steht, was weggelassen ist und was übergreifend als Sinn- und Gesamtzusammenhang über den Zeilen steht",[1920] um ungeschriebenes Recht zu identifizieren, welches weder Verfassungsgewohnheitsrecht sein kann noch aus der Konkretisierung des geschriebenen Verfassungsrechts hervorgeht. Ist der Grundsatz der Gewaltenloyalität also tatsächlich ein zwingender oder notwendig vorausgesetzter, so ist er als mitgesetztes Recht zu qualifizieren.[1921] Ist hierfür die Wechselwirkung zwischen Integration und Gewaltenteilung im weiteren Sinne maßgeblich, so ist diese zu belegen. Durch das Vorschieben vereinzelter Verfassungsnormen wird lediglich die zugrunde liegende Problematik verschleiert. Unabhängig davon, woran die Loyalitätspflichten geknüpft werden, bleibt die wohl niemals in Gänze auflösbare[1922] Problematik des Zusammenhanges und der Grenzziehung zwischen Recht und Politik[1923] der zentrale Anknüpfungspunkt für Kritik.

Darüber hinaus erklärt der Ansatz nicht, woraus sich der übergreifende Anwendungsbereich ergeben soll. Werden für die rechtliche Geltung einzig die jeweiligen Normen für maßgeblich erklärt, ist nicht ersichtlich, woher die Geltung für die verbleibenden Zwischenräume rühren soll. So geht *Desens* zwar von der

---

[1918] Vgl. nur *Hesse*, Grundzüge des Verfassungsrechts, 20. Aufl. 1999, § 1 Rn. 4, 5 ff., § 2 Rn. 74.
[1919] Vgl. dazu v.a. oben B.II.1.b.
[1920] *Hilf*, in: Isensee/Kirchhof, HdbStR XII, 3. Aufl. 2014, § 262 Rn. 1; im Anschluss daran auch *Wolff*, in: Stern/Sodan/Möstl, Staatsrecht Bd. 1, 2. Aufl. 2022, § 15 Rn. 30.
[1921] *Wolff*, in: Stern/Sodan/Möstl, Staatsrecht Bd. 1, 2. Aufl. 2022, § 15 Rn. 30.
[1922] Vgl. *Stern*, StaatsR Bd. 1, 2. Aufl. 1984, S. 22 f.; treffend *Czybulka*, Die Legitimation der öffentlichen Verwaltung, 1989, S. 31 – „Wohl immer wohnt Systematisierungsversuchen, die den Gehalt des Grundgesetzes ausschöpfen wollen, die Tendenz inne, Verfassungsrecht (erst noch) zu konkretisieren, noch nicht verwirklichte Zielvorstellungen einzulösen. Aus solcher ‚Verfassungspolitik' wird öffentliches Recht, wenn die Systematik erkannt und anerkannt wird.", m.w.N.
[1923] Vgl. ausführlich zu dem Verhältnis *Isensee*, in: Isensee/Kirchhof, HdbStR XII, 3. Aufl. 2014, § 268; *Stern*, StaatsR Bd. 1, 2. Aufl. 1984, S. 14 ff. jew. m.w.N.; hinsichtlich der Problematik der Judizialisierung der Politik *Hassemer*, JZ 63 (2008), 1; *Isensee*, a.a.O., § 268 Rn. 110 ff.; *Loewenstein*, Verfassungslehre, 3. Aufl. 1975, S. 261, 264 f.

Geltung der Verwaltungsorgantreue in Verwaltungsrechtsverhältnissen aus,[1924] vertieft diesen aber nicht weiter. Somit steht man vor der offenen Frage, welche Normen die Gewaltenloyalität in dem jeweiligen Verwaltungsrechtsverhältnis begründen.

Zuletzt gilt es die Ablehnung des Grundsatzes von Treu und Glauben zu würdigen. *Desens'* Begründung, der „typische Anwendungsbereich" von Treu und Glauben beziehe sich auf rechtsgeschäftliche Kontakte,[1925] vermag die Ablehnung für den vorliegenden Anwendungsbereich nicht zu stützen. Wie er nämlich selbst erkennt, ist die Anwendung zu Recht[1926] in der gesamten Rechtsordnung anerkannt.[1927] Dass der typische Anwendungsbereich im Vertragsrecht liegt, bedeutet damit gerade nicht, dass er sich auf diesen beschränkt. Somit wird aus nicht ersichtlichen Gründen der Bedeutungsgehalt des Grundsatzes beschnitten. Insofern überzeugt auch nicht die Ausführung, der Grundsatz von Treu und Glauben sei nur das mäßigende Gegenstück zur Vertragsautonomie des Art. 2 Abs. 1 GG.[1928]

c. Zwischenergebnis

Festzuhalten ist demnach, dass der Ansatz *Desens'* sich auf eine überzeugende Basis stützt, welche auf das Wechselspiel zwischen Gewaltenteilung im weiteren Sinne und den Gedanken der Integration setzt. Zweiterer wird jedoch nicht in das Verfassungsrecht eingebettet und somit für die Herleitung verworfen. Dies überzeugt nicht. Weiter wird die Stütze von Treu und Glauben aus Gründen abgelehnt, die nach hier vertretener Ansicht zu sehr auf den „typischen Anwendungsbereich" von Treu und Glauben im rechtsgeschäftlichen Bereich abstellen und demnach verkennen, dass der Grundsatz weiter reicht.

2. Konkretisierungen

Was einen großen Schwerpunkt der Untersuchung zum Interorganrespekt durch *Lorz* darstellt, ist bei *Kloepfer* und *Desens* eher knapp bzw. bereichsspezifisch gehalten: Die genauere Darstellung und Konkretisierung des jeweiligen Prinzips. Damit lässt sich wenig Genaues zur Ausgestaltung eigentlich umfassender und leistungsfähiger Prinzipien sagen. Aus den einschlägigen Ausführungen handhabbare allgemeine Aussagen zu den Voraussetzungen oder der Funktionsweise destillieren zu wollen, bedeutete somit, vage Vermutungen anzustellen oder Erkenntnisse aus den zugrunde gelegten Subprinzipien, d.h. ins-

---

[1924] *Desens*, Bindung der Finanzverwaltung, 2011, S. 266.
[1925] *Desens*, Bindung der Finanzverwaltung, 2011, S. 270.
[1926] S. oben C.I.1.e.
[1927] *Desens*, Bindung der Finanzverwaltung, 2011, S. 269 f.
[1928] So aber *Desens*, Bindung der Finanzverwaltung, 2011, S. 270.

besondere Bundes- und Verfassungsorgantreue zu übertragen. Stattdessen soll dargestellt werden, wie *Kloepfer* (a.) und *Desens* (b.) sowie einschlägige andere Befassungen (c.) die jeweiligen Prinzipien auf den konkreten Einzelfall anwenden.

a. *Pressionen und Beschleunigung im Gesetzgebungsverfahren*

Einen ersten Einsatzbereich beschreibt *Kloepfer* im Rahmen überhasteter Gesetzgebungsverfahren. Derartige Konstellationen werden nach – trotz im Einzelfall zu extensiver Annahme eines Verstoßes[1929] – grundsätzlich überzeugender Ansicht bereits von der Verfassungsorgantreue erfasst[1930] und von *Kloepfer* lediglich in einen umfassenderen Rahmen gestellt. Der kooperative Verfassungssinn besagt in diesen Konstellationen, dass sämtlichen Beteiligten im Gesetzgebungsprozess genügend Zeit zur Verfügung gestellt werden muss, damit sie die ihnen zugewiesene Kompetenz sachgerecht erfüllen können.[1931] Erforderlich sind hierfür insbesondere die rechtzeitige Einschaltung der jeweils zuständigen Organe bzw. unverzügliches Handeln, wenn dies zur effektiven Beteiligung anderer Organe erforderlich ist.[1932] Ausdrückliche Teilnormierungen dieses Gehaltes finden sich in Art. 76 Abs. 2 S. 4 GG a.E. sowie Art. 77 Abs. 1 S. 2 GG. Zudem verbietet der Grundsatz des kooperativen Verfassungssinnes, faktischen Druck auf andere Gesetzgebungsorgane auszuüben, mit dem Zweck, diese von der Ausschöpfung ihrer Mitwirkungsbefugnisse abzuhalten.[1933]

b. *Bindungen zwischen Verwaltung und Rechtsprechung*

Desens untersucht die Zulässigkeit von Nichtanwendungserlassen der Finanzverwaltung, d.h. das Phänomen, dass die Finanzverwaltung ihre Amtswalter anweist, eine bestimmte Rechtsprechung über einen bestimmten Einzelfall hinaus

---

[1929] Insb. die Annahme, schon die Umgehung des ersten Durchgangs beim Bundesrat durch einen verkappten Regierungsentwurf an sich stelle einen Verstoß gegen die Verfassungsorgantreue dar, s. nur *Schenke*, in: GS Brugger, 2013, S. 523 (541) m.w.N.
[1930] Vgl. *Schenke*, Die Verfassungsorgantreue, 1977, S. 94 ff.; *Schenke*, in: GS Brugger, 2013, S. 523 (541); *Schneider*, in: FS Müller, 1970, S. 421 ff.; *Stern/Bethge*, Öffentlich-rechtlicher und privatrechtlicher Rundfunk, 1971, S. 31 ff.; ausdrücklich offenlassend BVerfG, Beschl. v. 14.10.1970 – 1 BvR 307/68 = BVerfGE 29, 221 (233 f.); a.A. hinsichtlich verkappter Regierungs- und Bundesratsvorlagen *Masing/Risse*, in: v. Mangoldt/Klein/Starck GG, Art. 76 Rn. 106 f. sowie grundsätzlich auch *Brüning*, in: BK GG, Art. 76 Rn. 69; keine verfassungsrechtlichen Bedenken sieht das BVerfG in Beschl. v. 09.03.1971 – 2 BvR 326/69 u.a. = BVerfGE 30, 250 (261 f.).
[1931] *Kloepfer*, Vorwirkung von Gesetzen, 1974, S. 54; *Kloepfer*, Der Staat 13 (1974), 457 (468 f.).
[1932] *Kloepfer*, Vorwirkung von Gesetzen, 1974, S. 54; dieser Gedanke findet mit Art. 32 Abs. 2 GG ausdrücklichen Niederschlag beim Abschluss völkerrechtlicher Verträge, vgl. auch *Kloepfer*, Vorwirkung von Gesetzen, 1974, S. 54, Fn. 210; *Kloepfer*, Der Staat 13 (1974), 457 (467).
[1933] *Kloepfer*, Der Staat 13 (1974), 457 (468 f.).

nicht anzuwenden.[1934] Als potentielle Beschränkung hierfür macht er den Grundsatz der Gewaltenloyalität aus.[1935] Mithin beschränkt sich seine Untersuchung auf dieses spezielle Rechtsverhältnis. Sie ist aber dennoch in vielerlei Hinsicht aufschlussreich für das allgemeine Verhältnis von Verwaltung und Rechtsprechung einerseits sowie andererseits die vorliegend untersuchten Loyalitätspflichten allgemein.

aa. Personelle Aspekte

Eine erste Erkenntnis, welche im Rahmen der Fragestellung der Bindung der Finanzverwaltung an die Rechtsprechung auf der Hand liegt, betrifft die Adressaten des Grundsatzes der Gewaltenloyalität. Die wesentliche Erweiterung gegenüber der Verfassungsorgantreue betrifft die Anwendung auf die Verhältnisse zwischen legislativen, exekutiven und judikativen Gliederungen, welche nicht den Status eines Verfassungsorganes innehaben.[1936] Im Vordergrund steht dabei das Verhältnis zwischen Exekutive und Judikative. Die Erweiterung betrifft damit zuvörderst die Bindung der Verwaltung sowie der Gerichte.[1937] Die beiden Adressaten werfen im Rahmen der Bundes- bzw. Verfassungsorgantreue erhebliche Schwierigkeiten auf.[1938]

Darüber hinaus ergehen Nichtanwendungserlasse oftmals im Rahmen der steuerrechtlichen Bundesauftragsverwaltung auf Grundlage der Art. 108 Abs. 3 S. 2 GG i.V.m. Art. 85 Abs. 3 GG als Weisung des Bundes gegenüber den Landesfinanzbehörden.[1939] In diesem Falle tritt zu der Problematik des Schnittbereichs zwischen Judikative und Exekutive zusätzlich die Problematik des bundesstaatlichen Weisungsverhältnisses, welches von der Bundestreue erfasst wird.[1940] Hierdurch werden erneut die im Rahmen der Verfassungsorgantreue bereits vorgefundenen Unstimmigkeiten[1941] deutlich, welche bei Ablehnung eines übergreifenden Loyalitätsprinzips entstehen.

[1934] *Desens*, Bindung der Finanzverwaltung, 2011, S. 5; s.a. *Felix*, StuW 1979, 65 (65 ff.); *Klein*, DStZ 1984, 55 (55 ff.); *Schaumburg*, in: Brandt, DFGT 1 (2004), 73 (75 f., 79 ff.); *Spindler*, DStR 2007, 1061 (1061 ff.).
[1935] *Desens*, Bindung der Finanzverwaltung, 2011, S. 272 ff.; ähnlich bereits *Felix*, StuW 1979, 65 (65 ff.); *Klein*, DStZ 1984, 55 (55 ff.); *Offerhaus*, StbJb 1995/1996, 7 (14); *Schaumburg*, in: Brandt, DFGT 1 (2004), 73 (87 ff.); *Spindler*, DStR 2007, 1061 (1064).
[1936] Vgl. auch *Koepsell*, Exekutiver Ungehorsam, 2023, S. 33 f.; *Schaumburg*, in: Brandt, DFGT 1 (2004), 73 (95).
[1937] *Desens*, Bindung der Finanzverwaltung, 2011, S. 275; vgl. auch *Schaumburg*, in: Brandt, DFGT 1 (2004), 73 (87 ff.).
[1938] Vgl. oben C.I.3.a.aa.(1). und C.II.2.a.aa.(1).ε.
[1939] *Schaumburg*, in: Brandt, DFGT 1 (2004), 73 (79).
[1940] S. hierzu oben C.I.3.a.bb.(3).
[1941] S. hierzu oben C.II.2.a.aa.(1).ε.

Durch die Anwendbarkeit des Grundsatzes der Gewaltenloyalität können die zugrunde liegenden Rechtsverhältnisse adäquat erfasst werden und die jeweiligen Probleme einer überzeugenden Lösung zugeführt werden. Man kann demnach zunächst festhalten, dass eine diesbezügliche Erweiterung des Anwendungsbereiches der Verfassungsorgantreue nicht erforderlich ist und dennoch derartige Rechtsverhältnisse nicht in einen rechtsfreien Raum fallen.

bb. Inhaltliche Aspekte

Weiter lassen sich inhaltliche Spezifizierungen ausmachen: Zunächst moderiert die Gewaltenloyalität – über die bloße Befolgungspflicht der Verwaltung an Gerichtsentscheidungen hinaus – die Art und Weise der Umsetzung.[1942] Darunter fallen insbesondere das Verbot vorsätzlicher Verzögerungen oder bewusster Täuschungen sowie umgekehrt das Gebot wirkungsvollen Vollzugs.[1943] Weiter kommt eine Pflicht zur Beachtung höchstrichterlicher Rechtsprechung in Konstellationen in Betracht, auf die sich die Rechtskraft des Urteils technisch gesehen nicht erstreckt.[1944] Es geht folglich um die Frage, ob und inwieweit gerichtliche Entscheidungen auch bei künftigen Fällen beachtet werden müssen.

An dieser Stelle greift der Grundsatz der Gewaltenloyalität ein, indem er ein Instrument zur Feinjustierung bereitstellt. Die Funktionen und die rechtliche Stellung der Verwaltung und der Gerichte sind aus den einschlägigen Kompetenznormen zu konkretisieren und auf dieser Grundlage miteinander in Einklang zu bringen.[1945] Treffend formuliert *Desens:* „Es kommt also stets darauf an, um welche Gewalten es geht, welche Kompetenzen sie ausüben, in welcher Situation sie sich gegenüberstehen und welches Spannungsverhältnis sich daraus ergibt."[1946]

Die Verwaltung ist dazu berufen, im Rahmen und nach Maßgabe des Gesetzes (Art. 20 Abs. 3 GG) eigenverantwortlich sachgerechte Entscheidungen zu treffen.[1947] Eine absolute Bindung an gerichtliche Entscheidungen, als hätten diese

---

[1942] *Koepsell,* Exekutiver Ungehorsam, 2023, S. 36 (unter dem Begriff der „Gewaltentreue").
[1943] *Koepsell,* Exekutiver Ungehorsam, 2023, S. 37. Beispielhaft angeführt wird der Streit um die Abschiebung von Sami A., welchen *Koepsell* unter die Gewaltentreue subsumiert, ebd. S. 37 Fn. 60; so auch bzgl. der Verzögerung der Veröffentlichung von BFH-Entscheidungen im Bundessteuerblatt *Schaumburg,* in: Brandt, DFGT 1 (2004), 73 (90).
[1944] *Desens,* Bindung der Finanzverwaltung, 2011, S. 275; *Schaumburg,* in: Brandt, DFGT 1 (2004), 73 (87 ff.).
[1945] Vgl. *Desens,* Bindung der Finanzverwaltung, 2011, S. 271 f.
[1946] *Desens,* Bindung der Finanzverwaltung, 2011, S. 271.
[1947] *Desens,* Bindung der Finanzverwaltung, 2011, S. 272; vgl. auch *Schaumburg,* in: Brandt, DFGT 1 (2004), 73 (88 f.); *Schmidt-Aßmann,* VBlBW 2000, 45 (49); *Siegel,* in: Stern/Sodan/Möstl, Staatsrecht Bd. 2, § 46 Rn. 45 f., 47.

Gesetzeskraft, widerspräche folglich dem Grundsatz der Gewaltenteilung.[1948] Die Verwaltung hat einen vorrangigen Zugriff und eine grundsätzliche Entscheidungsfreiheit im Rahmen von Gesetz und Recht.[1949] Den Gerichten kommen dagegen die Funktionen zu, die rechtsstaatliche Ordnung und den Rechtsfrieden zu sichern, Individualrechtsschutz zu gewährleisten sowie die Sicherheit des Rechts zu erhalten.[1950] Das vollständige Ignorieren vorangegangener, einschlägiger Rechtsprechung könnte zum einen zu einer Prozessflut führen, durch die die Belastung der Gerichte und damit die Verfahrensdauer an deutschen Gerichten[1951] verschärft würde und so effektiver Rechtsschutz nicht mehr gewährleistet werden könnte.[1952] Mit Blick auf Art. 19 Abs. 4 GG wäre dies nicht im Sinne der Verfassung.[1953] Zum anderen können die Gerichte die Verwaltung nicht effektiv kontrollieren, wenn diese die einschlägige Rechtsprechung nicht in zukünftige Entscheidungen einfließen lässt.[1954] Daraus ergibt sich eine Pflicht der Verwaltung, vorangegangene Judikate bei der Entscheidungsfindung zu berücksichtigen, ohne dass jedoch eine strikte Bindung impliziert wäre.[1955]

Die Grenzen des Rücksichtnahmegebotes sind erreicht, wenn die Übernahme einer Entscheidung gegen ein Gesetz verstieße (Art. 20 Abs. 3 GG)[1956] oder Abweichungen im Einzelfall dies gebieten[1957]. Zudem muss die Verwaltung ihre Praxis an veränderte Umstände anpassen können. Hierbei lassen sich die Er-

---

[1948] *Offerhaus,* StbJb 1995/1996, 7 (13 f.); *Schaumburg,* in: Brandt, DFGT 1 (2004), 73 (88 f.).
[1949] *Schaumburg,* in: Brandt, DFGT 1 (2004), 73 (88); vgl. auch *Bonk,* in: FS Bull, 2011, S. 75 (83).
[1950] *Jachmann-Michel,* in: Dürig/Herzog/Scholz GG, Art. 95 Rn. 11; *Spindler,* in: FS 50 Jahre Deutsches Anwaltsinstitut e.V., 2003, S. 145 (148).
[1951] S. hierzu Ausarbeitung der Wissenschaftlichen Dienste des Deutschen Bundestages v. 21.01.2008, WD 2 – 3000-190/07; *Pietron,* Die Effektivität des Rechtsschutzes, 2016, S. 3, 41, 182; *Schmidt,* NVwZ 2015, 1710; *Schmidt-Aßmann,* in: Dürig/Herzog/Scholz GG, Art. 19 Abs. 4 Rn. 262; mit statistischen Nachweisen zur Verfahrensdauer *Pabst,* in: MüKo ZPO, § 198 GVG Rn. 27; §§ 198 ff. GVG schaffen seit einiger Zeit in gewissem Maße Abhilfe, s. hierzu *Pietron,* a.a.O., S. 119 ff. mit kritischer Würdigung, S. 164 ff., insb. mit Zweifeln an der präventiven Wirkung, S. 181 ff.
[1952] *Desens,* Bindung der Finanzverwaltung, 2011, S. 275 ff.; *Kreft,* Der Nichtanwendungserlaß, 1989, S. 82 f.
[1953] *Kreft,* Der Nichtanwendungserlaß, 1989, S. 83; *Schmidt-Aßmann,* in: Dürig/Herzog/Scholz GG, Art. 19 Abs. 4 Rn. 262 m.w.N.
[1954] Etwas weitgehend *Lorz,* Interorganrespekt, 2001, S. 281, der von einer vollen Unterwerfung unter die gerichtliche Kontrolle spricht und fordert, dass die Verwaltung gerichtliche Entscheidungen „zur maßgeblichen Grundlage ihrer künftigen Entscheidungen machen muß"; zurückhaltender *Desens,* Bindung der Finanzverwaltung, 2011, S. 274.
[1955] *Desens,* Bindung der Finanzverwaltung, 2011, S. 272 ff.; vgl. auch *Schaumburg,* in: Brandt, DFGT 1 (2004), 73 (87 ff.).
[1956] Vgl. auch *Desens,* Bindung der Finanzverwaltung, 2011, S. 280 f.
[1957] *Schaumburg,* in: Brandt, DFGT 1 (2004), 73 (89 f.).

kenntnisse zur Beachtung von Volks- und Bürgerentscheiden[1958] oder dem Überspielen verfassungsgerichtlicher Entscheidungen durch Normwiederholung übertragen: Die Verwaltung unterliegt keiner strengen und unbedingten Bindung an eine einschlägige Entscheidungspraxis.[1959] Sie hat diese jedoch grundsätzlich anzuerkennen und sich sachlich damit auseinanderzusetzen.[1960] Das Verhältnis zwischen Judikative und Exekutive verpflichtet aufgrund der Wechselseitigkeit der Gewaltenloyalität indes auch die Gerichte.[1961] In Betracht kommt vor allem eine Rücksichtnahmepflicht bei der Anordnung von Vollstreckungsmaßnahmen.[1962]

c. Bindungen zwischen Gerichtsbarkeit und Gesetzgeber

In unmittelbarem Sachzusammenhang zu den Bindungen zwischen Verwaltung und Gerichtsbarkeit stehen auch die Bindungen zwischen Gerichtsbarkeit und Gesetzgeber im Rahmen der sog. „rechtsprechungsüberholenden Gesetzgebung"[1963] und spiegelbildlich der sog. „gesetzesüberholenden Rechtsprechung", welche mit dem Begriff der Gewaltenloyalität in Verbindung gebracht werden.[1964] Derartige Konstellationen treten besonders häufig im Steuerrecht auf,[1965] beschränken sich aber nicht auf dieses.[1966] Unter der rechtsprechungsüberholenden Gesetzgebung versteht man ein Gesetz, welches gerade den Zweck verfolgt, eine vorangegangene Rechtsprechung zu unterbinden.[1967] Umgekehrt handelt es sich bei der gesetzesüberholenden Rechtsprechung um solche Rechtsprechung, die – wenn auch meist verdeckt – darauf abzielt, ein neues Gesetz auszuhebeln.[1968]

[1958] Vgl. hierzu oben C.II.2.a.aa.(1).ε. und C.III.2.a.ff..
[1959] *Desens*, Bindung der Finanzverwaltung, 2011, S. 273 ff., 279 f.; *Kreft*, Der Nichtanwendungserlaß, 1989, S. 81.
[1960] *Desens*, Bindung der Finanzverwaltung, 2011, S. 279 f.; vgl. auch *Kreft*, Der Nichtanwendungserlaß, 1989, S. 81; *Schaumburg*, in: Brandt, DFGT 1 (2004), 73 (87 ff.); für eine wohl weitergehende Pflicht aus dem Interorganrespekt, gerichtliche Feststellungen und Auslegungen zur maßgeblichen Grundlage künftiger Entscheidungen zu machen *Lorz*, Interorganrespekt, 2001, S. 281.
[1961] *Koepsell*, Exekutiver Ungehorsam, 2023, S. 35 f.
[1962] *Koepsell*, Exekutiver Ungehorsam, 2023, S. 37.
[1963] Bisweilen wird auch von „rechtsprechungsbrechender Gesetzgebung" oder „antijustizieller Gesetzgebung" gesprochen, s. z.B. *Schaumburg*, in: Brandt, DFGT 1 (2004), 73 (92) m.w.N.; *Schaumburg/Schaumburg*, in: FS Spindler, 2011, S. 171 (172).
[1964] *Crezelius*, in: FG Felix, 1989, S. 37 (44 ff.).
[1965] *Crezelius*, in: FG Felix, 1989, S. 37; *Schaumburg/Schaumburg*, in: FS Spindler, 2011, S. 171 (172); vgl. zu einigen steuerrechtlichen Konstellationen *Schaumburg*, in: Brandt, DFGT 1 (2004), 73 (76 f.).
[1966] *Crezelius*, in: FG Felix, 1989, S. 37.
[1967] Vgl. *Crezelius*, in: FG Felix, 1989, S. 37 (38 ff.); von einer Suspendierung der Rechtsprechung spricht *Schaumburg*, in: Brandt, DFGT 1 (2004), 73 (92).
[1968] Vgl. *Crezelius*, in: FG Felix, 1989, S. 37 (37 f., 42 ff.).

In beiden Fällen geht es folglich darum, dass die eine Gewalt die andere „korrigiert", um auf den vermeintlich richtigen Weg zurückzukehren.[1969] Mit Blick auf Art. 20 Abs. 3 GG, welcher die Rechtsprechung an Gesetz und Recht bindet, den Gesetzgeber nur an die verfassungsmäßige Ordnung, wird jedoch deutlich, dass die zweite Konstellation in hohem Maße problematisch ist. Die erste Konstellation scheint indes zunächst weniger problematisch, da der Wortlaut des Art. 20 Abs. 3 GG eine Bindung des Gesetzgebers an vorangegangene Rechtsprechung gerade nicht erfasst. Der Grundsatz der Gewaltenloyalität kann indes in beide Richtungen, d.h. sowohl in Bezug auf gesetzesüberholende Rechtsprechung (aa.) als auch rechtsprechungsüberholende Gesetzgebung (bb.) herangezogen werden.[1970]

aa. Gewaltenloyalität und gesetzesüberholende Rechtsprechung

Im Falle der sog. gesetzesüberholenden Rechtsprechung hält der Grundsatz der Gewaltenloyalität die Rechtsprechung dazu an, die Entscheidung des Gesetzgebers zu respektieren.[1971] Die Gewaltenloyalität in ihrer Funktion als Auslegungsprinzip dient somit in dieser Konstellation dazu, die Bindung der Judikative an Gesetz und Recht gem. Art. 20 Abs. 3 GG zu konkretisieren.

Zwar ist es innerhalb eines gewissen Rahmens zulässig, ein Gesetz nach den Regeln der juristischen Methodenlehre anders auszulegen, als der Gesetzgeber dies ursprünglich vorgesehen hatte.[1972] Der richterlichen Rechtsfortbildung sind jedoch Grenzen gesetzt. Ein Vorrang von Juristenrecht vor dem Gesetzesrecht ist nicht mit Art. 20 Abs. 3 GG vereinbar.[1973] Vielmehr beschränkt sich die richterliche Befugnis zur Rechtsfortbildung auf Situationen, in denen tatsächlich eine Regelungslücke besteht.[1974] Darüber hinaus hat sie sich am Sinn und Zweck der gesetzlichen Regelung sowie an verfassungsrechtlichen Vorgaben

---

[1969] *Crezelius*, in: FG Felix, 1989, S. 37 (44).
[1970] *Crezelius*, in: FG Felix, 1989, S. 37 (46 f.).
[1971] Vgl. *Crezelius*, in: FG Felix, 1989, S. 37 (48); ohne Anknüpfung an die Gewaltenloyalität spricht von Respekt vor der gesetzgeberischen Grundentscheidung auch *Robbers*, in: BK GG, Art. 20 Rn. 3230. Insofern zeigt sich die enge Anbindung der Loyalitätspflichten an den Grundsatz der Gewaltenteilung. Vgl. auch BVerfG, Beschl. v. 27.01.2015 – 1 BvR 471, 1181/10 = BVerfGE 138, 296 (350).
[1972] BVerfG, Beschl. v. 14.02.1973 – 1 BvR 112/65 = BVerfGE 34, 269 (288).
[1973] So aber hinsichtlich §§ 32a, b GmbHG i.d.F. v. 04.07.1980 *Flume*, BGB AT I 2, Die juristische Person, 1983, S. 84 Fn. 83; sowie allgemeiner hierzu *Flume*, in: Roellecke, Zur Problematik der höchstrichterlichen Entscheidung, 1982, S. 242 (272 f.) m.w.N.; s. dagegen zu der überzeugenden h.M. *Larenz/Canaris*, Methodenlehre, 3. Aufl. 1995, 245 ff., 252 ff.; *Robbers*, in: BK GG, Art. 20 Rn. 3227 ff.
[1974] S. nur *Rux*, in: BeckOK GG, Art. 20 Rn. 171.

zu orientieren.[1975] Diese Grenze wurde in der Vergangenheit v.a. in steuerrechtlichem Zusammenhang bisweilen überdehnt[1976] und soll daher im Folgenden einer näheren Betrachtung unterzogen werden.

Das Bundesverfassungsgericht betont zwar, dass „mit zunehmendem zeitlichen Abstand zwischen Gesetzesbefehl und richterlicher Einzelfallentscheidung notwendig die Freiheit des Richters zur schöpferischen Fortbildung des Rechts" wächst.[1977] Umgekehrt bedeutet dies jedoch, dass ein neues Gesetz – zumal als Reaktion auf eine bestimmte Rechtsprechung – nur einen sehr engen Raum für Rechtsfortbildung bietet.

Die Grenze der Rechtsfortbildung ist überschritten, wenn der Richter die materielle Gerechtigkeitsvorstellung des Gesetzgebers durch seine eigene ersetzt.[1978] So formuliert das Bundesverfassungsgericht: „Der Respekt vor dem demokratisch legitimierten Gesetzgeber verbietet es, im Wege der Auslegung einem nach Sinn und Wortlaut eindeutigen Gesetz einen entgegengesetzten Sinn beizulegen oder den normativen Gehalt einer Vorschrift grundlegend neu zu bestimmen."[1979] Richtet sich das gerichtliche Vorgehen damit auf die Aufrechterhaltung der überkommenen Rechtsprechung entgegen dem erkennbaren Zweck einer Novellierung,[1980] so ist hierin, wie v.a. die Formulierung des „Respekts" vor dem unmittelbar demokratisch legitimierten Gesetzgeber nahelegt,[1981] ein Verstoß gegen den Grundsatz der Gewaltenloyalität zu sehen.[1982] Will das Gericht hingegen eine trotz Novellierung weiterhin bestehende Lücke

---

[1975] BVerfG, Beschl. v. 09.02.1982 – 1 BvR 799/78 = BVerfGE 59, 330 (334); BVerfG, Beschl. v. 11.10.1978 – 1 BvR 84/74 = BVerfGE 49, 304 (320, 323); *Rux*, in: BeckOK GG, Art. 20 Rn. 171.
[1976] Vgl. kritisch auch *Wittreck*, Die Verwaltung der Dritten Gewalt, 2006, S. 137 f.
[1977] BVerfG, Beschl. v. 14.02.1973 – 1 BvR 112/65 = BVerfGE 34, 269 (288); ähnlich BVerfG, Beschl. v. 03.04.1990 – 1 BvR 1186/89 = BVerfGE 82, 6 (12); *Kübler*, JZ 1969, 645.
[1978] BVerfG, Beschl. v. 25.01.2011 – 1 BvR 918/10 = BVerfGE 128, 193 (210); *Badura*, Staatsrecht, 7. Aufl. 2018, D Rn. 60, S. 441; *Robbers*, in: BK GG, Art. 20 Rn. 3230; vgl. auch BVerfG, Beschl. v. 19.02.1975 – 1 BvR 418/71 = BVerfGE 38, 368 (396); BVerfG, Beschl. v. 11.10.1978 – 1 BvR 84/74 = BVerfGE 49, 304 (323); BVerfG, Beschl. v. 03.04.1990 – 1 BvR 1186/89 = BVerfGE 82, 6 (12 f.).
[1979] BVerfG, Beschl. v. 27.01.2015 – 1 BvR 471, 1181/10 = BVerfGE 138, 296 (350).
[1980] So beispielsweise BGH, Urt. v. 26.03.1984 – II ZR 14/84 = BGHZ 90, 370 (379 ff.), welcher zugunsten seiner überkommenen Rechtsprechung den damals neu geschaffenen § 32a Abs. 1 GmbHG faktisch inhaltslos werden ließ; vgl. hierzu *Crezelius*, in: FG Felix, 1989, S. 37 (42 ff.) sowie *Kübler*, in: FS Stimpel, 1985, S. 3 (9); kritisch auch *Wittreck*, Die Verwaltung der Dritten Gewalt, 2006, S. 137 f.
[1981] BVerfG, Beschl. v. 26.04.1994 – 1 BvR 1299/89 u.a. = BVerfGE 90, 263 (275); BVerfG, Beschl. v. 27.01.2015 – 1 BvR 471, 1181/10 = BVerfGE 138, 296 (350); vgl. auch *Robbers*, in: BK GG, Art. 20 Rn. 3230.
[1982] So auch *Crezelius*, in: FG Felix, 1989, S. 37 (48 f.).

schließen, ohne hierbei den durch den Gesetzgeber verfolgten Zweck zu konterkarieren, ist dies als gewaltenloyal anzusehen.

Etwas anderes ergibt sich auch nicht aufgrund einer höheren Sachnähe der Gerichte.[1983] Selbst das Bundesverfassungsgericht darf lediglich in begrenztem Umfang über die Sachgerechtigkeit eines Gesetzes befinden.[1984] Weiter ist es allein dem Bundesverfassungsgericht und teils noch den Landesverfassungsgerichten vorbehalten, formelle, nachkonstitutionelle Gesetze aufzuheben, vgl. Art. 100 Abs. 1 GG, während einfache Gerichte sich nicht über den Willen des Gesetzgebers hinwegsetzen dürfen.[1985]

In diesem Lichte erscheint es geradezu anmaßend, wenn ein Gericht unter dem Vorwand einer Rechtslücke, o.ä. entgegen dem erklärten Willen der Legislative ein vermeintlich schlechtes Gesetz unter Aufrechterhaltung der eigenen Rechtsprechung nicht anwendet.[1986] Das Bundesverfassungsgericht entschied schon in einem Fall, in dem es um eine Rechtsprechungsänderung des BAG ging, dass das Richterrecht[1987] nicht denselben Rang wie Gesetzesrecht hat und ihm deshalb auch nur aufgrund der Überzeugungskraft seiner Gründe sowie der gerichtlichen Autorität und Kompetenzen überhaupt ein Geltungsanspruch über den Einzelfall hinaus zukomme.[1988] Dies gilt erst recht, wenn Richterrecht in Konflikt mit Gesetzesrecht gerät.

bb. Gewaltenloyalität und rechtsprechungsüberholende Gesetzgebung

Im Falle der sog. rechtsprechungsüberholenden Gesetzgebung fordere der Grundsatz der Gewaltenteilung auch dem Gesetzgeber „im Sinne einer Mäßigung [...] Zurückhaltung" ab.[1989] Hierbei seien die folgenden Faktoren maßgeblich: Wie schonend oder unvermittelt die gesetzgeberische Reaktion ausfalle,

---

[1983] *Crezelius*, in: FG Felix, 1989, S. 37 (49); a.A. *Felix*, BB 1988, 1500 (1502); *Kübler*, in: FS Stimpel, 1985, S. 3 (13).
[1984] BVerfG, Beschl. v. 09.03.1971 – 2 BvR 326/69 u.a. = BVerfGE 30, 250 (263); BVerfG, Beschl. v. 19.11.2021 – 1 BvR 781/21 u.a. = BVerfGE 157, 394 = NJW 2022, 139 (149 Rn. 170 f., 151 Rn. 186); *Benda*, in: Thaysen/Davidson/Livingston, US-Kongress, 1988, S. 217 (227).
[1985] BVerfG, Beschl. v. 09.11.1955 – 1 BvL 13/52 u.a. = BVerfGE 4, 331 (340); BVerfG, Beschl. v. 08.02.1983 – 1 BvL 20/81 = BVerfGE 63, 131 (141); BVerfG, Beschl. v. 12.05.1992 – 1 BvL 7/89 = BVerfGE 86, 71 (77); *Jachmann-Michel*, in: Dürig/Herzog/Scholz GG, Art. 95 Rn. 16; *Pabst*, in: MüKO ZPO, § 1 GVG, Rn. 41 f.; *Schlaich/Korioth*, Das Bundesverfassungsgericht, 12. Aufl. 2021, Teil 4 Rn. 117; a.A. *Felix*, BB 1988, 1500 (1502).
[1986] Vgl. auch BVerfG, Beschl. v. 26.04.1994 – 1 BvR 1299/89 u.a. = BVerfGE 90, 263 (275).
[1987] Vgl. zu der mangelnden Rechtsquelleneigenschaft des Richterrechts *Larenz/Canaris*, Methodenlehre, 3. Aufl. 1995, S. 253 ff.; *Schaumburg*, in: Brandt, DFGT 1 (2004), 73 (85 f.); *Wolff*, Ungeschriebenes Verfassungsrecht, 2000, S. 175 f., 307, 463.
[1988] BVerfG, Beschl. v. 26.06.1991 – 1 BvR 779/85 = BVerfGE 84, 212 (227).
[1989] *Crezelius*, in: FG Felix, 1989, S. 37 (46); s.a. *Schaumburg/Schaumburg*, in: FS Spindler, 2011, S. 171 (172).

das Gewicht der Auslegungsfrage sowie die Intensität von Anlass und Umfang, die das innere System des Gesetzes dem Gesetzgeber zur Änderung bieten.[1990] Zwar gälten „zunächst" die Prärogative des Gesetzgebers und die sich daran anschließende Bindung der Rechtsprechung an das Gesetz.[1991] Auch liege ein „mit den Gewaltenteilungsgrundsätzen übereinstimmender Anlaß für ein Gesetzesvorhaben [...] vor, wenn der Gesetzgeber eine inhaltliche Änderung der von ihm nicht gewünschten Rechtsprechung vornimmt"[1992] und es könne „dem Gesetzgeber nicht verwehrt sein [...], Mängel eines Gesetzes – die sich vor allem nach höchstrichterlicher Klärung zeigen – auszugleichen"[1993]. Dennoch sei es mit dem Grundsatz der Gewaltenloyalität nicht vereinbar, wenn die Legislative den „(auch) freiheitssichernden, kassatorischen Rechtsprechungsakt [unterlaufe]".[1994]

All dies liest sich wie ein großzügiges Zugeständnis an die Legislative, wo – wie *Crezelius* selbst feststellt – „die überwiegend und zumeist begründungslos vertretene Ansicht der Allzuständigkeit und Prärogative des Gesetzgebers"[1995] besteht. Hierbei wird jedoch übersehen, dass die grundsätzliche Allzuständigkeit und Prärogative des Gesetzgebers in der Tat eine Selbstverständlichkeit in einem demokratischen Rechtsstaat darstellen.[1996] Der Grund dafür liegt schlicht in der herausgehobenen Stellung des Gesetzgebers, welchem im Rahmen der Gewaltenteilung des Grundgesetzes eine Leit- und Steuerungsfunktion, Normativ- und Legitimationsfunktion, Ordnungs-, Garantie- und Schutzfunktion und schließlich gerade eine Änderungs- und Verbesserungsfunktion zugeordnet werden, welche den Gerichten so nicht zukommt.[1997] Zwar erlaubt die Gewaltenteilung freilich weder einen allumfassenden Parlamentsvorbehalt oder ein parlamentarisches Entscheidungsmonopol noch, dass Angelegenheiten außerhalb des Bereiches der gesetzgebenden Gewalt in der Form des Gesetzes ge-

---

[1990] *Crezelius*, in: FG Felix, 1989, S. 37 (50 ff.).
[1991] *Crezelius*, in: FG Felix, 1989, S. 37 (47).
[1992] *Crezelius*, in: FG Felix, 1989, S. 37 (45).
[1993] *Crezelius*, in: FG Felix, 1989, S. 37 (47).
[1994] *Crezelius*, in: FG Felix, 1989, S. 37 (52); in diese Richtung auch *Schaumburg*, in: Brandt, DFGT 1 (2004), 73 (94 f.).
[1995] *Crezelius*, in: FG Felix, 1989, S. 37 (45) m.w.N.
[1996] *Fassbender*, in: Isensee/Kirchhof, HdbStR IV, 3. Aufl. 2006, § 76 Rn. 19; vgl. auch *Bonk*, in: FS Bull, 2011, S. 75 (83); a.A. *Kübler*, in: FS Stimpel, 1985, S. 3 (13).
[1997] Vgl. *Gattermann*, in: FS 75 Jahre Reichsfinanzhof – Bundesfinanzhof, 1993, S. 91 (91 f.); *Karpen*, Gesetzgebungs-, Verwaltungs- und Rechtsprechungslehre, 1989, S. 28 f.; *Offerhaus*, StbJb 1995/1996, 7 (11 f.); vgl. ferner *Huber*, in: Niedobitek/Sommermann, Die Europäische Union als Wertegemeinschaft, 2013, S. 25 (26).

regelt werden dürfen.[1998] Sehr wohl fallen darunter grundsätzlich die hier thematisierten zukunftsorientierten Richtungsentscheidungen für einzelne Rechtsfragen.[1999]

Auch das Argument effektiven Rechtsschutzes i.S.d. Art. 19 Abs. 4 GG, welches maßgeblich für die Begründung einer prinzipiellen Beachtungspflicht der Rechtsprechung durch die Verwaltung herangezogen wurde,[2000] zieht für die Gesetzgebung nicht, da diese im Gegensatz zur Verwaltung die geltende Gesetzeslage gerade anpassen kann. Dementsprechend stellt sich die rechtsprechungsüberholende Gesetzgebung nicht als Hindernis für effektiven Rechtsschutz dar, solange die Gerichte die neue Rechtslage anerkennen und somit eine die Justiz lähmende Prozessflut ausbleibt.

Ebenso wenig überzeugt das Argument mangelnder Rechtskontrolle durch die Gerichte: Für eine Bindung des Gesetzgebers aus Loyalitätsgründen wird angeführt, die Exekutive führe – vor allem im Steuerrecht – aufgrund ihrer Wissens- und Informationsüberlegenheit die Hand des Gesetzgebers.[2001] Besteht eine antijustizielle Kooperation zwischen Exekutive und Legislative, kann die Lösung nicht in der Beschränkung der Handlungsspielräume des Gesetzgebers liegen,[2002] sondern nur in dem Verhältnis zwischen Exekutive und Legislative. Insofern lautet die Frage nicht, ob der Gesetzgeber gegenüber der Judikative loyale Zurückhaltung zu üben hat, sondern vielmehr, wo die Gewaltenteilung eine Grenze der exekutiven Beeinflussung des Gesetzgebers zieht. Aus der Gewaltenloyalität kann höchstens ein Zurückhaltungsgebot der Exekutive bei rechtsprechungsüberholenden Gesetzesinitiativen folgen.[2003]

Vertretbar erscheint allenfalls eine Verfahrenspflicht[2004] des Gesetzgebers, sich mit der vorangegangenen Rechtsprechung, die er aufheben möchte, sachlich

---

[1998] Insb. maßgebliche Entscheidungsbefugnisse der Exekutive und grundsätzlich keine Justierung von Einzelfällen durch den Gesetzgeber, *Robbers*, in: BK GG, Art. 20 Rn. 711 f.; *Sachs*, in: Sachs GG, Art. 20 Rn. 88 f.
[1999] So geht es bei der Korrektur eines „geklärte[n] Problem[s]" regelmäßig gerade nicht um „gesetzgeberische Einzelfallgerechtigkeit", da der entschiedene Fall meist abgeschlossen ist, vgl. aber *Crezelius*, in: FG Felix, 1989, S. 37 (49). Gerade in der Massenverwaltung des Steuerrechts wird es dem Gesetzgeber regelmäßig nicht um einen Einzelfall gehen. Dennoch zu Recht vor ausufernden Detailregelungen warnend *Sendler*, ZRP 1979, 227 (230). Nur insofern ist *Crezelius*' Ausführungen zuzustimmen; sehr weitgehende a.A. *Felix*, BB 1988, 1500 (1502), der in diesen Fällen die „Steuerwidrigkeit" des Gesetzes annimmt.
[2000] S. oben E.II.2.b.bb.
[2001] *Schaumburg*, in: Brandt, DFGT 1 (2004), 73 (95) m.w.N.; vgl. auch *Felix*, BB 1988, 1500 (1501).
[2002] A.A. *Schaumburg*, in: Brandt, DFGT 1 (2004), 73 (94 f.).
[2003] Ohne Beschränkung darauf *Schaumburg*, in: Brandt, DFGT 1 (2004), 73 (95).
[2004] Ähnlich, aber i.E. zu weitgehend *Crezelius*, in: FG Felix, 1989, S. 37 (54) – „verfahrensmäßige Absicherung".

zu befassen. Den Gerichten kommt immerhin die Aufgabe zu, abstrakte Normen auszulegen und zu konkretisieren.[2005] Vor allem bei höchstrichterlicher Rechtsprechung ist diese nicht auf die Einzelfallentscheidung beschränkt, sondern kann daneben die Ziele der Rechtseinheitlichkeit und Rechtsfortbildung verfolgen.[2006] Verfahren und Organisation sollen durch die Elemente der Distanz und Gründlichkeit eine besondere Rationalität und Stabilität sichern.[2007] Die Erkenntnisse, welche von der Expertise und Sachnähe der Gerichte getragen werden, bedürfen der Berücksichtigung.[2008] Diese hat sich allerdings aufgrund mangelnder Normativität[2009] des Richterrechts darauf zu beschränken, dass der Gesetzgeber die überkommene Rechtsprechung in seinen Entscheidungsprozess einbezieht. Die Forderung einer „über die Gesetzgebungskompetenz hinausgehenden Legitimation"[2010] entspricht dagegen nicht der Funktionenordnung des Grundgesetzes und ist somit abzulehnen. Eine „Phase der Konsolidierung",[2011] in der sich das neue Recht – insb. durch (höchst-)richterlichen Klärungsprozess entfalten kann – steht im Sinne der Gewaltenloyalität, ist aber keine rechtliche Pflicht des Gesetzgebers.[2012]

In den infrage stehenden Konstellationen wird zudem häufig ein bestimmtes Ziel verfolgt. Zumeist handelt es sich hierbei um den Verlust von Einnahmen, insbesondere Steuereinnahmen.[2013] Infolgedessen birgt die reaktive und kurzfristige Gesetzgebung die Gefahr, dass andere Aspekte unbeachtet bleiben. Dieser Gefahr kann dadurch begegnet werden, dass der Gesetzgeber verpflichtet wird, sich sachlich mit der Rechtsprechung zu befassen. Dennoch ist eine restriktive Handhabung dieser Pflicht deutlich zu betonen,[2014] damit der Gesetzgeber bei der Ausübung seiner Kompetenzen nicht behindert wird.

[2005] *Di Fabio*, in: Isensee/Kirchhof, HdbStR II, 3. Aufl. 2004, § 27 Rn. 26; *Hesse*, Grundzüge des Verfassungsrechts, 20. Aufl. 1999, § 14 Rn. 548 f.; vgl. auch *Kirchhof*, in: Isensee/Kirchhof, HdbStR V, 3. Aufl. 2007, § 99 Rn. 237 f.
[2006] *Jachmann-Michel*, in: Dürig/Herzog/Scholz GG, Art. 95 Rn. 15.
[2007] *Schmidt-Aßmann*, in: Isensee/Kirchhof, HdbStR II, 3. Aufl. 2004, § 26 Rn. 66.
[2008] *Crezelius*, in: FG Felix, 1989, S. 37 (46 f.); deutlich überschießend *Kübler*, in: FS Stimpel, 1985, S. 3 (13); vgl. bzgl. des Interorganrespekts zwischen Bundesverfassungsgericht und Fachgerichten *Lorz*, Interorganrespekt, 2001, S. 475 f.
[2009] *Jachmann-Michel*, in: Dürig/Herzog/Scholz GG, Art. 95 Rn. 15.
[2010] *Crezelius*, in: FG Felix, 1989, S. 37 (47).
[2011] *Crezelius*, in: FG Felix, 1989, S. 37 (47); wohl eher im Sinne eines Appells an den Gesetzgeber *Sendler*, ZRP 1979, 227 (230).
[2012] So aber *Crezelius*, in: FG Felix, 1989, S. 37 (47).
[2013] *Crezelius*, in: FG Felix, 1989, S. 37 (51 f.); vgl. auch *Offerhaus*, StbJb 1995/1996, 7 (16 ff.); dieser Aspekt wird bisweilen als hinreichende Begründung für eine rechtsprechungsüberholende Gesetzgebung akzeptiert, so *Offerhaus*, a.a.O., S. 16; *Schaumburg/Schaumburg*, in: FS Spindler, 2011, S. 171 (172) m.w.N.
[2014] In diese Richtung auch *Offerhaus*, StbJb 1995/1996, 7 (16); a.A. *Schaumburg/Schaumburg*, in: FS Spindler, 2011, S. 171 (172).

Wie diese Pflicht sodann einzuordnen ist, ist ebenfalls fraglich. Man könnte sie bereits in erster Linie als rein politisches Gebot ohne Rechtsgehalt sehen. Eine derartige Differenzierung zwischen unterschiedlichen Intensitäten des Gehaltes findet sich bereits stellenweise im Rahmen der Bundestreue sowie der Verfassungsorgantreue.[2015] Überzeugender erscheint es, diese Pflicht als Rechtspflicht einzuordnen. Andererseits darf dies nicht zu einer zu starken Beschränkung des Gesetzgebers führen. So wird die Gewaltenloyalität in dieser Konstellation regelmäßig als Funktionsnorm[2016] in Erscheinung treten. Als Kontrollnorm[2017] dürfte sie nur in außergewöhnlichen Fällen heranzuziehen sein, beispielsweise in den unwahrscheinlichen Fällen einer schlechthin unsachlichen gesetzgeberischen Reaktion auf eine ihm missliebige Rechtsprechung.[2018] Typischerweise verfolgt der Gesetzgeber jedoch ein bestimmtes Ziel und versucht dieses nur gegenüber der Rechtsprechung abzusichern. Ein justitiabler Verstoß gegen die Gewaltenloyalität ist hierin nicht zu erkennen.

Auch das Argument der Rechtssicherheit, welches gerade zur Begründung eines Gebotes der Zurückhaltung des Gesetzgebers herangezogen wird,[2019] spricht dafür, dass das Gesetz allein wegen des Verstoßes gegen diese Verfahrenspflicht nicht zwangsläufig nichtig wird,[2020] da die Grenze zwischen einer unzulässigen und einer zulässigen gesetzgeberischen Reaktion nicht eindeutig und die eventuelle Berücksichtigung der Rechtsprechung im Gesetzgebungsverfahren häufig schwer nachvollziehbar ist.

3. Zwischenergebnis

Somit kann festgehalten werden, dass für den kooperativen Verfassungssinn bereits anfänglich keine fundierte Herleitung besteht. *Desens'* Ansatz zu Gewaltenloyalität bietet zwar eine Begründung. Diese enthält allerdings nach hier vertretener Auffassung gewisse Schwächen. Materiell weisen die beiden im

---

[2015] S. nur *Bilfinger*, ZaöRV 1 (1929), S. 57 (74); *Schenke*, Die Verfassungsorgantreue, 1977, S. 23 f.
[2016] In Anknüpfung an *Forsthoff*, in: GS W. Jellinek, 1955, S. 221 (233); vgl. hierzu oben C.I.5.b.
[2017] In Anknüpfung an *Forsthoff*, in: GS W. Jellinek, 1955, S. 221 (233); vgl. hierzu oben C.I.5.b.
[2018] Für erheblich weitere Kontrollmöglichkeiten im Rahmen der konkreten Normenkontrolle und der Verfassungsbeschwerde *Schaumburg*, in: Brandt, DFGT 1 (2004), 73 (95 f.).
[2019] *Crezelius*, in: FG Felix, 1989, S. 37 (47).
[2020] So i.E. auch *Schaumburg*, in: Brandt, DFGT 1 (2004), 73 (95); vgl. auch BVerfG, Urt. v. 26.07.1972 – 2 BvF 1/71 = BVerfGE 34, 9 (25); BVerfG, Beschl. v. 11.10.1994 – 1 BvR 337/92 = BVerfGE 91, 148 (175); BVerfG, Beschl. v. 15.01.2008 – 2 BvL 12/01 = BVerfGE 120, 56 (79); BVerfG, Beschl. v. 08.12.2009 – 2 BvR 758/07 = BVerfGE 125, 104 (132); *Kloepfer*, Der Staat 13 (1974), 457 (468, Fn. 45); *Ossenbühl*, NJW 1986, 2805 (2808); a.A. *Schenke*, Die Verfassungsorgantreue, 1977, S. 136 f.; *Stern/Bethge*, Öffentlich-rechtlicher und privatrechtlicher Rundfunk, 1971, S. 39; allgemein kritisch *Schwarz*, Verfassungsprozessrecht, 2021, § 6 Rn. 51.

Wesentlichen gleichbedeutenden Grundsätze in vielerlei Hinsicht als übergreifende Loyalitätsgrundsätze ein hohes Potential auf, welches allerdings nur in seinen Grundlinien konzipiert, aber noch nicht voll entfaltet wurde. Hierbei ist, insbesondere wenn damit die Rechtsverbindlichkeit einhergeht, äußerste Vorsicht und Zurückhaltung geboten. Die Anwendung der Gewaltenloyalität auf die rechtsprechungsüberholende Gesetzgebung hat aufgezeigt, dass bei der Erschließung von Anwendungsfeldern die Gefahr besteht, die Ordnung des Grundgesetzes zu verschieben. Keinesfalls darf somit die Erschließung von Loyalitätspflichten zur Missachtung der grundgesetzlichen Ordnung führen. Die Anknüpfung an das konkret zugrunde liegende Rechtsverhältnis, d.h. der betreffende Kompetenz- und Funktionsrahmen ist ernst zu nehmen.

F. Eigener Ansatz

Nachdem nun sowohl einzelne gebietsspezifische Ausprägungen von Loyalitätsgeboten dargestellt und bereits in Teilen gegenübergestellt wurden sowie die wesentlichen Ansätze für eine Verallgemeinerung des Loyalitätsgedankens im Verfassungsrecht untersucht wurden, sollen diese nun zueinander in Verhältnis gesetzt werden. Der Ansatz soll sich jedoch nicht auf den reinen Vergleich beschränken, sondern vielmehr darauf abzielen, diese durch eine allgemeine Loyalitätspflicht zu überbauen, welche die noch bestehenden Differenzen zwischen bisherigen übergreifenden Ansätzen einebnet, sich mit bisher noch nicht adressierten Aspekten befasst und begründet, warum spezifische Besonderheiten eines Ansatzes nicht darunterfallen und somit entweder zu verwerfen oder einem anderen Institut zuzuordnen sind.

I. Herleitung

Die vorangegangene Untersuchung hat bei der Herleitung einzelner Loyalitätspflichten zahlreiche Parallelen aufgedeckt. Diese sollen nunmehr im Kontext eines übergreifenden Ansatzes dargestellt und in Verbindung gebracht werden. Anschließend ist aufzuzeigen, dass dieser Gedanke, welcher den bisher untersuchten Grundsätzen zugrunde liegt, auch auf Bereiche angewandt werden kann, welche von den klassischen Loyalitätsgrundsätzen nicht umfasst sind.

1. Die Parallelen bestehender Loyalitätspflichten

Für sämtliche Loyalitätsgebote konnte im Wesentlichen ein Kanon aus Treu und Glauben (a.), unterschiedlichen Formen der Einräumung autonomer Handlungsspielräume (b.) sowie dem Integrationsgedanken (c.) nachgewiesen werden. Diese sollen zunächst in einen gemeinsamen Zusammenhang gestellt werden.

a. Treu und Glauben

Der Grundsatz von Treu und Glauben erfreut sich bei der Herleitung von Loyalitätsgrundsätzen flächendeckend großer Beliebtheit.[2021] Dies liegt darin begründet, dass er als allgemeiner Rechtsgrundsatz im Wege mitgesetzten Rechts[2022] in sämtliche Rechtsmaterien Einzug gefunden hat und eine hohe Flexibilität aufweist, durch die er sich in unterschiedlichste Konstellationen einfügen kann.

[2021] S. nur *Bauer*, Die Bundestreue, 1992, S. 245 ff.; *v. Kempis*, Die Treuepflicht zwischen Gemeinden und Staat, 1970, S. 35 ff.; *Lorz*, Interorganrespekt, 2001, S. 24 ff., 546 f.; *Sachs*, in: Sachs GG, Art. 20 Rn. 68; *Weigert*, BayVBl. 1978, 597 (598); vgl. auch oben C.I.1.e., C.II.1.e., C.III.1.b., D.I.2., E.I.1. und E.II.1.b.
[2022] So wohl auch *Wolff*, Ungeschriebenes Verfassungsrecht, 2000, S. 150 ff. i.V.m. 382 f., 388 ff. und 404 ff.; allgemein zu der Kategorie des mitgesetzten Rechts ebd., S. 404 ff.

Eine Anknüpfung an Treu und Glauben bietet den Vorteil, dass unter Anpassung an die grundgesetzliche Ordnung auf dessen Normprogramm zugegriffen werden kann.[2023] Mithin erscheint es eingängig und praktikabel, eine allgemeine Treuepflicht als bereichsspezifische Ausprägung des Grundsatzes von Treu und Glauben zu sehen und die Herleitung damit auf sich beruhen zu lassen. Damit wird jedoch die Bedeutung der Bereichsspezifität zu weitgehend übergangen. Wie zuvor schon des Öfteren betont wurde,[2024] besteht gerade die Hürde, den besagten Einsatzbereich zu erfassen, um feststellen zu können, ob eine generalisierbare Grundlage für sämtliche Loyalitätsgebote besteht.

b. Gewaltenteilung

Ausgangspunkt dieser Unternehmung ist das Prinzip der Gewaltenteilung, welches nach seinem vermeintlichen Zweck in eine der Kooperation und Rücksichtnahme entgegengesetzte Richtung wirkt.[2025] Dahinter steht der für eine rechtsstaatliche Verfassung essenzielle Gedanke der Bändigung und Beschränkung staatlicher Macht.[2026] Nach den vorigen Erkenntnissen erschöpft sich die Gewaltenteilung jedoch nicht in einer Dreiteilung in Legislative, Exekutive und Judikative um der Dreiteilung selbst Willen.[2027] Zum einen geht es nicht um die mechanische Trennung verschiedener Untergliederungen staatlicher Gewalt, sondern vielmehr um Balance und Kontrolle.[2028] Zum anderen fordert der Rechtsstaat die Gewährleistung der Staatsgewalt, welche in den positiven Elementen der Gewaltenteilung zum Ausdruck kommt.[2029]

Der Grundsatz der Gewaltenteilung zielt damit in zwei Richtungen: Erstens der Absicherung gegen Despotie und Willkür und zweitens der häufig übergangenen Absicherung gegen Anarchie durch eine rationale sowie handlungs- und leistungsfähige Organisation staatlicher Gewalt.[2030] Gewaltenteilung ist somit

---

[2023] Vgl. insb. *Bauer,* Die Bundestreue, 1992, S. 248 f., 252 f., 387.
[2024] S. v.a. oben C.I.1.f. und C.II.1.e., f..
[2025] Vgl. oben C.II.1.c.aa.
[2026] *Stern,* StaatsR Bd. 1, 2. Aufl. 1984, S. 93; allgemein für die Zuordnung der Gewaltenteilung zum Rechtsstaatsprinzip BVerfG, Urt. v. 03.05.2016 – 2 BvE 4/14 = BVerfGE 142, 25 (56); *Grzeszick,* in: Dürig/Herzog/Scholz GG, Art. 20 V. Rn. 16; *Lindner,* in: Lindner/Möstl/Wolff BV, Art. 3 Rn. 66; *v. Münch,* NJW 1998, 34; *Robbers,* in: BK GG, Art. 20 Rn. 2958; *Rux,* in: BeckOK GG, Art. 20 Rn. 156.
[2027] Vgl. oben im Rahmen der Verfassungsorgantreue C.II.1.c.aa. und vor allem der Organtreue auf Kommunalebene C.III.1.c.cc.(5), (6).
[2028] Ausführlich und kritisch *Kägi,* in: FS Huber, 1961, S. 151 (157 ff.); vgl. auch *Lorz,* Interorganrespekt, 2001, S. 527; *Stern,* StaatsR Bd. 1, 2. Aufl. 1984, S. 792 f.
[2029] *Schmidt-Aßmann,* in: Isensee/Kirchhof, HdbStR II, 3. Aufl. 2004, § 26 Rn. 1, 4 f.; *Wolff,* in: Stern/Sodan/Möstl, Staatsrecht Bd. 1, 2. Aufl. 2022, § 15 Rn. 39.
[2030] *Kägi,* in: FS Huber, 1961, S. 151 (154 f.); *Schlink,* Die Amtshilfe, 1982, *Schmidt-Aßmann,* Das allgemeine Verwaltungsrecht als Ordnungsidee, 2004, S. 179 ff.; S. 17 f.; *Schulze-Fielitz,* in: Dreier GG, Art. 20 (Rechtsstaat) Rn. 68; vgl. auch BVerfG, Beschl. v. 17.07.1996 – 2 BvF

freiheitssichernde Aufteilung von Staatsgewalt und funktionsgerechte Zuordnung.[2031] Das Rechtsstaatsprinzip fordert einen Staat, der funktioniert.[2032] Auf die Erfüllung dieser Forderung wirkt die Gewaltenteilung hin, wenn man sie als Prinzip versteht, welches auf die Optimierung[2033] der Funktionszuordnung unter den Gesichtspunkten der Freiheitssicherung und Funktionsgerechtigkeit versteht.

Dieser Begriffsbestimmung folgt das Bundesverfassungsgericht jedenfalls in gewissem Umfang, wenn es die Funktionsfähigkeit und Verantwortlichkeit als Elemente des Rechtsstaates im Sinne des Grundgesetzes betont,[2034] auch wenn es noch nicht so weit geht, die Schaffung einer funktionsgerechten Organstruktur innerhalb der drei Gewalten daraus abzuleiten.[2035] Ein derartiges System, welches den Anliegen einer so verstandenen Gewaltenteilung gerecht wird, findet sich in der Realität bereits weitgehend. Gewaltenteilung besteht nicht mehr nur auf horizontaler Verfassungsebene zwischen den Funktionen der Legislative, Exekutive und Judikative, wie beispielsweise in Art. 20 Abs. 2 S. 2 GG oder Art. 5 BV verankert, sondern ebenfalls verfassungsrechtlich gewollt in weiter differenzierten Ausgestaltungen und Modifikationen zwischen den Organen,[2036] der Absonderung weisungsfreier Sonderinstitutionen (z.B. Universitäten, Art. 5 Abs. 3 GG,[2037] oder Bundesbank, Art. 88 GG, § 12 S. 1 BBankG[2038]) und Kontrollinstanzen außerhalb der klassischen Dreiteilung oder vertikal im

---

2/93 = BVerfGE 95, 1 (15); *Ehmke*, in: FG Smend, 1962, S. 23 (49); zu letzterem Aspekt *Grzeszick*, Die Teilung der staatlichen Gewalt, 2013, S. 23.

[2031] S. nur *Bryde*, VVDStRL 46 (1988), 181 (187); *Leisner-Egensperger*, NJW 2021, 2415 (2418); *Wolff*, in: Stern/Sodan/Möstl, Staatsrecht Bd. 1, 2. Aufl. 2022, § 15 Rn. 71.

[2032] *Wolff*, in: Stern/Sodan/Möstl, Staatsrecht Bd. 1, 2. Aufl. 2022, § 15 Rn. 39; ähnlich spricht das Bundesverfassungsgericht im Zusammenhang mit dem Berufsbeamtentum von der rechtsstaatlichen Funktion einer stabilen Verwaltung als ausgleichenden Faktor gegenüber den politischen Kräften, BVerfG, Beschl. v. 11.06.1958 – 1 BvR 1/52, 46/52 = BVerfGE 8, 1 (16); BVerfG, Beschl. v. 14.06.1960 – 2 BvL 7/60 = BVerfGE 11, 203 (216 f.); zustimmend *Robbers*, in: BK GG, Art. 20 Rn. 1796; teilweise a.A. *Sobota*, Das Prinzip Rechtsstaat, 1997, S. 474 f.

[2033] S. ausführlich zu diesem Aspekt unten F.III.1.b.aa. und F.IV.

[2034] BVerfG, Urt. v. 27.04.1959 – 2 BvF 2/58 = BVerfGE 9, 268 (281); befürwortend *Grzeszick*, in: Dürig/Herzog/Scholz GG, Art. 20 V. Rn. 136; ähnlich *Stern*, StaatsR Bd. 1, 2. Aufl. 1984, S. 793.

[2035] Vgl. *Lerche*, in: Isensee, Gewaltenteilung heute, 2000, S. 75 (78).

[2036] Vgl. beispielsweise *Möllers*, AöR 132 (2007), 493 (527); *Möstl*, Bundesstaat und Staatenverbund, 2012, S. 42.

[2037] *Erichsen/Scherzberg*, NVwZ 1990, 8 (16) m.w.N.; *Lorenz*, WissR 11 (1978), 1 (19 ff.); *Oldiges*, NVwZ 1987, 737 (741); *Schachtschneider*, Prinzipien des Rechtsstaates, 2006, S. 169; vgl. auch *Lorenz*, JZ 1981, 113 (119).

[2038] Vgl. hierzu bereits oben C.II.2.a.aa.(1).ε.

bundesstaatlichen Verhältnis,[2039] insbesondere Art. 30 ff., 50 ff., 70 ff., 83 ff. GG, mitsamt der Selbstverwaltung der Kommunen, Art. 28 Abs. 2 GG.[2040] An diese funktionale Gliederung der Staatsgewalt knüpfen die Loyalitätspflichten jeweils an.[2041] Ihnen ist gemeinsam, dass sie jeweils zwischen staatlichen Untergliederungen wirken, welche durch das gewaltenteilige System in eine einander entgegengesetzte Stellung gebracht sind und somit grundsätzlich autonom und auf Augenhöhe agieren. Die Gewaltenteilung bildet damit das notwendige Fundament der Loyalitätspflichten.[2042]

c. Integration

Weiter zeigte sich vielfach die Tendenz, den Integrationsgedanken bei der Begründung von Loyalitätspflichten heranzuziehen.[2043] Wie bei der Untersuchung der einzelnen Loyalitätsgebote deutlich wurde, vermag dieser gerade in Wechselwirkung mit dem Prinzip der Gewaltenteilung wertvolle Impulse zu leisten. Betont wurde dies v.a. von *Schenke* für die Verfassungsorgantreue[2044] und von *Lorz* für den Interorganrespekt[2045].

Die rechtsstaatlich geforderten Gewaltenteilungsmechanismen sind nach *Smend* Bedingung der Erzielung der Integrationswirkung: Erforderlich ist demnach „das Vorhandensein mehrerer, einander einigermaßen gewachsener Gegner als Träger dieser Dialektik."[2046] Die Gewaltenteilung dient somit einerseits dem Integrationsprozess. Andererseits wirkt die Integrationslehre auf das Verständnis des Gewaltenteilungsprinzips ein. Sie entfaltet nach den vorigen Untersuchungen zwar je nach Anwendungsbereich unterschiedliche Intensität. Dennoch tritt überall dasselbe Muster zutage: Um staatliche Einheit gewährleisten zu können, bedarf es einer der Desintegration entgegenwirkenden Kompo-

---

[2039] *Hesse,* Der unitarische Bundesstaat, 1962, S. 27 ff.; *Loewenstein,* Verfassungslehre, 3. Aufl. 1975, S. 296; *Möstl,* Bundesstaat und Staatenverbund, 2012, S. 42 ff.
[2040] *Grzeszick,* in: Dürig/Herzog/Scholz GG, Art. 20 V. Rn. 15, 18 f., 131 ff.; *Jarass,* in: Jarass/Pieroth GG, Art. 20 Rn. 32a; *Kloepfer,* Vorwirkung von Gesetzen, 1974, S. 54; *Kloepfer,* Der Staat 13 (1974), 457 (468); *Peters,* Die Gewaltentrennung in moderner Sicht, 1954, S. 26 f.; *Peters,* Geschichtliche Entwicklung, 1969, S. 93 f.; *Schachtschneider,* Prinzipien des Rechtsstaates, 2006, S. 169 f.; *Sobota,* Das Prinzip Rechtsstaat, 1997, S. 75 f.; *Stern,* StaatsR Bd. 1, 2. Aufl. 1984, S. 93 f.; *Zippelius,* in: Merten, Gewaltentrennung im Rechtsstaat, 1989, S. 27 (30 ff.).
[2041] Vgl. auch *Desens,* Bindung der Finanzverwaltung, 2011, S. 270.
[2042] Vgl. *Lorz,* Interorganrespekt, 2001, S. 527, 551 ff.
[2043] S. oben C.I.1.d., C.II.1.d., C.III.1.a., D.I.3., E.I.1. und E.II.1.a.
[2044] *Schenke,* Die Verfassungsorgantreue, 1977, S. 28 Fn. 35 u. S. 116 ff.
[2045] *Lorz,* Interorganrespekt, 2001, S. 87 f.
[2046] *Smend,* Verfassung und Verfassungsrecht (1928), in: ders., Staatsrechtliche Abhandlungen, 3. Aufl. 1994, S. 119 (201 f.).

nente.[2047] Staatliche Untergliederungen haben den Integrationsprozess zu vermitteln und zu kanalisieren.[2048] Im Rahmen der angelegten verfassungsmäßigen Ordnung haben somit sämtliche Staatsteile durch Führung und Vorbild auf die Einheit und Funktionsfähigkeit des Staates hinzuwirken.[2049] Die Verfassung erfüllt diese Funktion der Einheitsstiftung, indem sie die getroffenen Festlegungen zum Bestandteil des politischen Konsenses der Bürger macht.[2050] Die Integration entfaltet somit ihre Bedeutung für die Verfassung und die politische Wirklichkeit dadurch, fortwährend die Grundlagen staatlichen Lebens zu gewährleisten.[2051] Ihr ist die Forderung eines integrierenden und einheitsstiftenden Verständnisses der Verfassung und eine entsprechende Haltung aller verantwortlichen Faktoren immanent.[2052] Somit hat sie nicht bloß Konsequenzen für die Staats- und Verfassungstheorie, sondern auch für deren Inhalt und Auslegung.[2053] Die Verfassung als „Grundordnung einer Mannigfaltigkeit politischen und gesellschaftlichen Lebens"[2054] will stabilisieren, eine Richtschnur für die Lebenswirklichkeit geben und Programm der Integration und Repräsentation sein.[2055]

Konkret auf die Loyalitätspflichten bezogen bedeutet dies, dass die Verfassung einerseits inhaltliche Pflichten generiert, welche dem Zweck der Einheitsbildung dienen, indem sie für den Bürger nachvollziehbare, die Verantwortlichkeit gegenüber dem Volk widerspiegelnde Abläufe zwischen den staatlichen Akteuren garantieren.[2056] Hierbei besteht ein Bezug zwischen Rechtsstaatlichkeit und Integration: Das Rechtsstaatsprinzip fordert die Rationalisierung des öffentlichen Gesamtzustandes.[2057] Gefordert ist somit eine planmäßige Organisation staatlichen Handelns sowie die zweckmäßige und effektive Erfüllung staatlicher Aufgaben.[2058] Nur so erreicht die Verfassung das Ziel, die Einheit des Staates in

---

[2047] S. nur *Lorz,* Interorganrespekt, 2001, S. 547 ff.; *Schenke,* Die Verfassungsorgantreue, 1977, S. 26 ff., 30 f.
[2048] Vgl. *Schenke,* Die Verfassungsorgantreue, 1977, S. 27; *Smend,* Verfassung und Verfassungsrecht, in: ders., Staatsrechtliche Abhandlungen, 3. Aufl. 1994, S. 119 (142 ff., 249 ff.).
[2049] Vgl. *Schneider,* in: Merten, Gewaltentrennung im Rechtsstaat, 1989, S. 77 (88).
[2050] *Scheuner,* in: Jakobs, Rechtsgeltung und Konsens, 1976, S. 33 (34 f., 61 ff.); *Stern,* StaatsR Bd. 1, 2. Aufl. 1984, S. 90 f.; vgl. auch *Schulze-Fielitz,* in: FS 50 Jahre BVerfG, 2001, S. 385 (413 f.).
[2051] *Stern,* StaatsR Bd. 1, 2. Aufl. 1984, S. 90 f.
[2052] *Stern,* StaatsR Bd. 1, 2. Aufl. 1984, S. 91 m.w.N.
[2053] *Stern,* StaatsR Bd. 1, 2. Aufl. 1984, S. 91.
[2054] *Stern,* StaatsR Bd. 1, 2. Aufl. 1984, S. 127.
[2055] *Krüger,* DÖV 1976, 613 (615 ff.); *Stern,* StaatsR Bd. 1, 2. Aufl. 1984, S. 127 f.; vgl. zu der Rolle der Stabilität in der Verfassung für die Lebenswirklichkeit *Knieper,* WiRO 2015, 1 (2).
[2056] Vgl. *Kirchhof,* in: Isensee/Kirchhof, HdbStR V, 3. Aufl. 2007, § 99 Rn. 45.
[2057] *Hesse,* in: FG Smend, 1962, S. 71 (83).
[2058] *Hesse,* in: FG Smend, 1962, S. 71 (83); *Kloepfer,* Der Staat 13 (1974), 457 (466, 468).

das Bewusstsein der Bürger zu rücken.[2059] Der Integrationsgedanke fordert von den staatlichen Akteuren eine Führungsrolle ab.[2060] Dieses persönliche Integrationsmoment verbindet sich mit einem spezifischen funktionellen Integrationsmoment, um nicht nur einen Teil des Staates, sondern das ganze Staatsvolk zur staatlichen Einheit zu integrieren.[2061]

Ähnliche Züge finden sich bei der Begründung des umfassenden kooperativen Verfassungssinns mit der Verpflichtung aller Staatsgliederungen auf ein gemeinsames Ganzes.[2062] Dies bedeutet, dass die durch das Staatsvolk ermächtigten Hoheitsträger insoweit verantwortungsvoll mit der ihnen übertragenen Macht walten, als die legitime und demokratisch gewollte Auseinandersetzung zwischen den Staatsteilen in einer sachlichen, konstruktiven Weise zu vollziehen ist, welche die Einheit des Staates fördert und Obstruktion verbietet.[2063]

d. Zwischenergebnis

Somit ergeben sich bei der Herleitung für sämtliche untersuchte Loyalitätsgebote Parallelen durch den Grundsatz von Treu und Glauben sowie den Integrationsgedanken. Diese verbinden jeweils staatliche Gliederungen, welchen durch die bestehende Kompetenzordnung Autonomie zuweist. Dieser Aspekt konnte jeweils als Form der Gewaltenteilung im weiteren Sinne ausgemacht werden. Die drei Säulen sind jeweils nur im Zusammenhang miteinander sinnvoll anzuwenden. Erst das Zusammenspiel der drei Aspekte vermochte eine überzeugende Begründung für die jeweiligen Treuegebote zu liefern. Daher überzeugt es nicht, Loyalitätsgebote nur auf eine der drei Säulen zu stützen. Vielmehr sind diese schon bei der Herleitung offen in einem Kombinationsansatz miteinander in Verbindung zu setzen.

[2059] Vgl. *Kloepfer,* Der Staat 13 (1974), 457 (468); *Stern,* StaatsR Bd. 1, 2. Aufl. 1984, S. 127 f.
[2060] *Smend,* Verfassung und Verfassungsrecht (1928), in: ders., Staatsrechtliche Abhandlungen, 3. Aufl. 1994, S. 119 (143 ff.).
[2061] *Smend,* Verfassung und Verfassungsrecht (1928), in: ders., Staatsrechtliche Abhandlungen, 3. Aufl. 1994, S. 119 (144).
[2062] *Kloepfer,* Vorwirkung von Gesetzen, 1974, S. 54; *Kloepfer,* Der Staat 13 (1974), 457 (468).
[2063] *Kloepfer,* Der Staat 13 (1974), 457 (469); *Papier,* in: Merten, Gewaltentrennung im Rechtsstaat, 1989, S. 95; *Smend,* Verfassung und Verfassungsrecht (1928), in: ders., Staatsrechtliche Abhandlungen, 3. Aufl. 1994, S. 119 (150 ff.); vgl. hinsichtlich verantwortlicher Aufgabenwahrnehmung auch *Badura,* Staatsrecht, 7. Aufl. 2018, S. 471, D. Rn. 86; *Hesse,* in: FG Smend, 1962, S. 71 (74), zu der Verbindung zwischen Verstetigung und Transparenz ebd. S. 88 f.; vgl. auch aus Sicht der öffentlichen Verwaltung *Schleberger,* in: Merten, Gewaltentrennung im Rechtsstaat, 1989, S. 115 ff.

2. Anwendung auf von den klassischen Grundsätzen nicht umfasste Staatsteile

Nachdem nunmehr die etablierten Loyalitätsgrundsätze auf einen einheitlichen Herleitungsansatz zurückgeführt wurden, ist abzustecken, ob und wie weitreichend dieser Gedanke über klassische Konstellationen hinaus fruchtbar gemacht werden und somit von einem übergreifenden Loyalitätsprinzip ausgegangen werden kann, welches weitere staatliche Gliederungen erfasst.

Der Grundsatz von Treu und Glauben bereitet hierbei, nachdem eine vermeintliche Beschränkung auf vertragliche oder zivilrechtliche Verhältnisse spätestens durch *Bauer* im Rahmen der Begründung der Bundestreue überwunden wurde,[2064] im Rahmen der Herleitung keine Probleme. Er lässt für sich genommen, ohne Einbindung in die staatliche Kompetenzordnung allerdings auch weitgehend offen, welche Bedeutung er entfaltet.

Der Integrationsgedanke ist ebenfalls weit weniger problematisch anzuwenden, als dies nach der Konzeption *Smends* noch der Fall gewesen wäre. Er ist durch Fortentwicklung und Ergänzung mittlerweile weitgehend von seinem Ursprung gelöst.[2065] Somit konnte er im Rahmen der vorliegenden Untersuchung bereits jenseits der obersten Staatsorgane oder der Beziehung zwischen Bund und Ländern fruchtbar gemacht werden.[2066] Diese Tendenz gilt es, für die Anwendbarkeit des Loyalitätsgedankens auf Behörden und Gerichte weiter zu untersuchen.

Hinsichtlich der Gerichte legte schon die grundlegende Befassung *Smends* nahe, dass auch diese nicht vollständig von ihrer integrierenden Funktion entbunden sind, sondern dies lediglich „nicht ihre erste Aufgabe ist".[2067] An anderer Stelle wird ausgeführt, die Justiz diene nicht dem Integrations-, sondern dem Rechtswert.[2068] Jedoch wird auch diese Aussage sogleich wieder dadurch relativiert, dass die Justiz praktisch zugleich der staatlichen Integration diene, von

---

[2064] *Bauer*, Die Bundestreue, 1992, S. 243 ff.; s.a. *Bauer*, in: Dreier GG, Art. 20 (Bundesstaat) Rn. 46; zustimmend z.B. *Bethge*, NJW 1994, 180; vgl. auch *Sachs*, in: Sachs GG, Art. 20 Rn. 68; kritisch *Grzeszick*, in: Dürig/Herzog/Scholz GG, Art. 20 IV. Rn. 131 m.w.N.; *Unruh*, EuR 2002, 41 (54).
[2065] *Lepsius*, in: Gusy: Weimars lange Schatten, 2003, S. 354 (367); vgl. i.Ü. bereits oben B.I.2., B.II., C.I.1.d.dd.,.
[2066] S. oben C.III.1.a. und D.I.3.
[2067] *Smend*, Verfassung und Verfassungsrecht (1928), in: ders., Staatsrechtliche Abhandlungen, 3. Aufl. 1994, S. 119 (146 f.); ähnlich *Smend,* Das Bundesverfassungsgericht, in: Staatsrechtliche Abhandlungen, 3. Aufl. 1994, S. 581 (592 f.) – mit Bezug zum Richterspruch: „politische[n] Kraft des Rechtes".
[2068] *Smend*, Verfassung und Verfassungsrecht (1928), in: ders., Staatsrechtliche Abhandlungen, 3. Aufl. 1994, S. 119 (208).

dieser Aufgabe jedoch durch die verfassungsrechtliche Garantie richterlicher Unabhängigkeit ausdrücklich befreit werde.[2069] Eine Trennung von Integrations- und Rechtswert scheint indes schon grundlegend fraglich. Treffender dürfte es sein, diese „Befreiung" als prinzipiellen Vorrang der richterlichen Unabhängigkeit vor ihrer Integrationsaufgabe zu sehen. Vielmehr kann sogar mit *Heller* das Recht als unentbehrlicher Integrationsfaktor angesehen werden.[2070] Eine besondere Bedeutung für die Integration kommt unter den Gerichten dem Bundesverfassungsgericht zu.[2071] Dies bedeutet allerdings nicht, von diesem „eine umfassende gesellschaftliche Integration"[2072] zu erwarten oder ihm die Rolle eines „Seismographen der Gemeinwohlbildung"[2073] zuzuweisen.

Der Beitrag des Bundesverfassungsgerichts zum Integrationsprozess knüpft vielmehr an die von *Heller* betonte integrierende Funktion des Rechts an, anhand dessen das Bundesverfassungsgericht seine Entscheidungen zu treffen hat. Es entspricht nicht seiner Funktion als Gericht, die Suche nach dem Gemeinwohl auf sich zu nehmen oder das Volk anzuführen, sondern vielmehr das Vertrauen des Bürgers in den Staat zu stärken, indem es „in dem Augenblick, in dem es gefordert ist, entscheidet – gelassen und unabhängig"[2074]. Die integrierende Wirkung geht somit vor allem von den gerichtlichen Verfahren selbst aus.[2075] Gleiches gilt – bei gleichwohl jeweils geringerer Intensität – für andere Gerichte, welche durch eine rechtsgeleitete, vertrauensschaffende Rechtsprechung zur Integration des Volkes beizutragen vermögen.[2076]

[2069] *Smend*, Verfassung und Verfassungsrecht (1928), in: ders., Staatsrechtliche Abhandlungen, 3. Aufl. 1994, S. 119 (208 f.).
[2070] *Heller*, Staatslehre, 4. Aufl. 1970, S. 194.
[2071] *Denninger*, Staatsrecht, Bd. 2, 1979, S. 200 f.; *Ebsen*, Das Bundesverfassungsgericht, 1985, S. 346 ff.; *Herzog*, Der Integrationsgedanke und die obersten Staatsorgane, 1986, S. 17 ff.; *Limbach*, in: Vorländer, Integration, 2002, S. 315 (315 f.); *Schlaich/Korioth*, Das Bundesverfassungsgericht, 12. Aufl. 2021, Rn. 550; *Schneider*, in: FS Zeidler, Bd. 1, 1987, S. 293 (312); *Schulze-Fielitz*, in: FS 50 Jahre BVerfG, 2001, S. 385 (407, 412 ff.); *Stern*, Verfassungsgerichtsbarkeit, 1980, S. 10 f.; vgl. auch *Smend*, Das Bundesverfassungsgericht, in: Staatsrechtliche Abhandlungen, 3. Aufl. 1994, S. 581 (586 ff.); allgemein a.A. *Dreier*, in: FS Schneider, 2008, S. 70 (83 ff.); kritisch auch *Grigoleit*, Bundesverfassungsgericht, 2004, S. 70 f.; *Haltern*, JöR n.F. 45 (1997), 31 (86 f.).
[2072] So die Kritik von *Haltern*, JöR n.F. 45 (1997), 31 (86).
[2073] So die Kritik von *Grigoleit*, Bundesverfassungsgericht, 2004, S. 70 f.
[2074] *Herzog*, Der Integrationsgedanke und die obersten Staatsorgane, 1986, S. 21.
[2075] *Schulze-Fielitz*, in: FS 50 Jahre BVerfG, 2001, S. 385 (413); in diese Richtung auch *Ebsen*, Das Bundesverfassungsgericht, 1985, S. 347, der nach hier vertretener Ansicht jedoch zu großen Fokus auf die Annahme der Entscheidung durch die unterlegene Partei legt; *Limbach*, in: Vorländer, Integration, 2002, S. 315 (315), die jedoch mit dem Begriff der „Erziehung" ein Bild des unmündigen Bürgers suggeriert. Passender wäre die Überzeugung des Bürgers.
[2076] Vgl. auch *Schaumburg*, in: Brandt, DFGT 1 (2004), 73 (89).

Auch dem staatlichen Verwaltungsapparat kommen nach *Smend* zwar in erster Linie technische Funktionen zu, in zweiter Linie erfüllt er gleichsam jedoch die Integrationsaufgabe.[2077] Relativiert wird dies durch die Unterstellung unter die Regierung und Einbindung in die Hierarchie.[2078] Je unabhängiger eine Gliederung agieren darf, desto mehr verschiebt sich deren Bedeutung von einer „rein" technischen zu einer integrierenden Funktion.[2079] Dieser Zusammenhang wird bereits durch die Forderung eines Verfassungsrechts- und Koordinationsverhältnisses im Rahmen der Verfassungsorgantreue deutlich.[2080] Besteht ein hierarchisches Über-Unterordnungsverhältnis, in dem Konflikte durch Weisung aufgelöst werden können, ist für Loyalitätspflichten kein Raum.[2081] Umgekehrt ergibt sich das Bedürfnis der Kooperation und Rücksichtnahme, wenn eine Gliederung dazu berufen ist, Aufgaben weisungsfrei wahrzunehmen. Eindrücklich bestätigt sich dies beispielsweise im Zusammenhang mit der Bundesbank.[2082]

Somit ist darzulegen, inwiefern die Gewaltenteilung im weiteren Sinne in derartigen Konstellationen greift. In einem ersten Schritt wurden die Zusammenhänge zwischen dem klassischen Gewaltenteilungsbegriff und der Verfassungsorgantreue dargelegt.[2083] Sodann konnte aufgezeigt werden, dass dieser wesentliche Kernzusammenhang auch den anderen Anwendungsgebieten zugrunde liegt, dass nämlich jeweils der gewaltenteilige Aspekt im Rahmen des Mehrebenensystems – insbesondere das Bundesstaatsprinzip und die Selbstverwaltungsgarantie – den relevanten Anknüpfungspunkt darstellt.[2084] Dasselbe gilt horizontal, wie anhand der Organtreue auf Kommunalebene dargelegt wurde.[2085] Die Gewaltenteilung im weiteren Sinne ist nach dieser Erkenntnislage einschlägig, wenn deren funktionale Kriterien erfüllt sind.[2086] Gewaltenteilung bedeutet demnach Ausbalancierung und Ordnung staatlicher Macht zwischen ordnungsgemäßer Funktionsfähigkeit und freiheitssichernder gegenseiti-

---

[2077] *Smend*, Verfassung und Verfassungsrecht (1928), in: ders., Staatsrechtliche Abhandlungen, 3. Aufl. 1994, S. 119 (146 f.); vgl. auch *Lorenz*, WissR 11 (1978), 1 (21).
[2078] So bereits *Smend*, Verfassung und Verfassungsrecht (1928), in: ders., Staatsrechtliche Abhandlungen, 3. Aufl. 1994, S. 119 (209).
[2079] Vgl. zur (Des-)Integrationskraft einfacher Behörden *Koepsell*, Exekutiver Ungehorsam, 2023, S. 35; vgl. auch *Lorenz*, WissR 11 (1978), 1 (21).
[2080] S. hierzu oben C.II.2.a.bb.
[2081] S. hierzu oben C.II.2.a.bb.
[2082] S. oben C.II.2.a.aa.(1).ε.
[2083] S. oben C.II.1.c.
[2084] S. hinsichtlich des Bundesstaatsprinzips oben C.I.1.b.ee., C.II.1.c.bb.(4). und der Selbstverwaltungsgarantie oben C.III.1.c.bb.
[2085] S. oben C.III.1.c.cc.
[2086] S. oben C.III.1.c.cc.(5) und (6).

ger Mäßigung.[2087] Unter diesem Verständnis ist sie nicht auf einen festen Bestand staatlicher Gliederungen begrenzt.

3. Zwischenergebnis

Damit kann festgehalten werden, dass über die Brücke von Treu und Glauben über die bestehenden Grundsätze hinaus sämtliche Konflikte auf dem Spielfeld zwischen Gewaltenteilung im weiteren Sinne und Integration der Desintegration entgegenwirkende Loyalitätspflichten entstehen.

4. Rechtsstaatsprinzip

Für sich genommen ist die dreisäulige Herleitung aus Gewaltenteilung, Integration und Treu und Glauben hinreichend, um eine allgemeine Loyalitätspflicht zu begründen. Jedoch deutete sich in der Literatur sowie im Rahmen der vorigen Untersuchung wiederholt jedenfalls eine gewisse Nähe zum Rechtsstaatsprinzip an.[2088] Auch *Lorz'* Untersuchung zum Interorganrespekt stellt maßgebliche Verbindungslinien zum Rechtsstaatsprinzip her.[2089] Mithin soll in einem letzten Schritt im Rahmen der Herleitung die Beziehung der Loyalitätspflichten zum Rechtsstaatsprinzip beleuchtet werden.

Der wohl bedeutsamste Ansatz über das Rechtsstaatsprinzip dürfte in der Untersuchung *Kowalskys* zu den Rechtsgrundlagen der Bundestreue liegen.[2090] Auch wenn der vergleichende Ansatz von rechtsstaatlichen Grundsätzen wie dem Verhältnismäßigkeitsprinzip zur Bundestreue nicht ausreichend war, um dieser eine solide dogmatische Grundlage zu verschaffen,[2091] kann ein Zusammenhang zwischen den beiden Grundsätzen nicht geleugnet werden.[2092] Die bisher gefundenen Verbindungslinien des Rechtsstaatsprinzips zu den einzelnen Säulen, auf welche sich die Herleitung der Loyalitätspflichten stützen, legen nahe, dass hinter der weitgehenden Deckungsgleichheit, welche *Kowalsky* im Rahmen der Bundestreue attestieren konnte, mehr steckt als ein reiner Zufall. Auch im Rahmen des kooperativen Verfassungssinns deutet sich Ähnliches an. So diene dieser der Gewährleistung eines gerechten Verfahrens.[2093] Rechtsstaatliche Denkmuster finden sich dort auch, wenn die Verbindungen zu ef-

---

[2087] Vgl. auch *Hesse*, Grundzüge des Verfassungsrechts, 20. Aufl. 1999, § 13 Rn. 484 ff.
[2088] Vgl. *Klein*, DStZ 1984, 55; *Starski*, in: Kahl/Ludwigs, Hdb. Verwaltungsrecht, Bd. 3, 2022, § 79 Rn. 10; *Schmidt*, Die Beschränkung kommunalen Planungsermessens, 2013, S. 224; *Wolff*, Ungeschriebenes Verfassungsrecht, 2000, S. 254.
[2089] *Lorz*, Interorganrespekt, 2001, S. 526 ff.
[2090] *Kowalsky*, Die Rechtsgrundlagen der Bundestreue, 1970.
[2091] S. oben C.I.1.c.
[2092] Vgl. auch *Bauer*, Die Bundestreue, 1992, S. 240 f.; *Bayer*, Die Bundestreue, 1961, S. 91 Fn. 53; *Isensee*, Subsidiaritätsprinzip, 2. Aufl. 2001, S. 231 f., insb. Fn. 39, S. 257 ff.; *Lerche*, Übermass und Verfassungsrecht, 1961, S. 160.
[2093] *Kloepfer*, Vorwirkung von Gesetzen, 1974, S. 54; *Kloepfer*, Der Staat 13 (1974), 457 (468).

fektiver Grundrechtswahrnehmung[2094] oder dem Verhältnismäßigkeitsgrundsatz[2095] gezogen werden.

a. Zusammenhang mit der Gewaltenteilung im weiteren Sinne

Die wohl deutlichste Verbindung zum Rechtsstaat weist das Gewaltenteilungsprinzip auf. Dieses steht seit jeher in untrennbarem Zusammenhang mit dem Rechtsstaatsbegriff.[2096] Die ganz herrschende Meinung sieht die Gewaltenteilung mithin auch als Ausprägung des Rechtsstaatsprinzips an.[2097] Demnach dient sie durch die Mäßigung staatlicher Gewalt der Verwirklichung der Freiheit der Bürger.[2098]

Problematisch ist das Verhältnis zwischen Bundesstaats- und Rechtsstaatsprinzip im Hinblick auf die vertikale Gewaltenteilung, da bisweilen angenommen wird, das Bundesstaatsprinzip sei kein Element des Rechtsstaats.[2099] Dem ist insoweit zuzustimmen, als das Bundesstaatsprinzip nicht im Rechtsstaatsprinzip aufgeht. Indes beschränkt sich die Lösung des Problems nicht auf die Optionen, die Bundesstaatlichkeit insgesamt aus dem Kanon der Rechtsstaatselemente herauszunehmen, oder lediglich die horizontale Gewaltenteilung dem Rechtsstaatsprinzip zuzuordnen.[2100] Vielmehr löst sich das vermeintliche Problem, wenn man den Teilaspekt vertikaler Gewaltenteilung sowohl dem Rechtsstaatsprinzip als auch dem Bundesstaatsprinzip zuordnet.[2101] Damit ergäbe sich

---

[2094] *Kloepfer*, Der Staat 13 (1974), 457 (466 f.).
[2095] *Kloepfer*, Der Staat 13 (1974), 457 (469, Fn. 47).
[2096] *Cornils*, in: Depenheuer/Grabenwarter, Verfassungstheorie, 2010, S. 657 (658 f.); *Grzeszick*, in: Dürig/Herzog/Scholz GG, Art. 20 V. Rn. 16, VII. Rn. 7; *Schachtschneider*, Prinzipien des Rechtsstaates, 2006, S. 168 (mit zahlreichen historischen Nachweisen); *Stern*, StaatsR Bd. 1, 2. Aufl. 1984, S. 93, 792 ff.; *Zippelius*, in: Merten, Gewaltentrennung im Rechtsstaat, 1989, S. 27 (27 f.); vgl. auch Art. 16 der französischen Erklärung der Menschen- und Bürgerrechte von 1789: „Eine Gesellschaft, in der die Verbürgung der Rechte nicht gesichert und die Gewaltenteilung nicht festgelegt ist, hat keine Verfassung.", wodurch aus heutiger Sicht Verfassungsstaatlichkeit, Rechtsstaat und Gewaltenteilung gleichgesetzt werden, *Sobota*, Das Prinzip Rechtsstaat, 1997, S. 70 Fn. 225; eine Verbindung von Freiheitssicherung und Balance und Kontrolle von Gewalt erkannte bereits im 2. Jh. v. Chr. *Polybios*, s. hierzu *Zippelius*, in: Merten, Gewaltentrennung im Rechtsstaat, 1989, S. 27.
[2097] *Grzeszick*, in: Dürig/Herzog/Scholz GG, Art. 20 V. Rn. 16, VII. Rn. 23; *Jarass*, in: Jarass/Pieroth GG, Art. 20 Rn. 40; *Kunig*, Das Rechtsstaatsprinzip, 1986, S. 75 f.; *Papier*, in: Merten, Gewaltentrennung im Rechtsstaat, 1989, S. 95; *Rux*, in: BeckOK GG, Art. 20 Rn. 156; *Schachtschneider*, Prinzipien des Rechtsstaates, 2006, S. 168; *Sobota*, Das Prinzip Rechtsstaat, 1997, S. 70; *Stern*, StaatsR Bd. 1, 2. Aufl. 1984, S. 792 ff.; mit spezifischem Bezug zu Loyalitätspflichten *Lorz*, Interorganrespekt, 2001, S. 527.
[2098] S. nur BVerfG, Urt. v. 27.04.1959 – 2 BvF 2/58 = BVerfGE 9, 268 (279); *Rux*, in: BeckOK GG, Art. 20 Rn. 156.
[2099] *Sobota*, Das Prinzip Rechtsstaat, 1997, S. 76.
[2100] So aber *Sobota*, Das Prinzip Rechtsstaat, 1997, S. 76.
[2101] *Robbers*, in: BK GG, Art. 20 Rn. 2960; so wohl auch *Hesse*, Grundzüge des Verfassungsrechts, 20. Aufl. 1999, § 8 Rn. 276; *Sobota*, Das Prinzip Rechtsstaat, 1997, S. 76 Fn. 264 – „partielle Teilhabe am Normprogramm des Rechtsstaats".

eine gemeinsame Schnittmenge von Bundesstaats- und Rechtsstaatsprinzip, ohne dass man das Bundesstaatsprinzip in seiner Gänze dem Rechtsstaat zuordnen müsste.[2102] Parallel hierzu wird nach überzeugender Ansicht die horizontale Gewaltenteilung nicht nur dem Rechtsstaatsprinzip, sondern zugleich dem Demokratieprinzip zugerechnet.[2103] Eine exklusive Zuordnung ist in beiden Fällen weder erforderlich noch sachgerecht. Warum *Sobota* diese vorzugswürdige Sichtweise bloß in einer Fußnote andeutet, ist schleierhaft.

Wie bereits festgestellt wurde, steht die Gewaltenteilung im weiteren Sinne in Wechselwirkung mit dem Integrationsgedanken und stellt ein untrennbar mit diesem zusammenhängendes Ordnungsprinzip dar.[2104] Dieser Aspekt der Gewaltenteilung im weiteren Sinne, welcher die Einheit und Funktionsfähigkeit des Staates sichert, wird bisweilen unter dem Merkmal der Verfassungsstaatlichkeit zu Recht ebenfalls dem Rechtsstaatsprinzip zugeordnet.[2105]

b. Zusammenhang mit Treu und Glauben

Wie zuvor bereits angedeutet, lässt sich weiter der Grundsatz von Treu und Glauben in das Rechtsstaatsprinzip einordnen.[2106] Dies stößt auf gewisse Schwierigkeiten, da weder der Rechtsstaat noch der Grundsatz von Treu und Glauben eine präzise und allgemeingültige Definition aufweist.[2107] Dennoch ver-

---

[2102] So verfährt beispielsweise *Lorz*, Interorganrespekt, 2001, S. 527 f.
[2103] *Hesse*, Grundzüge des Verfassungsrechts, 20. Aufl. 1999, § 8 Rn. 276, § 13 Rn. 499; *Horn*, Die grundrechtsunmittelbare Verwaltung, 1999, S. 260 ff.; *Pieroth*, JuS 2010, 473 (474); *Schulze-Fielitz*, in: Dreier GG, Art. 20 (Rechtsstaat) Rn. 67; kritische Betrachtung bei *Grzeszick*, in: Dürig/Herzog/Scholz GG, Art. 20 V. Rn. 20 ff., 66 ff.
[2104] Vgl. oben C.II.1.c.aa.
[2105] *Hesse*, Grundzüge des Verfassungsrechts, 20. Aufl. 1999, § 6 Rn. 186; *Hesse*, in: FG Smend, 1962, S. 71 (72 ff.); *Huber*, Deutsche Verfassungsgeschichte VI, 1981, S. 82 f.; *Stern*, StaatsR Bd. 1, 2. Aufl. 1984, S. 787; teilweise a.A. *Sobota*, Das Prinzip Rechtsstaat, 1997, S. 474 f.
[2106] BVerfG, Beschl. v. 16.12.1981 – 1 BvR 898/80, u.a. = BVerfGE 59, 128 (167); BVerwG, Urt. v. 20.03.2014 – 4 C 11/13 = BVerwGE 149, 211 (221); ThürOVG, Beschl. v. 19.11.2015 – 3 EO 363/15 = ThürVBl. 2016, 252, juris Rn. 35; *Schubert*, in: MüKo BGB, § 242 Rn. 69; *Sutschet*, in: BeckOK BGB, § 242 Rn. 11; *Wagner*, in: BeckOK AO, § 5 Rn. 96; *Wolff*, in: Stern/Sodan/Möstl, Staatsrecht Bd. 1, 2. Aufl. 2022, § 15 Rn. 283; Wolff/Bachof/Stober/Kluth, Verwaltungsrecht I, 13. Aufl. 2017, § 25 Rn. 4; ohne ausdrückliche Erwähnung des Rechtsstaatsprinzips, sondern bloß des Vertrauensschutzes BVerwG, Urt. v. 24.04.1959 – VI C 91/57 = BVerwGE 8, 261 (269); BVerwG, Urt. v. 24.08.1964 – VI C 27/62 = BVerwGE 19, 188 (189); zu der kritischen Verbindung zwischen Vertrauensschutz, Treu und Glauben und Rechtsstaatsprinzip *Sobota*, Das Prinzip Rechtsstaat, 1997, S. 158 f.
[2107] Bzgl. des Rechtsstaates *Bäcker*, Gerechtigkeit im Rechtsstaat, 2015, S. 113; *Sobota*, Das Prinzip Rechtsstaat, 1997, S. 21 ff.; i.E. zu allgemeine Definitionsvorschläge beispielsweise in *Scheuner*, in: Forsthoff, Rechtsstaatlichkeit und Sozialstaatlichkeit, 1968, S. 461 (490 f.); *Stern*, StaatsR Bd. 1, 2. Aufl. 1984, S. 781; üblicherweise dagegen bloße Elementreihungen, hierzu *Sobota*, a.a.O., S. 24 ff. m.w.N., Auflistungen ebd., S. 254 ff., 471 ff.; bzgl. Treu und Glauben *Larenz*, Richtiges Recht, 1979, S. 86; *Loyal*, Ungeschriebene Korrekturinstrumente, 2018, S. 18 ff.; *Lüdeking/Samari*, ZfPW 2022, 425 (432).

mag diese Einordnung zu überzeugen. Denn der Grundsatz von Treu und Glauben verfolgt den Zweck, eine gerechte Interessenabwägung im Einzelfall herzustellen.[2108] Er ist damit dem Gerechtigkeitsgebot zuzuordnen.[2109] Nicht zu verwechseln ist damit freilich die Frage nach dessen Rechtsquelle, für die das Abstellen auf ein Prinzip der Gerechtigkeit zu abstrakt ist.[2110] Mit der Anerkennung allgemeiner Rechtsgrundsätze als Quelle ungeschriebenen Verfassungsrechts würde man Gedanken, welche stark vom Vorverständnis des Interpreten abhängig sind, über das Verfassungsrecht stellen und so deren Missbrauch allzu leicht ermöglichen.[2111] Vielmehr ist der Grundsatz von Treu und Glauben mitgesetztes Recht.[2112]

Trifft der Grundsatz von Treu und Glauben auf ein System der Gewaltenteilung im weiteren Sinne,[2113] in dem einzelne Seiten des Gemeinwohlzweckes durch staatliche Gliederungen vertreten werden, findet er keine bürgerlichen Einzelinteressen, sondern Teilaspekte des Gemeinwohls vor. Ein Verstoß gegen Treu und Glauben schlägt sich folglich in einer Schwächung des vertretenen Teilinteresses nieder. Der Zweck der Gewaltenteilung wird somit durch eine schlechthin „ungerechte"[2114] Rechtsanwendung unterlaufen. Deutlich wird dies am Beispiel einer rechtsmissbräuchlichen Umgehung des Bundesrates.[2115] Werden Vorkehrungen zur Beteiligung der Ländervertretung umgangen und dadurch die Einbringung der Länderinteressen im Gesetzgebungsverfahren verkürzt, sind

---

[2108] VG Köln, Urt. v. 10.05.2019 – 6 K 693/17, Rn. 17 f.; *v. Kempis,* Die Treuepflicht zwischen Gemeinden und Staat, 1970, S. 109 f. m.w.N.; *Müller-Grune,* Der Grundsatz von Treu und Glauben, 2006, S. 122 ff.; *Tegethoff,* NVwZ 2022, 1099 (1102); *H. J. Wolff,* in: GS Jellinek, 1955, S. 33 (39 f.).
[2109] *H. J. Wolff,* in: GS Jellinek, 1955, S. 33 (37 ff.); vgl. auch *Esser,* Grundsatz und Norm, 4. Aufl. 1990, S. 65.
[2110] *Depenheuer,* Die Verwaltung 28 (1995), 117 (118); *Wolff,* Ungeschriebenes Verfassungsrecht, 2000, S. 150 f.
[2111] *Wolff,* Ungeschriebenes Verfassungsrecht, 2000, S. 150 f. m.w.N; vgl. auch *Kunig,* Das Rechtsstaatsprinzip, 1986, S. 89.
[2112] S. oben C.I.1.e.; so wohl auch *Wolff,* Ungeschriebenes Verfassungsrecht, 2000, S. 150 ff. i.V.m. 382 f., 388 ff. und 404 ff.
[2113] Das materielle Rechtsstaatsprinzip ist als Ergänzung des formellen Rechtsstaatsprinzips zu verstehen, wobei formelle und materielle Rechtsstaatselemente miteinander verschränkt sind, *Grzeszick,* in: Dürig/Herzog/Scholz GG, Art. 20 VII. Rn. 39 ff.; *Wolff,* in: Stern/Sodan/Möstl, Staatsrecht Bd. 1, 2. Aufl. 2022, § 15 Rn. 26.
[2114] Vgl. auch *H. J. Wolff,* in: GS Jellinek, 1955, S. 33 (38).
[2115] Vgl. zu derartigen Konstellation *Kloepfer,* Der Staat 13 (1974), 457 (465 ff.) m.w.N.; *Schenke,* Die Verfassungsorgantreue, 1977, S. 70-96; ohne Bezug zur Loyalität *Mann,* in: Sachs GG, Art. 76 Rn. 25 f.; die h.M. plädiert i.R.d. Einbringung aus der Mitte des Bundestages für eine (grds.) formale Auslegung von Art. 76 Abs. 2, 3 GG, *Brosius-Gersdorf,* in: Dreier GG, Art. 76 Rn. 59 m.w.N.; *Masing/Risse,* in: v. Mangoldt/Klein/Starck GG, Art. 76 Rn. 106 f. m.w.N.; eine restriktive Anwendung des Grundsatzes der Gewaltenloyalität ist hier jedenfalls angezeigt.

die betreffenden regionalen Aspekte in dem Gesetz womöglich nicht hinreichend berücksichtigt.[2116]

Zudem ist die Verknüpfung aus Gründen der Widerspruchsfreiheit erforderlich. Leitet man einerseits Loyalitätsgebote über den Grundsatz von Treu und Glauben her, bestreitet jedoch andererseits die Einschlägigkeit des Rechtsstaatsprinzips,[2117] entsteht ein Widerspruch, sofern man nicht Treu und Glauben als vom Rechtsstaatsprinzip unabhängigen, allgemeinen Rechtsgrundsatz sieht.

Selbst dann verbleiben jedoch Widersprüche. Denn die Ablehnung der Herleitung über das Rechtsstaatsprinzip fußt auf der Annahme, die einschlägigen Fallgruppen, insbesondere der Grundsatz der Verhältnismäßigkeit, seien auf die Staatsorganisation nicht anwendbar.[2118] Verkannt wird damit allerdings, dass zahlreiche Elemente, welche sowohl dem Rechtsstaatsprinzip als auch Treu und Glauben zugeordnet werden können, genau in dem Bürger-Staat-Verhältnis wurzeln und erst nachträglich in den staatsorganisatorischen Rahmen Einzug gefunden haben. Genannt sei beispielsweise der Vertrauensschutz.[2119] Bei konsequenter Einhaltung dieser Linie wäre der Grundsatz von Treu und Glauben, der sich gleichermaßen auf eine subjektivierte rechtliche Stellung staatlicher Gliederungen bezieht, ebenfalls nicht auf organisationsrechtliche Verhältnisse übertragbar.[2120] Genau eine solche Übertragung besteht im Rahmen der Loyalitätsgebote indes, wie anhand der Kontrastorgantheorie dargelegt wurde.[2121]

Somit überzeugt es nicht, eine Anknüpfung an das Rechtsstaatsprinzip unter dem Gesichtspunkt der Grundrechtsbezogenheit abzulehnen. Vielmehr geht es bei der Übertragbarkeit nur um die Frage der subjektiven Rechtsstellung, welche auch im staatsorganisatorischen Verhältnis nicht kategorisch abzulehnen ist. Diese betrifft rechtsstaatliche Ableitungen und Treu und Glauben gleichermaßen.

[2116] Vgl. *Mann,* in: Sachs GG, Art. 76 Rn. 26.
[2117] So beispielsweise *Bauer,* Die Bundestreue, 1992, S. 240 ff., 245 ff. – dort wird das Verhältnis von Rechtsstaat und Treu und Glauben indes nicht geklärt.
[2118] S. oben C.I.1.c.
[2119] Vgl. z.B. BVerfG, Beschl. v. 16.12.1981 – 1 BvR 898/79 u.a. = BVerfGE 59, 128 (167); *Kellner,* NVwZ 2013, 482 (483); *Scheel,* Beck'sches Steuer- und Bilanzrechtslexikon, 65. Ed. 2023, Vertrauensschutz, Rn. 1.
[2120] Vgl. dahingehend *Kowalsky,* Die Rechtsgrundlagen der Bundestreue, 1970, S. 186 ff.; *Schenke,* Die Verfassungsorgantreue, 1977, S. 49; *Schüle,* VerwArch 38 (1933), 399 (420 ff.).
[2121] Vgl. oben C.II.1.e. und C.III.1.c.cc.(6).

c. Die rechtsstaatliche Funktion der Gewaltenloyalität

Insgesamt fügt sich der Loyalitätsgedanke in die ureigene Funktion des Rechtsstaates ein, die Freiheit seiner Bürger zu sichern, indem er ein geordnetes Verfahren auch innerhalb des Staates und damit die Einsichtigkeit staatlicher Entscheidungen und die Verlässlichkeit der Rechtsordnung sichert.[2122] Hierbei erschöpft sich Rechtsstaatlichkeit nicht im „Schutz des Individuellen und Subjektiven", sondern erfasst auch objektiv-rechtliche Gewährleistungen und ist somit „Status- und Funktionsordnung zugleich".[2123] Dies erreicht die Gewaltenloyalität durch die Beschränkung der Eigenmächtigkeit staatlicher Hoheitsträger – nicht nur unmittelbar gegenüber dem Bürger, sondern auch im staatlichen Innenverhältnis. Verfolgt ein Staatsteil im Rahmen der ihm formal zugewiesenen Autonomie missbräuchlich eigennützige Interessen, welche einem anderen Staatsteil schaden, gefährdet dies die gesamtstaatliche Stabilität. Dies erfordert einen und Konfliktbewältigungs- und Steuerungsmechanismus. Anders formuliert erfüllen die Loyalitätsgebote dort, wo die Gewaltenteilung i.w.S. autonome Staatsgliederungen schafft, eine parallele Funktion zur Weisung in hierarchischen Verhältnissen.[2124]

d. Zwischenergebnis

Folglich lässt sich festhalten, dass der Grundsatz der Gewaltenloyalität dem Rechtsstaatsprinzip zuzuordnen ist.[2125] Unmittelbar lässt er sich jedoch aus dem Rechtsstaatsprinzip nicht herleiten, weshalb auf die die Stützung auf die drei Säulen von Treu und Glauben, der Gewaltenteilung im weiteren Sinne und dem Integrationsgedanken nicht verzichtet werden kann.

II. Einordnung

Nachdem nun eine umfassende Herleitung einer übergreifenden, allgemeinen Loyalitätspflicht erfolgt ist, soll diese in das Raster der bestehenden Loyalitätsgeboten eingeordnet werden. Zunächst soll das Verhältnis zu den spezifischen Loyalitätsgrundsätze (1.) und sodann zu den allgemeinen Loyalitätsgrundsätzen (2.) herausgearbeitet werden.

[2122] Vgl. zu diesen Funktionen *Schmidt-Aßmann,* Das allgemeine Verwaltungsrecht als Ordnungsidee, 2004, S. 44.
[2123] *Schmidt-Aßmann,* Das allgemeine Verwaltungsrecht als Ordnungsidee, 2004, S. 44.
[2124] Dieser Zusammenhang deutet sich auch an bei *Schenke,* in: GS Brugger, 2013, S. 523 (528).
[2125] In diese Richtung auch begrenzt auf die Organtreue auf Kommunalebene ThürOVG, Beschl. v. 19.11.2015 – 3 EO 363/15 = ThürVBl. 2016, 252, juris Rn. 35; auf die Verwaltungsorgantreue *Lorenz,* DÖV 1990, 517 (519) – „Prinzip rechtsstaatlicher Verwaltungseinheit".

1. Spezifische Loyalitätsgebote

Das Gebot gegenseitiger Loyalität sämtlicher staatlicher Untergliederungen umfasst, wie zuvor dargestellt wurde, sämtliche Aspekte der speziellen Loyalitätsgebote, geht jedoch darüber hinaus, indem auch Bereiche erfasst werden, welche die klassischen Grundsätze nicht umfassen. Mithin können diese als Subprinzipien bezeichnet werden.[2126]

Man könnte daraus schließen, dass die Subprinzipien aufgrund des übergreifenden Loyalitätsgrundsatzes ihre Bedeutung verlieren. Dies ist insofern zutreffend, als diese rein rechtlich betrachtet gegenüber dem allgemeinen Grundsatz keine eigenständige Funktion erfüllen. Aus praktischer Sicht sollten die jeweiligen Subprinzipien jedoch nicht aufgegeben werden. Sie tragen durch die bestehenden Konkretisierungen der Kompetenzordnung zur Handhabbarkeit bei. Je nach Anwendungsbereich zeichnen sich Differenzierungen ab, welchen zwar durch die genaue Erfassung des jeweiligen Sachverhalts im Einzelfall und die entsprechende Gewichtung der rechtlich maßgeblichen Aspekte Rechnung getragen werden kann. Dennoch wird die Handhabe dadurch erleichtert, dass die jeweiligen Subprinzipien Merkmale aufweisen, welche ihnen eigen sind. Man erspart sich demnach durch die Bezeichnung des Subprinzips einen Teil des Begründungsaufwandes.

Handelt es sich beispielsweise um einen Fall der Bundestreue, bedeutet dies, dass die Gewaltenteilungskomponente durch die föderalen Besonderheiten geprägt ist, insbesondere die Rücksichtnahme auf die Eigenstaatlichkeit der Länder.[2127] Zugleich ist die Integrationskomponente typischerweise weniger stark ausgeprägt als bei der Verfassungsorgantreue, da diese im körperschaftsinternen Bereich wirkt, welcher eine erhöhte Geschlossenheit erfordert.[2128]

Diese Linien wurden durch Jahrzehnte an Literatur und Rechtsprechung verfestigt und konkretisiert und im Einzelnen durch die vorangegangene Untersuchung dargestellt. Sie vermögen somit als Schablone für den Einzelfall zu dienen und sorgen für Rechtssicherheit und Konsistenz in der Rechtsanwendung.[2129]

[2126] *Reimer*, Verfassungsprinzipien, 2001, S. 187 f.
[2127] *Herdegen*, in: Dürig/Herzog/Scholz GG, Art. 79 Rn. 92; *Muckel*, NVwZ 2015, 1426 (1429); *Schwarz/Sairinger*, NVwZ 2021, 265.
[2128] *Lorz*, Interorganrespekt, 2001, S. 38; *Schenke*, Die Verfassungsorgantreue, 1977, S. 30 f.; vgl. auch oben C.I.3.a.bb.(3), C.II.1.b.
[2129] Vgl. *Starski*, in: Kahl/Ludwigs, Hdb. Verwaltungsrecht, Bd. 3, 2022, § 79 Rn. 8.

2. Übergreifende Loyalitätsgebote

Die bisher durch die Literatur erarbeiteten übergreifenden Loyalitätsgebote indes verfolgen eine ähnliche Zielrichtung wie die vorliegende Untersuchung: Sie wollen Lücken im Rahmen der bestehenden Loyalitätsgebote schließen.

a. Gewaltenloyalität und kooperativer Verfassungssinn

Die Gewaltenloyalität sowie der kooperative Verfassungssinn stellen dabei die überkommenen Loyalitätsgebote lediglich unter ein gemeinsames Dach und erweitern sie um zusätzliche Anwendungsbereiche in die Breite.[2130] Abgesehen von der gewählten Herleitung bestehen nur geringfügige sachliche Diskrepanzen zwischen den genannten übergreifenden Prinzipien und dem hier erarbeiteten allgemeinen Loyalitätsprinzip. Diese erklären sich allerdings mehr durch eine unterschiedliche konzeptionelle Herangehensweise als dadurch, dass es sich um unterschiedliche Grundsätze handele. Mithin wird der vorliegende Ansatz als mit der Gewaltenloyalität und dem kooperativen Verfassungssinn identisch erachtet.

b. Interorganrespekt

Der Interorganrespekt erweitert die bestehenden Grundsätze hingegen nicht nur in die Breite, sondern auch in die Tiefe, indem er den Grundsatz der Organadäquanz mit umfasst.[2131] Zudem stellt er eine inhaltliche Verknüpfung zwischen dem deutschen, dem europäischen und dem US-amerikanischen Recht her. Darüber hinaus geht *Lorz* davon aus, dass der Grundsatz des Interorganrespekts auch für andere Verfassungen mit mehreren prinzipiell gleichberechtigten Spitzenorganen grundsätzlich fruchtbar gemacht werden kann und macht dies an dem allgemeinen Charakter des Prinzips fest, welcher sich anhand der Untersuchungen zu den in den Blick genommenen Verfassungssysteme gezeigt habe.[2132]

Es wäre sogar denkbar, dass der Gedanke in ggf. abgewandelter Form über moderne, rechtsstaatlich-demokratische Verfassungen hinaus auf weitere oder gar sämtliche Rechtssysteme erstreckt werden kann. Die Gemeinsamkeit eines jeden Staates, seine Funktionsfähigkeit sichern zu müssen und die daraus folgende Notwendigkeit eines Ausgleichs zwischen Machtzentren liegt auf der Hand.[2133] Andererseits ist eine derartige Verallgemeinerung höchst problema-

---

[2130] S. oben E.II.2.
[2131] S. oben E.I.2.a.bb.
[2132] *Lorz*, Interorganrespekt, 2001, S. 535, 556.
[2133] Vgl. exemplarisch nur *Dittmann*, in: Isensee/Kirchhof, HdbStR VI, 3. Aufl. 2008, § 127 Rn. 2; *Klein*, in: Isensee/Kirchhof, HdbStR XII, 3. Aufl. 2014, § 279 Rn. 18; *Schenke*, Die Verfassungsorgantreue, 1977, S. 26 ff.

tisch, da jede Rechtsordnung ihre Rechtssätze auf eine eigenständige Rechtsgrundlage stützen muss. Deshalb soll zwar nicht geleugnet werden, dass es naheliegt, dass „negativ solche Verhaltensweisen, die sich mit den Grundsätzen einer organadäquaten Funktionenzuordnung und eines loyalen Zusammenwirkens der Verfassungsorgane nicht vertragen",[2134] in jeglicher Rechtsordnung untersagt sein müssten. Dennoch ist Vorsicht geboten, wenn man unterschiedliche Rechtsordnungen vergleicht und aus zwar historisch-genetisch und teleologisch nicht von der Hand zu weisenden, aber dennoch rechtlich nicht zwingenden Parallelen von „dem" Grundsatz des Interorganrespekts spricht.

Übrig bleibt damit die Frage, ob die Zusammenführung der Loyalität, der Organadäquanz und der Kompetenzeffektivität unter einem Dach zu überzeugen vermag.[2135] Wie bereits aufgezeigt wurde, besteht zwar ein enger Zusammenhang zwischen Organadäquanz und Organtreue, die beiden Prinzipien gehen nach den vorangegangenen Erkenntnissen jedoch nicht vollständig auf dieselbe Wurzel zurück.[2136] Auch stehen sie insofern nicht auf derselben Ebene, als die Organadäquanz bereits das Kompetenzsystem ausgestaltet, während die Gewaltenloyalität erst in diesem Kompetenzrahmen und somit nachgelagert zur Geltung gelangt.[2137]

Auch das Prinzip der Kompetenzeffektivität bzw. effizienten Kompetenzausübung weist zwar insofern einerseits Parallelen zur Gewaltenloyalität auf, als sich beide Prinzipien als Forderungen des Rechtsstaatsprinzips erweisen,[2138] auf einer der Organadäquanz nachgelagerten Ebene liegen, indem sie die Art und Weise der Kompetenzausübung gestalten,[2139] und auf die Funktionsfähigkeit des Staates abzielen[2140]. Weiter mag ein Bezug auch der Kompetenzeffektivität zur Integrationslehre hergestellt werden.[2141] Andererseits weisen die beiden Prinzipien aber bisweilen in unterschiedliche Richtungen. Während die Kompetenzeffektivität allein die effektive Kompetenzausübung einer einzelnen staatlichen Gliederung betrachtet, bezieht sich die Gewaltenloyalität auf die Schnittbereiche mehrerer autonomer Gliederungen. Der Bezug zur Gewaltenteilung im weiteren Sinne ist der Kompetenzeffektivität somit fremd. Auch eine

---

[2134] *Lorz*, Interorganrespekt, 2001, S. 535.
[2135] Vgl. zu der dahingehenden Konzeption des Interorganrespekts oben E.I.2.a.
[2136] S. oben E.I.1.; insbesondere lässt sich die Organadäquanz kaum auf Treu und Glauben zurückführen, vgl. selbst *Lorz*, Interorganrespekt, 2001, S. 547.
[2137] S. oben E.I.2.a.bb.
[2138] S. hinsichtlich der Gewaltenloyalität oben F.I.4.; hinsichtlich der Kompetenzeffektivität *Isensee*, JZ 1971, 73 (75).
[2139] S. oben E.I.2.a.bb. und cc.
[2140] Hinsichtlich der Gewaltenloyalität s. oben F.I.1.b. und c.; hinsichtlich der Kompetenzeffektivität *Isensee*, JZ 1971, 73 (74).
[2141] So *Schenke*, Die Verfassungsorgantreue, 1977, S. 52.

Verbindung zu Treu und Glauben ist nicht ersichtlich. Vielmehr kann die durch die Gewaltenloyalität vielfach geforderte Beteiligung einer anderen Gliederung[2142] die Effektivität und mehr noch – allein aufgrund von Verzögerungen – die Effizienz staatlichen Handelns hemmen. Damit besteht nicht selten ein Spannungsverhältnis zwischen den beiden Prinzipien.[2143]

Somit vermag die Zusammenfassung der drei Prinzipien unter einem Dach nicht zu überzeugen, will man in der Loyalität nicht den Inbegriff der Abgrenzung von Kompetenzen und Abwägung von Zielen und Geboten im kompetenziellen Rahmen erkennen. Dies ließe sich aber zum einen nicht durch die hiesige Herleitung stützen, zum anderen ist darin kein Nutzen zu erkennen. Stattdessen birgt ein derartiges Modell die Gefahr, die Abwägung der Bestandteile zu übergehen und so ohne Not die ohnehin schwierige Konkretisierung des Prinzips zu verschärfen. Nicht alle Komponenten des Interorganrespekts finden folglich Eingang in die vorliegende Konzeption.

c. Schlussfolgerungen

Aufgrund der zuvor festgestellten Identität des hier vorliegenden allgemeinen Loyalitätsprinzips und der Gewaltenloyalität nach *Desens* soll im Folgenden auch der Begriff der Gewaltenloyalität übernommen werden. Dies dient nicht nur der terminologischen Einheitlichkeit, sondern ist auch der Sache nach vorzugswürdig. Denn der Begriff der Gewaltenloyalität umfasst alles, was inhaltlich umfasst sein soll, darüber hinaus jedoch nichts, was nicht einbegriffen sein soll. Im Vergleich zu dem Begriff des Interorganrespekts wird beispielsweise nicht suggeriert, es handele sich erstens um ein Prinzip, welches sich nur auf Staatsorgane erstreckt. Zweitens wird nicht suggeriert, dass nur der interorganschaftliche Bereich umfasst sei. Drittens sollen die Gedanken der Organadäquanz und Kompetenzeffektivität nicht erfasst sein.[2144] Diese wurden durch die Grundlegung durch *Lorz* jedoch gedanklich untrennbar mit dem Begriff des Interorganrespekts verschmolzen. Mithin bietet sich die Übernahme des Begriffes des Interorganrespekts nicht an.

Auch der Begriff des kooperativen Verfassungssinns erscheint, obwohl dieser keine wesentlichen materiellen Unterschiede zur Gewaltenloyalität aufweist, nicht als vorzugswürdig. Zum einen wirkt die Bezeichnung als „Verfassungs-

---

[2142] Man denke nur an Rechte auf Anhörung und Stellungnahme der Länder im Rahmen der Bundestreue, s. z.B. BVerfG, Urt. v. 22.05.1990 – 2 BvG 1/88 = BVerfGE 81, 310 (337); *Grzeszick*, in: Dürig/Herzog/Scholz GG, Art. 20 IV. Rn. 139; *Heintschel von Heinegg/Frau*, in: BeckOK GG, Art. 32 Rn. 15.
[2143] Vgl. auch *Schenke*, Die Verfassungsorgantreue, 1977, S. 51 f.
[2144] S. soeben F.II.2.b.

sinn", wenn auch in der Sache treffend, eher nebulös. Zum anderen kann der Kooperationsterminus möglicherweise zu Verwirrung führen. Dieser leitet sich von dem lateinischen Wort cooperatio ab, welches als „Mitwirkung" übersetzt werden kann. Nach allgemeinem Sprachverständnis dürfte man wohl das Bild eines aktiven Handlungsbeitrages vor Augen haben. Mithin ist begrifflich lediglich der Teil des rechtlichen Gehalts erfasst, welcher positive Handlungspflichten bezeichnet, während die reine Rechtsausübungsschranke, d.h. die Pflicht zum Untätigbleiben, sowie die Funktion als Auslegungstopos, sofern dies nicht in eine positive Handlungspflicht mündet, außenvor bliebe. Tatsächlich wird bei *Kloepfer* jedoch mehrfach deutlich, dass all diese Komponenten umfasst sind.[2145]

Die Bezeichnung als Gewaltenloyalität erscheint indes treffender: Der Begriff der Gewalt kann zwar in dem engen Sinne der Gewaltenteilung als Funktionszuweisung an die Organe, mit der Konsequenz der Entstehung der ersten, zweiten und dritten Gewalt verstanden werden.[2146] Dieses Verständnis ist jedoch nicht das einzig zwingende. Nimmt man Bezug auf einen weiten Gewaltenteilungsbegriff,[2147] kann der Begriff der Gewalt als jegliche Staatsgliederung, welche eigenverantwortlich Staatsgewalt ausübt, verstanden werden.[2148]

III. Voraussetzungen
1. Objektive Voraussetzungen
a. Personeller Anwendungsbereich

Der Grundsatz umfasst in personeller Hinsicht zunächst die klassischen Hoheitsträger, welche seit jeher durch spezielle Loyalitätspflichten erfasst werden, z.B. Bund und Länder, Verfassungsorgane oder Kommunen. Darüber hinaus besteht allerdings weniger Klarheit, ob und wo der Gewaltenloyalität personelle Grenzen gesetzt sind. In Literatur und Rechtsprechung wird teils vertreten, dass jedes Organ, jede Einrichtung und jeder Amtswalter gebunden sei.[2149] Dies erscheint mit Blick auf die Herleitung aus dem Gewaltenteilungsgrundsatz frag-

---

[2145] Vgl. *Kloepfer,* Vorwirkung von Gesetzen, 1974, S. 54; *Kloepfer,* Der Staat 13 (1974), 457 (468).
[2146] So *Wolff,* in: Stern/Sodan/Möstl, Staatsrecht Bd. 1, 2. Aufl. 2022, § 15 Rn. 80.
[2147] Vgl. nur *Kirchhof,* in: Isensee/Kirchhof, HdbStR V, 3. Aufl. 2007, § 99 Rn. 46; *Stern,* StaatsR Bd. 1, 2. Aufl. 1984, S. 93 f.
[2148] In eine ähnliche Richtung *Czybulka,* Die Legitimation der öffentlichen Verwaltung, 1989, S. 108, 114 f.; *Peters,* Geschichtliche Entwicklung, 1969, S. 193; vgl. auch *Schmidt,* AöR 87 (1962), 253 (259); kritisch zu den überkommenen Begriffen der Gewalt und Gewaltenteilung *Groß,* Der Staat 55 (2016), 489 (499 f.).
[2149] Unter Bezeichnung als Organtreue *Koepsell,* Exekutiver Ungehorsam, 2023, S. 36; *Lindner,* in BeckOK HochschulR Bayern, Art. 19 BayHSchG Rn. 49.

lich. Die Beschränkung auf lediglich ein enges Gewaltenteilungsverständnis wurde zwar überwunden,[2150] eine von vornherein personell grenzenlose Geltung bedeutet dies gleichwohl nicht. Mithin gilt es zuerst, die zuvor erörterten Grundlinien der Gewaltenteilung im weiteren Sinne zu konkretisieren. Sodann sind weitere personelle Grenzen der staatlichen Loyalitätspflichten auszuloten.

aa. Die personale Eingrenzung durch die Gewaltenteilung

Wann kann demnach von Gewaltenteilung gesprochen werden? *Leisner* schlägt die folgende Definition vor: „Gewaltenteilung herrscht dort, wo keine übergeordnete Instanz einheitliche Willensbildung durchsetzen kann."[2151]

Diese Definition bedarf jedoch einer geringfügigen Präzisierung: Sie suggeriert, dass eine staatliche Gliederung in der einen Situation der Gewaltenteilung unterfällt, in einer anderen jedoch nicht. Mit Blick auf die zuvor dargelegten Konstellationen der Bundesauftragsverwaltung[2152] und des übertragenen Wirkungskreises der Gemeinden[2153] überzeugt dies nicht. Dort entfaltet die Gewaltenteilung gerade durch die Loyalitätspflichten mittelbare Wirkung, auch wenn insofern eine Ausnahmesituation gegeben ist, als die Durchsetzung einer einheitlichen Willensbildung durch die Weisungsbefugnis gewährleistet ist. Vielmehr herrscht Gewaltenteilung demnach dort, wo *grundsätzlich* keine übergeordnete Instanz einheitliche Willensbildung durchsetzen kann.

Dieses Verständnis wird durch die Begründung von Loyalitätspflichten nach der Integrationslehre gestützt: *Smend* beschränkt diese zunächst auf das Verhältnis nis der obersten Staatsorgane untereinander[2154] sowie die bundesstaatlichen Rechtsverhältnisse[2155]. Die entsprechende Begründung führt aus dem Blickwinkel des Grundgesetzes jedoch zur Anwendbarkeit von Loyalität dort, wo Gewaltenteilung im weiteren Sinne herrscht. *Smend* schließt diese nämlich aus, wenn im Wesentlichen nur technische Staatstätigkeit ausgeübt wird, d.h. bei den Behörden eines Geschäftszweiges, die „ihre Zuständigkeit zu wahren und nicht zu überschreiten haben".[2156] Die Integrationsaufgabe sei bei diesen nachran-

---

[2150] Vgl. insb. oben C.III.1.c.cc., F.I.1.b. und F.I.2.
[2151] *Leisner*, in: FG Maunz, 1971, S. 267 (270).
[2152] Vgl. oben C.I.3.a.bb.(3).
[2153] Vgl. oben C.III.2.a.dd.(2).
[2154] *Smend*, Verfassung und Verfassungsrecht (1928), in: ders., Staatsrechtliche Abhandlungen, 3. Aufl. 1994, S. 119 (246 f.).
[2155] *Smend*, Ungeschriebenes Verfassungsrecht (1916), in: ders., Staatsrechtliche Abhandlungen, 3. Aufl. 1994, S. 39 (55 f.).
[2156] *Smend*, Verfassung und Verfassungsrecht (1928), in: ders., Staatsrechtliche Abhandlungen, 3. Aufl. 1994, S. 119 (246).

gig.[2157] Aus grundgesetzlicher Sicht wird damit die nach wie vor dominante hierarchische Ordnung beschrieben, nicht jedoch die zahlreichen Staatsgliederungen, welchen zur Sicherung der Freiheit autonome Kompetenzen zugestanden werden, d.h. solche Gliederungen, die der Gewaltenteilung im weiteren Sinne entsprechen.

Ob eine solche einschlägig ist, kann mit Hilfe der Kontrastorgantheorie bestimmt werden.[2158] Der Organbegriff[2159] ist in diesem Zusammenhang nicht mehr entscheidend, da schließlich auch Bund und Länder die betreffenden Akteure sein können.[2160] Insofern ist die Definition entsprechend anzupassen. Kontrastsubjekte sind staatliche Gliederungen, die sich als Gegenüber einer anderen Gliederung im politischen Kräftespiel begreifen lassen.[2161] Dabei kommt es darauf an, ob dem jeweiligen Funktionssubjekt ein eigener Entscheidungsanteil zugedacht ist, welchen dieses auch gegenüber anderen Subjekten durchsetzen können soll.[2162]

bb. Die personale Eingrenzung durch den Staatsbezug

Weiter ist zu berücksichtigen, dass für staatliche Loyalitätspflichten grundsätzlich diejenigen Akteure ausscheiden müssen, welche nicht dem staatlichen Bereich zugehören, da die Pflichten, welche staatliche Organe treffen, grundsätzlich nicht unmittelbar auf den Bürger erstreckt werden können.[2163] Während der Staat nämlich in Ausübung von Kompetenzen tätig wird, handelt der Bürger in Ausübung menschlicher Freiheit.[2164] Andernfalls würde zum einen die Funktion der Grundrechte als Abwehrrechte verkannt werden.[2165] Zum anderen ist staatliches Handeln an einen öffentlichen Zweck gebunden, welcher staatliches Handeln grundsätzlich anderen Anforderungen als privates Handeln unterwirft, da-

---

[2157] *Smend*, Verfassung und Verfassungsrecht (1928), in: ders., Staatsrechtliche Abhandlungen, 3. Aufl. 1994, S. 119 (146 f.).
[2158] Vgl. insb. oben C.III.1.c.cc.(6).
[2159] S. hierzu oben C.II.2.a.aa.(1).α.
[2160] Unpräzise Terminologie dahingehend *Jarass*, in: Jarass/Pieroth GG, Art. 20 Rn. 24, in Anschluss an BVerfG, Urt. v. 09.07.2007 – 2 BvF 1/04 = BVerfGE 119, 96 (125).
[2161] Vgl. *Kisker*, Insichprozeß und Einheit der Verwaltung, 1968, S. 38.
[2162] *Erichsen/Biermann*, Jura 1997, 157 (159); *Lange*, Kommunalrecht, 2. Aufl. 2019, Kap. 10 Rn. 23; vgl. auch *Schlink*, Die Amtshilfe, 1982, S. 26.
[2163] S. oben C.II.2.a.aa.(1).ε.; vgl. allgemein zur Erforderlichkeit der Trennung zwischen Staat und Gesellschaft *Burmeister*, Grundrechtsschutz für Staatsfunktionen, 1971, S. 79 ff.; *Ehlers/Schneider*, in: Schoch/Schneider VwGO, § 40 Rn. 18 ff.; *Hesse*, DÖV 1975, 437 (437 ff.).
[2164] BVerfG, Beschl. v. 08.07.1982 – 2 BvR 1187/80 = BVerfGE 61, 82 (101); *Burmeister*, Grundrechtsschutz für Staatsfunktionen, 1971, S. 76 ff., 79; *Ehlers/Schoch*, in: Schoch/Schneider VwGO, § 40 Rn. 19.
[2165] Vgl. *Burmeister*, Grundrechtsschutz für Staatsfunktionen, 1971, S. 76; *Dreier*, in: FS Schneider, 2008, S. 70 (78 f., 85 ff.); *Isensee*, in: Isensee/Kirchhof, HdbStR XII, 3. Aufl. 2014, § 268 Rn. 62.

runter auch dem hier einschlägigen Rechtsstaatsprinzip.[2166] Diese organisatorische Trennung von Gesellschaft und Staat findet durch die prinzipielle Konzeption repräsentativer Demokratie[2167] sowie die Festsetzung der grundsätzlichen Ausübung der Staatsgewalt durch „besondere Organe der Gesetzgebung, der vollziehenden Gewalt und der Rechtsprechung" gem. Art. 20 Abs. 2 GG[2168] und deren Bindungen nach Art. 1 Abs. 3 GG[2169] ihren Ausdruck.

Zwar separiert die Integrationslehre Staat und Gesellschaft insofern nicht, als sie das Wesen des Staates in der Einheitsbildung durch die Dialektik zwischen dem Einzelnen und dem Ganzen erblickt.[2170] Gleichwohl steht dies einer Differenzierung nicht entgegen. Denn den staatlichen Akteuren kommen nach dieser in Abgrenzung zu den Bürgern spezifische integrierende Aufgaben zu.[2171] Dieser Gedanke wurde von der Smend-Schule unter dem Grundgesetz mit einer Differenzierung der Begriffe des Staats im Sinne der Integration der Staatsangehörigen zu einem politischen Gemeinwesen einerseits und seine integrierenden Bestandteile „civil society" und „government"[2172] als Träger hoheitlicher Gewalt – um die überkommene Terminologie aufzugreifen – andererseits ausgebaut.[2173] Im juristischen Sprachgebrauch hat sich die Terminologie indes nicht durchgesetzt, womit der Staatsbegriff eine Doppelbedeutung zukommt. Für die Loyalitätspflichten ist aus den genannten Gründen[2174] nur die integrierende

---

[2166] Vgl. *Ehlers/Schoch*, in: Schoch/Schneider VwGO, § 40 Rn. 19.
[2167] Vgl. *Grzeszick*, in: Dürig/Herzog/Scholz GG, Art. 20 II. Rn. 68.
[2168] Vgl. *Grzeszick*, in: Dürig/Herzog/Scholz GG, Art. 20 II. Rn. 12.
[2169] Vgl. *Ehmke*, in: FG Smend, 1962, S. 23 (47 f.).
[2170] S. nur *Smend*, Verfassung und Verfassungsrecht (1928), in: ders., Staatsrechtliche Abhandlungen, 3. Aufl. 1994, S. 119 (138); *Smend*, Integrationslehre (1956), in: ders., Staatsrechtliche Abhandlungen, 3. Aufl. 1994, S. 475 (475); in dieser Tradition auch *Ehmke*, in: FG Smend, 1962, S. 23 (24 f., 41 f., 44 f.); *Hesse*, DÖV 1975, 437 (438 f., 440 ff.); *Hesse*, Grundzüge des Verfassungsrechts, 20. Aufl. 1999, § 1 Rn. 11, § 5 Rn. 165; *Scheuner*, in: FS Smend, 1952, S. 253 (270 f.); *Scheuner*, DÖV 1974, 433 (435).
[2171] *Smend*, Verfassung und Verfassungsrecht (1928), in: ders., Staatsrechtliche Abhandlungen, 3. Aufl. 1994, S. 119 (145 ff.), spezifisch bezogen auf die Loyalität ebd. (246 f.); s.a. *Ehmke*, in: FG Smend, 1962, S. 23 (45).
[2172] Die deutsche Übersetzung „Regierung" weckt die Assoziation mit der Bundesregierung und ist insofern nicht ganz glücklich. Gemeint ist indes ausdrücklich das englische und amerikanische Verständnis des „government", welches keine deutsche Entsprechung finde, s. *Ehmke*, in: FG Smend, 1962, S. 23 (25, 45); vgl. auch *Kloepfer*, Hdb. Verfassungsorgane, 2022, § 7 Rn. 6.
[2173] *Ehmke*, in: FG Smend, 1962, S. 23 (26, 44 ff.); *Hesse*, Grundzüge des Verfassungsrechts, 20. Aufl. 1999, Rn. 11; *Smend*, Staat (1959), in: ders., Staatsrechtliche Abhandlungen, 3. Aufl. 1994, S. 517 (524 f.); vgl. auch *Hesse*, VVDStRL 17 (1959), 11 (18 f.); kritisch demgegenüber *Böckenförde*, Die verfassungstheoretische Unterscheidung von Staat und Gesellschaft, 1973, S. 22 f.
[2174] Vgl. bereits oben C.II.2.a.aa.(1).ε.

Funktion der „government"-Seite relevant. Dort setzen sie im Bereich zwischen den jeweils autonom organisierten Wirkeinheiten[2175] an.

Die Zuordnung einer Institution ist bisweilen komplex, da der „Staat" im Sinne des government und die Gesellschaft nicht immer ohne Weiteres voneinander abgrenzbar sind.[2176] Deutlich wird dies beispielsweise bei politischen Parteien. Diese dienen als Zwischenglieder zwischen Staat und Gesellschaft der politischen Meinungsbildung.[2177] Sie sind einerseits nach ständiger Rechtsprechung des Bundesverfassungsgerichts aufgrund ihrer durch Art. 21 GG begründeten verfassungsrechtlichen Stellung im Organstreitverfahren gem. Art. 93 Abs. 1 Nr. 1 GG parteifähig.[2178] In der Vergangenheit wurden sie durch das Bundesverfassungsgericht sogar als Verfassungsorgane qualifiziert.[2179] Hiervon ist dieses jedoch mittlerweile – nunmehr unter Verwendung des neutraleren Begriffes der „verfassungsrechtlichen Institution" – abgerückt.[2180]

Vielfach kursieren in dieser Debatte auch die Begriffe des Parteienstaates[2181] oder gar der Gewaltenteilung[2182]. Andererseits sind Parteien gerade nicht Träger von Staatsgewalt,[2183] sodass sie nicht in den Staatsorganismus eingegliedert werden dürfen, sondern nur in diesen hineinwirken.[2184] Ein Grund für die

---

[2175] Vgl. hierzu v.a. *Heller,* Staatslehre, 4. Aufl. 1970, S. 231 ff., s.a. *Böckenförde,* Die verfassungstheoretische Unterscheidung von Staat und Gesellschaft, 1973, S. 22 ff., der die Differenzierung allerdings als Gegenmodell zu der Differenzierung *Ehmkes* ins Feld führt. In der Terminologie *Ehmke* entsprechen die organisierten Wirkungseinheiten den „Institutionen der Meinungs- und Willensbildung" und den „Führungs-, Koordinierungs- und Lenkungsinstitutionen", *Ehmke,* in: FG Smend, 1962, S. 23 (45).
[2176] *Schuppert,* Die Erfüllung öffentlicher Aufgaben, 1981, S. 78.
[2177] BVerfG, Urt. v. 19.07.1966 – 2 BvF 1/65 = BVerfGE 20, 56 (100 f.); *Hesse,* VVDStRL 17 (1959), 11 (19); vgl. auch *Scheuner,* DÖV 1974, 433 (435).
[2178] BVerfG, Urt. v. 05.04.1952 – 2 BvH 1/52 = BVerfGE 1, 208 (223 ff.); BVerfG, Beschl. v. 20.07.1954 – 1 PBvU 1/54 = BVerfGE 4, 27 (f.; BVerfG, Urt. v. 29.09.1990 – 2 BvE 1/90 u.a. = BVerfGE 82, 322 (335); BVerfG, Urt. v. 27.02.2018 – 2 BvE 1/16 = BVerfGE 148, 11 (19); BVerfG, Urt. v. 09.06.2020 – 2 BvE 1/19 = BVerfGE 154, 320 (330 f.) m.w.N.; so unter vielen auch *Lorenz,* in: FG 25 Jahre BVerfG I, 1976, S. 225 (248 ff.); a.A. *Henke,* Das Recht der politischen Parteien, 2. Aufl. 1972, S. 281 ff.; *Meyer,* Diskussionsbeitrag VVDStRL 44 (1986), 130 (131); *Schlaich/Korioth,* Das Bundesverfassungsgericht, 12. Aufl. 2021, Rn. 92; kritisch auch *Walter,* in: Dürig/Herzog/Scholz GG, Art. 93 Rn. 218.
[2179] BVerfG, Beschl. v. 20.07.1954 – 1 PBvU 1/54 = BVerfGE 4, 27 (29 ff.).
[2180] BVerfG, Beschl. v. 12.07.1960 – 2 BvR 373/60 u.a. = BVerfGE 11, 266 (273); ausdrücklich den Status als oberstes Staatsorgan ablehnend BVerfG, Urt. v. 19.07.1966 – 2 BvF 1/65 = BVerfGE 20, 56 (100 f.); vgl. auch *Heintzen,* in: Stern/Sodan/Möstl, Staatsrecht Bd. 2, 2. Aufl. 2022, § 32 Rn. 26.
[2181] Vgl. z.B. *Henke,* Das Recht der politischen Parteien, 2. Aufl. 1972, S. 112, 117, 119; *Henke,* NVwZ 1985, 616 ff.; *Klein,* in: Dürig/Herzog/Scholz GG, Art. 21 Rn. 179 ff. jew. m.w.N.
[2182] *Becker,* Gewaltenteilung im Gruppenstaat, 1986, S. 116 f.
[2183] *Benda/Klein,* Verfassungsprozessrecht, 4. Aufl. 2020, § 28 Rn. 1049.
[2184] BVerfG, Urt. v. 12.03.2008 – 2 BvF 4/03 = BVerfGE 121, 30 (53 f.); *Heintzen,* in: Stern/Sodan/Möstl, Staatsrecht Bd. 2, 2. Aufl. 2022, § 32 Rn. 26; *Henke,* Das Recht der politischen Parteien, 2. Aufl. 1972, S. 116 ff.

besondere, staatsnahe Stellung wird in ihrer Rolle als Integrationsfaktoren für das Staatsganze gesehen.[2185] Mit der vorangegangenen Differenzierung vermag dies jedoch nicht zu überzeugen. Als funktionelle Integrationsinstrumente des gesellschaftlichen Bereichs sind sie der „civil society", nicht dem „government" zuzuordnen.[2186] Mithin verbietet sich auch die Anwendung der Gewaltenloyalität. Auch im Ergebnis ist dies überzeugend, da eine Bindung an die Gewaltenloyalität die Parteien in ihrer Aufgabe des politischen Meinungskampfes zu sehr beschränken würde und inhaltlich nicht kompatibel ist.[2187]

Nur zur Klarstellung sei betont, dass die Parlamentsfraktionen auf einem ganz anderen Blatt stehen,[2188] ohne zu unterschlagen, dass selbstverständlich der Einfluss der Parteien auf die Fraktionen immens ist. Fallen der Status als Parteifunktionär und als Teil einer staatlichen Gliederung in derselben Person zusammen, ist für die Anwendbarkeit der Gewaltenloyalität die Betroffenheit in der Stellung als Amtsinhaber erforderlich. In Anlehnung an die Rechtsprechung des Bundesverfassungsgerichts zu Wahlkampfäußerungen von Amtsinhabern,[2189] ist unter Berücksichtigung der Umstände des Einzelfalles danach zu differenzieren, ob ein Amtsbezug besteht, die treuwidrige Handlung also insbesondere unter Inanspruchnahme amtlicher Autorität oder Ressourcen erfolgt.

Abschließend sei dennoch erwähnt, dass der Bereich außerhalb des Staates nicht frei von Treuepflichten ist, da der Grundsatz von Treu und Glauben sich auf sämtliche Teile der Rechtsordnung erstreckt.[2190] Er ist allerdings durch ein unterschiedliches rechtliches Umfeld geprägt und somit insgesamt wesensverschieden. Dies übersteigt jedoch den Rahmen der vorliegenden Untersuchung.

cc. Konkretisierungen

Die zuvor erarbeiteten Erkenntnisse sind nunmehr auf Grenzfälle der Loyalitätspflichten anzuwenden. Die größten Probleme werfen Konstellationen auf, die

---

[2185] *Benda/Klein*, Verfassungsprozessrecht, 4. Aufl. 2020, § 28 Rn. 1049; *Leibholz*, VVDStRL 24 (1966), 5 (16).
[2186] Vgl. auch BVerfG, Urt. v. 19.07.1966 – 2 BvF 1/65 = BVerfGE 20, 56 (101); *Henke*, Das Recht der politischen Parteien, 2. Aufl. 1972, S. 116 ff.
[2187] Ähnlich *Schenke*, Die Verfassungsorgantreue, 1977, S. 40 Fn. 59a, S. 97 Fn. 99.
[2188] S. hierzu bereits oben C.II.2.a.aa.(2).; dies vernachlässigt allerdings *Becker*, Gewaltenteilung im Gruppenstaat, 1986, S. 116 f.
[2189] BVerfG, Urt. v. 16.12.2014 – 2 BvE 2/14 = BVerfGE 138, 102 (109, 118 f.).
[2190] S. oben C.I.1.e.

der sog. Verwaltungsorgantreue[2191] zugehören.[2192] Diese diente bisher als Verschleierung für das Fehlen einer fundierten Treuepflicht in einer Vielzahl an Konstellationen innerhalb der Exekutive, ohne dass hierfür Anwendungsgrund und -rahmen überzeugend begründet worden wären.[2193] Die Verwaltung ist im Grundsatz geprägt von hierarchischen Beziehungen, welche sich durch ein System von Weisungsbefugnissen von der Regierung bis zu den untersten Verwaltungsbehörden ziehen.[2194] Überträgt man die Voraussetzung eines Koordinationsverhältnisses, welches *Schenke* für die Verfassungsorgantreue als unentbehrlich erachtet,[2195] auf die Beziehungen innerhalb der Exekutive, so scheiden Loyalitätspflichten im Regelfall aus. Dennoch ist der Grundsatz der Verwaltungsorgantreue mittlerweile derart verbreitet, dass sogar das Bundesverwaltungsgericht der Sache nach darauf rekurriert.[2196] Nach dieser sei *„jedes* Organ, *jede* Einrichtung und *jeder* Amtswalter [verpflichtet,] sich so zu verhalten, dass nicht nur die eigenen Aufgaben und Funktionen erfüllt werden, sondern dass auch die Erfüllung der Aufgaben der anderen Gremien und Einrichtungen nicht behindert, sondern gefördert wird".[2197]

Geht man von dem Erfordernis einer wie vorliegend definierten gewaltenteiligen Struktur und der daraus folgenden Voraussetzung eines Koordinationsverhältnisses sowie den Grenzen der staatlichen Organisation aus, kann nicht jede Verwaltungseinheit unmittelbar dem Grundsatz der Gewaltenloyalität unterfallen.[2198] Wann die Anwendbarkeit gegeben ist, hängt demnach von einer Beurteilung der inneradministrativen Organisationsform anhand der modifizierten Kontrastorgantheorie[2199] ab.

Im hierarchischen Verhältnis wird Staatsgewalt aus rein pragmatischen Gründen wie der Sachkenntnis auf spezielle Behörden verteilt, um einen reibungslo-

---

[2191] *Bauer*, Die Bundestreue, 1992, S. 213; *Bryde*, VVDStRL 46 (1988), 181 (192); *Desens*, Bindung der Finanzverwaltung, 2011, S. 265 f.; *Kahl*, Die Staatsaufsicht, 2000, S. 511; *Lindner*, in: BeckOK HochschulR Bayern, BayHSchG, Art. 19 Rn. 49, Art. 24 Rn. 12; *Lorenz*, DÖV 1990, 517 (519); *Schulze-Fielitz/Wickel*, in: Führ, GK BImSchG, 2. Aufl. 2019, § 47d Rn. 11; *Sensburg*, Der kommunale Verwaltungskontrakt, 2004, S. 176; *Wolnicki*, NVwZ 1994, 872 (873); unter der Bezeichnung als Funktionentreue *Hill*, Das fehlerhafte Verfahren, 1986, S. 336 f.; ablehnend *Czybulka*, Die Legitimation der öffentlichen Verwaltung, 1989, S. 223 f.
[2192] Kritisch z.B. *Lorenz*, DÖV 1990, 517 (519 f.).
[2193] So m.E. z.B. BVerwG, Urt. v. 28.07.1989 – 7 C 65/88 = DÖV 1989, 1041 (1041 f.).
[2194] *Loschelder*, in: Isensee/Kirchhof, HdbStR V, 3. Aufl. 2007, § 107 Rn. 3.
[2195] *Schenke*, in: GS Brugger, 2013, S. 523 (528); vgl. hierzu oben C.II.2.a.bb.
[2196] BVerwG, Urt. v. 28.07.1989 – 7 C 65/88 = DÖV 1989, 1041 (1041 f.).
[2197] *Lindner*, in: BeckOK HochschulR Bayern, Art. 19 BayHSchG Rn. 49, keine Hervorhebung im Original.
[2198] Vgl. auch *Scholz*, Der Rechtsschutz der Gemeinden, 2002, S. 133.
[2199] Vgl. hierzu oben C.III.1.c.cc.(6). und F.III.1.a.aa.

sen Funktionsablauf innerhalb der Gesamtorganisation zu gewährleisten.[2200] Ihnen kommt regelmäßig gerade nicht die Aufgabe zu, einen Kontrast zu anderen Verwaltungsbehörden zu bilden.[2201] Vielmehr gilt es, einheitliche Entscheidungen und eine ununterbrochene demokratische Legitimationskette über die Weisungsstruktur abzusichern.[2202] Eine Ausdehnung von Loyalitätspflichten in diesen Bereich umginge diese gewünschte Steuerung durch die höheren Behörden.[2203]

Dies ist auch im Ergebnis überzeugend: Wäre eine untere Staatsbehörde unmittelbar Adressat der Gewaltenloyalität, wäre auch ihren vermeintlich bestehenden subjektivierten Interessen gegenüber Rücksichtnahme entgegenzubringen. Dies ergibt im Verhältnis zu einer höheren Behörde keinen Sinn. Misst man jeder Verwaltungsgliederung einen originär eigenen Teilwillen bei, verfälscht dies die Umsetzung des Gesamtwillens.[2204] Der hierarchische Verwaltungsaufbau sichert somit die unverfälschte Realisierung des gesetzgeberischen Willens, Sachlichkeit, Unparteilichkeit und Rechtlichkeit ab.[2205] Die grundsätzlich durchgängige Weisungsgebundenheit ist eine notwendige Folge ununterbrochener demokratischer Legitimation gem. Art. 20 Abs. 2 S. 1 GG.[2206]

Vielmehr besteht deshalb eine einseitige Treuepflicht nach oben, welche zur Gewaltenloyalität wesensverschieden ist. Nimmt man Rechtsverhältnisse zwischen zwei grundsätzlich gleichrangigen unteren Behörden in Betracht, welche jeweils nach oben, nicht hingegen zueinander in einem Weisungsverhältnis stehen, erscheint die Anwendbarkeit der Gewaltenloyalität zwar naheliegender. Auch dies ist jedoch ein Trugschluss. Unterstehen beide Behörden den Weisungen derselben höheren Behörde, sind Konflikte von dieser zu steuern.[2207] Lässt sich die Weisungskette nicht auf eine gemeinsame höhere Behörde zurückführen, beispielsweise bei Behörden unterschiedlicher Bundesländer, besteht in erster Linie kein Bedarf einer unmittelbaren Bindung, da die Gewaltenloyalität

---

[2200] VGH BW, Urt. v. 09.03.2004 – 4 S 675/02 = NVwZ-RR 2005, 266 (267) m.w.N.; *Schoch*, in: Ehlers/Schoch, Rechtsschutz im Öffentlichen Recht, 2021, § 33 Rn. 15; vgl. auch *Erichsen*, in: FS Menger, 1985, S. 211 (228).
[2201] VGH BW, Urt. v. 09.03.2004 – 4 S 675/02 = NVwZ-RR 2005, 266 (267); *Schoch*, in: Ehlers/Schoch, Rechtsschutz im Öffentlichen Recht, 2021, § 33 Rn. 15.
[2202] Vgl. *Dreier*, Hierarchische Verwaltung, 1991, S. 125 f.
[2203] Ähnlich *Lorz*, Interorganrespekt, 2001, S. 513 f., der die Anwendung des Interorganrespekts auf Konstellationen beschränkt, welche eine mittelbare Respektspflicht zur Legislative aufweisen.
[2204] Vgl. *Dreier*, Hierarchische Verwaltung, 1991, S. 123 ff.
[2205] *Dreier*, Hierarchische Verwaltung, 1991, S. 126.
[2206] BVerfG, Urt. v. 31.10.1990 – 2 BvF 3/89 = BVerfGE 83, 60 (71 ff.); BVerfG, Beschl. v. 24.05.1995 – 2 BvF 1/92 = BVerfGE 93, 37 (66 ff.); *Schuppert*, in: Hoffmann-Riem/Schmidt-Aßmann/Voßkuhle, Grundlagen des Verwaltungsrechts, 2. Aufl. 2012, Bd. 1, § 16 Rn. 55.
[2207] Vgl. *Bethge*, DVBl. 1980, 309 (313 f.); *Schenke*, in: GS Brugger, 2013, S. 523 (528).

in diesem Fall durch den Rechtsträger vermittelt wird. So greift in dem Beispielsfall bereits die Bundestreue.

Somit ist der Grundsatz der Gewaltenloyalität – anders als Vertreter einer umfassenden Verwaltungsorgantreue annehmen – nicht anwendbar, wenn keine Gewaltenteilung im weiteren Sinne besteht, sondern typischerweise nur die Konfliktlösung über das Weisungsverhältnis nach unten und von der Gewaltenloyalität wesensverschiedene Treuepflicht des Beamten[2208]. Sofern die Konfliktlösung nicht gesetzlich vorgegeben ist, hat in diesem Falle die übergeordnete Instanz eine Entscheidung herbeizuführen.[2209]

Anders ist dies bei verselbstständigten Verwaltungseinheiten, welche die Gewaltenteilungsgedanken der Freiheitssicherung und Funktionsgerechtigkeit verwirklichen. Diese sollen gerade einen Kontrast zur übrigen Verwaltung bilden, indem sie bestimmte Interessen verkörpern und einen anderen Blickwinkel auf das Gemeinwohl einnehmen.[2210] Darunter fallen insbesondere kommunale Selbstverwaltungsträger, die der Wahrnehmung örtlicher Interessen dienen.[2211] Weiter zählen zu dieser Gruppe funktionale Selbstverwaltungsträger wie Rundfunkanstalten (Art. 5 Abs. 1 S. 2 GG) oder Hochschulen (Art. 5 Abs. 3 GG), welche ihre freiheitssichernde Eigenständigkeitsgewährleistung aus den Grundrechten beziehen.[2212] Hierzu gehören beispielsweise auch distanzschaffende Entkoppelungen zum Zwecke des Datenschutzes i.S.d. Art. 2 Abs. 1 i.V.m. Art. 1 Abs. 1 GG.[2213]

Ohne dass dies eine Besonderheit darstellt, ist mehr noch als bei anderen Entkoppelungen bei diesen Fallgruppen zu betonen, dass freilich die Gewaltenloyalität nicht den Zweck der Entkoppelung konterkarieren darf. So bedeutet Loyalität zu anderen staatlichen Gliederungen selbstverständlich zum einen beispielsweise nicht, dass Rundfunk und Wissenschaft sich inhaltlich der aktuellen Regierungspolitik wohlgesonnen zeigen müssen. Zum anderen bedeutet dies

---

[2208] Normiert beispielweise in § 3 Abs. 1 BeamtStG, § 4 BBG, § 1 Abs. 1 S. 2 SG; vgl. allgemein zu dieser *Badura*, in: Dürig/Herzog/Scholz GG, Art. 33 Rn. 60; *Battis*, in: Battis BBG, 6. Aufl. 2022, § 4 Rn. 4 ff.
[2209] *Bethge*, DVBl. 1980, 309 (313 f.).
[2210] Vgl. *Tsatsos*, Der verwaltungsrechtliche Organstreit, 1969, S. 19 ff., 31.
[2211] Vgl. hierzu oben C.III.1.c.bb.
[2212] *Dreier*, Hierarchische Verwaltung, 1991, S. 240 f.; *Lorenz*, WissR 11 (1978), 1 (21); *Schmidt-Aßmann*, Das allgemeine Verwaltungsrecht als Ordnungsidee, 2004, S. 260; *Schuppert*, in: FG Unruh, 1983, S. 183 (196); vgl. auch *Breuer*, VVDStRL 44 (1986), 211 (222); allgemein hierzu *Schlink*, Die Amtshilfe, 1982, S. 82 ff.
[2213] BVerfG, Urt. v. 15.12.1983 – 1 BvR 209/83 u.a. = BVerfGE 65, 1 (69) – „informationelle Gewaltenteilung"; *Schmidt-Aßmann*, Das allgemeine Verwaltungsrecht als Ordnungsidee, 2004, S. 260.

eine Asymmetrie von Kooperationspflichten,[2214] wie sie vor allem schon im Verhältnis von Staat und Gemeinden im Rahmen des Art. 28 Abs. 2 GG sichtbar wurde.[2215]

Weiter bestehen verselbstständigte Verwaltungseinheiten, welche eine Kontrolltätigkeit gegenüber der Regierung oder der Verwaltung wahrnehmen sollen, d.h. anders als durch Grundrechte veranlasst der Autonomie eines Sachgebietes dienen.[2216] Besonders hervorzuheben sind unter diesen die Bundesbank, die gem. § 12 S. 1 BBankG und – umstrittener Ansicht nach – gem. Art. 88 GG weisungsfrei und unabhängig ist,[2217] sowie der Bundesrechnungshof, dessen Mitglieder gem. Art. 114 Abs. 2 S. 1 GG richterliche Unabhängigkeit genießen[2218].

Die Organisationsformen der kommunalen und funktionalen Selbstverwaltung zeitigen stets einen gewaltenteiligen Effekt, wie soeben und in Bezug auf das gemeindefreundliche Verhalten dargelegt wurde.[2219]

Schließlich ergibt sich innerhalb autonomer Einheiten regelmäßig das Bedürfnis nach gewaltenteiligen Strukturen in Form von Kontrastorganen.[2220] Hinsichtlich der Organe der Gemeinden wurde dies ausführlich dargelegt.[2221] Aber auch innerhalb anderer selbstständiger Gliederungen tritt diese Besonderheit auf, so beispielsweise in der hochschulinternen Struktur.[2222] Dies zieht die Anwendbarkeit der Gewaltenloyalität in ihrer Form als Organtreue nach sich.[2223]

[2214] Vgl. zu Art. 35 GG, in dessen Rahmen die Amtshilfepflicht der Rundfunkanstalten und Universitäten aus Gründen des Grundrechtsschutzes im Bereich des Art. 5 Abs. 1 bzw. Abs. 3 GG entfällt *v. Danwitz*, in: v. Mangoldt/Klein/Starck GG, Art. 35 Rn. 14; *Epping*, in: BeckOK GG, Art. 35 Rn. 1; *Gubelt/Goldhammer*, in: v. Münch/Kunig GG, Art. 35 Rn. 20; *Magen*, in: Umbach/Clemens GG, Art. 35 Rn. 9.
[2215] Vgl. oben C.III.2.a.dd.(1).
[2216] Vgl. *Schuppert*, Die Erfüllung öffentlicher Aufgaben, 1981, S. 6 ff.
[2217] BVerfG, Beschl. v. 03.11.1982 – 1 BvR 210/79 = BVerfGE 62, 169 (183); mittelbar gem. Art. 88 S. 2 GG über das ESZB *Remmert*, in: BeckOK GG, Art. 88 Rn. 15 m.w.N.; schon mit Bezug zur Loyalität *Herdegen*, in: Dürig/Herzog/Scholz GG, Art. 88 Rn. 76 ff.
[2218] S. hierzu nur *Kube*, in: Dürig/Herzog/Scholz GG, Art. 114 Rn. 52, 54 ff.; schon mit Bezug zur Loyalität *Lorz*, Interorganrespekt, 2001, S. 263; Anwendbarkeit der Verfassungsorgantreue ablehnend LSAVerfG, Urt. v. 23.11.2015 – LVG 8/13, juris Rn. 77 ff.
[2219] S. oben C.III.1.c.
[2220] Vgl. auch *v. Danwitz*, Der Staat 35 (1996), 329 (340 ff.); *Kirste*, VVDStRL 77 (2017), 161 (177 f.).
[2221] Vgl. oben C.III.1.c.cc.
[2222] Vgl. nur HessVGH, Urt. v. 03.12.1969 – II OG 55/69 = NJW 1970, 295 (296); *Bethge*, Die Verwaltung 1975, 459 (463 ff.).
[2223] HessVGH, Urt. v. 03.12.1969 – II OG 55/69 = NJW 1970, 295 (296) unter unzutreffender Subsumtion unter die Bundestreue.

b. Sachlicher Anwendungsbereich

aa. Inhaltliche Reichweite – Reserverechtssatz oder umfassendes Rechtsprinzip?

Zunächst soll das Augenmerk auf eine Anwendbarkeitsproblematik gerichtet werden, welche zuvor immer wieder Schwierigkeiten verursachte und bisher nicht befriedigend gelöst werden konnte: Die Frage, ob ein weiter Anwendungsspielraum oder eine restriktive, bloße Lückenfüllungsfunktion anzunehmen ist.[2224] Die Frage wurde für unterschiedliche Teilbereiche der Loyalitätspflichten seit jeher leidenschaftlich diskutiert und führte nicht selten zu einer Verkürzung des Gehalts.[2225] Stattdessen sollte sie mit einer differenzierten und sachlichen Betrachtungsweise beantwortet werden.

Hierzu ist eine grundlegende dogmatische Einordnung zu treffen. Um die Loyalitätsthematik kreisen zahlreiche Begrifflichkeiten, welche die vermeintlich einschlägige Natur bezeichnen: Genannt seien vor allem „Gebot",[2226] „Prinzip",[2227] „Grundsatz",[2228] „Ordnungsidee",[2229] „Pflicht"[2230] oder „Regel"[2231]. Ob diese bewusst verwendet werden oder nur als Platzhalter für eine irgendwie geartete Form des Sollens dienen, ist selten klar. Somit scheint sich eine einmalig anmutende, unermessliche Varianz der Anwendungsbreite zu ergeben, die zu einer scheinbar kaum greifbaren Erfassung des rechtlichen Gehalts führen.

Dies trifft jedoch nur auf den ersten Blick zu. Denn dieselbe Eingrenzungsproblematik ergibt sich im Verfassungsrecht auf regelmäßiger Basis, wenn eine Norm einen hohen Generalitäts- und Abstraktionsgrad aufweist und dennoch im Einzelfall tragfähige Ergebnisse liefern muss. So verhält es sich beispielsweise bei den Grundrechten. Dennoch wird bei diesen regelmäßig keine möglichst restriktive Handhabung gefordert und anders als v.a. bei der Bundestreue schon gar nicht deren Geltung in Zweifel gezogen. Im Rahmen der Grundrechte legte *Alexy* die strukturtheoretische Unterscheidung zwischen Prinzipien und Regeln

---

[2224] Vgl. *Bauer*, Die Bundestreue, 1992, S. 214; vgl. insb. auch oben C.I.3.a.bb.(2).
[2225] Vgl. z.B. *Lindner*, in: Stern/Sodan/Möstl, Staatsrecht Bd. 1, 2. Aufl. 2022, § 16 Rn. 187 f., 190; *Wittreck*, in: Härtel, Föderalismus Hdb. Bd. 1, 2012, S. 497 (498 ff.).
[2226] So z.B. *Rux*, in: BeckOK GG, Art. 20 Rn. 36 ff.
[2227] So z.B. *Bayer*, Die Bundestreue, 1961, S. 23, 32; *Lorz*, Interorganrespekt, 2001, S. 561; *Unruh*, EuR 2002, 41 (53).
[2228] So z.B. *Grzeszick*, in: Dürig/Herzog/Scholz GG, Art. 20 IV. Rn. 127; *Jarass*, in: Jarass/Pieroth GG, Art. 20 Rn. 24; *Rux*, in: BeckOK GG, Art. 20 Rn. 37 ff.; *Unruh*, EuR 2002, 41 ff.
[2229] So z.B. *Lorz*, Interorganrespekt, 2001, S. 12, 559 in Anlehnung an *Kägi*, in: FS Huber, S. 151 (163) (andere Fundstelle bei *Lorz*).
[2230] So z.B. *Bayer*, Die Bundestreue, 1961, S. 30; *Scholz*, in: Dürig/Herzog/Scholz GG, Art. 23 Rn. 144; *Unruh*, EuR 2002, 41 (53).
[2231] So z.B. *Bayer*, Die Bundestreue, 1961, S. 31.

dar,[2232] welche auch vorliegend Abhilfe schaffen kann[2233]. Diese vermag eine Sichtweise zu eröffnen, nach der die Gewaltenloyalität ein Prinzip mit weitgreifendem Anwendungsbereich sein kann, welches einen engen Kreis an Regeln stützt.[2234]

Sowohl Prinzipien als auch Regeln besagen, was gesollt ist und werden deshalb von der Prinzipientheorie beide als Normen eingeordnet.[2235] Sie sind nicht etwa anhand des Kriteriums der Generalität voneinander abzugrenzen.[2236] Auch das Kriterium der Bestimmbarkeit der Anwendungsfälle ist nicht überzeugend.[2237] Vielmehr besteht nach der Prinzipientheorie *Alexys* zwischen Prinzipien und Regeln ein qualitativer Unterschied.[2238] Prinzipien sind demnach Optimierungsgebote,[2239] die in unterschiedlichen Graden erfüllt und durch gegenläufige Prinzipien und Regeln begrenzt werden können.[2240] Sie sind folglich im Rahmen der tatsächlichen und rechtlichen Möglichkeiten in möglichst hohem Maße zu realisieren.[2241] Regeln können dagegen nur erfüllt oder nicht erfüllt sein. Gilt eine Regel, gebietet sie demnach genau das zu tun, was sie verlangt.[2242]

Überträgt man diese Erkenntnisse auf die Gewaltenloyalität, sind diverse Regeln anerkannt, beispielsweise dass der Bund bei Inanspruchnahme von Weisungsrechten gegenüber einem Land einer Anhörungspflicht nachzukommen

---

[2232] *Alexy*, Theorie der Grundrechte, 2. Aufl. 1994, S. 71 ff.
[2233] So auch *Lorz*, Interorganrespekt, 2001, S. 560 ff., 590 f.; ohne weitere Vertiefung *Desens*, Bindung der Finanzverwaltung, 2011, S. 272; *Maciejewski*, Nichtanwendungsgesetze, 2021, S. 263.
[2234] Vgl. *Desens*, Bindung der Finanzverwaltung, 2011, S. 272.
[2235] *Alexy*, Theorie der Grundrechte, 2. Aufl. 1994, S. 72; a.A. *Esser*, Grundsatz und Norm, 4. Aufl. 1990, S. 51 f.; *Klement*, JZ 2008, 756 (760).
[2236] *Alexy*, Theorie der Grundrechte, 2. Aufl. 1994, S. 73 ff.; *Esser*, Grundsatz und Norm, 4. Aufl. 1990, S. 51; *Larenz*, Richtiges Recht, 1979, S. 25 f.; a.A. *Christie*, Duke Law Journal 1968, 649 (669); *Hughes*, The Yale Law Journal 77 (1968), 411 (419); *Raz*, The Yale Law Journal 81 (1972), 823 (838); *Simonius*, Zeitschrift für Schweizerisches Recht, 71 (1952), 237 (239).
[2237] *Alexy*, Theorie der Grundrechte, 2. Aufl. 1994, S. 74 f.; a.A. *Esser*, Grundsatz und Norm, 4. Aufl. 1990, S. 51; *Larenz*, Richtiges Recht, 1979, S. 23.
[2238] *Alexy*, Theorie der Grundrechte, 2. Aufl. 1994, S. 75.
[2239] Genau genommen sind Prinzipien selbst keine Optimierungsgebote, sondern nur Gegenstand von Optimierungsgeboten, welche ihrerseits als Regeln zu qualifizieren sind, *Borowski*, Grundrechte als Prinzipien, 3. Aufl. 2018, S. 137 f.; *Klement*, JZ 2008, 756 (762 f.); *Sieckmann*, Regelmodelle und Prinzipienmodelle, 1990, S. 65 f. Diese exakte Differenzierung ändert indes nichts in der Sache.
[2240] *Alexy*, Theorie der Grundrechte, 2. Aufl. 1994, S. 75.
[2241] *Alexy*, in: Rechtstheorie, Beiheft 1 (1979), S. 59 (79 ff.); *Alexy*, Theorie der Grundrechte, 2. Aufl. 1994, S. 75 f.
[2242] *Alexy*, Theorie der Grundrechte, 2. Aufl. 1994, S. 76.

hat[2243] oder die Länder aufsichtsrechtlich gegen eine Gemeinde einzuschreiten haben, wenn diese gegen Bundesrecht verstößt und dem Bund ein Durchgriffsrecht nicht zukommt[2244]. Diese können nur entweder erfüllt oder nicht erfüllt werden.

Unzutreffend wäre indes, den Prinzipiencharakter der Gewaltenloyalität abzulehnen.[2245] Das Bundesverfassungsgericht äußerte zwar einst zum Grundsatz bundesfreundlichen Verhaltens, dieser könne „nicht verwaltungsmäßig als eigene Angelegenheit der Länder ausgeführt", sondern „nur ‚beachtet' werden."[2246] Die Formulierung ist jedoch missverständlich. Zwar können die aus der Gewaltenloyalität resultierenden Rechtspflichten nur beachtet oder nicht beachtet werden, womit diese als Regeln zu klassifizieren sind. Loyales Verhalten kann jedoch in unterschiedlichen Graden umgesetzt werden. Man denke beispielweise an das Weisungsverhältnis bei der Bundesauftragsverwaltung gem. Art. 85 Abs. 3 GG. Über die verpflichtende Anhörung hinaus kann der Bund die Interessen des Landes in höherem oder niedrigerem Maße berücksichtigen. Die Gewaltenloyalität zielt hierbei auf eine möglichst hohe Berücksichtigung der Landesinteressen ab. Sie stehen allerdings in einem Konkurrenzverhältnis mit anderen Interessen, welche der Bund ebenfalls zu berücksichtigen hat. Bei der Entscheidungsfindung kommt dem Bund ein weiter Einschätzungs- und Abwägungsspielraum zu, sodass die inhaltliche Rechtswidrigkeit einer Weisung unterhalb der Missbrauchsschwelle regelmäßig ausscheidet.[2247] Die Gewaltenloyalität unterliegt folglich grundsätzlich einem Optimierungsgebot,[2248] ist jedoch im Rahmen von Prinzipienkollisionen regelmäßig mit anderen Prinzipien abzuwägen.[2249]

Bei der Gewinnung von Regeln aus dem Prinzip der Gewaltenloyalität sind Sorgfalt und eine gewisse Zurückhaltung geboten. Dies spricht indes nicht dagegen, in der Gewaltenloyalität ein bedeutsames Prinzip für die Rechtsordnung

---

[2243] BVerfG, Urt. v. 22.05.1990 – 2 BvG 1/88 = BVerfGE 81, 310 (337); *Bauer,* Die Bundestreue, 1992, S. 354; *Grzeszick,* in: Dürig/Herzog/Scholz GG, Art. 20 IV. Rn. 139; *Rux,* in: BeckOK GG, Art. 20 Rn. 40.
[2244] BVerfG, Urt. v. 30.07.1958 – 2 BvG 1/58 = BVerfGE 8, 122 (138).
[2245] So auch zur Bundestreue *Starski,* in: Kahl/Ludwigs, Hdb. Verwaltungsrecht, Bd. 3, 2022, § 79 Rn. 9.
[2246] BVerfG, Urt. v. 30.07.1958 – 2 BvG 1/58 = BVerfGE 8, 122 (131).
[2247] Vgl. *Degenhart,* Staatsorganisationsrecht, 39. Aufl. 2023, § 5 Rn. 529.
[2248] *Desens,* Bindung der Finanzverwaltung, 2011, S. 272; *Maciejewski,* Nichtanwendungsgesetze, 2021, S. 263.
[2249] *Lorz,* Interorganrespekt, 2001, S. 561 f.; allgemein *Alexy,* Theorie der Grundrechte, 2. Aufl. 1994, S. 79; *Borowski,* Grundrechte als Prinzipien, 3. Aufl. 2018, S. 125 ff.

des Grundgesetzes zu sehen.[2250] Die so oft kritisch beäugte Generalität der Loyalitätsgebote, welche bisweilen nicht ganz zu Unrecht als Konturunschärfe wahrgenommen wird,[2251] ist gerade typisch für Prinzipien, da diese „noch nicht auf die Möglichkeiten der tatsächlichen und normativen Welt bezogen sind"[2252]. Folglich wird es dem Prinzip der Gewaltenloyalität nicht gerecht, es als bloße „Klugheitsregel"[2253] oder „Missbrauchsklausel"[2254] mit geringer Bedeutung[2255] zu bezeichnen oder ihm eine bloße „Reservefunktion"[2256] beizumessen. Vielmehr ist darin eine Ordnungsidee mit überragender Bedeutsamkeit zu erblicken und gleichzeitig trotzdem nur in wenigen Fällen eine gerichtliche Entscheidung darauf zu stützen.[2257] Darin liegt kein Widerspruch, sondern eine Normalität, die für das Verhältnis von Prinzipien und Regeln nicht ungewöhnlich ist:[2258] Ähnlich verhält es sich z.B. mit dem Demokratieprinzip oder dem Rechtsstaatsprinzip, deren Bedeutung ebenfalls kaum daran gemessen werden kann, wie viele Fälle allein durch sie entschieden werden.

bb. Verfassungsrechtsverhältnis?

Wie im Rahmen des persönlichen Anwendungsbereichs angedeutet, war der Ausgangspunkt der Frage der Einschlägigkeit von Loyalitätspflichten bei sämtlichen untersuchten Grundsätzen ein spezifisch geartetes Rechtsverhältnis zwischen Hoheitsträgern, welche nicht in einem hierarchischen Verhältnis, d.h. in einem Koordinationsverhältnis stehen. Fraglich ist hierbei, ob bestimmte, weitergehende Anforderungen an dieses Rechtsverhältnis zu stellen sind. So wurde v.a. bei der Verfassungsorgantreue,[2259] aber auch bei der Bundes-

---

[2250] Vgl. *Bauer*, in: Dreier GG, Art. 20 (Bundesstaat), Rn. 45; allgemein hierzu ohne Bezug zur Gewaltenloyalität *Alexy*, Theorie der Grundrechte, 1. Aufl. 1985, S. 93.
[2251] Vgl. nur *Desens*, Bindung der Finanzverwaltung, 2011, S. 272; *Lindner,* in: Stern/Sodan/Möstl, Staatsrecht Bd. 1, 2. Aufl. 2022, § 16 Rn. 188; *Wittreck,* in: Härtel, Föderalismus Hdb. Bd. 1, 2012, S. 497 (498 f.) m.w.N.; s. auch oben B.II.1.b.
[2252] *Alexy,* Theorie der Grundrechte, 2. Aufl. 1994, S. 92.
[2253] Vgl. *Lindner,* in: Stern/Sodan/Möstl, Staatsrecht Bd. 1, 2. Aufl. 2022, § 16 Rn. 190; *Wittreck,* in: Härtel, Föderalismus Hdb. Bd. 1, 2012, S. 497 (499).
[2254] Vgl. z.B. *Lindner,* in: Stern/Sodan/Möstl, Staatsrecht Bd. 1, 2. Aufl. 2022, § 16 Rn. 189.
[2255] So *Lindner,* in: Stern/Sodan/Möstl, Staatsrecht Bd. 1, 2. Aufl. 2022, § 16 Rn. 187, 190, 194 f.
[2256] Vgl. *Lindner,* in: Stern/Sodan/Möstl, Staatsrecht Bd. 1, 2. Aufl. 2022, § 16 Rn. 192; vgl. auch *Schenke,* Die Verfassungsorgantreue, 1977, S. 41, ohne vollständige Reduktion auf die bloße Reservefunktion, ebd. S. 34 f.
[2257] Ähnlich auch *Lorz,* Interorganrespekt, 2001, S. 561.
[2258] Vgl. *Lorz,* Interorganrespekt, 2001, S. 561 f.
[2259] LSAVerfG, Urt. v. 23.11.2015 – LVG 8/13, juris Rn. 78; *Bethge,* in: Schmidt-Bleibtreu/Klein/Bethge BVerfGG, § 63 Rn. 33; *Desens,* Bindung der Finanzverwaltung, 2011, S. 266 f.; *Schenke,* in: GS Brugger, 2013, S. 523 (528).

treue[2260] gefordert, dass es sich um ein Verfassungsrechtsverhältnis handele. In anderen Fällen scheidet ein verfassungsrechtliches Rechtsverhältnis von vorneherein aus, gerade wenn die Beteiligten in der Verfassung nicht einmal erwähnt werden. Aber auch in vielen anerkannten Fällen der Kommunaltreue dürfte ein solches ausscheiden.

Mithin stellt sich die Frage, welche Rolle dem Verfassungsrechtsverhältnis zukommen soll. Ein wesentlicher Aspekt bei der Beantwortung dieser Frage ergibt sich aus der Säule der Integration. Zwar wurde zuvor festgestellt, dass der Integrationswert diverser staatlicher Untergliederungen, insbesondere der Gemeinden und der Gerichte, nicht unterschätzt werden sollte.[2261] Gleichzeitig ist jedoch offenkundig, dass der gesamtstaatliche Integrationsfaktor beim Rechtsverkehr zwischen Verfassungsorganen oder Bundesländern ungleich höher ist als beispielsweise zwischen Bürgermeister und Gemeinderat. Dies rechtfertigt nicht, von vornherein Rechtsverhältnisse auszuschließen, welche nicht im verfassungsrechtlichen Bereich angesiedelt sind. Denn wie im Rahmen kommunaler Treuepflichten dargelegt wurde, ist der Integrationsfaktor in Bezug auf die einzelne Kommune zwar nicht so ausgeprägt wie in Verfassungsrechtsverhältnissen, durch die oft starke Einbindung des Bürgers in die untere staatliche Ebene und die daraus erwachsende Identifikation ist er indes nicht zu unterschätzen.[2262] Hinzu kommt, dass mit der großen Machtfülle der oberen staatlichen Ebene die beschränkende Komponente des Gewaltenteilungsgrundsatzes engere Grenzen für Kooperation und Einheitsbildung zieht.

Folglich wirkt sich ein Verfassungsrechtsverhältnis regelmäßig auf den Inhalt der Loyalitätspflichten aus, bedingt dieses jedoch nicht.

2. Subjektive Voraussetzungen

Ob ein Verstoß gegen die Gewaltenloyalität ein subjektives Element erfordert, wurde bisher nur im Rahmen der Subprinzipien untersucht.[2263] Die ganz herrschende Meinung fordert dort kein subjektives Element.[2264] Eine andere Handhabe bei der Gewaltenloyalität ist nicht ersichtlich. Somit erfordert auch diese grundsätzlich nur das Vorliegen der objektiven Voraussetzungen. Dies muss jedoch – wie v.a. im Rahmen der Ausführungen zur Bundestreue deutlich wurde

---

[2260] BVerfG, Beschl. v. 11.04.1967 – 2 BvG 1/62 = BVerfGE 21, 312 (326); *Leisner,* in: FG 25 Jahre BVerfG I, 1976, S. 260 (281 f.).
[2261] S. hinsichtlich der Gemeinden oben C.III.1.a. und hinsichtlich der Gerichte oben F.I.2.
[2262] Vgl. oben C.III.1.a.
[2263] Vgl. insb. oben C.I.3.c. und C.II.2.b.; vgl. aber bzgl. der Loyalität zwischen Exekutive und Judikative *Schaumburg,* in: Brandt, DFGT 1 (2004), 73 (89), der von einem Verstoß insb. bei planmäßiger Aushebelung spricht.
[2264] S. nur BVerfG, Urt. v. 30.07.1958 – 2 BvG 1/58 = BVerfGE 8, 122 (140); *Grzeszick,* in: Dürig/Herzog/Scholz GG, Art. 20 IV. Rn. 135; *Robbers,* in: BK GG, Art. 20 Rn. 1012 m.w.N.

– nicht zwingend bedeuten, dass subjektive Merkmale im Rahmen der Loyalitätspflichten gänzlich bedeutungslos sind.[2265] Nachdem dargelegt wurde, dass der Grundsatz von Treu und Glauben die Gewaltenloyalität in sämtlichen Ausprägungen stützt, lässt sich die aus dem parallelen zivilrechtlichen Anwendungsbereich gewonnene Erkenntnis übertragen, dass subjektive Elemente im Rahmen der Interessenabwägung einfließen können.[2266] Der Unterschied zwischen innerstaatlichen und privatrechtlichen Beziehungen liegt dabei in der Art der betreffenden Interessen: Während es sich im Zivilrecht und private Interessen handelt, geht es bei der Gewaltenloyalität um partielle Ausprägungen des Gemeinwohls.[2267] Das Grundgesetz legt die Einschätzung, was dem Gemeinwohl dienlich ist, für unterschiedliche Fragen jeweils in die Hände bestimmter staatlicher Gliederungen.[2268] Dieser Einschätzungsspielraum erreicht allerdings dann seine Grenzen, wenn ein Akteur eine andere staatliche Gliederung schädigt, indem er seine Kompetenz bewusst missbraucht.

Damit lässt sich festhalten, dass die Gewaltenloyalität grundsätzlich nur objektiven Voraussetzungen unterliegt, darüber hinaus jedoch eine subjektiv missbräuchliche Rechtsanwendung dazu führen kann, dass ein ansonsten nicht zu beanstandendes Verhalten zu einem Verstoß gegen die Gewaltenloyalität wird.

3. Grenzen

Als Grenzen haben sich bei sämtlichen Subprinzipien Akzessorietät und Subsidiarität herausgestellt.[2269] Mithin sollen diese auch im Rahmen der Gewaltenloyalität Berücksichtigung finden. Ihnen kommt sogar eine praktisch deutlich wichtigere Funktion zu, da der Grundsatz der Gewaltenloyalität eine wesentlich höhere Vielschichtigkeit aufweist. Umso mehr tritt das zugrunde liegende Rechtsverhältnis in den Vordergrund, um die Konkretisierung in den jeweils passenden Rahmen einzufügen.

[2265] S. oben C.I.3.c.; vgl. auch bzgl. der Gewaltentreue *Koepsell,* Exekutiver Ungehorsam, 2023, S. 37 – „*vorsätzliche* Verzögerungen oder *bewusste* Täuschungen" (keine Hervorhebung im Original.
[2266] So die h.M. im Zivilrecht, s. nur *Schubert,* in: MüKo BGB, § 242 Rn. 130 ff.; *Sutschet,* in: BeckOK BGB § 242, Rn. 20 jew. m.w.N.
[2267] S. zu dem Zusammenhang zwischen Loyalität und Gemeinwohl v.a. *v. Kempis,* Die Treuepflicht zwischen Gemeinden und Staat, 1970, S. 200 ff.; s.a. BVerfG, Urt. v. 01.12.1954 – 2 BvG 1/54 = BVerfGE 4, 115 (141); VerfGH NRW, Urt. v. 04.10.1993 – VerfGH 15/92 = NVwZ 1994, 678 (679); *Deutelmoser/Pieper,* NVwZ 2020, 839 (845); *Klein,* in: Isensee/Kirchhof, HdbStR II, 3. Aufl. 2004, § 279 Rn. 19 f.; *Lorenz,* WissR 11 (1978), 1 (21); *Pieper,* in: BeckOK GG, Art. 60 Rn. 27.1; *Schaaf,* DVP 2021, 431 (432 f.); *Woelk,* ZöR 52 (1997), 527 (547 f.).
[2268] *v. Kempis,* Die Treuepflicht zwischen Gemeinden und Staat, 1970, S. 202 f.; vgl. auch *Isensee,* in: Isensee/Kirchhof, HdbStR II, 3. Aufl. 2004, § 15 Rn. 104, 109, 130.
[2269] S. oben C.I.3.b.cc., dd., C.II.2.c. und C.III.2.b. sowie parallel im Unionsrecht D.II.3.a.

Problematisch erscheint jedoch, das Rechtsverhältnis zu definieren, da teils enge Anforderungen daran gestellt wurden, teils hingegen der Akzessorietätsgrundsatz stark in der Kritik stand oder gar für entbehrlich gehalten wurde, da die Akteure stets in einem verfassungsrechtlichen Rechtsverhältnis zueinander stünden.[2270] Man mag darin eine Inkonsequenz bei der Anwendung erblicken, welche nur Rechtsunsicherheit und Willkür nach sich zieht. Gerade im Rahmen eines allgemeinen Loyalitätsprinzips ist dies jedoch weit gefehlt. So führt zum Beispiel die Zugehörigkeit einer Universität und eines Landratsamtes zum selben Staat nicht besonders weit. Eine konkrete Loyalitätspflicht allein aus dieser Beziehung zu gewinnen, erscheint wenig sinnvoll. Dennoch sind spezifische Rechtsbeziehungen zwischen diesen Akteuren denkbar, welche Loyalitätspflichten mit sich bringen.

Sinnvoll erscheint es daher, zwischen dem allgemeinen und speziellen Rechtsverhältnis als Anknüpfungspunkt zu differenzieren.[2271] Ein allgemeines Rechtsverhältnis wird bereits durch die bloße Zugehörigkeit zum (Gesamt-)Staat begründet.[2272] Hieraus können schon und nur konkrete Treuepflichten abgeleitet werden, die sich aus dieser bloßen Zugehörigkeit ergeben müssen, d.h. aus der bloßen Konstitution des Systems heraus erforderlich sind.[2273] Darunter fallen beispielsweise Pflichten zur Erhaltung der Gliederungen, insbesondere die Bereitstellung oder Sicherstellung erforderlicher finanzieller Mittel.[2274] Bezogen auf das Beispiel von Universitäten und Staat ergeben sich hieraus Mindeststandards, welche für die Funktionsfähigkeit der Universitäten schlechthin unentbehrlich sind, insbesondere die Bereitstellung personeller, finanzieller und organisatorischer Mittel.[2275] In praktischer Hinsicht dürfte das allgemeine Rechtsverhältnis jedoch kaum einmal fruchtbar gemacht werden können, da die

---

[2270] So insbesondere BVerfG, Urt. v. 07.04.1976 – 2 BvH 1/75 = BVerfGE 42, 103 (113); vgl. i.Ü. bereits oben C.I.3.b.cc.
[2271] So für die Bundestreue *Bauer*, Die Bundestreue, 1992, S. 304; für die Unionstreue *Hatje*, Loyalität als Rechtsprinzip, 2001, S. 59 ff.; allgemein *Bauer*, Geschichtliche Grundlagen, 1986, S. 169 f.; *Bauer*, Lehren vom Verwaltungsrechtsverhältnis, 2022, S. 61 f.; *Henke*, DÖV 1980, 621 (624 f.); *Gröschner*, Das Überwachungsrechtsverhältnis, 1992, S. 141 f.; *Schulte*, VerwArch 81 (1990), S. 415 (421); mit unterschiedlicher Terminologie *Achterberg*, Die Rechtsordnung als Rechtsverhältnisordnung, 1982, S. 20 f., der allgemeinen und besonderen Rechtsverhältnissen eine andere Bedeutung zuweist, ebd. S. 61 ff.
[2272] Vgl. zur Bundestreue *Bauer*, Die Bundestreue, 1992, S. 304; parallel hierzu im Unionsrecht *Hatje*, Loyalität als Rechtsprinzip, 2001, S. 59.
[2273] In diese Richtung weist auch BVerfG, Urt. v. 07.04.1976 – 2 BvH 1/75 = BVerfGE 42, 103 (113) mit dem Hinweis, dass nicht alle Ansprüche im verfassungsrechtlichen Grundverhältnis wurzeln.
[2274] Vgl. *Hatje*, Loyalität als Rechtsprinzip, 2001, S. 59; *Lorenz*, WissR 11 (1978), 1 (23).
[2275] BVerfG, Urt. v. 29.05.1973 – 1 BvR 424/71 u. 325/72 = BVerfGE 35, 79 (114 f.), allerdings ohne expliziten Bezug zur Loyalität; hinsichtlich finanzieller Mittel *Lorenz*, WissR 11 (1978), 1 (23).

Länder zum einen jedenfalls ein gewisses Interesse am Erhalt ihrer Universitäten haben, zum anderen weil das Grundverhältnis nicht garantiert, dass der Bestand einer bestimmten Universität gesichert sein muss. Damit ergibt sich aus diesem nur, dass überhaupt ein System besteht, welches diesen Anforderungen gerecht wird. Speziellere Loyalitätspflichten wie Anhörungs- und Informationspflichten[2276] ergeben sich aus dem allgemeinen Rechtsverhältnis generell nicht. Diese bedürfen eines speziellen Rechtsverhältnisses und sind von dessen Prägung abhängig.

IV. Funktionsweise

Die Funktionsweise der Gewaltenloyalität wirft im Vergleich zu ihren Subprinzipien keine Besonderheiten auf. Trotz einzelner unterschiedlicher Differenzierungen, welche mehr den persönlichen Präferenzen des jeweiligen Autors als dem sachlichen Gehalt der Loyalitätsgebote geschuldet ist, kann eine einheitliche Linie gebildet werden. Man kann demnach zwischen den Funktionen als Quelle für Rechte und Pflichten, als Rechtsausübungs- bzw. Missbrauchsschranke und als Auslegungstopos unterscheiden, welche selten streng voneinander abgrenzbar sind.[2277] Warum die Gewaltenloyalität in diesen Funktionen auftritt, lässt sich ebenfalls anhand der Prinzipientheorie erklären.[2278]

1. Prinzipientheorie und Auslegungsfunktion

Die Funktion als Auslegungsmaxime ergibt sich unmittelbar aus der Prinzipienqualität[2279] der Gewaltenloyalität. Das Wesen der Prinzipien als Optimierungsgebote bedeutet in diesem Zusammenhang, dass loyales Verhalten zwischen staatlichen Gliederungen im Rahmen der tatsächlichen und rechtlichen Möglichkeiten in möglichst hohem Maße realisiert werden soll.[2280] Daraus folgt, dass – zumindest auf den ersten, vereinfachenden Blick – bei der Auslegung einer Norm aus zwei Optionen diejenige zu wählen ist, welche betroffenen anderen staatlichen Gliederungen eher zugutekommt oder diesen gegenüber rücksichtsvoller ist. Insofern besteht eine weitgehende Überschneidung mit *Hesses* Maßstab integrierender Wirkung.[2281]

[2276] Vgl. *Hatje*, Loyalität als Rechtsprinzip, 2001, S. 60.
[2277] Vgl. oben C.I.4., C.II.3. und C.III.3. sowie parallel im Unionsrecht D.III.
[2278] Vgl. hierzu auch *Starski*, in: Kahl/Ludwigs, Hdb. Verwaltungsrecht, Bd. 3, 2022, § 79 Rn. 9.
[2279] S. zu dieser Einordnung hinsichtlich des Interorganrespekts ausführlich *Lorz*, Interorganrespekt, 2001, S. 558 ff.
[2280] Vgl. *Desens*, Bindung der Finanzverwaltung, 2011, S. 272; *Lorz*, Interorganrespekt, 2001, S. 590 ff.; allgemein zu dieser Natur von Prinzipien *Alexy*, Theorie der Grundrechte, 2. Aufl. 1994, S. 75 m.w.N.
[2281] *Hesse*, Grundzüge des Verfassungsrechts, 20. Aufl. 1999, § 2 Rn. 74; vgl. auch *Schenke*, Die Verfassungsorgantreue, 1977, S. 42 f.

a. Ausufern der Gewaltenloyalität durch Optimierung?

Dies erweckt den Eindruck, die Gewaltenloyalität sei in zahlreichen Konstellationen der ausschlaggebende Faktor, welche Entscheidung zu treffen sei, da in Kontaktbereichen staatlicher Gliederungen kein Handlungsspielraum mehr bestünde, sondern das Vorgehen generell gebunden wäre.[2282] Wäre dies tatsächlich der Fall, würde die von Kritikern prophezeite Befürchtung des Ausuferns[2283] bestätigt werden. Angesprochen ist damit die Problematik der Expansion von Verfassungsgehalten, mit dem sich die Prinzipientheorie v.a. im Rahmen der Grundrechte als Optimierungsgebote konfrontiert sah.[2284] Diese löst sie durch eine Systematik struktureller und epistemischer Spielräume, welche auch für die vorliegende Fragestellung fruchtbar gemacht werden soll.

b. Spielräume zwischen Gewaltentrennung und Loyalität

Entscheidend für die Lösung des Problems ist das Wechselspiel zwischen der Gewaltenloyalität einerseits und der aufteilenden Funktion der Gewaltenteilung andererseits. Letztere gebietet eine gewisse Spannung zwischen den Kontrastorganen und verbietet somit eine vollständige Verflechtung durch absolute Unterstützung und Rücksichtnahme.[2285] Folglich steht die Gewaltenloyalität mit ihr typischerweise in Prinzipienkollision. Hinzu treten potentiell Kollisionen mit zahlreichen sonstigen formalen und materiellen Prinzipien. Die Prinzipienkollisionen sind durch Abwägung aufzulösen.[2286] Keinem verfassungsrechtlichen Prinzip kommt dabei schlechthin der Vorrang gegenüber einem anderen zu.[2287] Dies bedeutet, dass im Einzelfall zu bestimmen ist, welchem Prinzip der Vorrang zukommt.[2288] Verstünde man nun die Prinzipientheorie so, dass sowohl das Gewaltentrennungsprinzip als auch das Prinzip der Gewaltenloyalität im Rahmen der Abwägung einer möglichst hohen Verwirklichung zugeführt werden müssen, gäbe es für jeden Einzelfall nur eine verfassungsgemäße Entscheidung: Die Intensität und Art der Zusammenarbeit und Rücksichtnahme auf andere Belange stünde in keinem Fall zur Disposition der Akteure und wäre in der Folge stets gerichtlich voll prüfbar.

[2282] Vergleichbare Bedenken finden sich in Bezug auf die Anwendung des Verhältnismäßigkeitsprinzips auf die Grundrechte, s. z.B. *Starck*, JZ 1996, 1033 (1039).
[2283] Vgl. nur *Bauer*, Die Bundestreue, 1992, S. 193 f. m.w.N.
[2284] Vgl. nur *Alexy*, VVDStRL 61 (2002), 7 (9 ff.); *da Silva*, in: Sieckmann, Die Prinzipientheorie, 2007, S. 215 (217 ff.) mit besonderem Fokus auf die Justitiabilität; kritisch z.B. *Starck*, JZ 1996, 1033 (1039).
[2285] Vgl. auch *Bethge*, DVBl. 1980, 309 (312 f.); *Kisker*, Insichprozeß und Einheit der Verwaltung, 1968, S. 38 ff.
[2286] *Alexy*, Theorie der Grundrechte, 2. Aufl. 1994, S. 79 ff.
[2287] *Alexy*, Theorie der Grundrechte, 2. Aufl. 1994, S. 82.
[2288] *Alexy*, Theorie der Grundrechte, 2. Aufl. 1994, S. 82.

Dieses Verständnis ist jedoch unzutreffend. Die Verfassung gibt keine strenge Linie vor, auf deren einer Seite die Gewalten strikt getrennt und eigenständig sein müssen und auf deren anderer Seite sie zwingend auf die Einheit des Staates hinwirken müssen. In der bisherigen Debatte um die Loyalitätspflichten wird dies mit Begriffspaaren wie politischem Stilgebot und Rechtsprinzip[2289] oder Funktions- und Kontrollnorm[2290] umschrieben. In der Terminologie der Prinzipientheorie übernehmen diese Funktion die strukturellen und epistemischen Spielräume.[2291]

Strukturelle Spielräume sind definiert durch die Abwesenheit von definitiven Geboten und Verboten.[2292] Darunter fallen Zwecksetzungsspielräume, Mittelwahlspielräume und Abwägungsspielräume.[2293] Epistemische Spielräume ergeben sich indes nicht daraus, was die Verfassung gebietet oder verbietet, sondern haben ihre Ursache in der Unsicherheit darüber, was die Verfassung gebietet, verbietet oder freistellt.[2294] Darunter fallen empirische und normative Erkenntnisspielräume.[2295]

Im Rahmen der Gewaltenloyalität tauchen beide Formen von Spielräumen auf: Hat eine Maßnahme ähnlich schwerwiegende Folgen für die Integration wie die Alternativmaßnahme für die Mäßigung und Hemmung der Staatsgewalt, ergibt sich eine Pattsituation.[2296] Eine solche Kollision entscheidet die Verfassung gerade nicht.[2297] Die Entscheidung ist somit freigestellt, mit der Folge eines strukturellen Abwägungsspielraumes.[2298] Dies entspricht der Gewaltenloyalität als reinem politischen Stilgebot.

Epistemische Spielräume können bei der Gewaltenloyalität entstehen, wenn entweder ungewiss ist, wie integrativ oder desintegrativ eine Maßnahme wirkt oder welche Folgen sie für die Autonomie der Gliederung hat – dann besteht ein empirischer Erkenntnisspielraum – oder sie können entstehen, wenn der normative, verfassungsrechtliche Gehalt der Gewaltenloyalität nicht eindeutig

---

[2289] *Schenke*, Die Verfassungsorgantreue, 1977, S. 34 f.
[2290] *Bauer*, Die Bundestreue, 1992, S. 369 f.; *Lorz*, Der Interorganrespekt, 2001, S. 575 ff.; *Schenke*, Die Verfassungsorgantreue, 1977, S. 34 f. jew. m.w.N.
[2291] *Alexy*, VVDStRL 61 (2002), 7 (15 ff.); vgl. auch *Borowski*, in: Clérico/Sieckmann, Grundrechte, Prinzipien und Argumentation, 2009, S. 99 (117 f.); *da Silva*, in: Sieckmann, Die Prinzipientheorie, 2007, S. 215 (221 ff.).
[2292] *Alexy*, VVDStRL 61 (2002), 7 (16).
[2293] *Alexy*, VVDStRL 61 (2002), 7 (17).
[2294] *Alexy*, VVDStRL 61 (2002), 7 (27).
[2295] *Alexy*, VVDStRL 61 (2002), 7 (27).
[2296] Parallel zur Grundrechtskonstellation *Alexy*, VVDStRL 61 (2002), 7 (22); vgl. auch *da Silva*, in: Sieckmann, Die Prinzipientheorie, 2007, S. 215 (221 ff.).
[2297] *Alexy*, VVDStRL 61 (2002), 7 (22).
[2298] *Alexy*, VVDStRL 61 (2002), 7 (22).

erkennbar ist – dann besteht ein normativer Erkenntnisspielraum. Letzterer stellt den wohl umstrittensten Punkt in Bezug auf Loyalitätsprinzipien dar, welcher sich typischerweise bei der Frage des justitiablen Gehalts niederschlägt.[2299]

c. Die Prinzipienkollision am Beispiel der Kritik am Bundesverfassungsgericht

Dies soll anhand eines gängigen Anwendungsbeispiels[2300] – etwas vereinfacht – veranschaulicht werden: Man nehme an, das Bundesverfassungsgericht trifft eine der Regierung unliebsame Entscheidung, woraufhin sich diese kritisch äußert. Rein aus der Sichtweise des Prinzips der Gewaltenloyalität ist die Kritik dazu geeignet, die Stellung des Bundesverfassungsgerichts zu schwächen.[2301] Somit wären der Äußerungsbefugnis der Bundesregierung durch die Gewaltenloyalität Grenzen gesetzt und die Kritik somit verboten. Dagegen fordert das Gewaltentrennungsprinzip eine kontrastierende Stellung der Gewalten.[2302] Demnach ist ein gewisses Maß an Auseinandersetzung zwischen den Organen gefordert. Eine solche wirkt nicht notwendig desintegrativ, sondern kann ihrerseits integrative Wirkung entfalten.[2303] Der Regierung stünde danach die Kritik am Bundesverfassungsgericht zu. Mithin besteht eine Prinzipienkollision, welche im konkreten Fall aufgelöst werden muss. Die wesentliche Bedingung, unter der in dieser Konstellation das eine Prinzip dem anderen vorgeht, ist insbe-

---

[2299] Vgl. oben C.I.5.b. und E.I.4. sowie unten F.V.1. und 2.

[2300] Zu dieser Konstellation *Lorz*, Interorganrespekt, 2001, S. 476 ff.; *Schulze-Fielitz*, AöR 122 (1997), 1 (27 f.); *Voßkuhle*, NJW 1997, 2216 (2217 f.); s.a. *Lovens*, Bundesverfassungsrichter, 2009, S. 76; vgl. bereits Statusdebatte BVerfG JöR 6 NF (1957), 194 (206 f.); vgl. auch BVerfG, Beschl. v. 20.07.2021 – 2 BvE 4, 5/20 = BVerfGE 159, 26 (34 f.); eine ähnliche, in der bundesrepublikanischen Historie besonders prominente Konstellation betrifft den Kruzifix-Beschluss des BVerfG v. 16.05.1995 – 1 BvR 1087/91 = BVerfGE 93, 1 ff. einschließlich der Reaktion der bayerischen Regierung, vgl. hierzu *Massing*, PVS 1995, 719 ff.; *Schaal*, Integration durch Verfassung, 2000. S. 119 ff. m.w.N., 124 ff.; über ebenfalls Kritik hinausgehend wäre das Überspielen der Entscheidung, vgl. hierzu nur BVerfG, Urt. v. 31.07.1973 – 2 BvF 1/73 = BVerfGE 36, 1 (15); *Schenke*, Die Verfassungsorgantreue, 1977, S.130 ff.

[2301] Im Zusammenhang mit dem Kruzifix-Beschluss wird von einem „Loyalitäts-GAU" gesprochen, *Massing*, PVS 1995, 719 (721); *Schaal*, Integration durch Verfassung, 2000, S. 128; s. zu dem Schwund der Integrationskraft des Bundesverfassungsgerichts im Rahmen dieser Entscheidung auch *Limbach*, in: Vorländer, Integration, 2002, S. 315 (317) m.w.N.

[2302] *Kisker*, Insichprozeß und Einheit der Verwaltung, 1968, S. 39 f.; *Ogorek*, JuS 2009, 511 (514) m.w.N.; *Ogorek*, in: BeckOK KommR Hessen, § 28 HessGO Rn. 39.

[2303] *Frankenberg*, in: Vorländer, Integration, 2002, S. 43 (53 ff., 56 ff.) m.w.N.; *Limbach*, in: Vorländer, Integration, 2002, S. 315 (320); *Lübbe-Wolff*, ZAR 2007, 121 (122 f., 126 f.); *Schaal*, Integration durch Verfassung, 2000, insb. S. 128 ff., 156 ff. 208 f.; *Vorländer*, in: Vorländer, Integration, 2002, S. 9 (22 f.); vgl. auch *Suhr*, Der Staat 17 (1978), 369 (386 f.); *Voßkuhle*, NJW 1997, 2216 (2217 f.); vgl. trotz der prinzipiell dem Pluralismus gegenüber eher kritischen Haltung bereits *Smend*, Verfassung und Verfassungsrecht (1928), in: ders., Staatsrechtliche Abhandlungen, 3. Aufl. 1994, S. 119 (154 ff.); ausführlich zu den unterschiedlichen Theorien zum Verhältnis zwischen Integration, Konsens und Konflikt *Frankenberg*, a.a.O., S. 43 (45 ff.) m.w.N.

sondere,[2304] ob die Kritik unsachlich war. Daraus ergibt sich ein Präferenzsatz, welcher besagt, dass das Prinzip der Gewaltenloyalität Vorrang genießt, wenn die Kritik unsachlich ist.

Die Linie zwischen Gebotenem und Verbotenem verläuft allerdings nicht strikt, sondern lässt Spielräume zu. Ungeachtet dessen, dass das Bundesverfassungsgericht diesen Fall nicht in eigener Sache entscheiden kann,[2305] trifft die Verfassung jenseits von Extremfällen in aller Regel keine Entscheidung. Sie steht nur einer weitreichenden Einschränkung der Äußerungsbefugnis einerseits und einer grenzenlosen Äußerungsbefugnis der Bundesregierung andererseits entgegen. Dazwischen besteht eine Pattsituation, welche einen strukturellen Entscheidungsspielraum eröffnet. Weiter sind die Grenzen der Äußerungsbefugnis nur schwer bestimmbar. Insofern besteht zusätzlich ein normativer epistemischer Spielraum.

Die so entstehenden Spielräume können auf unterschiedliche Art gefüllt werden: Die betreffenden Gliederungen können eine eigene Entscheidung setzen. Daneben bestehen – beschränkt – die Möglichkeiten der Konkretisierung durch eine Interorganvereinbarung[2306] und der einfachrechtlichen Konkretisierung durch den Gesetzgeber.[2307]

2. Prinzipientheorie und Rechtsausübungsschranke

Der Zusammenhang zwischen der Funktion als Rechtsausübungsschranke und der Einordnung als Prinzip im Sinne der Prinzipientheorie liegt auf der Hand: Durch die Kontrastorganstellung der Beteiligten kommen diesen subjektivierte Rechte zu.[2308] Diese sollen sie in die Lage versetzen, ihre Funktion im Verfassungsgefüge gegenüber anderen Gliederungen zu verteidigen.[2309] Daraus resultiert eine Funktion der Gewaltenloyalität, welche zwar weniger intensiv und deutlich schwächer gesichert ist, als die Funktion der Grundrechte als Abwehrrechte. Die grundlegende Systematik wird dadurch jedoch übertragbar.

[2304] Weitere Bedingungen sollen im Sinne der Übersichtlichkeit für das Beispiel außer Acht gelassen werden.
[2305] S. oben C.II.4.
[2306] Allgemein hierzu *Gebauer,* in: FS König, 2004, S. 341 (352 f.); *Lorz,* Interorganrespekt, 2001, S. 158 f., 573; speziell bzgl. der Mitwirkung der Länder in Angelegenheiten der Europäischen Union § 9 S. 2 EUZBLG i.d.F. v. 22.09.2009; zu Art. 89b Abs. 3 VerfRP *Edinger,* in: Brocker/Droege/Jutzi VerfRP Art. 89b Rn. 3; s.a. Protokoll-Nr. 19/48-G zu BT-Drs. 19/11151, S. 8.
[2307] Vgl. *Edinger,* in: Brocker/Droege/Jutzi, VerfRP Art. 89b Rn. 3.
[2308] SächsOVG, Beschl. v. 15.08.1996 – 3 S 465/96 = LKV 1997, 229 (Ls. 1, 2); *Kisker,* Insichprozeß und Einheit der Verwaltung, 1968, S. 38 ff.; *Kisker,* JuS 1975, 704 (708 f.); *Schoch,* in: Ehlers/Schoch, Rechtsschutz im Öffentlichen Recht, 2021, § 33 Rn. 15; vgl. auch *Friesenhahn,* Die Verfassungsgerichtsbarkeit, 1963, S. 39 f.
[2309] *Kisker,* Insichprozeß und Einheit der Verwaltung, 1968, S. 38 ff.

Prinzipen können folglich der Grund für die Einfügung einer Ausnahmeklausel für eine Regel sein.[2310] Dies wird insbesondere in Missbrauchskonstellationen relevant. Besteht eine Regel, welche ein bestimmtes Verhalten vorschreibt, welches somit eigentlich definitiv vorgenommen werden muss, kann eine teleologische Reduktion der Regel vorgenommen werden, wenn sich das Verhalten in einem bestimmten Fall als rechtsmissbräuchlich darstellt.

Ganz beiläufig löst sich durch die Anwendung der Prinzipientheorie die höchst strittige Frage der Anwendbarkeit des Verhältnismäßigkeitsgrundsatzes zwischen staatlichen Gliederungen.[2311] Die Verbindung zwischen Pflichten zu loyalem Verhalten und Verhältnismäßigkeit tauchte in der Vergangenheit bereits mehrfach in unterschiedlicher Form und Intensität, z.b. als (partielle) Grundlage, Ausprägung oder enger Verwandter der Loyalitätspflichten[2312] oder als Alternative[2313] hierzu auf. Regelmäßig wird die Anwendbarkeit des Verhältnismäßigkeitsgrundsatzes abgelehnt,[2314] aber dennoch werden entsprechende Ergebnisse über die Loyalitätspflichten erzielt.[2315] Dies erscheint unstimmig, wird jedoch weitgehend ignoriert. Bisweilen findet sich hingegen die Forderung, den Grundsatz der Verhältnismäßigkeit zur (Mit-)Anwendung zu bringen.[2316] Als anerkannt kann der Verhältnismäßigkeitsgrundsatz nur im Rahmen der kommunalen Selbstverwaltung gelten.[2317]

[2310] *Alexy*, Theorie der Grundrechte, 2. Aufl. 1994, S. 88.
[2311] S. zu dem Streit nur *Aust,* AöR 141 (2016), 415 (432 ff.); *Grzeszick*, in: Dürig/Herzog/Scholz GG, Art. 20 VII. Rn. 111; *Heusch,* Der Grundsatz der Verhältnismäßigkeit, 2003, passim; *Robbers*, in: BK GG, Art. 20 Rn. 989, 1911; *Sachs,* in Sachs GG, Art. 20 Rn. 70, 147.
[2312] S. nur *Kotzur*, in: v. Münch/Kunig GG, Art. 20 Rn. 101; *Kowalsky*, Die Rechtsgrundlagen der Bundestreue, 1970, S. 178 f.; 232 ff., 245; *Lerche*, Übermass und Verfassungsrecht, 1961, S. 160; *Robbers*, in: BK GG, Art. 20 Rn. 989; *Sachs*, in: Sachs GG, Art. 20 Rn. 70; *Sobota*, Das Prinzip Rechtsstaat, 1997, S. 516 f.; *Sommermann,* in: v. Mangoldt/Klein/Starck GG, Art. 20 Rn. 39, 284, 318; ähnlich *Bayer*, Die Bundestreue, 1961, S. 91 Fn. 53, der eine partielle Deckung erkennt; a.A. *Bauer*, Die Bundestreue, 1992, S. 239 ff.
[2313] *Fuß*, DÖV 1964, 37 (41); *Hesse*, Der unitarische Bundesstaat, 1962, S. 7.
[2314] BVerfG, Urt. v. 18.04.1989 – 2 BvF 1/82 = BVerfGE 79, 311 (341); BVerfG, Urt. v. 22.05.1990 – 2 BvG 1/88 = BVerfGE 81, 310 (Ls. 5); so wohl auch BVerfG, Urt. v. 17.01.2017 – 2 BvB 1/13 = BVerfGE 144, 20 (231); so auch *Lorz*, Interorganrespekt, 2001, S. 23; s. hierzu auch *Aust*, AöR 141 (2016), S. 415 (432 ff.); differenzierende a.A. *Grzeszick*, in: Dürig/Herzog/Scholz GG, Art. 20 VII. Rn. 111; *Heusch*, Der Grundsatz der Verhältnismäßigkeit, 2003, passim, insb. S. 86 ff., 93 f.; *Robbers*, in: BK GG, Art. 20 Rn. 1911; *Sachs*, in Sachs GG, Art. 20 Rn. 70, 147; im Bund-Länder-Verhältnis ablehnend, aber zwischen Staatsorganen mit subjektiven Rechten bejahend *Schulze-Fielitz*, in: Dreier GG, Art. 20 (Rechtsstaat), Rn. 188.
[2315] Vgl. BVerfG, Urt. v. 22.05.1990 – 2 BvG 1/88 = BVerfGE 81, 310 (338); *Fuß*, DÖV 1964, 37 (41); *Grzeszick*, in: Dürig/Herzog/Scholz GG, Art. 20 IV. Rn. 139.
[2316] *Grzeszick*, in: Dürig/Herzog/Scholz GG, Art. 20 IV. Rn. 139 m.w.N.; *Lerche*, Übermass und Verfassungsrecht, 1961, S. 160.
[2317] S. nur BVerfG, Beschl. v. 19.11.2014 – 2 BvL 2/13 = BVerfGE 138, 1 (19 f.) m.w.N.; *Becker*, in: BHKM, Öffentliches Recht in Bayern, 8. Aufl. 2022, Teil II Rn. 84; *Hellermann*, in:

Nach der Prinzipientheorie folgt der Verhältnismäßigkeitsgrundsatz mit seinen drei Teilprinzipien der Geeignetheit, Erforderlichkeit und Angemessenheit logisch aus dem Prinzipiencharakter und ist somit in diesem impliziert.[2318] Da Prinzipien im Rahmen der rechtlichen und tatsächlichen Möglichkeiten zu optimieren sind, hängt ihre Reichweite bei einer Prinzipienkollision von dem gegenläufigen Prinzip ab.[2319] Ist ein Mittel nicht geeignet, das durch das jeweilige Prinzip gesetzte Ziel zu erreichen, ist es bereits von diesem nicht gefordert.[2320] Wird durch seine Realisierung das gegenläufige Prinzip beeinträchtigt, kann dieses nicht optimiert werden.[2321] Das Mittel ist folglich verboten.[2322] Bestehen zwei Mittel, welche gleichermaßen geeignet sind, den Zweck zu erfüllen, von denen eines jedoch das gegenläufige Prinzip stärker beeinträchtigt, scheitert die Optimierung des gegenläufigen Prinzips ebenso, da bei Wahl des anderen Mittels ein höherer Erfüllungsgrad einträte.[2323] Die Geeignetheit und Erforderlichkeit ergeben sich somit aus dem Charakter der Prinzipien als Optimierungsgebote relativ auf die tatsächlichen Möglichkeiten.[2324] Sind die Geeignetheit und Erforderlichkeit gegeben, sind die Prinzipien im Wege der praktischen Konkordanz miteinander abzuwägen, damit beide Prinzipien so weit wie möglich zur Geltung kommen.[2325] In dieser Abwägung spiegelt sich die Angemessenheit wider.[2326] Diese Herleitung aus dem Prinzipiencharakter gilt nicht nur für die Grundrechte selbst, sondern bezieht sich gerade auch auf eine Abwägung mit anderen Prinzipien. Zusätzliche Stützen des Verhältnismäßigkeitsgrundsatzes heißt *Alexy* ausdrücklich willkommen.[2327] Jedoch schließen diese die Anwendbarkeit bei der Kollision dem Prinzip der Gewaltenteilung in seiner Ausformung als Trennungsgebot und der Gewaltenloyalität nicht aus und verbieten diese erst recht nicht. Vielmehr folgt auch in dieser Konstellation logisch die Anwendbarkeit aus deren Prinzipiencharakter. Der ausschlaggebende Unterschied zu den Grundrechten besteht darin, dass die Abwehrposition staatlicher Gliederungen nach der Kontrastorgantheorie erheblich schwächer ausgeprägt ist als diejenige, welche die Grundrechte dem Bürger gegenüber dem Staat vermitteln.

BeckOK GG, Art. 28 Rn. 38.2; *Mehde*, in: Dürig/Herzog/Scholz GG, Art. 28 Rn. 265 m.w.N.; *Robbers*, in: BK GG, Art. 20 Rn. 1910.
[2318] *Alexy*, Theorie der Grundrechte, 2. Aufl. 1994, S. 100.
[2319] *Alexy*, Theorie der Grundrechte, 2. Aufl. 1994, S. 100 f.
[2320] *Alexy*, Theorie der Grundrechte, 2. Aufl. 1994, S. 103.
[2321] *Alexy*, Theorie der Grundrechte, 2. Aufl. 1994, S. 103.
[2322] *Alexy*, Theorie der Grundrechte, 2. Aufl. 1994, S. 103.
[2323] *Alexy*, Theorie der Grundrechte, 2. Aufl. 1994, S. 102.
[2324] *Alexy*, Theorie der Grundrechte, 2. Aufl. 1994, S. 101.
[2325] *Alexy*, Theorie der Grundrechte, 2. Aufl. 1994, S. 79 ff., 101, 152.
[2326] *Alexy*, Theorie der Grundrechte, 2. Aufl. 1994, S. 101.
[2327] *Alexy*, Theorie der Grundrechte, 2. Aufl. 1994, S. 103 f.

Folglich kann festgehalten werden, dass auch die Rechtsausübungsschranke aus dem Prinzipiencharakter der Gewaltenloyalität folgt. Kommt es zur Prinzipienkollision, können dadurch ansonsten zulässige Mittel gesperrt werden.

3. Prinzipientheorie und Quelle für Rechte und Pflichten

Der umgekehrte Fall findet sich bei der Funktion als Quelle für Rechte und Pflichten. Sofern für das Funktionieren einer staatlichen Gliederung erforderlich ist, dass eine andere staatliche Gliederung sie unterstützt oder in sonst einer Form kooperiert, ist die entsprechende Handlung, beispielsweise eine Anhörung oder die Versorgung mit Informationen, zur Optimierung staatlicher Einheit und Funktionsfähigkeit geboten. Dies gilt wiederum nur im Rahmen einer Abwägung mit anderen Prinzipien, insbesondere dem Prinzip der Gewaltentrennung. Weiter besteht eine Pflicht bzw. ein damit korrespondierendes Recht nur, sofern kein Entscheidungsspielraum verbleibt.

V. Rechtsfolgen und Durchsetzbarkeit

Zuletzt bedürfen die Fragen der Rechtsfolgen und Durchsetzbarkeit der Klärung. Hierfür sollen zunächst zusammenfassend die übereinstimmenden, im Rahmen der Subprinzipien gesammelten Erkenntnisse unter dem Banner der Gewaltenloyalität vereinigt werden (1.). Anschließend sollen diese systematisiert werden (2.). Zuletzt sollen denkbare Rechtsschutzmöglichkeiten dargestellt werden (3.).

1. Status quo der Debatte um die Justitiabilität von Loyalitätspflichten

Nicht die gesamte Spannweite der Gewaltenloyalität ist gerichtlich überprüfbar. Dies liegt daran, dass erstens nicht der vollständige Anwendungsbereich der Gewaltenloyalität auf der Rechtsebene liegt, sondern ein Teil politischen Spielräumen unterfällt.[2328] Auch dieser verbleibende rechtsverbindliche Gehalt ist jedoch in mehrfacher Hinsicht der gerichtlichen Kontrolle entzogen: Erstens dürfen die Gerichte nicht in eigener Sache entscheiden.[2329] Diese Fallgruppe zieht eine eindeutige Grenze der Justitiabilität. Zweitens wurde vielfach eine Grenze des judicial self restraint beschworen.[2330] Diese ist schwieriger bestimmbar und mutet an, als dürfe das Gericht vollkommen frei bestimmen, wann es entscheiden will und wann nicht.[2331] Bei der Bestimmung der Grenze wurden häufig die

---

[2328] Vgl. oben C.I.5.
[2329] *Schwarz*, Verfassungsprozessrecht, 2021, § 14 Rn. 15; *Voßkuhle*, NJW 1997, 2216 (2218); s. hierzu auch oben C.II.4..
[2330] S. oben C.I.5.b und E.I.4.
[2331] Kritisch hierzu *Heun*, Funktionell-rechtliche Schranken, 1992, S. 11 f.; *Isensee*, in: Isensee/Kirchhof, HdbStR XII, 3. Aufl. 2014, § 268 Rn. 110; *Robbers*, in: BK GG, Art. 20 Rn. 3233 ff.; *Sauer*, Jurisdiktionskonflikte, 2008, S. 395 f.

Gesichtspunkte der Evidenz bzw. Offensichtlichkeit[2332] oder des Gewichts bzw. der Erheblichkeit[2333] angeführt. Begründet wird diese Beschränkung mit der verfassungsrechtlichen Funktionsordnung.[2334] Die Stellung der Gerichte als letzte Entscheidungsinstanz darf nicht dazu führen, dass die gerichtliche Entscheidung stets (ggf. gemeinverbindlich) die gesetzgeberische Entscheidung überlagern kann.[2335] Entsprechendes gilt für Entscheidungskompetenzen der Exekutive.[2336] Diese Diskrepanz kann auch unter die Begriffe der Funktions- und Kontrollnorm gefasst werden.[2337]

2. Systematisierung der „Ebenen" der Gewaltenloyalität

Eine scharfe Trennung zwischen Justitiablem und Nicht-Justitiablem ist – wie v.a. im Rahmen der Bundestreue dargelegt wurde[2338] – nicht angezeigt. Dem dennoch verbleibenden missliebigen Gefühl der Ungewissheit kann zumindest teilweise durch die Einordnung in die Prinzipientheorie Abhilfe geschaffen werden. Diese vermag eine ergänzende Erklärung zu liefern, warum und an welcher Stelle die Trennlinien verlaufen.

Die oberste Trennlinie verläuft vor der Rechtsordnung. Es geht folglich darum, was innerhalb und was außerhalb einer bestimmten Rechtsordnung angesiedelt ist. Typischerweise wird diese Unterscheidung bei der Problematik der Ungültigkeit von Prinzipien relevant.[2339] Ob dem Prinzip Geltung zukommt, entscheidet sich allein nach der zugrunde liegenden Rechtsordnung. Innerhalb der deutschen Rechtsordnung gilt das Prinzip der Gewaltenloyalität, wie zuvor nachgewiesen wurde.[2340] Weiter wird sie relevant, sofern das Prinzip der Gewaltenloyalität Forderungen an den Verfassungsgeber stellt, wie sie beispielsweise *Lorz* bisweilen postuliert.[2341]

Die zweite Trennlinie ergibt sich daraus, dass das Recht in dem Konflikt zwischen Integration und Dezentralisation häufig weder ein Gebot noch ein Verbot

---

[2332] S. nur *Borowski*, DÖV 2000, 481 (491); *Lorz*, Interorganrespekt, 2001, S. 580; ähnlich *Robbers*, in: BK GG, Art. 20 Rn. 1016; kritisch *Steinbach*, AöR 140 (2015), 367 (410).
[2333] Z.B. BVerfG, Urt. v. 30.07.1958 – 2 BvG 1/58 = BVerfGE 8, 122 (139); BVerfG, Beschl. 17.09.2013 – 2 BvR 2436/10, 2 BvE 6/08 = BVerfGE 134, 141 (196 f.); s. hierzu auch *Bauer*, Die Bundestreue, 1992, S. 339 m.w.N.
[2334] *Lorz*, Interorganrespekt, 2001, S. 425; so in Einkleidung als Alternative zum judicial self restraint auch *Heun*, Funktionell-rechtliche Schranken, 1992, S. 12 ff.
[2335] Vgl. *Forsthoff*, in: GS W. Jellinek, 1955, S. 221 (233); *Kment*, in: Jarass/Pieroth GG, Art. 93 Rn. 5 f.; *Robbers*, in: BK GG, Art. 20 Rn. 3227 ff.; *Wittig*, Der Staat 8 (1969), 137 (145 f.).
[2336] Vgl. *Möllers*, Gewaltengliederung, 2005, S. 163 ff.; *Wittig*, Der Staat 8 (1969), 137 (145 f.)
[2337] S. hierzu oben C.I.5.b.
[2338] S. oben C.I.5.b.
[2339] Vgl. *Alexy*, Theorie der Grundrechte, 2. Aufl. 1994, S. 94.
[2340] S. oben F.I.
[2341] *Lorz*, Der Interorganrespekt, 2001, S. 187 f., 629; vgl. zu dem Gedanken des Interorganrespekts bei der Systemwahl ebd., S. 181 ff.

vorgibt.[2342] Dieser zuvor bereits dargelegte strukturelle Spielraum gewährt somit politische Handlungsfreiheit. Besteht kein struktureller Spielraum, ist die Trennlinie zwischen politischer und rechtlicher Dimension erreicht. Die unterste Grenze in die Justitiabilitätsgrenze. Der rechtlich verbindliche, aber nicht justitiable Bereich (Funktionsnorm) deckt sich mit den epistemischen Spielräumen. Besteht weder ein struktureller noch ein epistemischer Spielraum, ist die Norm gerichtlich überprüfbar (Kontrollnorm).[2343] Für die Gewaltenloyalität sind epistemische Spielräume von immenser Bedeutung. Denn sie nehmen die polarisierende Frage in Angriff, inwieweit ein Gericht einschätzen kann, was überhaupt die Treue gebietet oder ob die (vermeintlich) treue Handlungsalternative tatsächlich integrative Wirkung entfaltet. Denn einerseits bestehen vielfach tatsächliche Unklarheiten hinsichtlich der eintretenden Folgen, andererseits zeigt die hoch umstrittene Debatte um Inhalt und Reichweite der Loyalitätsgebote,[2344] dass selbst in Fachkreisen nicht eindeutig ist, was die Verfassung gebietet. Beide Fälle können nicht ausschließlich durch die Gerichte letztverbindlich geklärt werden.[2345]

In einem letzten Schritt ist somit zu konkretisieren, welche Fälle nicht dem epistemischen Spielraum unterfallen und somit justitiabel sind. Erforderlich ist, dass eine hinreichende Klarheit besteht, welches Ge- oder Verbot die Verfassung vorsieht. Dies ist zunächst dann der Fall, wenn der Verstoß evident ist, insbesondere bei rechtsmissbräuchlichem Verhalten oder wenn eine vorsätzliche oder böswillige Schädigung vorliegt.[2346] Unterhalb der Evidenzschwelle stellen die Komplexität des Sachverhaltes, die Bedeutung des geforderten Verhaltens sowie die Schwere der Folgen die maßgeblichen Faktoren dar.[2347] Dies soll erläutert werden: Die Komplexität des Sachverhaltes lässt sich aufteilen in die Komplexität der Umstände – dann kommt ein empirischer epistemischer Spielraum in Betracht – und die Komplexität der Verfassungsauslegung in der konkreten Situation – dann kommt ein normativer epistemischer Spielraum in Betracht. Die Bestimmung, wann die rechtliche Lage so komplex ist, dass die Konkretisierungsbefugnis des Richters endet, ist eine Gratwanderung.

[2342] Vgl. auch *Denninger*, Staatsrecht, Bd. 2, 1979, S. 200 f.; *Heinz*, KritV 1989, 226 (238); *Schneider*, in: FS Zeidler, Bd. 1, 1987, S. 293 (312 f.).
[2343] Den Zusammenhang zwischen der Unterscheidung von Funktions- und Kontrollnormen und strukturellen und epistemischen Spielräumen legt *Alexy* selbst offen, *Alexy*, VVDStRL 61 (2002), 7 (13) – dort „Handlungs- und Kontrollnorm".
[2344] Vgl. v.a. oben C.I.3.a.bb.(2).
[2345] Vgl. nur *Lorenz*, WissR 11 (1978), 1 (22).
[2346] S. oben C.I.5.b.
[2347] Vgl. oben C.I.5.b.; vgl. auch *Zuck*, JZ 29 (1974), 361 (367).

Die Kriterien der Bedeutung des geforderten Verhaltens und der Schwere der Folgen gehören scheinbar dem strukturellen Spielraum zu, da sie die politische Abwägung verschiedener Maßnahmen betreffen. Dies ist jedoch nur insofern zutreffend, als es sich um den Bereich handelt, welcher keinem Ge- oder Verbot unterfällt. Indes ist häufig gerade unklar, ob die Verfassung ein Ge- oder Verbot statuiert.[2348] Hier verschieben diese Kriterien die Grenzen des epistemischen Spielraumes. Denn wenn die Folge besonders bedeutsam oder die Forderung für den Verpflichteten besonders schwerwiegend ist, ist eine gerichtliche Konkretisierung geboten.

Mithin bestehen dynamische Grenzen der Justitiabilität.[2349] Den staatlichen Gliederungen kommt in weiten Teilen die Aufgabe zu, die Gewaltenloyalität selbst zu konkretisieren. Ein Verstoß gegen die Gewaltenloyalität ist jedoch gerichtlich überprüfbar, wenn bestehende Spielräume überschritten sind.[2350] Wann dies der Fall ist, ist durch das Gericht anhand der Kriterien der Klarheit und Schwere des Verstoßes, der Komplexität der Umstände sowie die Bedeutsamkeit für die Akteure zu bestimmen. Im Zweifel gebietet der Grundsatz der Gewaltenloyalität jedoch gerichtliche Zurückhaltung.[2351]

3. Rechtsschutzmöglichkeiten

Die Rechtsschutzmöglichkeiten stellen an sich keine Besonderheit der Gewaltenloyalität dar, sollen aber dennoch in aller Kürze angesprochen werden, da insbesondere für die Bundestreue in der Vergangenheit die ausschließliche Prüfungskompetenz des Bundesverfassungsgerichts angenommen wurde.[2352] Dies ist ein Relikt der Forderung eines Verfassungsrechtsverhältnisses, da mit der Beteiligung von Bund und Ländern an einem Streit über Verfassungsrecht immer die doppelte Verfassungsunmittelbarkeit erfüllt war. Entfällt das Erfordernis des Verfassungsrechtsverhältnisses, ist regelmäßig der Verwaltungsrechtsweg eröffnet. Spätestens mit dem Einbezug kommunaler und verwaltungsrechtlicher Treuepflichten ist somit eine ausschließliche Prüfungskompetenz der Verfassungsgerichte passé, was sich bereits seit Langem in der verwaltungsgerichtlichen Praxis[2353] widerspiegelt.

[2348] Vgl. auch *Bauer*, Die Bundestreue, 1992, S. 369 f.
[2349] Bzgl. der Bundestreue kritisch gegenüber der Möglichkeit, eine generelle, umfassende und überzeugende Festlegung zu treffen *Bauer*, Die Bundestreue, 1992, S. 375 f.
[2350] Vgl. auch *Zuck*, JZ 29 (1974), 361 (367 f.).
[2351] So i.E. auch *Zuck*, JZ 29 (1974), 361 (367).
[2352] S. nur *Leisner*, in: FG 25 Jahre BVerfG I, 1976, S. 260 (280 ff.).
[2353] Exemplarisch für die Vielzahl an Entscheidungen der Verwaltungsgerichtsbarkeit zu Loyalitätspflichten BayVerfGH, Entsch. v. 15.12.1988 – Vf. 70 – VI/86 = NVwZ 1989, 551 (552); ThürOVG, Urt. v. 13.11.2013 – 4 KO 217/12, = ThürVBl. 2015, 238, juris Rn. 77; VGH BW,

Dies bedeutet, dass sich pauschale Aussagen über die Verfahrensart verbieten. Vielmehr ist in jedem Einzelfall nach den hergebrachten Differenzierungen vorzugehen. Zu unterscheiden ist insbesondere zwischen den verfassungsrechtlichen Rechtsbehelfen des Organstreitverfahrens oder des Bund-Länder-Streits und den verwaltungsgerichtlichen Verfahrensarten der VwGO.

Urt. v. 12.08.2014 – 9 S 1722/13, Ls. 2; OVG NRW, Beschl. v. 19.03.2004 – 15 B 522/04, Rn. 36; OVG NRW, Urt. v. 12.05.2021 – 15 A 2079/19, Rn. 56; s. auch in Bezug auf die Bundestreue nur BVerwG, Beschl. v. 02.09.2019 – 6 VR 2/19 = NVwZ 2020, 151 (156); früh bereits BVerwG, Urt. v. 10.01.1962 – V C 79.61 = BVerwGE 13, 271 (278).

G. Resümee

I.

Die Bundes- und Verfassungsorgantreue beruhen auf der gemeinsamen Wurzel der Integration. Wo mehrere Machtzentren bestehen, bedarf es eines Mechanismus, welcher die Einheit des Staates gewährleistet. Im Anschluss an die beiden Prinzipien wurde die Kommunaltreue entwickelt, welche die Einheit gleichsam zwischen dem Staat und den kommunalen Gliederungen sichert. Die Unionstreue baut ebenfalls auf nationalen Loyalitätspflichten auf, welche in mehreren Mitgliedsstaaten bestehen, ohne dass diese rechtlich unmittelbar daraus hergeleitet werden könnte. Auch sie hat ihren Bezugspunkt in der Einheitsbildung. Zwar ist die Union kein Staat, gleichwohl wird sie durch Integrationsprozesse stabilisiert und ständig aktualisiert. Obgleich über die Zeit hinweg immer wieder Kritik an den verschiedenen Loyalitätspflichten aufkam, konnten sich diese stets durchsetzen, da sie zumindest in einem gewissen Maße für die Erhaltung von Stabilität und Funktionalität unerlässlich sind.

II.

Die rechtliche Geltung der Bundestreue lässt sich theoretisch separat aus unterschiedlichen Ansätzen herleiten. Dazu zählen zunächst bundesstaatliche Ansätze, namentlich das Wesen des Bundesstaates, das Bundesstaatsprinzip gem. Art. 20 Abs. 1 GG, eine Herleitung aus Einzelnormen sowie unterschiedliche Varianten einer Gesamtschau der bundesstaatlichen Ordnung. Diese lassen sich jedoch nur theoretisch, praktisch aber nicht sinnvoll voneinander trennen und stehen in Wechselbezüglichkeit. Denkbar ist weiter die Herleitung als bereichsspezifische Ausprägung des Grundsatzes von Treu und Glauben sowie über die Integrationslehre. Obgleich diese Ansätze in Literatur und Praxis häufig für sich genommen zur Herleitung der Bundestreue herangezogen werden, sind deren Trennung und der Vorrang einer isolierten Herleitung nicht zu befürworten. So kann die Bundestreue ohne die Berücksichtigung der Ausgestaltung des Bundesstaates von vorneherein nicht sinnvoll gedacht werden, was sich auch darin widerspiegelt, dass der Grundsatz von Treu und Glauben nur als *bereichsspezifische* Ausprägung für die Herleitung herangezogen werden kann. Diesem Bereich der bundesstaatlichen Kompetenzordnung muss eine ebenso große Bedeutung beigemessen werden wie Treu und Glauben selbst. Weiter überzeugt es nicht, die Bundestreue rein an der geschriebenen Kompetenzordnung festzumachen. Vielmehr sind Treuepflichten nicht ohne Einbezug eines realitätsgetreuen Staatsverständnisses denkbar, welche dessen Wesen und deren Bedürfnisse greifbar macht. Ein solches vermag die Integrationslehre zu liefern. Der Verfassung liegt die Aufgabe zugrunde, auf die Einheit des Staates hinzuwirken. Dies kann nur gewährleistet werden, wenn dessen Untergliederungen sich nicht gegenseitig blockieren und im Geiste der Loyalität zusammenwirken. Mithin ist die Integration aus der Bundestreue gleichsam nicht hinwegzudenken. Sie steht in Wechselwirkung mit der bundesstaatlichen Dezentralisation und begründet so ein System der Vielfalt in der Einheit. Diese Zusammenhänge bieten nicht nur ein sinnvolles dogmatisches Gerüst für die Bundestreue, sondern verhelfen zudem zu einer schlüssigeren Anwendung des Grundsatzes.

III.

Die Verfassungsorgantreue kann parallel zu den Erwägungen im Rahmen der Bundestreue ebenfalls aus der Integrationslehre und dem Grundsatz von Treu und Glauben gewonnen werden. An die Stelle des Bundesstaatsprinzips tritt das Gewaltenteilungsprinzip. Noch deutlicher als bei der Bundestreue wird hierbei das Wechselspiel zwischen Integration und Verteilung von staatlicher Macht – hier in Form des Gewaltenteilungsgrundsatzes – sichtbar. Mithin ist auch bei der Verfassungsorgantreue ein Kombinationsansatz zur Herleitung des Grundsatzes zu befürworten, welcher die Dynamik zwischen Gewaltenteilung und Integration angemessen berücksichtigt und über die Brücke einer bereichsspezifischen Ausprägung von Treu und Glauben miteinander verbindet. Auf der Anwendungsebene wird deutlich, dass trotz vereinzelter Unterschiede, welche insbesondere auf die Intrapersonalität zurückzuführen sind, eine weitgehende Parallelität zwischen Bundes- und Verfassungsorgantreue besteht. Verbleibende Differenzen können durch die unterschiedliche Gewichtung der Herleitungssäulen berücksichtigt und erklärt werden, d.h. besonders durch die Intensität des Integrationsfaktors und die unterschiedliche Schwerpunktsetzung bei der Machtverteilung im Rahmen des Bundesstaatsprinzips einerseits und des Gewaltenteilungsprinzips andererseits.

IV.

Obgleich *Smend* sich auf die Treuepflichten zwischen Bundesgliedern und Verfassungsorganen beschränkte, erscheint eine Erweiterung des Loyalitätsgedankens auf die kommunale Ebene sinnvoll. Die Rolle der Gemeinden und sonstigen Kommunen als besonders bürgernahe Bezugspunkte des Volkes zum Staat erweisen sich als wichtig für den Integrationsprozess, indem sie für ein hohes Maß an Beteiligung des Einzelnen und eine gesteigerte Identifikation mit dem Staat sorgen. Dies spiegelt sich besonders durch die Ausgestaltung der kommunalen Selbstverwaltung wider, welche den Kommunen einen weiten eigenen Gestaltungsspielraum überlässt. Die kommunale Autonomie bedarf zum einen klassischerweise des Schutzes vor einem Übergreifen des Staates. Zum anderen werden die Kommunen durch die Einordnung als selbstständiges Glied im Staat jedoch verpflichtet auf den Staat Rücksicht zu nehmen. Die Beziehungen zwischen Staat und Kommune können nur unvollständig durch das Aufsichtsrecht gelöst werden. Zuletzt können Konflikte auch in dem Nebeneinander und Miteinander mehrerer Kommunen entstehen. In dem Raum zwischen den staatlich-kommunalen Gliederungen besteht mithin das Bedürfnis der Anwendung von Treuepflichten. Wiederum wird eine Form staatlicher Machtverteilung, hier in Form der kommunalen Selbstverwaltung, mit dem Integrationsziel verzahnt und als eine weitere bereichsspezifische Ausprägung von Treu und Glauben in die Form der Kommunaltreue gegossen. Innerhalb der Kommunen werden durch die Konstituierung von Kontrastorganen weitere Machtzentren gebildet, d.h. solche Organe, die sich als Gegenüber des anderen Organs im politischen Kräftespiel begreifen. Die Kontrastorgantheorie knüpft damit an eine funktionale Betrachtung des Gewaltenteilungsprinzips im weiteren Sinne an. Insofern kann die Organtreue auf Kommunalebene als kommunales Pendant der Verfassungsorgantreue begriffen werden.

V.

Erwartete man aufgrund des stark unterschiedlichen Rechtssystems der Europäischen Union und der Diversität ihrer Mitgliedsstaaten eine Grenze der zuvor ausgearbeiteten Systematik der Loyalitätspflichten, wird man überrascht. Nicht nur sind Ausprägungen der Unionstreue bereits vielerorts, insbesondere in Art. 4 Abs. 3 EUV und Art. 13 Abs. 2 S. 2 EUV ausdrücklich normiert. Darüber hinaus stellt die Europäische Union auch einen Vorreiter einer übergreifenden Loyalitätspflicht dar, welche zwischen sämtlichen Beteiligten des Unionsrechts Geltung entfaltet. Ein Vergleich der Herleitungsmethodik weist diverse Schwierigkeiten auf Unionsebene auf, welche darauf beruhen, dass die Union kein Staat ist und auch nicht von der Gewaltenteilung im klassischen Sinne gesprochen werden kann. Bei genauerer Untersuchung zeigt sich hingegen, dass die Integrationslehre eine Flexibilität aufweist, welche sie einer Fortentwicklung zugänglich macht. So kann sie auch im Unionsrecht befriedigende Antworten bieten. Dies lässt sich insbesondere damit begründen, dass der Integrationsprozess bereits nach seinen kulturphilosophischen Ursprüngen nicht auf den Staat beschränkt ist und sogar notwendig vorstaatliche Anknüpfungspunkte enthält. Somit finden sich für die Loyalitätspflichten wesentliche Elemente der Integrationslehre im Rahmen der europäischen Integration wieder. Die unterschiedliche Form der Gliederung von Gewalt erweist sich letztlich nicht als hinderlich. Mit dem institutionellen Gleichgewicht und der vertikalen Zuordnung von Hoheitsgewalt sieht auch die Europäische Union maßgebliche Elemente von checks and balances und Kompetenzverteilungen vor, welche die Beteiligten als sich gegenüberstehende Machtzentren positionieren. Diese Gewaltenteilungsmechanismen im weiteren Sinne stehen wiederum in Wechselwirkung mit der Einheitsbildung. Der Grundsatz von Treu und Glauben ist im zwischenstaatlichen Verkehr ohnehin allgegenwärtig und vermag den unionsrechtlichen Grundsatz loyaler Zusammenarbeit zu stützen. Mithin erweist sich auch auf europäischer Ebene eine Kombinationslösung als fruchtbar. Besonders die Offenheit und Allgemeinheit der Unionstreue bietet sich als Vorbild für eine vergleichbare Entwicklung auf nationaler Ebene an.

VI.

Somit finden sich zwischen sämtlichen untersuchten Loyalitätsgrundsätzen maßgebliche Parallelen. Allen Loyalitätspflichten liegt ein gemeinsamer Gedanke zugrunde, welcher auf das gesamte innerstaatliche Recht übertragen werden kann und somit zu dem Grundsatz der Gewaltenloyalität zwischen sämtlichen staatlichen Untergliederungen führt, denen eine autonome Position als Gegenüber einer anderen staatlichen Gliederung zukommt, welche sie gegen diese verteidigen können soll (modifizierte Kontrastorgantheorie). Diese leitet sich aus dem Gedanken der Gewaltenteilung im weiteren Sinne ab, welche auch jenseits einer klassischen Dreiteilung zwischen Legislative, Exekutive und Judikative darauf gerichtet ist, durch Hemmung und Kontrolle einerseits sowie eine funktions- und sachgerechte Verteilung staatlicher Gewalt die Freiheit des Bürgers und die Funktionsfähigkeit des Staates zu sichern. Sie trägt insofern den Gedanken der Loyalität in sich und verhindert, dass staatliche Untergliederungen sich gegenseitig blockieren und damit eine Zersetzung des Staates bewirken.

VII.

Dieser allgemeine Loyalitätsgrundsatz kann aufgrund seiner Anknüpfung an die Gewaltenteilung im weiteren Sinne – in Anlehnung an die im steuerrechtlichen Schrifttum zur Loyalität geprägten Terminologie – als Gewaltenloyalität bezeichnet werden. Dabei wird jedoch bewusst die Perspektive von dem im steuerrechtlichen Kontext überwiegenden Fokus auf die Verhältnisse zwischen Judikative, Exekutive und Legislative zu Gunsten umfassenderen Ansatzes abgewendet. Die Gewaltenloyalität sowie sämtliche ihr entspringende Subprinzipien lassen sich durch einen einzelnen Herleitungsansatz nicht hinreichend erklären und fundieren, sondern nur aus dem Zusammenspiel zwischen der in der Verfassung angelegten Gewaltenteilung im weiteren Sinne, dem Integrationsgedanken und dem Grundsatz von Treu und Glauben, welcher in der gesamten Rechtsordnung Wirkung entfaltet. Der Grundsatz von Treu und Glauben erfährt je nach Anwendungsgebiet eine bereichsspezifische Ausprägung durch das jeweils angelegte Wechselspiel zwischen Einheit und Kontrast.

VIII.

Eine mangelnde Verdeutlichung der Herleitung kann dazu führen, dass die Loyalitätspflichten nicht mehr greifbar sind und ausufern. Nicht jedes Rechtsverhältnis erfüllt diese Bedingungen und unterfällt somit unmittelbar Loyalitätspflichten. So kommt vor allem in hierarchisch geprägten Strukturen der Konfliktlösung über das Weisungsverhältnis Vorrang zu. Darüber hinaus birgt eine ungenaue Anknüpfung die Gefahr, Fälle unter die Gewaltenloyalität oder ihre Subprinzipien zu subsumieren, welche anderen Grundsätzen entspringen, die jedoch unter anderen Voraussetzungen mit der Loyalitätspflicht in einem Spannungsverhältnis stehen. Darunter fällt beispielsweise der Grundsatz effektiver Kompetenzwahrnehmung, der in vielen Fällen mit den Loyalitätspflichten gleichläuft, aber beispielsweise dann mit ihnen in einem Spannungsverhältnis steht, wenn die Effektivität ein schnelles und unkompliziertes Verfahren gebietet, die Loyalitätspflicht jedoch eine umfassende Mitwirkung gebietet, welche das Verfahren verlangsamt. Auch der Grundsatz der Organadäquanz ist im Hinblick auf die Herleitung auszuscheiden, da er sich lediglich auf die Gewaltenteilung stützt. Zwar weist dieser Bezugspunkte zur Gewaltenloyalität auf, er dient jedoch im Gegensatz zur Gewaltenloyalität dem Zweck der Kompetenzzuordnung und ist dieser vorgelagert. Die Gewaltenloyalität kann keine Kompetenzen begründen, sondern nur deren Gebrauch steuern, modifizieren und beschränken.

IX.

Die Gewaltenloyalität vermag bestehende Rechtslücken der überkommenen Treuegebote zu schließen und Widersprüche auflösen. So ergäbe sich beispielsweise im gerichtlichen Instanzenzug im Verhältnis zwischen dem betreffenden Gerichten und einem anderen Beteiligten trotz gleicher Ausgangslage im interpersonalen Verhältnis die Pflicht zu loyalem Verhalten, während im intrapersonalen Verhältnis aufgrund der Beschränkung auf Verfassungsorgane keine vergleichbare Verpflichtung bestünde. Weiter kann auch vermieden werden, dass diverse Nichtverfassungsorgane trotz eigenständiger, nicht weisungsgebundener Handlungsoptionen, keiner Treuepflicht unterliegen.

X.

Der kombinierte Herleitungsansatz lässt Flexibilität bei der Anwendung zu: So können Probleme bei der Bestimmung des Gehaltes der Loyalitätspflichten dadurch begrenzt werden, dass der zugrunde liegende Fall darauf untersucht wird, inwieweit eine striktere Trennung oder eine erhöhte Integrationsverpflichtung vorliegt. Eine weitere Begrenzung liegt in der sämtlichen Loyalitätspflichten innewohnenden Bindung und Prägung durch die Kompetenzordnung, welche sich insbesondere in der Akzessorietät und Subsidiarität bei der Rechtsanwendung niederschlägt, aber auch im Übrigen einen starken Bezug zu den einschlägigen Normen aufweist. So ist das Rechtsverhältnis zwischen den betreffenden Kontrastsubjekten genau zu betrachten. Damit reicht die Gewaltenloyalität nur so weit, wie die Kontraststellung der konkreten Gliederung dies gebietet. So bewirkt zum Beispiel die Stellung der Länder und Gemeinden, dass die Gewaltenloyalität selbst im Weisungsverhältnis grundsätzlich anwendbar ist, während Gliederungen, denen nur ein bestimmter Teilbereich autonomer Aufgabenwahrnehmung zukommt, sich im Weisungsverhältnis nicht auf die Gewaltenloyalität berufen können. Weiter beschränkt sich der Anwendungsbereich auf die Ausübung staatlicher Kompetenzen. Der Bürger ist somit nur Adressat der Gewaltenloyalität, wenn er funktional Hoheitsgewalt ausübt, insbesondere im Rahmen von Bürger- und Volksentscheiden.

XI.

Die Gewaltenloyalität erfordert keine subjektiven Elemente wie Vorsatz oder Böswilligkeit. Parallel zu den zivilrechtlichen Erkenntnissen zu Treu und Glauben können diese jedoch in die Abwägung mit einfließen. So kann ein objektiv nicht zu beanstandendes Handeln in einen Verstoß gegen die Gewaltenloyalität umschlagen, wenn diesem eine Schädigungsabsicht zugrunde liegt.

XII.

Sämtliche Loyalitätspflichten weisen die Funktionsmodi als Auslegungshilfe, Rechtsausübungsschranke und Quelle für Rechte und Pflichten auf. Diese sind nicht strikt voneinander zu unterscheiden und häufig kumulativ einschlägig, wobei der Schwerpunkt auf einem der Funktionsmodi liegen kann. Die Einteilung ist nicht zwingend, ermöglicht jedoch eine plastischere Darstellung, welche die Handhabung des Prinzips erleichtert. Sämtliche Funktionsmodalitäten lassen sich durch den Prinzipiencharakter der Gewaltenloyalität erklären.

XIII.

Die Gewaltenloyalität stellt ein Prinzip im Sinne der Prinzipientheorie nach *Alexy* dar und unterliegt damit einem Optimierungsgebot. Sie ist folglich im Rahmen der rechtlichen und tatsächlichen Möglichkeiten in möglichst hohem Maße zu realisieren. Gleichwohl bestätigt sich hierdurch nicht die Befürchtung eines Ausuferns. Der Rahmen rechtlicher Möglichkeiten bestimmt sich durch gegenläufige Prinzipien und Regeln. Sie sind miteinander abzuwägen. Besonders das gewaltentrennende und hemmende Moment der Gewaltenteilung setzt der Gewaltenloyalität hierbei Grenzen. Somit stellt die Gewaltenloyalität zugleich ein bedeutsames Ordnungsprinzip dar, welches jedoch nur selten der ausschlaggebende Faktor bei der Entscheidung konkreter Fälle ist.

XIV.

Die Gewaltenloyalität enthält mehrere Bedeutungsebenen, zwischen denen es zu unterscheiden gilt. Zum einen stellt sie übergreifenden Gedanken dar, welcher nicht an eine bestimmte Rechtsordnung gebunden und apriorischer Natur ist. Sie kann in diesem Sinne als Impuls für den Verfassungsgeber bei der Ausgestaltung der Funktionsordnung dienen, vermag aber ohne Umsetzung – typischerweise im Wege ungeschriebenen, mitgesetzten Rechts – keine rechtliche Geltung zu entfalten. Weiter lassen sich aus der Gewaltenloyalität politische Gebote ableiten, wenn die Verfassung einen strukturellen Spielraum eröffnet, d.h. weder ein Gebot noch ein Verbot enthält. Die Gewaltenloyalität entfaltet als politisches Gebot wiederum keine rechtliche Wirkung. Schließlich geht aus der Gewaltenloyalität ein Gehalt hervor, welcher sich in der Verfassung widerspiegelt und rechtliche Fragen betrifft. Dieser ist in vollem Umfang rechtsverbindlich, enthält jedoch epistemische Spielräume, welche dazu führen, dass trotz rechtlicher Verbindlichkeit nicht alle verbindlichen Gehalte der Gewaltenloyalität justitiabel sind.

XV.

Daraus folgt ein System, welches bisher in Ansätzen – insbesondere unter Anknüpfung an die Unterscheidung von Funktions- und Kontrollnormen – immer wieder erkannt wurde, zumeist jedoch im Stadium des Streits um die Natur, den Umfang und die Bedeutung der Loyalitätspflichten stecken blieb, nicht hingegen in einer notwendigen und konsequenten Differenzierung zwischen den unterschiedlichen Bedeutungsebenen. Wendet man diese Differenzierung strikt an, verbleiben zwar schwierige Abgrenzungsfragen. Diese sind jedoch zu akzeptieren, um der Gewaltenloyalität die notwendige Flexibilität und Dynamik einzuräumen. Schließlich hält die Gewaltenloyalität selbst die – wenn auch nur partielle – Lösung des Problems bereit, indem sie die betreffenden staatlichen Gliederungen zu gegenseitigem Respekt auf die Kompetenzen des anderen verpflichtet. So vermag die Gewaltenloyalität ihren umfassenden Zweck zu erfüllen, ohne das Recht und insbesondere die Rechtsprechung zu weitgehend mit politischen Gehalten aufzuladen. Sie vermag die staatlichen Gliederungen stets zu leiten und auf gegenseitige Rücksichtnahme und Kooperation einzuschwören, vermag die Einheit und Funktionsfähigkeit jedoch nötigenfalls justitiabel durchzusetzen. Aus der Gewaltenloyalität selbst ergibt sich hierbei für die Gerichte jedoch ein Zurückhaltungsgebot.

XVI.

Schließlich erklären sich durch die Einordnung als Prinzip die Parallelen zur Verhältnismäßigkeit, welche im Zusammenhang mit Loyalitätsgeboten immer wieder aufkamen. So wurde der Grundsatz der Verhältnismäßigkeit in der Vergangenheit zur Herleitung oder als Ersatz für die Loyalitätsgebote herangezogen oder aber zur Mitanwendung gebracht. Die Prinzipientheorie vermag das Ergebnis der Heranziehung der Verhältnismäßigkeit bei der Abwägung subjektivierter Rechte staatlicher Gliederungen aus der strukturellen Einordnung der Gewaltenloyalität als Prinzip schlüssig darzulegen.

Literaturverzeichnis

Achterberg, Norbert: Probleme der Funktionenlehre, München 1970, zit.: *Achterberg,* Funktionenlehre.

-: Die Rechtsordnung als Rechtsverhältnisordnung. Grundlegung der Rechtsverhältnistheorie, Berlin 1982, zit.: *Achterberg,* Die Rechtsordnung als Rechtsverhältnisordnung.

Adamovich, Ludwig: Verfassungsgerichtsbarkeit und Gewaltentrennung, in: Fürst, Walther/Herzog, Roman/Umbach, Dieter (Hrsg.), Festschrift für Wolfgang Zeidler, Berlin 1987, Band 1, S. 281–292.

Ahlers, Heidrun: Beteiligungsrechte im Verwaltungsverfahren unter Berücksichtigung der Grundrechte sowie der kommunalen Selbstverwaltungsgarantie, Osnabrück 1984, zit.: *Ahlers,* Beteiligungsrechte im Verwaltungsverfahren.

Alber, Matthias/Arendt, Hendrik/Faber, Charlotte u.a. (Hrsg.), Beck´sches Steuer- und Bilanzrechtslexikon, 65. Ed., München 2023, zit.: *Bearb.,* in: Beck´sches Steuer- und Bilanzrechtslexikon.

Alexy, Robert: Zum Begriff des Rechtsprinzips, in: Krawietz, Werner u.a. (Hrsg.), Argumentation und Hermeneutik in der Jurisprudenz, Rechtstheorie Beiheft 1, Berlin 1979, S. 59–87, zit.: *Alexy,* in: Rechtstheorie, Beiheft 1 (1979).

-: Theorie der Grundrechte, 2. Aufl., Frankfurt a. M. 1994, zit.: *Alexy,* Theorie der Grundrechte.

-: Verfassungsrecht und einfaches Recht – Verfassungsgerichtsbarkeit und Fachgerichtsbarkeit, VVDStRL 61 (2002), S. 7–30.

Anschütz, Gerhard: Die Verfassung des Deutschen Reichs vom 11. August 1919. Ein Kommentar für Wissenschaft und Praxis, 13. Aufl., Berlin 1930, zit.: *Anschütz,* RV.

v. Arnauld, Andreas: Gewaltenteilung jenseits der Gewaltentrennung. Das gewaltenteilige System in der Verfassungsordnung der Bundesrepublik Deutschland, ZParl 2001, S. 678–698.

Arndt, Adolf: Gesetzesrecht und Richterrecht, NJW 1963, S. 1273–1284.

-: Gesetzesrecht und Richterrecht. Festvortrag auf dem 32. Deutschen Anwaltstag 1963 in Goslar am 30. Mai 1963, in: Roellecke, Gerd (Hrsg.), Zur Problematik der höchstrichterlichen Entscheidung, Darmstadt 1982, S. 179–210, zit.: *Arndt,* in: Roellecke, zur Problematik der höchstrichterlichen Entscheidung.

Arndt, Klaus Friedrich: Parlamentarische Geschäftsordnungsautonomie und autonomes Parlamentsrecht, Berlin 1966, zit.: *Arndt,* Parlamentarische Geschäftsordnungsautonomie.

Aust, Helmut Philipp: Grundrechtsdogmatik im Staatsorganisationsrecht?, AöR 141 (2016), S. 415–448.

Baach, Florian: Parlamentarische Mitwirkung in Angelegenheiten der Europäischen Union. Die Parlamente Deutschlands und Polens im europäischen Verfassungsverbund, Tübingen 2008, zit.: *Baach,* Parlamentarische Mitwirkung.

Bachof, Otto: Verfassungswidrige Verfassungsnormen?, Tübingen 1951, zit.: *Bachof,* Verfassungswidrige Verfassungsnormen.

-: Ermessen und Sprachgebrauch, JZ 1956, S. 588–591.

Bäcker, Carsten: Gerechtigkeit im Rechtsstaat. Das Bundesverfassungsgericht an der Grenze des Grundgesetzes, Tübingen 2015, zit.: *Bäcker,* Gerechtigkeit im Rechtsstaat.

Badura, Peter: Staat, Recht und Verfassung in der Integrationslehre: Zum Tode von Rudolf Smend (15. Januar 1882 – 5. Juli 1975), Der Staat 16 (1977), S. 305–325.

-: Staatsrecht. Systematische Erläuterung des Grundgesetzes für die Bundesrepublik Deutschland, 7. Aufl., München 2018, zit.: *Badura,* Staatsrecht.

Barczak, Tristan: Geschichtliche Grundlagen deutscher Verfassungsstaatlichkeit, in: Stern, Klaus/Sodan, Helge/Möstl, Markus (Hrsg.), Das Staatsrecht der Bundesrepublik Deutschland im europäischen Staatenverbund, Band I, Grundlagen und Grundbegriffe des Staatsrechts, Strukturprinzipien der Verfassung, 2. Aufl., München 2022, § 4, S. 157–260, zit.: *Barczak,* in: Stern/Sodan/Möstl, Staatsrecht Bd. 1, § 4.

Bartlsperger, Richard: Die Integrationslehre Rudolf Smends als Grundlegung einer Staats- und Rechtstheorie, Erlangen 1964, zit.: *Bartlsperger,* Die Integrationslehre.

Battis, Ulrich: Bundesbeamtengesetz. Kommentar, 6. Aufl., München 2022, zit.: *Bearb.,* in: Battis BBG.

Bauer, Hartmut: Geschichtliche Grundlagen der Lehre vom subjektiven öffentlichen Recht, Berlin 1986, zit.: *Bauer,* Geschichtliche Grundlagen.

-: Die Bundestreue. Zugleich ein Beitrag zur Dogmatik des Bundesstaatsrechts und zur Rechtsverhältnislehre, Tübingen 1992, zit.: *Bauer,* Die Bundestreue.

-: Lehren vom Verwaltungsrechtsverhältnis, Tübingen 2022, zit.: *Bauer,* Lehren vom Verwaltungsrechtsverhältnis.

Bäumlin, Richard: Staat, Recht und Geschichte, Zürich 1961, zit.: *Bäumlin,* Staat, Recht und Geschichte.

-: Der Schweizerische Rechtsstaatsgedanke, ZBJV 101 (1965), S. 81–102.

Bayer, Hermann-Wilfried: Die Bundestreue, Tübingen 1961, zit.: *Bayer,* Die Bundestreue.

-: Drei Thesen zur Unvereinbarkeit des bayerischen kommunalen Wohnungssteuerverbots mit dem Grundgesetz, KStZ 1989, S. 181–187.

Becker, Jürgen: Gewaltenteilung im Gruppenstaat. Ein Beitrag zum Verfassungsrecht des Parteien- und Verbändestaates, Baden-Baden 1986, zit.: *Becker,* Gewaltenteilung im Gruppenstaat.

Becker, Ulrich/Hatje, Armin/Schoo, Johann/Schwarze, Jürgen (Hrsg.): EU-Kommentar, 4. Aufl., Baden-Baden 2019, zit.: *Bearb.,* in: Schwarze, EU-Kommentar.

Becker, Ulrich/Heckmann, Dirk/Kempen, Bernhard/Manssen, Gerrit: Öffentliches Recht in Bayern. Verfassungsrecht, Kommunalrecht, Polizei- und Sicherheitsrecht, Öffentliches Baurecht: Eine prüfungsorientierte Darstellung, 8. Aufl., München 2022, zit.: *Bearb.,* in: BHKM, Öffentliches Recht in Bayern.

Beckermann, Benedikt, Orts- und Stadtbezirksräte zwischen Selbstverwaltung und „Gemeindetreue", NdsVBl. 2018, S. 37–43.

-: Bürgerbegehren als kommunale Organe – Zugleich eine Anmerkung zu BVerfG, Beschl. v. 22.2.2019 - 2 BvR 2203/18, KommJur 2019, S. 445–448.

Behnke, Kurt: Die Gleichheit der Länder im deutschen Bundesstaatsrecht. Eine staatsrechtliche Studie auf rechtsvergleichender Grundlage, Berlin 1926, zit.: *Behnke,* Die Gleichheit der Länder.

Benda, Ernst: Das Verhältnis von Parlament und Bundesverfassungsgericht, in: Thaysen, Uwe/Davidson, Roger/Livingston, Robert (Hrsg.), US-Kongress und Deutscher Bundestag. Bestandsaufnahmen im Vergleich, Opladen, 1988, zit.: *Benda,* in: Thaysen/Davidson/Livingston, US-Kongress.

Benda, Ernst (Begr.)/*Klein, Eckart/Klein, Oliver:* Verfassungsprozessrecht, 4. Aufl., Heidelberg 2020, zit.: *Benda/Klein/Klein,* Verfassungsprozessrecht.

Benrath, Daniel: Die Konkretisierung von Loyalitätspflichten. Strukturen und Werkzeuge der Konkretisierung von Verfahrensregelungen in der EU durch den Grundsatz der loyalen Zusammenarbeit, Tübingen 2019, zit.: *Benrath,* Loyalitätspflichten.

Bergmann, Jan: Handlexikon der Europäischen Union, 6. Aufl., Baden-Baden 2022, zit.: *Bergmann,* Handlexikon EU.

Bergt, Anna-Theresa: Ausgewählte Fragen zur Gewaltenteilung, Wien 2010, zit.: *Bergt,* Ausgewählte Fragen zur Gewaltenteilung.

Bernhardt, Wilfried: Verfassungsprinzipien – Verfassungsgerichtsfunktionen – Verfassungsprozeßrecht im EWG-Vertrag. Zur Auslegung des Gemeinschaftsprozeßrechts, insbesondere der Bestimmungen über Zuständigkeit, Zugang und Entscheidungswirkungen, am Maßstab des Art. 164 EWGV, Berlin 1987, zit.: *Bernhardt,* Verfassungsprinzipien.

Bethge, Herbert: Der Umfang des Prüfungsmaßstabs des Bundesverfassungsgerichts im Verfahren der kommunalen Verfassungsbeschwerde, DÖV 1972, S. 155–160.

-: Probleme verwaltungsrechtlicher Organstreitigkeiten, Die Verwaltung 1975, S. 459–483.

-: Grundfragen innerorganisationsrechtlichen Rechtsschutzes. Einige Bemerkungen zu aktuellen Kontroversen über den dogmatischen Standort des verwaltungsrechtlichen Organstreits, DVBl. 1980, S. 309–315.

-: Parlamentsvorbehalt und Rechtssatzvorbehalt für die Kommunalverwaltung, NVwZ 1983, S. 577–580.

-: Buchbesprechung: Hartmut Bauer, Die Bundestreue, NJW 1994, S. 180.

-: Der Kommunalverfassungsstreit, in: Mann, Thomas/Püttner, Günter (Hrsg.), Handbuch der kommunalen Wissenschaft und Praxis, Band 1, Grundlagen und Kommunalverfassung, 3. Aufl., Wien 2007, § 28, S. 817–839, zit.: *Bethge,* in: Mann/Püttner HKWP I, § 28.

Bickenbach, Christian: Rudolf Smend (15.1.1882 bis 5.7.1975) - Grundzüge der Integrationslehre, JuS 2005, S. 588–591.

Bieber, Roland: Kooperation und Konflikt – Elemente einer Theorie des internen Organisationsrechts der EG, in: Bieber, Roland/Bleckmann, Albert u.a. (Hrsg.), Das Europa der zwei Generationen. Gedächtnisschrift für Christoph Sasse, Band 1, Baden-Baden 1981, S. 327–347.

-: Solidarität und Loyalität durch Recht. Der Beitrag des Rechts zur Entwicklung eines europäischen Wertsystems; Vortrag vor dem Gesprächskreis Politik und Wissenschaft des Forschungsinstituts der Friedrich-Ebert-Stiftung am 18. März 1997, Bonn 1997, zit.: *Bieber,* Solidarität und Loyalität.

Bilfinger, Carl: Betrachtungen über politisches Recht. Ein Beitrag zum Völkerrecht, Staatsrecht und Verwaltungsrecht, ZaöRV 1 (1929), S. 57–76.

v. Bismarck, Otto/bearb. v. Schüßler, Wilhelm: Die gesammelten Werke, Bd. 12, Reden, 1878 bis 1885, 2. Aufl., Berlin 1929, zit.: *v. Bismarck,* Die gesammelten Werke, Bd. 12.

Bismark, Hans: Grenzen des Vermittlungsausschusses, DÖV 1983, S. 269-279.

Bleckmann, Albert: Völkerrecht im Bundesstaat? Gedanken zum zweiten Coburg-Urteil des Bundesverfassungsgerichts vom 30. Januar 1973, in: Schweizerisches Jahrbuch für internationales Recht 29 (1973), S. 9–48.

-: Art. 5 EWG-Vertrag und die Gemeinschaftstreue, DVBl. 1976, S. 483–487.

-: Die Rechtsprechung des Europäischen Gerichtshofes zur Gemeinschaftstreue, RIW/AWD 1981, S. 653–655.

-: Zum Rechtsinstitut der Bundestreue – Zur Theorie der subjektiven Rechte im Bundesstaat, JZ 1991, S. 900–907.

-: Europarecht. Das Recht der Europäischen Union und der Europäischen Gemeinschaften, 6. Aufl., Köln 1997, zit.: *Bleckmann,* Europarecht.

Bleutge, Rolf: Der Kommunalverfassungsstreit, Berlin 1970, zit.: *Bleutge,* Der Kommunalverfassungsstreit.

Bluntschli, Johann Caspar: Lehre vom modernen Stat. Dritter Theil. Politik als Wissenschaft, Stuttgart 1876, zit.: *Bluntschli,* Lehre vom modernen Stat III.

Bochmann, Günter: Die verfassungsrechtlichen Grundlagen der Reföderalisierung des öffentlichen Dienstrechts und der Entwurf eines Gesetzes zur Regelung des Statusrechts der Beamtinnen und Beamten in den Ländern (Beamtenstatusgesetz – BeamtStG), ZBR 2007, S. 1–18.

Böckenförde, Christoph: Die sogenannte Nichtigkeit verfassungswidriger Gesetze. Eine Untersuchung über Inhalt und Folgen der Rechtssatzkontrollentscheidungen des Bundesverfassungsgerichts, Berlin 1966, zit.: *Böckenförde,* Die sogenannte Nichtigkeit.

Böckenförde, Ernst-Wolfgang: Die Organisationsgewalt im Bereich der Regierung. Eine Untersuchung zum Staatsrecht der Bundesrepublik Deutschland, Berlin 1964, zit.: *Böckenförde,* Die Organisationsgewalt.

-: Die verfassungstheoretische Unterscheidung von Staat und Gesellschaft als Bedingung der individuellen Freiheit, Opladen 1973, zit.: *Böckenförde,* Die verfassungstheoretische Unterscheidung von Staat und Gesellschaft.

-: Gesetz und gesetzgebende Gewalt. Von den Anfängen der deutschen Staatsrechtslehre bis zur Höhe des staatsrechtlichen Positivismus, 2. Aufl., Berlin 1981, zit.: *Böckenförde,* Gesetz und gesetzgebende Gewalt.

–: Recht, Staat, Freiheit. Studien zur Rechtsphilosophie, Staatstheorie und Verfassungsgeschichte. Frankfurt am Main, 1991, zit.: *Böckenförde,* Recht, Staat, Freiheit.

–: Staat, Verfassung, Demokratie. Studien zur Verfassungstheorie und zum Verfassungsrecht. Frankfurt a. M., 1991, zit.: *Böckenförde,* Staat, Verfassung, Demokratie.

v. Bogdandy, Armin: Rechtsfortbildung mit Artikel 5 EG-Vertrag. Zur Zulässigkeit gemeinschaftsrechtlicher Innovationen nach EG-Vertrag und Grundgesetz, in: Randelzhofer, Albrecht/Scholz, Rupert/Wilke, Dieter (Hrsg.), Gedächtnisschrift für Eberhard Grabitz, München 1995, S. 17–28.

Böhringer, Ayse-Martina/Marauhn, Thilo: Unionstreue, in: Schulze, Reiner/Janssen, André/Kadelbach, Stefan (Hrsg.), Europarecht. Handbuch für die deutsche Rechtspraxis, 4. Aufl., Baden-Baden 2020, § 7, S. 333–356, zit.: *Böhringer/Marauhn,* in: Schulze/Janssen/Kadelbach, Europarecht, § 7.

Bonk, Heinz Joachim: Zur Rolle der Justiz in Deutschland, in: Mehde, Veith/Ramsauer, Ulrich/Seckelmann, Margrit (Hrsg.), Staat, Verwaltung, Information. Festschrift für Hans Peter Bull zum 75. Geburtstag, Berlin 2011, S. 75–88.

Boos, Sabine: Entparlamentarisierung durch Sachverständigenkommissionen der Bundesregierung?, ZRP 2006, S. 66–67.

Borowski, Martin: Parlamentsgesetzliche Änderungen volksbeschlossener Gesetze, DÖV 2000, S. 481–491.

–: Die Bindung an Festsetzungen des Gesetzgerbers in der grundrechtlichen Abwägung, in: Clérico, Laura/Sieckmann, Jan-Reinard (Hrsg.), Grundrechte, Prinzipien und Argumentation. Studien zur Rechtstheorie Robert Alexys, Baden-Baden 2009, zit.: *Borowski,* in: Clérico/Sieckmann, Grundrechte, Prinzipien und Argumentation.

–: Grundrechte als Prinzipien, 3. Aufl., Baden-Baden 2018, zit.: *Borowski,* Grundrechte als Prinzipien.

Breuer, Rüdiger: Die öffentlichrechtliche Anstalt, VVDStRL 44 (1986), S. 211–243.

Brocker, Lars/Droege, Michael/Jutzi, Siegfried (Hrsg.): Verfassung für Rheinland-Pfalz. Handkommentar, 2. Aufl., Baden-Baden 2022, zit.: *Bearb.,* in: Brocker/Droege/Jutzi VerfRP.

Brockhoff, Hedin: Mehr Loyalität im Steuerrecht, Stbg 1979, S. 27–32.

Brohm, Winfried: Landeshoheit und Bundesverwaltung. Die Exemtion der Bundesverwaltung von der Landeshoheit – Vorfragen der Planung im Bundesstaat, Baden-Baden 1968, zit.: *Brohm, Landeshoheit und Bundesverwaltung.*

–: Zur Einführung: Strukturprobleme der planenden Verwaltung, JuS 1977, S. 500–506.

–: Verwirklichung überörtlicher Planungsziele durch Bauleitplanung, DVBl. 1980, S. 653–659.

–: Gemeindliche Selbstverwaltung und staatliche Raumplanung, DÖV 1989, S. 429–441.

Brüning, Christoph: Zur Reanimation der Staatsaufsicht über die Kommunalwirtschaft, DÖV 2010, S. 553–560.

–: Kommunale Selbstverwaltung, in: Kahl, Wolfgang/Ludwigs, Markus (Hrsg.), Handbuch des Verwaltungsrechts, Band III, Verwaltung und Verfassungsrecht, Heidelberg 2022, § 64, S. 255–298, zit.: *Brüning,* in: Kahl/Ludwigs, Hdb. Verwaltungsrecht, Bd. 3, § 64.

Brüning, Christoph/Vogelsang, Klaus: Die Kommunalaufsicht. Aufgaben – Rechtsgrundlagen – Organisation, 2. Aufl., Berlin 2009, zit.: *Brüning/Vogelsang, Die Kommunalaufsicht.*

Bryde, Brun-Otto: Verfassungsentwicklung. Stabilität und Dynamik im Verfassungsrecht der Bundesrepublik Deutschland, Baden-Baden 1982, zit.: *Bryde, Verfassungsentwicklung.*

–: Die Einheit der Verwaltung als Rechtsproblem, VVDStRL 46 (1988), S. 181–216.

Bucher, Peter (Bearb.): Der Parlamentarische Rat, 1948-1949; Akten und Protokolle, Bd. 2, Der Verfassungskonvent auf Herrenchiemsee, Boppard am Rhein 1981, zit.: *Bucher, Der Parlamentarische Rat, Bd. 2.*

Bühler, Joachim: Das Integrative der Verfassung. Eine politiktheoretische Untersuchung des Grundgesetzes. Baden-Baden, 2011 (überarbeitete Fassung der Dissertation, Berlin 2009), zit.: *Bühler, Das Integrative der Verfassung.*

Bullinger, Martin: Zum Verhältnis von Bundesaufsicht und Bundestreue, AöR 87 (1962), S. 488–495.

Burgi, Martin: Kommunalrecht, 6. Aufl., München 2019, zit.: *Burgi, KommR.*

Burkiczak, Christian/Dollinger, Franz-Wilhelm/Schorkopf, Frank (Hrsg.), Bundesverfassungsgerichtsgesetz, 2. Aufl., Heidelberg 2022, zit.: *Bearb.,* in: Burkiczak/Dollinger/Schorkopf BVerfGG.

Burmeister, Joachim: Vom staatsbegrenzenden Grundrechtsverständnis zum Grundrechtsschutz für Staatsfunktionen, Frankfurt a. M. 1971, zit.: Burmeister, Grundrechtsschutz für Staatsfunktionen.

Burmeister, Thomas/Wortha, André: Bürgerbegehren gegen Bauprojekte, VBlBW 2009, S. 412–419.

BVerfG: Bericht des Berichterstatters an das Plenum des Bundesverfassungsgerichts zur „Status"-Frage, JöR n.F. 6 (1957), S. 120–137.

–: Denkschrift des Bundesverfassungsgerichts. Die Stellung des Bundesverfassungsgerichts, JöR n.F. 6 (1957), S. 144–148.

–: Bemerkungen des Bundesverfassungsgerichts zu dem Rechtsgutachten von Professor Richard Thoma, JöR n.F. 6 (1957), S. 194–207.

Calliess, Christian: Konfrontation statt Kooperation zwischen BVerfG und EuGH? Zu den Folgen des Karlsruher PSPP-Urteils, NVwZ 2020, S. 897–904.

–: Erweiterung und Reform der Europäischen Union, EuZW 2023, S. 781–788.

Calliess, Christian/Ruffert, Matthias (Hrsg.): EUV/AEUV. Das Verfassungsrecht der Europäischen Union mit Europäischer Grundrechtecharta. Kommentar, 6. Aufl., München 2022, zit.: *Bearb.*, in: Calliess/Ruffert, EUV/AEUV.

Christie, George: The Model of Principles, Duke Law Journal 1968, S. 649–669.

Christonakis, Giorgos: Das verwaltungsprozessuale Rechtsschutzinteresse, Berlin 2004, zit.: *Christonakis,* Das verwaltungsprozessuale Rechtsschutzinteresse.

v. Coelln, Christian/Lindner, Josef Franz (Hrsg.): BeckOK Hochschulrecht Bayern, 26. Ed., München 2022, zit.: *Bearb.*, in: BeckOK HochschulR Bayern.

Cornils, Matthias: Gewaltenteilung, in: Depenheuer, Otto/Grabenwarter, Christoph (Hrsg.), Verfassungstheorie, Tübingen 2010, § 20, S. 657–702, zit.: *Cornils,* in: Depenheuer/Grabenwarter, Verfassungstheorie.

Crezelius, Georg: Rechtsprechungsüberholende Gesetzgebung und Gesetzgebungsüberholende Rechtsprechung, in: Carlé, Dieter/Korn, Klaus/Stahl, Rudolf (Hrsg.), Herausforderungen – Steuerberatung im Spannungsfeld der Teilrechtsordnungen. Festgabe für Günther Felix zum 60. Geburtstag, Köln 1989, S. 37–54.

Czybulka, Detlef: Die Legitimation der öffentlichen Verwaltung unter Berücksichtigung ihrer Organisation sowie der Entstehungsgeschichte zum Grundgesetz, Heidelberg 1989, zit.: *Czybulka,* Die Legitimation der öffentlichen Verwaltung.

da Silva, Virgílio Afonso: Prinzipientheorie, Abwägungskompetenzen und Gewaltenteilung, in: Sieckmann, Jan-Reinard (Hrsg.), Die Prinzipientheorie der Grundrechte. Studien zur Grundrechtstheorie Robert Alexys, Baden-Baden 2007, S. 215–230, zit.: *da Silva,* in: Sieckmann, Die Prinzipientheorie.

Daig, Hans-Wolfram: Die Rechtsprechung des Gerichtshofes der Europäischen Gemeinschaften zur unmittelbaren Wirkung von EWG-Bestimmungen auf die Rechtsbeziehungen zwischen Mitgliedstaaten und Gemeinschaftsbürgern. Zugleich ein Beitrag zur Frage des Rangverhältnisses zwischen Gemeinschaftsrecht und innerstaatlichem Recht, EuR 1970, S. 1–31.

v. Danwitz, Thomas: Der Grundsatz funktionsgerechter Organstruktur. Verfassungsvorgaben für staatliche Entscheidungsstrukturen und ihre gerichtliche Kontrolle, Der Staat 35 (1996), S. 329–350.

v. Danwitz, Thomas/v. Liszt, Franz /Kaskel, Walter (Begr.)*/Honsell, Heinrich/ Lerche, Peter* (Hrsg.): Europäisches Verwaltungsrecht, Heidelberg 2008, zit.: *v. Danwitz,* Europäisches Verwaltungsrecht.

Darnstädt, Thomas: Die Suche nach dem richtigen Weg. Die Auslegung des Grundgesetzes durch das Bundesverfassungsgericht, NJW 2019, S. 1580–1586.

Degenhart, Christoph: Staatsrecht I. Staatsorganisationsrecht. Mit Bezügen zum Europarecht, 39. Aufl., Heidelberg 2023, zit.: *Degenhart,* Staatsorganisationsrecht.

Deja, Michał: Die Besoldung und Versorgung der Beamten nach den Maßstäben des Alimentationsprinzips als Landeskompetenz, Berlin 2012, zit.: *Deja,* Besoldung und Versorgung.

Delbrück, Jost: Die Rolle der Verfassungsgerichtsbarkeit in der innenpolitischen Kontroverse um die Außenpolitik, in: Randelzhofer, Albrecht/Süß, Werner (Hrsg.), Konsens und Konflikt. 35 Jahre Grundgesetz. Vorträge und Diskussionen einer Veranstaltung der Freien Universität Berlin vom 6. bis 8. Dezember 1984, Berlin 1986, S. 54–67, zit.: *Delbrück,* in: Randelzhofer/Süß, Konsens und Konflikt.

Denninger, Erhard: Staatsrecht. Einführung in die Grundprobleme des Verfassungsrechts der Bundesrepublik Deutschland, Band 2, Funktionen und Institutionen, 1979, zit.: *Denninger,* Staatsrecht, Bd. 2.

Denninger, Erhard/Hoffmann-Riem, Wolfgang/Schneider, Hans-Peter/Stein, Ekkehart (Hrsg.): Kommentar zum Grundgesetz für die Bundesrepublik Deutschland, Bd. 2, 3. Aufl., Neuwied 2001, zit.: *Bearb.,* in: AK-GG.

Depenheuer, Otto: Buchbesprechung: Hartmut Bauer, Die Bundestreue, Die Verwaltung 28 (1995), S. 117–119.

Dernedde, Carl: Der Bund und die Länder, DV 1949, S. 315–317.

Desens, Marc: Bindung der Finanzverwaltung an die Rechtsprechung. Bedingungen und Grenzen für Nichtanwendungserlasse, Tübingen 2011, zit.: *Desens*, Bindung der Finanzverwaltung.

Deutelmoser, Anna/Pieper, Julia: Das parlamentarische Fragerecht – eine hypertrophe Entwicklung?, NVwZ 2020, S. 839–845.

Di Fabio, Udo: Gewaltenteilung, in: Isensee, Josef/Kirchhof, Paul (Hrsg.), Handbuch des Staatsrechts der Bundesrepublik Deutschland, Bd. II, § 27, S. 613–658, zit.: *Di Fabio*, in: Isensee/Kirchhof, HdbStR II, § 27.

Dietlein, Johannes: Die kommunale Selbstverwaltung, in: Stern, Klaus/Sodan, Helge/Möstl, Markus (Hrsg.), Das Staatsrecht der Bundesrepublik Deutschland im europäischen Staatenverbund, Band I, Grundlagen und Grundbegriffe des Staatsrechts, Strukturprinzipien der Verfassung, 2. Aufl., München 2022, § 17, S. 747–794, zit.: *Dietlein*, in: Stern/Sodan/Möstl, Staatsrecht Bd. 1, § 17.

Dietlein, Johannes/Heusch, Andreas (Hrsg.): BeckOK Kommunalrecht Nordrhein-Westfalen, 27. Ed., München 2024, zit.: *Bearb.*, in: BeckOK KommR NRW.

Dietlein, Johannes/Mehde, Veith (Hrsg.): BeckOK Kommunalrecht Niedersachsen, 28. Ed., München 2024, zit.: *Bearb.*, in: BeckOK KommR Nds.

Dietlein, Johannes/Ogorek, Markus (Hrsg.): BeckOK Kommunalrecht Hessen, 26. Ed., München 2024, zit.: *Bearb.*, in: BeckOK KommR Hessen.

Dietlein, Johannes/Pautsch, Arne (Hrsg.): Beck´scher Online Kommentar Kommunalrecht Baden-Württemberg, 24. Ed., München 2024, zit.: *Bearb.*, in: BeckOK KommR BW.

Dietlein, Johannes/Suerbaum, Joachim (Hrsg.): BeckOK Kommunalrecht Bayern, 21. Ed., München 2024, zit.: *Bearb.*, in: BeckOK KommR Bayern.

Dietlein, Max Josef: Der Dispositionsrahmen des Vermittlungsausschusses, NJW 1983, S. 80–89.

–: Vermittlung zwischen Bundestag und Bundesrat, in: Schneider, Hans-Peter/ Zeh, Wolfgang (Hrsg.), Parlamentsrecht, § 57, S. 1565–1578, Berlin 1989, zit.: *Dietlein*, in: Schneider/Zeh, Parlamentsrecht, § 57.

Dietz, Sara: Die europarechtsfreundliche Verfassungsidentität in der Kontrolltrias des Bundesverfassungsgerichts, AöR 142 (2017), S. 78–132.

Dittmann, Armin: Verfassungshoheit der Länder und bundesstaatliche Verfassungshomogenität, in: Isensee, Josef/Kirchhof, Paul (Hrsg.), Handbuch des Staatsrechts der Bundesrepublik Deutschland, Bd. VI, § 127, S. 201–230, zit.: *Dittmann,* in: Isensee/Kirchhof, HdbStR VI, § 127.

Dörr, Oliver: Der europäisierte Rechtsschutzauftrag deutscher Gerichte. Artikel 19 Absatz 4 GG unter dem Einfluß des europäischen Unionsrechts, Tübingen 2003, zit.: *Dörr,* Der europäisierte Rechtsschutzauftrag.

Dreier, Horst: Integration durch Verfassung? Rudolf Smend und die Grundrechtsdemokratie, in: Hufen, Friedhelm (Hrsg.), Verfassungen. Zwischen Recht und Politik. Festschrift zum 70. Geburtstag für Hans-Peter Schneider, Baden-Baden 2008, S. 70–96.

-: Hierarchische Verwaltung im demokratischen Staat. Genese, aktuelle Bedeutung und funktionelle Grenzen eines Bauprinzips der Exekutive, Tübingen 1991, zit.: *Dreier,* Hierarchische Verwaltung.

-: Staatsrecht in Demokratie und Diktatur Studien zur Weimarer Republik und zum Nationalsozialismus, Tübingen 2016, zit.: *Dreier,* Staatsrecht in Demokratie.

-: Grundgesetz-Kommentar, Band II, 3. Aufl., Tübingen 2015, zit.: *Bearb.,* in: Dreier GG.

Droege, Michael: Integration, in: Heun, Werner/Honecker, Martin/Morlok, Martin/Wieland, Joachim (Hrsg.), Evangelisches Staatslexikon, 4. Aufl., Stuttgart 2006, zit.: *Droege,* in: Evangelisches Staatslexikon.

Drüen, Klaus-Dieter: Rückwirkende Nichtanwendungsgesetze im Steuerrecht, StuW 2015, S. 210–221.

Dürig, Günter/Herzog, Roman/Scholz, Rupert (Hrsg.): Grundgesetz. Kommentar, 102. EL, München August 2023, zit.: *Bearb.,* in: Dürig/Herzog/Scholz GG.

Durner, Wolfgang/Hillgruber, Christian: Review of the Balance of Competences. Wie das föderale Gleichgewicht zwischen der Union und ihren Mitgliedstaaten aus den Fugen geraten ist und wie man es wiederherstellen könnte, ZG 2014, S. 105–135.

Dürr, Hansjochen: Das Gebot der Rücksichtnahme – eine Generalklausel des Nachbarschutzes im öffentlichen Baurecht, NVwZ 1985, S. 719–723.

Duvenbeck, Wilhelm: Interkommunale Zusammenarbeit und Art. 28 Abs. 2 GG, Münster 1966, zit.: *Duvenbeck,* Interkommunale Zusammenarbeit.

Ebsen, Ingwer: Das Bundesverfassungsgericht als Element gesellschaftlicher Selbstregulierung, Berlin 1985, zit.: *Ebsen,* Das Bundesverfassungsgericht.

Eckhardt, Wolfram: Die Rechtsstellung des bayerischen Gemeinderats im Vergleich zur Rechtsstellung von Gemeindevertretungen in den übrigen Bundesländern, 1969, zit.: *Eckhardt,* Die Rechtsstellung des bayerischen Gemeinderats.

Egli, Patricia: Die Bundestreue. Eine rechtsvergleichende Untersuchung, Zürich 2010, zit.: *Egli,* Die Bundestreue.

Ehmke, Horst: Prinzipien der Verfassungsinterpretation, VVDStRL 20 (1961), S. 53–102.

-: „Staat" und „Gesellschaft" als verfassungstheoretisches Problem, in: Hesse, Konrad/Reicke, Siegfried/Scheuner, Ulrich (Hrsg.), Staatsverfassung und Kirchenordnung. Festgabe für Rudolf Smend zum 80. Geburtstag am 15. Januar 1962, S. 23–49.

Ehlers, Dirk: Die Klagearten und besonderen Sachentscheidungsvoraussetzungen im Kommunalverfassungsstreitverfahren, NVwZ 1990, S. 105–112.

Ehlers, Dirk/Fehling, Michael/Pünder, Hermann (Hrsg.): Besonderes Verwaltungsrecht, Band 3. Kommunalrecht, Haushalts- und Abgabenrecht, Ordnungsrecht, Sozialrecht, Bildungsrecht, Recht des öffentlichen Dienstes, 4. Aufl., Heidelberg 2021, zit.: *Bearb.,* in: Ehlers/Fehling/Pünder, Besonderes Verwaltungsrecht, Bd. 3.

Ehlers, Dirk/Schoch, Friedrich: Rechtsschutz im Öffentlichen Recht, München 2021, zit.: *Bearb.,* in: Ehlers/Schoch, Rechtsschutz im Öffentlichen Recht.

Engel, Christoph: Völkerrecht als Tatbestandsmerkmal deutscher Normen, Berlin 1989, zit.: *Engel,* Völkerrecht als Tatbestandsmerkmal.

Engelken, Klaas: Kann ein Volksbegehren Sperrwirkung für Gesetzgebung und Regierung haben? Folgen von Verfassungsänderungen und freiem Unterschriftensammeln – Zugleich Besprechung der Urteile des Hamburgischen Verfassungsgerichts vom 15. Dezember 2003 und 15. Dezember 2004, DVBl. 2005, S. 415–423.

Engels, Andreas/Krausnick, Daniel: Kommunalrecht, 2. Aufl., Bade-Baden 2020, zit.: *Engels/Krausnick,* KommR.

Epiney, Astrid: Gemeinschaftsrecht und Föderalismus: „Landes-Blindheit" und Pflicht zur Berücksichtigung innerstaatlicher Verfassungsstrukturen, EuR 1994, S. 301–324.

-: Föderalismus in der EU – einige Überlegungen auf der Grundlage des Verfassungsentwurfs, in: Zuleeg, Manfred (Hrsg.), Die neue Verfassung der Europäischen Union, Baden-Baden 2005, S. 47–67, zit.: *Epiney*, in: Zuleeg, Die neue Verfassung der Europäischen Union.

Epping, Volker/Hillgruber, Christian (Hrsg.): BeckOK Grundgesetz, 57. Ed., München 2024, zit.: *Bearb.*, in: BeckOK GG.

Erbguth, Wilfried/Mann, Thomas/Schubert, Mathias: Besonderes Verwaltungsrecht. Kommunalrecht, Polizei- und Ordnungsrecht, Baurecht, 13. Auf., Heidelberg 2019, zit.: *Erbguth/Mann/Schubert,* Besonderes Verwaltungsrecht.

Erichsen, Hans-Uwe: Der Innenrechtsstreit, in: Erichsen, Hans-Uwe/Hopper, Werner/v. Mutius, Albert (Hrsg.), System des verwaltungsgerichtlichen Rechtsschutzes. Festschrift für Christian-Friedrich Menger zum 70. Geburtstag, Köln 1985, S. 211–233.

Erichsen, Hans-Uwe/Biermann, Christian: Der Kommunalverfassungsstreit, Jura 1997, S. 157–162.

Erichsen, Hans-Uwe/Scherzberg, Arno: Verfassungsrechtliche Determinanten staatlicher Hochschulpolitik, NVwZ 1990, S. 8–17.

Ermacora, Felix: Allgemeine Staatslehre. Vom Nationalstaat zum Weltstaat. Zweiter Teilband, Berlin 1970, zit.: *Ermacora,* Allgemeine Staatslehre, Bd. 2.

Esser, Josef: Grundsatz und Norm in der richterlichen Fortbildung des Privatrechts, 4. Aufl., Tübingen 1990, zit.: *Esser,* Grundsatz und Norm.

Everling, Ulrich: Elemente eines europäischen Verwaltungsrechts, DVBl. 1983, S. 649–658.

Faller, Hans Joachim: Das Prinzip der Bundestreue in der Rechtsprechung des Bundesverfassungsgerichts, in: Lerche, Peter/Zacher, Hans/Badura, Peter (Hrsg.), Festschrift für Theodor Maunz zum 80. Geburtstag am 1. September 1981, München 1981, S. 53–69.

Fassbender, Bardo: Wissen als Grundlage staatlichen Handelns, in: Isensee, Josef/Kirchhof, Paul (Hrsg.), Handbuch des Staatsrechts der Bundesrepublik Deutschland, Bd. IV, 3. Aufl., Heidelberg 2006, § 76, S. 243–312, zit.: *Fassbender,* in: Isensee/Kirchhof, HdbStR IV, § 76.

Felix, Günther: Zur Zulässigkeit von Verwaltungsanweisungen über die Nichtanwendung von Urteilen des Bundesfinanzhofs, StuW 1979, S. 65–76.

–: Zur steuergerichtlichen Verwerfungskompetenz steuerwidriger Steuernormen. Dargestellt am Beispiel steuerlicher Nichtanwendungsgesetze, BB 1988, S. 1500–1502.

Flume, Werner: Richter und Recht, in: Roellecke, Gerd (Hrsg.), Zur Problematik der höchstrichterlichen Entscheidung, Darmstadt 1982, S. 242–280, zit.: *Flume,* in: Roellecke, zur Problematik der höchstrichterlichen Entscheidung.

-: Allgemeiner Teil des Bürgerlichen Rechts, Erster Band, Zweiter Teil. Die juristische Person, Berlin 1983, zit.: *Flume,* BGB AT I 2, Die juristische Person.

Forsthoff, Ernst: Über Maßnahme-Gesetze, in: Bachof, Otto/Drath, Martin/Gönnewein, Otto/Walz, Ernst (Hrsg.), Gedächtnisschrift für Walter Jellinek, Forschungen und Berichte aus dem Öffentlichen Recht, München, 1955, S. 221–236.

Frank, Götz/Heinicke, Thomas: Die Auswirkungen der Föderalismusreform auf das öffentliche Dienstrecht - das neue Spannungsfeld von Solidarität, Kooperation und Wettbewerb zwischen den Ländern, ZBR 2009, S. 34–39.

Frankenberg, Günter: Zur Rolle der Verfassung im Prozess der Integration, in: Vorländer, Hans (Hrsg.), Integration durch Verfassung, Wiesbaden 2002, S. 43–69, zit.: *Frankenberg,* in: Vorländer, Integration.

Franzius, Claudio: 70 Jahre Grundgesetz und Europa: Passt das zusammen?, EuR 2019, S. 365–383.

Friedrich, Manfred: Rudolf Smend. 1882–1975, AöR 112, S. 1–26.

Friesenhahn, Ernst: Über Begriff und Arten der Rechtsprechung unter besonderer Berücksichtigung der Staatsgerichtsbarkeit nach dem Grundgesetz und den westdeutschen Landesverfassungen, in: Festschrift für Richard Thoma zum 75. Geburtstag am 19. Dezember 1949, Tübingen 1950, S. 21–69.

-: Die Verfassungsgerichtsbarkeit in der Bundesrepublik Deutschland, Köln 1963, zit.: *Friesenhahn,* Die Verfassungsgerichtsbarkeit.

-: Die verfassungsrechtliche Garantie der kommunalen Selbstverwaltung in der Bundesrepublik Deutschland und im Land Nordrhein-Westfalen und die Rechtsprechung der Verfassungsgerichte, in: Saladin, Peter/Wildhaber, Lucius (Hrsg.), Der Staat als Aufgabe. Gedenkschrift für Max Imboden, Basel 1972, S. 115–138.

Frowein, Jochen: Die selbständige Bundesaufsicht nach dem Grundgesetz, Bonn 1961, zit.: *Frowein,* Die selbständige Bundesaufsicht.

Führ, Martin: GK-BImSchG. Gemeinschaftskommentar zum Bundes-Immissionsschutzgesetz, 2. Aufl., Köln 2019, zit.: *Bearb.,* in: Führ, GK BImSchG.

Fuß, Ernst-Werner: Die Nichtigerklärung der Volksbefragungsgesetze von Hamburg und Bremen, AöR 83 (1958), S. 383–422.

-: Die Bundestreue – ein unentbehrlicher Rechtsbegriff?, DÖV 1964, S. 37–42.

Füßer, Klaus/Lau, Marcus: Gesicherte Nahversorgung, zentrenorientierte Einzelhandelssteuerung und die Rolle der Gemeinden: Bauplanungsrechtlich-steuerungstheoretische Betrachtungen zwischen Planungseuphorie und -skepsis, UPR 2012, S. 418–424.

Gärditz, Klaus Ferdinand: Die gerichtliche Kontrolle behördlicher Tatsachenermittlung im europäischen Wettbewerbsrecht zwischen Untersuchungsmaxime und Effektivitätsgebot, AöR 139 (2014), S. 329–383.

Gattermann, Hans Hermann: Bundesfinanzhof und Gesetzgebung – wechselseitiger Einfluß, in: Klein, Franz (Hrsg.), Festschrift 75 Jahre Reichsfinanzhof – Bundesfinanzhof, Bonn 1993, S. 91–103.

Gebauer, Klaus-Eckart: Verfassungsergänzende Vereinbarungen zwischen Parlament und Regierung, in: Benz, Arthur/Siedentopf, Heinrich/Sommermann, Karl-Peter (Hrsg.), Institutionenwandel in Regierung und Verwaltung, Festschrift für Klaus König zum 70. Geburtstag, Berlin 2004, S. 341–353.

Geiger, Rudolf/Khan, Daniel-Erasmus/Kotzur, Markus/Kirchmair, Lando (Hrsg.): EUV/AEUV. Vertrag über die Europäische Union, Vertrag über die Arbeitsweise der Europäischen Union, Kommentar, 7. Aufl., München 2023, zit.: *Bearb.,* in: Geiger/Khan/Kotzur/Kirchmair.

Geiger, Willi: Die Bundesverfassungsgerichtsbarkeit in ihrem Verhältnis zur Landesverfassungsgerichtsbarkeit und ihre Einwirkung auf die Verfassungsordnung der Länder, in: Verfassung und Verwaltung in Theorie und Wirklichkeit. Festschrift für Herrn Geheimrat Professor Dr. Wilhelm Laforet anläßlich seines 75. Geburtstages, München 1952, S. 251–267.

–: Das Bund-Länder-Verhältnis in der Rechtsprechung des Bundesverfassungsgerichts, BayVBl. 1957, S. 337–343.

–: Die wechselseitige Treuepflicht von Bund und Ländern, in: Süsterhenn, Adolf (Hrsg.), Föderalistische Ordnung. Ansprachen und Referate der vom Bund Deutscher Föderalisten und vom Institut für Staatslehre und Politik e. V. am 9. und 10. März 1961 in Mainz veranstalteten staatswissenschaftlichen Arbeitstagung, Koblenz 1961, zit.: *Geiger,* in: Süsterhenn, Föderalistische Ordnung.

Geis, Max-Emanuel: Der Methoden- und Richtungsstreit in der Weimarer Staatslehre, JuS 1989, S. 91–96.

–: Kommunalrecht. Ein Studienbuch, 6. Aufl., München 2023, zit.: *Geis,* Kommunalrecht.

v. Gerber, Carl Friedrich Wilhelm: Grundzüge des deutschen Staatsrechts, 3. Aufl., Leipzig 1880, zit.: *v. Gerber,* Grundzüge des deutschen Staatsrechts.

Gern, Alfons/Brüning, Christoph: Deutsches Kommunalrecht, 4. Aufl., Baden-Baden 2019, zit.: *Gern/Brüning,* Deutsches Kommunalrecht.

Gierke, Otto: Labands Staatsrecht und die deutsche Rechtswissenschaft, Schmollers Jahrbuch für Gesetzgebung, Verwaltung und Volkswirtschaft im Deutschen Reich VII (1883), S. 1097–1195.

Giese, Friedrich/Schunck, Egon: Grundgesetz für die Bundesrepublik Deutschland vom 23. Mai 1949, 9. Aufl., Frankfurt a. M. 1979, zit.: *Giese/Schunck,* Grundgesetz.

Gilbert, Josef: Das Gesetz über die kommunale Zusammenarbeit, BayVBl. 1967, S. 37–44.

Glaser, Erhard (Hrsg.): Bayerische Gemeindeordnung mit Verwaltungsgemeinschaftsordnung, Landkreisordnung und Gesetz über die kommunale Zusammenarbeit, 33. EL, München 2023, zit.: *Bearb.,* in: Widtmann/Grasser/Glaser GO.

Glotz, Peter/Faber, Klaus: Richtlinien und Grenzen des Grundgesetzes für das Bildungswesen, in: Benda, Ernst/Maihofer, Werner/Vogel, Hans-Jochen, Handbuch des Verfassungsrechts der Bundesrepublik Deutschland, 2. Aufl., Berlin 1994, § 28, S. 1363–1424, zit.: *Glotz/Faber,* in: Benda/Maihofer/Vogel, Hdb. Verfassungsrecht, § 28.

Goessl, Manfred: Organstreitigkeiten innerhalb des Bundes. Eine Untersuchung des Art. 93 Abs. 1 Nr. 1 des Grundgesetzes und der zu seiner Ausführung ergangenen Bestimmungen des Bundesverfassungsgerichtsgesetzes, Berlin 1961, zit.: *Goessl,* Organstreitigkeiten.

Göhler, Gerhard: Politische Institutionen und ihr Kontext. Begriffliche und konzeptionelle Überlegungen zur Theorie politischer Institutionen, in: Göhler, Gerhard (Hrsg.), Die Eigenart der Institutionen, Baden-Baden, 1994, S. 19–46, zit.: *Göhler,* in: ders., Die Eigenart der politischen Institutionen.

Götte, Matthias: Kommunale Aufgaben in Bayern und Nordrhein-Westfalen: Abgrenzung der verschiedenen Wirkungskreise einerseits und der Gemeinde- und Kreisaufgaben andererseits, Würzburg 1995, zit.: *Götte,* Kommunale Aufgaben in Bayern und Nordrhein-Westfalen.

Götz, Volkmar: Die Abgrenzung der Zuständigkeiten zwischen der Europäischen Union und den Mitgliedsstaaten nach dem Europäischen Rat von Laeken, in: Götz, Volkmar/Martínez Soria, José (Hrsg.), Kompetenzverteilung zwischen der Europäischen Union und den Mitgliedsstaaten, Baden-Baden 2002, S. 83–102, zit.: *Götz,* in: Götz/Martínez Soria, Kompetenzverteilung.

Grabitz, Eberhard (Begr.)/*Hilf, Meinhard/Nettesheim, Martin* (Hrsg.): Das Recht der Europäischen Union, 80. EL, München 2023, zit.: *Bearb.*, in: Grabitz/Hilf/Nettesheim.

Graf Vitzthum, Wolfgang: Die Bedeutung gliedstaatlichen Verfassungsrechts in der Gegenwart, VVDStRL 46 (1988), S. 7–56.

-: Begriff, Geschichte und Rechtsquellen des Völkerrechts, in: Graf Vitzthum, Wolfgang/Proelß, Alexander (Hrsg.), Völkerrecht, 8. Aufl., Berlin 2019, zit.: *Graf Vitzthum*, in: Graf Vitzthum/Proelß, Völkerrecht.

Grewe, Wilhelm: Das bundesstaatliche System des Grundgesetzes, DRZ 1949, S. 349–352.

Grigoleit, Klaus Joachim: Bundesverfassungsgericht und deutsche Frage. Eine dogmatische und historische Untersuchung zum judikativen Anteil an der Staatsleitung, Tübingen 2004, zit.: *Grigoleit*, Bundesverfassungsgericht.

von der Groeben, Hans/Schwarze, Jürgen/Hatje, Armin: Europäisches Unionsrecht. Vertrag über die Europäische Union, Vertrag über die Arbeitsweise der Europäischen Union, Charta der Grundrechte der Europäischen Union, 7. Aufl., Baden-Baden 2015, zit.: *Bearb.*, in: v. d. Groeben/Schwarze/Hatje.

von der Groeben, Hans/Thiesing, Jochen/Ehlermann, Dieter (Hrsg.): Kommentar zum EWG-Vertrag, 3. Aufl., Baden-Baden 1983, zit.: *Bearb.*, in: v. d. Groeben/Thiesing/Ehlermann EWGV.

Gronen, Vera: Die „Vorwirkung" von EG-Richtlinien. Die Auswirkungen Europäischer Richtlinien auf die nationale Legislative und Judikative im Zeitraum zwischen Richtlinienvorschlag und Ablauf der Umsetzungsfrist, Baden-Baden 2006, zit.: *Gronen*, Die Vorwirkung.

Gröpl, Christoph: Staatsrecht I. Staatsgrundlagen, Staatsorganisation, Verfassungsprozess: mit Einführung in das juristische Lernen, 15. Aufl., München 2023, zit.: *Gröpl*, Staatsrecht I.

Gröschner, Rolf: Das Überwachungsrechtsverhältnis. Wirtschaftsüberwachung in gewerbepolizeirechtlicher Tradition und wirtschaftsverwaltungsrechtlichem Wandel, Tübingen 1992, zit.: *Gröschner*, Das Überwachungsrechtsverhältnis.

Groß, Thomas: Die asymmetrische Funktionenordnung der demokratischen Verfassung – Zur Dekonstruktion des Gewaltenteilungsgrundsatzes, Der Staat 55 (2016), S. 489–517.

Grote, Rainer: Der Verfassungsorganstreit. Entwicklung, Grundlagen, Erscheinungsformen, Tübingen 2010, zit.: *Grote*, Der Verfassungsorganstreit.

Grzeszick, Bernd: Die Teilung der staatlichen Gewalt, Paderborn 2013, zit.: *Grzeszick,* Die Teilung der staatlichen Gewalt.

-: Gewaltenteilung, in: Stern, Klaus/Sodan, Helge/Möstl, Markus (Hrsg.), Das Staatsrecht der Bundesrepublik Deutschland im europäischen Staatenverbund, Band II, Staatsorgane, Staatsfunktionen, Finanzwesen, 2. Aufl., München 2022, § 33, S. 118–147, zit.: *Grzeszick,* in: Stern/Sodan/Möstl, Staatsrecht Bd. 2, § 33.

Grzeszick, Bernd/Hettche, Juliane: Zur Beteiligung des Bundestages an gemischten völkerrechtlichen Abkommen. Internationale Freihandelsabkommen als Herausforderung des deutschen Europa- und Außenverfassungsrechts, AöR 141 (2016), S. 225–267.

Gsell, Beate/Krüger, Wolfgang/Lorenz, Stephan/Reymann, Christoph (Hrsg.): beck-online.Grosskommentar BGB, München 2024, zit.: *Bearb.,* in: BeckOGK BGB.

Guckelberger, Annette: Grundgesetz und Europa, ZEuS 2012, S. 1–51.

Häberle, Peter: Zeit und Verfassung. Prolegomena zu einem „zeit-gerechten" Verfassungsverständnis, in: Häberle, Peter (Hrsg.), Verfassung als öffentlicher Prozeß. Materialien zu einer Verfassungstheorie der offenen Gesellschaft, 3. Aufl., Berlin 1998, S. 59–92, zit.: *Häberle,* in: ders., Verfassung als öffentlicher Prozeß.

Häberle, Peter/Kotzur, Markus: Europäische Verfassungslehre, 8. Aufl., Baden-Baden 2016, zit.: *Häberle/Kotzur,* Europäische Verfassungslehre.

Haedicke, Maximilian: Das Verhältnis zwischen der Rechtsprechung der Beschwerdekammern und nachträglich erlassenen Regeln der Ausführungsordnung zum EPÜ, GRUR Int. 2019, S. 885–896.

Hahn, Daniel: Der Gesetzgebungsvertrag als Rechtsproblem. Möglichkeiten und Grenzen legistischer Verhaltenszusagen der Bundesregierung gegenüber Privatrechtssubjekten durch Vertrag, Berlin 2017, zit.: *Hahn,* Der Gesetzgebungsvertrag.

Halfmann, Ralf: Entwicklungen des deutschen Staatsorganisationsrechts im Kraftfeld der europäischen Integration. Die Zusammenarbeit von Bund und Ländern nach Art. 23 GG im Lichte der Staatsstrukturprinzipien des Grundgesetzes, Berlin 2000, zit.: *Halfmann,* Entwicklungen des deutschen Staatsorganisationsrechts.

Haltern, Ulrich: Integration als Mythos. Zur Überforderung des Bundesverfassungsgerichts, JöR n.F. 45 (1997), S. 31–88.

Hamann, Andreas: Die Selbstverwaltung der Gemeinden und das Bundesbaugesetz, Marburg 1967, zit.: *Hamann,* Die Selbstverwaltung der Gemeinden.

Hasselsweiler, Ekkehart: Der Vermittlungsausschuß. Verfassungsgrundlagen und Staatspraxis ; eine Untersuchung der parlamentsrechtlichen und verfassungspolitischen Bedeutung des Ausschusses nach Art. 77 Abs. 2 des Grundgesetzes unter besonderer Berücksichtigung seiner Verfahrenspraxis, Berlin 1981, zit.: *Hasselsweiler,* Der Vermittlungsausschuß.

Hassemer, Winfried: Politik aus Karlsruhe?, JZ 63 (2008), S. 1–10.

Hatje, Armin: Loyalität als Rechtsprinzip in der Europäischen Union, Baden-Baden 2001, zit.: *Hatje,* Loyalität als Rechtsprinzip.

-: „Ausbrechende Rechtsakte" in der europäischen Gerichtsverfassung, in: Mehde, Veith/Ramsauer, Ulrich/Seckelmann/Margrit (Hrsg.), Staat, Verwaltung, Information. Festschrift für Hans Peter Bull zum 75. Geburtstag, Berlin 2011, S. 137–155.

Hatschek, Julius: Konventionalregeln oder über die Grenzen der naturwissenschaftlichen Begriffsbildung im öffentlichen Recht, JöR 3 (1909), S. 1–67.

Hau, Wolfgang/Poseck, Roman (Hrsg.): BeckOK BGB, 69. Ed., München 2024, zit.: *Bearb.,* in: BeckOK BGB.

Hauenschild, Wolf-Dieter: Wesen und Rechtsnatur der parlamentarischen Fraktionen, Berlin 1986, zit.: *Hauenschild,* Wesen und Rechtsnatur.

Hebeler, Timo: Die Bundestreue als verfassungsrechtliche Begrenzung für den Gesetzgeber im Beamtenrecht?, ZBR 2015, S. 1–6.

Hecker, Wolfgang: Verweigerung der Stadthallennutzung gegenüber der NPD, NVwZ 2018, S. 787–791.

Heering, Uwe: Die zulässige staatliche Einflussnahme auf die Erledigung von Aufgaben durch die Gemeinden. Ein Beitrag zur Abgrenzung von Staats- und Selbstverwaltung, Hamburg 1969, zit.: *Heering,* Die zulässige staatliche Einflussnahme.

v. Heintschel-Heinegg, Bernd/Kudlich, Hans (Hrsg.): BeckOK StGB, 60. Ed., München 2024, zit.: *Bearb.,* in: BeckOK StGB.

Heintzen, Markus: Die politischen Parteien, in: Stern, Klaus/Sodan, Helge/Möstl, Markus (Hrsg.), Das Staatsrecht der Bundesrepublik Deutschland im europäischen Staatenverbund, Band II, Staatsorgane, Staatsfunktionen, Finanzwesen, 2. Aufl., München 2022, § 32, S. 73–117, zit.: *Heintzen,* in: Stern/Sodan/Möstl, Staatsrecht Bd. 2, § 32.

Heinz, Kersten: Beschneidung der Länderexekutivrechte durch Bundestagsbeschlüsse? Zur Problematik eines „bundeshoheitlichen Abwägungsvorrangs" im gewaltengeteilten Staat, KritV 1989, S. 226–246.

Heller, Hermann: Staatslehre, 4. Aufl., Leiden 1970, zit.: *Heller,* Staatslehre.

-: Die Souveränität. Ein Beitrag zur Theorie des Staats- und Völkerrechts, Berlin 1927, zit.: *Heller,* Souveränität.

Heller, Robert/Kniel, Mona: Die Organisation der Steuerverwaltung von Bund und Ländern – Neue Möglichkeiten zum arbeitsteiligen, digitalen und länderübergreifenden Vollzug der Steuergesetze nach der Föderalismusreform III, NVwZ 2019, S. 935–938.

Henke, Wilhelm: Das Recht der politischen Parteien, 2. Aufl., Göttingen 1972, zit.: *Henke,* Das Recht der politischen Parteien.

-: Das subjektive Recht im System des öffentlichen Rechts – Ergänzungen und Korrekturen, DÖV 1980, S. 621–633.

-: Die Parteien und der Ämterstaat, NVwZ 1985, S. 616–621.

Henne, Thomas: „Von 0 auf Lüth in 6 ½ Jahren". Zu den prägenden Faktoren der Grundsatzentscheidung, in: Henne, Thomas/Riedlinger, Arne (Hrsg.), Das Lüth-Urteil aus (rechts-)historischer Sicht. Die Konflikte um Veit Harlan und die Grundrechtsjudikatur des Bundesverfassungsgerichts, Berlin 2005, S. 197–222, zit.: *Henne,* in: Henne/Riedlinger, Das Lüth-Urteil.

Hennis, Wilhelm: Integration durch Verfassung? Rudolf Smend und die Zugänge zum Verfassungsproblem nach 50 Jahren unter dem Grundgesetz, JZ 1999, S. 485–495.

Henseler, Paul: Möglichkeiten und Grenzen des Vermittlungsausschusses. Eine Untersuchung am Beispiel des 2. Haushaltsstrukturgesetzes NJW 1982, S. 849–855.

Herdegen, Matthias: Europarecht, 24. Aufl., München 2023, zit.: *Herdegen,* Europarecht.

Herrmann, Christoph: Richtlinienumsetzung durch die Rechtsprechung, Berlin 2003, zit.: *Herrmann,* Richtlinienumsetzung.

Hertl, Norbert: Die Treuepflicht der Länder gegenüber dem Bund und die Folgen ihrer Verletzung (Das Problem des bundesfreundlichen Verhaltens), Würzburg 1956, zit.: *Hertl,* Die Treuepflicht der Länder.

Herzog, Roman: Allgemeine Staatslehre, Frankfurt a. M. 1971, zit.: *Herzog,* Allgemeine Staatslehre.

–: Der Integrationsgedanke und die obersten Staatsorgane, Bergisch Gladbach 1986, zit.: *Herzog,* Der Integrationsgedanke und die obersten Staatsorgane.

Herzog, Roman/Pietzner, Rainer: Möglichkeiten und Grenzen einer Beteiligung des Parlaments an der Ziel- und Ressourcenplanung der Bundesregierung, Speyer 1979, zit.: *Herzog/Pietzner,* Beteiligung des Parlaments (Gutachten).

Hesse, Joachim Jens, Stadt und Staat – Veränderungen der Stellung und Funktion der Gemeinden im Bundesstaat. Das Beispiel Bundesrepublik Deutschland, in: Hesse, Joachim Jens/Ganseforth, Heinrich/Fürst, Dietrich u.a. (Hrsg.), Staat und Gemeinden zwischen Konflikt und Kooperation, Baden-Baden 1983, S. 11–43 zit.: *Hesse,* in: ders. u.a., Staat und Gemeinden.

Hesse, Konrad: Die verfassungsrechtliche Stellung der politischen Parteien im modernen Staat, VVDStRL 17 (1959), S. 11–52.

–: Der unitarische Bundesstaat, Karlsruhe 1962, zit.: *Hesse,* Der unitarische Bundesstaat.

–: Der Rechtsstaat im Verfassungssystem des Grundgesetzes, in: in: Hesse, Konrad/Reicke, Siegfried/Scheuner, Ulrich (Hrsg.), Staatsverfassung und Kirchenordnung. Festgabe für Rudolf Smend zum 80. Geburtstag am 15. Januar 1962, S. 71–95.

–: Bemerkungen zur heutigen Problematik und Tragweite der Unterscheidung von Staat und Gesellschaft, DÖV 1975, S. 437–443.

–: Glückwunsch. Horst Ehmke zum 65. Geburtstag, AöR 117 (1992), S. 1–3.

–: Grundzüge des Verfassungsrechts der Bundesrepublik Deutschland, 20. Aufl., Heidelberg 1999, zit.: *Hesse,* Grundzüge des Verfassungsrechts.

Heun, Werner: Funktionell-rechtliche Schranken der Verfassungsgerichtsbarkeit. Reichweite und Grenzen einer dogmatischen Argumentationsfigur, Baden-Baden 1992, zit.: *Heun,* Funktionell-rechtliche Schranken.

–: Verfassung und Verfassungsgerichtsbarkeit im Vergleich, Tübingen 2014, zit.: *Heun,* Verfassung und Verfassungsgerichtsbarkeit.

Heusch, Andreas: Der Grundsatz der Verhältnismäßigkeit im Staatsorganisationsrecht, Berlin 2003, zit.: *Heusch,* Der Grundsatz der Verhältnismäßigkeit.

Heusch, Andreas/Rosarius, Stefanie: Neue Rechtsprechung zum Kommunalrecht, NVwZ 2021, S. 604–610.

Hilf, Meinhard: Sekundäres Gemeinschaftsrecht und deutsche Grundrechte. Zum Beschluß des Bundesverfassungsgerichts vom 29. Mai 1974. Auswirkungen auf die Gemeinschaftsrechtsordnung, ZaöRV 35 (1975), S. 51–66.

–: Die sprachliche Struktur der Verfassung, in: Isensee, Josef/Kirchhof, Paul (Hrsg.), Handbuch des Staatsrechts der Bundesrepublik Deutschland, Bd. XII, 3. Aufl., Heidelberg 2014, § 262, S. 269–291, zit.: *Hilf,* in: Isensee/Kirchhof, HdbStR XII, § 262.

Hill, Hermann: Das fehlerhafte Verfahren und seine Folgen im Verwaltungsrecht, Heidelberg 1986, zit.: *Hill,* Das fehlerhafte Verfahren.

Hillgruber, Christian: Staat, Recht und Verfassung im Prozeß der Integration – Smends Integrationslehre in ihrer Ausgangsgestalt und in der Rezeption unter der Geltung des Grundgesetzes, in: Geis, Max-Emanuel/Umbach, Dieter (Hrsg.), Planung – Steuerung – Kontrolle. Festschrift für Richard Bartlsperger zum 70. Geburtstag, Berlin 2006, S. 63–77.

–: Mangelnde Parteifähigkeit der G 10-Kommission im Organstreitverfahren, JA 2017, S. 477–478.

Hillgruber, Christian/Goos, Christoph: Verfassungsprozessrecht, 5. Aufl., Heidelberg 2020, zit.: *Hillgruber/Goos,* Verfassungsprozessrecht.

Hoffmann, Gerhard: Das verfassungsrechtliche Gebot der Rationalität im Gesetzgebungsverfahren. Zum "inneren Gesetzgebungsverfahren" im bundesdeutschen Recht, ZG 1990, S. 97–116.

v. Hoffmann, Hermann Edler: Zwang zur Gewaltenteilung im Gemeindeverfassungsrecht, DÖV 1954, S. 326–327.

Hofmann, Hasso: Grundpflichten als verfassungsrechtliche Dimension, VVDStRL 41 (1983), S. 42–86.

Hölscheidt, Sven: Das Recht der Parlamentsfraktionen, Rheinbreitbach 2001, zit.: *Hölscheidt,* Das Recht der Parlamentsfraktionen.

Hölzl, Josef (Begr.)/*Hien, Eckart/Huber, Thomas* (Hrsg.): Gemeindeordnung mit Verwaltungsgemeinschaftsordnung, Landkreisordnung und Bezirksordnung für den Freistaat Bayern. Kommentar, 68. EL, Heidelberg 2023, zit.: *Hölzl/Hien/Huber,* GO.

Hömig, Dieter/Wolff, Heinrich Amadeus (Hrsg.): Grundgesetz für die Bundesrepublik Deutschland, 13. Aufl., Baden-Baden 2022, zit.: *Bearb.,* in: Hömig/Wolff GG.

Höpfner, Clemens: Gesetzesbindung und verfassungskonforme Auslegung im Arbeits- und Verfassungsrecht, RdA 2019, S. 321–337.

Horn, Hans-Detlef: Die grundrechtsunmittelbare Verwaltung. Zur Dogmatik des Verhältnisses zwischen Gesetz, Verwaltung und Individuum unter dem Grundgesetz, Tübingen 1999, zit.: *Horn,* Die grundrechtsunmittelbare Verwaltung.

Huber, Ernst Rudolf: Deutsche Verfassungsgeschichte seit 1789. Band VI, Die Weimarer Reichsverfassung, Stuttgart 1981, zit.: *Huber,* Deutsche Verfassungsgeschichte VI.

Huber, Hans: Probleme des ungeschriebenen Verfassungsrechts, in: Rechtsquellenprobleme im schweizerischen Recht, Festgabe der Rechts- und Wirtschaftswissenschaftlichen Fakultät der Universität Bern für den Schweizerischen Juristenverein, Bern 1955, S. 95–116.

Huber, Peter Michael: Das Verbot der Mischverwaltung – de constitutione lata et ferenda. Zum SGB-II-Urteil des Bundesverfassungsgerichts vom 20. Dezember 2007, DÖV 2008, S. 844–851.

-: Das europäisierte Grundgesetz, DVBl. 2009, S. 574–582.

-: Parlamentarismus zwischen Volksbegehren und Verfassungsgerichtsbarkeit, in: Niedobitek, Matthias/Sommermann, Karl-Peter (Hrsg.), Die Europäische Union als Wertegemeinschaft. Forschungssymposium zu Ehren von Siegfried Magiera, Berlin 2013, S. 25–38, zit.: *Huber,* in: Niedobitek/Sommermann, Die Europäische Union als Wertegemeinschaft.

-: Der ungeliebte Bundesstaat. Zur Lage des Föderalismus nach 70 Jahren Grundgesetz, NVwZ 2019, S. 665–672.

Hughes, Graham: Rules, Policy and Decision Making, The Yale Law Journal 77 (1968), S. 411–439.

Hummer, Waldemar: Interinstitutionelle Vereinbarungen und „institutionelles Gleichgewicht", in: ders. (Hrsg.), Paradigmenwechsel im Europarecht zur Jahrtausendwende. Ansichten österreichischer Integrationsexperten zu aktuellen Problemlagen. Forschung und Lehre im Europarecht in Österreich, Wien 2004, S. 111–180; zit.: *Hummer,* in: ders., Paradigmenwechsel.

Hwang, Shu-Perng: Verfassungsgerichtliche Abwägung: Gefährdung der gesetzgeberischen Spielräume? Zugleich eine Kritik der Alexyschen formellen Prinzipien, AöR 133 (2008), S. 606–628.

Imboden, Max: Die politischen Systeme (1961), in: ders., Politische Systeme – Staatsformen, 2. Aufl., Basel 1974, S. 3–130, zit.: *Imboden,* Die politischen Systeme (1961), in: ders., Politische Systeme – Staatsformen.

Ingold, Albert: Erstplanungspflichten im System des Planungsrechts, Berlin 2007, zit.: *Ingold,* Erstplanungspflichten.

Ipsen, Hans Peter: Grundgesetz und richterlicher Prüfungszuständigkeit, DV 1949, S. 486–492.

Ipsen, Jörn: Die Entwicklung der Kommunalverfassung in Deutschland, in: Mann, Thomas/Püttner, Günter (Hrsg.), Handbuch der kommunalen Wissenschaft und Praxis, Band 1, Grundlagen und Kommunalverfassung, 3. Aufl., Wien 2007, § 24, S. 565–659, zit.: *Ipsen,* in: Mann/Püttner HKWP I, § 24.

Ipsen, Jörn/Kaufhold, Ann-Katrin/Wischmeyer, Thomas: Staatsrecht I. Staatsorganisationsrecht, 35. Aufl., München 2023, zit.: *Ipsen/Kaufhold/Wischmeyer,* Staatsrecht I.

Isak, Hubert: Eine Verfassung für Europa?, in: Blumenwitz, Dieter/Gornig, Gilbert/Murswiek, Dietrich (Hrsg.), Die Europäische Union als Wertegemeinschaft, Berlin 2005, S. 29–48, zit.: *Isak,* in: Blumenwitz u.a., Die Europäische Union als Wertegemeinschaft.

Isensee, Josef: Dienst nach Vorschrift als vorschriftswidriger Dienst. Verwaltungsrechtliche Betrachtungen zu einem Streiksurrogat der Beamten, JZ 1971, S. 73–80.

–: Subsidiaritätsprinzip und Verfassungsrecht. Eine Studie über das Regulativ des Verhältnisses von Staat und Gesellschaft, 2. Aufl., Berlin 2001, zit.: *Isensee,* Subsidiaritätsprinzip.

–: Staat und Verfassung, in: Isensee, Josef/Kirchhof, Paul (Hrsg.), Handbuch des Staatsrechts der Bundesrepublik Deutschland, Bd. II, 3. Aufl., Heidelberg 2004, § 15, S. 3–106, zit.: *Isensee,* in: Isensee/Kirchhof, HdbStR II, § 15.

–: Idee und Gestalt des Föderalismus im Grundgesetz, in: Isensee, Josef/Kirchhof, Paul (Hrsg.), Handbuch des Staatsrechts der Bundesrepublik Deutschland, Bd. VI, 3. Aufl., Heidelberg 2008, § 126, S. 3–199, zit.: *Isensee,* in: Isensee/Kirchhof, HdbStR VI, § 126.

–: Verfassungsrecht als „politisches Recht", in: Isensee, Josef/Kirchhof, Paul (Hrsg.), Handbuch des Staatsrechts der Bundesrepublik Deutschland, Bd. XII, 3. Aufl., Heidelberg, § 268, S. 484–555, zit.: *Isensee,* in: Isensee/Kirchhof, HdbStR XII, § 268.

Jach, Frank-Rüdiger: Grundsätze amtsangemessener Beamtenbesoldung, RiA 2014, S. 1–6.

Jachmann, Monika: Die Rechtsprechung des Bundesfinanzhofs als Ausübung der dritten Staatsgewalt, in: Mellinghoff, Rudolf/Schön, Wolfgang/Viskorf, Hermann-Ulrich (Hrsg.), Steuerrecht im Rechtsstaat, Festschrift für Wolfgang Spindler zum 65. Geburtstag, Köln 2011, S. 115–137.

Jacqué, Jean-Paul: La Constitution de la Communauté européenne, in: Revue universelle des droits de l'homme 1995, S. 397–423, zit.: *Jacqué,* RUDH 1995, 397.

Janal, Ruth: Gutachten. Zur Bedeutung der EuGH-Entscheidung YouTube und Cyando für Diensteanbieter der Informationsgesellschaft, die keine Host Provider sind im Auftrag der Gesellschaft für Freiheitsrechte e.V. vom 14.01.2023, abrufbar unter: freiheitsrechte.org/uploads/publications/2023-02-03_Janal_Gutachten_DNS-Resolver-final.pdf – letzter Abruf: 13.03.2024, zit.: *Janal,* Gutachten DNS-Resolver.

Janssen, Albert: Der Staat als Garant der Menschenwürde. Zur verfassungsrechtlichen Bedeutung des Artikels 79 Abs. 3 für die Identität des Grundgesetzes, Göttingen 2020, zit.: *Janssen,* Der Staat als Garant der Menschenwürde.

Jarass, Hans Dieter: Politik und Bürokratie als Elemente der Gewaltenteilung, München 1975, zit.: *Jarass,* Politik und Bürokratie.

Jarass, Hans Dieter/Kment, Martin (Hrsg.)/*Pieroth, Bodo* (Begr.): Grundgesetz für die Bundesrepublik Deutschland. Kommentar, 18. Aufl., München 2024, *Bearb.,* in: Jarass/Pieroth GG.

Jaroschek, Marcus: Formen des Rechtsschutzes bei kommunalen Bürgerbegehren, BayVBl. 1997, S. 39–44.

Jauernig, Othmar (Begr.)/*Stürner, Rolf* (Hrsg.): Bürgerliches Gesetzbuch. mit Rom-I-VO, Rom-II-VO, Rom-III-VO, EG-UnthVO/HUntProt und EuErbVO: Kommentar, 19. Aufl., München 2023, zit.: *Bearb.,* in: Jauernig BGB.

Jellinek, Georg: System der subjektiven öffentlichen Rechte, 2. Aufl., Tübingen 1905, zit.: *Jellinek,* System der subjektiven öffentlichen Rechte.

–: Allgemeine Staatslehre, 3. Aufl., Kronenberg 1976, zit.: *Jellinek,* Allgemeine Staatslehre.

Jestaedt, Matthias: Bundesstaat als Verfassungsprinzip, in: Isensee, Josef/Kirchhof, Paul (Hrsg.), Handbuch des Staatsrechts der Bundesrepublik Deutschland, Bd. II, 3. Aufl., Heidelberg 2004, § 29, S. 785–841, zit.: *Jestaedt,* in: Isensee/Kirchhof, HdbStR II, § 29.

Kägi, Werner: Von der klassischen Dreiteilung zur umfassenden Gewaltenteilung (Erstarrte Formeln – bleibende Idee – neue Formen), in: Festschrift für Hans Huber zum 60. Geburtstag, 24. Mai 1961, S. 151–173.

Kahl, Wolfgang: Die Staatsaufsicht. Entstehung, Wandel und Neubestimmung unter besonderer Berücksichtigung der Aufsicht über die Gemeinden, Tübingen 2000, zit.: *Kahl,* Die Staatsaufsicht.

–: Bewältigung der Staatsschuldenkrise unter Kontrolle des Bundesverfassungsgerichts – ein Lehrstück zur horizontalen und vertikalen Gewaltenteilung, DVBl. 2013, S. 197–207.

Kahl, Wolfgang/Waldhoff, Christian/Walter, Christian (Hrsg.): Bonner Kommentar zum Grundgesetz, 223. EL, Heidelberg 2024, zit.: Bearb., in: BK GG.

Kaiser, Gerhard: Zur Ableitung des Verfassungsprinzips des „bundesfreundlichen Verhaltens" aus dem Begriff des Bundesstaates, DÖV 1961, S. 653–658.

Kaiser, Joseph: Die Erfüllung der völkerrechtlichen Verträge des Bundes durch die Länder. Zum Konkordatsurteil des Bundesverfassungsgerichts, ZaöRV 18 (1957/1958), S. 526–558.

Kalbfell, Carl-Gustav: Kommunale Mandatsträger und Wahlbeamte im Spannungsfeld zwischen Kooperation und Korruption. Eine Untersuchung der Reichweite von §§ 331 ff. StGB, Tübingen 2009, zit.: Kalbfell, Kommunale Mandatsträger.

Kalscheuer, Fiete/Harding, Nicolas: Verfahrensrechtliche und inhaltliche Hürden bei der Kreisumlage, NVwZ 2017, S. 1506–1509.

Kämmerer, Jörn Axel: Muss Mehrheit immer Mehrheit bleiben? Über die Kontroversen um die Besetzung des Vermittlungsausschusses, NJW 2003, S. 1166–1168.

–: Staatsorganisationsrecht, 4. Aufl., München 2022, zit.: Kämmerer, Staatsorganisationsrecht.

Karpen, Ulrich: Gesetzgebungs-, Verwaltungs- und Rechtsprechungslehre. Beiträge zur Entwicklung einer Regelungstheorie, Baden-Baden 1989, zit.: Karpen, Gesetzgebungs-, Verwaltungs- und Rechtsprechungslehre.

Kasten, Hans-Hermann: Ausschußorganisation und Ausschußrückruf. Ein Beitrag zum freien Mandat in den Parlamenten und kommunalen Vertretungskörperschaften der Bundesrepublik Deutschland, Berlin 1983, zit.: Kasten, Ausschußorganisation und Ausschußrückruf.

Katz, Alfred: Demokratische Legitimationsbedürftigkeit der Kommunalunternehmen Verantwortlichkeit des Gemeinderats – Information und ihre Grenzen, NVwZ 2018, S. 1091–1097.

Kaufmann, Erich: Bismarcks Erbe in der Reichsverfassung, Berlin 1917, zit.: Kaufmann, Bismarcks Erbe.

–: Die Grenzen der Verfassungsgerichtsbarkeit, VVDStRL 9 (1952), S. 1–16.

Kellner, Martin: Vertrauensschutz in kleiner Münze – Staatshaftungsrechtliche Aspekte der Zusicherung nach § 38 VwVfG, NVwZ 2013, S. 482–485.

Kelsen, Hans: Der soziologische und der juristische Staatsbegriff. Kritische Untersuchung des Verhältnisses von Staat und Recht, 2. Aufl., Tübingen 1928, zit.: *Kelsen,* Der soziologische und der juristische Staatsbegriff.

–: Der Staat als Integration. Eine prinzipielle Auseinandersetzung, Wien 1930; zit.: *Kelsen,* Der Staat als Integration.

Kelsen, Hans: Reine Rechtslehre. Einleitung in die rechtswissenschaftliche Problematik, Studienausgabe der 1. Aufl. 1934, Tübingen, 2008, zit.: *Kelsen,* Reine Rechtslehre.

v. Kempis, Friedrich Karl: Die Treuepflicht zwischen Gemeinden und Staat und der Gemeinden untereinander, Köln 1970, zit.: *v. Kempis,* Die Treuepflicht zwischen Gemeinden und Staat.

Kenntner, Markus: Zehn Jahre nach „Rastede" – Zur dogmatischen Konzeption der kommunalen Selbstverwaltung im Grundgesetz, DÖV 1998, S. 701–712.

Keul, Thomas: Errichtung durch Gesellschaftsvertrag, in: Gummert, Hans/Weipert, Lutz (Hrsg.), Münchener Handbuch des Gesellschaftsrechts, Bd. 2, 5. Aufl., München 2019, § 76, zit.: *Keul,* in: MHdB GesR, Bd. 2, § 76.

Kibler, Cornelia/Sandhu, Aqilah: Vorwirkung von EU-Verordnungen am Beispiel der Datenschutz-Grundverordnung, NVwZ 2018, S. 528–533.

Kingreen, Thorsten: Die Bedeutung der gemeinderechtlichen Beanstandung für die Zulässigkeit des Kommunalstreitverfahrens, DVBl. 1995, S. 1337–1343.

Kirchhof, Paul: Mittel staatlichen Handelns, in: Isensee, Josef/Kirchhof, Paul (Hrsg.), Handbuch des Staatsrechts der Bundesrepublik Deutschland, Bd. V, § 99, S. 3–133, zit.: *Kirchhof,* in: Isensee/Kirchhof, HdbStR V, § 99.

Kirste, Stephan: Arbeitsteilige Herrschaftsausübung im Kontext der Demokratie. Verwaltungsorganisation zwischen Fragmentierung und differenzierter Legitimierung, VVDStRL 77 (2017), S. 161–204.

Kisker, Gunter: Insichprozeß und Einheit der Verwaltung. Zur Frage der Zulässigkeit von Insichprozessen vor den Verwaltungsgerichten, Baden-Baden 1968, zit.: *Kisker,* Insichprozeß und Einheit der Verwaltung.

–: Organe als Inhaber subjektiver Rechte – BVerwGE 45, 207, JuS 1975, S. 704–710.

Klamert, Marcus: Die richtlinienkonforme Auslegung nationalen Rechts, Wien 2001, zit.: *Klamert,* Die richtlinienkonforme Auslegung.

–: The Principle of Loyalty in EU Law, Oxford 2014, zit.: *Klamert,* The Principle of Loyalty.

Klein, Eckart: Bewältigung von Funktionsstörungen nach dem Grundgesetz, in: Isensee, Josef/Kirchhof, Paul (Hrsg.), Handbuch des Staatsrechts der Bundesrepublik Deutschland, Bd. XII, 3. Aufl., Heidelberg 2014, § 279, S. 907–934, zit.: *Klein,* in: Isensee/Kirchhof, HdbStR XII, § 279.

–: Europäischer Grundrechtsschutz und nationale Identität, in: Niedobitek, Matthias/Sommermann, Karl-Peter (Hrsg.), Die Europäische Union als Wertegemeinschaft. Forschungssymposium zu Ehren von Siegfried Magiera, Berlin 2013, S. 59–75, zit.: *Klein,* in: Niedobitek/Sommermann, Die Europäische Union als Wertegemeinschaft.

Klein, Franz: BFH-Rechtsprechung – Anwendung und Berücksichtigung durch die Finanzverwaltung, DStZ 1984, S. 55–60.

Klein, Hans Hugo: Bundesverfassungsgericht und Staatsraison. Über Grenzen normativer Gebundenheit des Bundesverfassungsgerichtes, Frankfurt a. M. 1968, zit.: *Klein,* Bundesverfassungsgericht und Staatsraison.

–: Verfassungsgerichtsbarkeit und Verfassungsstruktur. Vom Rechtsstaat zum Verfassungsstaat, in: Kirchhof, Paul/Offerhaus, Klaus/Schöberle, Horst (Hrsg.), Steuerrecht, Verfassungsrecht, Finanzpolitik. Festschrift für Franz Klein, Köln 1994, S. 511–526.

–: Integration und Verfassung, AöR 139 (2014), S. 165–195.

Klement, Jan Henrik: Vom Nutzen einer Theorie, die alles erklärt: Robert Alexys Prinzipientheorie aus der Sicht der Grundrechtsdogmatik, JZ 2008, S. 756–763.

Kloepfer, Michael: Verfassung und Zeit: Zum überhasteten Gesetzgebungsverfahren, Der Staat 13 (1974), S. 457–470.

–: Vorwirkung von Gesetzen, München 1974, zit.: *Kloepfer,* Vorwirkung von Gesetzen.

–: Handbuch der Verfassungsorgane im Grundgesetz, Berlin 2022, zit.: *Kloepfer,* Hdb. Verfassungsorgane.

Klüber, Hans: Das Gemeinderecht in den Ländern der Bundesrepublik Deutschland, Berlin 1972, zit.: *Klüber,* Das Gemeinderecht.

Kluth, Winfried: Zum transdisziplinären Verständnis von Integration, ZAR 2016, S. 336–341.

Knemeyer, Franz-Ludwig: Aufgabenkategorien im kommunalen Bereich. Mittelbare Staatsverwaltung? – Fremdverwaltung? – Zur Bedeutung der Organleihe, DÖV 1988, S. 397–404.

–: Bayerisches Kommunalrecht, 12. Aufl., Stuttgart 2007, zit.: *Knemeyer,* Bayerisches Kommunalrecht.

-: Die Staatsaufsicht über die Gemeinden und Kreise (Kommunalaufsicht), in: Mann, Thomas/Püttner, Günter (Hrsg.), Handbuch der kommunalen Wissenschaft und Praxis, Band 1, Grundlagen und Kommunalverfassung, 3. Aufl., Wien 2007, § 12, S. 217–243, zit.: *Knemeyer*, in: Mann/Püttner, HKWP I, § 12.

Knieper, Rolf: Der Wert der Stabilität der Verfassung und der Rechtssicherheit, WiRO 2015, S. 1–3.

Knöfel, Oliver Ludwig: Judizielle Loyalität in der Europäischen Union – Zur Rechts- und Beweishilfe im Verhältnis der Unionsgerichtsbarkeit zu den Gerichten der Mitgliedsstaaten, EuR 2010, S. 618–654.

Knott, Hubert: Genehmigungsvorbehalte im Verwaltungsrecht als Mittel der Staatsaufsicht bei Verwaltungsvorgängen der mit dem Recht der Selbstverwaltung ausgestatteten Körperschaften des öffentlichen Rechts, Köln 1965, zit.: *Knott,* Genehmigungsvorbehalte im Verwaltungsrecht.

Koepsell, Philipp: Exekutiver Ungehorsam und rechtsstaatliche Resilienz, Tübingen 2023, zit.: *Koepsell,* Exekutiver Ungehorsam.

Korinek, Karl: Gewaltenteilung – österreichische Sicht, in: Isensee, Josef, Gewaltenteilung heute. Symposium aus Anlaß der Vollendung des 65. Lebensjahres von Fritz Ossenbühl, Heidelberg 2000, S. 49–74, zit.: *Korinek,* in: Isensee, Gewaltenteilung heute.

Korioth, Stefan: Integration und Bundesstaat. Ein Beitrag zur Staats- und Verfassungslehre Rudolf Smends, Berlin 1990, zit.: *Korioth,* Integration und Bundesstaat.

-: Die Bindungswirkung normverwerfender Entscheidungen des Bundesverfassungsgerichts für den Gesetzgeber, Der Staat 30 (1991), S. 549–571.

-: Europäische und nationale Identität: Integration durch Verfassungsrecht?, VVDStRL 62 (2002), S. 117–155.

-: Integration und staatsbürgerlicher Beruf: Zivilreligiöse und theologische Elemente staatlicher Integration bei Rudolf Smend, in: Lhotta, Roland (Hrsg.), Die Integration des modernen Staates. Zur Aktualität der Integrationslehre von Rudolf Smend, Baden-Baden 2005, S. 113–132, zit.: *Korioth,* in: Lhotta, Die Integration des modernen Staates.

Korte, Heinz: Die Aufgabenverteilung zwischen Gemeinde und Staat unter besonderer Berücksichtigung des Subsidiaritätsprinzips, VerwArch 61 (1970), S. 141–167.

Kössler, Alfred: Die Bundestreue der Länder und des Bundes, München 1960, zit.: *Kössler,* Die Bundestreue der Länder.

Kowalsky, Bernd: Die Rechtsgrundlagen der Bundestreue, Augsburg 1970, zit.: *Kowalsky,* Die Rechtsgrundlagen der Bundestreue.

Kraft-Zörcher, Sabine/Neubauer, Reinhard: Die kommunale Arbeitsgemeinschaft - eine Chance, kommunale Selbstverwaltung zu sichern, LKV 2010, S. 193–200.

Krausnick, Daniel: Staatliche Integration und Desintegration durch Grundrechtsinterpretation: Die Rechtsprechung des Bundesverfassungsgerichts im Lichte der Integrationslehre Rudolf Smends, in: Lhotta, Roland (Hrsg.), Die Integration des modernen Staates. Zur Aktualität der Integrationslehre von Rudolf Smend, Baden-Baden 2005, S. 135–161, zit.: *Krausnick,* in: Lhotta, Die Integration des modernen Staates.

Krebs, Walter: Grundfragen des verwaltungsrechtlichen Organstreits, Jura, 1981, S. 569–580.

Kreft, Michael: Der Nichtanwendungserlaß. Akzeptanz und Bindungswirkung der Finanzrechtsprechung in der Finanzverwaltung, Pfaffenweiler 1989, zit.: *Kreft,* Der Nichtanwendungserlaß.

Kroll, Katrin: Eine Pflicht zum Finanzausgleich innerhalb der Europäischen Union?, Baden-Baden 2019, zit.: *Kroll,* Eine Pflicht zum Finanzausgleich.

Krönke, Christoph: Die Verfahrensautonomie der Mitgliedsstaaten der Europäischen Union, Tübingen 2013, zit.: *Krönke,* Die Verfahrensautonomie.

Krüger, Herbert: Allgemeine Staatslehre, Stuttgart 1966, zit.: *Krüger,* Allgemeine Staatslehre.

-: Der Verfassungsgrundsatz, in: Schnur, Roman (Hrsg.), Festschrift für Ernst Forsthoff, München 1972, S. 187–211.

-: Rechtsstaat – Sozialstaat – Staat oder: Rechtsstaat + Sozialstaat ergeben noch keinen Staat, Frankfurt a. M. 1975, zit.: *Krüger,* Rechtsstaat – Sozialstaat – Staat.

-: Subkonstitutionelle Verfassungen, DÖV 1976, S. 613–624.

Kübler, Friedrich: Kodifikation und Demokratie, JZ 1969, S. 645–651.

-: Die Autorität der Sachnähe. Beobachtungen zum Verhältnis von Richter und Gesetz am Beispiel des kapitalersetzenden Gesellschafterdarlehens, in: Lutter, Marcus/Mertens, Hans-Joachim/Ulmer, Peter (Hrsg.), Festschrift für Walter Stimpel zum 68. Geburtstag am 29. November 1985, S. 3–14.

Kunig, Philip: Das Rechtsstaatsprinzip. Überlegungen zu seiner Bedeutung für das Verfassungsrecht der Bundesrepublik Deutschland, Tübingen 1986, zit.: *Kunig,* Das Rechtsstaatsprinzip.

Kuschnick, Michael: Integration in Staatenverbindungen. Vom 19. Jahrhundert bis zur EU nach dem Vertrag von Amsterdam, Berlin 1999, zit.: *Kuschnick,* Integration in Staatenverbindungen.

Küster, Otto: Das Gewaltenproblem im modernen Staat, AöR 75 (1949), S. 397–413.

Laband, Paul: Das Staatsrecht des Deutschen Reiches, Band 1, 5. Aufl., Tübingen 1911, zit.: *Laband,* Das Staatsrecht des Deutschen Reiches, Bd. 1.

Lais, Martina: Das Solidaritätsprinzip im europäischen Verfassungsverbund, Baden-Baden 2007, zit.: *Lais,* Das Solidaritätsprinzip.

Lammers Hans-Heinrich/Simons, Walter (Hrsg.): Die Rechtsprechung des Staatsgerichtshofs für das Deutsche Reich und des Reichsgerichts auf Grund Artikel 13 Absatz 2 der Reichsverfassung, Bd. 1, 1920–1928, Berlin 1929, zit.: Lammers/Simons, Die Rechtsprechung, Bd. 1.

Lang, Ruth: Die Mitwirkungsrechte des Bundesrates und des Bundestages in Angelegenheiten der Europäischen Union gemäß Artikel 23 Abs. 2 bis 7 GG, Berlin 1997, zit.: *Lang,* Die Mitwirkungsrechte.

Lange, Klaus: Kommunalrecht, 2. Aufl., Tübingen 2019, zit.: *Lange,* Kommunalrecht.

Lange, Ulrich: Teilung und Trennung der Gewalten bei Montesquieu, Der Staat 19 (1980), S. 213–234.

Larenz, Karl: Richtiges Recht. Grundzüge einer Rechtsethik, München 1979, zit.: *Larenz,* Richtiges Recht.

Larenz, Karl/Canaris, Claus-Wilhelm: Methodenlehre der Rechtswissenschaft, 3. Aufl., Berlin 1995, zit.: *Larenz/Canaris,* Methodenlehre.

Larik, Joris: Die Unionstreue in der gemeinsamen Handelspolitik: Harmonielehre in einer sich wandelnden Klanglandschaft, in: Bungenberg, Marc/Herrmann, Christoph (Hrsg.), Die gemeinsame Handelspolitik der Europäischen Union. Fünf Jahre nach Lissabon – Quo Vadis?, Baden-Baden 2016, S. 45–69, zit.: *Larik,* in: Bungenberg/Herrmann, Die gemeinsame Handelspolitik der Europäischen Union.

Laufer, Heinz: Verfassungsgerichtsbarkeit und politischer Prozeß. Studien zum Bundesverfassungsgericht der Bundesrepublik Deutschland, Tübingen 1968, zit.: *Laufer,* Verfassungsgerichtsbarkeit und politischer Prozeß.

Lauser, Charlotte: Die Bindung der Verfassungsorgane an den Grundsatz der Europarechtsfreundlichkeit, München 2018, zit.: *Lauser,* Europarechtsfreundlichkeit.

Lecheler, Helmut: Der Fortgang der europäischen Integration im Spiegel der Rechtsprechung des EGH und der nationalen Gerichte, EA 23 (1968), S. 403–411.

Lechner, Hans (Begr.)/*Zuck, Rüdiger* (Hrsg.): Bundesverfassungsgerichtsgesetz. Kommentar, 8. Aufl., München 2019, zit.: *Lechner/Zuck,* BVerfGG.

Leibholz, Gerhard: Staat und Verbände, VVDStRL 24 (1966), S. 5–33.

-: Rudolf Smend. Gedenkrede, gehalten am 17. Januar 1976 in der Aula der Georg-August-Universität in Göttingen, in: In memoriam Rudolf Smend. Gedenkfeier am 17. Januar 1976 in der Aula der Universität Göttingen mit einer Gedenkrede von Gerhard Leibholz und Gedenkworten von Gerhard Gottschalk und André Pirson, S. 15–43, zit.: *Leibholz,* in: In memoriam Rudolf Smend.

Leisner, Walter: Gewaltenteilung innerhalb der Gewalten, in: Spanner, Hans (Hrsg.), Festgabe für Theodor Maunz zum 70. Geburtstag am 1. September 1971, München 1971, S. 267–283.

-: Effizienz als Rechtsprinzip, Tübingen 1971, zit.: *Leisner,* Effizienz als Rechtsprinzip.

-: Der Bund-Länder-Streit vor dem Bundesverfassungsgericht. Prozeßregelungen für einen vergangenen Föderalismus?, in: Starck, Christian (Hrsg.), Bundesverfassungsgericht und Grundgesetz. Festgabe aus Anlaß des 25 jährigen Bestehens des Bundesverfassungsgerichts, Bd. 1, Tübingen 1976, S. 260–291.

Leisner, Walter Georg: BeckOK HwO, 23. Ed., München 2024, zit.: *Bearb.,* in: BeckOK HwO.

Leisner-Egensperger, Anna: Die Freiheit und ihr Schutz. Grundrechte als Richtlinie und Rahmen der Pandemiebekämpfung, NJW 2021, S. 2415–2420.

Lepsius, Oliver: Die Wiederentdeckung Weimars durch die bundesdeutsche Staatsrechtslehre, in: Gusy, Christoph (Hrsg.), Weimars lange Schatten – „Weimar" als Argument nach 1945, Baden-Baden 2003, S. 354–394, zit.: *Lepsius,* in: Gusy, Weimars lange Schatten.

Lerche, Peter: Übermass und Verfassungsrecht. Zur Bindung des Gesetzgebers an die Grundsätze der Verhältnismäßigkeit und der Erforderlichkeit, Köln 1961, zit.: *Lerche,* Übermass und Verfassungsrecht.

-: Föderalismus als nationales Ordnungsprinzip, VVDStRL 21 (1964), S. 66–104.

-: Strukturfragen des verwaltungsgerichtlichen Organstreits, in: Merten, Detlef/Schmidt, Reiner/Stettner, Rupert (Hrsg.), Der Verwaltungsstaat im Wandel. Festschrift für Franz Knöpfle zum 70. Geburtstag, München 1996, S. 171–184.

–: Prinzipien des deutschen Föderalismus, in: Kirchhof, Paul/Kommers, Donald, Deutschland und sein Grundgesetz. Themen einer deutsch-amerikanischen Konferenz, Baden-Baden 1993, S. 79–98, zit.: *Lerche*, in: Kirchhof/Kommers, Deutschland und sein Grundgesetz.

–: Gewaltenteilung – deutsche Sicht, in: Isensee, Josef, Gewaltenteilung heute. Symposium aus Anlaß der Vollendung des 65. Lebensjahres von Fritz Ossenbühl, Heidelberg 2000, S. 75–98, zit.: *Lerche*, in: Isensee, Gewaltenteilung heute.

Lhotta, Roland: Rudolf Smends Integrationslehre und die institutionelle Rückgewinnung des Politischen im modernen Staat des permanenten Übergangs, in: Lhotta, Roland (Hrsg.), Die Integration des modernen Staates. Zur Aktualität der Integrationslehre von Rudolf Smend, Baden-Baden 2005, S. 37–68, zit.: *Lhotta*, in: Lhotta, Die Integration des modernen Staates.

Limbach, Jutta: Die Integrationskraft des Bundesverfassungsgerichts, in: Vorländer, Hans (Hrsg.), Integration durch Verfassung, Wiesbaden 2002, S. 315–327, zit.: *Limbach*, in: Vorländer, Integration.

Lindner, Josef Franz: Das Alimentationsprinzip und seine offenen Flanken, ZBR 2007, S. 221–230.

–: Das bundesstaatliche Prinzip, in: Stern, Klaus/Sodan, Helge/Möstl, Markus (Hrsg.), Das Staatsrecht der Bundesrepublik Deutschland im europäischen Staatenverbund, Band I, Grundlagen und Grundbegriffe des Staatsrechts, Strukturprinzipien der Verfassung, 2. Aufl., München 2022, § 16, S. 686–746, zit.: *Lindner*, in: Stern/Sodan/Möstl, Staatsrecht Bd. 1, § 16.

Lindner, Josef Franz/Möstl, Markus/Wolff, Heinrich Amadeus (Hrsg.): Verfassung des Freistaates Bayern. Kommentar, 2. Aufl., München 2017, zit.: *Bearb.*, in: Lindner/Möstl/Wolff BV.

Litt, Theodor: Individuum und Gemeinschaft. Grundlegung der Kulturphilosophie, 3. Aufl., Leipzig 1926, zit.: *Litt*, Individuum und Gemeinschaft.

Liver, Peter: Der Begriff der Rechtsquelle, in: Rechtsquellenprobleme im schweizerischen Recht. Festgabe der Rechts- und Wirtschaftswissenschaftlichen Fakultät der Universität Bern für den Schweizerischen Juristenverein, Bern 1955, S. 1–55.

Loewenstein, Karl: Verfassungslehre, 3. Aufl., Tübingen 1975, zit.: *Loewenstein*, Verfassungslehre.

Lohse, Eva Julia: Das Staatsoberhaupt – der Bundespräsident (mit Bundesversammlung), in: Stern, Klaus/Sodan, Helge/Möstl, Markus (Hrsg.), Das Staatsrecht der Bundesrepublik Deutschland im europäischen Staatenverbund, Band II, Staatsorgane, Staatsfunktionen, Finanzwesen, 2. Aufl., München 2022, § 38, S. 303–337, zit.: *Lohse*, in: Stern/Sodan/Möstl, Staatsrecht Bd. 2, § 38.

Lorenz, Dieter: Zur Problematik des verwaltungsgerichtlichen Insichprozesses, AöR 93 (1968), S. 308–340.

–: Der Organstreit vor dem Bundesverfassungsgericht, in: Starck, Christian (Hrsg.), Bundesverfassungsgericht und Grundgesetz. Festgabe aus Anlaß des 25 jährigen Bestehens des Bundesverfassungsgerichts, Bd. 1, Tübingen 1976, S. 225–259.

–: Die Rechtsstellung der Universität gegenüber staatlicher Bestimmung, WissR 11 (1978), S. 1–23.

–: Wissenschaft zwischen Hochschulautonomie und Staatsintervention, JZ 1981, S. 113–119.

–: Die Bedeutung der Sonderrechte gemäß § 35 StVO in ihrem Verhältnis zum Straßenrecht, DÖV 1990, S. 517–521.

Lorenz, Egon: Der Tu-quoque-Einwand beim Rücktritt der selbst vertragsuntreuen Partei wegen Vertragsverletzung des Gegners – BGH, WPM 1970, 1246, JuS 1972, S. 311–315.

Lorz, Ralph Alexander: Interorganrespekt im Verfassungsrecht. Funktionenzuordnung, Rücksichtnahmegebote und Kooperationsverpflichtungen. Eine rechtsvergleichende Analyse anhand der Verfassungssysteme der Bundesrepublik Deutschland, der Europäischen Union und der Vereinigten Staaten, Tübingen 2001, zit.: *Lorz,* Interorganrespekt.

Loschelder, Wolfgang: Weisungshierarchie und persönliche Verantwortung in der Exekutive, in: Isensee, Josef/Kirchhof, Paul (Hrsg.), Handbuch des Staatsrechts der Bundesrepublik Deutschland, Bd. V, § 107, S. 409–455, zit.: *Loschelder,* in: Isensee/Kirchhof, HdbStR V, § 107.

Lovens, Sebastian: Bundesverfassungsrichter zwischen freier Meinungsäußerung, Befangenheit und Verfassungsorgantreue, Baden-Baden 2009, zit.: *Lovens,* Bundesverfassungsrichter.

Löwer, Wolfgang: Zuständigkeiten und Verfahren des Bundesverfassungsgerichts, in: Isensee, Josef/Kirchhof, Paul (Hrsg.), Handbuch des Staatsrechts der Bundesrepublik Deutschland, Bd. III, 3. Aufl., Heidelberg 2005, § 70, S. 1285–1526, zit.: *Löwer,* in: Isensee/Kirchhof, HdbStR III, § 70.

Loyal, Florian: Ungeschriebene Korrekturinstrumente im Zivilprozeßrecht. Rechtsschutzbedürfnis und Treu und Glauben, Tübingen 2018, zit.: *Loyal,* Ungeschriebene Korrekturinstrumente.

Lübbe-Wolff, Gertrude: Homogenes Volk – Über Homogenitätspostulate und Integration, ZAR 2007, S. 121–128.

Lübking, Uwe/Vogelsang, Klaus: Die Kommunalaufsicht. Aufgaben – Rechtsgrundlagen – Organisation, Berlin 1998, zit.: *Lübking/Vogelsang,* Die Kommunalaufsicht.

Lück, Dominik/Witznick, Benjamin: Kommunale Untersuchungsausschüsse – eine Möglichkeit zur Kontrolle der Kommunalverwaltung?, KommJuR 2021, S. 405–410.

Lück, Michael: Die Gemeinschaftstreue als allgemeines Rechtsprinzip im Recht der Europäischen Gemeinschaft. Ein Vergleich zur Bundestreue im Verfassungsrecht der Bundesrepublik Deutschland, Baden-Baden 1992, zit.: *Lück,* Die Gemeinschaftstreue.

Lücke, Jörg: Bundesfreundliches und bürgerfreundliches Verhalten. Zur Bürgerbezogenen Ergänzungsbedürftigkeit des Grundsatzes des bundesfreundlichen Verhaltens, Der Staat 17 (1978), S. 341–367.

Lüdeking, Matthias/Samari, Sima: Subsumtion ohne Definition, ZfPW 2022, S. 425–445.

Ludwigs, Markus: Der Ultra-vires-Vorbehalt des BVerfG – Judikative Kompetenzanmaßung oder legitimes Korrektiv?, NVwZ 2015, S. 537–543.

Macher, Ludwig: Der Grundsatz des gemeindefreundlichen Verhaltens. Zur Aktualisierung der Garantie der kommunalen Selbstverwaltung (Art. 28 II GG), Berlin 1971, zit.: *Macher,* Der Grundsatz des gemeindefreundlichen Verhaltens.

Maciejewski, Tim: Nichtanwendungsgesetze. Eine verfassungsrechtliche Verortung zwischen Rechtskontinuität, Gewaltenteilung, Rechtsschutzgebot und Rückwirkungsverbot, Tübingen 2021, zit.: *Maciejewski,* Nichtanwendungsgesetze.

Mager, Ute: Staatsrecht I. Staatsorganisationsrecht unter Berücksichtigung der europarechtlichen Bezüge, 9. Aufl., Stuttgart 2021, zit.: *Mager,* Staatsrecht I.

Mahrenholz, Ernst Gottfried: Legislative Konkurrenzen. Überlegungen zum Verhältnis des Parlamentsgesetzes zum Volksgesetz, in: Hufen, Friedhelm (Hrsg.), Verfassungen. Zwischen Recht und Politik. Festschrift zum 70. Geburtstag für Hans-Peter Schneider, Baden-Baden 2008, S. 210–222.

v. Mangoldt, Hermann/Klein, Friedrich (Begr.)/Huber, Peter Michael/Voßkuhle, Andreas (Hrsg.): Grundgesetz. Kommentar, 7. Aufl., München 2018, zit.: *Bearb.,* in: v. Mangoldt/Klein/Starck GG.

März, Peter/Oberreuther, Heinrich: Weichenstellung für Deutschland. Der Verfassungskonvent von Herrenchiemsee, München 1999, zit.: *März/Oberreuther,* Weichenstellung für Deutschland.

Masing, Johannes: Das Bundesverfassungsgericht, in: Herdegen, Matthias/ Masing, Johannes/Poscher, Ralf/Gärditz, Ferdinand, Handbuch des Verfassungsrechts. Darstellung in transnationaler Perspektive, München 2021, § 15, S. 981–1047, zit.: *Masing,* in: Herdegen/Masing/Poscher/Gärditz, Hdb. VerfR.

Massing, Otwin: Anmerkungen zu einigen Voraussetzungen und (nichtintendierten) Folgen der Kruzifix-Entscheidung des Bundesverfassungsgerichts, PVS 1995, S. 719–731.

Mast, Tobias: Staatsinformationsqualität. De- und Rekonstruktion des verfassungsrechtlichen Leitbilds öffentlicher staatlicher Informationstätigkeit und der entsprechenden Gebote, Berlin 2020, zit.: *Mast,* Staatsinformationsqualität.

Maunz, Theodor: Verwaltung, Hamburg 1937, zit.: *Maunz,* Verwaltung.

Maurer, Hartmut: Kontinuitätsgewähr und Vertrauensschutz, in: Isensee, Josef/Kirchhof, Paul (Hrsg.), Handbuch des Staatsrechts der Bundesrepublik Deutschland, Bd. IV, 3. Aufl., Heidelberg 2006, § 79, S. 395–475, zit.: *Maurer,* in: Isensee/Kirchhof, HdbStR IV, § 79.

Mayer, Franz Christian: Die Rückkehr der Europäischen Verfassung? Ein Leitfaden zum Vertrag von Lissabon, ZaöRV 2007, S. 1141–1217.

Meder, Theodor (Begr.)/*Brechmann, Winfried* (Hrsg.): Die Verfassung des Freistaates Bayern. Kommentar, 6. Aufl., Stuttgart 2020, zit.: *Bearb.,* in: Meder/ Brechmann BV.

Mehde, Veith: Kooperatives Regierungshandeln. Verfassungsrechtslehre vor der Herausforderung konsensorientierter Politikmodelle, AöR 127 (2002), S. 655–683.

Meister, Johannes: Der Kommunalverfassungsstreit, JA 2004, S. 414–417.

Menzel, Walter: Die verfassungspolitischen Entscheidungen im Grundgesetz, DV 1949, S. 312–315.

Meyer, Georg/Anschütz, Gerhard: Lehrbuch des Deutschen Staatsrechts, 8. Aufl., Berlin 2005, zit.: *Meyer/Anschütz,* Lehrbuch des Deutschen Staatsrechts.

Meyer, Hans: Die kommunale Neuordnung als verfassungsgerichtliches Problem, DÖV 1971, S. 801–810.

Meyer, Hubert: Kommunales Parteien- und Fraktionenrecht. Verfassungsrechtliche Determinanten und ausgewählte Probleme unter besonderer Berücksichtigung der Chancengleichheit sowie Fragen der Finanzierung, Baden-Baden 1990, zit.: *Meyer,* Kommunales Parteien- und Fraktionsrecht.

Meyer, Hans: Diskussionsbeitrag zu: Parteienstaatlichkeit – Krisensymptome des demokratischen Verfassungsstaats?, VVDStRL 44 (1986), S. 130–131.

Michael, Lothar: Konzeptionen und Methoden einer auf Staat und Verfassung bezogenen Rechtswissenschaft, in: Stern, Klaus/Sodan, Helge/Möstl, Markus (Hrsg.), Das Staatsrecht der Bundesrepublik Deutschland im europäischen Staatenverbund, Band I, Grundlagen und Grundbegriffe des Staatsrechts, Strukturprinzipien der Verfassung, 2. Aufl., München 2022, § 3, S. 109–156, zit.: *Michael,* in: Stern/Sodan/Möstl, Staatsrecht Bd. 1, § 3.

Möllers, Christoph: Gewaltengliederung. Legitimation und Dogmatik im nationalen und internationalen Rechtsvergleich, Tübingen 2005, zit.: *Möllers,* Gewaltengliederung.

–: Dogmatik der grundgesetzlichen Gewaltengliederung, AöR 132 (2007), S. 493–538.

Mols, Manfred Heinrich: Allgemeine Staatslehre oder politische Theorie? Interpretationen zu ihrem Verhältnis am Beispiel der Integrationslehre Rudolf Smends, Berlin 1969, zit.: *Mols,* Allgemeine Staatslehre.

de Montesquieu, Charles: Vom Geist der Gesetze (1748), übersetzt und herausgegeben von Ernst Forsthoff, Band 1, 2. Aufl., Tübingen 1992, zit.: *Montesquieu,* Vom Geist der Gesetze, Bd. 1.

Morlok, Martin/Schindler Alexandra: Smend als Klassiker: Rudolf Smends Beitrag zu einer modernen Verfassungstheorie, in: Lhotta, Roland (Hrsg.), Die Integration des modernen Staates. Zur Aktualität der Integrationslehre von Rudolf Smend, Baden-Baden 2005, S. 13–35, zit.: *Morlok/Schindler,* in: Lhotta, Die Integration des modernen Staates.

Möstl, Markus: Bundesstaat und Staatenverbund. Staats- und Verfassungsrecht im Föderalismus, Paderborn 2012, zit.: *Möstl,* Bundesstaat und Staatenverbund.

–: Staat – Der deutsche Bundesstaat in der EU, in: Stern, Klaus/Sodan, Helge/Möstl, Markus (Hrsg.), Das Staatsrecht der Bundesrepublik Deutschland im europäischen Staatenverbund, Band I, Grundlagen und Grundbegriffe des

Staatsrechts, Strukturprinzipien der Verfassung, 2. Aufl., München 2022, § 1, S. 1–38, zit.: *Möstl,* in: Stern/Sodan/Möstl, Staatsrecht Bd. 1, § 1.

–: Verfassung – das Grundgesetz und der bundesstaatliche/unionale Verfassungsverbund, in: Stern, Klaus/Sodan, Helge/Möstl, Markus (Hrsg.), Das Staatsrecht der Bundesrepublik Deutschland im europäischen Staatenverbund, Band I, Grundlagen und Grundbegriffe des Staatsrechts, Strukturprinzipien der Verfassung, 2. Aufl., München 2022, § 2, S. 39–108, zit.: *Möstl,* in: Stern/Sodan/Möstl, Staatsrecht Bd. 1, § 2.

Muckel, Stefan: Die Zweitverleihung der Körperschaftsrechte an Religionsgemeinschaften – immer noch umstritten, NVwZ 2015, S. 1426–1430.

Müller, Martin: Bindungswirkungen von Volksentscheiden am Beispiel des Volksentscheides „Tempelhof muss Verkehrsflughafen bleiben!", LKV 2008, S. 451–453.

Müller-Graff, Peter-Christian: Verfassungsziele der Europäischen Union, in: Dauses, Manfred (Begr.)/Ludwigs, Markus (Hrsg.), Handbuch des EU-Wirtschaftsrechts, Bd. 1, 59. EL, München 2023, Kap. A.I., zit.: *Müller-Graff,* in: Dauses/Ludwigs, Hdb. EU-Wirtschaftsrecht.

Müller-Grune, Sven: Der Grundsatz von Treu und Glauben im Allgemeinen Verwaltungsrecht. Eine Studie zu Herkunft, Anwendungsbereich und Geltungsgrund, Hamburg 2006, zit.: *Müller-Grune,* Der Grundsatz von Treu und Glauben.

v. Münch, Ingo: Minister und Abgeordneter in einer Person: die andauernde Verhöhnung der Gewaltenteilung, NJW 1998, S. 34–35.

v. Münch, Ingo/Kunig, Philip (Begr.)/Kämmerer, Jörn Axel/Kotzur, Markus (Hrsg.): Grundgesetz. Kommentar, 7. Aufl., München 2021, zit.: *Bearb.,* in: v. Münch/Kunig GG.

Nettesheim, Martin: Die konsoziative Förderung von EU und Mitgliedstaaten, ZEuS 2002, S. 507–539.

–: Amt und Stellung des Bundespräsidenten in der grundgesetzlichen Demokratie, in: Isensee, Josef/Kirchhof, Paul (Hrsg.), Handbuch des Staatsrechts der Bundesrepublik Deutschland, Bd. III, 3. Aufl., Heidelberg 2005, § 61, S. 1031–1071, zit.: *Nettesheim,* in: Isensee/Kirchhof, HdbStR III, § 61.

–: Die Bundesversammlung und die Wahl des Bundespräsidenten, in: Isensee, Josef/Kirchhof, Paul (Hrsg.), Handbuch des Staatsrechts der Bundesrepublik Deutschland, Bd. III, 3. Aufl., Heidelberg 2005, § 63, S. 1105–1113, zit.: *Nettesheim,* in: Isensee/Kirchhof, HdbStR III, § 63.

–: Kompetenzdenken als Legitimationsdenken. Zur Ultra-vires-Kontrolle im rechtspluralistischen Umfeld, JZ 2014, S. 585–592.

–: Die „Werte der Union": Legitimitätsstiftung, Einheitsbildung, Föderalisierung, EuR 2022, S. 525–545.

Niemeier, Hans: Bund und Gemeinden. Aktuelle Organisations-, Finanz- und Verfassungsprobleme, Berlin 1972, zit.: *Niemeier,* Bund und Gemeinden.

Nierhaus, Michael: Die Gemeindeordnung des Landes Brandenburg. Einführung, Übersicht und erste kritische Analyse des Ersten, Zweiten und Vierten Kapitels, LKV 1995, S. 5–12.

Noack, Ulrich/Servatius, Wolfgang/Haas, Ulrich (Hrsg.): Gesetz betreffend die Gesellschaften mit beschränkter Haftung, 23. Aufl., München 2022, zit.: *Bearb.,* in: Noack/Servatius/Haas GmbHG.

Notthoff, Thomas: Der Staat als „geistige Wirklichkeit". Der philosophisch-anthropologische Aspekt des Verfassungsdenkens Rudolf Smends, Berlin 2008, zit.: *Notthoff,* Der Staat als „geistige Wirklichkeit".

Nowrot, Karsten/Tietje, Christian: CETA an der Leine des Bundesverfassungsgerichts: Zum schmalen Grat zwischen Ultra-vires-Kontrolle und Ultra-Vires-Handeln, EuR 2017, S. 137–155.

Oebbecke, Janbernd: Die neue Kommunalverfassung in Nordrhein-Westfalen, DÖV 1995, S. 701–709.

–: Tauziehen um die Entscheidungskompetenz, Städte- und Gemeinderat 2000, S. 24–26.

Offerhaus, Klaus: Die Dreiteilung der Staatsgewalten. Reaktionen des Gesetzgebers und der Finanzverwaltung auf die Rechtsprechung des Bundesfinanzhofs, StbJb 1995/1996, S. 7–27.

Ogorek, Markus: Der Kommunalverfassungsstreit im Verwaltungsprozess, JuS 2009, S. 511–516.

Oldiges, Martin: Einheit der Verwaltung als Rechtsproblem, NVwZ 1987, S. 737–744.

v. Ooyen, Robert Christian: Der Bundespräsident als „Integrationsfigur"? Antiparlamentarismus und Antipluralismus von Rudolf Smend in der Staats- und Regierungslehre, JöR n.F. 57 (2009), S. 235–254.

Oppermann, Thomas: Europarecht. Ein Studienbuch, 1. Aufl., München 1991, zit.: *Oppermann,* Europarecht.

Oppermann, Thomas/Classen, Claus Dieter/Nettesheim, Martin: Europarecht. Ein Studienbuch, 9. Aufl., München 2021, zit.: *Oppermann/Classen/Nettesheim,* Europarecht.

Ophüls, Carl Friedrich: Quellen und Aufbau des Europäischen Gemeinschaftsrechts, NJW 1963, S. 1697–1701.

Ossenbühl, Fritz: Aktuelle Probleme der Gewaltenteilung, DÖV 1980, S. 545–553.

-: Eine Fehlerlehre für untergesetzliche Normen, NJW 1986, S. 2805–2812.

-: Föderalismus und Regionalismus in Europa. Landesbericht Bundesrepublik Deutschland, in: Ossenbühl, Fritz (Hrsg.), Föderalismus und Regionalismus in Europa. Verfassungskongreß in Bonn vom 14.-16. September 1989, Baden-Baden, 1990, S. 117–165, zit.: *Ossenbühl,* in: ders. (Hrsg.), Föderalismus und Regionalismus in Europa.

-: Abschied von der Ländertreue?, NVwZ 2003, S. 53.

-: Die Bundesauftragsverwaltung – gelöste und ungelöste Probleme, in: Brenner, Michael/Huber, Peter Michael/Möstl, Markus (Hrsg.), Der Staat des Grundgesetzes – Kontinuität und Wandel. Festschrift für Peter Badura zum siebzigsten Geburtstag, Tübingen 2004, S. 975–993.

Pagenkopf, Hans: Kommunalrecht, Band 1. Verfassungsrecht, 2. Aufl., Köln 1975, zit.: *Pagenkopf,* Kommunalrecht Bd. 1.

Papier, Hans-Jürgen: Gewaltentrennung im Rechtsstaat, in: Merten, Detlef (Hrsg.), Gewaltentrennung im Rechtsstaat. Zum 300. Geburtstag von Charles de Montesquieu, Berlin 1989, S. 95–114, zit.: *Papier,* in: Merten, Gewaltentrennung im Rechtsstaat.

Papier Hans-Jürgen/Krönke, Christoph: Grundkurs Öffentliches Recht 1. Grundlagen, Staatsstrukturprinzipien, Staatsorgane und -funktionen, 4. Aufl. Heidelberg, 2022, zit.: *Papier/Krönke,* Grundkurs Öffentliches Recht 1.

Patzelt, Werner Josef: Mehr Bürgerbeteiligung auf dem Wege zu mehr direkter Demokratie?, in: Brandt, Peter (Hrsg.), Parlamentarisierung und Entparlamentarisierung von Verfassungssystemen, Berlin 2016, S. 81–101, zit.: *Patzelt,* in: Brandt, Parlamentarisierung.

Pechstein, Matthias/Nowak, Carsten/Häde, Ulrich (Hrsg.): Frankfurter Kommentar zu EUV, GRC und AEUV, 2. Aufl., Tübingen 2023, zit.: *Bearb.,* in: Frankfurter Kommentar.

Pegatzky, Claus: Das Ultra-vires-Prinzip in der verfassungsrechtlichen Rechtsprechung, NVwZ 2022, S. 761–769.

Pernice, Ingolf: Carl Schmitt, Rudolf Smend und die europäische Integration, AöR 120 (1995), S. 100–120.

Pernthaler, Peter: Das Staatsoberhaupt in der parlamentarischen Demokratie, VVDStRL 25 (1968), S. 95–201.

Pestalozza, Christian: „Formenmißbrauch" des Staates. Zu Figur und Folgen des "Rechtsmißbrauchs" und ihrer Anwendung auf staatliches Verhalten, München 1973, zit.: *Pestalozza,* Formenmißbrauch des Staates.

-: Verfassungsprozeßrecht. Die Verfassungsgerichtsbarkeit des Bundes und der Länder mit einem Anhang zum Internationalen Rechtsschutz, 3. Aufl., München 1991, zit.: *Pestalozza,* Verfassungsprozeßrecht.

Peters, Butz: Der verfassungsrechtliche Vorlageanspruch eines parlamentarischen Untersuchungsausschusses gegenüber der ihm verantwortlichen Regierung. Reichweite, Weigerungsgründe und Drittbetroffenheit, NVwZ 2020, S. 1550–1557.

Peters, Hans: Die Gewaltentrennung in moderner Sicht, Köln 1954, zit.: *Peters,* Die Gewaltentrennung in moderner Sicht.

-: Die Rechtslage von Rundfunk und Fernsehen nach dem Urteil des Bundesverfassungsgerichts. Vortrag gehalten am 21. März 1961 anläßlich der Jahresversammlung der Deutschen Gesellschaft für Film- und Fernsehforschung in Düsseldorf, Gütersloh 1961, zit.: *Peters,* Die Rechtslage von Rundfunk und Fernsehen.

-: Geschichtliche Entwicklung und Grundfragen der Verfassung, Berlin 1969, zit.: *Peters,* Geschichtliche Entwicklung.

Pfeiffer, Nina: Das exekutive Normsetzungsermessen als Phänomen zwischen Verwaltungsermessen und gesetzgeberischer Gestaltungsfreiheit? Eine Untersuchung unter Einbezug der Coronaverordnungen, Hamburg 2024, zit.: *Pfeiffer,* Das exekutive Normsetzungsermessen.

Pfirrmann, Volker/Rosenke, Torsten/Wagner, Klaus Jürgen: BeckOK AO, 27. Ed., München 2024, zit.: *Bearb.,* in: BeckOK AO.

Pieroth, Bodo: Das Demokratieprinzip des Grundgesetzes, JuS 2010, S. 473–481.

Pietron, Danielle: Die Effektivität des Rechtsschutzes gegen überlange Verfahrensdauer. Eine kritische Betrachtung der §§ 198 ff. GVG aus konventions- und verfassungsrechtlicher Sicht, Hamburg 2016, zit.: *Pietron,* Die Effektivität des Rechtsschutzes.

Pietzner, Rainer: Das Zutrittsrecht der Bundesregierung im parlamentarischen Untersuchungsverfahren (Art. 43 II 1 GG), JR 1969, S. 43–47.

Pleyer, Marcus: Föderative Gleichheit, Berlin 2005, zit.: *Pleyer,* Föderative Gleichheit.

Porsch, Winfried: Vorläufiger Rechtsschutz für das Bürgerbegehren „in statu nascendi"? – Anmerkung zum Beschluss des VGH BW vom 06.12.2012 – 1 S 2408/12, VBlBW 2013, S. 208–211.

Poscher, Ralf: Das Grundgesetz als Verfassung des verhältnismäßigen Ausgleichs, in: Herdegen, Matthias/Masing, Johannes/Poscher, Ralf/Gärditz, Ferdinand, Handbuch des Verfassungsrechts. Darstellung in transnationaler Perspektive, München 2021, § 3, S. 149–220, zit.: *Poscher,* in: Herdegen/Masing/Poscher/Gärditz, Hdb. VerfR.

Preuß, Ulrich Klaus: Einleitung: Der Begriff der Verfassung und ihre Beziehung zur Politik, in: Preuß, Ulrich Klaus, Zum Begriff der Verfassung. Die Ordnung des Politischen, Frankfurt am Main, 1994, S. 7–33, zit.: *Preuß,* in: ders., Zum Begriff der Verfassung.

Proelß, Alexander: Bundesverfassungsgericht und überstaatliche Gerichtsbarkeit. Prozedurale und prozessuale Mechanismen zur Vermeidung und Lösung von Jurisdiktionskonflikten, Tübingen 2014, zit.: *Proelß,* Bundesverfassungsgericht und überstaatliche Gerichtsbarkeit.

Püttner, Günter: Zum Verhältnis von Demokratie und Selbstverwaltung, in: Mann, Thomas/Püttner, Günter (Hrsg.), Handbuch der kommunalen Wissenschaft und Praxis, Band 1, Grundlagen und Kommunalverfassung, 3. Aufl., Wien 2007, § 19, S. 381–390, zit.: *Püttner,* in: Mann/Püttner HKWP I, § 19.

Rauber, David: Neuer KFA, neue Rechtsprechung und Kreis- und Schulumlage in Hessen, HGZ 2015, S. 238–247.

Rauscher, Thomas/Krüger, Wolfgang (Hrsg.): Münchener Kommentar zur Zivilprozessordnung mit Gerichtsverfassungsgesetz und Nebengesetzen, Bd. 3, 6. Aufl., München 2022, zit.: *Bearb.,* in: MüKo ZPO.

Raz, Joseph: Legal Principles and the Limits of Law, The Yale Journal 81 (1972), S. 823–854.

Reichert, Bernd: Das Spannungsverhältnis zwischen Bürgermeister und Gemeinderat. Dargestellt am Beispiel des Informations- und Kontrollrechts des Gemeinderats in Baden-Württemberg, Speyer 1979, zit.: *Reichert,* Das Spannungsverhältnis zwischen Bürgermeister und Gemeinderat.

Reimer, Franz: Verfassungsprinzipien. Ein Normtyp im Grundgesetz, Berlin 2001, zit.: *Reimer,* Verfassungsprinzipien.

Renan, Ernest: Was ist eine Nation? Rede am 11. März 1882 an der Sorbonne, Hamburg 1996, zit.: *Renan,* Was ist eine Nation.

Rengeling, Hans-Werner: Gesetzgebungszuständigkeit, in: Isensee, Josef/ Kirchhof, Paul (Hrsg.), Handbuch des Staatsrechts der Bundesrepublik Deutschland, Bd. VI, 3. Aufl., Heidelberg 2008, § 135, S. 567–742, zit.: *Rengeling,* in: Isensee/Kirchhof, HdbStR VI, § 126.

Rensmann, Thilo: Grundwerte im Prozess der europäischen Konstitutionalisierung. Anmerkungen zur Europäischen Union als Wertegemeinschaft aus juristischer Perspektive, in: Blumenwitz, Dieter/Gornig, Gilbert/Murswiek, Dietrich (Hrsg.), Die Europäische Union als Wertegemeinschaft, Berlin 2005, S. 49–72, zit.: *Rensmann,* in: Blumenwitz u.a., Die Europäische Union als Wertegemeinschaft.

Ress, Georg, Überlegungen zum Grundsatz des selbstverwaltungsfreundlichen Verhaltens – zugleich Bemerkungen zum Verhältnis von Staatsaufsicht und Rechtsschutz, WiVerw 1981, S. 151–167.

Rheinstein, Max: Wer wacht über den Wächter, JuS 1974, S. 409–418.

Rhinow, René/Schefer, Markus/Uebersax, Peter: Schweizerisches Verfassungsrecht, 3. Aufl., Basel 2016, zit.: *Rhinow/Schefer/Uebersax,* Schweizerisches Verfassungsrecht.

Richter, Gerd-Jürgen: Verfassungsprobleme der kommunalen Funktionalreform. Zur dogmatischen Einordnung des Art. 28 Abs. 2 Grundgesetz, Köln 1977, zit.: *Richter,* Verfassungsprobleme der kommunalen Funktionalreform.

Ridder, Helmut: Die soziale Ordnung des Grundgesetzes. Leitfaden zu den Grundrechten einer demokratischen Verfassung, Opladen 1975, zit.: *Ridder,* Die soziale Ordnung des Grundgesetzes.

Riedel, Eibe: Abschied vom Verfassungskonsens?, in: Johannes Gutenberg-Universität Mainz. Antrittsvorlesungen, Band I (Sommersemester 1984 – Sommersemester 1985), Mainz 1986, S. 155–206, zit.: *Riedel,* in: Johannes Gutenberg-Universität Mainz, Antrittsvorlesungen Bd. 1.

–: Access to Justice as a Fundamental Right, in: Riedel, Eibe (Hrsg.), German Reports on Public Law. Presented to the XV. International Congress on Comparative Law, Bristol, 26 July to 1 August 1998, Baden-Baden 1998, S. 77–102, zit.: *Riedel,* in: ders., German Reports on Public Law.

Riederle, Manfred: Kommunale Spitzenverbände im Gesetzgebungsverfahren. Ihre rechtliche Stellung am Beispiel des Freistaats Bayern. Heidelberg 1995, zit.: *Riederle,* Kommunale Spitzenverbände.

Riesenhuber, Karl: Europäische Methodenlehre, 4. Aufl., Berlin 2021, zit.: *Bearb.,* in: Riesenhuber, Europäische Methodenlehre.

Robbers, Gerhard: Die Staatslehre der Weimarer Republik. Eine Einführung, Jura 1993, S. 69–73.

Rossi, Matthias/Lenski, Sophie-Charlotte: Treuepflichten im Nebeneinander von plebiszitärer und repräsentativer Demokratie, DVBl. 2008, S. 416–425.

Roßmüller, Dietrich: Schutz der kommunalen Finanzausstattung durch Verfahren. Verfassungsrechtliche Anforderungen an das Gesetzgebungsverfahren zum kommunalen Finanzausgleich, Baden-Baden 2009, zit.: *Roßmüller,* Schutz der kommunalen Finanzausstattung.

Roth, Wolfgang: Verwaltungsrechtliche Organstreitigkeiten. Das subjektive Recht im innerorganisatorischen Verwaltungsrechtskreis und seine verwaltungsgerichtliche Geltendmachung, Berlin 2001, zit.: *Roth,* Verwaltungsrechtliche Organstreitigkeiten.

Rückert, Joachim: Abbau und Aufbau der Rechtswissenschaft nach 1945, NJW 1995, S. 1251–1259.

Rupp, Hans Heinrich: Grundfragen der heutigen Verwaltungsrechtslehre. Verwaltungsnorm und Verwaltungsrechtsverhältnis, Tübingen 1965, zit.: *Rupp,* Grundfragen der heutigen Verwaltungsrechtslehre.

Rüthers, Bernd: Reinhard Höhn, Carl Schmitt und andere – Geschichten und Legenden aus der NS-Zeit, NJW 2000, S. 2866–2871.

Sachs, Michael: Das parlamentarische Regierungssystem und der Bundesrat – Entwicklungsstand und Reformbedarf, VVDStRL 58 (1999), S. 39–77.

-: Verfassungsprozessrecht: Parteifähigkeit im Organstreit. BVerfG, Beschl. v. 20.09.2016 - 2 BvE 5/15, NVwZ 2016, 1701, JuS 2017, S. 479–480.

-: (Hrsg.): Grundgesetz, 9. Aufl., München 2021, zit.: *Bearb.,* in: Sachs GG.

Säcker, Franz Jürgen/Rixecker, Roland/Oetker, Hartmut/Limperg, Bettina (Hrsg.): Münchener Kommentar zum Bürgerlichen Gesetzbuch, Bd. 2, 9. Aufl., München 2022, zit.: *Bearb.,* in: MüKo BGB.

Säcker, Franz Jürgen/Rixecker, Roland/Oetker, Hartmut/Limperg, Bettina (Hrsg.): Münchener Kommentar zum Bürgerlichen Gesetzbuch, Bd. 3, 9. Aufl., München 2022, zit.: *Bearb.,* in: MüKo BGB.

Säcker, Franz Jürgen/Rixecker, Roland/Oetker, Hartmut/Limperg, Bettina (Hrsg.): Münchener Kommentar zum Bürgerlichen Gesetzbuch, Bd. 7, 9. Aufl., München 2024, zit.: *Bearb.*, in: MüKo BGB.

Sacksofsky, Ute: Landesverfassungen und Grundgesetz – am Beispiel der Verfassungen der neuen Bundesländer, NVwZ 1993, S. 235–240.

Salaw-Hanslmaier, Stefanie/Möller, Franz-Josef: Direkte und repräsentative Demokratie. Binden Entscheidungen der direkten Demokratie mehr als die des Repräsentativorgans?, ZRP 2020, 77–80.

Sauer, Heiko: Jurisdiktionskonflikte in Mehrebenensystemen. Die Entwicklung eines Modells zur Lösung von Konflikten zwischen Gerichten unterschiedlicher Ebenen in vernetzten Rechtsordnungen, Berlin 2008, zit.: *Sauer*, Jurisdiktionskonflikte.

Schaaf, Edmund: Zum Grundsatz der Organtreue im Kommunalrecht – Teil 1, DVP 2021, S. 431–436.

–: Zum Grundsatz der Organtreue im Kommunalrecht – Teil 2, DVP 2021, S. 474–478.

Schaal, Gary Stuart: Integration durch Verfassung und Verfassungsrechtsprechung? Über den Zusammenhang von Demokratie, Verfassung und Integration, Berlin 2000, zit.: *Schaal*, Integration durch Verfassung.

Schachtschneider, Karl Albrecht: Diskussionsbeitrag zu: Das parlamentarische Regierungssystem und der Bundesrat – Entwicklungsstand und Reformbedarf, VVDStRL 58 (1999), S. 134–135.

–: Prinzipien des Rechtsstaates, Berlin 2006, zit.: *Schachtschneider*, Prinzipien des Rechtsstaates.

Schäfer, Hans: Bundesaufsicht und Bundeszwang, AöR 78 (1952/53), S. 1–49.

–: Der Bundesrat, Köln 1955, zit.: *Schäfer*, Der Bundesrat.

Schaumburg, Harald: Nichtanwendungserlasse, Nichtanwendungsgesetze und Bindung der Verwaltung an Recht und Gesetz, in: Brandt, Jürgen (Hrsg.), Für eine bessere Steuerrechtskultur. Erster Deutscher Finanzgerichtstag 2004, Stuttgart 2004, S. 73–96, zit.: *Schaumburg*, in: Brandt, DFGT 1 (2004).

Schaumburg, Heide/Schaumburg, Harald: Legislativer Gehorsam im Steuerrecht, in: Mellinghoff, Rudolf/Schön, Wolfgang/Viskorf, Hermann-Ulrich (Hrsg.), Steuerrecht im Rechtsstaat, Festschrift für Wolfgang Spindler zum 65. Geburtstag, Köln 2011, S. 171–187.

Schefold, Dian: Geisteswissenschaften und Staatsrechtslehre zwischen Weimar und Bonn, in: Acham, Karl/Nörr, Knut Wolfgang/Schefold Bertram (Hrsg.),

Erkenntnisgewinne, Erkenntnisverluste. Kontinuitäten und Diskontinuitäten in den Wirtschafts-, Rechts- und Sozialwissenschaften zwischen den 20er und 50er Jahren, Stuttgart 1998, S. 567–599, zit.: *Schefold,* in: Acham/Nörr/Schefold, Erkenntnisgewinne.

Schenke, Ralf Peter: Das Koch-Steinbrück-Papier, das Haushaltsbegleitgesetz 2004 und die Grenzen der Änderungsbefugnis des Vermittlungsausschusses, FR 2004, S. 638–643.

Schenke, Wolf-Rüdiger: Die Verfassungsorgantreue, Berlin 1977, zit.: *Schenke,* Die Verfassungsorgantreue.

-: Die verfassungswidrige Bundestagsauflösung, NJW 1982, S. 2521–2528.

-: Die verfassungsrechtlichen Grenzen der Tätigkeit des Vermittlungsausschusses. Dargestellt am Beispiel des 2. Haushaltsstrukturgesetzes, Berlin 1984, zit.: *Schenke,* Die verfassungsrechtlichen Grenzen.

-: 40 Jahre Grundgesetz, JZ 1989, S. 653–663.

-: Die verfassungswidrige Bundesratsabstimmung, NJW 2002, S. 1318–1324.

-: Integration und oberste Staatsorgane. Die Verfassungsorgantreue als Motor verfassungsrechtlicher Fortentwicklungen, in: Anderheiden, Michael/Keil, Rainer/Kirste, Stephan/Schaefer, Jan Philipp (Hrsg.), Verfassungsvoraussetzungen. Gedächtnisschrift für Winfried Brugger, Tübingen 2013, S. 523–558.

Scheuner, Ulrich: Der Bereich der Regierung, in: Rechtsprobleme in Staat und Kirche. Festschrift für Rudolf Smend zum 70. Geburtstag – 15. Januar 1952, Göttingen 1952, S. 253–301.

-: Rudolf Smend – Leben und Werk, in: Rechtsprobleme in Staat und Kirche. Festschrift für Rudolf Smend zum 70. Geburtstag – 15. Januar 1952, Göttingen 1952, S. 433–443.

-: Die Rechtsprechung des Bundesverfassungsgerichts und das Verfassungsrecht der Bundesrepublik, DVBl. 1952, S. 645–649.

-: Struktur und Aufgabe des Bundesstaates in der Gegenwart, DÖV 1962, S. 641–648.

-: Die neuere Entwicklung des Rechtsstaats in Deutschland, in: Forsthoff, Ernst (Hrsg.), Rechtsstaatlichkeit und Sozialstaatlichkeit. Aufsätze und Essays, Darmstadt 1968, S. 461–508, zit.: *Scheuner,* in: Forsthoff, Rechtsstaatlichkeit und Sozialstaatlichkeit.

-: Die Lage des parlamentarischen Regierungssystems in der Bundesrepublik Deutschland, DÖV 1974, S. 433–441.

-: Konsens und Pluralismus als verfassungsrechtliches Problem, in: Jakobs, Günther (Hrsg.), Rechtsgeltung und Konsens, Berlin 1976, S. 33–68, zit.: *Scheuner*, in: Jakobs, Rechtsgeltung und Konsens.

Schindler, Benjamin: Regierung, Verwaltung und Verwaltungsgerichtsbarkeit, in: v. Bogdandy, Armin/Huber, Peter Michael/Marcusson, Lena (Hrsg.), Handbuch Ius Publicum Europaeum, Band IX. Verwaltungsgerichtsbarkeit in Europa: Gemeineuropäische Perspektiven und supranationaler Rechtsschutz, § 152, S. 587–631, zit.: *Schindler*, in: v. Bogdandy/Huber/Marcusson, Hdb. Ius Publicum Europaeum, § 152.

Schlaich, Klaus/Korioth, Stefan: Das Bundesverfassungsgericht. Stellung, Verfahren, Entscheidungen, 12. Aufl., München 2021, zit.: *Schlaich/Korioth*, Das Bundesverfassungsgericht.

Schleberger, Erwin: Verwaltung zwischen Gesetzgebung und Rechtsprechung, in: Merten, Detlef (Hrsg.), Gewaltentrennung im Rechtsstaat. Zum 300. Geburtstag von Charles de Montesquieu, Berlin 1989, S. 115–126, zit.: *Schleberger*, in: Merten, Gewaltentrennung im Rechtsstaat.

Schliesky, Utz: Aktuelle Rechtsprobleme bei Bürgerbegehren und Bürgerentscheid, DVBl. 1998, S. 169–176.

-: Die Weiterentwicklung von Bürgerbegehren und Bürgerentscheid, ZG 1999, S. 91–122.

Schlink, Bernhard: Die Amtshilfe. Ein Beitrag zu einer Lehre von der Gewaltenteilung in der Verwaltung, Berlin 1982, zit.: *Schlink*, Die Amtshilfe.

Schmidt, Benjamin: Die Entschädigungsklage wegen unangemessener Verfahrensdauer, NVwZ 2015, S. 1710–1716.

Schmidt, Joachim: Der Bundesstaat und das Verfassungsprinzip der Bundestreue. Ein Beitrag zur Lehre vom Bundesstaat unter besonderer Berücksichtigung des Gedankens der Bundestreue, Würzburg 1966, zit.: *Schmidt*, Der Bundesstaat und das Verfassungsprinzip der Bundestreue.

Schmidt, René: Die Beschränkung kommunalen Planungsermessens durch gemeindliche Planungspflichten bei der Bauleitplanung, Frankfurt a. M. 2013, zit.: *Schmidt*, Die Beschränkung kommunalen Planungsermessens.

Schmidt, Thorsten Ingo: Kommunalrecht, 2. Aufl., Tübingen 2014, zit.: *Schmidt*, KommR.

-: Das System der verwaltungsgerichtlichen Klagearten, DÖV 2011, S. 169–174.

Schmidt, Walter: Das Verhältnis von Bund und Ländern im demokratischen Bundesstaat des Grundgesetzes, AöR 87 (1962), S. 253–296.

Schmidt-Aßmann, Eberhard: Zur Reform des Allgemeinen Verwaltungsrechts. Reformbedarf und Reformansätze, in: Hoffmann-Riem, Wolfgang/Schmidt-Aßmann, Eberhard/Schuppert, Gunnar Folke (Hrsg.), Reform des Allgemeinen Verwaltungsrechts. Grundfragen, Baden-Baden 1993, S. 11–63, zit.: *Schmidt-Aßmann,* in: Hoffmann-Riem/Schmidt-Aßmann/Schuppert, Reform des Allgemeinen Verwaltungsrechts.

-: Aufgaben und Funktionswandel der Verwaltungsgerichtsbarkeit vor dem Hintergrund der Verwaltungsrechtsentwicklung, VBlBW 2000, S. 45–35.

-: Das allgemeine Verwaltungsrecht als Ordnungsidee. Grundlagen und Aufgaben der verwaltungsrechtlichen Systembildung, 2. Aufl., Berlin 2004, zit.: *Schmidt-Aßmann,* Das allgemeine Verwaltungsrecht als Ordnungsidee.

-: Der Rechtsstaat, in: Isensee, Josef/Kirchhof, Paul (Hrsg.), Handbuch des Staatsrechts der Bundesrepublik Deutschland, Bd. II, 3. Aufl., Heidelberg 2004, § 26, S. 541–612, zit.: *Schmidt-Aßmann,* in: Isensee/Kirchhof, HdbStR II, § 26.

Schmidt-Bleibtreu, Bruno/Klein, Franz/Bethge, Herbert u.a. (Hrsg.): Bundesverfassungsgerichtsgesetz. Kommentar, 63. EL, München 2023, zit.: *Bearb.,* in: Schmidt-Bleibtreu/Klein/Bethge BVerfGG.

Schmitt, Carl: Die Lage der europäischen Rechtswissenschaft, Tübingen 1950, zit.: *Schmitt,* Die Lage der europäischen Rechtswissenschaft.

Schnapp, Friedrich Eberhard: Zuständigkeitsverteilung zwischen Kreis und kreisangehörigen Gemeinden, Frankfurt a.M. 1973, zit.: *Schnapp,* Zuständigkeitsverteilung.

-: Dogmatische Überlegungen zu einer Theorie des Organisationsrechts, AöR 105 (1980), S. 243–278.

-: Der Streit um die Sitzungsöffentlichkeit im Kommunalrecht. Zugleich ein Beitrag zum subjektiven öffentlichen Recht im organisatorischen Binnenbereich, VerwArch 78 (1987), S. 407–458.

Schneider, Hans: Verträge zwischen Gliedstaaten im Bundesstaat, VVDStRL 19 (1961), S. 1–30.

-: Der Niedergang des Gesetzgebungsverfahrens, in: Ritterspach, Theo/Geiger, Willi (Hrsg.), Festschrift für Gebhard Müller. Zum 70. Geburtstag des Präsidenten des Bundesverfassungsgerichts, Tübingen 1970, S. 421–434.

Schneider, Hans-Peter: Richter oder Schlichter. Das Bundesverfassungsgericht als Integrationsfaktor, in: Fürst, Walther/Herzog, Roman/Umbach, Dieter (Hrsg.), Festschrift für Wolfgang Zeidler, Bd. 1, Berlin 1987, S. 293–313.

–: Gewaltenverschränkung zwischen Parlament und Regierung, in: Merten, Detlef (Hrsg.), Gewaltentrennung im Rechtsstaat. Zum 300. Geburtstag von Charles de Montesquieu, Berlin 1989, S. 77–89, zit.: *Schneider,* in: Merten, Gewaltentrennung im Rechtsstaat.

Schneider, Peter: Zur Problematik der Gewaltenteilung im Rechtsstaat der Gegenwart, AöR 82 (1957), S. 1–27.

Schoch, Friedrich: Die staatliche Fachaufsicht über Kommunen, Jura 2006, S. 358–364.

–: Der verwaltungsgerichtliche Organstreit, Jura 2008, S. 826–838.

–: (Hrsg.): Besonderes Verwaltungsrecht, München 2018, zit.: *Bearb.,* in: Schoch, Besonderes Verwaltungsrecht.

Schoch, Friedrich/Schneider, Jens-Peter (Hrsg.): Verwaltungsrecht. Verwaltungsgerichtsordnung, 44. EL, München 2023, zit.: *Bearb.,* in: Schoch/Schneider VwGO.

Schoch, Friedrich/Schneider, Jens-Peter (Hrsg.): Verwaltungsrecht. VwVfG, 4. EL, München 2023, zit.: *Bearb.,* in: Schoch/Schneider VwVfG.

Schoenfleisch, Christopher: Integration durch Koordinierung? Rechtsfragen der Politikkoordinierung am Beispiel der nationalen Wirtschaftspolitiken, Tübingen 2018, zit.: *Schoenfleisch,* Integration durch Koordinierung.

Scholz, Bernd Joachim: Der Rechtsschutz der Gemeinden gegen fachaufsichtliche Weisungen – zugleich ein Beitrag zur Rechtsstellung der Gemeinden im Bereich der kommunalen Auftragsverwaltung, Stuttgart 2002, zit.: *Scholz,* Der Rechtsschutz der Gemeinden.

Scholz, Rupert: Parlamentarische Untersuchungsausschuß und Steuergeheimnis, AöR 105 (1980), S. 564–622.

–: Europäische Union und deutscher Bundesstaat, NVwZ 1993, S. 817–824.

Schorkopf, Frank: Der Europäische Weg. Geschichte und Gegenwart der Europäischen Union, 3. Aufl., Tübingen 2020, zit.: *Schorkopf,* Der Europäische Weg.

Schröcker, Sebastian: Ungeschriebenes Verfassungsrecht im Bundesstaat: Zum 100. Gründungsjahr des deutschen Bundesstaats, Der Staat 5 (1966), S. 137–161.

–: Ungeschriebenes Verfassungsrecht im Bundesstaat: Zum 100. Gründungsjahr des deutschen Bundesstaats, Der Staat 5 (1966), S. 315–340.

Schröder, Christoph: Die Gewaltenteilung. Teil 2: Ausgestaltung nach dem Grundgesetz, aktuelle Fragen, JuS 2022, S. 122–125.

Schröder, Meinhard: Staatstheoretische Aspekte einer Aktenöffentlichkeit im Verwaltungsbereich. Dargestellt am amerikanischen Information Act vom 4.7.1967, Die Verwaltung 4 (1971), S. 301–324.

-: Grundlagen und Anwendungsbereich des Parlamentsrechts. Zur Übertragbarkeit parlamentsrechtlicher Grundsätze auf Selbstverwaltungsorgane, insbesondere in der Kommunal- und Hochschulverwaltung, Baden-Baden 1979, zit.: *Schröder,* Grundlagen und Anwendungsbereich des Parlamentsrechts.

-: Verantwortlichkeit, Völkerstrafrecht, Streitbeilegung und Sanktionen, in: Graf Vitzthum, Wolfgang/Proelß, Alexander (Hrsg.), Völkerrecht, 8. Aufl., Berlin 2019, zit.: *Schröder,* in: Graf Vitzthum/Proelß, Völkerrecht.

Schroeder, Werner: Grundkurs Europarecht, 7. Aufl., München 2021, zit.: *Schroeder,* Grundkurs Europarecht.

Schuldei, Marcus: Die Pairing-Vereinbarung, Berlin 1997, zit.: *Schuldei,* Die Pairing-Vereinbarung.

Schüle, Adolf: Treu und Glauben im deutschen Verwaltungsrecht, VerwArch 38 (1933), S. 399–436.

-: Die Informationspflicht der Bundesregierung gegenüber dem Bundesrat, in: Schreiber, Georg/Mosler, Hermann (Hrsg.), Völkerrechtliche und staatsrechtliche Abhandlungen. Carl Bilfinger zum 75. Geburtstag am 21. Januar 1954, gewidmet von Mitgliedern und Freunden des Instituts, Köln 1954, S. 441–471.

Schulte, Martin: Zur Rechtsnatur der Bundesauftragsverwaltung, VerwArch 81 (1990), S. 415–435.

Schulze, Reiner/Dörner, Heinrich/Ebert, Ina u.a. (Hrsg.): Bürgerliches Gesetzbuch. Handkommentar, 12. Aufl., Baden-Baden 2024, zit.: *Bearb.,* in: Schulze BGB.

Schulze-Fielitz, Helmuth: Das Bundesverfassungsgericht in der Krise des Zeitgeists. Zur Metadogmatik der Verfassungsinterpretation, AöR 122 (1997), S. 1–31.

-: Wirkung und Befolgung verfassungsgerichtlicher Entscheidungen, in: Badura, Peter/Dreier, Horst (Hrsg.), Festschrift 50 Jahre Bundesverfassungsgericht, Erster Band, Verfassungsgerichtsbarkeit, Verfassungsprozeß, Tübingen 2001, S. 385–420.

Schunck, Egon: Ungeschriebenes Verfassungsrecht, SKV 1965, S. 5–7.

Schuppert, Gunnar Folke: Die Erfüllung öffentlicher Aufgaben durch verselbständigte Verwaltungseinheiten, Göttingen 1981, zit.: *Schuppert,* Die Erfüllung öffentlicher Aufgaben.

–: Selbstverwaltung als Beteiligung Privater an der Staatsverwaltung? Elemente zu einer Theorie der Selbstverwaltung, in: von Mutius, Albert (Hrsg.), Selbstverwaltung im Staat der Industriegesellschaft. Festgabe zum 70. Geburtstag von Georg Christoph von Unruh, Heidelberg 1983, S. 183–205.

–: Verwaltungsorganisation und Verwaltungsorganisationsrecht als Steuerungsfaktoren, in: Hoffmann-Riem, Wolfgang/Schmidt-Aßmann, Eberhard/Voßkuhle, Andreas (Hrsg.), Grundlagen des Verwaltungsrechts, 2. Aufl., München 2012, § 16, S. 1067–1159, zit.: *Schuppert,* in: Hoffmann-Riem/Schmidt-Aßmann/Voßkuhle, Grundlagen des Verwaltungsrechts, § 16.

Schürmann, Martin: Die Umgehung des Bundesrates im sog. „Ersten Durchgang" einer Gesetzesvorlage, AöR 115 (1990), S. 45–63.

Schwarz, Kyrill-Alexander: Verfassungsprozessrecht, München 2021, zit.: *Schwarz,* Verfassungsprozessrecht.

–: Grundfragen, in: Stern, Klaus/Sodan, Helge/Möstl, Markus (Hrsg.), Das Staatsrecht der Bundesrepublik Deutschland im europäischen Staatenverbund, Band I, Grundlagen und Grundbegriffe des Staatsrechts, Strukturprinzipien der Verfassung, 2. Aufl., München 2022, § 20, S. 879–909, zit.: *Schwarz,* in: Stern/Sodan/Möstl, Staatsrecht Bd. 1, § 20.

Schwarz, Kyrill-Alexander/Sairinger, Lukas: Metamorphosen des Föderalismus in Krisenzeiten. Ein kritischer Beitrag zum kooperativ koordinierten Föderalismus und zum Primat legislativer Staatsgewalt, NVwZ 2021, S. 265–272.

Seckler, Dorothea: „Vertreter-Demokratie" statt Bürgermitwirkung? Zugleich ein Beitrag zum Rechtsschutz bei Bürgerbegehren und Bürgerentscheid, BayVBl. 1997, S. 232–236.

Sendler, Horst: Normenflut und Richter, ZRP 1979, S. 227–232.

Sensburg, Patrick: Der kommunale Verwaltungskontrakt. Rechtliche Einordnung kommunaler Zielvereinbarungen, Baden-Baden 2004, zit.: *Sensburg,* Der kommunale Verwaltungskontrakt.

v. Seydel, Max: Der Bundesstaatsbegriff, in: ders., Staatsrechtliche und politische Abhandlungen, Freiburg 1893, S. 1–74, zit.: *v. Seydel,* Der Bundesstaatsbegriff, in: ders., Staatsrechtliche und politische Abhandlungen.

–: Commentar zur Verfassungs-Urkunde für das Deutsche Reich, 2. Aufl., Freiburg 1897, zit.: *v. Seydel,* Commentar zur Verfassungs-Urkunde.

Sieckmann, Jan-Reinhard: Regelmodelle und Prinzipienmodelle des Rechtssystems, Baden-Baden 1990, zit.: *Sieckmann,* Regelmodelle und Prinzipienmodelle.

-: Rechtsphilosophie, Tübingen 2018, zit.: *Sieckmann,* Rechtsphilosophie.

Siegel, Thorsten: Verwaltung, in: Stern, Klaus/Sodan, Helge/Möstl, Markus (Hrsg.), Das Staatsrecht der Bundesrepublik Deutschland im europäischen Staatenverbund, Band II, Staatsorgane, Staatsfunktionen, Finanzwesen, 2. Aufl., München 2022, § 46, S. 582–620, zit.: *Siegel,* in: Stern/Sodan/Möstl, Staatsrecht Bd. 2, § 46.

-: Trennung der Verwaltungsräume, Verwaltungszusammenarbeit, Gemeinschaftsaufgaben, in: Stern, Klaus/Sodan, Helge/Möstl, Markus (Hrsg.), Das Staatsrecht der Bundesrepublik Deutschland im europäischen Staatenverbund, Band II, Staatsorgane, Staatsfunktionen, Finanzwesen, 2. Aufl., München 2022, § 50, S. 698–716, zit.: *Siegel,* in: Stern/Sodan/Möstl, Staatsrecht Bd. 2, § 50.

Simon, Helmut: Verfassungsgerichtsbarkeit, in: Benda, Ernst/Maihofer, Werner/Vogel, Hans-Jochen, Handbuch des Verfassungsrechts der Bundesrepublik Deutschland, 2. Aufl., Berlin 1994, § 34, S. 1637–1677, zit.: *Simon,* in: Benda/Maihofer/Vogel, Hdb. Verfassungsrecht, § 34.

Simonius, August: Über Bedeutung, Herkunft und Wandlung der Grundsätze des Privatrechts, Zeitschrift für Schweizerisches Recht 71 (1952), S. 237–273.

Smend, Rudolf: Ungeschriebenes Verfassungsrecht im monarchischen Bundesstaat (1916), in: ders., Staatsrechtliche Abhandlungen und andere Aufsätze, 3. Aufl., Berlin 1994, S. 39–59, zit.: *Smend,* Ungeschriebenes Verfassungsrecht (1916), in: ders., Staatsrechtliche Abhandlungen.

-: Verfassung und Verfassungsrecht (1928), in: ders., Staatsrechtliche Abhandlungen und andere Aufsätze, 3. Aufl., Berlin 1994, S. 119–276, zit.: *Smend,* Verfassung und Verfassungsrecht (1928), in: ders., Staatsrechtliche Abhandlungen.

-: Bürger und Bourgeois im deutschen Staatsrecht (1933), in: ders., Staatsrechtliche Abhandlungen und andere Aufsätze, 3. Aufl. 1994, S. 309–325, zit.: *Smend,* Bürger und Bourgeois, in: ders., Staatsrechtliche Abhandlungen.

-: Staat und Politik (1945), in: ders., Staatsrechtliche Abhandlungen und andere Aufsätze, 3. Aufl. 1994, S. 363–379, zit.: *Smend,* Staat und Politik, in: ders., Staatsrechtliche Abhandlungen.

–: Integrationslehre (1956), in: ders., Staatsrechtliche Abhandlungen und andere Aufsätze, 3. Aufl. 1994, S. 475–481, zit.: *Smend,* Integrationslehre (1956), in: ders., Staatsrechtliche Abhandlungen.

–: Das Problem der Institutionen und der Staat (1956), in: ders., Staatsrechtliche Abhandlungen und andere Aufsätze, 3. Aufl. 1994, S. 500–516, zit.: *Smend,* Das Problem der Institutionen (1956), in: ders., Staatsrechtliche Abhandlungen.

–: Staat (1959), in: ders., Staatsrechtliche Abhandlungen und andere Aufsätze, 3. Aufl. 1994, S. 517–526, zit.: *Smend,* Staat, in: ders., Staatsrechtliche Abhandlungen

–: Das Bundesverfassungsgericht (1962), in: ders., Staatsrechtliche Abhandlungen und andere Aufsätze, 3. Aufl. 1994, S. 581–593, zit.: *Smend,* Das Bundesverfassungsgericht, in: ders., Staatsrechtliche Abhandlungen.

–: Integration (1966), in: ders., Staatsrechtliche Abhandlungen und andere Aufsätze, 3. Aufl. 1994, S. 482–486, zit.: *Smend,* Integration (1966), in: ders., Staatsrechtliche Abhandlungen.

–: Heinrich Triepel, in: ders., Staatsrechtliche Abhandlungen und andere Aufsätze, 3. Aufl. 1994, S. 594–608, zit.: *Smend,* Heinrich Triepel (1966), in: ders., Staatsrechtliche Abhandlungen.

–: Integration, in: Kunst, Hermann/Herzog, Roman (Hrsg.)/Grundmann, Friedrich (Begr.), Evangelisches Staatslexikon, 3. Aufl., Stuttgart 1987, zit.: *Smend,* Integration (1987), in: Evangelisches Staatslexikon.

Sobota, Katharina: Das Prinzip Rechtsstaat. Verfassungs- und verwaltungsrechtliche Aspekte, Tübingen 1997, zit.: *Sobota,* Das Prinzip Rechtsstaat.

Söllner, Renate: Art. 5 EWG-Vertrag in der Rechtsprechung des Europäischen Gerichtshofes, München 1985, zit.: *Söllner,* Art. 5 EWG-Vertrag.

Spanner, Hans: Zur Rechtskontrolle des bundesfreundlichen Verhaltens, DÖV 1961, S. 481–486.

–: Verfassungsprozeß und Rechtsschutzbedürfnis, in: Carstens, Karl/Peters, Hans (Hrsg.), Festschrift für Hermann Jahrreiß zu seinem siebzigsten Geburtstag – 19. August 1964, Köln 1964, S. 411–427.

–: Das Bundesverfassungsgericht. Einrichtung – Verfahren – Aufgaben, München 1972, zit.: *Spanner,* Das Bundesverfassungsgericht.

Spannowsky, Willy/Uechtritz, Michael (Hrsg.): Beck'scher Online-Kommentar BauGB, 61. Ed., München 2024, zit.: *Bearb.,* in: BeckOK BauGB.

Spindler, Wolfgang: Qualität in der Justiz, in: Bundesrechtsanwaltskammer/Bundesnotarkammer (Hrsg.), Festschrift 50 Jahre Deutsches Anwaltsinstitut e.V. – Ein Beitrag für die anwaltliche und notarielle Beratungs- und Gestaltungspraxis, Recklinghausen 2003, S. 145–154.

-: Der Nichtanwendungserlass im Steuerrecht, DStR 2007, S. 1061–1066.

Spitzlei, Thomas: Nichtiges Verwaltungshandeln, Tübingen 2022, zit.: *Spitzlei,* Nichtiges Verwaltungshandeln.

Starck, Christian: Verfassungsgerichtsbarkeit und Fachgerichte, JZ 1996, S. 1033–1042.

Starski, Paulina: Bundestreue, Unionstreue und Europarechtsfreundlichkeit, in: Kahl, Wolfgang/Ludwigs, Markus (Hrsg.), Handbuch des Verwaltungsrechts, Band III, Verwaltung und Verfassungsrecht, Heidelberg 2022, § 79, S. 875–919 zit.: *Starski,* in: Kahl/Ludwigs, Hdb. Verwaltungsrecht Bd. 3.

von Staudinger, Julius (Begr.): J. von Staudingers Kommentar zum Bürgerlichen Gesetzbuch mit Einführungsgesetz und Nebengesetzen, Bd. 2, 11. Aufl., Berlin 1961, zit.: *Bearb.,* in: Staudinger BGB, 11. Aufl. 1961.

von Staudinger, Julius (Begr.): J. von Staudingers Kommentar zum Bürgerlichen Gesetzbuch: Staudinger BGB – Buch 2: Recht der Schuldverhältnisse: §§ 241–243 (Treu und Glauben), zit.: *Bearb.,* in: Staudinger BGB.

Steffani, Winfried: Gewaltenteilung und Parteien im Wandel, Opladen 1997, zit.: *Steffani,* Gewaltenteilung und Parteien im Wandel.

Steinbach, Armin: Evidenz als Rechtskriterium. Versuch einer dogmatischen Verortung, AöR 140 (2015), S. 367–414.

Steiner, Udo/Brinktrine, Ralf: Besonderes Verwaltungsrecht, 9. Aufl., Heidelberg 2018, zit.: *Bearb.,* in: Steiner/Brinktrine, Besonderes Verwaltungsrecht.

Stelkens, Paul/Bonk, Heinz Joachim u.a. (Begr.)/*Sachs, Michael* u.a. (Hrsg.): Verwaltungsverfahrensgesetz. Kommentar, 10. Aufl., München 2023, zit.: *Bearb.,* in: Stelkens/Bonk/Sachs VwVfG.

Stern, Klaus: Der rechtliche Standort der Gemeindewirtschaft, AfK 3 (1964), S. 81–102.

-: Verfassungsgerichtsbarkeit zwischen Recht und Politik, Opladen 1980, zit.: *Stern,* Verfassungsgerichtsbarkeit.

-: Das Staatsrecht der Bundesrepublik Deutschland, Band I, Grundbegriffe und Grundlagen des Staatsrechts, Strukturprinzipien der Verfassung, 2. Aufl., München 1984, zit.: *Stern,* StaatsR Bd. 1.

-: Das Staatsrecht der Bundesrepublik Deutschland, Band II, Staatsorgane, Staatsfunktionen, Finanz- und Haushaltsverfassung, Notstandsverfassung, München 1980, zit.: Stern, StaatsR Bd. 2.

Stern, Klaus/Bethge, Herbert: Öffentlich-rechtlicher und privatrechtlicher Rundfunk. Rechtsgutachtliche Untersuchung der Verfassungsmäßigkeit des Zweiten Gesetzes zur Änderung und Ergänzung des Gesetzes Nr. 806 über die Veranstaltung von Rundfunksendungen im Saarland vom 7. Juni 1967, Frankfurt a.M. 1971, zit.: *Stern/Bethge,* Öffentlich-rechtlicher und privatrechtlicher Rundfunk.

-: Anatomie eines Neugliederungsverfahrens. Dargestellt an der Einkreisung der Stadt Neuss, München 1977, zit.: *Stern/Bethge,* Anatomie eines Neugliederungsverfahrens.

Stiefken, Heinrich: Von der monistischen Gemeindeverfassung zum dualistischen System?, SKV 1976, S. 261–265.

Stober, Rolf: Grundpflichten und Grundgesetz, Berlin 1979, zit.: *Stober,* Grundpflichten und Grundgesetz.

Stockmeier, Jürgen: Kommunale Pflichtverbände und Grundgesetz, Münster 1960, zit.: *Stockmeier,* Kommunale Pflichtverbände.

Streinz, Rudolf (Hrsg.): EUV/AEUV. Vertrag über die Europäische Union, Vertrag über die Arbeitsweise der Europäischen Union, Charta der Grundrechte der Europäischen Union, 3. Aufl., München 2018, zit.: *Bearb.,* in: Streinz EUV/AEUV.

Stüer, Bernhard: Handbuch des Bau- und Fachplanungsrechts. Planung – Genehmigung – Rechtsschutz, 5. Aufl., München 2015, zit.: *Stüer,* Hdb. Bau- und Fachplanungsrecht.

Stumpf, Christoph: Die allgemeine Gestaltungsklage im Kommunalverfassungsstreit, BayVBl. 2000, S. 103–110.

-: Inter-Länderrecht: Rechtsverkehr zwischen Bundesländern. DÖV 2003, S. 1030–1034.

Suhr, Dieter: Staat – Gesellschaft – Verfassung von Hegel bis heute, Der Staat 17 (1978), S. 369–395.

Surén, Friedrich-Karl/Loschelder, Wilhelm: Die Deutsche Gemeindeordnung vom 30. Januar 1935. Kommentar, Band 1, Die §§ 1-59 der Deutschen Gemeindeordnung, Berlin 1940, zit.: *Surén/Loschelder,* DGO, Bd. 1.

Süsterhenn, Adolf: Das Subsidiaritätsprinzip als Grundlage der vertikalen Gewaltenteilung, in: Maunz, Theodor (Hrsg.), Vom Bonner Grundgesetz zur gesamtdeutschen Verfassung. Festschrift zum 75. Geburtstag von Hans Nawiasky, München 1956, S. 141–155.

Tegethoff, Carsten: Entwicklung des Verwaltungsverfahrensrechts in der Rechtsprechung, NVwZ 2022, S. 1099–1105.

Tettinger, Peter: Zur Kontrolldichte der Überprüfung staatlicher Neugliederungsgesetze auf kommunalem Sektor durch die Verfassungsgerichtsbarkeit, JR 1973, S. 407–410.

Thiele, Robert: Niedersächsisches Kommunalverfassungsgesetz. Kommentar, 2. Aufl., Stuttgart 2017, zit.: *Thiele,* NKomVG.

Thieme, Werner: Die Gliederung der deutschen Verwaltung, in: Mann, Thomas/ Püttner, Günter (Hrsg.), Handbuch der kommunalen Wissenschaft und Praxis, Band 1, Grundlagen und Kommunalverfassung, 3. Aufl., Wien 2007, § 9, S. 147–168, zit.: *Thieme,* in: Mann/Püttner HKWP I, § 9.

Thum, Cornelius: Bürgerbegehren und Bürgerentscheide im kommunalen Verfassungsgefüge. Zum Umgang mit einem neuen Bürgerrecht, BayVBl. 1997, S. 225–232.

Tischendorf, Michael: Theorie und Wirklichkeit der Integrationsverantwortung deutscher Verfassungsorgane. Vom Scheitern eines verfassungsgerichtlichen Konzepts und seiner Überwindung, Tübingen 2017, zit.: *Tischendorf,* Theorie und Wirklichkeit.

Tomuschat, Christian: Verfassungsgewohnheitsrecht? Eine Untersuchung zum Staatsrecht der Bundesrepublik Deutschland, Heidelberg 1972, zit.: *Tomuschat,* Verfassungsgewohnheitsrecht.

-: Auswärtige Gewalt und verfassungsgerichtliche Kontrolle. Einige Bemerkungen zum Verfahren über den Grundvertrag, DÖV 1973, S. 801–808.

Tresselt, Wieland: Der Vertreter der Länder im Rat der Europäischen Gemeinschaften. Gemeinschaftsrechtliche und verfassungsrechtliche Aspekte der Rechtsstellung des Vertreters der Länder in den Verhandlungen des Rates der Europäischen Gemeinschaften, Norderstedt 2006, zit.: *Tresselt,* Der Vertreter der Länder.

Triepel, Heinrich: Unitarismus und Föderalismus im Deutschen Reiche. Eine staatsrechtliche und politische Studie, Tübingen 1907, zit.: *Triepel,* Unitarismus und Föderalismus.

-: Die Reichsaufsicht. Untersuchungen zum Staatsrecht des Deutschen Reiches, Berlin 1917, zit.: *Triepel,* Die Reichsaufsicht.

-: Staatsrecht und Politik. Rede beim Antritte des Rektorats der Friedrich-Wilhelms-Universität zu Berlin am 15. Oktober 1926, Berlin 1926, zit.: *Triepel,* Staatsrecht und Politik.

Trossmann, Hans: Bundestag und Vermittlungsausschuß, JZ 1983, S. 6–13.

Tsatsos, Dimitris: Der verwaltungsrechtliche Organstreit. Zur Problematik verwaltungsgerichtlicher Auseinandersetzungen zwischen Organen einer Körperschaft des öffentlichen Rechts, Bad Homburg v. d. H. 1969, zit.: *Tsatsos,* Der verwaltungsrechtliche Organstreit.

-: Die Europäische Unionsgrundordnung. Grundsatzfragen und fünf Anregungen zum Umdenken anläßlich der Regierungskonferenz 1996, EuGRZ 1995, S. 287–296.

Umbach, Dieter/Clemens, Thomas (Hrsg.): Grundgesetz: Mitarbeiterkommentar und Handbuch, Band I, Art. 1-37 GG, Heidelberg 2002, zit.: *Bearb.,* in: Umbach/Clemens GG.

Umbach, Dieter/Clemens, Thomas/Dollinger, Franz-Wilhelm (Hrsg.): Bundesverfassungsgerichtsgesetz. Mitarbeiterkommentar und Handbuch, Heidelberg 2005, zit.: *Bearb.,* in: Umbach/Clemens/Dollinger BVerfGG.

Unger, Sebastian: Sicherung kommunaler Bürgerbegehren. Verwaltungsprozessuale Strategien zur Auflösung des Spannungsverhältnisses zwischen repräsentativer und plebiszitärer Demokratie auf kommunaler Ebene, AöR 139 (2014), S. 80–124.

Unruh, Peter: Die Unionstreue. Anmerkungen zu einem Rechtsgrundsatz der Europäischen Union, EuR 2002, S. 41–66.

-: Weimarer Staatsrechtslehre und Grundgesetz. Ein verfassungstheoretischer Vergleich, Berlin 2004, zit.: *Unruh,* Weimarer Staatsrechtslehre.

Vogel, Hans-Jochen: Gewaltenvermischung statt Gewaltenteilung?, NJW 1996, S. 1505–1511.

Vogel, Hans-Jochen: Die bundesstaatliche Ordnung des Grundgesetzes, in: Benda, Ernst/Maihofer, Werner/Vogel, Hans-Jochen, Handbuch des Verfassungsrechts der Bundesrepublik Deutschland, 2. Aufl., Berlin 1994, § 22, S. 1041–1102, zit.: *Vogel,* in: Benda/Maihofer/Vogel, § 22.

Völker, Dietmar/Ardizzoni, Marco: Rechtsprechungsbrechende Nichtanwendungsgesetze im Steuerrecht – neue bedenkliche Gesetzgebungspraxis, NJW 2004, S. 2413–2420.

Vollaard, Hans: European Disintegration. A Search for Explanations, London 2018, zit.: *Vollaard,* European Disintegration.

Vorländer, Hans: Integration durch Verfassung. Die symbolische Bedeutung der Verfassung im politischen Integrationsprozess, in: Vorländer, Hans (Hrsg.), Integration durch Verfassung, Wiesbaden 2002, zit.: Vorländer, in: Vorländer, Integration.

Voßkuhle, Andreas: Der Grundsatz der Verfassungsorgantreue und die Kritik am BVerfG, NJW 1997, S. 2216–2219.

Wacke, Gerhard: Die Erstattung von Gutachten durch den Bundesfinanzhof mit einer vergleichenden Betrachtung der Gutachtertätigkeit der anderen Gerichte, AöR 83 (1958), S. 309–355.

Wagner, Matthias: Kulturelle Integration und Grundgesetz, Baden-Baden 2020, zit.: *Wagner,* Kulturelle Integration und Grundgesetz.

Waldecker, Ludwig: Besprechungen: Rudolf Smend, Ungeschriebenes Verfassungsrecht im monarchischen Bundesstaate, VerwArch 25 (1917), S. 78–82.

Walter, Christian/Grünewald, Benedikt (Hrsg.): BeckOK BVerfGG, 16. Ed., München 2023, zit.: *Bearb.,* in: BeckOK BVerfGG.

Walzel, Daisy Karoline: Bindungswirkungen ungeregelter Vollzugsinstrumente der EU-Kommission. Mit Schwerpunkt auf Mitteilungen, Bekanntmachungen, Leitlinien und Rahmen der Kommission im EG-Wettbewerbsrecht, Köln 2008, zit.: *Walzel,* Bindungswirkungen ungeregelter Vollzugsinstrumente.

Weber, Klaus (Hrsg.): Weber, Rechtswörterbuch, 31. Ed., München 2023, zit.: *Bearb.,* in: Weber Rechtswörterbuch.

Weber, Werner: Die Gegenwartslage des deutschen Föderalismus, Göttingen 1966, zit.: *Weber,* Die Gegenwartslage des deutschen Föderalismus.

–: Staats- und Selbstverwaltung in der Gegenwart, 2. Aufl., Göttingen 1967, zit.: *Weber,* Staats- und Selbstverwaltung.

Wefelmeier, Christian: Probleme des Rechtsschutzes bei Bürgerbegehren und Bürgerentscheid, NdsVBl. 1997, S. 31–37.

Weigert, Manfred: Besteht ein Grundsatz der „Kreistreue"?, BayVBl. 1978, S. 597–598.

Weiß, Wolfgang: Loyalität und Solidarität in der Europäischen Verwaltung, ZöR 70 (2015), S. 403–432.

Wendel, Mattias: Grundsatz der unionsrechtskonformen Auslegung und Rechtsfortbildung, in: Kahl, Wolfgang/Ludwigs, Markus (Hrsg.), Handbuch des Verwaltungsrechts, Band II, Grundstrukturen des europäischen und internationalen Verwaltungsrechts, Heidelberg 2021, § 51, S. 821–855, zit.: *Wendel,* in: Kahl/Ludwigs, Hdb. Verwaltungsrecht Bd. 2.

Werner, Wolfram (Bearb.): Der Parlamentarische Rat, 1948-1949; Akten und Protokolle, Bd. 9, Plenum, München 1996, zit.: *Werner,* Der Parlamentarische Rat, Bd. 9.

Wessel, Hans: Die Verwaltung, DV 1949, S. 327–330.

Wetz, Kassandra: Funktionen von Verfassungsidentität als gerichtliches Konzept in der Europäischen Union, Tübingen 2021, zit.: *Wetz,* Funktionen von Verfassungsidentität.

Wieacker, Franz: Zur rechtstheoretischen Präzisierung des § 242 BGB, in: Recht und Staat 193/194, Tübingen 1956, zit.: *Wieacker,* Zur rechtstheoretischen Präzisierung des § 242 BGB.

Wiedmann, David: The Principle of Cooperation among Constitutional Organs. Comparing the German Concept of Verfassungsorgantreue to the Rules governing the Conduct among Constitutional Organs under the unwritten Constitution of the United States of America (unveröffentlicht), 2022, zit.: *Wiedmann,* The Principle of Cooperation.

Will, Martin: Staatsrecht I. Staatsorganisationsrecht mit Bezügen zum Verfassungsprozessrecht und Anleitung zur Falllösung: ein Studienbuch, München 2021, zit.: *Will,* Staatsrecht I.

Wille, Angelo: Die Pflicht der Organe der Europäischen Gemeinschaft zur loyalen Zusammenarbeit mit den Mitgliedstaaten, Baden-Baden 2003, zit.: *Wille,* Die Pflicht der Organe.

Wipfelder, Hans-Jürgen: Der Föderalismus, VBlBW 1982, S. 394–397.

Wittig, Peter: Politische Rücksichten in der Rechtsprechung des Bundesverfassungsgerichts?, Der Staat 8 (1969), S. 137–158.

Wittmayer, Leo: Buchbesprechung: Festgabe für Otto Mayer zum siebzigsten Geburtstag, AöR 36 (1917), S. 233–250.

Wittreck, Fabian: Die Verwaltung der Dritten Gewalt, Tübingen 2006, zit.: *Wittreck,* Die Verwaltung der Dritten Gewalt.

-: Die Bundestreue, in: Härtel, Ines (Hrsg.), Handbuch Föderalismus – Föderalismus als demokratische Rechtsordnung und Rechtskultur in Deutschland, Europa und der Welt. Band I: Grundlagen des Föderalismus und der deutsche Bundesstaat, Heidelberg 2012, § 18, S. 497–525, zit.: *Wittreck,* in: Härtel, Föderalismus Hdb. Bd. 1.

Woelk, Jens: Die Verpflichtung zu Treue bzw. Loyalität als inhärentes Prinzip dezentralisierter Systeme?, ZöR 52 (1997), S. 527–549.

Wöhlert, Julia Viselle/Pfeuffer, Julius: Die Gesetzgebungskompetenz zur Vermögensteuer in der Hand der Länder – Keine Sperrwirkung durch das VStG, StuW 2021, S. 293–297.

Wolff, Hans Julius: Rechtsgrundsätze und verfassunggestaltende Grundentscheidungen als Rechtsquellen, in: Bachof, Otto/Drath, Martin/Gönnewein, Otto/Walz, Ernst (Hrsg.), Gedächtnisschrift für Walter Jellinek, Forschungen und Berichte aus dem Öffentlichen Recht, München, 1955, S. 33–52.

–: Organschaft und juristische Person, Bd. 2, Theorie der Vertretung, Aalen 1968, zit.: *H. J. Wolff,* Organschaft und juristische Person, Bd. 2.

Wolff, Hans Julius (Begr.)/*Stober, Rolf/Kluth, Winfried* (Hrsg.): Verwaltungsrecht I. Ein Studienbuch, 13. Aufl., München 2017, zit.: *Wolff/Bachof/Stober/Kluth,* Verwaltungsrecht I.

–: Verwaltungsrecht II. Ein Studienbuch, 8. Aufl., München 2023, zit.: *Wolff/Bachof/Stober/Kluth,* Verwaltungsrecht II.

Wolff, Heinrich Amadeus: Ungeschriebenes Verfassungsrecht unter dem Grundgesetz, Tübingen 2000, zit.: *Wolff,* Ungeschriebenes Verfassungsrecht.

–: Das rechtsstaatliche Prinzip, in: Stern, Klaus/Sodan, Helge/Möstl, Markus (Hrsg.), Das Staatsrecht der Bundesrepublik Deutschland im europäischen Staatenverbund, Band I, Grundlagen und Grundbegriffe des Staatsrechts, Strukturprinzipien der Verfassung, 2. Aufl., München 2022, § 15, S. 597–685, zit.: *Wolff,* in: Stern/Sodan/Möstl, Staatsrecht Bd. 1, § 15.

Wolnicki, Boris: Zum Akzessorietätsprinzip bei der Systemfeststellung nach § 6 III VerpackV – zugleich zur Nebenbestimmungsfeindlichkeit von rechtsgestaltenden Verwaltungsakten, NVwZ 1994, S. 872–875.

Wuermeling, Joachim: Kooperatives Gemeinschaftsrecht. Die Rechtsakte der Gesamtheit der EG-Mitgliedstaaten insbesondere die Gemeinschaftskonventionen nach Art. 220 EWGV, Kehl 1988, zit.: *Wuermeling,* Kooperatives Gemeinschaftsrecht.

Zeidler, Karl: Gedanken zum Fernsehurteil des Bundesverfassungsgerichts, AöR 86 (1961), S. 361–404.

Zimmer, Gerhard: Funktion – Kompetenz – Legitimation. Gewaltenteilung in der Ordnung des Grundgesetzes; Staatsfunktionen als gegliederte Wirk- und Verantwortungsbereiche; zu einer verfassungsgemäßen Funktions- und Interpretationslehre, Berlin 1979, zit.: *Zimmer,* Funktion – Kompetenz – Legitimation.

Zippelius, Reinhold: Problemfelder der Machtkontrolle, in: Merten, Detlef (Hrsg.), Gewaltentrennung im Rechtsstaat. Zum 300. Geburtstag von Charles de Montesquieu, Berlin 1989, S. 27–35, zit.: *Zippelius*, in: Merten, Gewaltentrennung im Rechtsstaat.

–: Allgemeine Staatslehre. Politikwissenschaft, 17. Aufl., München 2017, zit.: *Zippelius*, Allgemeine Staatslehre.

Zuck, Rüdiger: Political-Question-Doktrin, Judicial-self-restraint und das Bundesverfassungsgericht, JZ 29 (1974), S. 361–368.

Aus unserem Verlagsprogramm:

Hannah Kadner
Die Privilegierung der Landwirtschaft im Naturschutzrecht
Eine steuerungs- und rechtswissenschaftliche Analyse vor dem Hintergrund des EU-Agrarbeihilfenrechts, der Privilegierung der Landwirtschaft im nationalen Umweltrecht und dem Bayerischen Naturschutzrecht
Hamburg 2024 / 302 Seiten / ISBN 978-3-339-13972-6

Nina Pfeiffer
Das exekutive Normsetzungsermessen als Phänomen zwischen Verwaltungsermessen und gesetzgeberischer Gestaltungsfreiheit?
– Eine Untersuchung unter Einbezug der Coronaverordnungen –
Hamburg 2024 / 524 Seiten / ISBN 978-3-339-13834-7

Tobias König
Die Organisation des Öffentlichen Personennahverkehrs in Nordrhein-Westfalen
Hamburg 2023 / 272 Seiten / ISBN 978-3-339-13668-8

Timo Dahlmann
Der Gefahrenbegriff als verwaltungsgerichtliches Methodenproblem
Untersuchungen zur Regulierung sozial unerwünschten Verhaltens durch Allgemeinverfügung und Gefahrenabwehrverordnung
Hamburg 2022 / 474 Seiten / ISBN 978-3-339-13160-7

Sergey Milutin
Energierecht an der Schnittstelle von öffentlichem und privatem Recht
Eine vergleichende Untersuchung zum deutsch-russischen Recht
Hamburg 2021 / 408 Seiten / ISBN 978-3-339-12556-9

Danilo Rosendahl
Verwaltungsvollstreckung und vorläufiger Rechtsschutz
Hamburg 2021 / 236 Seiten / ISBN 978-3-339-12408-1

Lena Larissa Steinmayer
Der neue Informationsbestand des BKA
Veränderungen durch das Gesetz zur Neustrukturierung des Bundeskriminalamtgesetzes
Hamburg 2021 / 320 Seiten / ISBN 978-3-339-12106-6

Natalia Babiak
Die rechtsetzende Funktion des schlichten Parlamentsbeschlusses
Hamburg 2021 / 532 Seiten / ISBN 978-3-339-12074-8

Alexander Lang
Die zeitlich befristeten Sonderregelungen zu Flüchtlingsunterkünften im BauGB
Notwendigkeit, Entstehungsgeschichte, Ziele, Konsistenz, Gültigkeit, Kritik, Alternativen, Reformbedarf
Hamburg 2019 / 570 Seiten / ISBN 978-3-339-11362-7